文化情報学事典

ENCYCLOPEDIA OF CULTURE AND INFORMATION SCIENCE

監修
村上征勝

編集
金明哲
小木曽智信
中園聡
矢野桂司
赤間亮
阪田真己子
宝珍輝尚
芳沢光雄
渡辺美智子
足立浩平

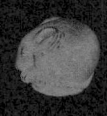

勉誠出版

まえがき

　近年の目覚ましい科学技術の発展により，私たちは物質的な豊かさを享受できるようになった．しかし，真に豊かな社会を築いていくためには，科学技術の健全な発展に加え，人間に対する深い理解が欠かせない．そのため，人間の精神的・知的活動の表現としての文化にかかわる研究の重要性はより一層増してきている．

　このような状況の中で，文化の研究が新たな展開を見せている．コンピューターの急速な進歩・普及により，文学，言語，考古，歴史，美術，音楽，芸能などの文化の諸領域においてデジタル情報の利用が飛躍的に増加したのである．

　人間の精神的・知的活動の表現としての文化にかかわる現象は，その複雑さ，曖昧さ故にデータ化するのが難しく，これまでは感性的，主観的，哲学的な観点からの研究が中心であった．そのため文化現象がデジタル化され，データサイエンスの手法を用いて客観的な観点から議論されることは少なかった．しかし，今日，文化の領域においても，膨大な量のデジタル情報が生み出され，それらの情報の保存，共有，展示，視覚化の技術も進歩した．さらに，デジタル情報の高速検索や多種多様な情報を活用する新たな方法も開発された．「情報のデジタル化」という大きなうねりの中で，文化の研究領域でも，データサイエンスの手法を積極的に利用する研究の必要性・重要性が認識されるようになってきた．

　学問はその発展に伴い研究領域が細分化され，研究内容も高度なものとなってきた．しかしこのような学問の細分化は，学問全体を俯瞰し，多面的に捉えるという点で問題を含んでおり，そのため近年，多様な領域の知識を融合し総合的に研究することの重要性が認識されるようになった．

　「文化情報学」は，文系と理系の両方の学問に基盤を置く文理融合の総合型の研究領域である．学問の細分化とともに，個々の領域で独立に進められてきた紡ぎ方の異なる様々な文化研究という縦の糸を，デジタル情報の利用・活用技術という理系の横の糸で編むことで，文化にかかわる研究をより豊かな実り

あるものにすることが「文化情報学」の目指すところである。そのために本事典では、この新しい研究領域で、どのような縦の糸がどのような横の糸とどのように編まれつつあるか、多くの実例で紹介する。

　本事典は A 領域篇，B データ分析篇，C 分析用ソフトの 3 篇よりなる。

　「A 領域篇」では，「文化情報学」の縦糸となる，デジタル情報を用いた文化の研究に関する総計 90 の項目を，7 つの領域（**A1** 文章・文献，**A2** 言語，**A3** 考古・歴史，**A4** 人文地理，**A5** 文化・芸術，**A6** 身体文化・行動計量，**A7** コンピューター・情報）に分類し，それぞれの第一線の研究者が，歴史・現状や研究内容・研究方法，またさらに学ぶための参考となる出版物，論文を紹介している。

　「**B** データ分析篇」では，横糸を構成するデジタル情報の主要な数量的分析法の概要を紹介している。「**B1** データ分析の基礎」では，数量的分析の中心となる統計分析の基礎的な事項を説明する。「**B2** 量的分析法」では，数量で得られるデジタル情報の主要な分析法の考え方と利用法を紹介する。「**B3** 質的分析法」では，近年，文化にかかわる研究で用いられることの多い，「好き」，「良い」，「美しい」など質的な情報の主要な分析法の考え方と利用法を紹介する。

　「**C** 分析用ソフト」では，インターネットから無料で入手でき，文系の研究に用いられることが多い，量的分析法，質的分析法のソフトウェアを紹介する。

　また巻末に，統計分析によく用いられる基本的な数表を掲載した。

　「文化情報学」は，専門別に細分化され深化してきた文化に関する諸領域の研究を，デジタル情報の活用という観点から融合するものである。そして，それは文化を多面的，多角的，総合的視野から追求することで人間への理解をより一層深め，豊かな社会を築くものでなくてはならない。

　本事典が少しでも「文化情報学」の発展に役立つことを，執筆者一同願うものである。

　　2019 年 11 月

　　　　　　　　　　　　　　　　　　　　　　　村 上 征 勝

執筆者一覧

[監修者]

村上征勝　統計数理研究所名誉教授

[編集者]

金　　明哲　同志社大学文化情報学部　　　阪田真己子　同志社大学文化情報学部

小木曽智信　国立国語研究所　　　宝珍輝尚　京都工芸繊維大学 工芸科学研究科

中園　　聡　鹿児島国際大学国際文化学部　　芳沢光雄　桜美林大学リベラルアーツ学群

矢野桂司　立命館大学文学部　　　渡辺美智子　慶應義塾大学大学院 健康マネジメント研究科

赤間　　亮　立命館大学 アート・リサーチセンター　　　足立浩平　大阪大学大学院人間科学研究科

[執筆者]（執筆順）

金　　明哲　同志社大学文化情報学部　　　小磯花絵　国立国語研究所

村上征勝　統計数理研究所名誉教授　　　村田　　年　慶應義塾大学 日本語・日本文化教育センター

山崎　　誠　国立国語研究所　　　劉　雪琴　同志社大学文化情報学部

土山　　玄　お茶の水女子大学文理融合AI・ データサイエンスセンター　　　李　広微　同志社大学文化情報学研究科

上阪彩香　大阪大学 数理・データ科学教育研究センター　　　孫　　昊　同志社大学文化情報学部

田中牧郎　明治大学国際日本学部　　　樋口耕一　立命館大学産業社会学部

小林雄一郎　日本大学生産工学部　　　高　史明　神奈川大学人間科学部

陳　志文　高雄大學東亞語文學系　　　三浦麻子　大阪大学大学院人間科学研究科

財津　亘	富山県警察本部科学捜査研究所	耒代誠仁	桜美林大学リベラルアーツ学群
小木曽智信	国立国語研究所	植木　武	共立女子学園名誉教授
丸山岳彦	専修大学文学部 国立国語研究所	皆川雅章	札幌学院大学法学部
間淵洋子	国立国語研究所 人間文化研究機構	矢野桂司	立命館大学文学部
小西　円	東京学芸大学留学生センター	瀬戸寿一	東京大学 空間情報科学研究センター
岡　照晃	国立国語研究所	塚本章宏	徳島大学社会産業理工学研究部
浅原正幸	国立国語研究所	桐村　喬	皇學館大学文学部
高田智和	国立国語研究所	河角直美	立命館大学文学部
大西拓一郎	国立国語研究所	Sarah Frederick	Boston University College of Arts & Sciences
横山詔一	国立国語研究所	［訳：北丸雄二　ジャーナリスト］	
石本祐一	国立国語研究所	佐藤弘隆	立命館大学文学部
村脇有吾	京都大学大学院情報学研究科	赤間　亮	立命館大学 アート・リサーチセンター
小町　守	首都大学東京 システムデザイン学部	前﨑信也	京都女子大学家政学部
中園　聡	鹿児島国際大学国際文化学部	山本真紗子	立命館大学文学部
小林謙一	中央大学文学部	加茂瑞穂	京都工芸繊維大学
三辻利一	奈良教育大学名誉教授	八村広三郎	立命館大学名誉教授
酒井英男	富山大学名誉教授	尾鼻　崇	中部大学人文学部
近藤康久	総合地球環境学研究所	金子貴昭	立命館大学 アート・リサーチセンター
佐々木蘭貞	九州国立博物館	常木佳奈	立命館大学 アート・リサーチセンター
竹中正巳	鹿児島女子短期大学	湯浅俊彦	追手門学院大学国際教養学部
斎野裕彦	仙台市教育委員会	福森隆寛	立命館大学情報理工学部
高田祐一	奈良文化財研究所	西浦敬信	立命館大学情報理工学部

山口欧志	奈良文化財研究所	山口和範	立教大学経営学部
阪田真己子	同志社大学文化情報学部	清水裕士	関西学院大学社会学部
佐藤由紀	玉川大学リベラルアーツ学部	大橋洸太郎	文教大学情報学部
鹿内菜穂	亜細亜大学経営学部	竹内光悦	実践女子大学人間社会学部
正田　悠	神戸大学大学院 国際文化学研究科	中藤哲也	中村学園大学栄養科学部
永井聖剛	立命館大学総合心理学部	野村俊一	統計数理研究所
嶋田容子	金沢学院短期大学	古賀久志	電気通信大学 情報理工学研究科
中村康雄	同志社大学スポーツ健康科学部	矢島美寛	東京大学名誉教授
高橋英之	大阪大学基礎工学研究科	高橋将宜	鹿児島国際大学経済学部
鈴木紀子	帝塚山大学経営学部	足立浩平	大阪大学大学院人間科学研究科
野中哲士	神戸大学大学院 人間発達環境学研究科	姫野哲人	滋賀大学データサイエンス学部
山本倫也	関西学院大学理工学部	原　尚幸	同志社大学文化情報学部
山本知仁	金沢工業大学工学部	鄭　躍軍	同志社大学文化情報学部
宝珍輝尚	京都工芸繊維大学 工芸科学研究科	田畑耕治	東京理科大学理工学部
波多野賢治	同志社大学文化情報学部	太郎丸博	京都大学文学研究科
佐藤哲司	筑波大学図書館情報メディア系	山岡和枝	帝京大学大学院 公衆衛生学研究科
野宮浩揮	京都工芸繊維大学 工芸科学研究科	三輪　哲	東京大学社会科学研究所
荒木雅弘	京都工芸繊維大学 工芸科学研究科	林　文	東洋英和女学院大学名誉教授
田中　覚	立命館大学情報理工学部	村上　隆	中京大学文化科学研究所
江澤義典	関西大学名誉教授	加藤健太郎	ベネッセ教育総合研究所
芳沢光雄	桜美林大学リベラルアーツ学群	矢野　環	同志社大学文化情報学部
渡辺美智子	慶應義塾大学大学院 健康マネジメント研究科	吉野諒三	同志社大学文化情報学部
和泉志津恵	滋賀大学データサイエンス学部	石田基広	徳島大学社会産業理工学研究部

目 次

B3　質的分析法 —————— 699

1: a=1.5 b= 0.0
2: a=1.0 b= 0.0
3: a=1.0 b=-1.0

3
1
2

A＿領域篇

文章・文献
言語
考古・歴史
人文地理
文化・芸術
身体文化・行動計量
コンピューター・情報

-1.0   0.0

文章・文献

文章・文献は情報の塊であり，あらゆる分野と関係している．テキストマイニングは，文章・文献から必要とする情報をいかに科学的に抽出・分析するかに関する分野である．
[（図は頻度分析の例（ワードクラウド）]

A1-1
文学・文献の計量分析
quantitative analysis of literature and text

1.　文学・文献の計量分析の小史

　1930年代に心理学者・波多野完治は「文章心理学」を提唱し，心理学の視点から，文の長さ，品詞の構成率などの統計データに基づいて文学作品について解説を行った[5][6]．後に安本美典は平均文長，比喩の数，名詞の使用率など15項目を用いて文章の性格について計量的研究を進め，文章心理学を継承発展させた[22][23][24]．それと時を同じくして，樺島忠夫らは「文体の科学」，水谷静夫は「数理言語学」を提唱し，計量言語学は黄金期を迎えた[12][17][18]．前者の「文体の科学」は，計量的文体分析と同義である．1980年代，村上征勝は，大型コンピューターを用いた文章の計量分析を始め，「計量文献学」を提唱した[19]．計量文献学では，筆跡，インク，紙などの情報が利用できない文献を研究対象としており，文献のテキストデータの分析が中心となる[20]．

　1990年代になると，コンピューターの普及と電子化されたテキストの増加に伴い，特許文の計量分析，企業組織内の日報の計量分析，看護や福祉の現場の記録文の計量分析，ネット上の電子新聞，ブログ，口コミ，ツイッター，電子掲示板などの計量分析のような，テキスト内に潜んでいる情報を分析し，その価値を生み出すための**テキストマイニング**（text mining）という用語が用いられるようになった．

　このようなテキスト計量分析は100年前から行われている．Mendenhall[15]はディケンズ（Dickens, C.），サッカレー（Thackeray, W.M.），ミル（Mill, J.S.）の文章に使われた単語の長さの分布を調べ，それが作家によって異なり，各作家の特徴になることを示した．現時点から見ると問題はあるものの，その当時このような計量的研究は非常にインパクトの強い論文であったと推察される．その後，文章を構成する多くの要素が文体分析に用いられるようになった．統計的方法による文体研究を**計量文体学**（stylometrics, computational stylistics, statistical stylistics）と呼ぶ．計量文体学で扱われ

文章・文献

る内容は，文献の真贋問題，代筆問題，個人の文体変化の問題，ジャンルの分析など多岐にわたる．

　1990年代になると計量文体分析方法が文章の内容分析に用いられ，**ドキュメント分析**（document analysis）と呼ばれるようになり，2000年前後にはデータマイニングのブームに乗り，テキストマイニングと呼ばれるようになった．

　計量文体学，ドキュメント分析学，テキストマイニング，テキストアナリティクスは，いずれも文字・記号の集合体からその構成要素を機械的に集計し，統計学や機械学習などの方法を駆使して研究に必要となる情報・知識を見つけ出すプロセスや理論・技法に関する分野である．このような分野を近年では**テキストアナリティクス**（text analytics）と呼ぶ傾向が強くなっている．テキストアナリティクスは，テキスト計量分析論と同義と理解してよい．

2.　テキスト計量分析のプロセス

　テキスト計量分析の流れを**図1**に示す．ここでいうテキスト計量分析においてはテキストの電子化が必須である．昨今電子化されたテキストが多く流通している．しかし，歴史的，文化的な多くの文献は紙媒体である．紙媒体のテキストの電子化には，手作業で入力する方法や紙媒体を画像データとして電子化した上で文字認識ソフトを用いてテキストに変換する方法がある．スマートフォンの普及に伴い，スマートフォンで写真を撮り，文字認識を行うアプリも簡単に入手できるようになった．

　文字認識のソフトで画像データをテキストデータに変換する場合，誤りを完全に避けることは不可能である．また，第三者が電子化したテキストをコピ

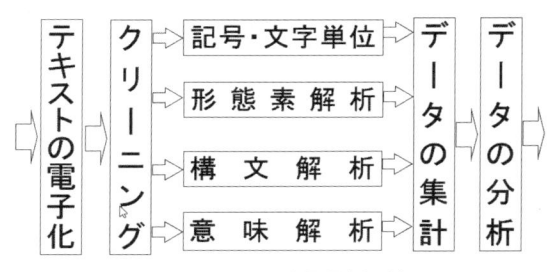

図1　テキスト計量分析の流れ

一，またはダウンロードして用いる際には，分析の内容と無関係な記号・文字列が含まれていることがしばしばである．その誤りの訂正や，必要としない記号・文字列を削除することを**クリーニング**と呼ぶ．クリーニング作業を終えると文字単位でのテキスト計量分析が可能である．例えば，各文字の出現率や漢字仮名の使用率，文字を単位とした文の長さ，文字列の組み合わせのパターンなどを集計分析することが可能である．

　語や句を単位として分析するために，日本語や中国語のような分かち書きされていない言語においては，テキストの形態素解析や構文解析が必要である．このような言語処理を自然言語処理と呼ぶ．テキストアナリティクスは，自然言語処理とデータ解析・機械学習で構成された研究分野である．

　形態素解析とは，文を言語学上で意味を持つ最小単位に分解し，その属性を付与することである．日本語の形態素解析を行うソフトとしては，MeCab，JUMAN や ChaSen などがある．

　構文解析は，形態素より大きい言語学上の単位である句を用いて文を解析することである．日本語の場合は文節を単位とするのが一般的である．文節係り受け関係を解析するソフトとしては CaboCha，JUMAN/KNP がある．

　このような形態素解析，文節係り受け解析ソフトが出力する結果には常に誤りが伴うため，その利用には注意が必要である．その誤り率は，辞書の変更や登録などで減らすことが可能である．

　形態素解析器には辞書が用いられている．その辞書としては IPA 辞書，UniDic，NAIST 辞書，JUMAN 辞書などがある．どの辞書を用いるべきであるかに関しては一概には言えない．小木曽他[21]は IPA 辞書，UniDic，NAIST 辞書についてテスト分析を行った．その結果，NAIST 辞書は比較的単語を長く切る傾向があることを示した．

　現段階の多くの意味解析の応用では，シソーラス（類語辞典）情報や概念語辞典を用いるぐらいであり，本格的な意味分析とは一定の距離がある．類語辞典としては，『分類語彙表』（国立国語研究所），『デジタル類語辞典』（ジャングル），『JST 科学技術用語シソーラス』（JST 科学技術振興機構），概念語辞典としては『EDR 概念体系辞書』（EDR プロジェクト）などがある．深層学習を含む機械学習の進展の恩恵を受け，自然言語処理の研究も急速に進んでいる．例えば，Word2vec のようなツールを用いた試みの裾野が広がってい

る[1][2]．Word2vec アルゴリズムを使用して作成された埋め込みベクトルは，潜在セマンティック分析など従来のアルゴリズムと比較して多くの利点を持っている．このような新しいアルゴリズムによる意味処理は大きく期待されるところである．

3.　データの集計

　データの集計は，研究の目的によってテキストから集計する要素が異なる．ビジネス分野では内容分析がほとんどであるため，名詞や形容詞のような内容語が中心となるが，文体分析の場合は逆に内容語をなるべく用いないようにするのが一般的である．文体分析では，単語の長さ，文の長さ，段落の長さ，文頭・文末のパターン，句読点を含む記号の使い方，機能語（助詞，接続詞など），文節のパターン，品詞の構成率，品詞の接続関係が多く用いられている．どのような要素を集計するかということは，テキスト計量分析において非常に重要である．

　テキストから必要な要素を集計するためにはプログラム，またはツールが必要である．テキスト計量分析では，自力でプログラムを組めるに越したことはないが，これは多くの人文社会系の研究者にとって簡単なことではない．そのため，テキストを構成する要素を集計分析するいくつかのツールが無料公開されている．

　集計方法は，基本的には n-gram と共起である．n-gram は，文字，音素，単語，品詞，文節などを単位とし，隣接している n 個を 1 つの組としたパターーンのことである．n-gram はマルコフ連鎖モデルであり，自然言語処理やテキスト計量分析には広く用いられている．n が 1, 2, 3 の場合は，それぞれ unigram, bigram, trigram と呼ぶ．

　例えば，文字を単位とした場合，例文「この店の主人を見知っている．」の $n = 1, 2$ とする n-gram は次のようになる．

$n = 1$（unigram）こ/の/店/の/主/人/を/見/知/っ/て/い/る/．

$n = 2$（bigram）　この/の店/店の/の主/主人/人を/を見/見知/知っ/って/てい/いる/る．/

7

4.　分析方法

　分析方法は，大きくデータの視覚化，外的基準なしの分析法，推測的統計分析法を含む外的基準ありの分析法に大別することができる．

　データの視覚化には，棒グラフ，折れ線グラフ，ワードクラウド，散布図，語句の共起関係のネットワークグラフなどが多用されており，外的基準なしの方法としては次元縮約方法（対応分析，主成分分析，多次元尺度法，非負値行列因子分解法など），クラスター分析法，自己組織化マップ，確率潜在意味解析法，トピックモデル LDA が多用されている．トピックモデル LDA は Blei[3] が，テキスト計量分析のために確率的潜在意味解析法を発展させた比較的新しい方法である．

　多次元尺度法やクラスター分析で類似度や距離測度を用いる際には，用いる測度によって結果が大きく異なる場合がある．集計した要素を相対頻度として変換したデータにおいては，カルバック・ライブラー距離（Kullback-Leibler divergence）を対称になるよう拡張した JSD（Jensen-Shanonn divegence）距離が有効である[4][9][10][14]．

　推測的統計分析法としては，比率検定，カイ 2 乗検定，多重比較分析の方法が主流になっている．外的基準ありの機械学習方法としては線形判別や古典的ベイズ判別分析を含む多くの判別方法が提案されている．データマイニングや機械学習の分野では判別の方法を**分類器**（classifiers）と呼ぶ．Manuel ら[13] は，179 の分類器について，ベンチマーク UCI データセットを用いて性能の比較分析を行った．その結果，最も正解率が高いのはランダムフォレスト（random forest: RF），サポートベクターマシン（support vector machine: SVM），ニューラルネットワーク（neural networks: NNet）と，ブースティング（boosting ensembles）であることを示した．

　テキストの分類にもこれらの方法が多く用いられている．ノイズがやや多い高次元データにおいては，一般的にはランダムフォレストの精度が高い．ただし，標本サイズが小さいとき，グループ間の標本サイズがアンバランスなときには期待する精度が得られない場合がある．ランダムフォレストは分類だけではなく，分類に寄与する変数の選択もできるためテキスト計量分析に便利な

ツールである．分類の精度として，ブースティング法も悪くはないが，計算時間がやや長い．SVM は非常に優れた分類器であり，テキストの分類に関する事例が多い．しかし，ノイズが多いデータに対して変数を選択せずに用いると精度が悪い[7][9][11]．ニューラルネットワークもデータによっては有用である．従来のニューラルネットワークは，高次元のデータセットには向いていなかったが，近年深層学習のアルゴリズムが提案されており，テキスト計量分析に十分対応できるようになった[8]．

　問題によっては目的変数が量的変数，説明変数がテキストを構成する要素となる場合がある．このような問題は回帰分析の問題である．回帰分析では，上記の分類器以外に正則化回帰（リッジ回帰，LASSO など）があり，テキスト計量分析にも有効である．正則化を一般化線形モデルに拡張した一般化正則回帰分析法もテキスト計量分析に用いられている．特にロジスティック回帰は，2 群分類に多く用いられている．

　テキスト計量分析に関する事例をもれなく紹介することは不可能である．本領域では，その代表的な事例として，文化と密接に関連している古文の計量分析，中古文の個人文体，近現代文の文体の計量分析，論述文の文体特徴，現代文の書き手の特定，個人の文体の変化，個人文体の模倣，社会学におけるテキスト計量分析，SNS やツイッターの計量分析，犯罪関連のテキスト計量分析について解説する．「C 分析用ソフト」篇では，3 つのテキスト計量分析のツール（KH Coder, RMecab, MTMineR）を紹介する．

[金明哲]

【参考文献（さらに学びたい人のために）】

[1] Altszyler, E., Ribeiro, S., Sigman, M. and Slezak, D. F.（2017）. The interpretation of dream meaning: Resolving ambiguity using Latent semantic analysis in a small corpus of text, *Consciousness and Cognition*, **56**, 178-187.

[2] Banerjee, I., Chen, M. C., Lungren, M. P. and Rubin, D. L.（2018）. Radiology report annotation using intelligent word embeddings: Applied to multi-institutional chest CT cohort, *Journal of Biomedical Informatics*, **77**, 11-20.

[3] Blei, M., Ng Y. and Jordan I.（2003）. Latent dirichlet allocation, *Journal of Machine Learning Research*, **3**, 993-1022.

[4] Dominik, M. E. and Johannes, E. S.（2003）. A new metric for probability distribution, *IEEE Transactions on Information Theory*, **49**（7）, 1858-1860.

[5] 波多野完治（1941）.『文章心理學入門』三省堂．

[6]　波多野完治（1988）.『新版 文章心理学入門』小学館.

[7]　金明哲（2014）.「統合的分類アルゴリズムを用いた文章の書き手の識別」『行動計量学』**41**（1），35-46.

[8]　金明哲（2018）.『テキストアナリティクス』共立出版.

[9]　Jin, M. and Huh, M. H.（2012）. Author identification of Korean texts by minimum distance and machine learning, *Survey Research*, **13**（3），175-190.

[10]　Jin, M. and Jiang, M.（2013）. Text clustering on authorship attribution based on the features of punctuations usage, *Information: An International Interdisciplinary Journal*, **16**（7B），4983-4990.

[11]　金明哲，村上征勝（2007）.「ランダムフォレスト法による文章の書き手の同定」『数理統計』**55**（2），255-268.

[12]　樺島忠夫，寿岳章子（1965）.『文体の科学』綜芸舎.

[13]　Manuel, F., Eva, C., Senén, B. and Dinani, A.（2014）. Do we need hundreds of classifiers to solve real world classification problems?, *Journal of Machine Learning Research*, **15**, 3133-3181.

[14]　McLachlan, G. J.（1992）. *Discriminant Analysis and Statistical Pattern Recognition*, Wiley Interscience, 22.

[15]　Mendenhall, T. C.（1887）. The characteristics curves of composition, *Science*, **9**（214），237-249.

[16]　Mendenhall, T. C.（1901）. A mechanical solution of a literary problem, *Popular Science Monthly*, **60**，97-105.

[17]　水谷静夫（1961）.『国語および国語研究の代数』謄写版.

[18]　水谷静夫（1982）.『数理言語学』培風館.

[19]　村上征勝（1994）.『真贋の科学——計量文献学入門』朝倉書店.

[20]　村上征勝，金明哲，土山玄，上阪彩香（2016）.『計量文献学の射程』勉誠出版.

[21]　小木曽智信，小椋秀樹，小磯花絵，宮内佐夜香，渡部涼子，伝康晴（2010）.「形態素解析辞書のベンチマークテスト——IPAdic・NAIST-jdic・UniDic のジャンル別精度比較」『言語処理学会 16 回年次大会発表論文集』326-329.

[22]　安本美典（1957）.「文の長さの分布型」『計量国語学』**1**，27-31.

[23]　安本美典（1959）.「「文章の性格学」への基礎的研究——因子分析法による現代作家の分類」『国語国文』**28**（6），339-361.

[24]　安本美典（1960）.『文章心理学の新領域』東京創元新社.

A1-2
計量文献学
bibliometrics

1. 文献の計量分析の目的

　文章は人間の精神的知的活動を顕在化，具現化した物の1つであり，文章に係る研究は文化の研究には欠かせない．この文章に関する研究において，計量的な色合いの濃い本格的な研究が登場するのは，コンピューターの登場以降である．それまで主として手作業で行ってきた分析が，コンピューターにより大量の文字や単語の処理が容易になったことにより，大量の文章について用語的な特徴や，構造的な特徴を計量的に把握することが可能となり，文化の領域はもとより，社会学，政治学などの諸々の領域で文章の計量的研究が始まった．

　しかし，その歴史は他の学問分野に比べるといまだ浅く，しかも，コンピューターの機能の進歩に依存する形で研究が進められてきたこともあり，残念ながら他の学問分野のように確固たる研究方法が確立されたという段階には，いまだ至っていないように思われる．そのことは，文章の計量的分析が，**テキスト分析学**，**計量文体学**，**テキストマイニング**，**計量文献学**，**数理文献学**などの名称で呼ばれていることからも知ることが出来る．

　これらの文章に関する計量的研究領域の中では，テキスト分析学，計量文体学が最も基本的で，かつ幅広い範囲の研究を領域を含むようである．例えば，テキスト分析学，計量文体学では，文献に限らず，文字・単語・記号の集合をテキストと見なし，それらの計量的分析を通じて，問題解明に必要な情報をテキストから見出すことを試みる．分析対象のテキストとしては，比較的文量の多い文献から，近年の携帯メール，ブログ，ツイッターなどの計量文献学では研究対象とし難い，文量の少ないテキストの分析までも対象としている．

　一方，計量文献学は文献を分析単位として，文献間の文章の差異の比較分析を通じて，文献の著者，著作年，成立順序の解明，さらには著者の思想の変化などの解明を試みている．数理文献学も，文献中に現れる特定の単語の長さや頻度や文長の分布などの種々の特徴を，統計的に分析するなどの点では計量文

献学とほぼ同一と考えられる.

　いずれにしても，このような計量的な観点からの文章の分析が注目を浴びるようになった発端は，文章を文字や単語などの記号列と見なし，その記号列のデータを分析するという，19世紀半ばにイギリスの数学者のド・モルガン（De Morgan, A.）によって提案されたアイデアにあったといえる[2].

　それまでは，文学，哲学，宗教学，歴史学，政治学，経済学などの人文学の諸領域における貴重な文献の中で，著者や成立時期などに関して問題が残されたまま，当該分野の研究の障害となっている文献に対しての研究は，主に次の3つの観点，

　①記述内容や文意の検討

　②文献の成立に関する歴史的事実の考証

　③文章の筆跡鑑定，文献に用いられたインク・墨汁・紙質などの自然科学的
　　分析

からなされていた．しかしながら，これらの方法では解明できない文献は数多く存在し，例えば，オリジナルが失われ写本等で伝承されてきた古い時代の文献や，近年のワープロ等の電子機器を用いて作成された文献に関しては，③のような自然科学的な方法では手掛かりを得ることは基本的に不可能であった.

　このような従来の方法では解明が難しいと思われる文献に対して，文章の計量的研究が行われるようになる．20世紀に入ると，ド・モルガンのアイデアに基づき，シェイクスピア戯曲の著者問題[5]，哲学者プラトンの書簡の真贋判定[13]，『新約聖書』のパウロの書簡の著者推定[6]，マーク・トウェイン作とされる冒険談『Q. C. S. Letters』の著者推定[4]などの研究が現れる.

　しかし初期のこれらの研究では，分析に用いた文献数も少なく，また単語の長さ，文の長さのような比較的に計量が容易な分析項目（変数）に基づいた研究であり，多種多様な分析項目を対象とし，かつ大量の文献を用いて計量分析を行うには，デジタル化された文章とそれを高速処理するコンピュータ，さらには新たなデータ分析手法が必要であった．そのため計量文献学の普及・発展は，これらが比較的容易に手に入るようになった20世紀後半からであるといえる．海外では，米国憲法の解説書『ザ・フェデラリスト（連邦主義者)』の中の12編の論説の著者推定[7]，ミハイル・ショーロホフのノーベル賞受賞作『静かなドン』盗作説の解明[4]などの研究が，また，日本語の文献に関しても，

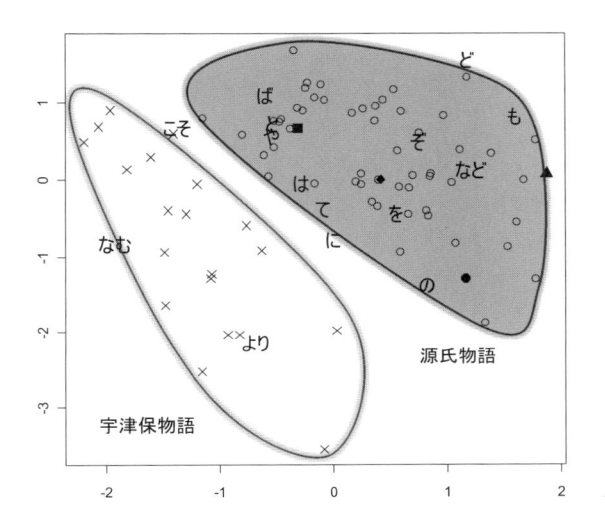

○：源氏物語　×：宇津保物語　■：山路の露　◆：雲隠六帖　▲：手枕　●：紫式部日記

図 1　『源氏物語』,『紫式部日記』,『宇津保物語』（作者不詳）等の助詞の使用率の分析結果

各文献の「ぞ」,「など」,「より」などの助詞の使用率が類似している巻ほど近くに位置しており, この図より『源氏』と『宇津保』は助詞の使用率が明確に異なっていることが分かる. ○は『源氏』の巻, ×は『宇津保』の巻.

日蓮遺文の真贋判定[8], 日蓮の思想の変化[9], 『源氏物語』の著者複数説の検討[11]（**図 1**）, 西鶴の浮世草子の著者の検討[12]などの研究が行われている. 日本語文献は, 日本文が分かち書きされていないことによる単語認定の難しさや, 漢字, 仮名等の使用文字の種類の多さが, 初期の研究では障害となっていたが, 形態素解析ソフトの開発が進み, またコンピュータで多様な文字の処理が容易になったことで, 計量的分析に馴染みの薄い人文学の文献研究にも次第に取り入れられるようになってきている.

　さらに文章の計量的な分析手法は, 近年のインターネット, SNS（ソーシャルネットワーキングサービス）, スマートフォン, 携帯電話, ワープロなどの種々の電子機器から日々産出される膨大なデジタルデータの分析にも適用され, 文献研究のみならず, 消費者の嗜好の分析, 犯罪事件に係る脅迫状などの作成者の推定, 選挙における有権者の意識分析など, 日常生活の中の諸々の問題の解決にも役立つようになってきている.

2.　文献の計量分析の狙い——書き手の特徴（クセ）の把握

　テキスト分析学，計量文体学，テキストマイニング，計量文献学，数理文献学などの文章を計量的に分析する領域の問題では，文章の特徴（クセ）をどのような方法で計量的に的確に把握できるかが問題解明の鍵となる．ここでいう文章の特徴とは，書き手が無意識的に繰り返し用いている用語や他の人と異なる文章の表現形式のことであるが，一般的に，文章の特徴がどのような項目に現れるのかは明確ではない．例えば，文長は文章の特徴を調べるための基本的項目としてよく計量されるが，書き手が意識的に文長を変えることは比較的容易ではないかと考えられ，従って文章の特徴を文長の違いから解明するのは非常に難しいと思われる．

　これに対し，多くの書き手がほとんど意識しておらず，また仮に意識していたとしても変えることが非常に難しく，かつ文章の特徴を分析する際に有効となる項目として，現代日本語の文章における読点（、）のつけ方のパターンがある[3]．読点はいろいろな文字の後につけられ，特に読点のつけ方に明確な基準があるわけではない．例えば，「と」の文字の後の読点の割合が高い文章や，「て」の後の読点の割合が高い文章があるというように，どの文字の後にどの程度の割合で読点がつけられているかという読点のつけ方のパターンを調べると，書き手の固有のパターンが現れることが多く，読点のつけ方は文章，特に書き手の推定に関する問題の解明に有効な項目として用いられている．

　これまでの文章の研究で検討されてきた項目としては，単語長の分布，文長の分布，文字の出現率，単語の出現率，品詞の出現率，自立語（付属語）の出現率，同義語（同じ意味を持つ語，例えば 'on' と 'upon'）の出現率，直喩や隠喩の出現率，n 個の連続した文字列，単語列，品詞列（n-gram）の出現率，延べ語数に対する異なり語数の比率（type token ratio）や，ユールの K 特性値のような語彙量に関係した統計量などがある．

　しかし問題解明に役立つ項目は，文章の使用言語，成立時代，散文，韻文，あるいは和文体，和漢混交体のような文体，文学書，哲学書，宗教書等の学問領域，小説，日記，科学論文のような文章のジャンル等によって異なると考えられる．また，解明すべき問題が書き手の推定なのか，書き手の文章の変化な

のか，文章のジャンルによる特徴の違いの把握なのかというような問題の内容によっても異なると考えられる．さらには，文字，単語，品詞のいずれを単位として文章を計測するかによっても異なる可能性がある．従って，多くの項目についてその有効性を検討することが必要となる．

文章・文献

3. 分析方法

　文章の計量分析では，文字，単語，品詞などの項目の出現頻度は重要な情報となる．ただ，出現頻度は文章の量に依存するため，分析では出現頻度そのものではなく，その項目の文献での総出現頻度で割った出現率や平均値などの，文献の文の量に依存しない量に変換して用いる必要がある．

　分析項目が1項目だけの場合には，離散型の変数である出現頻度を変換した比率や平均値が，正規分布と呼ばれる連続型の確率分布に近似的に従うと仮定して，区間推定や検定などの確率的な推論を行う．

　分析対象が2項目以上である場合は，項目間の関連性の強さを利用した分析が中心となる．分析対象が2項目で，両方とも量的な変数なら回帰分析が，一方が質的な変数なら数量化理論I類が用いられるが，いずれの場合も，分析項目を確率変数とは考えずに分析することが多い．例えば，文章の成立年 x と文文章での名詞の出現率 y の関係を把握する式 $y = a + bx$ を求めることが目的の回帰分析では，x と y の両項目とも量的な変数であるが，名詞の出現率 y を確率変数と考えずに分析することが多い．もし，名詞の出現率 y が正規分布に従うと仮定すると，「ある年 x に成立した文章の名詞の出現率 y がある確率で入る区間」というものを推定することが可能となる．

　分析対象が3項目以上になった場合は，重回帰分析，判別分析，分散分析，主成分分析，因子分析，多次元尺度構成法，クラスター分析，数量化理論II類，III類，IV類などの多変量解析の方法や，近年では自己組織マップ，サポートベクターマシン，ニューラルネットワークなどの手法も用いられている．ただ，すべての項目を確率変数と考えて確率を用いた推論を行おうとすると，多次元正規分布に基づく確率計算が必要となるが，解析上の困難さから，一般に3項目以上を分析する場合は，確率的な推論は行われてはいない．

　ところで文章の計量分析は，たとえ多くの項目を用いての分析であったとし

15

ても，分析に用いることが出来る項目数には限界があり，従って，文献に関して限られた項目の分析となるため，分析項目が異なると一般に分析結果が異なる．仮に文献のすべての項目を用いた分析が可能であった場合に，どのような結果となるかという確率的な推論は出来ない．そのため，得られた分析結果の妥当性を保証するためには，分析に用いる項目の数や組み合わせを変えて分析を繰り返し，それらの分析結果が大筋で変わらないという確証を得ることが求められる．

4.　計量分析の留意点

　計量文献学の研究範囲は，文字資料のデジタル化の進展とコンピューターのデータ処理能力の驚異的な進歩によって一挙に拡大した．文章を記号列と見なし，記号列の表現形式の特徴を数量的に分析するという思考法の導入は，これまでの文献研究に，同じ項目，同じデータ，同じ分析法を用いれば，同じ結果が数値で得られるという客観性を有した新たな文献研究の道を拓いた．

　ただ，この計量分析に基づくアプローチは，次の点に留意が必要である．計量分析で最も重要なことは，分析数値から導かれる分析結果の妥当性である．数値に基づく分析は，厳密さという点で他の文献研究法より優れているという印象を与える可能性があり，そのため分析結果の数値が一人歩きする危険性がある．計量分析の結果は，文献の文章に関する限られた項目の情報を用いて，ある数学的モデルのもとで得られたものである．従って，分析結果から導かれる結論の妥当性を判断するには，分析対象文献や当該研究領域に関する知識に加え，数量的分析法に関する知識が必要となる[10]．

[村上征勝]

【参考文献（さらに学びたい人のために）】

[1]　Brinegar, C. S.（1963）. Mark Twain and the Quintus Curtius Snodgrass Letters: A stastical test of authorship. *Journal of the American Statistical Association*, **58**, 85-96.

[2]　De Morgan, A.（1882）. *Memoir of Augustus De Morgan: By His Wife Sophia Elizabeth De Morgan. With Selection from His Letters*, Longman, Green and Co.

[3]　金明哲，樺島忠夫，村上征勝（1993）.「読点と書き手の個性」『計量国語学』**18**（8）.

[4]　Kjetsaa, G. et al.（1984）. *The Authorship of the Quiet Don*, Humanities Press.

[5]　Mendenhall, T. C.（1901）. A Mechanical solution of a literary problem, *Popular Science*

Monthly, **60**（2），97-105.

[6]　Morton, A. Q.（1965）．The authorship of greek prose, *Journal of the Royal Statistical Society: Series A*, **128**（2），169-233.

[7]　Mosteller, F. and Wallace, D. L.（1963）．Inference in an authorship problem A comparative study of discrimination method applied to the authorship of the disputed Federalist papers, *Journal of the American Statistical Association*, **58**, 275-309.

[8]　村上征勝（1990）．「統計的手法による日蓮遺文の文体研究」『第 2 回「国文学とコンピュータ」シンポジウム講演集』83-102.

[9]　村上征勝，伊藤瑞叡（1991）．「日蓮遺文の数理研究」『東洋の思想と宗教』**8**，27-35.

[10]　村上征勝，金明哲，土山玄，上阪彩香（2016）．『計量文献学の射程』勉誠出版，270.

[11]　土山玄（2015）．『計量文献学による『源氏物語』の成立に関する研究』https://doors.doshisha.ac.jp/duar/repository/ir/17589/zk715.pdf（最終アクセス：2019 年 9 月 30 日）

[12]　上阪彩香（2016）．『西鶴浮世草子の文章に関する数量的研究——遺稿集を中心とした著者の検討』https://doors.doshisha.ac.jp/duar/repository/ir/23045/zk784.pdf（最終アクセス：2019 年 9 月 30 日）

[13]　Wake, W. C.（1957）．Sentence-length distribution of greek authors, *Journal of the Royal Statistical Society: Series A*, **120**（3），331-346.

A1-3
計量文体論
stylometry

1.　定義

　計量文体論とは，文章・談話に表される言語表現の様式を統計的手法で分析する研究分野である．統計的手法を用いない文体論も存在し，両者は相俟って文体研究に貢献する．研究領域としては，計量文献学と重なるところがあり，計量語彙論，テキストマイニングなどとも関係する．

　文体は大別して個別的文体と類型的文体に分かれる．個別的文体は，「作家や作品に固有の表現としての文体」[2]を，類型的文体は，「ジャンルや時代や集団による文章の類型」[2]を指す．

2.　計量文体論の歴史

2.1　海外における歴史

　計量文体論の嚆矢はイギリスの数学者ド・モルガン（De Morgan, A.）[i]に始まるとされる．1851 年，彼は友人に当てた手紙の中で，新約聖書のパウロ書簡とされる文書の 1 つ「ヘブライ人への手紙」の著者について，使用されている単語の長さ（文字数）の平均が著者の特定につながるという考えを披露している[1]．これにヒントを得たアメリカの物理学者メンデンホール（Mendenhall, T. C.）は，単語の長さの分布に目を付け，単語を構成する文字数とその文字数を持つ語数との関係に，個人の特徴が現れると主張した．メンデンホールはこの手法を "word-spectrum" と名付け，それを用いて，シェイクスピアは実はフランシス・ベーコンではなかったかという，シェイクスピア = ベーコン説に否定的な結論を出した．図 1 は，シェイクスピア（点線）とベーコン（実線）の "word-spectrum" であるが，最頻値が異なることでシェイクスピアはベーコンではないと結論付けた[8]．

　著者識別の方法としては，イギリスの統計学者ユール（Yule, G. U.）による文の長さを用いた方法[10]や，K 特性値（Yule's K）[ii]という語彙量を用いた方法などが提案された．

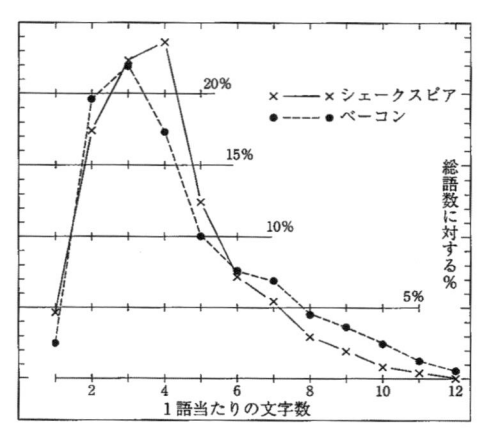

図 1　シェイクスピアとベーコンの word-spectrum

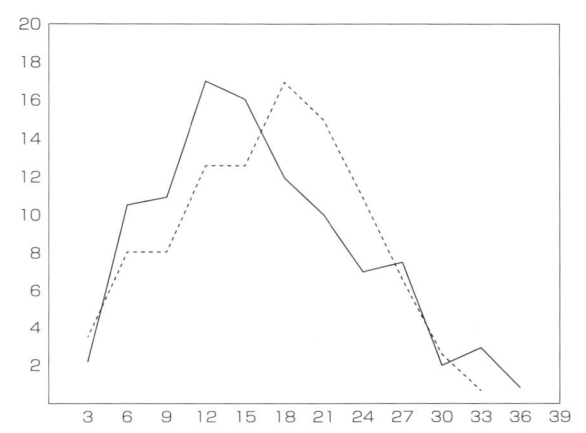

図2　谷崎潤一郎「金と銀」（破線）と志賀直哉「雨蛙」（実線）の句の長さ[iii)]の分布[6]

2.2　日本における歴史

　日本における文章の統計的研究は**文章心理学**と呼ばれる分野から始まった．その創設者は**波多野完治**である．波多野[8]は，文の長さ，句読点の数，品詞の割合[iii)]を用いて谷崎潤一郎「金と銀」と志賀直哉「雨蛙」の文体的比較を行った（**図2**）．

　その後，日本の計量文体論は，**樺島忠夫**らによる品詞を中心とした分析が盛んになった．樺島は，要約的表現か描写的表現かという違いが品詞の割合に現れると考え，**MVR** をいう指標を考案した．これは，形容詞・形容動詞・副詞・連体詞の組の比率（M）を動詞の比率（V）で割って 100 を掛けたものである．MVR を名詞の比率（N）を使い，要約的，ありさま描写的，動き描写的という文章の特徴が判別できるという[4]．

3.　計量文体論で用いられる指標

　様々な指標が文章の特徴を測定するために使われてきた．主なものを以下に挙げる．

①　文字・記号：文字種（とくに漢字）の割合，句読点

②　語：単語の長さ，特定の語の頻度（機能語を含む），色彩語の数，品詞

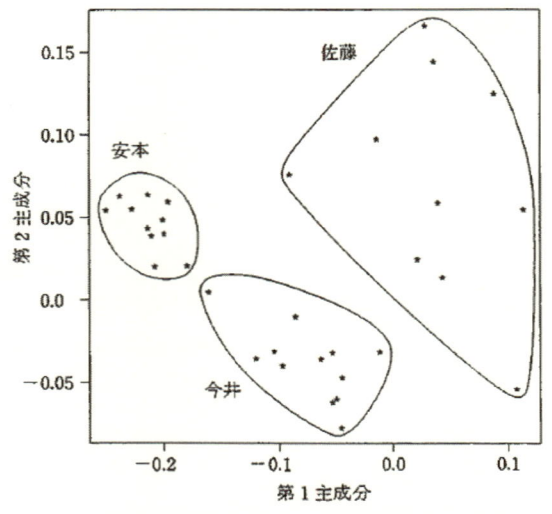

図3　科学技術論文における読点の付け方による主成分分析[8]

の割合，比喩の数，異なり語数，$\mathbf{TTR}$[iv)]，n-gram
　③　文節：文節のパターン
　④　文：文の長さ

4.　個別的文体研究

　個別的文体では，書き手の表現上の癖を捉える研究が主流である．内容語だけでなく，助詞・助動詞や**句読点**などにも個人の癖が現れる．**図 3** は，句読点により，書き手の判別を行った例である[8]．

5.　類型的文体研究

　類型的文体研究では，「**樺島の法則**」，「**大野の法則**」と呼ばれる品詞の割合とジャンルとの関係を取り挙げる．前者は延べ語数による比率，後者は異なり語数による比率である．樺島[3]は，N（名詞），V（動詞），Ad（形容詞・形容動詞・連体詞・副詞），I（接続詞・感動詞）のそれぞれの百分率の間に，以

表1　品詞の比率の関係[3]

	N	V	Ad	I
日常会話	41.6	26.3	20.1	12.0
小説会話	45.2	31.4	18.0	5.4
哲学書	48.6	31.4	17.0	3.0
小説地の文	49.4	32.3	15.4	2.9
自然科学書	52.6	30.8	14.6	2.0
和歌	54.4	31.7	13.7	0.2
俳句	60.2	29.4	10.4	0.0
新聞記事	65.6	28.6	5.0	0.8

下のような関係が見られるとしている（**図3**）．**表1**から名詞の割合（N）が話し言葉的なものから書き言葉的なものに向かって増えていくことがわかる．

$$Ad = 45.67 - 0.60N$$

$$\log I = 11.57 - 6.56 \log N$$

$$V = 100 - (N + Ad + I)$$

　図4は，古典作品の異なり語数をプロットしたものであるが，和歌集，随筆，物語というジャンルが近い位置に並んでいることがわかる．

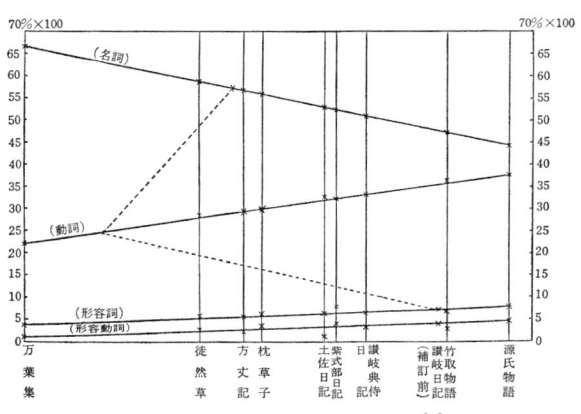

図4　古典作品の品詞の割合[7]

6.　計量文体論の課題

　計量文体論は文章から得られる情報のほんの一部を利用しているに過ぎない．しかし，その情報を適切に活かすことで文章の特徴を抽出することができる．これまで検討されてこなかった特徴量が今後発見される可能性もあるだろう．ただし，分析結果が現象を適切に捉えているかという吟味は常に必要である．

［山崎誠］

【注】
i)　集合論における「ド・モルガンの法則」で知られる．
ii)　K 特性値は語彙の豊富さの指標としても使われる（金[5]）．
iii)　ここでいう「句」とは，文を読点で分割した際の単位を指し，句の長さは字数で数える．
iv)　type token ratio の略で，異なり語数の延べ語数に対する比の値．

【参考文献（さらに学びたい人のために）】

[1]　De Morgan, A.（1882）．*Memoir of Augustus De Morgan: By His Wife Sophia Elizabeth De Morgan. With Selections from His Letters*, Longman, Green and Co.
[2]　伊藤雅光（2017）．「文章・文体」『データで学ぶ日本語学入門』計量国語学会編，朝倉書店，45-55.
[3]　樺島忠夫（1955）．「類別した品詞の比率に見られる規則性」『国語国文』**24**（6），55-57.
[4]　樺島忠夫，寿岳章子（1965）．『文体の科学』綜芸舎.
[5]　金明哲（2009）．『テキストデータの統計科学入門』岩波書店.
[6]　波多野完治（1935）．『文章心理学』三省堂.
[7]　水谷静夫（1983）．『朝倉日本語新講座 2　語彙』朝倉書店.
[8]　村上征勝（1994）．『行動計量学シリーズ 6　真贋の科学──計量文献学入門』，朝倉書店.
[9]　大野晋（1956）．「基本語彙に関する二三の研究」『国語学』**24**，34-46.
[10]　Yule, G. U.（1939）．On sentence-length as a statistical characteristic of syle in prose: With application to two cases of disputed authorship, *Biometrika*, **30**（3-4），363-390.

> A1-4
> # 平安朝物語の計量分析
> quantitative analysis of Japanese literature of the Heian period

『源氏物語』は平安時代中期に成立し，およそ 1,000 年にわたって読み継がれてきた文学作品である．『源氏物語』を享受してきた長い歴史に相応しく，膨大な研究成果が蓄積されており，特に本文批評や注釈研究，あるいは文学史的研究などの分野で研究が深められている．しかし，更に究明されるべき分野や重要な問題も残されており，それは作者問題と成立過程に関する問題である．前者は『源氏物語』の作者が単独であるのか，あるいは複数であるのかという問題であり，後者は『源氏物語』の諸巻がどのような順序で成立したのかという問題である．

作者問題は古くから指摘されており，室町時代に一条兼良によって著された『花鳥余情』まで遡る．これによると「宇治十帖」と称される『源氏物語』の最終 10 巻の作者は紫式部の娘である大弐三位であるとされる．一方，『源氏物語』第一部として分類される第 1 巻「桐壺」から第 33 巻「藤裏葉」の成立について，これら諸巻は現行の巻序に従って成立したのではないとする見解がある[8]．これは上記の 33 巻は「紫上系」と「玉鬘系」という 2 つの群に分類され，「紫上系」と称される 17 巻が成立した後に，「玉鬘系」の 16 巻が挿入されたとされる．その根拠とされるのは，「紫上系」に初出の登場人物は「玉鬘系」にも現れるが，反対に「玉鬘系」に初出の登場人物は例外なく「紫上系」に現れないという事実である．

この見解はストーリーの分析に基づくものであるが，**計量文献学**（bibliometrics）は統計手法を用いて，これら問題について独自の検討を行う．以下に古典作品を対象とする計量文献学の手法と成果について概観し，後にあらためてこの問題を扱いたい．

1.　古典作品の分析

計量文献学は著者の同定・識別や文献の成立過程の問題について，文章の文体的特徴，あるいは形式的特徴を統計的に分析することによって解明を試み

る．一見すると，文学作品の研究に計量的な研究の入り込める余地はないように思われるが，近代や現代の文章を対象とした計量的な研究はすでに広く行われ，様々な研究成果が蓄積されている[5]．これまでの研究の蓄積をふまえると，著者の推定や成立過程の解明は，計量文献学がその長所を十分に発揮できる分野の1つであると考えられる．

　近現代の文章や作品についての計量的な研究の多様性に比べると，古典文を対象とした計量的な研究は十分に展開されているとは言えない．その理由として，古典文の取り扱いに専門的な知識が必要であり，統計解析に用いられるテキストデータの構築が容易ではないことが挙げられる．例えば近現代の文章は著者によるオリジナルの原稿が現存しており，データ生成の基礎はしっかりしているが，古典文学作品の場合，多くは原本が失われて書写によって伝えられてきたものである．写本は書写者による誤写や過剰修正などによる毀損（コラプション）を有するから，書写の過程における文体的変容を考慮しなければならず，データ生成の基礎において現代文とは異なる扱いが要求される．

　またこれに加えて古典文学作品の場合，計量分析に使用する変数に制限が存する．現代文の計量分析では品詞の比率，**単語の出現率**（word frequency），**単語の n-gram**（word N-gram），句読点などの記号の生起状況，**単語の長さ**（word length），**文の長さ**（sentence length）などを変数として分析が行われる．これらは古典文の分析においても有効な変数であると考えられるが，古典文の場合，現代文と違って句読点を欠き，接続語の使用も希である．このことが文章の分析に影響を与える可能性がある．なお，分析に語を用いる際は，名詞や動詞などの語彙的意味を担う語ではなく，助詞や助動詞などの文法的機能を担う語が用いられることが多い．名詞や動詞などはストーリーによって出現率が大きく変化すると予想されるからである．

　このように古典文の分析は現代文の分析と比べていくつかの難点を有するにもかかわらず，計量分析を用いた古典文の研究は一定の成果を挙げてきた．ここでは，そのような研究の一例として，『源氏物語』と『うつほ物語』を対象とした研究を説明したい．

文章・文献

2. 『源氏物語』の計量分析

　古典文学作品を対象とし，単語の頻度について統計手法を用いた初期の研究としては安本[14]が挙げられる．安本は，欧米で計量的な研究がシェイクスピア作品の著者問題について成果を挙げたことを参考にして，『源氏物語』の「宇治十帖」と他の諸巻の作者が同一であるか否かについて，統計的な仮説検定を用いて検討を加えた．検定に用いた項目は名詞や用言，助動詞の使用度など 12 項目あり，これらの使用度は各巻からランダムに 1,000 字抽出し，その 1,000 字における各項目の頻度によって求められている．検定の結果，「宇治十帖」の文体は作り物語的，用言的，緊密かつ連続的な構想による詳細な描写を特徴とし，一方，他の 44 巻の文体は歌物語的，体言的，飛躍的，断続的な構成による直感的描写を特徴であると考察し，「宇治十帖」と他の諸巻では作者が異なる可能性を指摘した．さらに安本[15]は，同じデータを用いて**因子分析**（factor analysis）を行い，再び「宇治十帖」の複数作者説に検討を加えた．分析の結果，「宇治十帖」の文体が他の 44 巻の文体と相違することを指摘した．

　『源氏物語』の本文すべてを分析対象としたのは村上・今西[6]であり，巻別の助動詞の出現率を求め，**数量化 III 類**により『源氏物語』各巻の分類を行った．それによると，『源氏物語』第一部に分類される「紫上系」は第二部（第 34 巻から第 42 巻）の諸巻と助動詞の出現率が類似しており，同じく『源氏物語』第一部に分類される「玉鬘系」の諸巻は，『源氏物語』の最終 10 巻である「宇治十帖」と類似した傾向を有することを明らかにしている．上述したように，武田[8]がストーリーの分析を通じて，『源氏物語』第一部の 33 巻を「紫上系」と「玉鬘系」という 2 つの群に分類したが，村上・今西[6]は計量分析を通じて「紫上系」と「玉鬘系」それぞれの文体的特徴を明らかにし，さらに『源氏物語』各巻の文体的特徴を解明したのである．

　また，「宇治十帖」に直前の 3 巻である「匂宮三帖」を加えた 13 巻は『源氏物語』の第三部と称されるが，土山・村上[12]はこれら 13 巻の助動詞の出現率について**主成分分析**（principal component analysis）を行い，「匂宮三帖」，「宇治十帖前半 5 巻」，および「宇治十帖後半 5 巻」という 3 群に分類される

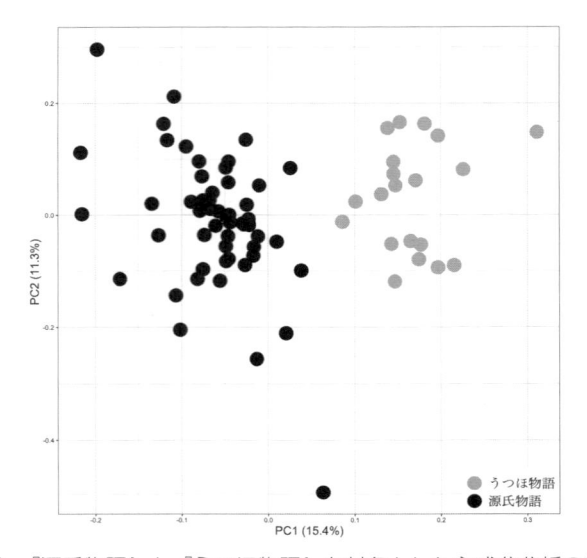

図 1 『源氏物語』と『うつほ物語』を対象とした主成分分析の結果

各作品の助動詞 26 語の出現率について，主成分分析を行った結果である．『源氏物語』
と『うつほ物語』の各巻が混在せずに作品別に位置していることがわかる．

ことを報告した．なお，「宇治十帖」について他作者説が提起されているが，
Tsuchiyama and Murakami[13] は助動詞に加えて，名詞・動詞・形容詞・形容
動詞・副詞・助詞・助動詞の出現率を特徴量とし多変量解析を行い，計量分析
の観点から見て他作者説を支持する積極的な根拠は認められないことを指摘し
た（図 1 および図 2）.

3. 『うつほ物語』の計量分析

　『源氏物語』と同様に成立過程が解明されていない古典文献は数多くある．
『うつほ物語』はその 1 つで，『源氏物語』に先んじて成立し，全 20 巻から構
成される我が国最古の長編物語である．『うつほ物語』の作者として，『後撰
集』の選者の 1 人である源順が考えられることが多いが詳細は不明である．
『うつほ物語』の巻序については諸説あり，現在刊行されている注釈書にお
いても巻序にゆれが認められる．また，『うつほ物語』の物語構成は二部ある

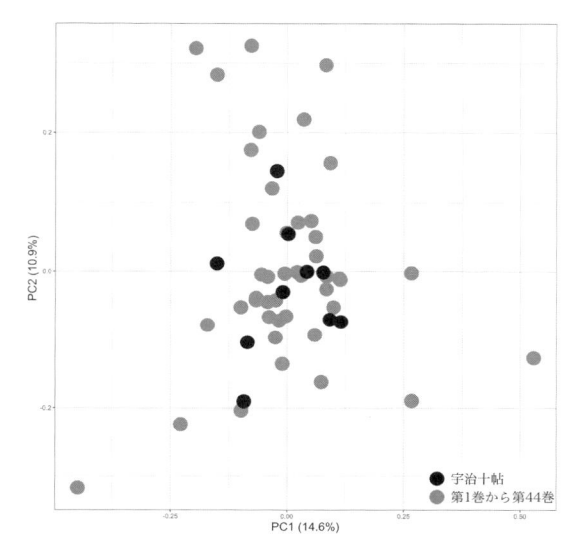

図 2　『源氏物語』を対象とした主成分分析の結果

『源氏物語』の助動詞 26 語の出現率について，主成分分析を行った結果である．宇治十帖が他の諸巻と混在して位置していると言える．

いは三部とされる．二部構成とする場合，第 1 巻「俊蔭」から第 12 巻「沖つ白波」までを前篇，第 13 巻「蔵開上」から第 20 巻「楼の上下」までの 8 巻を後篇とする．他方，三部構成とする場合，「沖つ白波」までの 12 巻を第一部，「蔵開上」から第 18 巻「国譲下」までの 6 巻を第二部，「楼の上上」および「楼の上下」の 2 巻を第三部とする．

　『源氏物語』の計量的な研究が 1950 年代から行われているのに対して，『うつほ物語』の多変量解析を用いた研究が開始されたのは最近のことである．まず土山・村上[12]は計量的な研究が蓄積されてきた『源氏物語』を基準にして，単語の出現率を特徴量とし，『源氏物語』および『うつほ物語』の各巻を対象に多変量解析を行った（**図 1**）．その結果，現代文の分析と同様に助詞や助動詞の**機能語**（function word）において『源氏物語』の 54 巻と『うつほ物語』の 20 巻が混在せず分類されることを指摘した．これは，古典文においても計量的に分析することで形式的文体的特徴の相違をとらえることが可能であることを示す．

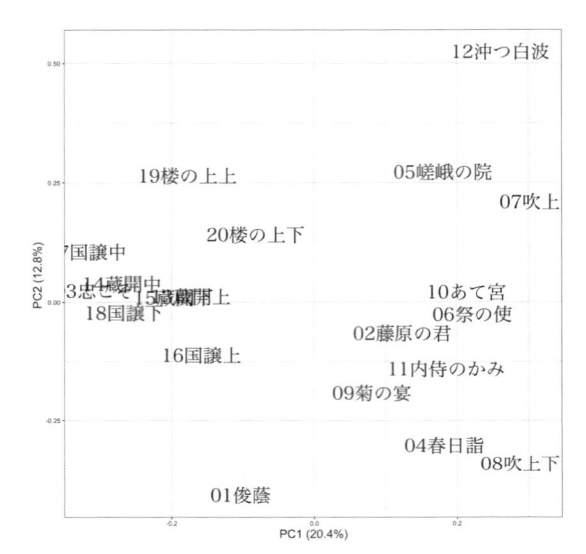

図3 『うつほ物語』を対象とした主成分分析の結果

『うつほ物語』の単語の長さの trigram について，主成分分析を行った結果である．分析には出現頻度上位の 100 変数を用いた．図より計量的な判断に基づけば，『うつほ物語』の各巻は 2 群に分類される可能性が考えられる．

　続いて，品詞別の単語の出現率を特徴量とし，主成分分析を行った結果，『うつほ物語』全 20 巻のうち第三部とされる第 19 巻「楼の上上」および第 20 巻「楼の上下」の 2 巻の形容詞と形容動詞の出現傾向が他の 18 巻と相違することが報告された．これに加えて，**カイ 2 乗検定**（chi-squared test）を利用した**特徴語**（features）の抽出によって，第 19 巻および第 20 巻は他 18 巻に比べ畳語などの複合語が多用される傾向があることが指摘された[10][11]．

　また，単語の長さを用いた分析から，『うつほ物語』は下記の 2 巻を除く前篇の 10 巻と後篇との間において計量的な文体的特徴が相違していることが報告されている（**図 3**）．ただし，前篇に含まれる第 1 巻「俊蔭」，第 3 巻「忠こそ」の 2 巻は前篇の他の 10 巻と異なり，後篇の 8 巻の計量的な特徴に類似した傾向を有することが認められた[10][11]．従って，『うつほ物語』の文体的特徴は『源氏物語』に比べてシンプルとは言えず，その成立過程の複雑な事情を示唆すると考えられる．

　本項目では『源氏物語』および『うつほ物語』を対象とした計量的な研究を概観した．しかし，先にふれた『源氏物語』における成立過程の計量的な研究はいまだ十分に展開されていない．今後このような研究が新たな発想によって深められ，成立過程を解明するための新たな資料の提出が期待される．古典作品の計量的な分析は客観的な議論に耐えうる透明性の高い分析結果を提供でき，そこから得られる方法的知見をフィードバックすることによって，様々な近接する分野の発展に貢献するとともに計量文献学全体の発展に資する可能性のある分野であることを指摘しておきたい．

［土山玄］

【参考文献（さらに学びたい人のために）】

[1]　Blatt, B.（坪野圭介訳）（2018）．『数字で明かす小説の秘密』DU BOOKS.

[2]　Guirand, P.（佐藤信夫訳）（1979）．『文体論——ことばのスタイル』白水社.

[3]　金明哲（2009）．『テキストデータの統計科学入門』岩波書店.

[4]　金明哲（2018）．『テキストアナリティクス』共立出版.

[5]　計量国語学会（2009）．『計量国語学事典』朝倉書店.

[6]　村上征勝，今西祐一郎（1999）．「源氏物語の助動詞の計量分析」『情報処理学会論文誌』**40**（3），774–782.

[7]　村上征勝，金明哲，土山玄，上阪彩香（2016）．『計量文献学の射程』勉誠出版.

[8]　武田宗俊（1954）．『源氏物語の研究』岩波書店.

[9]　土山玄，村上征勝（2014）．「『源氏物語』 第三部の成立に関する計量的な考察」『じんもんこん 2014 論文集』**2014**（3），213–220.

[10]　土山玄（2017）．「『うつほ物語』の語彙に関する計量的な検討——「楼の上上」及び「楼の上下」の語の出現傾向について」『情報知識学会誌』**27**（1），6–22.

[11]　土山玄（2017）．「語の長さの n-gram を用いた『うつほ物語』各巻の分類」『計量国語学会第六十一回大会予稿集』25–30.

[12]　土山玄，村上征勝（2011）．「源氏物語と宇津保物語における語の使用傾向について」『じんもんこん 2011 論文集』2011（8），125–132.

[13]　Tsuchiyama, G. and Murakami, M.（2013）．Authorship identification of classical Japanese literature using quantitative analysis, *Journal of Mathematics and System Science*, **3**（12），631–640.

[14]　安本美典（1957）．「宇治十帖の作者——文章心理学による作者推定」『心理学評論』**2**（1），147–156.

[15]　安本美典（1977）．「現代の文体研究」『岩波講座　日本語』岩波書店，395–423.

[16]　財津亘（2019）．『犯罪捜査のためのテキストマイニング』共立出版.

A1-5
西鶴遺稿集の著者問題
authorship problem of Saikaku's posthumous works

1.　西鶴遺稿をめぐる問題の概要

　江戸時代前期の俳諧師・浮世草子作者である**井原西鶴**（1642-1693）の作品は，日本文化に多大な影響を与えた古典と位置づけられている．西鶴作品は，その重要性から，多くの国文学者によって思想，記述内容の検討，成立に関する歴史的考証が続けられてきたが，作品の著者や成立年代等について今なお疑問が出され，特に**遺稿集**（posthumous works）の『西鶴置土産（1693）』，『西鶴織留（1694）』，『西鶴俗つれづれ（1695）』，『万の文反古（1696）』，『西鶴名残の友（1699）』に関して検討すべき問題が残されている．これらの遺稿集は，西鶴没後，未発表の草稿を有力な弟子の**北条団水**（1663-1711）が編集し，出版したものであるが，同書が西鶴の没後に出版されていることから，編集に従事した団水の遺稿への加筆がいったいどの程度のものであったのかという疑問が提出されている．遺稿への加筆の有無の問題は，確証的な論がなく，決着がついているとは言いがたい[1]．

　西鶴作とされる浮世草子に関しては，処女作『好色一代男（1682）』と，初期の『諸艶大鑑（1684）』，『好色五人女（1686）』，『好色一代女（1686）』の3作品には，他の人物の手が加わった可能性は低いとされているが，これらを除いた浮世草子諸作品に関しては著者に関する疑問が提出されている．そこで，これらの4作品を西鶴の真作文章と捉え，団水3作品『色道大鼓（1687）』，『昼夜用心記（1707）』，『武道張合大鑑（1709）』の文章と比較検討し，各々の文章の特徴を明らかにした上で，西鶴遺稿とされる4作品との間に見られる類似性を分析した．『万の文反古』に関しては，書簡体形式の影響を受けている可能性が高いため[2]，分析対象から外した．

文章・文献

2.　教師なし学習を用いた西鶴遺稿集の著者の検討

　まず，初期の西鶴 4 作品と団水 3 作品を品詞の構成比，単語の出現率，品詞別単語（名詞，助詞，動詞，助動詞，形容詞，副詞，連体詞）の出現率，bigram の出現率（品詞，助詞，助動詞）を用いて，**主成分分析**（principal component analysis）と**クラスター分析**（cluster analysis）で比較検討した結果，巻単位でみると西鶴と団水の文章には，単語の出現率，品詞別単語（名詞，助詞，動詞，形容詞，副詞，連体詞）の出現率，bigram の出現率（品詞，助詞）に違いがあることが明らかとなった．**図 1** には，出現頻度上位 40 語の助詞の出現率を用いた主成分分析の結果を示しており，西鶴と団水の作品がわかれていることが見て取れる．

　次にこれらの違いが見られた項目を用いて，遺稿集 4 作品，すなわち『西鶴置土産』，『西鶴織留』，『西鶴俗つれづれ』，『西鶴名残の友』のそれぞれの文章が，西鶴と団水のどちらの文章と類似しているのかを検討した結果，団水よりも西鶴と類似した特徴を示しているということが明らかになった[2][3]．

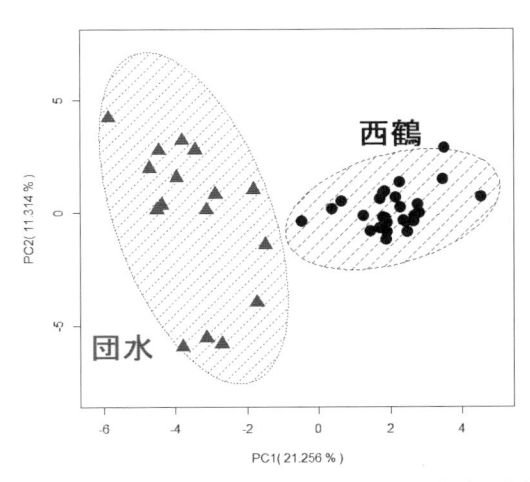

図 1　出現頻度上位 40 語の助詞の出現率を用いた主成分分析の結果

3.　教師あり学習を用いた西鶴遺稿集の著者の検討

　西鶴の作品が一般的に章単位の短編の集まりであるとされていること，また西鶴作か西鶴作でないのかといった著者同定に関して，先行研究において章単位で議論されていることを鑑み，章単位での検討も行った．**ランダムフォレスト法**（ramdom forest），**ブースティング法**（boosting），**バギング法**（bagging）を用い，初期の西鶴4作品と団水3作品を比較検討した結果，章単位でみると西鶴と団水の文章には，単語の出現率，品詞別単語（名詞，助詞，動詞，助動詞，形容詞，副詞）の出現率，単語の出現率，bigram の出現率（助詞，助動詞）に違いがあることが明らかとなった．

　そこで，これらの項目を用い，遺稿集4作品『西鶴置土産』，『西鶴織留』，『西鶴俗つれづれ』，『西鶴名残の友』の各章の文章が，西鶴4作品に見る各章の文章と団水3作品の各章の文章のうちどちらの文章と類似しているのかを検討した結果，章単位での分析においても，遺稿集の多くの章が，真作であることが確実な初期の西鶴4作品と類似した特徴を示すということが明らかにされた．

　つまり，これまで西鶴の遺稿と見られてきた作品において，多くの章は西鶴の文章であるということができ，団水が西鶴の文章を自身の文章に変化させるほどの編集や作品の追加を行ったとしても少数で，限られた程度であった可能性が高い．しかしながら，バギング法，ランダムフォレスト法，アダブースト法のすべての分析結果において，出版年が遅くなるにつれ，団水浮世草子に分類された割合が増加したことから，少数に限られる中であるものの団水の手が加わった割合は出版年が遅くなるにつれて，増加したことが考えられる[4]．

［上阪彩香］

【参考文献（さらに学びたい人のために）】
[1]　広嶋進（1993）．「西鶴の遺稿作品」『西鶴を学ぶ人のために』，世界思想社，189-207.
[2]　上阪彩香（2016）．「西鶴浮世草子の文章に関する数量的研究——遺稿集を中心とした著者の検討」同志社大学博士論文.
[3]　上阪彩香（2016）．「西鶴遺稿集の著者の検討——北条団水の浮世草子との比較分析」『計量文献学の射程』村上征勝，金明哲，土山玄，上阪彩香共著，勉誠出版，187-263.

[4] 上阪彩香（2018），「アンサンブル学習モデルを用いた西鶴遺稿集の著者に関する検討」
『行動計量学』**45**（2），日本行動計量学会．

A1-6
『今昔物語集』の文体
style of Konjaku Monogatari-shū（Tales of Times Now Past）

1. 和漢混淆文としての『今昔物語集』

『今昔物語集』（Tales of Times Now Past）（以下，『今昔』）は，12 世紀前半の成立の，千数十話を集成した説話集で，編者は未詳である．説話（tale）の舞台は，天竺（インド）・震旦（中国）・本朝（日本）および，内容は，仏法と世俗の両面にわたる．図 1 のように，表記は，漢字片仮名交じり文で，自

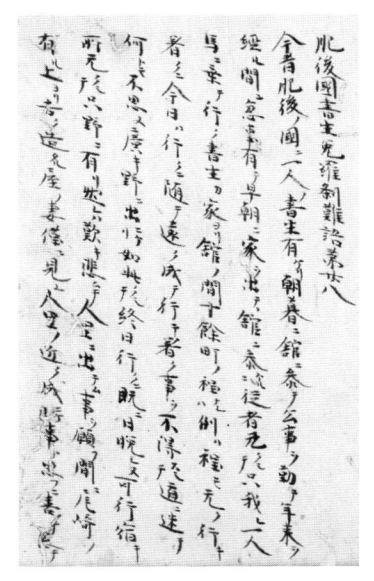

図 1　鈴鹿本『今昔物語集』巻 12-28
（京都大学貴重資料デジタルアーカイブ）

立語は漢字で，その活用語尾と付属語は片仮名で書かれることが原則で，古い写本は片仮名部分が二行取りの小書きになっている．**文体**（style）は，巻や説話によって異なっており，前半の巻は漢文訓読調が強く，巻が進むにしたがって，和文調が強くなるが，巻との対応は概ね，次の通りである．天竺・震旦部（巻 1〜10）や本朝仏法部前半（巻 11〜15）は，**漢文訓読体**（classical Chinese-style）を基調とし，本朝仏法部後半（巻 16〜20）と本朝世俗部（巻 22〜31）は**和文体**（classical Japanese writing style）を基調とし，その漢文訓読体と和文体は連続的であり，総体として**和漢混淆文**（Japanese and Chinese mixed writing style）となっている．日本語文体史上，初めての本格的な和漢混淆文と見ることができ，和漢の混淆という観点から，様々な文章分析が行われてきた[i]．また，多様な漢文説話集や和文説話集を依拠資料としており，依拠資料との表現比較を通しても有益な文章分析を行うことができる．

2.　漢語と和語

『今昔』は，近年，巻 11〜31 の本朝部が，国立国語研究所編『**日本語歴史コーパス**』（Corpus of Historical Japanese）に収録され，このコーパスを用いることで，誰でも比較的容易に言語調査や言語分析を行うことができるようになってきた．**図 2** は，そのコーパスで，『今昔』の巻 12 と巻 27 の，**語種**（word type）（和語・漢語・混種語の別）を調査し，その構成比率を示したものである（田中[8]による）．漢文訓読体を基調とする巻 12 は，和文体を基調と

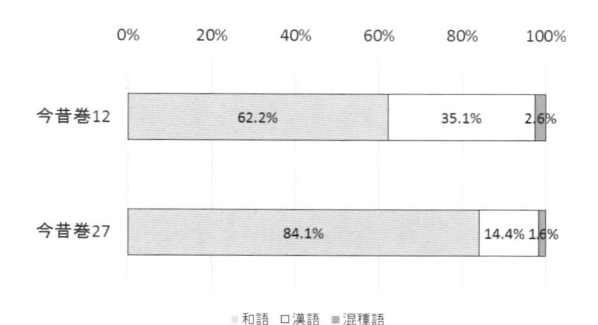

図２　『今昔』の巻 12 と巻 27 の語種構成比率（異なり語数）

する巻 27 に比べて，**漢語**（Sino-Japanese word）の比率が 2 倍以上高くなっており，その分，**和語**（native Japanese word）の比率が低くなっていることがわかる．

　一方，**図 2** によれば，和文基調の巻 27 に用いられる漢語も 14.4% あり，そのような漢語のうち，頻度の高いものは，日本語の語彙に溶け込んだものではないかと考えられる．巻 27 における漢語を，頻度の高い順に 20 位（頻度 10）まで，示すと次の通りである[ii]．

　　様（ヤウ），京，院，大夫，従者，気色（ケシキ），堂，霊（リヤウ），宰
　　相，弁，陰陽，師，女房，五，死人*，中将，希有，門，夜半*，一

　このうち，助動詞「様ナリ」として使われる「様」や，様子を意味する「気色」は，『今昔』に先行する平安時代の和文で多く使われていることが，『日本語歴史コーパス』からわかり，既に定着していた語である．同じく，「京」「堂」「門」のような場所や建物を表す語，「院」「大夫」「従者」「宰相」「弁」「陰陽」「師」「女房」「中将」など役職や人物を表す語，「五」「一」などの漢数詞は，王朝貴族社会が中国の制度や文化を取り入れたことにより，平安時代の早い時期から日本語に定着していた漢語である．怨霊を意味する「霊」も，『今昔』に 100 年以上先行する和文作品『源氏物語』に 3 件使われており，既に日本語に浸透していたものが，『今昔』巻 27 が霊鬼をテーマとすることもあって，頻出したものと解釈できる．残る「希有（ケウ）」は，唯一，名詞でない語であり，他の語とは質を異にしており注目される．「希有」は，不思議という意味の形容動詞で，『源氏物語』に 1 件だけあるものの，僧侶の詞という特殊な部分の例で，『今昔』以前には，日本語に定着していなかった．

　　家主此レヲ見テ，奇異也ト思テ，聖人ノ御前ニ至テ，向テ申ク，「忝ク，
　　聖人ハ只人ニモ在ザリケリ．此ノ経ヲ，踊リ上テ巻キ返シテ机ニ置ク事，
　　此希有ノ事也」ト．（巻 13-9）

　この例で下線を付したように，「希有」は，漢語「奇異（キイ）」とほぼ同じ意味で用いられている．その「奇異」は「奇異シ」と書かれるときは，和語「アサマシ」と読むことができ，これもほぼ同じ意味で用いられている．**表 1** は，この 3 語の『今昔』における出現頻度を，上述した 4 つの部分に分けて集計したものであるが[iii]，「キイ」と「アサマシ」は，漢文訓読基調から和文基調へと文体が移行するのに伴って，交替する傾向が明確なのに対して，「ケウ」

表1　「ケウ（希有）」「キイ（奇異）」「アサマシ（奇異）」の頻度

	巻1〜10	巻11〜15	巻16〜20	巻22〜31
ケウ（希有）	37	12	12	50
キイ（奇異）	59	70	39	13
アサマシ（奇異）	0	11	51	164

は，文体の移行に関係なく，『今昔』全体で使われている．「ケウ」は，漢語でありながら，「キイ」とは違って，『今昔』全体に十分に溶け込んでいたのである．

3.　感情動詞と感情形容詞

　文体による語彙の異なりは，漢語と和語の間だけに限らない．**表2**は，同じ感情を表す，**感情動詞**（emotive verb）と**感情形容詞**（emotive adjective）の対について，やはり4つの部分に分けて，その頻度を集計し，括弧内に形容詞と動詞のそれぞれの比率を示したものである（頻度は田中[6]に基づく）．

　いずれの対においても，漢文訓読調の部分（巻15まで）では動詞が優勢であり，和文調に移行するに従って，動詞の比率が低くなり，代わって形容詞の比率が高くなる傾向がある．『今昔』におけるこれらの語の用例を観察すると，以下に示すように，会話文において，**感情主体**（agent of emotion）は，動詞は3人称，形容詞は1人称となることが一般的であり，地の文においては，動詞も形容詞も3人称となることが一般的であるが，1人称の語り手の感情が表出される場合は，形容詞が使われている[6]．

表2　感情動詞と感情形容詞の頻度と比率

	巻1〜10	巻11〜15	巻16〜20	巻22〜31
アヤシブ（怪）	96（77.4%）	86（82.7%）	44（45.4%）	39（26.5%）
アヤシ（怪）	28（22.6%）	18（17.3%）	53（54.6%）	108（73.5%）
カナシブ（悲）	202（89.8%）	161（85.6%）	133（64.9%）	51（53.1%）
カナシ（悲）	23（10.2%）	27（14.4%）	72（35.1%）	45（46.9%）
ヨロコブ（喜）	202（99.0%）	154（93.3%）	121（69.1%）	104（56.5%）
ウレシ（喜）	2（1.0%）	11（6.7%）	54（30.9%）	80（43.5%）

房ニ弟子共，泣キ悲ムデナム有ツル（巻12-39，会話文，3人称）

我レ，年来観音ヲ憑ミ奉テ，仏前ニシテ飢死ナム事コソ<u>悲シケレ</u>．（巻16-4，会話文，1人称）

太子，<u>悲ビ</u>給テ，此ヲ令葬給ツ．（巻11-1，地の文，3人称）

僧此レヲ見ルニ，「然レバ，此ノ仏ノ御音也ケリ」ト思フニ，<u>悲クテ</u>，（巻12-2，地の文，3人称）

此ヲ思フニ，観音ノ御誓不可思議也．現ニ人ト成テ，衣ヲ被ギ給ヒケム事ノ哀レニ<u>悲キ</u>也．（巻16-8，地の文，1人称）

　会話文，地の文それぞれで，人称によって，感情動詞と感情形容詞の使い分けがなされているわけで，動詞が使われやすい漢文訓読文と，形容詞が使われやすい和文とで，感情表現の方法に違いがあるのである．

4.　依拠資料との比較からわかる語の文体的対立

　『今昔』における文体差は，依拠資料との関係においても興味深い現象が見られる．和文調の説話集『宇治拾遺物語』（以下，『宇治』）との間には，表現の細部まで対応する同文の説話が83話ある[iv]．その同文説話においては，次の例のように，『今昔』と『宇治』で，別の語句が対応しているところが少なくない．

　　即チ，屏幔引キ，畳敷ナドシテ，（『今昔』巻16-28）

　　やがて，幔引き，畳など敷きて，（『宇治』96）

　この例では，「即ち」と「やがて」，「屏幔」と「幔」，「敷などす」と「など敷く」の3箇所で別の語句が対応している．このうち，「屏幔」「幔」，「敷などす」「など敷く」という対応は，83話の同文説話の中でこの1件ずつしかないが，「即ち」「やがて」という対応は，4件もあり，この『今昔』83話の中にある，時間の経過を意味する「即ち」全5件のうち8割が，同じパターンで『宇治』の表現と対応しているわけで，これは偶然ではあり得ないだろう．『今昔』では「即ち」，『宇治』では「やがて」という，漢か和かの文体的対立があるのである．他にも，「以て」「して・にして」，「渡す」「取らす」，「に」「へ」，「たまふ」「たぶ」，「かかり」「しかり」，「奉る」「参らす」などに，同様の文体的対立が見出せる[9]．『日本霊異記』『法華験記』『冥報記』など，漢文説話集

との間でも，特定の語句において対応が認められるものがあり，これも，漢か和かの文体的対立である．

[田中牧郎]

【注】

i)　『今昔』の文体について，語学研究としては，佐藤[5]，山口[10]，山口[11]，藤井[1]，舩城[2]などが重要であり，文学研究としては，森[9]，小峯[3]などが重要である．

ii)　*を付した「死人」「夜半」は，「しびと」「しにしひと」，「よなか」「よは」など，和語や混種語で読む可能性もあり，漢語の確例とは言えない．

iii)　「奇異（キイ）」と「奇異（アサマ）シ」の頻度は，田中[7]による．「希有」の頻度は，『日本語歴史コーパス』（巻 11 以降）と，国文学研究資料館編『日本古典文学大系本文データベース』（巻 10 以前）によって調査した．

iv)　『今昔』と『宇治』の同文説話は，相互の直接関係ではなく，散逸した『宇治大納言物語』という共通母胎に，それぞれが依拠したことで，生じた現象である．

【参考文献（さらに学びたい人のために）】

[1]　藤井俊博（2003）．『今昔物語集の表現形成』和泉書院．
[2]　舩城俊太郎（2011）．『院政時代文章様式史論考』勉誠出版．
[3]　小峯和明（2015）．『今昔物語集の形成と構造 補訂版』笠間書院．
[4]　森正人（1986）．『今昔物語集の生成』和泉書院．
[5]　佐藤武義（1984）．『今昔物語集の語彙と語法』明治書院．
[6]　田中牧郎（1998）．「今昔物語集の情意述語文と文体」『国語学』**194**.
[7]　田中牧郎（2000）．「今昔物語集における和漢の対語の意味対立」『語から文章へ』遠藤好英編，「語から文章へ」編集委員会．
[8]　田中牧郎（2017）．「日本語史」『データで学ぶ日本語学入門』計量国語学会編，朝倉書店．
[9]　田中牧郎，山元啓史（2014）．「『今昔物語集』と『宇治拾遺物語』の同文説話における語の対応——語の文体的価値の記述」『日本語の研究』**10**（1）．
[10]　山口仲美（1985）．『平安文学の文体の研究』明治書院．
[11]　山口佳紀（1993）．『古代日本文体史論考』有精堂．

A1-7
中古和文における個人文体とジャンル文体
styles and genres in early modern Japanese

1.　中古和文を対象とする文体研究の問題点

　現在，国立国語研究所の日本語歴史コーパスなどを利用して，中古和文の文体研究を比較的簡単に行うことが可能である．しかしながら，中古和文を対象とする文体研究には，大きな問題がある．それは，歴史的な資料は現代語の資料と比べて圧倒的に数が限られていることである．そして，分析対象であるテクストが極めて少ないために，あるテクストと別のテクストの間に見られる言語的差異が，書き手の差によるものなのか，ジャンルの差によるものなのか，はたまた年代の差によるものなのか，を見分けることが難しい．

　文体論の分野では，古くから「文体」とは何かという議論がなされてきた．しかし，少なくとも言語学的な立場からの文体研究では，文体が「**個人文体**」と「**ジャンル文体**」との2つに大別されることが従来広く認められてきた[1]．ここで言う個人文体とは，「森鷗外の文体」や「川端康成の文体」というものを指し，ジャンル文体とは，「新聞の文体」や「公用文の文体」といったものを指す．このような立場から，安本[5]は，現代日本の作家の文章における15の文体項目を対象に，因子分析を用いて，それぞれの文体を類型化した．ただし，安本による個人文体とジャンル文体の分析はそれぞれ独立したものであり，それら2つの文体がどのように関係しているのかという点については，深く述べられていない．このような状況において，中古和文における個人文体とジャンル文体の関係の調査，さらに，歴史的な資料における文体を研究するための方法論の確立は急務である．

2.　助詞・助動詞の使用傾向に基づく分析

　中古和文における個人文体とジャンル文体の関係に光を当てた研究の1つとして，小林・小木曽[2]がある．この研究では，紫式部の『源氏物語』と『紫式

部日記』，そして『更級日記』における助詞・助動詞の使用傾向を調査し，書き手による文体差とジャンルによる文体差のどちらがより大きいのか，を定量的に検証している．なお，『源氏物語』に関しては，第 1 部の「桐壺」と「若紫」（いずれも紫の上系物語）と第 3 部の「橋姫」と「夢浮橋」（宇治十帖の最初の巻と最後の巻）のみを分析対象としている．そして，これらの資料に対しては，**中古和文 UniDic** を用いた自動形態素解析が行われ，自動解析の誤りは手作業で修正されている．

　定量的な文体研究では，どのような言語項目を用いて分析するか，が重要になる．小林・小木曽[2]では，助詞と助動詞の語彙素の頻度が用いられている．それらの言語項目が選ばれたのは，日本語が膠着語であり，助詞や助動詞が表現の論理や情緒を表すに当たって重要な働きを持っているからである．特に，助詞の使い方には，書き手の文体的特徴が顕著に現れるとされ，歴史的資料を対象とする著者推定の研究においても助詞は極めて有効な文体指標となるからである[4]．

　助詞や助動詞の頻度の統計的分析には，**多重因子分析**と**階層的クラスター分析**が用いられている．図 1～図 4 は，多重因子分析の結果である．図 1～図 4

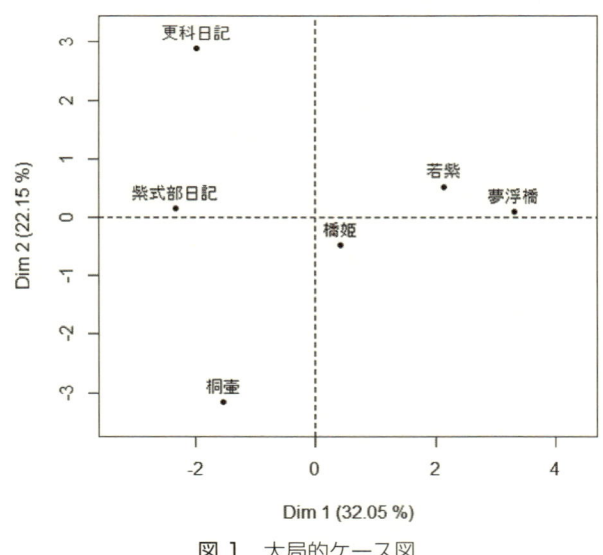

図 1　大局的ケース図

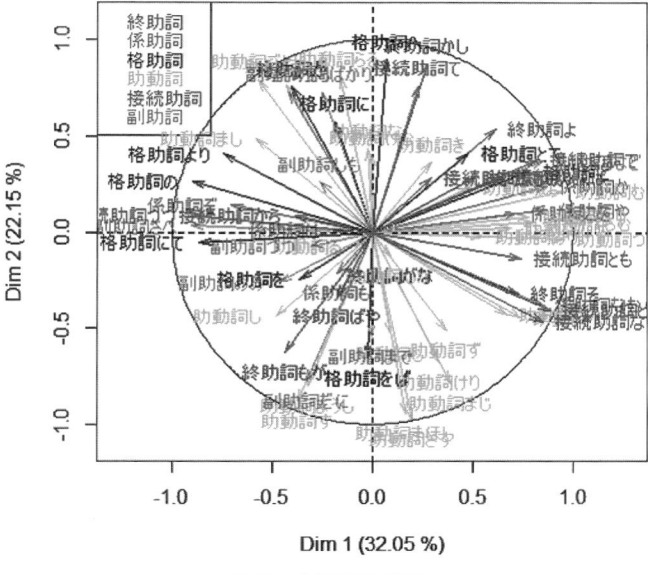

図2　大局的負荷図

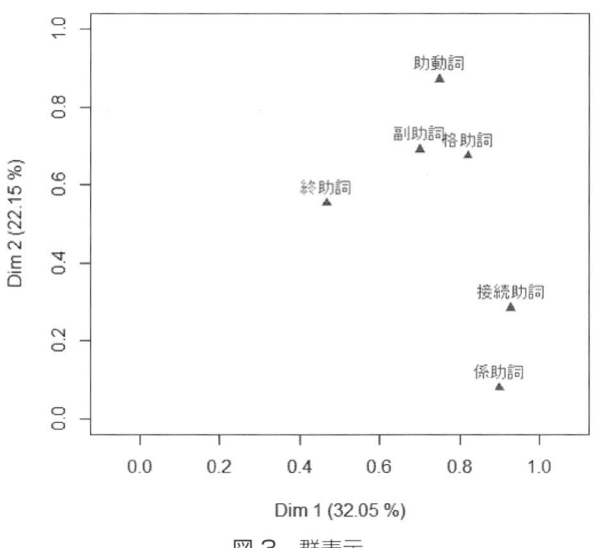

図3　群表示

文章・文献

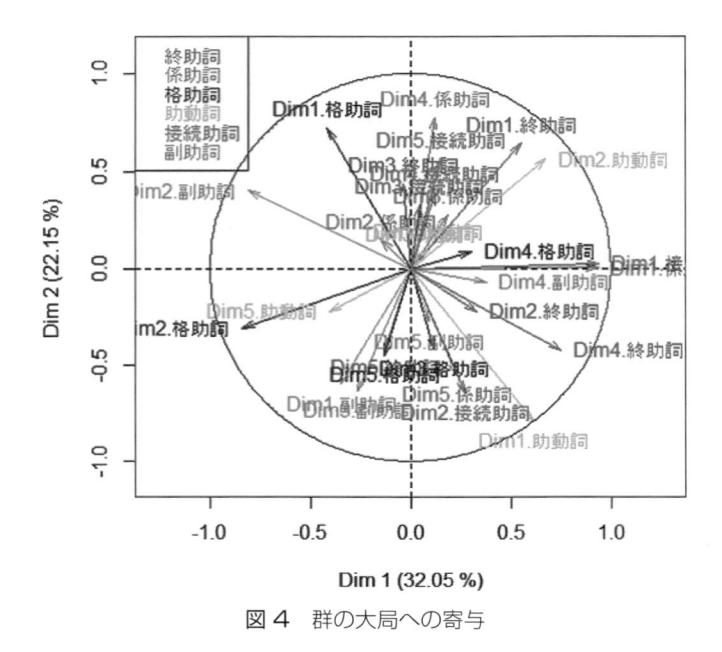

図4　群の大局への寄与

に関して，特に注目すべき点をまとめると，①助詞と助動詞の使用に関して，日記文学と物語文学の間に一定の差異が見られること，②日記文学には格助詞が顕著で，物語文学には助動詞が顕著であること，③「桐壺」は他の物語文学と若干異なった性質を持っていること，などが挙げられる.

　また，図5は，分析対象のテクストに対して階層的クラスター分析（キャンベラ距離，ウォード法）を行った結果である．この図を見ると，左側に日記文学（『紫式部日記』，『更級日記』），右側に物語文学（「桐壺」，「夢浮橋」，「若紫」，「橋姫」）がクラスターを形成している．また，『源氏物語』における紫の上系物語（「桐壺」，「若紫」）と宇治十帖（「橋姫」，「夢浮橋」）の差異は認められない．つまり，この結果は，少なくともこの研究で調査対象としたテクストにおける助詞と助動詞の頻度を変数とした分析では，書き手による文体差（個人文体）よりもジャンルによる文体差（ジャンル文体）の方が大きいことを示している.

文章・文献

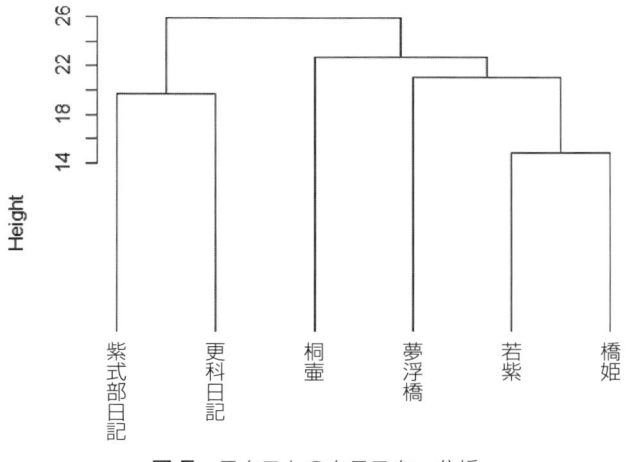

図5　テクストのクラスター分析

3.　今後の研究の可能性

　前述のように，『源氏物語』，『紫式部日記』，『更級日記』における助詞・助動詞の頻度を分析した小林・小木曽[2]では，個人文体よりもジャンル文体の影響の方がテクストの言語使用に与える影響が大きいことが示されている．しかしながら，中古和文の文体について，より一般的な結論を導き出すためには，別のテクストや別の言語項目についても詳しく検討していく必要がある．

　例えば，小林・岡﨑[3]は，『竹取物語』，『古今和歌集仮名序』，『伊勢物語』，『土左日記』，『大和物語』，『平中物語』，『落窪物語』，『枕草子』，『和泉式部日記』，『源氏物語』，『紫式部日記』，『堤中納言物語』，『更級日記』，『讃岐典侍日記』の14テクストにおける接続表現を対象に，時代，ジャンル，書き手などの要因による接続表現の頻度の変異を分析している．その結果，①紀貫之の筆による『土佐日記』と『古今和歌集仮名序』の類似性，②サテの使用による歌物語の類似性，③カカリ系とサテ系の使用法に対する執筆年代の影響，が明らかにされた．このように，分析対象とするテクストや言語項目が変われば，個人（紀貫之）の文体が強く浮き彫りにされることもある．従って，今後は，より広範なテクストにおける多種多様な言語項目を分析対象とする網羅的な調査

が求められている.

[小林雄一郎]

【参考文献（さらに学びたい人のために）】
[1] 陳志文（2012）.『現代日本語の計量文体論』くろしお出版.
[2] 小林雄一郎, 小木曽智信（2013）.「中古和文における個人文体とジャンル文体——多変量解析による歴史的資料の文体研究」『国立国語研究所論集』**6**, 29-43.
[3] 小林雄一郎, 岡﨑友子（2017）.「中古における接続表現の統計的分析——指示詞を構成要素とするものを中心に」『国立国語研究所論集』**13**, 65-77.
[4] 上阪彩香, 村上征勝（2013）.「井原西鶴の『万の文反古』の文体分析」『情報処理学会研究報告』**2013-CH-98**（4）, 1-8.
[5] 安本美典（1982）.「文章様式論」『講座日本語学 8 文体史 II』宮地裕, 樺島忠夫, 安本美典編, 明治書院, 1-22.

A1-8
現代日本語の計量文体論
stylometry of modern Japanese

1.　「計量文体論」とは

　「**計量文体論**」（stylometry）とは, 簡単に言えば, 文章の特徴を数量的に考察しようとする学問である[2]. アンソニー・ケニィ（Kenny, A.）[6]によれば, この学問はすでに紀元前から行われていた. しかし統計学, 推計学の理論を応用した本格的な計量的分析が行われるようになったのは, はるかに時代がくだった 19 世紀になってからだとされる. 西洋では, Yule, G. U., Herdan, Morton, Crystal などの先駆者によって, すでにかなりの研究成果が上げられている. 詳しくはアンソニー・ケニィ[6]を参照されたい.

　「計量文体論」における「計量」の 2 文字が示す意味は, 比較的わかりやすい. すなわち, 前述したように,「数量的に考察する」というように理解すれば支障ないであろう. ところが,「文体」となると, 事情は少々複雑である.「文体」といえば, まず思い浮かべるのが,「**文は人なり**」というイメージであろう.「文体」に対する基本的な認識の 1 つは「文章上の個人的な体臭, ある

いは個人的な習性を意味する言葉」[12]である．国語学会（編）[10]の「文体」の項目（項目執筆＝市川孝）を参照すると，「表現主体が，素材や題材をどのように把握し，どのような態度で表現するか，また，表現の場面をどのように意識し，それによって表現をどのように調整するかによって，そこにいくつかの類型が存在する」という記述が見られる．一見すると，「文体」の概念が明確に規定されているようだが，「文体」という2文字は長い研究史の中において，様々な意味に用いられている．従って，各研究者が考える「文体像」はきわめて混沌としており，定まっていないのが現状である．これは中村[14]における「文体」に関する記述に垣間見ることができる．

　　ある人は，言語作品としての文章構造そのものを「文体」だと言う．またある人は，その文章構造と読者とのかかわりを，あるいは逆に，それと表現主体たる作者の性格との繋がりを，あるいは性格それ自体を，あるいはむしろ，その行動を，あるいは，そのうちの意図的な言語操作の部分を，あるいは反対に，無意識のうちに流れ出た表現上の性格を，あるいはまた，その両者を含めた技術的側面を，あるいは，そこに価値観を導入し，偉大な到達点としての大スタイルを，あるいは，作品という言語の場における表現者と受容者との主体的な出合い，そのダイナミックな交渉を，あるいはまた，当人のあずかり知らぬ作者の存在感を発見する読者側の行為自体を，"文体"について論ずる人々は思い思いに脳裏に描いてきたように見える．「文体」という語をどういう意味で用いるかは，それぞれの学問体系の中での問題であり，最終的には当人の責任で自由に決定できる．

　以上の説明からわかるように，文体の概念を明確にしない限り，誤解を招きかねない．ここでは，「**文体**」および「**文体の類型**」についての考え方を述べておきたい．

2.　「文体」および「文体の類型」

　まず「文体」という概念は，「文章の構成」「文章の構造」といった概念と区別されるべきである．例えば，木戸[7]は新聞記事の文章構成について「新聞

個人文体：森鴎外の文体，太宰治の文体……。

文体 {

ジャンル文体：新聞の文体，週刊誌の文体，公用文の文体……。

図 1 文体の概念

記事は普通，見出し・リード（前文）・本文からなり，内容的には，結論・概要・詳述及び補足からなるという」と述べている．このような「文章の構成」は「文体」と別の概念として捉えたほうが適当であると考えられる．

また，「文学的研究」に立つか，「語学的研究」に立つかによっても，「文体」について示された見解は著しく異なっており，この点にも十分注意しなければならない．「文学的研究」に立った文体概念は，例えば木坂[8]において既にいくつか代表的な定義が挙げられているが，ここでは，1，2 例を挙げておくことにとどめる．すなわち，「一つの統一体を示す美的対象に宿る様式」[9]「作者の個性とか人格によって特徴付けられた美的構造をもった文章」[11]等である．主として「美的対象」や「人格的露出」等として，「文体」を捉えようとしているようである．

これと対照的に，「語学的研究」の立場では，基本的に文章の外的な形態に関わるもののみに着目しているようである．例えば，山口[8]，安本[20]に述べられている「文体」の定義が妥当と思われる．筆者の考えている文体概念も大筋でこれと一致しているので，ここでは，安本の示す定義に従いたい．安本は「文体」を「個人文体」と「ジャンル文体」との 2 つに大別する．「個人文体」というのは，「森鴎外の文体」，「太宰治の文体」というように，個人の個性，資質，気質，性格などによってもたらされる文章の特徴を意味する．これに対して，「ジャンル文体」とは，「新聞の文体」，「週刊誌の文体」，「公用文の文体」というような，一般的に非個人的な，ジャンルの違いによって，もたらされる文章の特徴を指す．これをまとめると，図 1 のように示すことができる．

3. 「計量文体論」に関する先行研究

「文体」に関する研究は「文学的研究」および「語学的研究」の 2 つに分け

られるが，「計量文体論」は，「語学的研究」に該当する．しかし「語学的研究」の該当範囲は非常に広いため，ここでは日本で行われてきた「計量的な手法」による先行研究を中心に振り返る．

「計量文体論」の日本における主な研究に，波多野[4]，安本[19]，樺島・寿岳[5]，水谷[13]，竹蓋[17]などの研究がある．この点について西田[15]，中村[14]，アンソニー・ケニィ[6]などにも詳しく記述されている．それらは，現代日本語の「計量文体論的研究史」の流れや推移が把握できるものである．

波多野完治の『文章心理学』は日本における「計量文体論」の先駆とも言える研究である．だが，波多野の研究は，取り扱っている文体項目が少ないため，狭い範囲での文体傾向を検討することは可能であるが，書物全体の文体傾向を把握するには少々物足りなく思われる．また，波多野の研究では主に文学作品が分析の対象となっており，一般的な日本語文を対象とした語学的な研究とは若干ずれていると考えられる．

また水谷静夫および竹蓋幸生の研究は分析対象が語彙に限定されており，「文体研究」というよりも，むしろ「語彙研究」の範疇に分類したほうが妥当であるかもしれない．

前述したように安本では，「文体」を「個人文体」と「ジャンル文体」との2つに大別している．「個人文体」については，安本[19]と，安本・本多[21]は100人の作家の作品を15の文体項目にわたって統計的に調べ，そのデータを因子分析することにより「個人の文体」の「類型」を初めて明らかにした．ところが，このように「個人文体」の解明が進んでいる一方で，「ジャンル文体」に関しては，それが一体どのようなものであるのかといった内実，特にジャンルに潜んでいる文体の類型化の解明はいまだになされていない．

しかし安本などの**因子分析法**（factor analysis）の有効性が認められたことや，パソコンの高性能化とSASおよびSPSSなどの統計ソフトの発達に伴い，その後「ジャンル文体」の解明に取り組む研究も行われるようになった．例えば，竹蓋[12]は新聞記事，文学作品，手紙文，日本の大学生が書いた英文日記などより抽出した80万語をコンピューターで分析し，各ジャンルで用いられている語彙の実態を明らかにした．福田[3]は新聞投書の文章を資料とし，33種の文体特性項目を設定し，調査分析した．その結果，年齢要因による文体特性の有意な変異が認められるという結論を得ている．

表 1　文体特性の指標 25 項目

1	直喩	2	声喩	3	色彩語	4	文の長さ	5	会話文
6	句点	7	読点	8	漢字	9	名詞	10	人格語
11	過去止	12	現在止	13	不定止	14	名詞の長さ	15	動詞の長さ
16	話題	17	四字熟語	18	引用	19	接続詞	20	接続助詞
21	演述型	22	情意表出型	23	訴え型	24	疑問型	25	感嘆型

　陳[1]は，安本・本多[21]で設定された 15 項目の有効性を認め，さらに福田[3]，老田[16]などを参考に 10 項目加えた結果，下記の**表 1** のような文体特性の指標 25 項目を用い，「新聞」「週刊誌」「高校教科書」の 3 ジャンルにおける「文体類型」，および文体の概要を明らかにした．また現代日本語の全体像を捉えるため同じ因子分析の方法により，3 者の文体特性や相互関係を確認した．

4.　「計量文体論」の将来について

　「計量文体論」という研究領域は，かつて深い統計学的知識を基礎としたバックボーンを必要とした．しかしコンピューターの普及と多数の優れた統計ソフトウェアの開発とによって，データベースを構築し，それを分析，研究を行うことが容易になり，以前より盛んに行われるようになっている．コンピューターを効果的に活用することにより，将来「計量文体論」の分野の研究が更にきめ細かく，大きな成果を挙げることが期待されよう．

［陳志文］

【参考文献（さらに学びたい人のために）】
[1]　陳志文（2005）．「新聞，週刊誌，高校教科書に見られる文体の類型と特性——主成分分析法を通して」『日本語文法』**5**（1）．日本語文法学会．
[2]　陳志文（2012）．『現代日本語の計量文体論』くろしお出版．
[3]　福田薫（2001）．「文体特性と年齢的要因——新聞投書の分析から」『人文論究』**70**．
[4]　波多野完治（1935）．『文章心理学』三省堂．
[5]　樺島忠夫，寿岳章子（1965）．『文体の科学』綜芸舎．
[6]　Kenny, A.（吉岡健一訳）（1996）．『文章の計量』南雲堂．
[7]　木戸光子（1998）．「同じ話題の新聞記事の文章構造の比較——日米台青少年意識調査アンケート結果の報道記事について」『筑波大学留学生センター日本語教育論集』**13**．
[8]　木坂基（1989）．「小説の文体」『講座日本語と日本語教育　第 5 巻　日本語の文法・文

　体（下）』明治書院.

[9]　小林英夫（1966）.「言語美学としての文体論」『文体論入門』，三省堂.

[10]　国語学会編（1980）.『国語学大辞典』東京堂.

[11]　桑門俊成（1959）.『国語文体論』誠信書房.

[12]　前川守（1995）.『1000 万人のコンピュータ科学 3　文学編　文章を科学する』岩波書店.

[13]　水谷静夫（1983）.『朝倉日本語新講座 2 語彙』朝倉書店.

[14]　中村明（1993）.『日本語の文体 文芸作品の表現をめぐって』岩波書店.

[15]　西田直敏（1992）.『文章・文体・表現の研究』和泉書院.

[16]　老田真由美（1999）.「短型特殊手紙文にみられる伝達行動特徴の社会言語学的研究」『地域言語調査研究法』斎藤孝滋編，おうふう.

[17]　竹蓋幸生（1981）.『コンピューターの見た現代英語』エデュカ出版.

[18]　山口佳紀（1989）.「日本語の文体——日本語文体史に関する 5 条」『講座日本語と日本語教育 第 5 巻日本語の文法・文体（下）』明治書院.

[19]　安本美典（1965）.『文章心理学入門』誠信書房.

[20]　安本美典（1982）.「文章様式論」『講座日本語学 8　文体 II』明治書院.

[21]　安本美典，本多正久（1981）.『因子分析法』培風館.

A1-9
現代文におけるジャンル別の文体的特徴
stylistic features among genres in contemporary Japanese

1.　ジャンルと文体

　「漱石らしい文」「鷗外らしい文」といったように，個人に特有の**文体**というものがあるが，それだけでなく，「新聞らしい文」「研究論文らしい文」といったように，ジャンルに特有の文体というものもある．次の例を見てみよう．これは『現代日本語書き言葉均衡コーパス』（以下，BCCWJ と称す．「A2-3 書き言葉コーパス」を参照）に含まれているもので，①は新聞記事，②は政府刊行の行政白書，③は文学作品の会話の文章である．

　①気象庁によると，三十一日午後九時，フィリピンの東で台風 9 号が発生した．中心の気圧は九百九十八ヘクトパスカル，中心付近の最大風速は十八メートル．勢力を強めながら三日夜には沖縄近海に達する見込み．
　【ID: PN5o_00002，『琉球新報』2005】

②気象庁は，列車等の運行の安全に関係の深い台風，豪雨，豪雪，霧，地震
その他の自然現象に対して，運行管理者及び乗務員が必要な措置を迅速に
取り得るよう適切な予報，警報，情報を適時に発表，伝達して事故の防止
軽減に努めるとともに，予報，警報，情報の質的向上を図るため，第2章
第3節で述べた施策を講じた．

　　【ID: OW1X_00159，『交通安全白書』総理府，1979】

③「仮に数値にしたところで，気象庁の降水確率と一緒でね，だからどうす
るという判断は結局，他人に任せることになるのよ」

　　【ID: PB29_00209，五條瑛『スリー・アゲーツ』集英社，2002】

　新聞は，台風の状況を平明に伝えている印象を受けるが，言葉の使い方の
特徴に着目すると，1文が短めで，また体言止めで終わる文が多いことがわか
る．それに対し白書は，引用箇所全体で1文と，かなり文が長く，また新聞や
文学に比べて漢字や漢語の名詞の使用が目立つ．文学の会話文は，「ね」「よ」
などの終助詞の使用に口語らしさが見られる．

　ジャンルや個人に特有の文体を，主観的な印象で語るのではなく，文の長さ
や品詞の使用率といった**文章の数量的特徴**から明らかにする研究は，日本語
を対象とするものに限っても，波多野[3]や安本[8]，樺島・寿岳[5]など古くから
行われてきた．近年では**コーパス**などを活用した研究が行われるようになって
いる．特に個人ではなくジャンルに特徴的な文体を調べるとなると，BCCWJ
のような幅広いジャンルを集めたデータが必要となる．

2.　コーパスを用いたジャンル別の文体的特徴

　BCCWJ を用いて文学・新聞・白書の3つのジャンルの特徴を具体的に見
てみよう．各ジャンルから500サンプル（1サンプル1,000字）をランダムに
選んだ．サンプルごとに，文の長さ（文に含まれる単語数）・名詞率・終助詞
率・内容語の漢語率を求めた（詳細は小磯[6]参照）．

　図1に名詞率と和語率の分布をジャンルごとに示す．名詞率を見ると，白
書が最も高く，文学が最も少ないという傾向が見られる．これは，前節の②の
白書のサンプルで見た特徴と一致する．

　綿密に計画された公式な文章ほど，名詞に代表される内容語の比率が高く

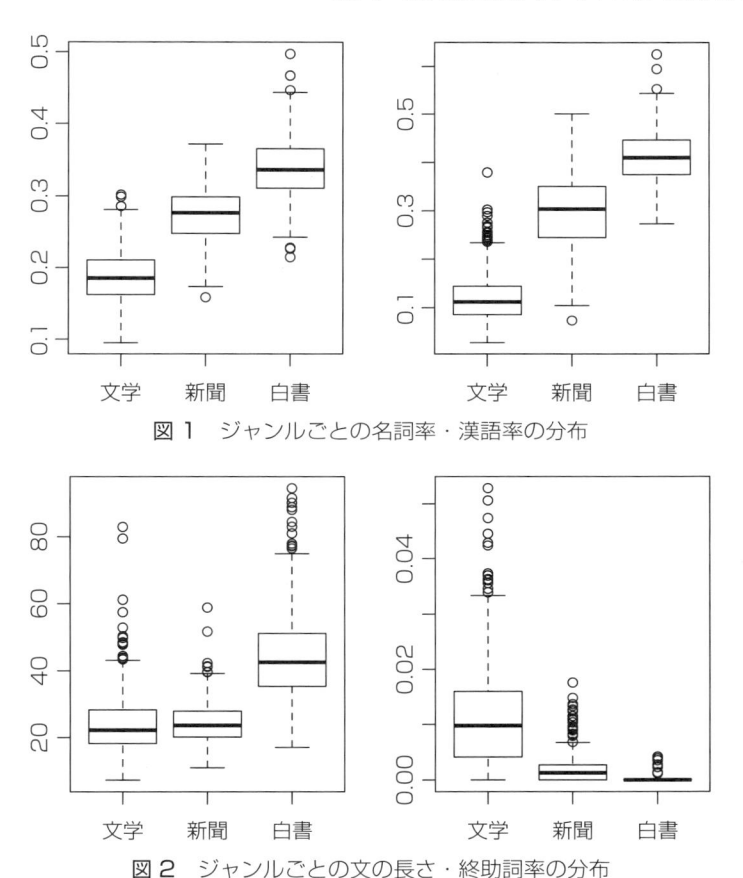

図1 ジャンルごとの名詞率・漢語率の分布

図2 ジャンルごとの文の長さ・終助詞率の分布

文章・文献

なることが指摘されている[2]. 例えば，「お酒を飲みすぎることによってなぜ癌になりやすくなるかを説明する」と比べて，「過剰飲酒による発癌性リスク増加の原因を説明する」では，「お酒を飲みすぎること」を「過剰飲酒」とするなど名詞を多用することによって文を圧縮していることがわかる．その際，「お酒」「飲む」といった和語に代わり「飲酒」といった漢語を用いた熟語の使用が増える．この影響が**図1右**に示す白書における漢語率の高さにつながっている．

図2に文の長さと終助詞率の分布を示す．文の長さを比べると，白書の文の長さが文学や新聞の2倍と格段に長いことが（**図2左**），また終助詞率を比

51

べると，文学が圧倒的に多いことがわかる（**図 2 右**）．これらの傾向は，②や③で見た白書や文学のサンプルの特徴と一致する．

　このように，コーパスを用いて各ジャンルに含まれる大量のサンプルを分析することによって，①②③で見たような文章の特徴が，その文章に個別の特徴というのではなく，白書や新聞，文学といったジャンルに広く共通して見られる文体の特徴であることがわかる．

　計量的な文体研究では，ここで見てきた文の長さや名詞などの品詞率，漢語などの語種率の他にも，漢字や平仮名，片仮名といった字種の比率，単語の長さ，読点の打ち方，使用される語彙の量や種類，語や品詞の接続関係など，様々な言語的特徴に着目して，ジャンルや個人の文体的特徴の分析が行われている．

3.　ジャンルの予測

　図 1，**図 2** で見てきたような文体に関わる特徴から，あるサンプルが文学・新聞・白書のどのジャンルに属するかを予測することもできる．ここでは**線形判別分析**（linear discriminant analysis）を用いた分析を紹介する．線形判別分析とは，いくつかのグループ（この場合はジャンル）に分かれているデータ（文章サンプル）を対象に，複数の特徴量（名詞率や文の長さなど）を組み合わせて各グループを最も適切に分類するための**判別モデル**（**判別関数**）を作り，その判別関数を使って，グループがわからない新しいデータがどのグループに属するかを予測する，というものである．

　先の分析で使った各ジャンル 500 サンプルのうち，それぞれ 450 サンプルを学習に用いて，文学・新聞・白書を判別するモデルを作ってみよう．着目するのは 10 の特徴量（名詞など主要な 6 つの品詞の出現率，漢語・和語・外来語の出現率，文の長さ）である．**図 3** に，得られた判別関数によって学習に用いたサンプルがどのように分類されたかを示す．

　図 3 を見ると，文学は左上の方，白書は右上の方，新聞は中央下の方といったように，同じジャンルのものがまとまって分布していることがわかる．ジャンルの判別精度は 95％ である．ここで得られた判別関数を使って，新しいデータを対象にジャンルを自動で判別してみよう．学習に使わなかった新しい

文章・文献

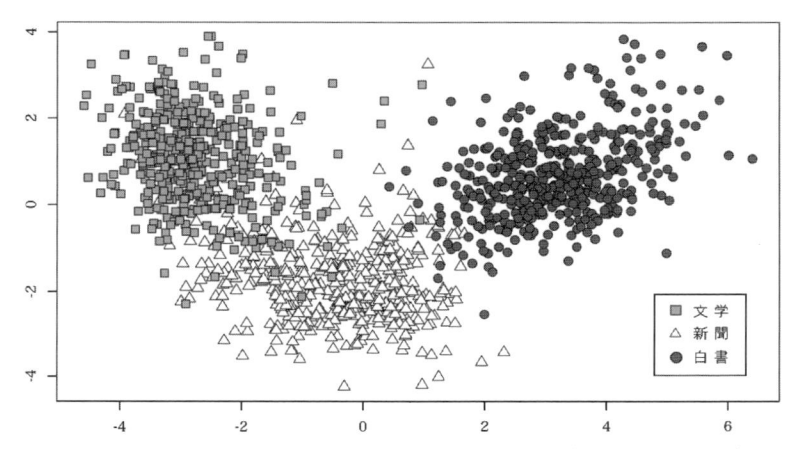

図3　判別分析に用いた各ジャンル 450 サンプルの判別関数得点の分布図

サンプル各 50 を対象に推定してみたところ，判別精度は 93% であった．このように，品詞率・語種率・文の長さという単純な特徴を見るだけでも，かなり高い精度で，文学・新聞・白書といった3つのジャンルを自動で判別することができる．

　こうした文章のジャンル判別の技術は，例えばインターネット上に存在する大量のテキストから指定したジャンルのテキストを自動で抽出するといった応用につながる．また，文章を別のジャンルの文体に自動変換するといった研究も進められている．例えば，③の文学の会話文で見たように，話し言葉は書き言葉とかなり異なる文体であるため，講演などの話し言葉をそのまま文字にしただけでは読みづらい．文字化したテキストを書き言葉の文体に変換することによって，読みやすい講演録などを作成することができるようになる．ジャンルの計量的文体研究は，こうした応用の可能性を有する研究分野であり，今後の展開が期待される．

[小磯花絵]

【参考文献（さらに学びたい人のために）】
[1]　陳志文（2012）．『現代日本語の計量文体論』日本語研究叢書 26，くろしお出版．
[2]　Halliday, M. A. K.（1985）．*Spoken and Written Language*, Deakin University Press.
[3]　波多野完治（1950）．『現代文章心理学』新潮社．

[4]　伊藤雅光（2017）.「文章・文体」『データで学ぶ日本語学入門』計量国語学会編，朝倉書店，45-55.
[5]　樺島忠夫，寿岳章子（1965）.『文体の科学』綜芸舎.
[6]　小磯花絵，小木曽智信，小椋秀樹，冨士池優美，宮内佐夜香（2008）.「『現代日本語書き言葉均衡コーパス』にもとづくジャンル間の文体差に関わる要因の分析」『社会言語科学会第 22 回研究大会発表論文集』，192-195.
[7]　村上征勝，金明哲，土山玄，上阪彩香（2016）.『計量文献学の射程』勉誠出版.
[8]　安本美典（1965）.『文章心理学入門』誠信書房.

A1-10
論述文の文体的特徴
stylistic features of academic writing

　情報のデジタル・データ化は，言語教育においても，個人レベルでの多様かつ大量の情報処理が可能となることによって，研究と教育に新しい視点を与え，その可能性は拡大を続けている.

1.　専門日本語教育現場を出発点として

　筆者の主たる関心は，日本語教育学の中でも**専門日本語教育**（Japanese language education for academic purposes）と呼ばれる領域の 1 つで，大学・大学院で専門分野の研究を行う外国人学習者を対象とした**論述文**（academic writing）の効果的な指導方法である. 対象学生は，学位課程に留学し，限られた時間の中で日本語で論文を書くことが求められているため，日本語教育を行う側も効率的に論述文指導を行う必要がある.

　日本語教育の教科書の多くに「文型」と呼ばれる表現形式（例「ために」「について」「つまり」）が出てくるが，これは文や文章の構造を「文型」という表現形式を通じて提示するためで，日本語の運用能力を重視する立場から，教育上の有効な単位として長く用いられてきたものである. 筆者がここで分析の指標として用いる助詞相当句や接続語句も，この「文型」に含まれる. 学習者は，通常，この「文型」を用いて例文を作成しながら文章作成能力を養い，論文作成へとつなげていく.

2.　論述文の文体をどう捉えるか

2.1　文体とジャンル

　母語話者なら，ある日本語の文章を読み，それが論文か，小説か，新聞記事かを識別するのはあまり困難ではない．金[4]は，「文体とは文章の書き手の識別に関する何らかの特徴パターンである」と述べている．「文体」と言っても，「漱石の文体」というように作家個人の文体的特徴を指す場合もあれば，いわゆる**ジャンル**（textual genre）と呼ばれる文章グループ全体に共通する**文体的特徴**（stylistic features）を指す場合もある．筆者の関心は後者である．論文に代表される論述文の文章グループを特徴付ける文体的特徴を可視化する方法として，情報のデータ化が有用であることを 2.2 に示す．

2.2　文体的特徴となる指標とその可視化
2.2.1　判別分析

　村田[7]では，7 つのジャンルの文章資料 370 編を対象に，助詞相当句・接続語句 65 語句を指標として，分析を行った．**図 1** はその結果である（詳細は村田[7]参照）．判別率 79.2% という高い値で，選択された 19 語句によって 7 つのジャンルの文章資料が十分判別可能であることが検証された．関数 1 では，「〜において」「したがって」「すなわち」「しかしながら」という 4 語句が論述文グループ（論文と経済学入門書）を特徴づけていることがわかり，関数 2 では，「〜によって＜方法＞」「〜とは（定義）」「〜から〜にかけて」という 3 語句が，理工学論文に特徴的だとわかる．

　村田[9]では，最も短い論述文として理工系論文の論文要旨を分析対象に加え，文学作品，新聞社説との比較を目的に合計 523 編の文章資料を対象に，**判別分析**（discriminant analysis）を行った．**図 2** はその結果である[9]．76.8% の判別率で，選択された 12 語句によって，3 つのジャンルの文章資料が十分判別可能であった．また，論文要旨を特徴づけている語句が，「〜において」「〜によって＜方法＞」「ので（理由）」「ため［に］（目的）」等であることも明らかとなった．このように論述文に共通して用いられる機能語句が存在し，それらが論述文を特徴づけていることが明示的に示せたことは重要だと考えられ

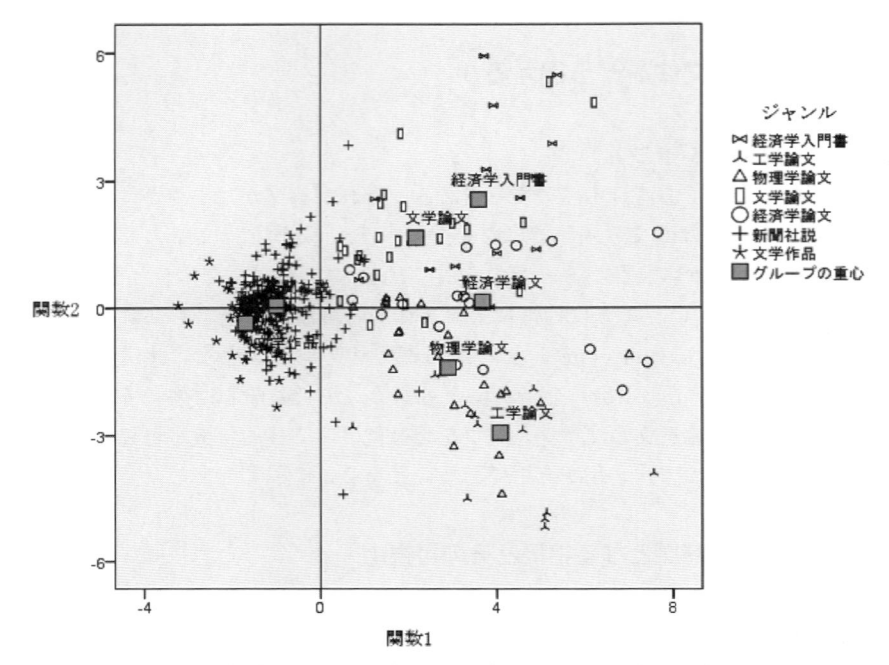

図1　判別分析による各文章資料とジャンルごとの重心のプロット

る．その他の指標として複合動詞の後項動詞（村田[8][11]）や慣用句（村田・山崎[12]）もあるが，研究は途上である．

2.2.2　主成分分析

　2.2.1に挙げた7つのジャンルの文章資料中，4つの論文資料（経済学，物理学，工学，文学）を対象に，どのような助詞相当句・接続語句が論文資料に共通して頻度が高いかを調べた．その結果，平均ランクの高い17語句の存在が明らかとなり，それらについて**主成分分析**（principal component analysis）を行って，成分の解釈を試みた．その結果を**図3**に示す（詳細は村田[10]参照）．第1成分から第3成分までが論述文グループに特徴的な成分だとわかる．第1成分は，「～に関して」「～について」「ただし」「なお」などから「提題・補足」成分とし，第2成分は，「～ため[に]＜理由＞」「～によって＜理由＞」「～によって＜方法＞」などの「因果・方法」成分とした．第3成分は，「たと

文章・文献

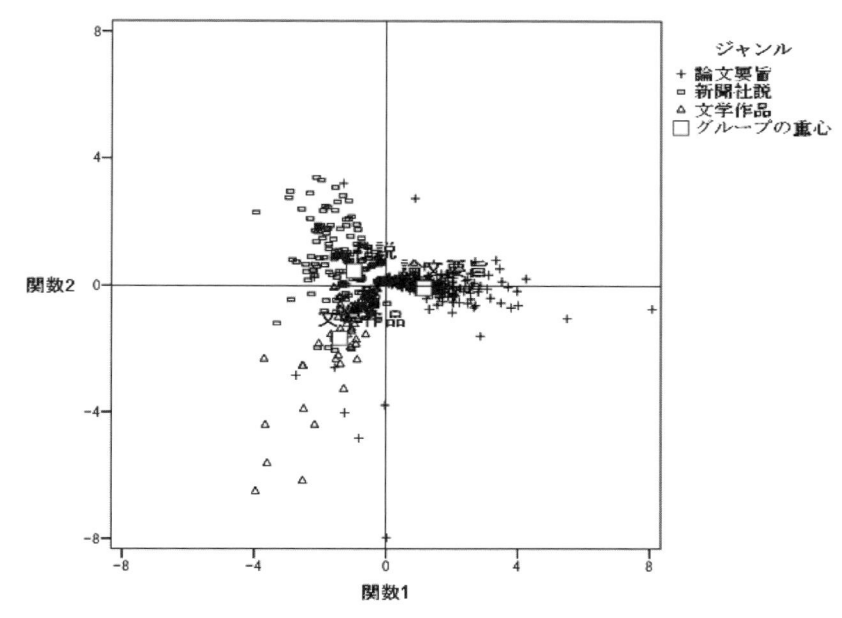

図2　判別分析による3資料とジャンルごとの重心のプロット

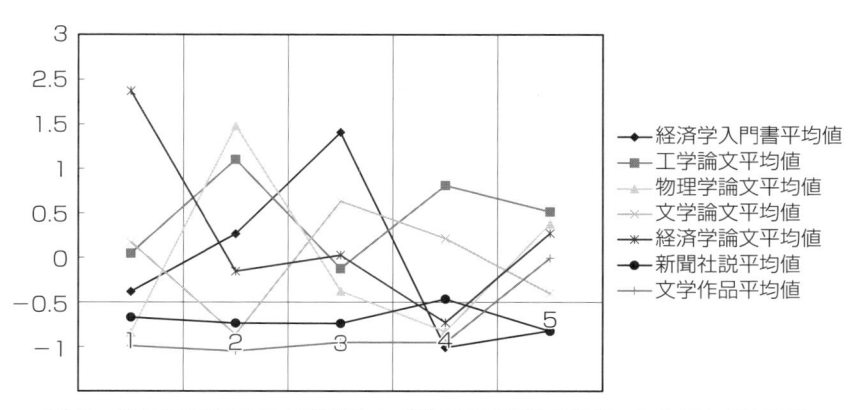

図3　各文章資料に対して推定した成分スコアに関するジャンルごとの平均値

えば」「すなわち」の負荷量が特に高いことから，「言い換え」成分とした．このように論文の論理展開に重要な「提題」，「因果・方法」，「言い換え」という意味機能が，機能語である助詞相当句・接続語句の使用傾向からも見えてくる

ことがわかる.

3. 文体的特徴を「見える化」して教育現場へ

　上記の研究成果は，論述文というジャンルの文体的特徴の「見える化」を可能にし，同時に，従来，自明と考えられてきた教科書の教育項目としての「文型」の一部を検証でき，その重要性を客観的に確認する機会となった．また，学習者側からも，学習すべき項目の「見える化」により，学習目標が明確となることで学習意欲の継続につながっている.

[村田年]

【参考文献（さらに学びたい人のために）】
[1]　姫野昌子（1999）．『複合動詞の構造と意味用法』ひつじ書房.
[2]　市川孝（1978）．『国語教育のための文章論概説』教育出版.
[3]　石田基広，金明哲編著（2012）．『コーパスとテキストマイニング』共立出版.
[4]　金明哲（1999）．「日本現代文における書き手の特徴情報」『人文学と情報処理』**20**, 64-71.
[5]　前田忠彦（2010）．「言語統計の基礎」『言語研究のための統計入門』石川慎一郎，前田忠彦，山崎誠編，くろしお出版，23-51.
[6]　森田良行，松木正恵（1989）．『日本語表現文句』アルク.
[7]　村田年（2007）．「専門日本語教育における論述文指導のための接続語句・助詞相当句の研究」『統計数理（特集「文化を科学する」）』**55**（2），269-284.
[8]　村田年（2008）．「文章と複合動詞——論述文ジャンルを特徴づける新たな指標を探して」『日本語と日本語教育』**36**，1-33.
[9]　村田年（2009）．「文章と文型 8——論文要旨における文型の使用頻度調査」『日本語と日本語教育』**37**，61-92.
[10]　村田年（2012）．「文章のジャンル判別に寄与する指標の研究——専門日本語教育への応用」『コーパスとテキストマイニング』石田基広，金明哲編著，共立出版，166-180.
[11]　村田年（2016）．「BCCWJ を用いた複合動詞使用頻度調査表の改訂——22 後項動詞を指標として」『日本語と日本語教育』**44**，115-131.
[12]　村田年，山崎誠（2011）．「「手」の慣用句を指標とした文章ジャンルの判別——現代日本語書き言葉均衡コーパスを用いて」『日本語と日本語教育』**39**，75-88.
[13]　山崎誠（2009）．「代表性を有する現代日本語書籍コーパスの構築」『人口知能学会』**24**（5），623-631.
[14]　柳井晴夫，高木廣文編（1986）．『多変量解析ハンドブック』現代数学社.

A1-11
個人の文体変化
changes in personal writing style

　計量文体論（stylometry）の分野では，文章から抽出する文字，記号，品詞，文節などの文章を構成する要素を，統計的手法によって分析する研究が盛んに行われている．その中で，文章の文体的特徴の分析を通し，著者の識別，執筆時期の推定などに関する研究成果が蓄積されつつあり，文学作品の分析や歴史的な文献の真偽判定に限らず，社会事件にかかわる匿名文章の書き手の同定などの問題の解決にも役立っている．しかし，書き手はそれぞれ独特の文体を持っているといっても，その**文体的特徴**（stylistic features）は必ずしも不変ではない．筆者自身が置かれる状況や執筆時の心理および立場が大きく変化したりすることによって，文体にも影響をもたらすことが推測される．

　古往今来，病気に悩まれたり，精神的に大きなダメージを受けたりすることで文体に変化が生じた作家は少なくない．例えば，脳の大患を経験した宇野浩二の文体に顕著な変化が見られた[10]．「小倉左遷」と称される不本意な勤務は，森鷗外の文学創作にとって大きな転機になったと言われている[5]．本項目では，宇野浩二，芥川龍之介，太宰治の文体的特徴の変遷を個人の**文体変化**（stylistic changes）の例として取り上げて紹介する．

1. 宇野浩二，芥川龍之介，太宰治

1.1 宇野浩二

　宇野浩二（1891-1961）は小説のみならず，童話や文芸評論にも執筆の分野を広げ，人生の哀感にユーモアを交えて描いた数多くの作品によって大正・昭和文壇の寵児になった．しかし，1927 年から精神病を患い，執筆活動を中断して約 6 年間にわたる療養生活を送っていた．広津によると，宇野浩二の**精神病**（mental illness）は進行麻痺であり，マラリア療法によって治癒したそうである[2]．1933 年に文壇に復帰したが，その文体は別人のように変化したと言われている[1]．

　劉[10]は，宇野浩二の病気前後に発表された 52 編の小説に注目し，漢字の使

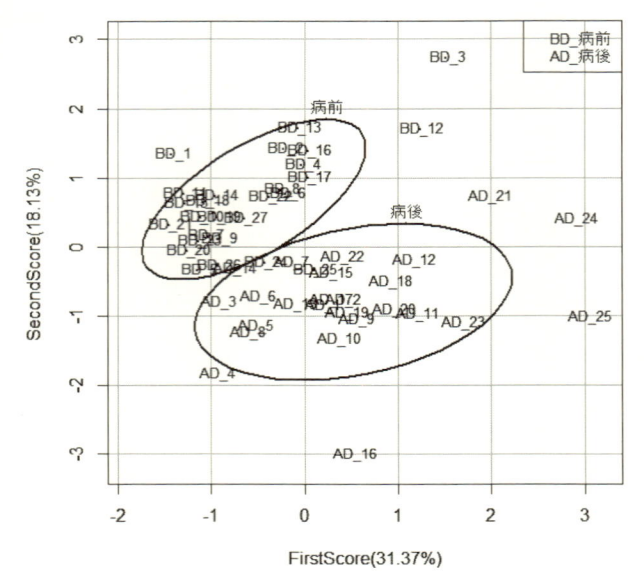

図 1　対応分析の個体スコアの散布図（形態素タグの bigram）

用率，読点の使用率，品詞の bigram，文節のパターンなどの特徴量を抽出し，文字，記号，構文の側面から計量分析を行った．その結果，宇野浩二の病気前後の文体は異なることが明らかになった（**図 1**）．例えば，1927 年から 1933 年にかける休養の 6 年間に近い作品では，読点の使用率が低く，初期の作品と病後の作品，特に病後になればなるほど読点の使用率が徐々に高くなる傾向が見られた（**図 2**）．読点の異なる使用率によって独特のリズム感を生み出していることが考えられる一方，文学的評論で言われ続けてきた作品の饒舌さや流暢味の喪失にも影響している可能性が高い．また，病後の作品では名詞の使用率が高く，羅列する現象も見られた．それによって，宇野浩二の文章はより固くなり，口語体であった文体特徴が少し薄くなったことが考えられる．

　前述したように 1927 年からの精神病による執筆の空白期間を宇野浩二の文体転向の契機として読み取ることが多い．しかし，入院する前に発表された『日曜日』（BD_25）という作品の特徴は，病後の作品と似ていることもわかった（**図 1**）．文体がある日突然激変することは考えにくいため，劉[10]の分析結果を踏まえ，作品を分割し，宇野浩二の文体変化が始まる時期について分析

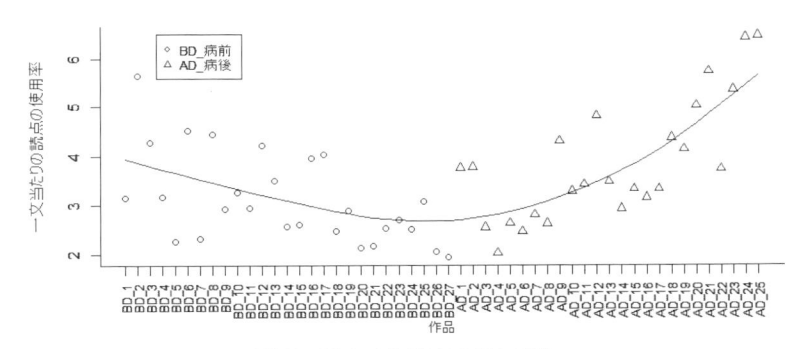

図2 読点の使用率の経年変化

を行った[11]．その結果，1927 年に発表された「軍港行進曲」の一部，『日曜日』に文体特徴の変化がすでに起こったことがわかった．その中で，「名詞―名詞」，「名詞―名詞―読点」のパターンの使用率が低いことは，病前の作品に似ている．一方，形式名詞の「こと」，過去時制を表す「だった」，「記号―記号」及び「助詞―助詞」の記号と助詞のそれぞれの連続使用は，病後の作品に似ている．したがって，宇野浩二の文体変化は，病後の「枯木のある風景」から変わったとされる文壇の通説とは異なり，時間的に精神病の発病と並行し，入院した年（1927 年）に発表された作品から現れはじめたと見るべきである．

1.2 芥川龍之介

　芥川龍之介（1892-1927）は『今昔物語集』や『宇治拾遺物語』の古典を題材にした『羅生門』や『地獄変』をはじめとして，『蜘蛛の糸』『杜子春』など児童に向けた作品まで幅広い傑作を残している．しかし，精神障害を発症しながらも回復後再出発し，文学一筋の生涯を全うした親友の宇野浩二と異なり，神経衰弱に悩まれていた芥川龍之介は 1927 年に服毒自殺を図り，自ら命を絶った．

　芥川の性格や文学の特徴は，彼の精神変調と共に変化し，初期と後期の作品がかなり違うと言われている．宇野浩二は，芥川龍之介の神経衰弱の兆しが 1922 年の中頃からあったと，評伝の『芥川龍之介』の中で記している[12]．さらに，この健康状態の悪化が 1923 年頃から芥川の創作にも影響するようになった．物語の構成を工夫したり文章を練ったりする気力が衰えたために，その

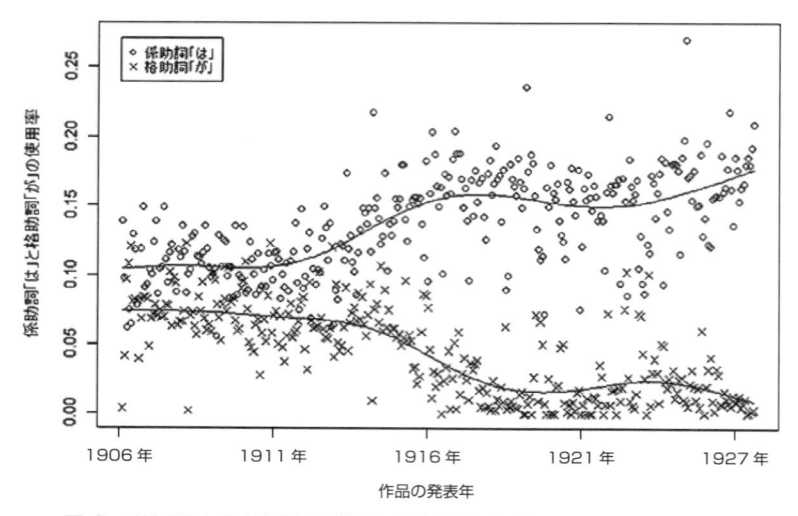

図3　芥川龍之介の係助詞「は」と格助詞「が」の使用率の経年変化

作品が古典を素材とした小説から回想小説を経て身辺小説に変わったと，宇野は病跡学的な観点から芥川の**文体変化**を捉えた．

　芥川龍之介の文体変化に関する計量的な研究が少ないが，後期の作品は逆説の接続語が多く，「屈折型文体」であると言われている[4][7]．また，金[3]は芥川龍之介の文体変化や文章の執筆時期について計量分析を行った．その結果の1つとして，作品における助詞の使用率は経年に伴い変化していることがわかった．**図3**からわかるように，係助詞「は」は経年に伴い増加し，格助詞「が」の使用率は減少している．特に，1919年〜1921年の間では両助詞の変化が最も激しく，文学的評論で指摘されている芥川の神経衰弱の兆しがあった時期よりも少し先行していることがわかる．

1.3　太宰治

　太宰治（1909-1948）の代表作には，『走れメロス』『津軽』『お伽草紙』『人間失格』などが挙げられ，現在においても名作として読み継がれている．太宰は深刻な作品から軽妙でユーモラスな作品まで幅の広い作風を持ち，特に，名作の『人間失格』で破滅していく人間を巧みに描いたことで絶賛されている．その作風から坂口安吾，織田作之助らとともに「新戯作派」や「無頼派」と称

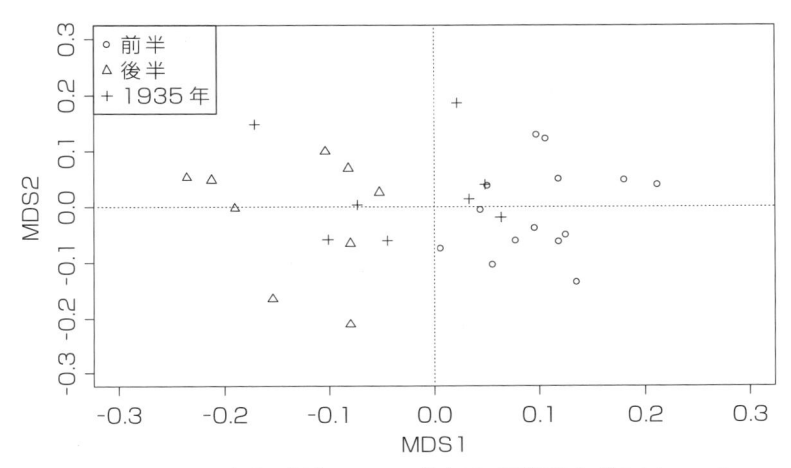

図4 多次元尺度法の個体スコアの散布図（形態素タグの bigram）

される．数回の自殺を図った太宰は，1948 年に愛人と共に入水自殺を完遂し，38 歳で生涯を終えた．

　比較的に短い文学生涯でありながらも，太宰の作風が次第に変化していたことが広く知られている．その作風の変化によって，彼の創作時期を前期，中期，後期 3 つに分けることが一般的である．しかし，尾城[9]では太宰治の文体変化について様々な側面から計量分析を行い，同じく前期で発表された作品であっても 1935 年を境として 2 つのグループに分かれることを明らかにした．形態素タグの bigram を特徴量として多次元尺度法を用いて分析した結果を**図4** に示す．

　前期の後半の作品においては，読点を含む bigram が多く用いられており，特に，「動詞―読点」というペアの使用率が高い．その理由として，文の繋がりでは助詞「て」や接続語の代わりに連用中止法を多用したことが挙げられる．これも中村[8]が指摘した，太宰が連用中止法を用いて言葉を羅列する文体特徴を持つことと一致している．

2.　個人文体論の展望

　個人文体における変化は，著者識別に関する分析を行う際に避けてはならな

い問題点の１つとして挙げられる．個人文体についての研究は作家の文体・文学研究だけでなく，文体の変化を通して作家の文章を見ることに新たな可能性を提示し，現在までの伝統的文体研究法によって解明できない課題に新たな視点から助言できる．

　また，もし文体の特徴に変化が生じたとすれば，その特徴の変化によって筆者の執筆時の感情・心理・精神状態や人生観などを探ることも可能になると考えられる．村上[6]は，「書き手の思想や心理が文章や文体に影響するならば，逆に文章・文体の変化から書き手の心のありよう，ひいては思想の変化の有無や時期，さらには変化の原因を探求する道が拓ける可能性がある．」と述べている．文体の経年変化に潜まれている言語学における意味の解釈や，さらに執筆者の心理的変化や精神病との関連性の解明などについては，いまだ議論の余地がある分野である．このような文体的特徴の変化に関する計量的な試みは，今後の研究の切口になるとも考えられる．

[劉雪琴]

【参考文献（さらに学びたい人のために）】

[1] 春原千秋，梶谷哲男（1971）．『現代文学者の病蹟——創作と狂気の謎』新宿書房，316.

[2] 広津和郎（1998）．「芥川龍之介の自殺」『広津和郎——作家の自伝』日本図書センター，281.

[3] 金明哲（2009）．「文章の執筆時期の推定——芥川龍之介の作品を例として」『行動計量学』**36**（2），89-103.

[4] 樺島忠夫，寿岳章子（1965）．『文体の科学』綜芸社，236.

[5] 桑野麻友子（2009）．「小倉左遷前後における森鷗外の文体の変化について」同志社大学文化情報学部卒業論文.

[6] 村上征勝（2004）．『シェークスピアは誰ですか？——計量文献学の世界』文藝春秋.

[7] 中村明（1968）．「接続方式から見た文体の側面」『国語研究』**26**，1-12.

[8] 中村明（2010）．『文体論の展開——文藝への言語的アプローチ』明治書院，711.

[9] 尾城奈緒子（2018）．「太宰治の前期作品の文体変化に関する定量的分析」同志社大学文化情報学部卒業論文.

[10] 劉雪琴，金明哲（2017）．「宇野浩二の病気前後の文体変化に関する計量的分析」『計量国語学会』**31**（2），128-143.

[11] 劉雪琴，金明哲（2017）．「入院する前に宇野浩二の文体は既に変わっていたのか」『情報知識学会』**27**（3），245-260.

[12] 宇野浩二（1953）．『芥川龍之介』文藝春秋新社，647.

A1-12
文体模倣の計量分析
statistical analysis of stylistic imitation

　文芸評論家の小林秀雄が「模倣は独創の母である」[3]と言ったように，多くの作家は創作活動において模倣から出発し，魅了された過去の名著から技法を学び，やがて独自の作風，文体を確立してきた．夏目漱石，谷崎潤一郎，堀辰雄，井上靖，松本清張や村上春樹などの名作家も，他の創作者の作品を巧みに模倣したことがあると指摘されている[7][10]．文体の模倣がどのように成立するのか，どのような文体要素を模倣し，どこまで似せているかなどは，創作論・文体論および言語認知論においても興味深い研究課題である．

　現代小説には**文体模倣**を特徴とした優れた作品が多数存在している．その1つに水村美苗が夏目漱石の長編小説『明暗』を模倣して書いた『続明暗』が挙げられる．『明暗』は夏目漱石の遺作であり，1916年漱石の病没によって未完のまま閉じられた．この小説の結末は文学史上の謎となり，それについての推測，想像も少なくなかった．1990年に，当時新進の作家であった水村美苗が，物語の筋や文体を漱石の『明暗』に合わせ，『続明暗』を書き上げた．『続明暗』は発表してから話題となり，この作品で水村は1990年の芸術選奨新人賞を受賞した．ストーリー・テリングの運び方ももちろんだが，漱石の独自の文体をよく真似ていることで特に評価されている．

　水村美苗は，文体の模倣を実現するため，間テキスト性の範囲および言説の引用範囲を漱石の作品にとどめることを意識していたそうである[11]．しかし，漱石の文体に酷似していると言っても，2作品の創作時期に74年の隔たりがあり，作者の漱石と水村2人の生きた時代環境が異なり，個人経歴と知識素養や個性なども大きく違うため，言語制約や模倣の限界が存在すると考えられる．この点を考えると，『続明暗』と『明暗』の文体は，似ていながらもどこか異なる部分があると推測できるが，『続明暗』の文体が何をどこまで似せているか，またはどのような差異があるかという問題は明らかにされていない．これについて，李・金[5]は計量的アプローチを利用して分析を行った．以下にその内容を紹介する．

1. データと分析手法

1.1 コーパスの作成

　作品の文体特徴をより明確に表出させるため,『明暗』『続明暗』2 作品を,それぞれ 10 個のファイルに分割する. なお, 比較対照のため, 水村の他の長編小説『新聞小説 母の遺産』『本格小説』(以下水村 A, 水村 B と呼び, 同じく 10 個ずつのファイルに分割) および他の 5 名の作家による 50 作 (5 × 10) の短編小説を加えて分析に用いる. 水村自身の話[6]によると, 彼女は 10 代から日本近代文学を愛読し,『続明暗』を執筆した時に漱石と同年代の作家の作品も参考にしていた. そのため, 5 名の比較作家を泉鏡花, 永井荷風, 森鷗外, 島崎藤村, 幸田露伴に選定した.

1.2 分析項目と分析方法

　文体が似ているか似ていないかというのは, 文章を読んだ後の印象であり, このような文体印象を捉えるには, 対応する証拠をテキストの言語的事実, つまり言語の形状や形態などに求める他ない. 調査項目に関しては, 先行研究[4]を踏まえてリズム, テンポ, 語彙, 品詞, 構文に関連している文長, 形態素, 品詞, 文節に焦点を絞り, 文の長さ, タグ付き形態素, 品詞の bigram, 文節パターンを調査項目として使用する. 形態素解析器 MeCab と文節係り受け解析器 CaboCha でテキストを加工し, 集計を行う. 作品の文字数の差異による影響を軽減させるため, 集計データの各度数を各テキストの総度数で割り, 比率データに変換してから解析に用いた. 文体の類似度やその差異を分析する方法として, **多重比較検定のチューキー・クレーマー検定**(Tukey Kramer test), 階層的クラスター分析, カイ 2 乗値による特徴項目抽出など, もっとも基本的な統計分析手法を用いることにした.

2. 分析と結果

2.1 文の長さ

　文の長さは, 一文に何文字使用しているかを示す数値であり, 文体の特徴

表 1　『明暗』と各作品群とのチューキー・クレーマー検定の統計量

	$diff$	lwr	upr	p
明暗—続明暗	0.144	−12.418	12.705	1.000
明暗—泉	−9.671	−22.233	2.891	0.270
明暗—水村 A	−5.538	−18.100	7.024	0.893
明暗—水村 B	−13.740	−26.302	−1.178	0.021
明暗—森	0.747	−11.815	13.309	1.000
明暗—幸田	−25.764	−38.326	−13.202	0.000
明暗—永井	−20.332	−32.894	−7.770	0.0001
明暗—島崎	−2.945	−15.507	9.617	0.998

文章・文献

を表す指標の 1 つとして使われている．波多野[1]は**文章心理学**の視点から平均文長と作家の創作態度や性格との結びつきについて考察し，安本[12]と佐々木[9]は文の長さの分布の正規性について，樺島[2]は同一文章における文の長さの変化について計量分析を行った．本節において，平均文長を用いて分析する．

　まず，『明暗』，『続明暗』，水村の作品 A，作品 B および泉等 5 名の作家の作品群における地の文の平均文長について，多重比較検定法によって各 2 群間における平均値の差の検定を行った．『明暗』と各作品群とのチューキー・クレーマー検定の統計量をピックアップし**表1**に示す．出力結果の $diff$ は比較した群間の平均値の差であり，この数字の絶対値が小さいほど近似性が高いことを示す．**表1**により，両平均の差が最も小さいのは「明暗—続明暗」の 0.144 である．換言すると，平均文長においては，用いたコーパスでは『続明暗』がもっとも『明暗』に似ていると言える．また，lwr および upr はそれぞれ 90%の信頼区間の下限値（lower）と上限値（upper）を示している．この区間に 0 を含む場合，2 群間の平均値に有意差がないと言える．**表1**では，「明暗—続明暗」の区間は −12.418〜12.705 であり，0 が含まれているため 2 群間の平均値に有意差はない．また，最後の p 値から見ると，「明暗—続明暗」2 群間の p 値が 1.0 であり，帰無仮説が採択される．

2.2　タグ付き形態素

　文長の分析に続き，**形態素**の頻度について語彙レベルの計量分析を行う．形態素は，意味をもつ表現要素の最小単位である．本節では，物事の状態や性質を表す形容詞・形容動詞・動詞・副詞に関する形態素項目を中心に考察する．「形容詞」「形容動詞語幹」「自立動詞」「非自立動詞」「サ変接続」「副詞」といったタグ名称を付けられた形態素を集計し，**階層的クラスター分析**を用いる．

　データ集計においては，次元を縮小するため，出現頻度が計 45 回以下の形態素項目を 1 つの項目にまとめ，計 668 個の変数を使って，階層的クラスター分析（JSD 距離，ウォード法）を行った．**図 1** にその樹形図を示す．樹形図をおおまかに 3 つのクラスターに分けた場合，右側から第 1 番目のクラスターは，島崎・泉・幸田・森・永井の作品からなり，第 2 番目のクラスター『明暗』『続明暗』と共に大きな階層を作って，続いて水村の作品 A と作品 B のクラスターと結合する．これにより，用いたコーパスにおいて，形容詞・形容動詞・動詞・副詞の使用について，『明暗』『続明暗』は近い傾向を示すと解釈できる．つまり，『明暗』の状態や性質を表す特徴的な語彙は『続明暗』に生かされていることは言える．

　『明暗』『続明暗』における共通する特徴的項目を確認するため，**カイ 2 乗統計量**を用いて『明暗』『続明暗』によるクラスターの特徴的形態素項目を抽出した．結果より，他の作品に比べ，『明暗』『続明暗』によるクラスターでは，「なかっ ＿ 形容詞」および「急 ＿ 形容動詞語幹」「突然 ＿ 副詞」をはじめとする形態素項目が多く出現することがわかった．それにより，『明暗』における否定叙述の多用という特徴が『続明暗』に受け継がれており，そして 2 作品において予想外の事態，およびそれに伴う人物の心理の動きに関する叙述が多

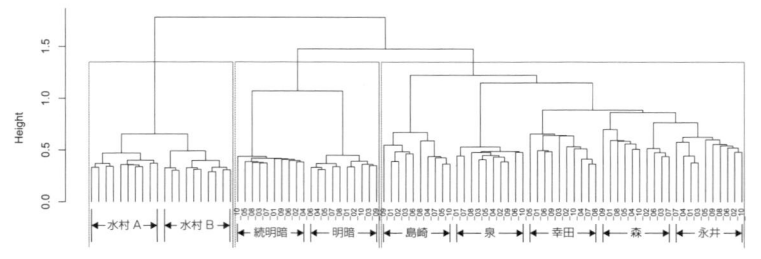

図 1　タグ付き形態素（形容詞・動詞・形容動詞・副詞）のクラスター分析

かったことが推察できる.

　一方，クラスターの数をさらに細かく分けると，『明暗』と『続明暗』は異なるクラスターを形成していることが確認できる．この2作品の相違を考察するため，カイ2乗統計量を用いてそれぞれの特徴的形態素項目を抽出してみると，その差異は，主に類義語の使用・選択や表記のような微細な違いに集中していることがわかる．例えば，漱石の小説では仮名の「しまう」と漢字の「仕舞」との2種類の表記が混じて使用されているが，『続明暗』では，全部「仕舞」と表記されている.

2.3 その他の特徴量

　前節のタグ付き形態素と同じく，品詞の bigram, 文節のパターンについて分析を行った．その結果，図1と同じく，水村の作品のクラスター，『明暗』『続明暗』によるクラスター，その他の作品のクラスターに分かれる．前節の分析結果と同様，『明暗』『続明暗』は1つのクラスターを形成するということが確認された.

　尚，カイ2乗統計量による特徴項目を抽出した結果より，『明暗』『続明暗』2作品は過去形，特に「動詞 __ た.」という文末表現によって特徴づけられていることがわかった.

3. おわりに

　4種類の文体特徴量を用いて分析を行った結果，水村自身の他作品および漱石と同時代の作家達の作品に対照され，『続明暗』は，平均文長，形態素，品詞の bigram, 文節のパターンにおいて，『明暗』に近似した傾向を示している．それにより，水村が『続明暗』を執筆した際，文章のリズム，語彙の選択と構文の組み立てなどに工夫を凝らしたと推察できる．そして，2作品より抽出した共通の特徴要素からみると，叙述視点や細部の心理表現に関わる模倣が目立っていることがわかった．一方，『続明暗』では漱石の筆致が注意深く模倣されているが，水村自身の文体の痕跡が残されており，それを計量分析の方法で特定するのも可能であることが示された.

　上述の分析に使われた文体特徴量の他，会話の比率，色彩語や比喩語の比

率，段落の長さなど計量可能の文体特徴量が複数存在する[8]．これらの情報について の量的分析は，隠された言語事実の発見に繋がると考えられる．統計的 手法によるテキスト解析は，今後の文体模倣研究に新たな光を当てることも期 待できる．

[李広微]

【参考文献（さらに学びたい人のために）】
[1]　波多野完治（1950）．『文章心理学』新潮社．
[2]　樺島忠夫（1990）．『日本語のスタイルブック』大修館書店．
[3]　小林秀雄（1961）．『モオツァルト・無常という事』新潮社．
[4]　小林英夫（1975）．『文体論の建設』みすず書房．
[5]　李広微，金明哲（2019）．「統計分析からみた水村美苗著『続明暗』の文体模倣」『計量 国語』**32**（1），19-32.
[6]　水村美苗，石原千秋（1991）．「水村美苗氏に聞く——『続明暗』から『明暗』へ」『文 学』**2**（1），80-94.
[7]　森村誠一（2007）．『小説道場』小学館．
[8]　村上征勝，金明哲，土山玄，上阪彩香（2016）．『計量文献学の射程』勉誠出版．
[9]　佐々木和枝（1976）．「文の長さの分布型」『計量国語学』**78**，13-22.
[10]　清水良典（2012）．『あらゆる小説は模倣である』幻冬舎．
[11]　高橋源一郎，水村美苗（1990）．「『続明暗』という小説の行為」『すばる』**12**（12），224-241.
[12]　安本美典（1958）．「文の長さの分布型について」『計量国語学』**2**，20-24.

A1-13
川端康成の代筆疑惑
ghostwritting problem of Yasunari Kawabata

　日本初のノーベル文学賞を受賞した川端康成には，代筆の疑惑が持たれて 久しい．川端康成の代筆疑惑作品は主に『乙女の港』，『花日記』，『古都』，『眠 れる美女』と『山の音』がある．本項目では，**著者識別**（authorship attribution）の方法を用いて川端康成の代筆疑惑問題解明を試みた結果を紹介する． 著者識別は匿名文章の著者を推定する方法である．この方法は**コーパス作成**， 文体特徴量抽出と著者識別モデル選択という3つの手順からなる．川端康成 の代筆問題において，まず，川端康成と代筆者と思われる作家の小説コーパ スを作成した．次に，著者識別に有効とされる内容語（名詞，動詞と形容詞）

を除いたタグ付き形態素，形態素タグの bigram と文節パターンを文体特徴量として抽出した．最後に，**対応分析**，**階層的クラスター分析**，**エイダブースト**（adaboost），**高次元判別分析**（HDDA），**ロジスティックモデルツリー**（LMT），**ランダムフォレスト**（RF）と，**サポートベクターマシン**（SVM）を著者識別モデルとして用いた．

文章・文献

1. 『乙女の港』の代筆疑惑

　『乙女の港』は雑誌『少女の友』に連載され，中里恒子の代筆と疑われた小説である．この小説は代筆であると示唆した書簡をめぐり，内田[11]は「川端康成は中里恒子の下書きに徹底的に手を加えたことから『乙女の港』は川端康成の作品である．」と述べた．これに対して小谷野[4]は，「私見では，川端は『乙女の港』の文章を直しただけで，筋は中里のものである」と反論した．『乙女の港』の代筆問題に関して，先行研究では意見が分かれていることが伺える．この代筆問題を明らかにするために『乙女の港』の著者識別を行った．

　まず，内容語を除いたタグ付き形態素，形態素タグの bigram と文節パターンに対応分析とクラスター分析を適用した．内容語を除いたタグ付き形態素における対応分析の個体の第 1 スコアと第 2 スコアの散布図を**図 1** に示す．対応分析のグラフには，各作品グループに描いた楕円は多次元 t 分布に基づいた 95% の信頼楕円である．**図 1** では，川端康成の作品は第 1 スコア軸を跨ぎ，第 2 と第 3 象限にプロットされた．中里恒子作品は第 1 象限にプロットされた．『乙女の港』の各章は両作家の作品グループから離れ，第 4 象限にプロットされた．内容語を除いた形態素を用いた場合，『乙女の港』は独自の文体特徴を有することが見て取れる．次に，内容語を除いた形態素におけるクラスター分析結果の樹形図を**図 2** に示す．樹形図は大きく 3 つのクラスターに分かれており，左側から順番に川端康成のクラスター，『乙女の港』のクラスター，中里恒子のクラスターになる．『乙女の港』の各章は独自のクラスターを形成しているため，その文体は独自の特徴を有すると推察できる．内容語を除いたタグ付き形態素の他に，形態素タグの bigram と文節パターンの対応分析と階層的クラスター分析もほぼ同じ傾向を示している．紙幅の都合上他の代筆疑惑作品における対応分析とクラスター分析の結果紹介を割愛する．

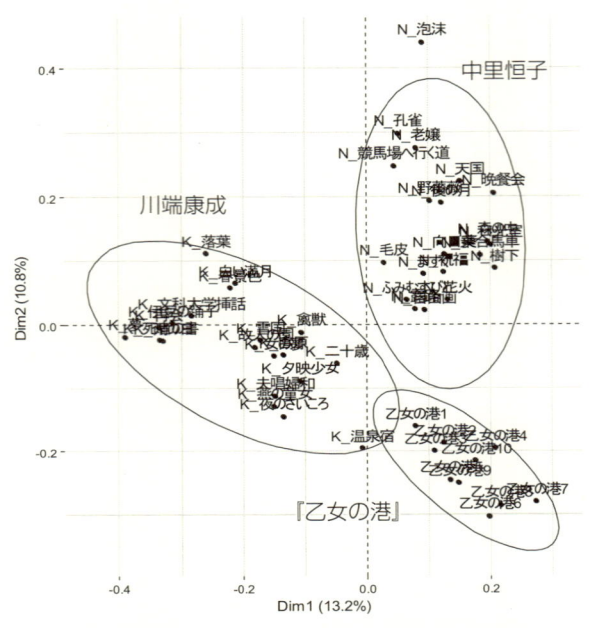

図 1　内容語を除いたタグ付き形態素における対応分析の個体の第 1, 2 スコアの散布図

　対応分析と階層的クラスター分析の結果では『乙女の港』の文体の大まかな傾向を把握できた。次に，『乙女の港』の文体は川端康成と中里恒子のどちらに似ているかをより詳しく判断するために**分類器**による判別分析を行った。判別分析では，3 つの文体特徴量と 5 つの分類器による 15 通りの結果を用いた。内容語を除いた形態素の 5 つの分類器による統合結果では，第 1, 2, 3, 4, 7, 8, 10 章は中里恒子，第 5, 6, 9 章は川端康成に判別された。形態素タグの bigram では，第 1, 2, 4, 7, 8, 9, 10 章は中里恒子，第 3, 5, 6 章は川端康成に判別された。文節パターンでは第 1, 2, 7, 8, 10 章が中里恒子，第 3, 4, 5, 6, 9 章は川端康成に判別された。著者識別の結果には川端康成と中里恒子が入り交じり，『乙女の港』は川端康成と中里恒子の共同執筆である可能性が大きい[7]。

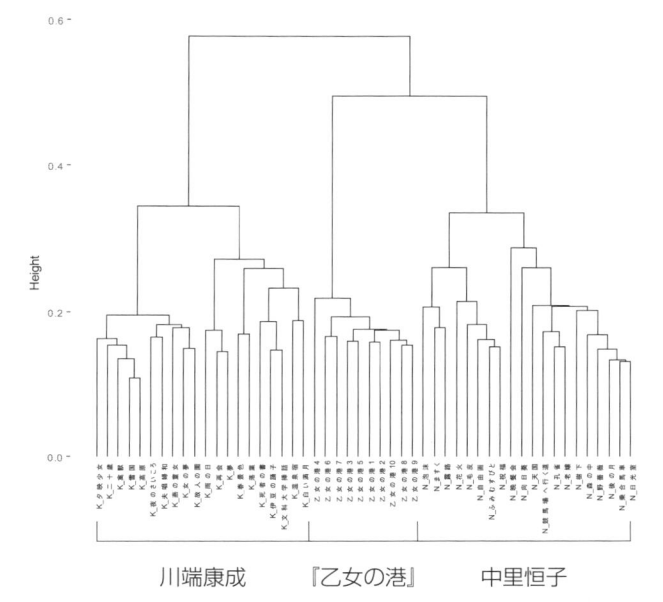

図2　内容語を除いたタグ付き形態素の階層的クラスター樹形図
（JSD 距離，Word 法）

2.　『花日記』，『古都』，『眠れる美女』と『山の音』の代筆疑惑

　『花日記』の代筆疑惑問題に関して，中里恒子から川端康成への書簡には，
「けふ少女の友買ひ，花日記にかかります．これは自分でも書いてゐてたのし
みです．」と書かれている．この書簡の内容から川端康成だけでなく，中里恒
子も執筆に関わっていることが読み取れた．この書簡の内容に基づき，小谷
野[4]は，「川端康成が中里恒子の作成した原稿に手を加えて『花日記』を完成
させた．」と述べた．また小谷野・深澤[5]は，『花日記』が共同執筆であると言
及している．計量的手法を用いて『花日記』の著者識別を行った結果，『花日
記』には川端康成と中里恒子の文体要素が含まれていることがわかった．つま
り，『花日記』は川端康成と中里恒子の共同執筆である可能性が大きい[8]．
　『古都』の執筆中に川端康成の精神状態が不安定になってしまった．当時
の精神状態について，川端康成は「『古都』執筆期間のいろんなことの記憶は

多く失われていて，不気味なほどであった．『古都』になにを書いたかもよく
はおぼえていなくて，たしかには思い出せなかった．私は毎日『古都』を書き
出す前にも，書いているあいだにも，眠り薬を用いた．眠り薬に酔って，うつ
つないありさまで書いた．眠り薬が書かせたようなものであったろうか．『古
都』は「私の異常所産」というわけである．」と記している．「記憶は多く失わ
れること」と，「毎日眠り薬を用いて，うつつないありさまで『古都』を書い
た」のような記述から，当時川端康成の精神状態では執筆が難しいと思われ
る．『古都』の連載時に使った原稿について，ある出版関係者は「あのときは
もう川端さんの原稿は全く使いものにならないものばかりでした．発表された
ものは全部第三者が書いたものです．つまりゴーストライターがいたんです
よ」と明かしている[1]．また，そのゴーストライターは，川端康成に師事して
いた沢野久雄，北条誠と三島由紀夫とも言及している[1]．『古都』の著者識別
を行ったところ，澤野久雄と三島由紀夫と比べて『古都』の各章は川端康成と
北条誠に判別された回数が多いことがわかった．先行研究では，沢野久雄，北
条誠と三島由紀夫の3人の中で沢野久雄が『古都』の代筆者である可能性が最
も高いとされていたが，計量文体分析の結果よりその可能性がほぼないことが
明らかになった．また，川端康成の他に『古都』の文体は北条誠に似ているこ
ともわかった[9]．

　『眠れる美女』が刊行となって間もない頃，川端康成は睡眠薬の禁断症状を
起こし，数日間意識不明の状態となった．河野[3]は，「題材や内容からすると
『眠れる美女』は川端康成の妄想から生んだ小説で，睡眠薬に酔って書いたも
のである」と述べた．また，板坂[1]は対談の中，「『眠れる美女』は三島由紀夫
の代筆である」と言及した．そして，『眠れる美女』の原稿を見たことがある
という安藤は，原稿に書いてある字は川端康成のものではないと述べた[2]．こ
のような代筆説に対して小谷野[4]は著作『川端康成伝——双面の人』の中で，
「『眠れる美女』の代筆はありえない」と代筆説を否定した．『眠れる美女』の
著者識別の結果では，形態素タグのbigramを用いる場合第3，11と13回は
三島由紀夫に判別されたが，残りのすべての文体特徴量における統合結果では
川端康成に判別された．つまり，『眠れる美女』は三島由紀夫による代筆の可
能性はほぼない[6]．

　川端康成の他の小説と比べ，『山の音』は異常に長く，しかも中断も挟んで

5 年間をかけて複数の雑誌に発表されたため代筆疑惑を持たれている．『山の音』の代筆問題をめぐり，三島由紀夫の妻は「『山の音』は自分の旦那の代筆です．」と証言している[2]．これに対して，小谷野[4]は「『山の音』の代筆はありえない」と代筆説を否定した．Sun and Jin[10]の『山の音』に対する計量分析では，すべての文体特徴量と分類器の組み合わせでは川端康成に判別された．以上の分析より，『山の音』は三島由紀夫による代筆の可能性は極めて低い．

　本項目では，川端康成にまつわる代筆疑惑問題の解明を試みた．その結果，『乙女の港』と『花日記』は川端康成と中里恒子の共同執筆と見られる．『古都』の文体は川端康成と北条誠に近い．『眠れる美女』と『山の音』は三島由紀夫による代筆の可能性は極めて低いという結論に至った．

［孫昊］

【参考文献（さらに学びたい人のために）】
[1]　板坂剛（1997）．『極説三島由紀夫──切腹とフラメンコ』夏目書房．
[2]　板坂剛，鈴木邦男（2010）．『三島由紀夫と一九七〇年』鹿砦社．
[3]　河野仁昭（1995）．『川端康成──内なる古都』京都新聞社．
[4]　小谷野敦（2013）．『川端康成伝──双面の人』中央公論新社．
[5]　小谷野敦，深澤晴美編（2016）．『川端康成詳細年譜』勉誠出版．
[6]　孫昊（2018）．「川端康成の代筆問題及び文体問題に関する計量的研究」同志社大学博士論文．
[7]　孫昊，李鍾賛，金明哲（2015）．「データから見る川端康成のゴーストライター問題──『乙女の港』は誰の作品なのか」『日本行動計量学会第 43 回大会抄録集』216-217．
[8]　孫昊，李鍾賛，金明哲（2015）．「データに基づいた『花日記』の代作問題検証」『情報処理学会研究報告』**8**，1-4．
[9]　孫昊，金明哲（2016）．「統合的分類法による『古都』の著者推定」『行動計量学会第 44 回大会抄録集』52-53．
[10]　Sun, H. and Jin, M.（2017）．Verifying the Authorship of the Yasunari Kawabata's Novel: The Sound of the Mountain, *Journal of Mathematics and System Science*, **7**, 127-141．
[11]　内田静枝（2009）．「解題「乙女の港」と『少女の友』」『少女の友』川端康成，実業之日本社．

A1-14
社会学におけるテキスト分析
text analysis in sociology

1.　分析対象となるデータと分析の目的

1.1　社会学的な分析における「テキスト」と「コンテキスト」

　社会学の分野において「テキスト」または「テクスト」という語は，必ずしも文章データのことを意味するとは限らない．文章だけでなく絵画・写真・音声・映像や，パレード・上演のように，なんらかの意味を表わす記号群はすべて，社会について考察するための資料となりうる．そこで，これらをすべてまとめて「テキスト」と呼び，分析対象として扱う場合がある．本項目では特段の断わりがない限り，文章データのことを指し示す語として「テキスト」を用いるが，社会学では様々なデータが「テキスト」と呼ばれる点に注意が必要である．

　次に，社会学の分野ではテキストを分析することで，何を知ろうとするのだろうか．もちろん，テキストの内容を知ることや記述することが 1 つの目的となるが，多くの場合それだけでは研究として完結しない．例えば，テキストの内容をもとに，そのテキストを産出した送り手の立場や意図を考察する場合がある．仮に分析対象のテキストが新聞記事であれば，記事内容の分析をもとにして，その記事を送り出した新聞社の立場や意図を考察することが考えられる．またテキストの受け手に注目するならば，新聞記事の分析をもとに，その記事が広がることで生じた影響を考察する場合もある．

　このような，テキストを取り巻く送り手と受け手の状況のことを，すべてまとめて「**コンテキスト（context）**」という語で表現する．従って「テキストを分析する目的はコンテキストを考察することである」と要約できる．この場合の「コンテキスト」は送り手の意図を指すのかもしれないし，受け手への影響を指すのかもしれない．あるいはテキストを流通させている社会全体の特徴のことかもしれない．以上のように「テキスト」と「コンテキスト」が多義語として用いられている点を理解しておけば，社会学の文献を読み解きやすくなる

だろう.

1.2　テキスト分析の社会学的な活用

　より具体的な研究に目を向けると，社会学の中でもマスコミュニケーション研究において伝統的にこの方法が用いられてきた．例えば当初は，新聞が「価値ある」ニュース記事を提供しているのか，それとも「取るに足りない」記事ばかりなのかといったテキスト分析が試みられた．その後しばらくすると，社会的ステレオタイプや世論のような，社会学的問題について考察を行なう研究が見られるようになる．例えば新聞記事の中で黒人がどのように描写されているのかといった分析が行われた[8]．また，マスメディアが人々の意識にどの程度強い影響を及ぼすのかというマスメディア効果研究においても，研究における1つのステップとして，報道の内容を知っておく必要が生じる．この他，現代でも様々な観点から報道内容の分析が行われている．

　次に，権力や政治について研究する分野でもテキスト分析は有用である．政党が提案する政策はテキストの形にまとめられるし，政治家の演説はテキストとして蓄積されていく．また議会における議論も議事録としてテキスト化される．政党・政治家や政府に関するマスメディア等の論評も，テキストの形でなされることが多い．こうしたテキストを分析することで，例えば言語と意味がどのように権力者によって利用され，弱者を押さえ込んでいるのかといった考察を行える[1]．

　新聞記事や政治テキストを分析するからといって，必ずしもマスコミュニケーションや政治過程についての研究が行われるとは限らない．例えば政治家の演説を分析することで，当時の社会では何が望ましいとされていたのかという価値観を考察できる．Namenwirth[4]は120年間にわたって蓄積された政党のマニフェストを分析することで，望ましいとされる事柄が，入れ替わりながら循環的に変化していると指摘した．また新聞記事を分析することで，その社会で共有されている意識，すなわち社会意識を考察できる[2]．

　ここまでにマスコミュニケーション，政治，社会意識といった代表的な利用分野を見てきたが，この他にも多用な分野での利用例がある．さらに研究分野を問わず，社会調査法の一環としてテキスト分析が用いられることも多い．回答者に自由に答えてもらったインタビューをテキスト化したものや，アンケー

トの自由記述テキストを分析するという利用法である.

1.3　社会学におけるテキスト分析の利点

　以上のようなテキスト分析の広汎な利用は，次のような利点によるものであろう.　第1に，コミュニケーションは社会的な活動の中核を占めており，その記録がテキストとして残されることが多い.　すでに触れたマスメディアの報道内容や各種議事録はもちろん，現代ではインターネット上に膨大なコミュニケーションの記録が蓄積されている.　これらのデータを分析することで，人間のコミュニケーションの様々な側面について，ひいては社会の様々な側面について考察できる[6].

　第2に，長期間にわたって保存・蓄積されてきたテキストを分析対象とできる.　100年前に戻ってインタビューやアンケートを行うことは言うまでもなく不可能だが，100年前の報道や演説の内容から，当時の価値観を考察することは可能である.　この方法ならば，第二次世界大戦直前の社会意識と，現在の社会意識がどの部分で似通っていて，どの部分で異なっているのかといった考察も可能だろう.

　第3に，社会調査の中でテキスト分析を利用すれば，回答者に加える束縛を低減しうる.　アンケートにおいて，あらかじめ準備された選択肢の中からしか答えを選べない場合よりも，自由に回答を記入できる方が回答者に加わる束縛が少ない.　このため，回答者に加わる束縛によってデータが歪むというリスクを低減できる.

2.　分析方法とソフトウェア

2.1　計量的な分析

　社会学の分野では**内容分析**（content analysis）という方法の一環として計量的なテキスト分析が行われてきた.　コンピューター利用についても，初期のメインフレームまで遡ることができる[7].　現在では内容分析用のソフトウェアとして，英語圏・欧州語圏では WordStat が，日本では KH Coder がよく利用されている.

　内容分析では，単語そのものを数えることもあるが，例えば「怒りの感情」

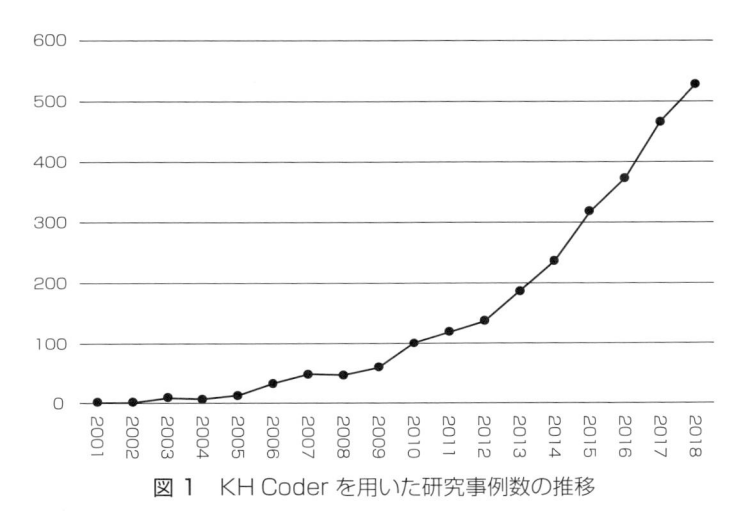

図 1　KH Coder を用いた研究事例数の推移

のようなコンセプトを数えることが多い．そのために「この言葉が出現していれば『怒りの感情』と見なす」といったルールに従って分類を行ってから数え上げることになる．このような分類の作業をコーディングと呼ぶ．内容分析におけるコーディングは，人間が手作業で行う場合もあれば，ルールを人間が考案し，ルールに基づく分類作業をコンピューターにまかせる場合もある．

　したがって WordStat や KH Coder のような内容分析用のソフトウェアは，単語そのものを数えるだけでなく，人間が作成したルールに従ってコーディングを行う機能を持つ．もちろん，コーディングによって得られたコンセプトを数え上げることをはじめ，統計的な分析を行える．多次元尺度構成法やクラスター分析で全体の様子を探ったり，クロス集計や対応分析によって部分ごとの特徴を確認できる．例えばデータ中に複数の新聞社の記事が含まれる場合には，新聞社 A では新聞社 B に比べて特定のコンセプトが多いかどうかといった，新聞社の特徴を確認できる．

　また現在の技術では統計だけを見て考察を行うことは危険であり，もとのテキストを参照しながら考察を行わねばならない．特定の語やコンセプトがデータ中に多く出現していることがわかったとしても，もとのテキスト中での役割を理解しなければ，何もわかったことにならない．このため語の用いられていた文脈を探るための KWIC や，複数の条件を組み合わせてテキストを検索・

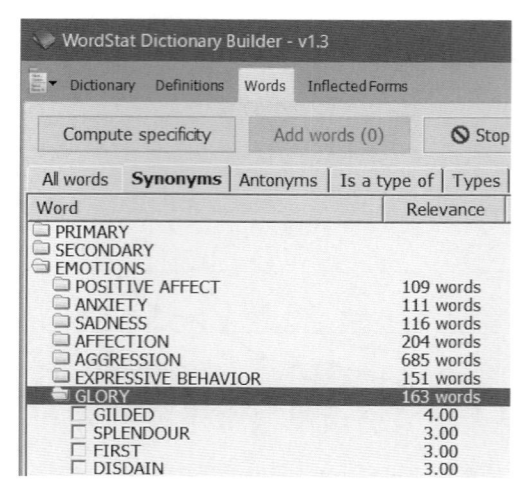

図2　コーディングルール（categorization dictionary）の例
「GILDED」「SPLENDOUR」などの語は「GLORY」というコンセプトとして数える.

閲覧する機能が各ソフトウェアに準備されている.

2.2　質的な分析

　計量的でないテキスト分析の方法は「質的」な分析の方法と呼ばれ，**言説分析**（discourse analysis）や**ナラティブ分析**をはじめとして様々なアプローチがある．言説分析1つをとっても非常に多様なアプローチがあり，必ずしも基本形が定まっているとは言えず，利用者自身に工夫が求められる状況である[5].

　質的な分析においてもコンピューター支援が考案されており，代表的なソフトウェアとして Atlas.ti・Nvivo・MaxQDA などがある[3]．これらのソフトウェアでは，テキスト・音声・画像・映像などのデータを取り込み，任意の箇所にラベルを貼ることができる．また，その際にはラベルに名前を付けられる．テキスト中の重要と思われる箇所に，名前付きラベルを貼っていけば，後から重要な箇所だけを検索・閲覧しながら考察を深められる．あるいは，ラベルに「娘」「父」「母」といった名前を付けていれば，この3つを「家族」にまとめるといった形で，ラベルを整理しながら分析のためのコンセプトを整理で

きる.

　質的な分析に関しては，上述のように音声・画像・映像など，文章以外の「テキスト」データを扱えるソフトウェアが整備されつつある．しかし，こうしたデータの計量的分析に関しては，いっそうのコンピュータ支援が求められているのが現状である．

［樋口耕一］

【参考文献（さらに学びたい人のために）】

[1]　Fairclough, N.（2010）. *Critical Discourse Analysis: The Critical Study of Language 2nd ed.*, Longman.

[2]　樋口耕一（2011）.「現代における全国紙の内容分析の有効性——社会意識の探索はどこまで可能か」『行動計量学』**38**（1），1-12.

[3]　樋口麻里（2017）.「質的データ分析支援ソフトウエアの機能と背景にある考え方——Atlas.ti7 と Nvivo11 の比較から」『年報人間科学』**38**，193-210.

[4]　Namenwirth, J. Z.（1973）. Wheels of time and the interdependence of value change in America, *Journal of Interdisciplinary History*, **3**, 649-683.

[5]　野村康（2017）.『社会科学の考え方——認識論，リサーチ・デザイン，手法』名古屋大学出版会.

[6]　Riffe, D., Lacy, S. and Fico, F.（2014）. *Analyzing Media Messages: Using Quantitative Content Analysis in Research 3rd ed.*, Routledge.

[7]　Stone, P. J., et al.（1966）. *The General Inquirer: A Computer Approach to Content Analysis 3rd ed.*, MIT Press.

[8]　Woodward, J. L.（1934）. Quantitative newspaper analysis as a technique of opinion research, *Social Forces*, **12**, 526-537.

A1-15
ツイッターにおけるテキストの計量分析

quantitative analysis of text data on Twitter

　近年，ツイッターは機械学習やテキストマイニングに利用可能な大量のテキストデータを比較的容易に取得できるデータソースとして，社会科学において盛んに利用されるようになった．本項目ではデータソースとしてのツイッターの特性，こうした特性を利用して行われてきた研究，研究を実際に行う際の留意点などについて概説する．

1. ツイッターの特徴

1.1 ツイッターとは

ツイッター（Twitter）は，140文字以内[i)]の投稿を行い共有することができるサービスである．ソーシャル・メディアと総称される，ユーザーが参加できる双方向型のメディアの中でも，友人関係のような社会的繋がりを促進するためのサービスであるソーシャル・ネットワーキング・サービス（social networking service: SNS）に分類されることもしばしばある．しかし，Facebook などの典型的な SNS と異なり，ツイッター社が打ち出しているのは様々な表現をパブリックに共有できるという利点であり，その点で独自性があるとも言える．こうした点に注目する場合，SNS とは異なるものとして「マイクロブログ」などの分類名も用いられることがある．ただし，ユーザーの画面に他の多数のユーザーの投稿が入り混じって表示されるという仕様は，単に文字数が少ないブログというのとは異なる特性をツイッターに与えている．

2017年10月には日本国内のツイッターの月間利用者数が4,500万人を超えたと発表されており[6]，日本における代表的なソーシャル・メディアの1つである．

1.2 データソースとしてのツイッター

友人などとのコミュニケーションを第1の目的とした SNS では，投稿の共有範囲がユーザーにより「友人まで」「友人の友人まで」などに制限されており，研究者を含む無関係の第三者が閲覧できないことが多い．また閲覧可能な場合でも，そうしたデータを収集し研究目的に利用することが，規約上もしくは倫理上の問題を生じさせることも多い．

これに対して，情報の共有を支援することを目的としたサービスであるツイッターでは，ユーザーが公開した様々な情報を大学や行政機関が利用できることが，プライバシーポリシーに明記されている[ii)]．利用可能な情報には，投稿のテキスト情報だけでなく，アカウントの設定情報やフォロー／フォロワー情報，「いいね」や「リツイート」などのリアクション情報など，様々なものが

含まれる[7]．これらの情報は，許可したユーザーのみと情報を共有するようユーザーが設定している場合[iii]を除き，比較的容易に取得し利用することが可能である．また，実際に情報の公開範囲を制限せずに利用しているユーザーの比率も高い．従ってツイッターは，膨大な数のユーザーによる膨大な数の，即時性の高い投稿データを，個別の許諾を必要とせず収集し研究できるデータソースであるということになる．こうした特徴を利用して，これまで数多くの計量研究がなされてきた．

2.　ツイッターのテキストを分析した研究例

2.1　個人の特性のインジケーターとして

　ツイッターのもう1つの特徴として，ユーザーのアカウントごとに過去の投稿を取得できることが挙げられる．そこで，特性を測定する尺度への回答と回答者のアカウントを紐づけられる調査を実施し，そのデータを用いて機械学習などを行えば，当初の調査に参加しなかった他の一般ユーザーについても，投稿やプロフィールの言語的特徴から特性を予測することが可能になる．こうした観点からなされた研究には，ビッグ・ファイヴと呼ばれるパーソナリティの基本5次元を予測したもの[3]や，問題行動と関連が深いパーソナリティであるダーク・トライアドと呼ばれる3次元を予測したもの[5]などがある．既に述べたようにツイッターではテキストデータ以外の情報も取得できるため，それらも同時に用いることで，より正確な予測を行うことができる場合がある．

2.2　社会のセンサーとして

　上述のように，ツイッターからは即時性の高い膨大な投稿を収集し，ユーザーや運営者に個別に許諾を得ることなく利用できる．従って，社会で起きる出来事がツイッターでの投稿内容にも何らかの形で反映されるようなものである場合には，機械学習などを利用して分類された投稿の量的変化をモニタリングすることで，出来事を素早く検知するためのセンサーとして利用することが可能である．こうした観点からなされた研究には，罹患者の存在を示す投稿を抽出しその量的変動からインフルエンザの流行の検知が可能であることを示したもの[1]，感情語が用いられる頻度の変化から数日後の株価の変動の予測が可能

であることを示したもの[2]などがある.

2.3 インターネット上の言説のモニターとして

ツイッターのさらなる特徴として，他のソーシャル・メディアやニュース・メディアとの連携が盛んになされており，インターネット上の情報流通のハブとして機能していることが挙げられる．このことと，日本においては利用者数と投稿数が非常に多いことを考えると，ツイッターの投稿を分析することで，インターネット上の日本語を用いるコミュニティ上で流通している言説全体の特徴のおおまかな把握を行いうる．この観点からなされた研究には，ツイッター上での韓国・朝鮮人に関する投稿を収集して計量テキスト分析などの手法で分析し，偏見や差別的言説の実態把握を目指したもの[4]がある．こうした手法では，投稿の特徴を量的指標に変換しつつ質的な解釈も加えることで，膨大な投稿の総体について理解することができる．

3. 研究の行い方と注意点

機械学習やテキストマイニングを行うためのデータの取得は，プログラミングの技能があれば，ツイッターの API（application programing interface）を用いて行うことができる．利用する API ごとに一度に取得できる投稿数などの制約はあるが，安価に大量のデータを取得することができる．プログラミングの技能がない場合には，API を利用して開発され公開されているアプリケーションを利用したり，代理店を通じてデータを購入したりすることもできる．

なお，上述したようなツイッターの仕様，規約等はしばしば変更されるものであるため，研究を実施し公表する際には注意する必要がある．また，公開されているデータを利用する場合でも，その利用についての規約に加え，各ユーザーのプライバシーの尊重など研究倫理上の問題にも十分に配慮する必要がある．

[髙史明]

【注】

i)　2017 年 11 月より，制限文字数は 280 文字に変更された．ただし日本語，中国語，韓国語文字を使う場合は 1 文字あたり 2 文字として計上されるため，多くの読者にとっては 140 文字というのが実感に近いと思われるため，本文中ではこの数値を用いた．

ii)　執筆時点．

iii)　公開範囲を制限することは，「鍵をかける」と表現される．

【参考文献（さらに学びたい人のために）】

[1]　Aramaki, E., Maskawa, S. and Moita, M.（2011）．Twitter catches the flu: Detecting influenza epidemics using Twitter, *Proceedings of the 2011 Conference on Empirical Methods in Natural Language Processing*. 1568–1576.

[2]　Bollen, J., Mao, H. and Zeng, X.（2011）．Twitter mood predicts the stock market, *Journal of Computational Science*, **2**（1）．1–8.

[3]　Golbeck, J. et al.（2011）．Predicting personality from Twitter, *Proceedings of 2011 IEEE Third International Conference on Privacy, Security, Risk and Trust, and 2011 IEEE Third International Conference on Social Computing*, 149–156.

[4]　高史明（2015）．『レイシズムを解剖する——在日コリアンへの偏見とインターネット』勁草書房．

[5]　Sumner, C. et al.（2012）．Predicting dark triad personality traits from Twitter usage and a linguistic analysis of tweets, *Proceedings of 2012 11th International Conference on Machine Learning and Applications* , 386–393.

[6]　https://twitter.com/TwitterJP/status/923671036758958080（最終アクセス：2017 年 12 月 27 日）

[7]　Twitter プライバシーポリシー（https://twitter.com/ja/privacy）（最終アクセス：2017 年 12 月 26 日）

A1-16

SNSにおける計量テキスト分析

quantitative text analysis of social networking service

1.　SNS に露出する日常のコミュニケーションのプロセスとその所産

　ソーシャル・ネットワーキング・サービス（social networking service: SNS）は，インターネットの Web 上で**社会的ネットワーク**（social network）（人と人とのつながり）を構築可能にするサービスである．インターネット上

で一般市民が自らの手で自らの情報を発信することがごく日常的な行為となって既に久しいが，SNSの登場はそこに社会的ネットワーク構造を織り込むことで，より現実社会とのシームレス化を進めた．スマートフォンの普及によるツールの身体化も相俟って，自己表現，相互理解，情報共有など日常のコミュニケーションのプロセスとその所産がインターネット上に露出するようになった．こうしたSNSデータのほとんどはテキスト情報で，発信者やその社会的ネットワーク，さらには投稿日時などの情報も付帯している．研究者の立場からすると，人々のコミュニケーションについて，扱いが容易かつ豊かな情報を大量に入手できるようになったということになる．

2.　SNSデータから社会で生きる人々の姿を描き出す

SNSデータの**計量テキスト分析**（quantitative text analysis）によってアプローチ可能な対象は多岐にわたるが，利用者個人のパーソナリティや態度を推定したり，あるいは社会的ネットワークを手がかりに利用者相互の関係性を読み解くものが典型的である．例えば，**ツイッター**（Twitter）利用者のパーソナリティ評定をその投稿（**ツイート**（tweet））の計量テキスト分析結果と対応づけた研究では，ツイート中の特定の単語と関連の強いパーソナリティ特性があること，閲覧者が利用者のパーソナリティを推定する際にも特定の単語に注目すると正確さが増すことが示されている[2]．また，**Facebook**への投稿の計量テキスト分析結果と利用者のパーソナリティ評定および社会的ネットワーク情報を対応づけた分析によって，恋愛パートナーや友人同士でパーソナリティが類似することを示した研究もある[7]．

3.　SNSデータから緊急事態の人間行動を読み解く

SNSに大量の投稿がなされる場面に災害など緊急事態の発生時がある．こうした際の人間行動は実験や調査によるアプローチが難しく，それに直面した利用者たちによるSNSデータは格好の検討材料となる．東日本大震災時のツイートの感情表出パターンに注目し，計量テキスト分析によって災害の種類による差異と時系列変化を分析した研究[3]では，発災直後にネガティブ感情語の

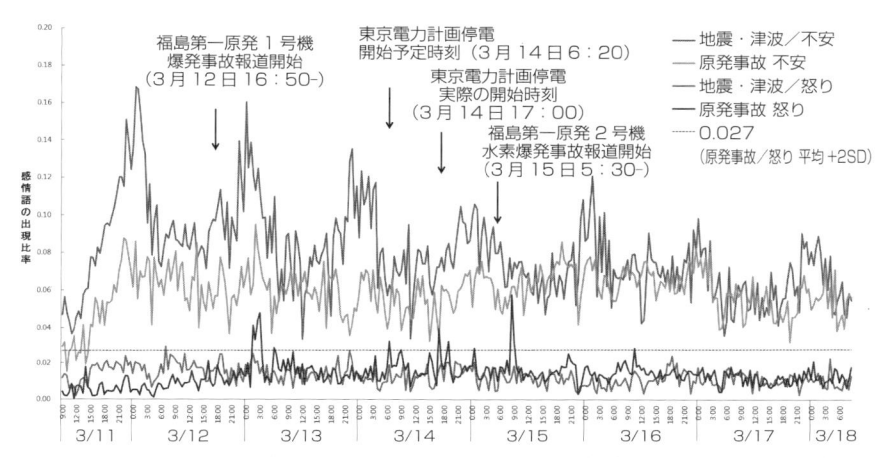

図 1　地震・津波／原発事故ツイートにおける怒り／不安感情反応表出の時系列変化（三浦ら[3]）

急増とポジティブ感情語の減少が示された．ネガティブ感情を不安と怒りに区別すると，前者の方がより多く出現していた．時間経過との関連には災害の種類による明確な差異が見られ，地震・津波に言及したツイートでは，ネガティブ感情は減衰，ポジティブ感情は（絶対的な出現比率は一貫して低いが）増加する傾向が示されたが，原発事故に関する言及に対するネガティブ感情反応は時間経過とほとんど無相関であった．また，地震・津波に関する不安反応には夜間にピークを持つ概日リズムが観察された一方で，原発事故に関する怒り反応にはいくつかの非周期的なピークがあり，それらは事故状況の悪化報道と連動していた（図 1 参照）．また，リツイートによる情報拡散の特徴を検討した研究[4]では，前出の研究[3]と同様に感情表出に注目して，ツイートに含まれる感情語の種類と数がリツイート数に及ぼす影響が分析された．ネガティブ感情語あるいは活性度の高い感情語が多く含まれるツイートほど多くリツイートされ，中でも極端に高い伝播性を示したツイートには不安あるいは活性感情語がより多く含まれていた．これらの研究結果は，巨大災害のような緊急事態において，情報発信あるいはその拡散において，ネガティブ感情が強いトリガーとなることを示している．

4. SNS における計量テキスト分析がもたらすもの

これまで，人間行動を主たる研究対象とし，データに基づく実証的検討を旨とする学問分野（例えば心理学）では，研究者がデータを創り出すのが常であった．つまり，研究関心に応じてデータ測定（収集）対象とする変数を絞り込んだ上で，研究者によって統制・操作された環境で実験を実施するか，研究者が作成した調査票に回答を求めるという方法が一般的であった．しかし，研究関心（を表現しうる変数間の関係）をシンプルに検証することと，**生態学的妥当性**（ecological validity）の確保は，常にジレンマ状態で，従来的な科学的手法を究めることが，学問分野が目指すものとはむしろ逆行する場合もあった．SNS データの計量テキスト分析は，これとはまったく逆に，研究者ではなく，研究対象者が自発的に創り出すデータに表出する人間行動を手がかりとする研究の展開を可能にさせる．社会生活における人間行動に直接的に関わるデータを用いた研究は，日常生活のありのままに近い，いわば「社会で息づく声を聴く」行為である．これまでの「研究の常識」を破る新たな展開を生むことが期待される．

［三浦麻子］

【参考文献（さらに学びたい人のために）】
[1] 北村智，佐々木裕一，河井大介（2016）．『ツイッターの心理学』誠信書房.
[2] Liu, Q., Han, L., Ramsay, J. and Fang, Y.（2012）．You are what you tweet: Personality expression and perception on Twitter, *Journal of Research in Personality*,（6），710–718.
[3] 三浦麻子，小森政嗣，松村真宏，前田和甫（2015）．「東日本大震災時のネガティブ感情反応表出——大規模データによる検討」『心理学研究』**86**（2），102–111.
[4] 三浦麻子，鳥海不二夫，小森政嗣，松村真宏，平石界（2016）．「ソーシャルメディアにおける災害情報の伝播と感情——東日本大震災に際する事例」『人工知能学会論文誌』**31**，NFC-A_1–9.
[5] 笹原和俊（2018）．『フェイクニュースを科学する』科学同人.
[6] 高史明（2015）．『レイシズムを解剖する』勁草書房.
[7] Wu, Y., Stillwell, D., Schwarz, H. A. and Kosinski, M.（2017）．Birds of a Feather Do Flock Together: Behavior-Based Personality-Assessment Method Reveals Personality Similarity Among Couples and Friends, *Psychological Science*, **28**（3），276–284.

A1-17
法科学分野の文章の計量分析

text analytics in the field of forensic science

　法科学における文章の計量分析とは，「文章情報（文字や品詞などの文体的特徴）を数量的に解析することで，犯罪に関与した匿名文章の著者に関して推定を行うこと」である．分析の対象となる文章は，手書き文字から始まり，印字文書，電子メール，電子掲示板の書き込みなど多種多様である．また，法科学における計量的文章分析は，その目的によって，①**著者照合**（authorship verification），②**著者同定**（authorship identification）あるいは**著者帰属**（authorship attribution），③**著者プロファイリング**（authorship profiling）あるいは**著者の特徴推定**（authorship characterization）の 3 つに分類できる（**表 1**）．

　①の「著者照合」は，従来の筆跡鑑定における「筆者の異同識別（筆者識別）」と目的は同じで，疑問文章（犯罪にかかる文章）と対照文章（容疑者が記載したことが確認された文章）を照合して検討することで，疑問文章を記載した人物が対照文章を記載した人物と同一人か否かを判定するものである．②の「著者同定」は，複数の容疑者の中で疑問文章を記載した可能性が最も高い人物を選別する手法である．③の「著者プロファイリング」は，犯人の早期検挙や犯罪捜査の効率化を目的として，犯罪現場などの情報を基に犯人像（性別や年齢層など）を推定する「犯罪者プロファイリング」と目的は同じであるが，文章情報のみに基づいて分析する点で異なる．

表 1　文章の計量分析種別

	英語表記	目的
著者照合	Authorship verification	疑問文章と対照文章が同一人によるものか否か検証
著者同定	Authorship identification	複数の容疑者の中で疑問文章を記載した可能性が最も高い人物を選別
著者プロファイリング	Authorship profiling	著者の特徴（性別，年齢層など）を推定

上記いずれの分析も，文章を著者ごとにテキストファイル（以降，テキストとする）に変換し，テキスト内の文体的特徴（例，読点前の文字，品詞の使用率など）の出現頻度などを算出することでデータセット（テキスト数 × 文体的特徴の数）を作成し，サポートベクターマシンなどの機械学習もしくは主成分分析といった多変量データ解析によってデータセットを分析する点で共通する．

①の「著者照合」と②の「著者同定」は，複数の容疑者が分析対象として含まれるか否かで異なるが，分析過程においては本質的に同じと考えられることから，以降は両者をまとめて「著者識別（著者の異同識別）」として概観する．一般的には，容疑者が浮上している場合に「著者識別」を，容疑者が浮上していない場合に「著者プロファイリング」を実施する．

1. 著者識別

この手法は，「文章を書くという人間の行動には個性があり，ある人物が記載した文章には，その個人における文体的な特徴が表出する」という前提が根幹にある．筆跡鑑定の根拠にも共通するが，文章を書くという行動には，「個人差（個人間における行動特性の違い）」と「個人内恒常性（個人内における行動の安定性）」があることから，文章を基盤とした個人の異同識別が可能となる．本邦の犯罪捜査では，古くから筆跡鑑定が行われているものの，計量的文章分析による著者識別は，実際の犯罪捜査においてほとんど導入されていないのが現状である．一方で，英国など，すでに犯罪捜査場面や法廷において，計量的文章分析の手法が受け入れられている国も存在する．

先行研究を見ると，法科学における著者識別を想定しているものの，ブログや電子メール，個人のエッセイを対象としたものが多い．犯罪に使用された文書などの入手や研究目的への使用が困難であることが理由といえる．諸外国の研究を例に挙げると，Chaski[1]は，10名の著者における，仕事上の手紙や個人エッセイの語や構文などに着目して線形判別分析を実施し，著者識別を試みている．報告によると，95.7%（92%〜98% の範囲）で正しく著者を識別できたという．その他諸外国の先行研究を概観すると，学習用データを用いて，機械学習のモデルを構築した後に，テスト用データを用いた交差確認法によっ

てモデルを評価する方法が多く採用されている．諸外国における研究によると，正しく著者を識別できた割合は，おおむね7割から9割程度とされる．また，その成績は，①学習用データが少ないほど，②分析に用いる著者数が多いほど，③テキスト内の文字数が少ないほど低下する傾向にある．

　翻って，我が国においては，犯罪捜査への活用を視野に入れた著者識別の研究自体がほぼ皆無といえる．唯一の研究として，財津・金[3]は，100名のブログにおける文章（各著者1,000文字程度）内の①非自立語の使用率，②品詞のbigram，③助詞のbigram，④読点前の語の4つの文体的特徴に対して，①主成分分析，②対応分析，③多次元尺度法，④階層クラスター分析の4分析を実施するといった方法で，疑問文章を記載した人物と対照文章を記載した人物が同一人か否かといった著者識別を検証している．機械学習ではなく，主成分分析などの多変量データ解析を用いる理由は，この手法を鑑定として実施する場合，鑑定人は法廷において裁判官や裁判員への説明が求められるからである．機械学習の精度がいくら高いとしても，データの入力から結果の出力の間の分析過程がブラックボックスであれば，説明が困難とならざるを得ないのである．

　他方，多変量データ解析の中でも，主成分分析や対応分析，階層的クラスター分析は，テキスト間の関連とともに，文体的特徴の「個人差」と「個人内恒常性」を視覚的に把握できる点が有用と言える．分析では，疑問文章のテキストと対照文章の複数のテキスト，また対照文章にかかる人物とは異なる複数人が記載した文章（無関係文章）のテキストを用いて分析を行う．**図1**は，疑問文章と対照文章が同一人によって記載された場合の，多次元尺度法と階層的クラスター分析の結果を図示したものである．疑問文章と対照文章が非常に近接して布置あるいは同一クラスターにまとまっていることがわかる．財津・金[3]によると，感度（疑問・対照文章が「同一人」の場合に，正しく「同一人」と推定）で100%，特異度（両文章の組合せが「別人」の場合に，正しく「別人」と推定）で95.1%といった成績が得られている．

2.　著者プロファイリング

　文章情報を基に，疑問文章を記載した著者の特徴（性別，年齢層など）を推

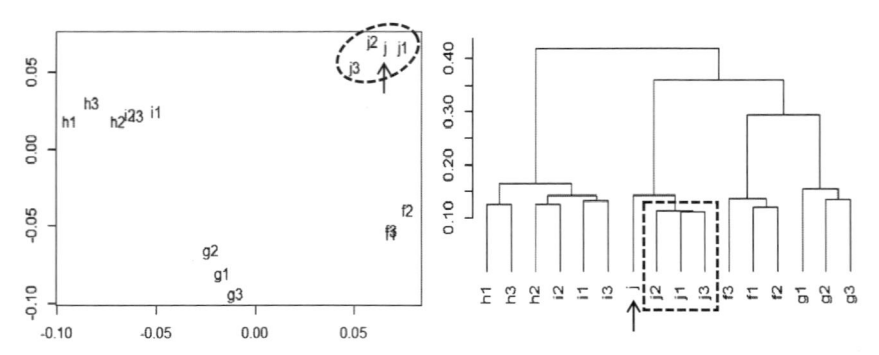

図1　疑問文章と対照文章が「同一人」による場合の多次元尺度法（左）と階層的クラスター分析（右）による結果
（jが疑問文章，j1〜j3が対照文章，それ以外が無関係文章）

定する著者プロファイリングは，話し言葉や書き言葉などの言語と社会的要因との関連を検討する**社会言語学**（sociolinguistics）と密接に関係する．ただし，著者の特徴推定に関する応用研究は，主に情報工学系分野で行われている．また，我が国の犯罪捜査場面では，著者プロファイリングが応用された事例は知る限り存在しないのが現状である．

　諸外国の研究を見ると，ブログや電子メール，ツイッター，エッセイコーパスなどを対象に，サポートベクターマシンや決定木，ナイーブベイズ，ロジスティック回帰分析を用いた交差確認法により検証する方法が採られている．著者識別とは異なり，著者プロファイリングでは，法廷における説明の重要性よりも，犯罪捜査場面での有用性，つまりは高い推定精度が求められることから，機械学習の方が好まれると言える．性別の推定精度は，全体的に80%台程度とする先行研究が多い．一方，年齢層推定は，比較的困難な課題とされており，およそ60%台から70%台の推定精度が報告されている．

　我が国の著者プロファイリング研究も情報工学系分野でいくつか散見されるが，犯罪捜査場面を想定した研究はほとんど見られない．唯一，犯罪捜査場面における応用を想定して，性別推定を試みた財津・金[2]によると，漢字や平仮名，片仮名，名詞の使用率，品詞（動詞・形容詞・助詞・感動詞）や接続助詞「し」，助動詞「なかっ」，読点，文字（代名詞「私」「僕」，小書き文字「っ」「ゃ」）の使用頻度が性別推定に有効であり，最高で86.0%の推定精度が得られている．

文章・文献

3.　今後の課題と展望

　新たな科学的鑑定が証拠能力を認められるための評価基準として，米国では
フライ基準やドーバート基準といったものが存在する．我が国においても，そ
れらの基準を満たすためにも，計量的文章分析の誤差率や標準手法の明確化と
ともに，推定精度を高めるための研究を今後も続ける必要があろう．法科学に
おける計量的文章分析は，発展途上の分野と言えるが，今後の法廷における犯
罪立証ならびに犯罪捜査の効率化において非常に有効な分析手法となることが
期待される．

[財津亘]

【参考文献（さらに学びたい人のために）】

[1]　Chaski, C. E.（2005）. Who's at the keyboard: Authorship attribution in digital evidence investigations, *International Journal of Digital Evidence*, **4**（1）.

[2]　財津亘，金明哲（2017）.「ランダムフォレストによる著者の性別推定——犯罪者プロファイリング実現に向けた検討」『情報知識学会誌』**27**（3），261-274.

[3]　財津亘，金明哲（2018）.「テキストマイニングによる筆者識別の正確性ならびに判定手続きの標準化」『行動計量学』**45**（1），39-47.

[4]　財津亘，金明哲（2019）.『犯罪捜査のためのテキストマイニング——文章の指紋を探り，サイバー犯罪に挑む計量的文体分析の手法』共立出版，223.

言 語

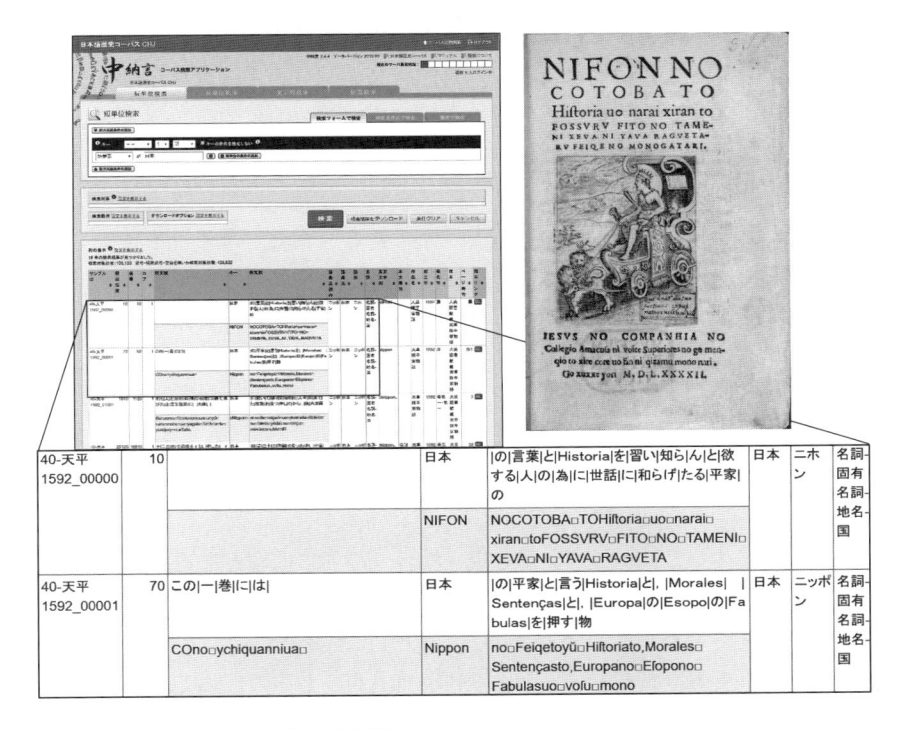

40-天平 1592_00000	10			日本	|の|言葉|と|Historia|を|習い|知ら|ん|と|欲する|人|の|為|に|世話|に|和らげ|たる|平家|の	日本	ニホン	名詞-固有名詞-地名-国
			NIFON		NOCOTOBA□TOHiftoria□uo□narai□xiran□toFOSSVRV□FITO□NO□TAMENI□XEVA□NI□YAVA□RAGVETA			
40-天平 1592_00001	70	この|一|巻|に|は|	日本	|の|平家|と|言う|Historia|と、|Morales| |Sentenças|と|、|Europa|の|Esopo|の|Fabulas|を|押す|物	日本	ニッポン	名詞-固有名詞-地名-国
		COno□ychiquanniua□	Nippon	no□Feiqetoyû□Hiftoriato,Morales□Sentençasto,Europano□Efopono□Fabulasuo□vofu□mono			

コーパスの検索画面と原典画像

言語研究において，文章や発話を大規模に収集・電子化して単語情報などを付与したコーパスの重要性が増し，必要不可欠なものとなりつつある．図は『日本語歴史コーパス』に収録された天草版『平家物語』（16 世紀末）の検索結果画面（左）と，そこからリンクされた大英博物館所蔵の原文画像（右）．このコーパスではローマ字の原文と漢字仮名混じり文を対応させ，形態素解析によって全文に単語情報が付与されている（下）．

言　　語

language

　コンピューターが人文学に応用されるようになってすでに半世紀近くが経とうとしている．この間，技術の飛躍的発達により，人文学のどの分野においても長足の進歩があったが，中でも言語関連は近年になって大きな飛躍を遂げた分野の1つであろう．言語学の関連領域は，音声・音韻，文字・表記，語彙，意味，文法といった言語の構成要素の研究から，方言，社会言語学，言語史などの言語の変異・変化に関する研究，対照言語学，言語系統論など他の言語との関係を扱う研究，さらに言語教育や機械翻訳などの応用的研究等と多岐に亘るが，その各分野で情報処理技術の応用が進んだ．インターネットの広がりにより機械可読データが爆発的に増え，これを扱うために自然言語処理の技術とその応用が進んだことが大きな影響を与えている．また，研究の基礎データとなる言語資源の整備も重要な役割を果たした．本領域に掲げた項目でそのすべてを網羅することはできないが，日本語を中心として，主要な諸課題について最新の情報を盛り込んだ解説を行っている．ここでは，その全体を概観して見取り図としたい．

1.　言語データの処理

　コンピューターで日本語の文章を扱う場合，最初に問題となるのは文字の問題である．かつてはコンピューターで漢字を扱うこと自体が大きな課題であり，文字コードの標準化と不足する文字の追加・整備が綿々と続けられてきた．国際的な規格である **Unicode** の利用の広がりとその拡張で，今日ではコンピューター上で扱えない外字の問題も多くは解消され，近年では変体仮名も扱えるようになるなど，人文学でテキストを扱う上での障害は小さなものとなった［**A2-9** 文字コード］．テキストデータに情報を付与する技術についても，XML などのマークアップ言語が定着し，**TEI** を中心とする国際的なガイドラインの整備・標準化が進みつつある．

　テキストを言語データとして処理する場合，分かち書きがなされない日本

語では，まず語に分割する必要がある．日本語の情報処理においては，この単語分割と品詞付与，見出し語化を同時に行う**形態素解析**が最も基礎的な部分をなしており，1990 年代後半から形態素解析を行う解析器として，JUMAN，ChaSen，MeCab などがフリーソフトウェアとして公開されてきた．中でもMeCab は広く用いられ，MeCab 用の様々な辞書が公開されている[10]．そのうち国立国語研究所が中心となって構築した **UniDic**[22]は，現代語の標準的な書き言葉のみならず，話し言葉や，上代から近代までの古文など様々な日本語のテキストに対応するものが公開されている［**A2-6** 形態素解析］．単語に切り分けた後に文法関係を扱う処理として構文解析がある．日本語ではCaboCha[3]などのツールを利用して，主に文節の係り受け関係を扱う依存構造解析が広く用いられてきたが，最近では句構造解析を行ったコーパスの構築も行われている［**A2-7** 構文解析］．この他，動詞などの述語と文中の格的要素の関係を扱う**述語項構造解析**や，多義語の文脈上の意味を決定する語義曖昧性解消などの意味に踏み込んだ解析，人名・地名や時空間情報を取得する固有表現抽出も展開されている．近年では，これらの解析器を逐次適用するのではなく，同時に解決する研究も進められている．

　音声については，録音データをコンピューター上で扱うことが容易になり，現在では Praat[17]などのツールを用いて音声言語の研究を行うことが当然のこととなった［**A2-12** 音声処理］．また，音声認識技術の発達によりテキスト化の精度が著しく向上しており，その応用が広がっている．

2.　言語資源の整備

　1990 年代から主に自然言語処理を目的として，「京都大学テキストコーパス」[8]をはじめとする日本語の**コーパス**の構築と利用が進められてきたが，2000 年以降に国立国語研究所を中心に大規模なコーパスの整備が進められたことは，言語処理技術の精度向上にも，言語研究の方法にも大きな影響を与えている．話し言葉のコーパスでは，2005 年に公開された「日本語話し言葉コーパス（CSJ）」[12]が最初の大きな成果であり，日本語の音声研究や音声処理の研究に大きく貢献した［**A2-4** 話し言葉コーパス］．書き言葉のコーパスでは，1 億語の現代語の書き言葉をバランスよく集めて 2009 年に公開された

言
語

「現代日本語書き言葉コーパス（BCCWJ）」[4]が特筆すべき成果である．言語
研究に大きな役割を果たしているだけでなく，国語辞典の編纂や国語教育・日
本語教育への応用が進む他，日本語の情報処理のため，産業界でも広く利用さ
れている［**A2-3** 書き言葉コーパス］．

　この他にも様々なコーパスの構築が進んだ．BCCWJ よりも大規模なコー
パスとして，ウェブ上から取得したテキストのコーパスも複数公開されている
（**図 1**）．100 億語以上から成る「国語研日本語ウェブコーパス（NWJC）」[6]も
その 1 つで，その規模を活かした研究への活用が期待されるところである．
また，言語教育に関するコーパスとして，日本語学習者のコーパス構築も
進んだ．「多言語母語の日本語学習者横断コーパス（I-JAS）」[18]の母語別・
習熟度別のデータは，日本語母語話者のデータとの比較も含め，学習者の
誤用分析や第二言語言語習得の調査など日本語教育での活用が期待される
ものである［**A2-5** 学習者コーパス］．また，奈良時代以前の『万葉集』から
明治・大正時代の資料までを対象とする通時コーパス「日本語歴史コーパス
（CHJ）」[13]が構築されている．従来の計量文献学の成果も踏まえ，情報学を活
用した文献学的研究や日本語の歴史的変化の研究の発展が待たれる．この他，
統語構造や意味構造を付与した「統語・意味解析情報付き現代日本語コーパス
（NPCMJ）」[19]の構築も進められており，文法研究での活用が期待される．さ
らに，方言コーパスや日常会話のコーパスの構築も進んでおり，日本語の各種
バリエーションの大規模なデータが揃いつつある．各分野でのコーパスを活用
した言語研究の発展が望まれる［**A2-2** コーパス言語学］．

　コーパス以外に，電子化辞書も言語学分野で極めて重要な研究用の資源であ
る．先述の UniDic が各種のコーパス構築の基盤として用いられている他，国
立国語研究所のシソーラス「**分類語彙表**」[2]も語の意味を扱う上で貴重なリソ
ースとなっている．分類語彙表と UniDic の関連付けやコーパスへの分類語彙
表番号アノテーションも行われており，コーパスの整備と相俟って今後の発展
が期待される［**A2-8** シソーラス］．

3.　様々な分野での新しい展開

　以前から行われてきた言語研究分野においても情報学を応用した新しい取り

図1　様々なコーパス（国立国語研究所コーパス開発センターホームページ）

組みが行われている．かつて国立国語研究所で行われた大規模な調査に基づく
方言地図である「日本言語地図」[11]「日本方言文法地図」[14]は紙ベースの作業
で行われたもので，現在は PDF ファイルの形で電子版が公開されているが，
今日新たに作られる方言地図では，その作成に地理情報システム（GIS）は欠
くことのできないものとなっている．既存の方言地図に地理情報を与えて「言
語地図データベース」[5]として応用の幅を広げる研究も行われている［**A2-10**
方言地図と GIS］．

　社会言語調査も，国立国語研究所で 1950 年頃から継続して行われてきた研
究である．従来，そのデータは調査票の集計結果のみが報告書として公表され
ることが多かったが，近年になって「鶴岡調査データベース」[21]「岡崎敬語調
査データベース」[15]のように，個人情報を除いたローデータがインターネット
上で公開され始めた．このデータをベイズ統計を用いた新しい手法によって解
析する試みも行われつつある［**A2-11** 社会言語学調査］．

　他言語との関係では，19 世紀の比較言語学以来の長い歴史を持つ言語系統
論の分野でも，バイオインフォマティックスにおける分子進化学の発展に触発

された新しい統計的手法による研究が行われて成果を挙げつつある．近年，危機言語・危機方言として琉球の言語調査が精力的に進められており，データの公開が期待される．新しい資料と新しい手法を活用した日琉祖語の追究は重要なテーマとなるだろう［**A2-13** 言語系統論］．

4.　深層学習のインパクト

　言語学に関わる領域でも 2010 年代以降の**深層学習**（ディープラーニング）の影響は大きい．とりわけ，音声処理と機械翻訳の分野においては，その精度を飛躍的に向上させ，研究のあり方を一変させてしまうほどのインパクトがあった．**音声認識**については，すでに人間のディクテーション能力に匹敵するレベルに達している．**機械翻訳**でも，従来の統計的機械翻訳から飛躍的な精度向上を果たしている［**A2-14** 機械翻訳］．他に深層学習が効果を上げている分野に画像処理があり，言語に関する分野では，くずし字の OCR（光学文字認識）などへの応用が進められている．古い日本語活字の OCR の飛躍的な精度向上にも期待したい．

　このように成果が挙がる一方で，深層学習による End-to-End の処理は，結果として得られる出力の精度は良いものの中身がブラックボックス化し，行われている処理に研究者が介在する余地を奪ってしまっている面がある．便利なツールとしての応用が見込まれる反面，言語を分析的に研究するためには，現状では利用しづらいものとなっている．深層学習で言語がどのように処理されているのかを追究する試みもあり，今後の発展が期待されるところである．

　　　　　　　　　　　　　　　　　　　　　　　　　　　　　［小木曽智信］

【参考文献（さらに学びたい人のために）】
[1]　荒木雅弘（2017）．『フリーソフトでつくる音声認識システム』森北出版．
[2]　分類語彙表――増補改訂版データベース（https://pj.ninjal.ac.jp/corpus_center/goihyo.html）（最終アクセス：2019 年 9 月 20 日）
[3]　CaboCha（https://taku910.github.io/cabocha/）（最終アクセス：2019 年 9 月 20 日）
[4]　現代日本語書き言葉均衡コーパス（https://pj.ninjal.ac.jp/corpus_center/bccwj/）（最終アクセス：2019 年 9 月 20 日）
[5]　言語地図データベース（https://www2.ninjal.ac.jp/hogen/dp/ladp/ladb_index.html）（最終アクセス：2019 年 9 月 20 日）

[6]　国語研日本語ウェブコーパス（https://pj.ninjal.ac.jp/corpus_center/nwjc/）（最終アクセス：2019 年 9 月 20 日）

[7]　小町守監修，奥野陽，グラム・ニュービッグ，萩原正人著（2016）．『自然言語処理の基本と技術』翔泳社.

[8]　京都大学テキストコーパス（http://nlp.ist.i.kyoto-u.ac.jp/index.php?京都大学テキストコーパス）（最終アクセス：2019 年 9 月 20 日）

[9]　前川喜久雄監修（2013〜2019）．『講座　日本語コーパス　第 1 巻〜第 8 巻』朝倉書店.

[10]　MeCab（https://taku910.github.io/mecab/）（最終アクセス：2019 年 9 月 20 日）

[11]　日本言語地図（https://www.ninjal.ac.jp/publication/catalogue/laj_map/）（最終アクセス：2019 年 9 月 20 日）

[12]　日本語話し言葉コーパス（https://pj.ninjal.ac.jp/corpus_center/csj/）（最終アクセス：2019 年 9 月 20 日）

[13]　日本語歴史コーパス（https://pj.ninjal.ac.jp/corpus_center/chj/）（最終アクセス：2019 年 9 月 20 日）

[14]　日本方言文法地図（https://www.ninjal.ac.jp/publication/catalogue/gaj_map/）（最終アクセス：2019 年 9 月 20 日）

[15]　岡崎敬語調査データベース（https://www2.ninjal.ac.jp/longitudinal/okazaki.html）（最終アクセス：2019 年 9 月 20 日）

[16]　奥村学監修，高村大也著（2010）．『言語処理のための機械学習入門』コロナ社.

[17]　Praat（http://www.fon.hum.uva.nl/praat/）（最終アクセス：2019 年 9 月 20 日）

[18]　多言語母語の日本語学習者横断コーパス（https://chunagon.ninjal.ac.jp/static/ijas/about.html）（最終アクセス：2019 年 9 月 20 日）

[19]　統語・意味解析情報付き現代日本語コーパス（http://npcmj.ninjal.ac.jp/）（最終アクセス：2019 年 9 月 20 日）

[20]　坪井祐太，海野裕也，鈴木潤（2017）．『深層学習による自然言語処理』講談社.

[21]　鶴岡調査データベース（https://www2.ninjal.ac.jp/longitudinal/tsuruoka.html）（最終アクセス：2019 年 9 月 20 日）

[22]　UniDic（https://unidic.ninjal.ac.jp/）（最終アクセス：2019 年 9 月 20 日）

A2-2
コーパス言語学
corpus linguistics

　実際に使用された書き言葉・話し言葉の例を大量に収集してデジタル化し，コンピューターで検索できるように構造化した言語資料を「**コーパス（corpus）**」と呼ぶ．また，コーパスを用いて言語を研究する方法論を「**コーパス言語学（corpus linguistics）**」と呼ぶ．特に 2000 年代以降，様々なコーパスの構築やコーパスを使った言語研究が世界中で進められ，コーパス言語学は

言語研究の中でも特に活況を呈している.

　この項目では, コーパス言語学の定義と意義, 歴史と発展, 現状と広がりの広がり, そして展望と課題について見渡してみたい.

1.　コーパス言語学の定義と意義

　音韻論の目的は音韻を研究することであり, 文法論の目的は文法を研究することである. 一方, コーパス言語学の目的は「コーパスを研究すること」ではない. コーパスの設計方法や評価方法など, コーパス自体を研究対象とする分野も存在するが, コーパス言語学の主たる目的は, コーパスを使って, 言語の様々な側面を研究することである. この点で,「コーパス言語学」という用語は,「実験音声学」などと同様, 研究方法に対する名称であると言える. そこで, ここでは,「コーパス言語学」という用語を,「大量の言語データを組織的に集積した「コーパス」を用いて, 言語の様々な側面について, その使用実態を定量的に分析する方法論」と定義しておこう.

　言語研究にコーパスを用いることによって得られる利点として, 前川[12]は, 内省の確認ないし予期せぬ発見が期待できること, レジスター(言語使用域)間における現象の生起率を比較できること, 言語現象を確率論的に分析できること, 内省のきかない非母語話者のハンディキャップを補えること, などを挙げている. このうち「内省の確認ないし予期せぬ発見」は, コーパスの利用によって得られる効果のうち, 最大のものであろう. 大規模なコーパスの出現により, 従来の理論的・記述的な言語研究が内省によって予測・記述してきた成果を, 大量の実データに基づいて検証し, 必要に応じて修正を迫ることが可能になった. また, ある語とある語が共起する確率を計算したり, それがどのようなレジスターに分布しているかを示したりすることが可能になった. これにより, 例えば, 類義表現として扱われてきた複数の言語形式を, 使用場面ごとの頻度とともに把握できるようになったのである.

　例として, 接続助詞の「が」と「けれども類」の分布を見てみよう(「けれども類」は,「けれども」「けれど」「けども」「けど」という4つの形式を含む). ここでは, 後述する「現代日本語書き言葉均衡コーパス(BCCWJ)」「日本語話し言葉コーパス(CSJ)」「日本語日常会話コーパス(CEJC)」とい

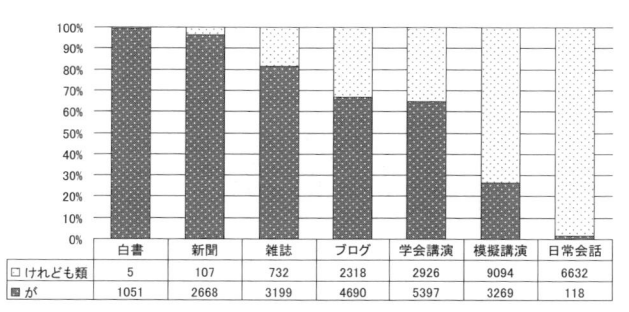

図1　BCCWJ・CSJ・CEJC に現れた接続助詞「が」「けれども類」の頻度（各レジスター100万語当たり）

う3種類のコーパスを検索してみることにする．検索対象は，BCCWJ から「白書」「新聞」「雑誌」「ブログ」，CSJ から「学会講演」「模擬講演」，CEJC から「日常会話」という7種類を選んだ．これらは，硬い文体からやわらかい文体の順に並んでいると考えておく．

　検索の結果，接続助詞の「が」と「けれども類」の頻度は，図1 に示すようになった．

　図1 では，「白書」から「日常会話」に向かって「が」の比率が下がり，逆に「けれども類」の比率が上がっていく様子が読み取れる．これは，文体のスタイル（硬軟）の差が，「が」「けれども類」の出現に強く影響した結果と考えられる．

　また，話し言葉の「学会講演」「模擬講演」「日常会話」を対象に，「けれども類」の内訳を示したものが，図2 である．

　図2 では，比較的改まったスタイルの「学会講演」から，比較的くだけたスタイルの「日常会話」に向かって，「けれども」の比率が下がり，逆に「けど」の比率が上がっていく様子が読み取れる．ここでもやはり，文体のスタイルによって「けれども類」の出現傾向が影響を受けていると考えることができる．また，「けども」と「けれど」を比べると，前者の方が後者よりもはるかに多い．このような事実を内省だけから導くのは，極めて困難であろう．

　図1，図2 に示したような類義表現の数量的な分布（頻度情報・位相情報）は，コーパスを検索することによって初めて明らかになるものである．どのような場面でどのような言語表現がどのくらいの比率で使われるのか，といった

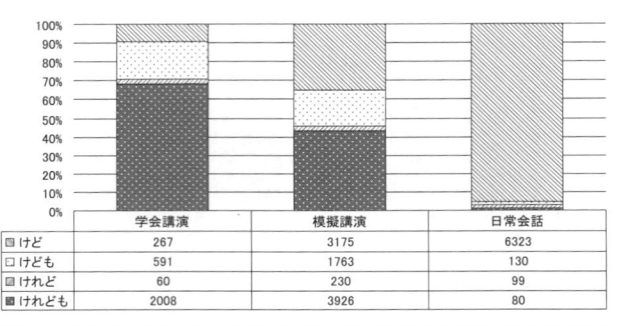

	学会講演	模擬講演	日常会話
▨ けど	267	3175	6323
▫ けども	591	1763	130
▨ けれど	60	230	99
■ けれども	2008	3926	80

図2　CSJ・CEJC に現れた接続助詞「けれども類」の内訳（各レジスター 100 万語当たり）

言葉の使用実態は，母語話者であればある程度の予測は立つものの，その内実を正確に言い当てることはできないだろう．コーパスを使うことの意義は，このようなところにある．

　さらに，このような頻度情報・位相情報は，言語の使用実態を反映した辞書編纂や，場面シラバスに基づく言語教育，多様なジャンルに対応するロバストな言語処理などにおいて，重要な基礎的知見として役立てることができる．

2.　コーパス言語学の歴史と発展

　次に，コーパス言語学がどのように発展してきたかについて概観しておこう．

2.1　黎明期のコーパス

　現代のコーパス言語学に直接通じる研究の嚆矢は，1959 年に，UCL（University College London）でクヮーク（Quirk, R.）らによって開始された，**SEU**（survey of English usage）計画である．イギリス英語の調査を目的として SEU で作られたのは，書き言葉（印刷物，放送原稿など）と話し言葉（対話，独話など），合計 100 万語分を収集したコーパスであった．これは，書き言葉・話し言葉の様々なジャンルから 5,000 語のサンプルをそれぞれ 100 ずつ収集したものであり，イギリス英語の多様性を網羅するように計画的に設計されていた点で，後続のブラウンコーパス（Brown Corpus）や BNC に代表

される「均衡コーパス」の源流として位置づけられる．SEU では，当初から
コーパスに対する文法的な情報付与が重視されていた．当時のコーパスは，紙
カードの上に言語表現が記録されたデータベース状のものであったが，そこに
構文的な情報が付与（アノテーション）され，文法的な分析が行われた．その
研究成果は，1985 年の *A Comprehensive Grammar of the English Language*
という記述文法書として出版されている．これは，コーパスに基づく現代英語
の大規模なレファレンス・グラマーとして，画期的・記念碑的な著作である．

　一方，日本においては，1948 年に設立された国立国語研究所が，早くから
定量的な言語研究に着手している．当時の目的は新聞や雑誌を対象とした語
彙調査であり，厳密な手続きにより書き言葉をサンプリングした上で，詳細な
語彙頻度表を作成した．特に，1960 年代の初頭の報告書『現代雑誌九十種の
用語・用字』[9] は，当時の研究水準の高さを示すものとして特筆に値する．ま
た，国立国語研究所では話し言葉の定量的な研究も早い時期から開始してい
る．1952 年に録音機を導入し，様々な話者・場面における自然談話，約 40 時
間分を録音した．この研究成果として出版された『談話語の実態』『話しこと
ばの文型』といった一連の報告書[6]〜[8] は，話し言葉の音韻・文法・表現意図
などを総合的に記述したものであり，世界的に見ても極めて早い時期に行われ
た，コーパス言語学的な話し言葉の研究である．

2.2　電子化コーパスの開発と普及

　コンピューター上で扱える電子化コーパスは，1964 年にアメリカのブラウ
ン大学で開発された**ブラウンコーパス**に端を発する．これは 1961 年にアメリ
カ国内で発行された散文のうち，15 のジャンルから 500 のサンプルを集めた，
100 万語のコーパスである．各ジャンルから収集するサンプルの数は実際の出
版量に応じて重みが付けられ，1 つのサンプルは 2,000 語で構成された．世界
で初めての電子化コーパスであること，均衡コーパスのモデルとして後続する
コーパスの手本になったことなどの点で，ブラウンコーパスは，コーパス開発
史の中で特に重要な位置を占める．

　1990 年代以降は，特にイギリスを中心として，大規模なコーパスが構築
されるようになった．その代表として，1994 年に完成した **BNC**（British
National Corpus）が挙げられる．1 億語のイギリス英語を収録し（約 90% が

書き言葉，10％ が話し言葉），緻密な設計によって多様なジャンルを含む均衡コーパスである．BNC は，形態素解析器 CLAWS によって品詞情報が付与され，その結果を利用して，書き言葉・話し言葉の語彙表[11]が作られた．さらに，同時期に開発された **BoE**（Bank of English）は，初のコーパス準拠型の英語辞典『コウビルド英語辞典』（*Collins COBUILD English Dictionary*）の編纂に利用された．

　一方，当時の日本では，電子化コーパスの整備が他国に比べて遅れていた．1990 年代の日本におけるコーパス言語学的研究は，新聞記事データベースや小説のテキストファイル，普及し始めたウェブ上のテキストを利用した，萌芽的な研究が散見されるのみである．この状況に対して，2000 年代に入って以降，国立国語研究所を中心に，各種の日本語コーパスの開発が始まることになる．2004 年の「日本語話し言葉コーパス」（CSJ）を皮切りに，多くのコーパスが順次整備・公開されている．

3.　コーパス言語学の現状と広がり

　近年は，様々なコーパスの構築と利用が世界各地で急速に進み，その中身も多様化するようになった．同時に，コーパスを利用した研究も多様化が進んでいる．以下では，現代におけるコーパス，およびコーパス言語学の現状と広がりについて述べる．

3.1　コーパスの多言語化

　1990 年代以降，コーパス言語学の一般化と普及に伴って，世界各地で自国語のコーパスの整備が進められた．この結果，様々な言語のナショナルコーパスが構築され，そのいくつかはウェブ上で検索可能な状態になっている．"National Corpus" というフレーズをウェブで検索してみると，British National Corpus を有するイギリスを筆頭に，アメリカ，ロシア，オーストラリア，ハンガリー，チェコ，アルバニア，ブルガリア，ポーランド，スロバキア，クロアチア，ギリシャ，トルコ，ジョージア，オランダ，スウェーデンなど，ヨーロッパの国々を中心にナショナルコーパスが作られている現状が分かる．ナショナルコーパスという名称を冠さずに作られているコーパスも多数存

在することから，世界に何種類の言語のコーパスが存在しているのか，その総体を把握することは困難である．

　様々な言語のコーパスが作られていること自体は，言語研究のための資源整備という点では歓迎すべき状況であるが，その範囲が広がるほど質・量ともにばらつきが大きくなるという問題がある．複数のコーパスを比較するためには，エンコーディングやメタデータ，アノテーションに関する標準化された規格を用意しておくことが望ましい．日本でも ISO/TC 37/SC 4 において「言語資源管理」に関する規格作成が行われているが，少なくとも現時点において，コーパス構築に関する一般的な規格が普及しているとは言い難い．仕様の異なる多種多様なコーパスが世界中で林立するという状態は，今後も続くものと思われる．

3.2　コーパスの大規模化

　コーパスに収録される語数は，大規模化の一途を辿っている．先述した BoE は，コリンズ社とバーミンガム大学が共同で構築した 6.5 億語のコーパスであるが，コリンズ社はその BoE を含む Collins Corpus を辞典編纂用に有しており，全体で 45 億語という規模になっているという（ただし，一部を除いて非公開である）．辞書編纂にとって，大規模なコーパスは今や欠かせない言語資源となっていると言える．

　また，2003 年にキルガリフ（Kilgarriff, A.）らによって作成されたコーパス管理ツール Sketch Engine は，現在，90 以上の言語のコーパス群を収録し，英語だけでも全体で約 1200 億語という巨大なサイズとなっている（この中には，ブラウンコーパスや BNC も含まれる）．さらに，ウェブ上に存在する膨大な量のテキストを機械的に収集してコーパスとした TenTen Corpus Family を含んでおり，英語，スペイン語，日本語，中国語など 30 を超える言語で，それぞれ 100 億語以上のデータが収録されている．

　日本語を対象としたコーパスでも，人手でサンプリングした「**現代日本語書き言葉均衡コーパス**」（BCCWJ, 2011 年）が 1 億語だったのに対し，ウェブ上のテキストを収集した「**筑波ウェブコーパス**」（TWC, 2012 年）は 11 億語，「**国語研日本語ウェブコーパス**」（NWJC, 2016 年）は 258 億語というサイズになっている．コーパスの大規模化の流れは，今後も進むだろう．

　そのような状況の中，膨れ上がった巨大な言語データをどのように扱うか，その方法論自体が再考されるべき時期に来ていると言える．大規模なコーパスから特定の言語表現を高速に検索するツールの開発も必要であるが，同時に，語と語の共起関係（**コロケーション**（collocation））や文法的な共起関係（**コリゲーション**（colligation）），統語的な依存関係などを効率的に検索・抽出する技術など，構造そのものを検索対象とする技術の開発が求められる．さらに，設計・実装方法の異なるコーパス群を統一的に扱うためのメタデータの設計や，巨大なコーパスデータそのものを統計的なモデリング手法で解析するための方法論など，新しい研究手法が模索されるべき時期に来ていると思われる．

3.3　コーパスの多様化

　一般的な書き言葉を収録した汎用的なコーパス以外にも，歴史コーパスや学習者コーパス，映像付きコーパス，方言コーパス，手話コーパス，特許コーパス，電子カルテコーパスなど，特定の研究目的のために作られる**特殊目的コーパス**（specialized corpus）が多く出回るようになり，コーパスは多様化の様相を見せている．英語を対象とした歴史コーパスとしては，**ヘルシンキコーパス**（Helsinki corpus of English texts, diachronic part）が 8 世紀の古英語から 18 世紀前半の近代英語までをカバーしており，英語史を研究するためのコーパスとして長く利用されている．また，UCL では，SEU の中で 1960 年代後半から 1990 年代前半に録音されたイギリス英語の話し言葉を集め，2006年，**DCPSE**（diachronic corpus of present-day spoken English）という通時音声コーパスとして公開した．Aarts et al.[1]は，DCPSE に基づき，イギリス英語の話し言葉における助動詞などの数量的な通時的変化を分析している．

　日本語を対象とした歴史コーパスには，国立国語研究所が構築を進めている「**日本語歴史コーパス**」（CHJ，2013 年〜）がある．これは，奈良，平安，鎌倉，室町，江戸，明治・大正の各時代編から構成され，全テキストに読みや品詞などの形態論情報が付与されている．今後もさらにデータが追加されていく予定であり，日本語の通時的な変化を定量的に研究するための有力な言語資源として，その役割が期待される[10]．

　学習者コーパス（learner corpus）の発展も，現代のコーパス言語学における重要な動向である．大きな流れとしては，英語を外国語または第二言語と

して学ぶ学習者（EFL/ESL）の作文や発話をコーパス化する動きが世界各国で進んでいる．**ICLE**（international corpus of learner English）は，ベルギーのルーヴァン・カトリック大学で構築された英語学習者コーパスで，異なる 16 言語の母語話者が書いた英語の作文，370 万語が収録されている．さらに，同じトピックで英語母語話者が書いた作文を収録することにより，母語話者と非母語話者の対比ができるようになっている．グレンジャー（Granger, S.）は「**対照中間言語分析**（contrastive interlanguage analysis: CIA）」を提唱し，母語話者と学習者の作文の比較，あるいは，異なる母語を持つ学習者同士の作文の比較によって，学習者の中間言語の特徴や，母語による英作文への影響を明らかにしている[2]．**ICNALE**（international corpus network of Asian learners of English）は，神戸大学の石川慎一郎研究室で構築されている国際学習者コーパスである．アジア圏の英語学習者による英語の作文（15 万語），独話（50 万語），対話（40 万語）という複数のモジュールから構成されており，綿密なコーパスデザイン，詳細な学習者のプロフィールの提供など，学習者コーパスに基づく第二言語習得研究を大きく進展させ得る設計になっている[3]．

　日本語学習者を対象とした学習者コーパスの嚆矢は，1990 年代後半に公開された **KY コーパス**である．これは日本語学習者 90 人分の OPI を文字化したものであり，2013 年には形態素情報と意味情報を付与した「タグ付き KY コーパス」が公開された[4]．国立国語研究所からは，2016 年に「**多言語母語の日本語学習者横断コーパス**」（I-JAS），「**中国語・韓国語母語話者の日本語学習者縦断発話コーパス**」（C-JAS）が公開され，学習者コーパスに基づく日本語習得研究が盛んに進められている[14]．

　さらに，大規模な映像付きコーパスの開発が始まった．2016 年，国立国語研究所で研究プロジェクト「大規模日常会話コーパスに基づく話し言葉の多角的研究」が開始され，「**日本語日常会話コーパス**」（CEJC）の構築が始まった[5]．これは，200 時間分の様々な場面における日常会話を収録するコーパスであり，音声とともに映像が提供される点に特徴がある．これにより，会話における自然な視線の動きやうなづき，ジェスチャーなど，言語行動の全体を射程に入れた分析が可能になることが期待される．2022 年度以降の一般公開に先立ち，2018 年，50 時間分のデータがモニター公開された．

言語

　ここまで見て来たとおり，1950年代に端を発するコーパスの構築は，現代に至り，多言語化・大規模化・多様化が急速に進んでいる．今後も，時間的・地理的な変異，社会的な位相を反映したコーパスや，研究目的に応じた種々の特殊目的コーパスの開発が継続されるだろう．

　今後は，コーパスから言語表現を検索するという従来の用途に加え，コロケーションや特定の統語構造など，抽象的な言語単位を効率よく検索するための技術開発が進むことで，より精緻な言語の分析が可能になるだろう．また，質量ともにより充実した学習者コーパスの開発と，学習者が産出した言語データの評価方法の確立などによって，より広い視野に立った言語習得研究の可能性が開かれるだろう．さらに，コーパスに含まれる言語情報を客観的な数量として捉え，これまで知られていなかった言語の潜在的な特性を推定するような，データ科学としての**統計的言語研究**（statistical linguistics）の方法論が開拓される必要がある．コーパス言語学の方法論と適用範囲は，今後ますます多様化・拡大していくものと思われる．

［丸山岳彦］

【参考文献（さらに学びたい人のために）】

[1]　Aarts, B., Wallis, S. and Bowie, J.（2014）. Profiling the English verb phrase over time: Modal patterns., *Developments in English: Expanding Electronic Evidence*, Taavitsainen, I., Kyto, M., Claridge, C. and Smith, J. eds., Cambridge University Press, 48-76.

[2]　Granger, S., Dagneaux, E., Meunier, F. and Paquot, M.（2009）. *International Corpus of Learner English*, Version 2, Presses universitaires de Louvain.

[3]　Ishikawa, S.（2013）. The ICNALE and sophisticated contrastive interlanguage analysis of Asian learners of English, *Learner corpus studies in Asia and the world, 1*, Ishikawa, S. ed., Kobe University, 91-118.

[4]　Jae-ho, L. and Nakagawa, N.（2016）. KY corpus, *Handbook of Japanese Applied Linguistics*, Minami, M. ed., De Gruyter Mouton.

[5]　Koiso, H., Den, Y., Iseki, Y., Kashino, W., Kawabata, Y., Nishikawa, K., Tanaka, Y. and Usuda, Y.（2018）. Construction of the corpus of everyday Japanese conversation: An interim report, *Proceedings of the 11th edition of the Language Resources and Evaluation Conference*, 4259-4264.

[6]　国立国語研究所（1955）.『談話語の実態』秀英出版.

[7]　国立国語研究所（1960）.『話しことばの文型（1）――対話資料による研究』秀英出版.

[8]　国立国語研究所（1963）.『話しことばの文型（2）――独話資料による研究』秀英出版.

[9]　国立国語研究所（1962〜1964）.『現代雑誌九十種の用語用字　第1分冊〜第3分冊』秀英出版.

[10]　近藤泰弘，田中牧郎，小木曽智信編（2015）.『コーパスと日本語史研究』ひつじ書房.

[11]　Leech, G., Rayson, P. and Wilson, A.（2001）. *Word Frequencies in Written and Spoken English: based on the British National Corpus*, Routledge.

[12]　前川喜久雄（2011）.「第 1 章　コーパスの存在意義」『コーパス入門』朝倉書店.

[13]　Quirk, R., Greenbaum, S., Leech, G. and Svartvik, J.（1985）. *A Comprehensive Grammar of the English Language*, Longman.

[14]　迫田久美子, 小西円, 佐々木藍子, 須賀和香子, 細井陽子（2016）.「NINJAL　多言語母語の日本語学習者横断コーパス International Corpus of Japanese as a Second Language」『国語研プロジェクトレビュー』**6**（3）, 93-110.

A2-3
書き言葉コーパス
corpus of written language

言語

1.　コーパスとは

　「コーパス（corpus）」とは, 本来, ある言語の研究を目的として, 綿密な設計の元に集積されたテキストに研究用情報を付加したものを指す. これが, いわゆる「狭義のコーパス」と呼ばれるものである. 一方で, 言語研究の目的に編纂されたもの以外にも, 言語研究に利用することのできる電子化されたテキストが多くあり, 言語研究者がそれらを擬似的なコーパスと見なして用いることが多く行われている. そのため, 広義では, このようなコンピュータで扱うことのできる大規模なテキストの集積体を含めて「コーパス」と呼ぶ. ここでは, ことわりのない限り「コーパス」を広義で用いることとし, 言語研究の目的によらず集積されたテキストデータベース, アーカイブ, ウェブ上の電子テキストを収集した**言語資源**（language resource）の類についても含めて解説する.

　以下では, 書き言葉を対象とするコーパスの中でも, ①主に現代語の書き言葉を収録対象としたもの, ②日本語の歴史的資料を収録対象としたもの, の 2 つに分けて, 一般に入手・研究利用が可能なコーパスを挙げ, その概要や利用について述べる.

2.　現代語の書き言葉コーパス

2.1　「現代日本語書き言葉均衡コーパス（BCCWJ）」
2.1.1　概要

現代語の書き言葉コーパスとして，現在最も代表的と言えるものは，国立国語研究所を中心に開発され 2011 年に一般公開された「**現代日本語書き言葉均衡コーパス**」（balanced corpus of contemporary written Japanese. 以下「**BCCWJ**」とする）をおいて他にない.

BCCWJ は，現代日本語の書き言葉の全体像を把握するために設計・構築された，いわゆる「狭義のコーパス」に相当する大規模**均衡コーパス**（balanced corpus）である. 書籍，雑誌，新聞，白書，自治体広報紙，教科書，法律，ブログ，ネット掲示板など多様なジャンルにわたる日本語の書き言葉から精緻なサンプリング手法により抽出された 1 億語超のデータを格納しており，収録対象の著作物について著作権者からの利用許諾を得て公開された. オフラインで利用する DVD 版は有償となるが，オンラインの検索ツール「**少納言**（shonagon）」および「**中納言**（chunagon）」を通じての利用は無償であり，言語資料の共有という点で極めて画期的なコーパスとして，言語研究のみならず，日本語教育，国語教育，国語政策，辞書編集，自然言語処理などの幅広い分野で活用されている.

2.1.2　コーパスデザイン

BCCWJ の特長は，上述した規模の大きさや，著作権の問題がないこと，オンライン版について無料で利用できることにもあるが，設計の要件として①「**代表性**（representativeness）」と，②「**均衡性**（balance）」を掲げた点にある.「代表性」とは，「対象言語の全体像を歪みなく反映している」ことであり，「均衡性」とは「多数の変種をカバーして」いることである[3]. これらを実現するために，BCCWJ は性格の異なる 3 つの**サブコーパス**（sub corpus）（以下 SC）から構成されるコーパスとして設計された（**図 1**）. 書き言葉の「生産」の側面に着目する「**出版 SC**（publication SC）」，書き言葉の「流通」の側面に着目する「**図書館 SC**（library SC）」，これら 2 種では捉えきれない

出版サブコーパス	図書館サブコーパス
書籍，雑誌，新聞	書籍
2001〜2005年	1986〜2005年
約3,437万語	約3,038万語
可変長＋固定長	可変長＋固定長

特定目的サブコーパス

白書，教科書，広報紙，ベストセラー，Yahoo!知恵袋，
Yahoo!ブログ，韻文，法律，国会会議録
1976〜2005年（一部 2007年〜2009年）
約4,017万語
可変長（＋固定長）

図1 BCCWJを構成する3つのサブコーパス（山崎[7]の図2.1より作図）

言語事象を含むものとして，現代日本語の重要な資料をバリエーション豊富に集めた「**特定目的 SC**（special-purpose SC）」である．

2.1.3 データ構成

BCCWJ は，上記のコーパスデザインに基づき，出版 SC・図書館 SC については綿密な母集団推計の上で，**レジスター**（register）・**ジャンル**（genre）ごとに重み付けをして層別に**ランダムサンプリング**（random sampling）を行い，収録サンプルを抽出している．

データ構成を以下に示す（**表1**）．

サンプルには，語彙調査や文字調査など統計的に厳密な言語調査を想定し，1000 字を基準とした「**固定長サンプル**（fixed-length sample）」と，文体研究やテキスト研究を想定し，ある程度の長さの文脈を確保した「**可変長サンプル**（variable-length sample）」の2種があり，両者は同一のサンプル抽出基準文字に基づき一度に取得されている．すべてのサンプルは「可変長サンプル」を持つが，「固定長サンプル」を持つのは，出版 SC, 図書館 SC と，特定目的 SC の「白書」のみである．

2.1.4 研究用付加情報（アノテーション）

BCCWJ には，様々な言語研究用の情報が付与されている．
印刷物からテキストを電子化した資料を中心に，原資料の文字の情報

表 1　BCCWJ のデータ構成（山崎[7]の表 2.2 より作表. 語数は短単位による）

SC	レジスター	収録サンプル数	可変長サンプル語数	固定長サンプル語数
出版 SC	書籍	10,117	27,039,539	6,363,435
	雑誌	1,996	4,196,697	1,157,252
	新聞	1,473	877,202	930,600
図書館 SC	書籍	10,551	28,828,231	6,685,183
特定目的 SC	白書	1,500	4,712,324	1,041,559
	教科書	412	924,940	−
	広報紙	354	3,750,468	−
	ベストセラー	1,390	3,737,668	−
	Yahoo!知恵袋	91,445	10,235,490	−
	Yahoo!ブログ	52,680	10,125,783	−
	韻文	252	223,181	−
	法律	346	1,079,083	−
	国会会議録	159	5,102,439	−
合計		172,675	100,833,045	16,178,029

（ルビ，囲みや上付きなどの特殊文字，外字など），文書構造の情報（タイトル，章節のまとまり，引用，注，段落，文など）等が **XML** 形式で構造化され格納されている．また，すべてのテキストには形態素解析辞書 **UniDic**（https://unidic.ninjal.ac.jp）による形態素解析が施され，短単位と長単位という長さの異なる 2 種の言語単位に分割されて**形態論情報**（morphological analyses）が付与されている．**短単位**（sort unit word）・**長単位**（long unit word）は，別項目（「**A2-4** 話し言葉コーパス」）に記載の「日本語話し言葉コーパス（CSJ）」や，3.1 に述べる「日本語歴史コーパス（CHJ）」などの国立国語研究所が中心となって開発した他のコーパスでも採用されているため，コーパス間の言語比較が可能である．さらに，サンプルの出典に関するメタ情報（抽出元の書誌情報，テキストの著者情報，内容のジャンル情報など）が合わせて公開されている．

　これらの**研究用付加情報**（anotation）は，DVD 版に漏れなく格納されて

いるが，そのうちの多くは，後述の検索ツール「中納言」を用いることで，テキストと関連付けて容易に参照することができる．

　なお，1 億語超，約 17 万サンプルのデータのうち，一部のレジスターには，「**コアデータ**（core data）」と呼ばれる約 100 万語，約 2,000 サンプルの中心的なデータセットがある．BCCWJ に付与されている形態論情報は，ほぼ自動付与によるものだが，全体の約 100 分の 1 に相当するこの「コアデータ」については，人手により高精度のアノテーションが確保されている．BCCWJ 全体の解析精度が約 98% であるのに対してコアデータの精度は 99% 以上である[6]．また，コアデータを対象にして，共同研究機関が行った様々なコーパスアノテーション（単語係り受け，文節係り受け・並列構造，節境界，時間情報・時間的順序関係，述語項構造など）のデータが公開されており（http://pj.ninjal.ac.jp/corpus_center/anno/），利用可能である．

2.1.5　検索ツール

①中納言

　BCCWJ には，データを利用するためのオンライン上のツールとして，全文文字列検索が可能な「少納言」（利用登録不要）と，形態論情報による検索のできる「中納言」（利用登録が必要）が用意されている．特に「中納言」では，文字列検索に加えて，BCCWJ の全データに付与されている短単位・長単位を用いた検索が可能で，**KWIC**（keyword incontex）形式による前後文脈付きの検索結果に加え，形態論情報（単語の辞書的・文法的情報．単語の出現形 = キーに対応する，語彙素，語形，品詞，活用形，語種，原文文字列など），コーパス情報（サンプル ID，レジスター，サンプル種別など），出典情報（執筆者名，著者生年・性別，書名，巻号，出版年など）等の多様な研究用付加情報を得られる（**図 2**）．

　BCCWJ のサンプリングの層に合わせて，SC，レジスター，年次，ジャンル，サンプル種別等により対象を詳細に選択して検索することができる他，検索キーの条件（語彙素，表記，品詞，活用形，SQL 文など）は複数指定が可能で，前後の共起表現についても 10 語まで指定することができるなど，複雑な条件検索が可能となっている．その他，検索履歴の再利用や SQL 検索条件式による検索，正規表現による条件指定などにも対応しており，高度な検索

図２　「中納言」の検索画面

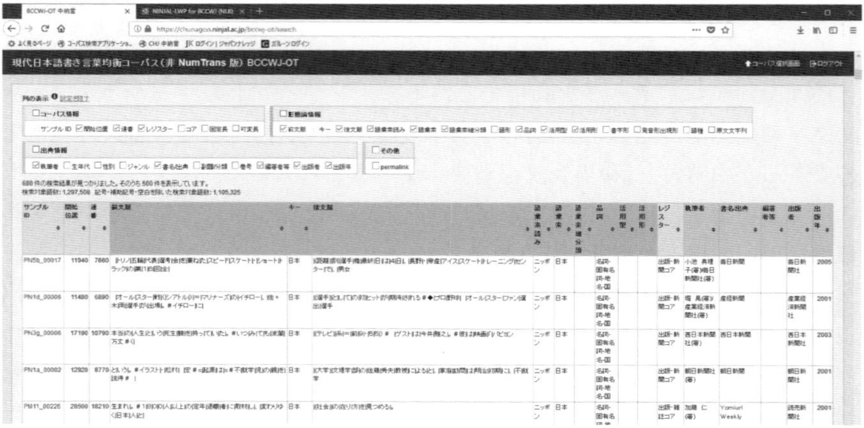

図３　「中納言」の検索結果表示画面

もできる（**図 3**）．検索結果は，タブ区切りによるテキストファイルとしてダ
ウンロードすることができ，そのまま Microsoft Excel 等の表計算ソフトで加
工・分析することが可能である．

② NINJAL-LWP for BCCWJ（NLB）

　NINJAL-LWP for BCCWJ（以下，NLB．http://nlb.ninjal.ac.jp/）は，

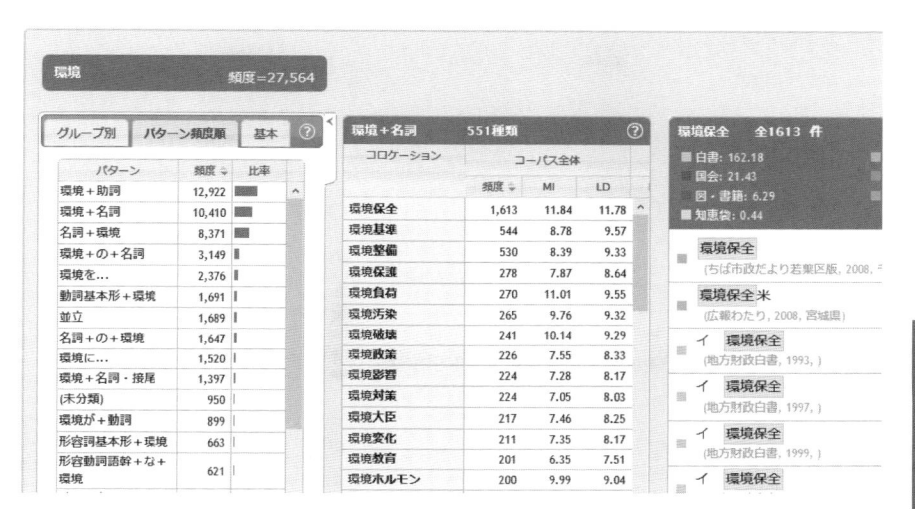

図 4　「NINJAL-LWP for BCCWJ」の検索結果表示画面

BCCWJ を検索するために，国立国語研究所と Lago 言語研究所が共同開発したオンライン検索システムで（利用者登録不要），**レキシカルプロファイリング**（lexical profiling）という手法を用いて，語と語の**共起関係**（co-occurrence relation）を，頻度や共起関係の強さに関する統計スコア（MIスコア，ログダイス）とともに一覧表示する点に特長がある．**コロケーション**（collocation）や語の文法的振る舞いの情報抽出を極めて容易に行うことのできる点で，「中納言」等**コンコーダンサー**（concordancer）とは異なる有用性を持つ（**図 4**）．

2.1.6　その他の利用法

BCCWJ は，オンライン検索ツール「少納言」「中納言」による文字列検索・形態論情報検索により利用するのが一般的であるが，DVD 版を有する場合，**XML**（extensible markup language）形式で格納されたより詳細な付加情報を利用することができる．XPath（XML Path 言語．XML に準拠した文書の特定の部分を指定する言語構文）などを用いれば，特定の要素のみを取り出して分析することができる（**図 5**）．例えば，BCCWJ の文書構造情報を用いて，タイトル表現やリード文，図表キャプションなどの特殊な文書構造を取

117

```
use XML::XPath;

my $file = "$ARGV[0]";

my $xpath = '//sentence';                      # sentence 要素を取り出す

my $xp = XML::XPath->new( filename => $file );

my $nodeset = $xp->find( $xpath );

my $n_tag = 0;

for my $node ( $nodeset->get_nodelist) {

    $n_tag ++;

    my $element = $node->string_value;

    my $temp = $node->string_value;

    my $n_char = ($temp =~ s/.//g);            # sentence 要素内の文字数を数える

    print "$file¥t$n_tag¥t$element¥t$n_char ¥n";}
```

図 5　Perl スクリプトによる XPath 言語を使った要素抽出の例

り出し，それらの言語表現の特徴やレジスター間の差異を観察したり，会話文だけを取り出して短単位検索をしたり，文の長さ（文字数や語数）を計測したりといった，「中納言」では行うことのできない分析も可能である．

2.2　その他の現代語の書き言葉コーパス

①京都大学テキストコーパス

　京都大学が開発・公開した言語情報付きのコーパス．毎日新聞の 1995 年 1 月 1 日から 17 日までの全記事約 20,000 文，1 月から 12 月までの社説記事約 20,000 文の計約 40,000 文に対して形態素・構文情報が付与されている他，うち 5,000 文に対して，格関係，照応・省略関係，共参照の情報が付与されている．元となる新聞の本文テキストは付属せず，元のテキストコーパスの形に変換するためには，毎日新聞 1995 年版 CD-ROM を購入する必要がある．

②言語資源協会（GSK）配布の言語資源（http://www.gsk.or.jp/catalog/）

　言語資源協会が音声・自然言語処理や言語学の研究進展を目的として，研究者向けに公開しているコーパスや言語資源．会員は一部を（条件付きで）無料で用いることができる．2018 年 3 月末現在，「知的障害者向け新聞『ステー

ジ』テキストデータ」,「GSK 加工版「I-Scover データセット」」,「拡張固有表現タグ付きコーパス」,「模擬診療録テキスト・データ」,「甲南大学 こどもコーパス」,「岩波国語辞典第五版タグ付きコーパス 2004」,「新聞記事 GDA コーパス 2004」,「CASTEL/J CD-ROM V1.5」などが公開されている.

③新聞各紙のテキストデータベース (http://www.nichigai.co.jp/sales/corpus.html)

　日外アソシエーツが有償提供する新聞各紙のテキストデータベース. 2018 年 3 月末現在,毎日新聞 (1991 年版〜),毎日小学生新聞 (2010 年版〜),朝日新聞 (1988 年版〜),読売新聞 (1987 年〜),スポーツ報知新聞 (1998 年版〜) などが提供されている. 掲載年月日,刊種 (朝刊・夕刊の別),面種,記事分類,記事見出し,キーワード等のメタ情報と,記事本文の全文テキストからなり,本文テキストは単語情報等を含まないプレーンテキストである. 検索ツール等は付属しない.

④ CD-ROM 版『新潮文庫の 100 冊』とその続編

新潮文庫 100 作品を収録した電子書籍で,1995 年に CD-ROM により発行された. 続編として『新潮文庫 明治の文豪』(1997 年),『新潮文庫 大正の文豪』(1997 年),『新潮文庫の絶版 100 冊』(2000 年) もあるが,いずれも絶版である. シェアウエアやフリーウエアとして公開されているテキスト化ツールを使ってテキストとして加工し,コーパスとして利用できる.

⑤青空文庫 (https://www.aozora.gr.jp/)

　著作権が消滅した作品や,著者が許諾した作品が,テキスト形式と XHTML 形式とで電子化され,著者情報や書誌情報と合わせてウェブ上で大量に公開されている. テキスト形式をそのまま文字列検索して用いることもできるが,コーパスとして用いるための支援ツールとして,国立国語研究所開発の全文検索システム『**ひまわり**』用『青空文庫』パッケージ (2018 年 4 月 4 日現在 13905 作品) が公開されており,容易に入手・利用できる.

3.　歴史的資料のコーパス

3.1　「日本語歴史コーパス（CHJ）」

3.1.1　概要

「**日本語歴史コーパス**」（the corpus of historical Japanese. 以下，**CHJ** とする）は，日本語の史的研究に用いることができる本格的な**通時的・歴史的コーパス**（diachronic & historical corpus）を目指し，国立国語研究所が中心となって開発を進めているコーパスである．2018 年 3 月末現在，奈良時代から明治・大正期までの日本語史研究における重要資料 66 作品，約 1,500 万語分のデータが公開されており，今後さらなる拡張が予定されている．

3.1.2　データ構成

2018 年 3 月末現在のデータ構成は，以下の通りである[i]（**表 2**）.

表 2　CHJ のデータ構成（語数は短単位による）

サブコーパス	データセット名	延べ語数	
奈良時代編	I 万葉集*	97,403	0.65%
平安時代編	（仮名文学作品）	856,682	5.72%
鎌倉時代編	I 説話・随筆	710,675	4.75%
	II 日記・紀行	110,335	0.74%
	計	821,010	5.49%
室町時代編	I 狂言	234,863	1.57%
	II キリシタン資料*	123,421	0.82%
	計	481,705	3.22%
江戸時代編	I 洒落本*	184,504	1.23%
明治・大正編	I 雑誌	12,523,750	83.69%
合計		14,965,054	100.00%

3.1.3　研究用付加情報（アノテーション）

CHJ には，BCCWJ に準ずる文字情報，文書構造情報，形態論情報が付与されている．形態論情報は，BCCWJ と斉一の短単位および長単位（江戸時代編，明治・大正編を除く）の情報を有する．現代語と歴史的日本語とで共通の形態論情報が付されていることで，両者の比較対照が可能な点は，CHJ の特長の 1 つである．

CHJ 独自のアノテーションとしては，詳細な**原文校訂情報**（information of original text and revision discription）が挙げられる．歴史的日本語資料に特有の言語事象として，文字表記や語順が現行のものと著しく異なるもの（『万葉集』における万葉仮名表記，キリシタン文献におけるローマ字表記，近代資料に見られる漢字カタカナ混じり文，訓読を要する漢文体などの特殊な語順等）に対しては，可読性や形態素解析における効率化等への配慮から，原文を機械処理に適した形式にするための本文校訂が施されているが，原文からの校訂情報は詳細に保持されている．また，口語性の強い資料（江戸時代編の洒落本など）には，会話文に話者やその属性（人物同定，性別，地域等）が付与されるなど，特色のある研究用付加情報が提供されている．

3.1.4　検索ツール

CHJ は，BCCWJ と同様に検索ツール「中納言」による利用が可能である（図 6）．CHJ 利用時の追加機能として，原文 KWIC 表示（上記本文校訂前の原文）が提供されている他，底本画像へのリンク，国立国会図書館典拠データ検索・提供サービス（Web NDL）著者情報へのリンクなどが搭載されている（図 7）．

サンプルID	開始位置	連番	コア	前文脈	キー	後文脈
10-万葉 0759_00003	53670	34630	1	立て|足柄|山|に|船木|伐り|木|に|伐り|行き|つ|あたら|船木|を #|ばた|ま|の|そ|の|夜|の|	梅	|を|た|忘れ|て|昔|ら|ず|床|に|なり|思ひ|し|もの|を #|見えず|とも|難|際|ひ|だ|ら|や|山|の|端
				烏総立足柄山尓船木伐樹尓伐都都安多良船材乎 # 烏珠之其夜乃	梅	于手忘而不折来家里思之物乎 # 不所見十方耳 不恋有乑山之末尓射狭夜歴月乎外見而思香

図 6　CHJ 中納言の検索結果表示画面（原文 KWIC 表示）

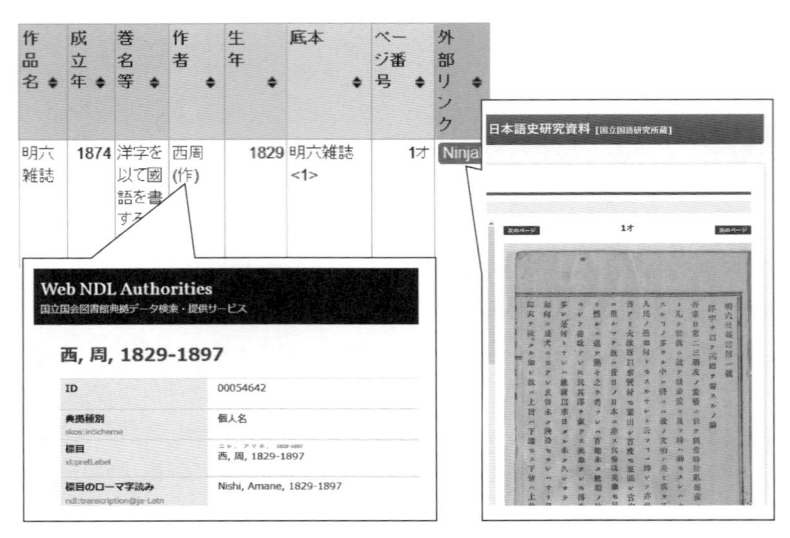

図7　CHJ 中納言の検索結果画面と外部資料へのリンク機能

3.2　その他の歴史的資料のコーパス

①国文学研究資料館 電子資料館（http://www.nijl.ac.jp/pages/database/）

　「古典選集本文データベース」「明治期出版広告データベース」「古事類苑デ
ータベース」「日本古典文学大系本文データベース」「噺本大系本文データベー
ス」などが公開されており，検索サイトの利用により全文文字列検索が可能.
検索結果から，周辺文脈の表示や「日本古典籍総合目録データベース」による
書誌詳細情報や底本画像等へリンクしている.

②人文学オープンデータ共同利用センター 日本古典籍データセット
（http://codh.rois.ac.jp/pmjt/）

　国文学研究資料館所蔵のオープンデータを中心とした古典籍画像のデータセ
ットで，2018 年 3 月末現在 1,767 点が書誌情報（「日本古典籍総合目録データ
ベース」による）と共に公開されている. 一部の作品については，翻刻本文テ
キストも公開されている. 検索ツールは付属しない.

③国立国語研究所 日本語史研究用テキストデータ集（http://textdb01.ninjal. ac.jp/dataset/）

国立国語研究所で構築されたテキストデータベースがテキスト形式で公開されている．2018 年 3 月末現在，古辞書 3 点，洒落本・人情本 9 作品，米国議会図書館蔵『源氏物語』翻字本文を含む．検索ツールは付属しない．

④ J-TEXTS 日本文学電子図書館（http://www.j-texts.com/）

古典から近代までの日本文学作品の電子化テキストがまとめてリンクされている．それぞれの電子化テキストは，作成者も形式も様々であるため，総合的に用いることは難しいが，研究対象とする作品を選択してコーパスとして文字列検索等を行うことができる．

[間淵洋子]

【注】
i)　公開されたコーパスの語彙統計情報は，国立国語研究所コーパス開発センターホームページ（日本語歴史コーパス（CHJ）語彙統計：バージョン 2017.3. http://pj.ninjal.ac.jp/corpus_center/chj/201703.html）に基づく．ただし，2017 年 9 月公開の『奈良時代編 I 万葉集』および 2018 年 3 月公開の『室町時代編 II キリシタン資料』『江戸時代編 I 洒落本』は語彙統計データが未公開であるため，国立国語研究所形態論情報データベース[4]より筆者が 2018 年 3 月 29 日に抽出・計測した値である．

【参考文献（さらに学びたい人のために）】
[1]　近藤泰弘，田中牧郎，小木曽智信編（2015）．『ひつじ研究叢書〈言語編〉第 127 巻　コーパスと日本語史研究』ひつじ書房，293.
[2]　前川喜久雄（2008）．「KOTONOHA『現代日本語書き言葉均衡コーパス』の開発」『日本語の研究』**4**（1），82–95.
[3]　前川喜久雄編（2013）．『講座日本語コーパス 1 コーパス入門』朝倉書店，182.
[4]　小木曽智信，中村壮範（2011）．『『現代日本語書き言葉均衡コーパス』形態論情報データベースの設計と実装　改訂版』（特定領域研究「日本語コーパス」平成 22 年度研究成果報告書（JC-U-10-01））.
[5]　田野村忠温編（2014）．『講座日本語コーパス 6 コーパスと日本語学』朝倉書店，177.
[6]　山崎誠（2013）．「『現代日本語書き言葉均衡コーパス』語彙表 ver.1.0 解説」「『現代日本語書き言葉均衡コーパス』語彙表」（http://pj.ninjal.ac.jp/corpus_center/bccwj/freq-list.html）国立国語研究所コーパス開発センター.
[7]　山崎誠編（2014）．『講座日本語コーパス 2 書き言葉コーパス——設計と構築』朝倉書店，149.

A2-4
話し言葉コーパス
spoken corpus

1.　話し言葉コーパスとは

　話し言葉は，書き言葉とは異なり，録音しない限り話すそばから消えてなくなるという性質がある．そのため，話し言葉の実態を詳細に調べるには，話し言葉の資料を体系的に収めた**話し言葉コーパス**が活躍する．**コーパス**とは，実際に書かれたり話されたりした言葉の用例を大量に集めて電子化し，検索できるように情報を整備したものであり[6]，このうち話し言葉を対象としたものが話し言葉コーパスである（「コーパス」の定義の詳細は「**A2-3 書き言葉コーパス**」を参照のこと）．

　例えば，私たちは普段，「寂しい」という言葉を，「サビシイ」と「サミシイ」のどちらで発音しているのか，といった疑問が浮かんだとしよう．頭で考えてもなかなか答えは出ない．こうした時に活躍するのが話し言葉コーパスである．早速，後述の『日本語話し言葉コーパス』を使って調べてみると，**図1**に示すように，若い人ほど「サミシイ」を，年配の人ほど「サビシイ」をより用いる傾向にあることがわかる．

　話し言葉のコーパスはどのように作られるのだろうか．まず，対象とする話し言葉の音声を録音した上で，発話内容を文字に書き起こす必要がある．こうした文字化テキストがあると，単語に区切って品詞などの情報を付与するといったように，書き言葉コーパスと同じような**研究用付加情報**（annotation）を付けることができるようになる（「**A2-3 書き言葉コーパス**」参照）．「サビシイ／サミシイ」のような実際の発音の情報や，話者の性別や年齢などの基本情報まで含めて整備してあると，**図1**に見たような分析を比較的簡単に行うことができる．

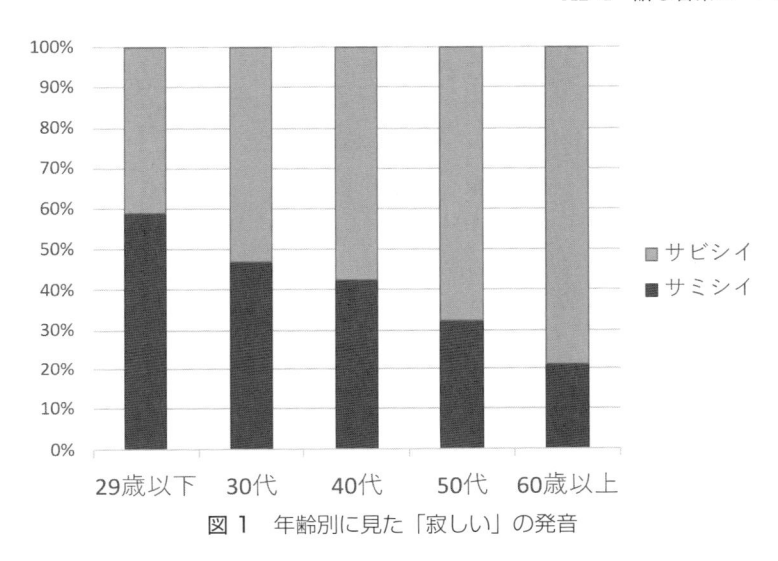

図 1　年齢別に見た「寂しい」の発音

言　語

2.　話し言葉コーパスにおける研究用付加情報

　話し言葉ならではの研究用付加情報もある．国立国語研究所が構築した「日本語話し言葉コーパス」（以下 CSJ）を例に，どのような研究用付加情報があるか，具体的に見ていこう[4]．

　CSJ は，学会などでの講演音声や，一般話者による主に個人的な内容に関するスピーチ音声を主対象とする話し言葉コーパスである．661 時間という大量の話し言葉を収録しており，音声ファイルの他，発音を仮名で表記できる範囲で忠実に文字化したテキストや，**表 1** に示すような豊富な研究用付加情報が公開されており，世界的に見ても高い質と量をほこる話し言葉コーパスである i)．

　表 1 に示す研究用付加情報のうち，**韻律情報**（intonation label）と**分節音情報**（segmental label）について簡単に紹介する．**図 2** は「あと　ちょっと　寂しいって　ゆう　ことに」という発話に対するラベリング例である．一番上の層は音声波形，次の層は声の高さに相当するピッチ（F0）曲線が表示されており，その下の 4 つの層が韻律情報と分節音情報のラベリング内容である．

125

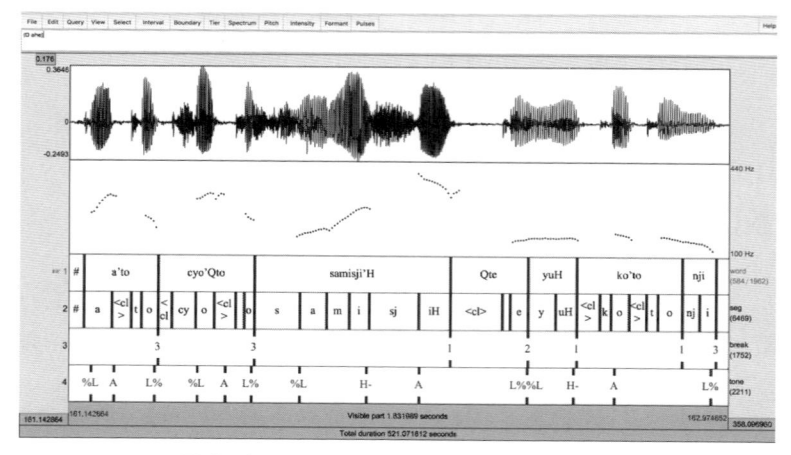

表1　『日本語話し言葉コーパス』の代表的な研究用付加情報

形態論情報	単語（長短2種類）の境界と品詞等の情報
節単位情報	節（clause）の境界と種類の情報
係り受け情報	文節間の係り受け関係の情報
韻律情報	アクセントやイントネーションの情報
分節音情報	母音や子音などの分節的単位の境界とその種類の情報
談話境界情報	1つの談話の中でまとまりをなす話題の境界の情報
印象評定情報	スピーチを聞いた際に受ける印象に関する評定情報

図2　韻律情報・分節音情報のラベリング例

　ラベリング層のうち1層目には，発話の内容を単語に分割した上で，音素表記された情報とその時間的境界が表現されている．「寂しい」の部分を見ると，ここでは [samishi'H]（サミシー）のように発音されていることがわかる．アポストロフィー（'）は**アクセント**の位置を表している．最後の「ことに」の部分を見てみよう．東京方言では「こと（事）」は [koto'（nji）] のように「と」の位置で下がる尾高型で発話されることが多いが，ここでは [ko'to（nji）] のように「こ」の位置にアクセントの下がりがある頭高型で発話されていることがわかる．

　2層目は，これらの発話を母音や子音などの構成要素に細かく分割した文節音情報が示されている．例えば，[cyo'Qto] における2つの [o] を比較してみると，同じ [o] であっても継続長が異なり，語末より語中の [o] の方が長いことが見てとれる．

　3層目には，韻律境界の強さに相当する情報が1〜3の数字で表現されており，値が大きくなるほど強い韻律境界を表す．1は単語境界，2はアクセント句境界，3は一番大きな境界であるイントネーション句境界である．この発話例では，「あと」「ちょっと」「寂しいってゆうことに」という3つの**イントネーション句**から，最後のイントネーション句は「寂しいって」「ゆうことに」の2つの**アクセント句**から構成されることがわかる．

　4層目は，声の高さに相当するピッチ曲線が上がったり下がったりする，その変曲点に関する**トーン**の情報が記されている．例えばアクセント句「寂しいって」を見ると，句頭の「サ」が低い位置から始まり（%L），次の「ミ」にかけて上昇し（H-），「シ」の部分でアクセントによる下がりがあり（A），句末の「ッテ」にかけて下がり切っている（L%）ことが表現されている．また，アクセント（A）の位置のピッチ曲線を見ると，他に比べて非常に高くなっており，「寂しいって」という句を声を高く少し強調して発話していることがわかる．

　こうした研究用付加情報を用いることで，色々なことを調べることができる．例えば韻律情報を対象に「コーパス」という語のアクセントを調べてみると，38件中27件が頭高型で発音され，残り11件は平板型，つまり「コーパス」にアクセントが置かれずに発話されていることがわかる[ii]．また，複数の研究用付加情報を組み合わせることで，より複雑なことを調べることができる．例えば，韻律情報と係り受け情報を組み合わせることによって，「漱石の小説」のように当該の文節が近くに係るときよりも，「漱石の新聞に掲載された小説」のように遠くの文節に係るときの方が，アクセント句末（この例の場合は「漱石の」の部分）において，下降調ではなく上昇調や上昇下降調のような上昇成分を伴う音調が現れやすいことがわかる[1]．

言
語

127

3.　対象とする話し言葉の変種

　どのような種類の話し言葉を扱うかによって，様々な種類の話し言葉コーパスが存在する．例えば，アナウンサーによるニュース音声を集めたものもあれば，私たちが普段の日常生活で家族や友達と交わしている雑談を集めたものもある．前者は，原稿などによって話す内容が事前に決まっている（「朗読音声」）1人の話者による「独話」であり，「改まった」発話であるのに対し，後者は，その場で考えながら発話している（「自発音声」）2人以上の話者による「会話」であり，比較的「くだけた」発話である．このように，独話か会話（対話），**朗読音声**（read speech）か**自発音声**（spoutaneous speech）か，改まった発話かくだけた発話か，というのが，話し言葉の**変種**（variation）をとらえる上で主要な分類基準となる．

　前節で取り上げた CSJ の大半を占めるのは，自発性の高い独話であり，比較のために朗読や対話を若干数含む．独話のうち半分は学会などでの研究に関する講演，残り半分は国語研究所のスタッフ数名を聴衆とする一般話者による主に個人的な内容に関するスピーチ（「模擬講演」）である．発話の内容や講演する状況などから，前者の方が発話スタイルは高く改まった口調に，後者の方がくだけた口調になりやすい．

　こうした改まり度の違いがことばの選択に与える影響の1つとして，「やはり」の4つの語形の出現傾向を見てみよう．CSJ の学会講演，模擬講演，対話を対象に検索すると，学会講演では「ヤハリ」を多用する傾向が見られるのに対し，模擬講演では口語的でくだけた表現である「ヤッパリ」の使用率が高くなることが分かる（**図3**）．また学会講演ではほとんど見られない，かなりくだけた語形である「ヤッパ」も多く見られる．対話では「ヤハリ」が用いられることはほとんどなく，「ヤッパリ」「ヤッパ」の使用率が模擬講演よりも更に高くなる．

　このように，コーパスが扱う話し言葉の種類によって，ことばの使用傾向は異なってくる．そのため，話し言葉の特徴を広く調べるには，「**A2-3** 書き言葉コーパス」にもあるように，対象言語の全体像を把握するために母集団（例えば現代日本語の話し言葉）の縮図・代表となるようサンプルを抽出したり，

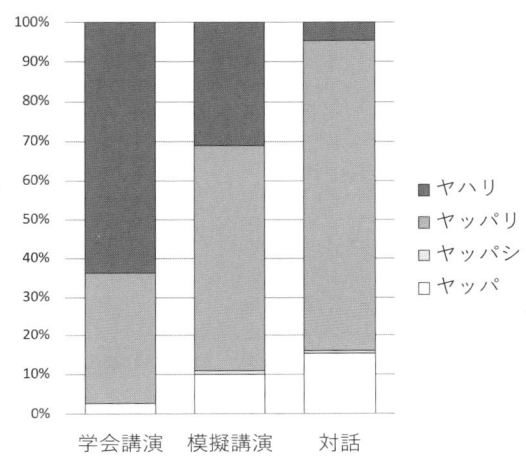

図3　CSJ における学会講演・模擬講演・対話における「やはり」の語形の使用率

幅広い変種をカバーするようサンプルを選択し，均衡性を保つことが重要となる．しかし，話し言葉の全体像を把握することは，書き言葉以上に難しく，その把握自体が重要な研究テーマでもある．

4.　多様な日常会話を含むコーパス

国立国語研究所では現在，私たちが日常生活を送る上でどのような言葉を用いているかを明らかにするために，様々な場面・様々な属性の話者による日常会話 200 時間をバランスよく収めた『日本語日常会話コーパス』（以下，CEJC）の構築に取り組んでいる[iii][2]．CEJC では，40 名の一般の協力者に，自身の生活の中で自然に生じる会話を 15 時間ほど収録してもらい，その中から，データのバランスなどを考慮してコーパスに格納する会話を選んでいる．CEJC には，自宅で家族と食事しながら雑談する場面や子供の宿題を見る場面，仕事場で同僚と会合する場面，床屋で散髪しながら理容師と会話する場面，車で移動中に友人と会話する場面など，実に多様な場面，多様な相手との会話が含まれている．同じ話者であっても，場面や相手によってことば遣いは変わりうるが，CEJC を用いることによって，こうしたことばの使い分けを詳

細に調べることができる．また CEJC は，音声だけでなく映像まで含めて収録・公開する．そのため，ことばとジェスチャーとの関係など，より多様な研究の可能性が広がることが期待される．

[小磯花絵]

【注】
i)　話し言葉コーパスの中には，生の音声を公開せずに文字化テキストのみ公開するものや，実際の発音まで細かく書き表していないものもある．
ii)　「話し言葉コーパス」や「コーパス分析」のように複合名詞の場合は複合語アクセントとなるため，この分析からは除いている．
iii)　2018 年 12 月に 50 時間分の会話を試験公開した．全体 200 時間は 2021 年度末に公開する予定である．

【参考文献（さらに学びたい人のために）】
[1]　小磯花絵（2013）.「日本語話し言葉における複合境界音調の役割」『国語研プロジェクトレビュー』**4**（2），110-117.
[2]　小磯花絵ほか（2017）.「『日本語日常会話コーパス』の構築」『言語処理学会第 23 回年次大会発表論文集』.
[3]　小磯花絵編（2015）.『話し言葉コーパス――設計と構築』朝倉書店.
[4]　国立国語研究所（2006）.『日本語話し言葉コーパスの構築法』.
[5]　前川喜久雄（2002）.「『日本語話し言葉コーパス』を用いた言語変異研究」『音声研究』**6**（3），48-59.
[6]　前川喜久雄編（2013）.『コーパス入門』朝倉書店.
[7]　松本裕治，奥村学編（2017）.『コーパスと自然言語処理』朝倉書店.

A2–5

学習者コーパス
learner corpus

1.　学習者コーパスとは何か

　学習者コーパス（learner corpus）とは，当該言語の学習者の産出言語を収集したコーパスである．学習者コーパスを構築する目的は，学習者の産出言語を分析することによって，第一言語とも第二言語とも異なる学習者の**中間**

言語（interlanguage）の研究や，**第二言語習得**（second language aquisition: SLA）研究に貢献することにある．また，それらの知見を応用して外国語教育の教材や教授法の発展に寄与することも期待されている．石川[3]は，学習者コーパスを用いた研究では，言語そのものよりも学習者のありようが最終的な研究課題になる，と述べている．また，学習者コーパスを用いた研究課題として，リーチ[7]は，①学習者が有意に過剰使用したり過小使用する言語的特徴，②母語からの転移，③学習者が目標言語を十分に使用できない場合に使用する回避ストラテジー，④学習者が母語話者的に運用する，または非母語話者的に運用する言語領域，⑤特定の母語話者が苦手とする言語領域，の5点を挙げている．

　一般のコーパスと学習者コーパスはどちらも言語データの集合であり，共通点が多い．学習者コーパスも当該言語のすべての学習者データを収集することは不可能であるから，構築の目的などによってコーパスデザインやコーパスサイズが決定される．学習者コーパスが一般のコーパスと異なるのは，学習者コーパスにおいては学習者の母語や当該語の習熟度が重要となる点である．学習者コーパスを用いて，学習者の中間言語や言語習得に寄与する研究をするためには，母語別の言語的特徴や，初級・中級・上級といった各習熟段階における言語的特徴を明らかにしていく必要があるためである．しかし，コーパスに収集される全ての学習者に共通のテストを実施するなどして学習者の習熟度を統一的に把握することは，データ収集過程における様々な制約から容易とは言えず，習熟度情報を保有していないコーパスも少なくない．

　また，学習者の言語産出における発音や文法の誤りをどう扱うか，という問題もある．一般のコーパスにおいても，話し言葉コーパスにはフィラーや語断片，言い間違いなどの書き言葉とは異なる現象があり，それらに対する対処が必要となるが，学習者の場合は「先輩」を「すんぱい」と発音したり，「食べられない」を「食べらない」と言ったり，外国語が混じったりすることがある．学習者の産出言語に対して，一般のコーパスと同様の手順で**形態素解析**をする場合には上記のような事例に対する統一的な対応をする必要がある．そのため，学習者コーパスは一般のコーパスのような短単位検索のシステムを持たず，学習者の属性や調査時期，作文テーマなどを検索キーにしてデータをダウンロードするものも多い．

言語

2.　様々な学習者コーパス

　一般のコーパスと同様に，学習者コーパスの構築が最も進んでいるのは英語の分野であり，石川[3]に多様なコーパスが紹介されている．ここでは日本語の学習者コーパスに焦点を当てたい．**書き言葉コーパス**と**話し言葉コーパス**とに大別して，主要な日本語学習者コーパスを概観し，それぞれのコーパスの特徴が異なることを把握しよう．

　まず書き言葉コーパスを見る．「日本語学習者による日本語作文と，その母語訳との対訳データベース（作文対訳DB）」は，世界21カ国で収集された日本語学習者による日本語作文を収集したものである．2000年に初版のCD-ROM が公開され，書き言葉の学習者コーパスの先駆的存在といえる．作文執筆者による日本語作文の母語訳が同時に収集されているのが特徴である．また，2018年1月の時点で公開されている約1700編のうち，約260編には日本語母語話者による添削情報が付与されている．そのうち約30編は，1つの作文に対し数十人の添削者が添削をしており，添削者間の添削観点の違いを見ることができる．作文テーマは，基本的には3種の説明文と7種の意見文の中から選ばれている．

　「日本語教育のためのタスク別書き言葉コーパス（YNU書き言葉コーパス）」は，日本人大学生と留学生（中国語母語話者と韓国語母語話者）の多様な作文1080編が収録されたものである．同一人物が状況や難易度の異なる12種類のタスクに応じて作文やメールなどを執筆しており，同一人物間の作文を比較できる点が特徴である．また，各作文に対して「タスクの達成」「タスクの詳細さ・正確さ」「読み手配慮」「体裁・文体」の4つの観点から評価を行って作文を上位群・中位群・下位群に区分しており，習熟度別の比較が可能である．書籍『日本語教育のためのタスク別書き言葉コーパス』[4]の付属CD-ROM として公開されている．

　その他にも，台湾の東呉大学で日本語を学ぶ学生を対象に，3年半におよぶ縦断調査を通して作文データを収集した「台湾東呉大学 LARP at SCU コーパス」や，初級から上級の日本語学習者304名の作文データを収録した「日本語学習者作文コーパス」などがある．「日本語学習者作文コーパス」は全文

データのダウンロードだけでなくウェブブラウザで検索ができ，検索時に作文執筆者による母語訳の PDF も参照することができる．

　次に話し言葉コーパスを見る．「KY コーパス」は，日本語学習者が受験した会話能力テスト（ACTFL oral proficiency interview: OPI）を書き起こしたものである．中国語・英語・韓国語の母語話者がそれぞれ 30 名ずつであり，また，OPI の判定結果が初級 5 名・中級 10 名・上級 10 名・超級 5 名になるよう調整されている．全員が OPI という同一の会話能力試験を受けており，インタビューの構成が把握しやすい点，学習者の会話能力における到達度別に整理されている点からも各データの比較がしやすく，多くの研究で利用されている．1999 年に初版が公開されており，学習者コーパスの先駆けといえる．

　その他にも，中国語母語話者 3 名と韓国語母語話者 3 名を対象とした 3 年半におよぶ縦断調査で収集したインタビューデータからなる「中国語・韓国語母語の日本語学習者縦断発話コーパス（C-JAS）」や，basic transcription system for Japanese（BTSJ）と呼ばれる文字化の原則に基づいて文字化された「BTSJ 日本語自然会話コーパス」などがある．前者は，学習者の習得過程を分析することを目的として，後者は語用論的分析を進めることを目的として設計されている．

　それぞれのコーパスは，目的に応じて，収集するデータの種類や公開時の検索方法などが決定されているため，利用者は自身の研究テーマに合致したコーパスを選択する必要がある．また，データベース化されており，検索システムを持たないコーパスも一部にある．

3.　多言語母語の日本語学習者横断コーパス（I-JAS）

　ここからは，2016 年から公開が始まり，現在もデータが順次公開されている「多言語母語の日本語学習者横断コーパス（I-JAS）」について述べる．

　I-JAS の特徴は，①学習者の母語の豊富さとデータ量の多さ，②発話と作文の両方を含む多様なタスクの実施，③学習者の習熟度を含む多様な背景情報の公開，④比較となる母語話者データの公開，⑤検索システムによる短単位検索の実現，の 5 つが挙げられる．これらの点について，迫田他[9]を参照しつつ，もう少し詳しく説明しよう．

A2　言　　　語

　まず①に関して，I-JAS では，言語類型を参考に 12 言語（インドネシア語，スペイン語，タイ語，トルコ語，ドイツ語，ハンガリー語，フランス語，ベトナム語，ロシア語，英語，韓国語，中国語）を選定し，それらを母語とする学習者のデータを収集している．また，海外の教室環境学習者，国内の教室環境学習者，国内の自然習得学習者という環境別に分類して比較することも可能である．学習者データは最終的に 1,000 人分が公開される予定である．

　②に関して，I-JAS では，発話タスクを 4 種類 6 タスク，作文タスクを 3 種類 6 タスク行っている．I-JAS の特徴は，同一人物が上記の多様なタスクを行っている点であり，母語間・タスク間だけでなく，同一人物の発話と作文の比較など，多様な比較ができるように設計されている．

　発話タスクには，ストーリーテリング（2 タスク），対話（1 タスク），ロールプレイ（2 タスク），絵描写（1 タスク）がある．ストーリーテリングは 4〜5 コマのイラストを見て，そのストーリーを話すものである．対話は約 30 分の半構造化インタビューで，前半は過去・現在・未来の話が順にできるように，後半は意見陳述や反論ができるように構成されている．ロールプレイは調査者が日本料理店の店長役，調査協力者である学習者がアルバイト役という設定で，依頼と断りの 2 つのロールプレイを行っている．絵描写はいろいろな行動をしている人を含む風景を描いたイラストを見て，その様子を説明するものである．作文タスクには，ストーリーライティング（2 タスク），メール（3 タスク），エッセイ（1 タスク）がある．ストーリーライティングはすべての発話タスクが終了した後にもう一度ストーリーテリングで使用したイラストを見て，ストーリーをパソコンで入力するものである．メールは依頼や断り，エッセイは「私たちの食生活——ファーストフードと家庭料理」というタイトルで 600 字程度のエッセイを書くというものである．どのような習熟度の学習者でも対応できるよう，タスクの指示文は翻訳が使用されている．また，絵描写は調査途中からの実施であり，メールとエッセイは任意参加であったため，一部の学習者が対象となっている．

　③に関して，学習者は全員，SPOT（simple performance-oriented test）と J-CAT（Japanese computerized adaptive test）を受験しており，習熟度を判定することができる．

　④に関して，50 名の母語話者が学習者と同じタスクを実施している．

　⑤に関して，書き起こされた発話データは学習者の発音誤りなどに対する統一的な対応を施した後，形態素解析がなされ，短単位検索が可能となっている．先にも述べたが，学習者の発話には発音の誤りや，「食べらない」のような日本語の統語規則から外れた表現が多々現れる．I-JAS では，「意味不明語や語の断片は形態素解析の対象から除外する」「本来の語が特定できる発音誤りなどは解析用の語を指定する」などのルールを設定し，書き起こしの際に形態素解析用の処置を施している．例えば，学習者が（1）のように発話した場合，下線の「ともらち」「がっこ」は発音の誤りとして「友達」「学校」に修正されて形態素解析される．二重下線の「と」は語断片として，形態素解析の対象から除外される．四角で囲った「が」の部分は，本来なら「学校に行きました」のように「に」であるべきだが，「が」は助詞として日本語の辞書にある語なので，形態素解析可能とみなして修正はされない．結果として，（2）のような文が形態素解析の対象となる．このような手順を経て短単位検索が可能となっている日本語の学習者コーパスは，現段階では大変少ない．

　（1）と，ともらち と，がっこ │が│ 行きました.
　（2）友達 と 学校 が 行きました.

4.　学習者コーパスを使って何ができるか

　学習者コーパスを利用した研究の初歩的な事例を，I-JAS を用いて紹介しよう．例えば，学習者の終助詞の使用が気になるとする．図1のように I-JAS の検索画面で検索対象を「助詞—終助詞」と指定し，学習者の対話タスクを選択して検索すると，図2のような検索結果が現れる．この結果をエクセルにダウンロードして，各語の集計をしたり，用例を観察することが可能である.

　学習者（ここでは第一次公開データを使用）の対話タスクにおける主な終助詞の使用頻度と母語話者（ここでは第一次・第二次公開データを使用）の使用頻度を示したものが表1である．学習者と母語話者のデータは総語数が異なるため，表1の数字は10万語単位の頻度に調整してある．総語数は図2の検索結果数の下に検索対象語数として示されている．表1に示した終助詞「よ」「ね」「な」「か」を見ると，軒並み母語話者の頻度が高い．「よ」「ね」「な」に至っては，学習者の頻度は母語話者の四分の一程度である．I-JAS の第一次公

135

図 1　I-JAS 検索画面

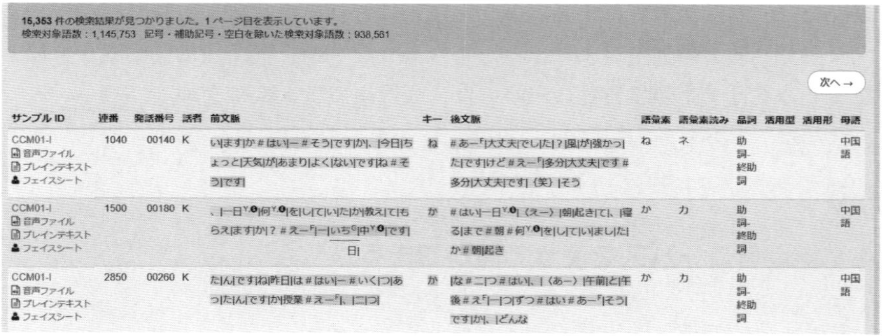

図 2　I-JAS 検索結果画面

表 1　終助詞と代名詞の頻度（10 万語単位）

対象	終助詞「よ」	終助詞「ね」	終助詞「な」	終助詞「か」	代名詞「私」
学習者	119	668	158	438	933
母語話者	436	2395	505	973	217

開データの学習者の習熟度はおおむね中級レベルとされているが，この結果を見ると，中級レベルの学習者は対話において終助詞の使用が少ないことがわかる．しかし，中級の学習者がどの語においても母語話者より頻度が低いかというと，そういうわけではない．代名詞「私」を同様の手順で調べてみると，学

習者が母語話者の 4 倍を超える頻度であることがわかる.

　この先は,用例を丁寧に観察したり,異なる範囲のデータを検索して比較したりしていくことで,様々なことが明らかになる.例えば,学習者の「私」の使用は,助詞「は」を伴う「私は」という形が最も多く,母語話者の 7 倍近い頻度であること,「私が」という形は母語話者と学習者の差が小さいこと,などである.習熟度が異なるとどうなるか,母語による違いはあるか,具体的にどういう文脈で使われているかなど,深く調べていくことができる.

[小西円]

【参考文献（さらに学びたい人のために）】

[1] BTSJ 日本語自然会話コーパス（https://ninjal-usamilab.info/btsj_corpus/）（最終アクセス：2019 年 9 月 19 日）

[2] 中国語・韓国語母語の日本語学習者縦断発話コーパス,多言語母語の日本語学習者横断コーパス（http://lsaj.ninjal.ac.jp/）（最終アクセス：2019 年 9 月 19 日）

[3] 石川慎一郎（2012）.『ベーシックコーパス言語学』ひつじ書房.

[4] 金澤裕之編（2014）.『日本語教育のためのタスク別書き言葉コーパス』ひつじ書房.

[5] KY コーパス（http://www.opi.jp/shiryo/ky_corp.html）（最終アクセス：2019 年 9 月 19 日）

[6] 日本語学習者による日本語作文と,その母語訳との対訳データベース（2019 年 9 月現在リニューアル中）

[7] Leech, G. 序文,Granger-Legrand, S. 編著（船城道雄,望月通子監訳）（2008）.『英語学習者コーパス入門』研究社,xi–xviii.

[8] 日本語学習者作文コーパス（http://sakubun.jpn.org/）（最終アクセス：2019 年 9 月 19 日）

[9] 迫田久美子,小西円,佐々木藍子,須賀和香子,細井陽子（2016）.「多言語母語の日本語学習者横断コーパス」『国語研プロジェクトレビュー』6（3）,国立国語研究所,93–110.

[10] 砂川有里子編（2016）.『講座日本語コーパス 5　コーパスと日本語教育』朝倉書店.

[11] 台湾東呉大学 LARP at SCU コーパス（http://web-ch.scu.edu.tw/japanese/web_page/3936）（最終アクセス：2019 年 9 月 19 日）

言
語

形態素解析
morphological analysis

1.　日本語の形態素解析と Morphological Analysis

　情報処理の分野におけるテキスト解析処理の１つに「**形態素解析**」というものがある．この名称は英語の "**Morphological Analysis**" の和訳だが，日本語解析の文脈で「形態素解析」と言ったとき，それはもともとの Morphological Analysis と同じ解析処理を指すものではない．本来の Morphological Analysis は英語のような語形変化のある言語に対し以下のように，与えられた単語の出現形を，それを構成する**形態素**（morpheme）へと分解する処理である（くわしくは Jurafsky[3] を参照）．

- loving → love + ing（進行形）
- happiest → happy + est（最上級）
- girls → girl + s（複数）

　一方，日本語解析の文脈で「形態素解析」と言った際には，一般に以下の３つの処理を行うことを指す．

　①与えられた文字列（主に「文」）の**分かち書き**（segmentation）

　②品詞タグ付け（part of speech（POS）tagging）

　③活用推定（+ 原形推定）（lemmatization）

　図 1 に日本語形態素解析ソフトウェア（以下，形態素解析器）の入力とその出力例を示す．

　両処理の大きな違いは，もともとの Morphological Analysis が単語をスタートとする解析処理であるのに対し，日本語の形態素解析が①のように，分かち書きのステップを含んでいる点である．これには次のような理由がある．

　英語は「文中の空白で区切られた単位が単語である」という暗黙の了解がある．つまり「**分かち書き**されている言語」である．対する日本語は，文が『単語』に「分かち書きされていない言語」である．そのため日本語に欧米で開発された単語ベースのテキスト解析処理の手法を適用するには，まず分かち書き

入力：学校へ行った			
出力：			
表層形	品詞	活用形	原形
学校	名詞		学校
へ	助詞		へ
行っ	動詞	連用形	行く
た	助動詞		た

図1　形態素解析の例

言語

の自動化がどうしても必要だった．計算機を使って日本語を自動的に分かち書きする際，品詞や活用の情報は非常に有効である．しかし品詞や活用を定めるためには，そもそもそれらを付与すべき『単語』が分かち書きによって切り出されている必要がある．

　そこで『単語』の表層形（出現形）を集め，品詞や活用といった情報を付与した「（形態素）**解析用辞書**」が整備されて，それを使って①〜③の処理を同時に行う自動分かち書きの手法が提案された．そして，この分かち書き処理の中に Morphological Analysis に類似の③の処理を含んだことから，一連の解析を日本語ではまとめて「形態素解析」と呼ぶようになった（③の処理を行うために，①②との同時処理が必要であった，という見方もできる）．また「形態素」解析と呼んではいるが，日本語の形態素解析は，入力文字列（主に1文）を「形態素」ではなく『単語』の列へと分割した上で，各『単語』の品詞や活用など，文法機能を同定する処理である．つまり日本語形態素解析は Morphological Analysis のように入力文字列を形態素単位へ分割する処理ではない．しかし既に「形態素」解析という呼び方が定着してしまっていることもあり，しばしば混乱の原因にもなっている．本項目では曖昧性を避けるため，あえて冗長に「日本語（の）形態素解析」という表現を使っている．

　さらに，分かち書きをしない日本語において「何を『単語』と見なすか？」は自明でなく，日本語母語話者の間でも，皆が納得するような明確な『単語』の定義はない．そのため実際の解析における分割の単位は，「解析用辞書にどのような "基準" で表層形を登録したか？」に依存して決まる．

2.　形態素解析用辞書の表層形と品詞体系

　形態素解析用の辞書には例えば，形態素解析器 **MeCab**[5]のデフォルトの解析用辞書 ipadic や，形態素解析器 juman++[2] 同梱の解析用辞書の人手作成部[i] がある．明文化されていないが，表層形の登録はいずれも開発した研究室の意向に基づいて行われている．また ipadic をベースとして，固有名詞を中心に，随時表層形を登録し続けている neologd[8]という MeCab の解析用辞書もある．neologd も ipadic と同じく，製作者独自の判断で表層形の追加が行われているが，その判断基準は ipadic とは異なり，「神奈川県横浜市」のような比較的長い地名や複合名詞も固有名詞として登録されている．対して，国立国語研究所が公開している MeCab の解析用辞書 UniDic[14]に登録されている表層形は，同所が開発するコーパス整備用『単語』データベースが基となっている．このデータベースではコーパス整備時の表層形認定に斉一性を確保するため，短単位という独自の長さ基準を設けており，アノテーション時の方針が規定集という形で明文化されている．また品詞や活用に加え，語種やアクセントの情報まで付与できるという特徴がある．UniDic は現代語の解析用時辞書だけでなく，上代〜近代にかけて各時代の文献テキストを解析するための辞書も公開している．

　以上の解析用辞書は，いずれもなにかしら 1 つの単位基準で入力文字列を分かち書きするものだが，形態素解析器 Sudachi[12]では以下のように，内部の解析用辞書に長中短，3 つの分割長を採用しており，ユーザーはそこから適宜選択，併用して分かち書きを行うことができる．

A 単位：東京都文京区＼本郷三丁目
B 単位：東京都＼文京区＼本郷＼三丁目
C 単位：東京＼都＼文京＼区＼本郷＼三＼丁＼目　（UniDic の短単位相当）

　また各解析用辞書では，分割長だけでなく採用されている品詞体系も異なっている．ipadic は学校文法（橋本文法）に類似の IPA 品詞体系を採用しており，その拡張である neologd も同じ体系である．UniDic でも学校文法を採用

しているが，IPA 品詞体系とは異なる独自の修正を加えた品詞体系となっている．また分割長は異なるが，Sudachi の内部辞書で採用されている品詞体系も UniDic と同じものである．以上に対し，juman++ では益岡・田窪文法を採用しており，他の辞書に比べ，統語解析に強い品詞体系と言われている．

3.　形態素解析器の簡単な仕組みと種類

　MeCab や Sudachi はあらかじめ用意された解析用辞書を使い，当該『単語』の出現しやすさ，当該『単語』の品詞と左右の『単語』の品詞との連接しやすさに基き，膨大な分割の候補の中から最尤の解析結果を選択している．これに対し，juman++ はニューラルネットを用いて，左右連接以上の遠い距離のコロケーション（語と語のつながり）までを参照できる．この際，実際の『単語』ではなく，実数値のベクトルで表現した『単語』同士のコロケーションを見るため，単に品詞の連接のみを扱うよりも賢い解析を行なっている．反面，MeCab よりもはるかに複雑な情報を使って解析しているため，どういった場合に誤解析が生じるのかあらかじめ予測が難しい．

　解析用辞書を使う形態素解析器の利点の１つに未知語対応が挙げられる．辞書に未登録の未知語が現れても，品詞の連接など既知語の出現傾向から未知語の分かち書きや品詞予測が行える．反対に，文体や書き振り，書式といったスタイルやフォーマットが一定しており，未知語の少ない分野のテキスト（例えば，法律文書）の解析には，辞書をほとんど使わない KyTea[4]という形態素解析器も有効になる．KyTea は用意されたタグ付きコーパス中の分割や品詞を，入力文字列の字面から直接暗記し，本番でも暗記した通りに分割・品詞付与を実施するタイプの形態素解析器である．部分的に分割位置や品詞のついたコーパスからでも，この学習は行えるため，解析の途中に未知語が現れて，解析に失敗しても，その未知語が現れた箇所だけを正しく修正し，追加学習することで，その『単語』の次の出現に対応可能となる．

4.　形態素解析器の選び方

　現状のところ，解析結果の精度を求めるならば，juman++ を使えばよい．

ただし，品詞体系が特殊であることや，初学者には誤りの傾向が予測しづらく制御が難しいという点に注意が必要である．単純に形態素解析器を使ってみたいだけならば，MeCab とそのデフォルトの解析用辞書 ipadic で十分である．固有表現を一塊で取得したい場合には，MeCab の解析用辞書を neologd に替えればよい．また自身の解析結果と国語研で作っているコーパスとの整合性を求める場合，解析結果に斉一性を求める場合や，語種やアクセントの情報を使いたい場合には MeCab の解析用辞書として UniDic を使用する．テキスト検索システムなどを作りたい場合には，複数単位で分割でき，正規化機能も持った Sudachi の使用が推奨される．またテキストのドメインが固定され，スタイルやフォーマットが定型化しており，未知語の出現が少ないのであれば，KyTea を使い，適宜，誤り箇所を見つけながら解析結果の精度を上げていく戦略が取れる．

[岡照晃]

【注】

i)　juman++ の解析用辞書には，web 上から自動獲得した『単語』も大量に登録されている．

【参考文献（さらに学びたい人のために）】

[1]　伝康晴（2009）．「多様な目的に適した形態素解析システム用電子化辞書」『人工知能学会誌』**24**（5），640-646.

[2]　juman++（http://nlp.ist.i.kyoto-u.ac.jp/index.php?JUMAN++）（最終アクセス：2019 年 9 月 9 日）

[3]　Jurafsky, D.（2009）．*SPEECH and LANGUAGE PROCESSING: An Introduction to Natural Language Processing, Computational Linguistics, and Speech Recognition, International Edition*, Pearson, 79-116.

[4]　KyTea（http://www.phontron.com/kytea/index-ja.html）（最終アクセス：2019 年 9 月 9 日）

[5]　MeCab（https://taku910.github.io/mecab/）（最終アクセス：2019 年 9 月 9 日）

[6]　Morita, H., Kawahara, D. and Kurohashi, S.（2015）．Morphological analysis for unsegmented languages using recurrent neural network language model, *Proceedings of The Conference on Empirical Methods on Natural Language Processing*（*EMNLP 2015*），2292-2297.

[7]　永田昌明（1999）．「形態素解析，構文解析」『自然言語処理──基礎と応用』田中穂積編，電子情報通信学会，2-45.

[8]　neologd（https://github.com/neologd/mecab-ipadic-neologd）（最終アクセス：2019 年 9 月 9 日）

[9]　Neubig, G., 中田陽介，森信介（2010）．「点推定と能動学習を用いた自動単語分割器の分野適応」『言語処理学会第 16 回年次大会発表論文集』，912-915.

[10]　岡照晃（2019）.「言語研究のための電子化辞書」『コーパスと辞書』伝康晴，荻野綱男編，朝倉書店，1-28.

[11]　佐藤敏紀，橋本泰一，奥村学（2017）.「単語分かち書き辞書 mecab-ipadic-NEologd の実装と情報検索における効果的な使用法の検討」『言語処理学会第 23 回年次大会発表論文集』，875-878.

[12]　Sudachi（https://github.com/WorksApplications/Sudachi）（最終アクセス：2019 年 9 月 9 日）

[13]　Takaoka, K., Hisamoto, S., Kawahara, N., Sakamoto, M., Uchida, Y. and Matsumoto, Y.（2018）. Sudachi: A Japanese tokenizer for business, *Proceedings of the Eleventh International Conference on Language Resource and Evaluation*（*LREC 2018*），2246-2249.

[14]　UniDic（https://unidic.ninjal.ac.jp/）（最終アクセス：2019 年 9 月 9 日）

言　語

A2-7
構 文 解 析

parsins

1.　構文解析（parsins）

　構文解析とは，字句解析・形態素解析などの処理に基づいて生成された字句系列もしくは形態素系列を入力とし，構文木を生成する処理のことである．形式言語の場合には，一般に文脈自由文法に基づく言語仕様に基づき，入力された字句系列の構文木を構築し，コード生成部に渡すという処理をコンパイラが行う．一方，自然言語の場合には，文脈自由文法では表現できない本質的な構造曖昧性が内在することが多く，自然言語の構文木をどのように表現するか，またどのように定義された構文木を解析するかという研究課題が設定される．構文木の表現としては，入力系列に対する全域木表現である依存構造木，入力系列の構成関係に非終端記号を導入することにより構成素構造表現である句構造木，意味表現を構成するために必要な述語と項のみを抽出した部分木である述語項構造について，既存の言語資源とともに紹介する．構文木の解析モデルとしては，それぞれの表現を再現するために必要な解析手法を計算量とともに紹介する．

2.　構文表現と言語資源（syntax represertation and language resources）

2.1　依存構造（dependency）

2.1.1　依存構造とは

　自然言語の二構成素間の主従の関係を有向辺で表現したものを依存構造と呼ぶ．主たる要素を**主辞・主要部**（head）と呼び，従たる要素を**従属部**（dependent）と呼ぶ．日本国内では従属部から主辞方向に矢印を書く慣習があるが，国際的には主辞から従属部に矢印を書く．語順が自由な言語の構造を記述しているのに向いている一方，並列構造との相性がわるい．

2.1.2　日本語（Japanese）

　日本語の依存構造は係り受けとも呼び，文節単位に定義されることが多い．文節単位に定義することにより，**主辞後置**（strictly head final）で，平面グラフ上係り受け関係が交差しない（projective）という良い性質を持つ．日本語の係り受け構造を付与したデータとして「京都大学テキストコーパス」[4]（**図1**）や「BCCWJ-DepPara」[1]（**図2**）などがある．

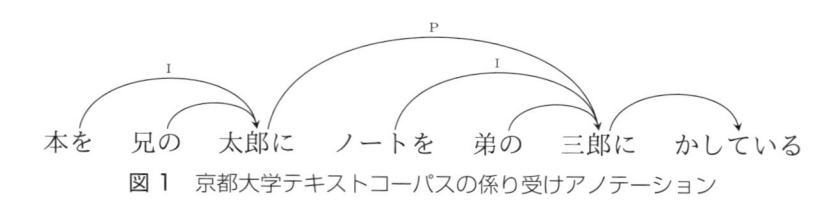

図1　京都大学テキストコーパスの係り受けアノテーション

2.1.3　多言語（multilingual）

　多言語の依存構造情報つき言語資源として，Universal Dependencies がある．古語・危機言語も含めて統一した単位・品詞体系・依存構造ラベルを定義し，各国で言語資源の整備を進めている．2018年3月現在，60言語100のツリーバンクが構築されている．Universal Dependencies[8]（**図3**）の基準では，基本句内の自立語を主辞とした構造を用いている．他の定義として，基本句内の付属語を主辞とした HamleDT[15] がある．

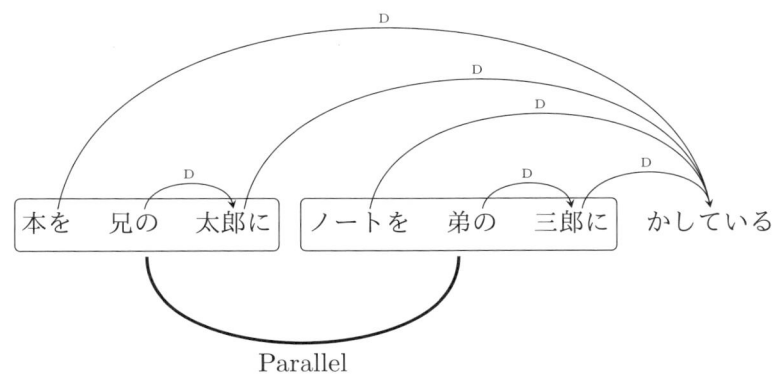

図 2　BCCWJ-DepPara の係り受けアノテーション

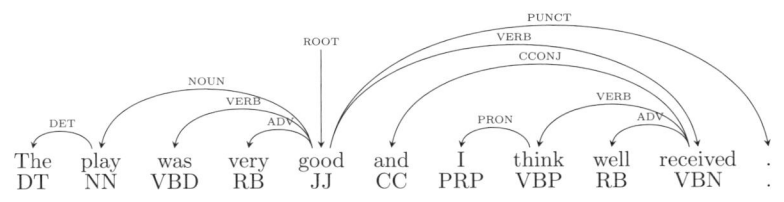

図 3　Universal Dependencies（UD English）の係り受けアノテーション

2.2　句構造（phrase structures）

　句構造は隣接する構成素同士の意味的機能的関係を表現したもので，文の構造を句構造文法の生成規則により定義し，語や文法的な範疇（非終端記号）を節点とする木構造で表現する．日本語においては，Kaede Treebank[11]（**図4**）などの大規模句構造ツリーバンクが構築されている．他の言語においては，ペンシルバニア大学による Penn Treebank[6]（英語：**図5**）・Penn Chinese Treebank[14]（中国語）・Penn Arabic Treebank[5]（アラビア語）等が構築されている．句構造文法を記述する枠組として，主辞駆動句構造文法（head driven phrase structure grammars）・語彙機能文法（lexical functional grammars）・範疇文法（categorial grammars）などが提案されており，実際に自然言語の文法記述に利用されている．

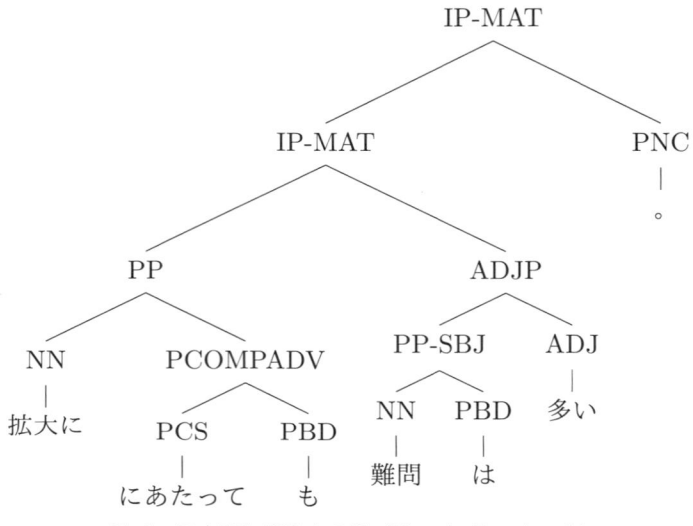

図 4　日本語句構造木の例（Kaede Treebank）

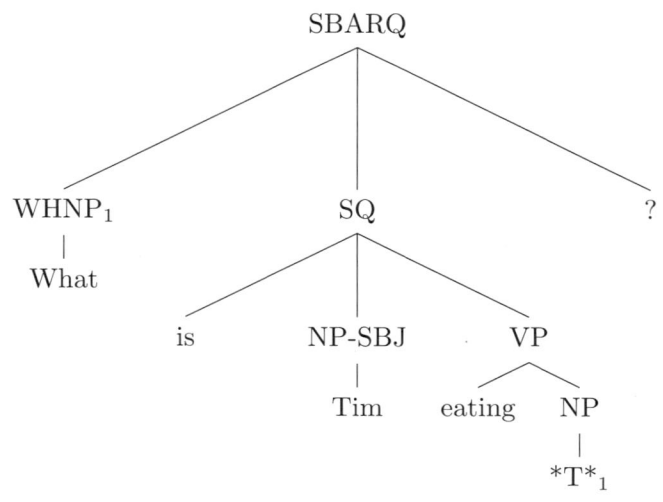

図 5　英語句構造木の例（Penn Treebank）

2.3　述語項構造（predicate argument structures）

述語項構造は，構成素のうち動作・作用・性質などを表す述語と，その項

の組み合わせのみからなる文の部分構造である．項として，主題・主語・直接目的語・間接目的語など表層や文法的な機能で分類されるものを表層格と呼び，動作主・経験者・道具・対象・源泉・目標・場所・時間など意味で分類されるものを深層格と呼ぶ．日本語においては，京都大学テキストコーパス[3]・NAIST テキストコーパス[2]・BCCWJ-PAS[12]などが表層格の情報が付与されている．英語においては PropBank[9]や NomBank[7]などのタグ付きコーパスが整備されている．他に中国語のデータである Chinese Proposition Bank[13]や，アラビア語のデータである Arabic Proposition Bank[10]などがある．他言語のデータは，各述語相当句がどのような項を取りうるかという情報を持つ格フレーム辞書に基づいて，データが構築されることが多い．

3.　構文解析（parsins algorithms，アルゴリズム）

　構文解析は，自然言語における構造曖昧性を解決する技術である．要素技術として，構文解析アルゴリズム・特徴の簡潔表現・機械学習・構造曖昧性を解決するために必要な知識獲得からなる．構文解析アルゴリズムは，依存構造・句構造・述語項構造と推定する構造に応じて設計する．依存構造解析においては，projective な構造に対する shift reduce 法や，non-projective な構造に対する minimum spanning tree 法などが提案されている．句構造解析においては，下降型（トップダウン）・上昇型（ボトムアップ）・左隅型（レフトコーナー）などの手法が提案されている．述語項構造解析は，述語位置を決めたうえで，項の候補となる名詞句を探索しながら決定する方法で解析される．いずれの方法も複数解を枚挙した上で，大域的な情報を用いて最尤解を再推定するリランキング法などが提案されている．複数解を枚挙する際には可能な部分構造を特徴として何度も枚挙する必要があるために，特徴を簡潔に表現する方法などが提案されている．機械学習器として，古くはロジスティック回帰・サポートベクトルマシン・ラージマージン分類手法による構造学習・再帰型ニューラルネットワーク・畳み込みニューラルネットワークなどが用いられる．さらに近年では，大規模な未解析テキストコーパスなどを用い，単語の分散表現・共起情報・格フレーム辞書などを展開し，解析手法に用いることが提案されている．

言語

A2 言　　語

　構文解析について，構文の表現方法と言語資源について紹介し，構文解析手法について概観した．様々な言語で大規模なツリーバンクが整備されるとともに，ウェブコーパスなどのタグなしデータから構文解析に必要な情報を獲得できるようになり，構文解析器の精度が向上している．また，機械翻訳器を構成するために，複数言語を同時に解析する手法などが提案されている．

［浅原正幸］

【参考文献（さらに学びたい人のために）】
[1]　Asahara, M. and Matsumoto, Y.（2016）．BCCWJ-DepPara: A syntactic annotation treebank on the 'Balanced Corpus of Contemporary Written Japanese', *Proceedings of the 12th Workshop on Asian Language Resources（ALR12）. 2016*, 49-58.
[2]　Iida, R., Komachi, M., Inui, K. and Matsumoto, Y.（2007）．Annotating a Japanese text corpus with predicate-argument and coreference relations, *Proceedings of the Linguistic Annotation Workshop*, 132-139.
[3]　Kawahara, D., Kurohashi, S. and Hasida, K.（2002）．Construction of a Japanese relevance-tagged corpus, *Proceedings of LREC-2002*, 2008-2013.
[4]　黒橋禎夫，長尾眞（1997）．「京都大学テキストコーパス・プロジェクト」『言語処理学会第 3 回発表論文集』，115-118.
[5]　Maamouri, M., Bies, A., Buckwalter, T. and Mekki, W.（2004）．The Penn Arabic Treebank: Building a large-scale annotated Arabic corpus, *NEMLAR Conference on Arabic Language Resources and Tools*, **27**, 466-467.
[6]　Marcus, M. P., Marcinkiewicz, M. A. and Santorini, B.（1993）．Building a large annotated corpus of English: The Penn Treebank, *Computational Linguistics*, **19**（2）, 313-330.
[7]　Meyers, A., Reeves, R., Macleod, C., Szekely, R., Zielinska, V., Young, B. and Grishman, R.（2004）．The NomBank project: An interim report, *Proceedings of the Workshop Frontiers in Corpus Annotation at HLT-NAACL 2004*.
[8]　Nivre, J., de Marneffe, M-C., Ginter, F., Goldberg, Y., Hajič, J., Manning, C. D., McDonald, R., Petrov, S., Pyssalo, S., Silveira, N., Tsarfaty, R. and Zeman, D.（2016）．Universal dependencies v1: A multilingual treebank collection, *Proceedings of LREC-2016*, 1659-1666.
[9]　Palmer, M., Gildea, D. and Kingsbury, P.（2005）．The proposition bank: An annotated corpus of semantic roles, *Computational Linguistics*, **31**（1）, 71-106.
[10]　Palmer, M., Babko-Malaya, O., Bies, A., Diab, M. T., Maamouri, M., Mansouri, A. and Zaghouani, W.（2008）．A pilot arabic propbank, *Proceedings of LREC-2008*, 3467-3472.
[11]　Tanaka, T. and Nagata, M.（2013）．Constructing a practical constituent parser from a Japanese treebank with function labels, *Proceedings of the Fourth Workshop on Statistical Parsing of Morphologically-Rich Languages, SPMRL 2013*, 108-118.
[12]　植田禎子，飯田龍，浅原正幸，松本裕治，徳永健伸（2015）．「現代日本語書き言葉均衡コーパス．に対する述語項構造・アノテーション」『第 8 回コーパス日本語学ワークショップ予稿集』，205-214.
[13]　Xue, N. and Palmer, M.（2003）．Annotating the propositions in the Penn Chinese Treebank,

Proceedings of the Second SIGHAN Workshop on Chinese Language Processing, **17**, 47-54.

[14]　Xue, N., Xia, F., Chiou, F. D. and Palmer, M.（2005）. The Penn Chinese TreeBank: Phrase structure annotation of a large corpus, *Natural Language Engineering*, **11**（2）, 207-238.

[15]　Zeman, D., Dušek, O., Mareček, D., Popel, M., Loganathan, R., Štěpánek, J., Žabokrtský, Z. and Hajič, J.（2014）. HamleDT: Harmonized multi-language dependency treebank, *Language Resources and Evaluation*, **48**（4）, 601-637.

A2-8
シソーラス
thesaurus

言
語

1.　定義

　シソーラスとは，語（あるいは語句）を意味を基準にして分類，配列したもので，類義語集とも呼ばれる．日本では「類語辞典」などの名称で刊行されているシソーラスが多い．シソーラスの構築にあたっては，共通の意味特徴を持つ語を1つのグループにまとめていき，出来上がった複数のグループをさらに階層性を持たせた構造体に位置付けるといった編纂法がとられる．シソーラスに意味記述は必須ではないが，日本語のシソーラスは類語辞典の性格が強いため，多くは意味記述や用例を伴っている．

2.　シソーラスの歴史

　本格的なシソーラスの嚆矢は，**ロジェ**（Roget, P. M.）の "*Thesaurus of English Words and Phrases*"（1852）である[i][9]．ロジェのシソーラスは，増補や改訂を繰り返し，現在でも刊行されている．このシソーラスの与えた影響は大きく，日本語でも垣内[2]のようにロジェの分類体系を用いて基本語彙を分類した例などもある．

　一方，古代中国では，漢代には成立されていたとされる字書『爾雅』が類義語集の体裁をとっており，シソーラスと見做すこともできる．また，日本でも辞書はいろは引きや五十音引きが採用される以前は意味による配列が一般的で

あり，10世紀前半頃に成立したとされる，『**倭名類聚抄**』（源順撰）も「天部」「地部」「水部」などから始まる意味分類体の辞書[ii]であった．室町時代から江戸時代にかけて庶民にもひろまった「**節用集**」は，語の最初の1音はいろは順で分け，その中を「乾坤」「人倫」「言語」などの部門で分けていた．

3.　分類体系

シソーラスを記述する上で重要な点として分類体系が挙げられる．意味分類には言わば正解がないため，編者の個性が出る部分だからである．ロジェ[9]の分類体系は以下のとおり[iii]．

1. Words Expressing Abstract Relations

   1.1 Existence, 1.2 Relation, 1.3 Quantity, 1.4 Order, 1.5 Number, 1.6 Time, 1.7 Change, 1.8 Causation

2. Words Relating to Space

   2.1 Space in General, 1.2 Dimensions, 1.3 Form, 1.4 Motion

3. Words Relating to Matter

   3.1 Matter in General, 3.2 Inorganic Matter, 3.3 Organic Matter

4. Words Relating to the Intellectual Faculties

   4.1 Formation of Ideas, 4.2 Communication of Ideas

5. Words Relating to the Voluntary Powers

   5.1 Individual Volition, 5.2 Intersocial Volition

6. Words Relating to the Sentient and Moral Powers

   6.1 Affections in General, 6.2 Personal Affections, 6.3 Sympathetic Affection, 6.4 Moral Affections, 6.5 Religious Affections

4.　日本語のシソーラス

現代語の主なシソーラスとしては，以下のものがある．

4.1　『分類語彙表』（国立国語研究所編）

1964年に初版を刊行，2004年に増補改訂版が刊行された．同書はもとも

1.1624　季節

01	時節　季節　時季　シーズン 旬（しゅん）

01　時節　季節　時季　シーズン
　　旬（しゅん）
02　折節　折折　時時　時節柄
03　季　候（こう）　時候　二十四気
　　四季　四時　春夏秋冬　春秋（しゅんじゅう）
　　　春秋（はるあき）　夏冬
　　雨期・雨季　梅雨時　乾季
04　春　春季　春期　陽春
　　早春　初春（はつはる）　初春（しょしゅん）　木
　　　の芽時
　　浅春　仲春　晩春　暮春
　　春先　常春

図1　分類語彙表における「季節」の分類項目（一部）

と，国立国語研究所[4]の研究の一部として「意味論上の試み」と題された章であった．その後，現代雑誌90種の語彙調査の成果に阪本一郎『教育基本語彙』等から増補したものである．語数は初版が約32,600語，増補改訂版が95,800語である．本書の特徴は，分類の第1階層として品詞を採用したことであろう．品詞は，①体の類（名詞），②用の類（動詞），③相の類（形容詞，形容動詞，状態副詞，程度副詞），④その他（接続詞，感動詞，陳述副詞等）に分けられ，基本的に助詞・助動詞は含まれていない．分類は類，部門，中項目，分類項目，段落の5階層である．分類項目数は初版が798，増補改訂版では895である．各分類項目には意味コード示す5桁の番号が付けられ，体の類，用の類，相の類の間では，品詞の違いはあってもその中心的意味が同じと考えられる分類項目の下4桁を同じものにしている．本シソーラスは，人文系の日本語研究でよく利用されており[7]，増補改訂版のデータベースはオープンデータとして公開されている[iv]．

4.2　『類語大辞典』（柴田武・山田進編）

本書では基本的な動詞・形容詞の意味分類を第1階層に置き，その中を分けていくという独自の方法が採用されている．第1階層に当たる「カテゴリ」の数は100[v]，その中を分けた「小分類」の数が約900である．すべての語に意味コードが付与されている．意味記述，用例を付与し，国語辞典としても利用できるようになっている．

4.3 『日本語大シソーラス』（山口翼編）

本書は，収録対象を古語，固有名詞や専門的な用語まで広げ，約 32 万語句を収録している．分類階層は 3 階層で，第 1 階層が 8 個，その下の「カテゴリー」が 1,044 個，最後の小語群が約 14,000 である．小語群にも見出しが付けられ，そこに配置される語の性質を示している．第 1 階層は，「抽象的関係」「位相・空間」「序と時間」「人間性」「知性・理性」「人間行動」「社会活動」「自然と環境」である．本書は意味記述，用例は付与されていない．

4.4 『新明解類語辞典』（中村明編）

本書は，現代日本語を中心に約 57,000 語を収録している．分類階層は「部，ジャンル，分野，領域，語群」の 5 階層である．上位 2 階層までを以下に示す．

　Ⅰ自然：A 天文・気象，B 物象，C 土地，D 自然物，E 植物，F 動物
　Ⅱ人間：G 人体，H 生理，I 関係，J 属性，K 感性，L 活動
　Ⅲ文化：M 社会，N 生活，O 学芸，P 産物・製品，Q 抽象，R 認定・形容

なお，本書は 2005 年に刊行された『三省堂類語辞典』を増補，再編集したものである．

4.5 日本語 Wordnet（情報通信研究機構）

本シソーラスは紙媒体ではなく Web 上の言語資源である[vi]．プリンストン大学で開発された Princeton Word Net 等に着想を得て開発されたものである．synset と呼ばれる概念のまとまりで約 94,000 語を整理している．検索によって，対応する英語や定義文などが示される．言語処理への応用を念頭に置いているシソーラスである．

5.　意味分類の問題点

　意味分類は人間の主観によってなされることが多いため，どうしてもゆれが生じる．各シソーラスで同じような分類項目があっても，そこに所属する語が完全に一致しない理由の 1 つである．また，意味分類自体の問題点も指摘されている．一般的にシソーラスは，**上位下位関係**（hyponymy）による階層を

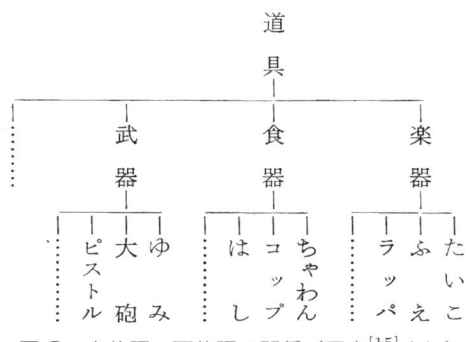

図2　上位語・下位語の関係（田中[15]より）

持つ構造として編纂される（**図2**）．荻野[8]によれば，この階層構造の性質として，上位語の意味が下位語に継承されたり，上位語の外延が下位語よりも広いといった性質があるが，「雲霞」の上位語に「雲」も「霞」を立てるのはおかしいと述べている．日本語にはこのような「男女」「人馬」「花鳥」のような「あわせ呼び関係」[vii]と呼ばれる構造を持った語があり，これらは階層構造にうまく位置付けにくいからである．

[山崎誠]

【注】
i)　Hüllen[1]によれば，同書以前にもジラード（Gabriel Girard）によるフランス語の類語辞典（*La Justesse de la langue françoise, ou les différentes significations des mots qui passent pour synonymes*, Chez Laurent D'houry, 1718.）などがあった．しかし，これは類義語を2，3語挙げてその違いを説明しているもので，シソーラスとは言いがたい．

ii)　木村[3]に，意味分類体の辞書の歴史および海外のシソーラスの紹介がある．

iii)　分類は3階層まであるが，2階層までを示した．

iv)　https://pj.ninjal.ac.jp/corpus_center/goihyo.html（最終アクセス：2019年9月6日）

v)　分類の最後に置かれた「その他の語群」を含む．この語群には，代名詞，数詞などが含まれる．

vi)　http://compling.hss.ntu.edu.sg/wnja/（最終アクセス：2019年9月6日）

vii)　荻野[8]による命名．

【参考文献（さらに学びたい人のために）】
[1]　Hüllen, Q.（2004）．*A History of Roget's Thesaurus: Origins, Development, and Design*, Oxford

言語

University Press.

[2]　垣内松三（1938）．『基本語彙学　上』文學社，27，400.

[3]　木村睦子（1993）．「意味分類体辞書の系譜」『日本語学』**12**（5），31-39.

[4]　国立国語研究所（1953）．『現代語の語彙調査　婦人雑誌の用語』秀英出版，338.

[5]　国立国語研究所（1964）．『分類語彙表』秀英出版，362.

[6]　国立国語研究所（2004）．『分類語彙表増補改訂版』大日本図書，712.

[7]　宮島達夫，小沼悦（1994）．「言語研究におけるシソーラスの利用」『語彙論研究』宮島達夫，むぎ書房，539-568.

[8]　荻野綱男（1993）．「シソーラスのための語彙の意味分類をめぐって」『日本語学』**12**（5），18-30.

[9]　Roget, P. M.（1852）．*Thesaurus of English Words and Phrases*, Longman.

[10]　阪本一郎（1958）．『教育基本語彙』牧書店，377.

[11]　柴田武，山田進編（2002）．『類語大辞典』講談社，1495.

[12]　田中章夫（1978）．『国語語彙論』明治書院，355.

[13]　山口翼（2003）．『日本語大シソーラス』大修館書店，1570（同第2版（2016），1583.）

A2-9
文字コード
coded character set standards

1.　文字コードとは

　文字コードとは，コンピューターで文字を扱う基本的な仕組みのことである．コンピューターでは数値を扱うため，人間が通常扱う文字や記号を扱うことはできない．そのため，文字や記号を数値化して表現する．文字や記号と，コンピューターで扱う数字列の対応が文字コード（文字符号，符号位置）である．

　文字コードは多義性を持つ．**文字セット**としての文字コードと，符号化方式としての文字コードである．文化的・社会的側面からの言及では，文字セットとしての文字コードに主眼が置かれ，もっぱら技術的側面からの言及では，符号化方式としての文字コードに着目される．「**JIS 漢字**で表現する」「JIS X 0213（第3・第4水準）にある文字」といった場合は，文字セットとしての文字コードが強く意識されている．一方，"あ" の符号位置は，Shift-JIS では

82A0，UTF-8 では 3042 といった場合は，符号化方式としての文字コードである．ここでは，文字コードの文化的・社会的側面である文字セットについて述べる．なお，文字コードの考え方では，独立した符号位置が与えられたものが「文字」である．従って，文字学的な「文字」とは異なり，句読点などの区切り符号も文字として扱われるので，注意が必要である．

2.　文字コードの標準化

　情報通信で文字コードを利用する場合，送り手と受け手とで，個々の文字・記号と，個々の文字コードとの対応が一致していなければならない．"あ" が 82A0 である Shift-JIS の世界の中では情報交換が成立するが，"あ" が 3042 である UTF-8 の世界と，Shift-JIS の世界との間では正確な情報交換が成立しない．いわゆる文字化けの多くは，符号化方式が一致しないために起こることが多い．

　情報通信での正確な情報交換を実現するために，工業規格として，文字コードの標準化が行われてきた．当初は各国・地域の国内標準として文字コード規格が開発・実装されたが，情報通信のグローバル化のニーズを受けて，文字コード標準化の中心も，国際標準の開発・実装へと移ってきている．

3.　JIS X 0201

　日本の国内標準として最も古い文字コード規格は，1969 年に制定された **JIS X 0201**（制定当時は JIS C 6220）である．文字セットはラテン文字集合 94 字（ラテン大文字，ラテン小文字，アラビア数字，記号）と片仮名集合 63 字（記号を含む）である．

　JIS X 0201 のラテン文字集合は，1960 年に制定されたアメリカの国内標準である **ASCII**（American Standard Code for Information Interchange）の文字セットと同じである．ASCII の文字セットは，その後世界中の文字コード規格に継承され，ASCII の文字セットに各国・各地域で必要な文字を足す形で，文字コード規格の開発が行われていった．

　JIS X 0201 の片仮名集合は，いわゆる半角片仮名である．日本語用文字

言
語

として文字コード規格に初めて定義された文字は，片仮名であった．片仮名集合には，"ア"から"ン"までの清音の片仮名，"ァィゥェォャュョッ"の小書き用片仮名，長音符号"ー"，句点"．"，読点"，"，中点"・"，鍵括弧「"」が収録され，濁点・半濁点付きの片仮名は1文字として扱われず，濁点"ﾞ"，半濁音"ﾟ"が独立した符号位置を与えられた．濁点・半濁点付きは"ガ""パ"のようにコードを2つ使って表現する．現在でも，口座登録時の申請書式などで，濁点・半濁点を1文字で記入するものがあるが，これはかつての電算処理の名残である．

4.　JIS X 0208

1978年に制定された**JIS X 0208**（制定当初はJIS C 6226）は，世界で初めて漢字を搭載した文字コード規格として知られている．文字セットは，漢字6,394字，記号・ラテン文字・平仮名・片仮名・ギリシア文字・キリール文字など非漢字453字の計6,802字である．漢字は，第1水準3,384字，第2水準2,965字の2領域に分けられ，第1水準は音訓順（"亜""唖"から始まる），第2水準は漢和辞典風の部首画数順（"弌""丐"から始まる）に配列されている．

漢字6,349字の選定は，「情報処理学会標準コード用漢字表（試案）」「行政管理庁基本漢字」「日本生命収容人名漢字表」「国土行政区画総覧使用漢字」の4種の漢字表を典拠とし，これらに出現するすべての漢字を収録しようとしたことが明らかになっている．また，第1水準・第2水準の水準分けには，上記の主要4漢字表を含む37種の漢字表での重みを考慮し，専門家による検討を経て決定するといった，基本語彙選定に類似した方法が採られている．

一般に「JIS漢字」と呼称されているのは，JIS X 0208の漢字集合である．しかし，JIS X 0208の漢字集合は，規格の改正とともに増加している．1983年の改正では，戸籍法施行規則による**人名用漢字**の追加に伴い，"堯槇遙瑤"の4字を収録している．1990年の改正では，同様に人名用漢字"凜熙"の2字を追加している．1983年には非漢字75字の追加も行われ，現在のJIS X 0208は，漢字6,355字，非漢字524字の計6,879字である．

1983年の改正では，"鯵／鰺""蔦／鴬"など第1水準と第2水準にそれぞれ符号位置をもつ異体字22組44字の水準間の入替えや，"鷗"を"鴎"，"潰"を

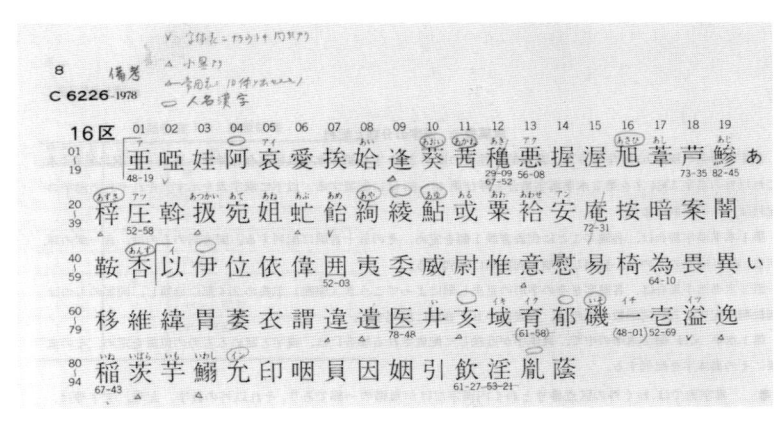

図1　JIS C 6226-1978 規格票（林大氏旧蔵）

"洸"，"葛" を "葛"，"辻" を "辻" にといった，主に第1水準を中心とした字体の簡略化（「拡張新字体」の採用）が行われた．これは，1978年版の規格に基づいて作成されたテキストデータを，1983年版の規格に準拠した処理系で扱うと，"鯵" が "鯵"，"鰺" が "鰺"，"鷗" が "鴎"，"葛" が "葛" に変わり，ユーザにとっては予期せぬ文字化けが起こる．1983年の規格改正によってもたらされた混乱としてよく言及されるものである．

　また，1997年の改正では，185種の漢字字体の**包摂規準**を設けている．包摂規準は，1つの符号位置が，どの程度の字体の揺らぎを持っているかを示したものである．例えば，包摂規準の連番145は，なべぶたの下が "口" か「はしご」かを記述したものであり，JIS X 0208の例示字体は "高" であるが，はしごの "髙" も25区66点の符号位置に包摂される．包摂規準は規格設計上のものであるが，包摂規準に基づいて異体字処理を行うテキストデータもある．青空文庫や「太陽コーパス」などである．JIS X 0208の包摂規準の粒度よりも細かな字体・字形の区別を行う場合，JIS漢字では表現できない文字とされ，これらもいわゆる「外字」として扱われることとなる．

5.　JIS X 0213

　JIS X 0213 は，JIS X 0208で規定した文字を完全に含み，JIS X 0208を

拡張した文字コード規格である．2000 年に制定され，拡張部分は，漢字の第 3 水準 1,249 字，第 4 水準 2,436 字，非漢字 659 字の計 4,344 字である．「現代日本語を符号化するために十分な文字集合」を目指し，文字の選定に当たっては，NTT 電話帳や検定済教科書などの特定最優先ソース，青空文庫や『国書総目録』などの用例付きソースを典拠とし，JIS X 0208 では表現することができなかった地名（薭生の "薭" や深圳の "圳" など）や外国人名（草彅の "彅" や鄧小平の "鄧" など）の漢字，あるいは，各種符号・記号類（くの字点 "〳""〴""〵"，ローマ数字 "ⅰ"，丸付き数字 "①"，ハートマーク "♡" など）が増補されている．

　また，"橫""硏" など常用漢字表に掲げる康熙字典体や，1983 年の JIS X 0208 改正で例示字体ではなくなった "鷗""潰" など特定の字体も加えている．包摂規準も 14 種増え，全部で 199 種になったが，個別文字に対応するものが目立つ．

　2004 年には，国語審議会答申の「表外漢字字体表」で定める**印刷標準字体**を全面的に採用し，およそ 168 の符号位置について例示字体を変更する改正を行っている．例えば，"葛" は "葛"，"辻" は "辻" となり，1983 年の規格改正による字体の簡略化が否定された形である．この変更により，1978 年版の規格に基づいたテキストデータを，2000 年版の規格に準拠した処理系で扱うと字形が元に戻ることになったが，一方で，1983 年版の規格に基づいたテキストデータは，"葛" が "葛"，"辻" が "辻" になるといった，新たな文字化けが発生することになった．なお，後述する Unicode（ISO/IEC 10646）との整合性を考慮して，"剝""嘘" などの 10 字が第 3 水準に追加されている．

6.　ISO/IEC 10646 と Unicode

　ISO/IEC 10646 は，世界中の文字・記号を情報機器で扱うための国際標準である．1993 年に最初の版（ISO/IEC 10646-1:1993）が制定され，以降改正を重ね，2019 年 4 月現在の最新版は ISO/IEC 10646:2017 である．改正のたびに収録文字を増やし，現在では 14 万字に達する巨大文字セットになっている．

　ISO/IEC 10646 が国際標準化機構（International Organization for Standardization）によって開発されている**公的標準**（de jure standard）であるのに対して，**Unicode** は IT 企業が開発する**業界標準**（de facto standard）である．当初は別々に開発されてきたが，現在両者は文字セットを共有している．Unicode に新たな文字が収録されると，ISO/IEC 10646 も増補されるのが大まかな流れである．

　最初の Unicode 1.0 は 1991 年に制定され，翌 1992 年に **CJK 統合漢字**（CJK unified ideographs）を追加収録している．2019 年 4 月の最新版は Unicode 12.0 である．Unicode の 文字セットは，ASCII に続いて，ラテン文字の拡張，ギリシア文字，キリール文字，ヘブライ文字，アラビア文字，デーバナーガリー文字，タミール文字，タイ文字，モンゴル文字，平仮名，片仮名，ハングルなど，およそ現時点で使用されている言語の文字が並ぶ．東アジアの文字は，平仮名，片仮名，ハングルが 1991 年当初に収録され，その後，チベット文字（1996 年），モンゴル文字，彝文字（2000 年），パスパ文字（2006 年），リス文字（2009 年），ミャオ文字（2012 年），西夏文字（2016 年），変体仮名（2017 年）と続く．使用者の多い大言語の文字から少数言語の文字へ，また，現代の文字から歴史的な文字へと，収録対象の拡大が見て取れる．

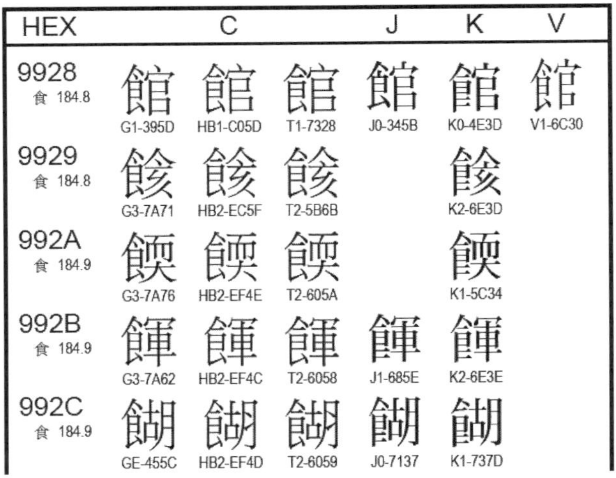

図 2　CJK 統合漢字（ISO/IEC 10646：2017 規格書）

言　語

　当初の CJK 統合漢字は，中国，台湾，日本，韓国の 4 つの国と地域の漢字コードを統合したものであったが，後に，ベトナム，香港，マカオなどの漢字コードも収録対象となっている．統合に当たっては，JIS 漢字の包摂規準同様の**統合の手順**（unification）が設けられ，字体差が小さいものには同一の符号位置が与えられ，文字数の増加を抑える仕組みが整えられている．CJK 統合漢字も，各国・地域の歴史的な文字へと収録対象を広げ，1999 年の CJK 統合漢字拡張 A に始まり，2017 年に CJK 統合漢字拡張 F を加え，現在も拡張開発が進行中である．CJK 統合漢字拡張 F までで，Unicode 収録漢字は約 8 万 8,000 字である．日本由来の CJK 統合漢字は，JIS X 0208 や JIS X 0213 の漢字収録の後，戸籍や住民基本台帳など人名・地名を扱う行政システムの漢字が収録対象となり，CJK 統合漢字拡張 F で収録が終了している．

　国際標準である ISO/IEC 10646 と Unicode は，これからも増え続ける文字セットである．文字セットの拡張に伴い，テキストデータ作成時の記述性も向上する一方，最新版の国際標準に準拠しようとすれば，既存のテキストデータの見直しも考慮せねばならず，文字コードの拡張とどうつきあっていくかは大きな課題である．

［高田智和］

【参考文献（さらに学びたい人のために）】
[1]　小林龍生，安岡孝一，戸村哲，三上喜貴編（2002）．『インターネット時代の文字コード』共立出版，285.
[2]　小林龍生（2011）．『ユニコード戦記──文字符号の国際標準化バトル』東京電機大学出版局，290.
[3]　小池和夫，府川充男，直井靖，永瀬唯（1999）．『漢字問題と文字コード』太田出版，349.
[4]　Lunde, K.（小松章，逆井克己訳）（2002）．『CJKV 日中韓越情報処理』オライリー・ジャパン，1128.
[5]　芝野耕司編著（2002）．『増補改訂 JIS 漢字字典』日本規格協会，1406.
[6]　田中牧郎（2005）．「漢字の実態と処理の方法」『雑誌『太陽』による確立期現代語の研究──『太陽コーパス』研究論文集（国立国語研究所報告 122）』国立国語研究所編，博文館新社，271-292.
[7]　富田倫生（2000）．「青空文庫と外字」『人文学と情報処理』**26**，23-30.

A2-10
方言地図とGIS
dialectal maps and GIS

　方言ならびに**方言地図**の一般的特性，それと **GIS**（**地理情報システム**）との関係，方言地図が表す方言分布を GIS で扱うことが人文学や文化情報学の展開にどのように寄与するのかについて解説する．

1.　方言の情報

1.1　方言とは

　方言は同系統言語内の地理空間的異なりである．東北方言，近畿方言のように言語としての体系的総体を意味することもあるが，ここでは，単語や事項ごとの個別の変種（例えば，動詞否定過去（例「（行か）なかった」）を表すナンダ，ナカッタ，ンカッタ，ザッタ等）を指す．

1.2　方言の情報と地理行列

　方言は言語である．従って，言語情報としての基本構造は意味と形の組み合わせからなる．上の例であれば，意味は「動詞否定過去」，形は「ナンダ」等である．方言の場合は，それに加えて，「どこ」で使われるかという場所の情報，すなわち空間情報が不可欠である．

　空間情報は，特定の地点の他，一定の広さを持った地域もある．地図要素との関係では，それぞれ**点（ポイント）**，**面（ポリゴン）**に対応する．ただし，方言地図が扱うデータの多くは点（ポイント）に該当する．

　このように方言の情報は，言語情報と空間情報の組み合わせで構成される．方言の情報について，言語情報をもとに（例えば，動詞否定過去をナンダで表すところはどこなのかという視点で）捉えた場合，空間情報は属性情報となる．一方，空間情報をもとに（例えば，それぞれの場所で動詞否定過去をどのように表すのかという視点で）捉えた場合，方言情報は**属性情報**となる．空間とその属性を表現する一覧表は**地理行列**と呼ばれ，方言分布のデータは地理行列の用件を備えている（**図 1**）．

言語

都道府県	市区町村	緯度	経度	質問番号	項目名	回答語形
栃木県	黒羽町	36.918	140.142	G-004	行かなかった	イガナカッタ
青森県	野辺地町	40.865	141.128	G-004	行かなかった	イガネガッタ
長野県	茅野市	36.049	138.227	G-004	行かなかった	イカナンダ
長野県	開田村	35.96	137.587	G-004	行かなかった	イガナンダ
富山県	庄川町	36.606	136.97	G-004	行かなかった	イカランダ
新潟県	新潟市	37.917	139.027	G-004	行かなかった	イカンカッタ
滋賀県	大津市	35.065	135.873	G-004	行かなかった	イカンカッタ
大阪府	大阪市	34.698	135.515	G-004	行かなかった	イケヘンカッタ
広島県	大朝町	34.732	132.425	G-004	行かなかった	イカザッタ
熊本県	小国町	33.112	131.089	G-004	行かなかった	イカジャッタ
島根県	浜田市	34.898	132.077	G-004	行かなかった	イカダッタ
福岡県	北九州市	33.792	130.873	G-004	行かなかった	イカンジャッタ
熊本県	南関町	33.029	130.545	G-004	行かなかった	イカンダッタ
福岡県	飯塚市	33.656	130.679	G-004	行かなかった	イカンヤッタ
山形県	鶴岡市	38.774	139.775	G-004	行かなかった	イガネッケ
富山県	高岡市	36.751	137.005	G-004	行かなかった	イカンダ
三重県	上野市	34.765	136.129	G-004	行かなかった	イカヘンダ

空間情報　　　　　　　　　　　　　言語情報

図 1　　方言の情報を表す地理行列

　左側の 4 列が地名（都道府県・市区町村）と位置（緯度・経度）により，空間情報を表している．一方，右側の 3 列は質問番号（方言調査の項目に与えたコード），項目名（方言調査の項目に与えた名称で，この例では意味に該当），回答語形（この例では形に該当）により，言語情報を表している．ここには，「**全国方言分布調査（FPJD）・新日本言語地図（NLJ）**」のサイトで公開されているデータを例示のために改変して挙げた．全国方言分布調査（FPJD）は，2010〜2015 年に国立国語研究所のプロジェクトとして実施された方言の全国調査であり，その結果は『新日本言語地図』（NLJ）[6]としても公表されている．

2.　方言地図

2.1　方言地図とは

1. で述べたように方言の情報には，「どこ」という空間情報が含まれる．空間情報が表す場所は，地図上で指定することが可能である．このことを活用すると，方言の言語情報を地図上に表現することができる．そのような地図が方言地図（dialectal map, dialectological map）である．

地図は一般図と**主題図**に大きく分類される．特定事項として方言を対象にする方言地図は主題図である．主題図の特性に従って，方言地図の表現方法は自由度が高く，かつ幅がある．

2.2　方言分布データと方言調査

方言地図のもとになる方言分布データは，それを獲得することを目的とした**方言調査**（フィールドワーク）により求められることがほとんどである．**図1**に挙げた例も全国規模で実施された方言調査に基づく．方言調査を計画的に実施することにより，方言の空間的差異を把握するという研究目的にとって，不必要なデータのばらつきを可能な限り制御できるからである．多様な情報源から得られたデータは必ずしも地域差のみを反映するとは限らない．例えば，複雑な居住歴を持つ人から得られたデータを当該地の方言として扱うことは，移住がその人の言語に及ぼす影響を考慮するなら避けるべきである．全体の年齢層の幅が大きいと地域差と年代差が混在することになる．対象領域内での地点の偏りは，それ以外の場所に分布が存在しないかのような印象を与える危険を伴う．空間的差異に集中できるデータが得られるように方言調査は設計される．

2.3　方言分布データの一般

方言分布データを求める方言調査の多くは，一般に以下のようなことを留意した上で設計されてきた．

話者は，移住歴がない（いわゆる生え抜き）もしくは，あっても数年以内におさまるようにする．連動して，女性は他所から嫁することが一般的であった

事情により，男性を話者とすることが多かった．年齢層もばらつきを少なくするが，就労年齢層から調査のために協力を得ることが難しいという事情もあり，70 歳以上のような高年層が対象になることが多い．

　対象とする調査地点は，なるべく偏りがないように設定する．市町村のような狭域を対象領域とする場合には，いわゆる小字単位の集落を網羅することを目標にすることが多い．

2.4　方言地図の描画方法

　方言地図の描画方法は，**語形記入法**，**塗りつぶし法**，**記号法**の 3 種類がある．語形記入法は，地図上の各地点に語形を書き込む方法であり，直接的ではあるが，文字だらけの地図は視認性に難がある．塗りつぶし法は，**コロプレスマップ（階級区分図）**に類似するが，方言地図の対象（主に方言語形）は連続性を持たない名義尺度であるとともに，複数語形の使用（併用）が特別ではなく，また空間要素との齟齬（方言分布データの対象は点であるのに対し，塗りつぶし法の地図は面で扱う）もあり，必ずしも適合しているとは言えない．

　記号法は，語形を**記号（シンボル）**に置き換えて，地図上にプロットする方法であり，方言地図に最も広く採用されている描画方法である．記号（シンボル）は，形，塗りつぶし，向き，大きさ，色を組み合わせることが可能であり，表現の自由度が極めて高い．例えば，正方形は，□，■，◇，◆のような表現が可能である．また，方言分布データのもとになる方言調査の情報源は個人であることから，地図要素としては点（ポイント）として扱われるべきものであり，記号（シンボル）との親和性も高い．

2.5　地図化と方言分布情報

　日本全国のような広域を対象とした方言分布を個人で調査するのは困難であり，『**日本言語地図**』（**LAJ**）[1]，『**方言文法全国地図**』（**GAJ**）[2]，『**新日本言語地図**』（**NLJ**）[6]は，いずれも国立国語研究所の共同研究プロジェクトで調査が実施されてきた．GAJ と NLJ のデータはすべて（LAJ は一部）公開されている．

　図 1 に示したように NLJ のデータには，空間情報として経度緯度による位置データが付与されている．言語情報を記号に対応させ，位置データに従っ

て，地図上に記号を配置することで，**図 2** のような方言地図ができる．

　LAJ と GAJ のデータでは，各地点を「**地点番号**」と呼ばれる 6 桁の数字で
コード化している．この数字は，**国土地理院**による 5 万分の 1 **地形図**を基準と
しているので，地点番号をもとに経度緯度が計算できる[5]．

　図 1 に例示した方言分布データに基づき，動詞否定過去を表す形（語形）を
記号に置き換えて，全国の分布を示した．語形と記号の対応は地図の左側の**凡
例**に提示している．調査では「行かなかった」のように動詞の部分も含めて語
形を求めているが，地図では否定過去を表す部分に注目し（基本的に動詞部
分は対象外として）扱っているため，タイトルを「（行か）なかった」とした．
なお，刊行されている NLJ はカラーであるが，ここでは白黒で地図化すると
ともに，NLJ の刊行後に判明した誤りも訂正している．

3. 言語地理学と GIS

3.1 言語地理学

　言語地理学（geolinguistics, linguistic geography）は，方言の地理空間的あ
りかたを分析する研究分野である．方言を生み出す**言語変化**，言語変化をきっ
かけとする分布形成，それらをさかのぼり，また総合的にとらえる**方言形成論**
などを広く視野におさめる．地理空間を客観的に分析するにあたり，研究ツー
ルとしての **GIS**（**地理情報システム**）は不可欠である．

3.2 方言分布の選択的地図描画と照合

　GIS により，方言分布の視覚化，すなわち方言地図の描画ができるのは当然
であるが，それにとどまるものではない．GIS を用いることで，方言の空間的
あり方について，高い自由度でデータや地域を選択しながら表示できる．例え
ば，**図 2** の分布からンカッタにあたるデータのみを選択し，また任意の地域
に着目して分布を表示するといったことが簡単に行えるわけである．また，時
期の異なる方言調査に基づく方言分布を比較照合することも可能である．した
がって，ンカッタが，約 30 年（1.5 世代程度）の隔たりを持つ GAJ と NLJ
の間でどのように分布の変化を起こしたのか，地図上で確認するようなことが
できる．

言
語

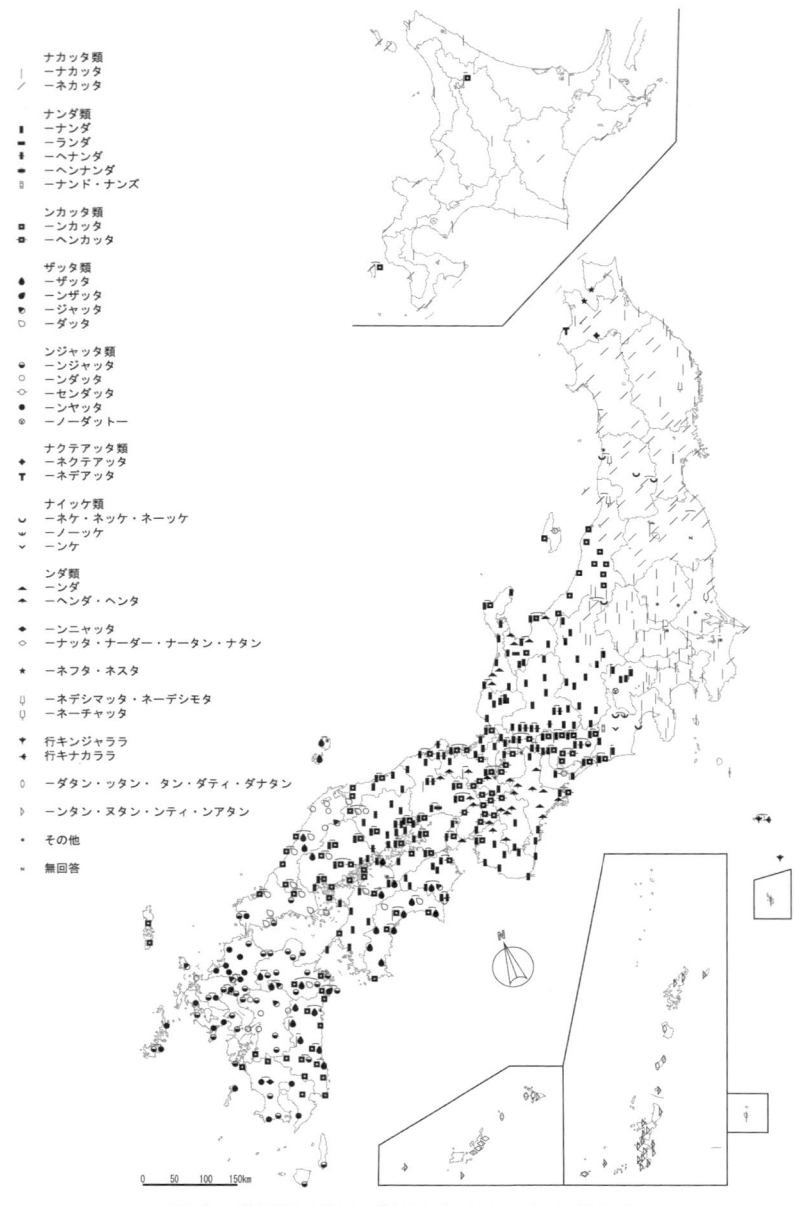

ナカッタ類
| ―ナカッタ
／ ―ネカッタ

ナンダ類
― ―ナンダ
― ―ランダ
― ―ヘナンダ
― ―ヘンナンダ
― ―ナンド・ナンズ

ンカッタ類
□ ―ンカッタ
▣ ―ヘンカッタ

ザッタ類
● ―ザッタ
◑ ―ンザッタ
◔ ―ジャッタ
○ ―ダッタ

ンジャッタ類
◎ ―ンジャッタ
○ ―ンダッタ
◇ ―センダッタ
● ―ンヤッタ
◉ ―ノーダットー

ナクテアッタ類
✦ ―ネクテアッタ
T ―ネデアッタ

ナイッケ類
‿ ―ネケ・ネッケ・ネーッケ
‿ ―ノーッケ
‿ ―ンケ

ンダ類
▲ ―ンダ
▲ ―ヘンダ・ヘンタ

◆ ―ンニャッタ
◇ ―ナッタ・ナーダー・ナータン・ナタン

★ ―ネフタ・ネスタ

U ―ネデシマッタ・ネーデシモタ
U ―ネーチャッタ

✦ 行キンジャララ
✦ 行キナカララ

◌ ―ダタン・ッタン・タン・ダティ・ダナタン

▷ ―ンタン・ヌタン・ンティ・ンアタン

・ その他

× 無回答

図２　動詞否定過去「（行か）なかった」（NLJ）

3.3　情報の比較による学際的展開

　むろん GIS は，方言地図描画に特化したものではなく，地理情報を広く扱うことができる．**行政界**データや**国勢調査**データを利用することで，それぞれの場所の社会情勢を地図上に表示し，それと方言分布との関係について，地図を通して照合することが可能である．

　図 3 は，動詞否定過去を表すンカッタが愛知県を中心とした東海地方において 30 年間でどのように変化し，人口密度が表す都市性がどのように関与しているのかを表している．これは 1980 年代のデータを GAJ，2010 年代のデータを FPJD（NLJ に地図化）から求めて地図上に配置することで，動詞否定過去を表すンカッタが東海地方でどのように変化したのかを示している．国勢調査による市区町村ごとの人口密度を表示することで，それぞれの地域の都市性も併せて表している．この図から，①ンカッタは，人口密度がそれほど高くないところで 1980 年代に見られることから，新形式（ここではンカッタ）の発生には都市性は関与しないこと，②同時に 2010 年代では新形式（ンカッタ）の拡大範囲が愛知県にほぼ一致していることから，「県」のような行政界が変化の及ぶ領域の決め手になっているということが読み取れる[4]．

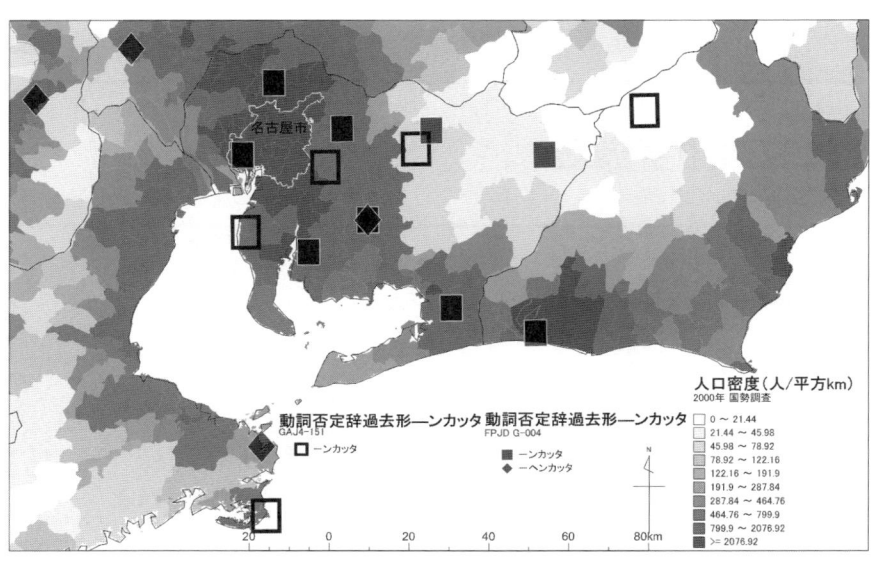

図 3　東海地方におけるンカッタ（動詞否定辞過去）の変化と都市性

　このように GIS を用いた**言語地理学**は，言語に限定された研究の枠を越え，諸分野との**学際**的連携に展開する[3]．しかし，それは必然的な展開であり，当初から学際を合目的化して目指すものではない．言語（方言）に根ざしながら，地図を通して，言語地理学の，さらには人文学の本来あるべき総合化に向かうものである．GIS は，そこで大きな力となる道具なのである．

[大西拓一郎]

【参考文献（さらに学びたい人のために）】
[1]　国立国語研究所編（1966〜1974）.『日本言語地図』大蔵省印刷局.
[2]　国立国語研究所編（1989〜2006）.『方言文法全国地図』大蔵省印刷局，財務省印刷局，国立印刷局.
[3]　大西拓一郎（2016）.『ことばの地理学——方言はなぜそこにあるのか』大修館書店，204.
[4]　大西拓一郎（2017）.「言語変化と分布変化——方言分布形成の理論と経年比較に基づく検証」『空間と時間の中の方言——ことばの変化は方言地図にどう現れるか』大西拓一郎編，朝倉書店，1-20.
[5]　大西拓一郎（2018）.「方言分布・言語地図データベース——時空間情報を持つ言語データ」『第 23 回公開シンポジウム「人文科学とデータベース」発表論文集 2017』，43-50.
[6]　大西拓一郎編（2016）.『新日本言語地図——分布図で見渡す方言の世界』朝倉書店，304.

A2-11
社会言語学調査
sociolinguistic survey

1.　調査の方法

1.1　ランダムサンプリング調査

　ある地域社会の言語生活の実態を把握する方法として，どのようなものが考えられるだろうか？　理想的な方法は，その地域社会の住民全員を対象にした調査（悉皆調査ともいう）を行うことである．しかし，住民全員を対象にした調査を実現することは，様々な理由で極めて難しい．

　そこで，社会言語学調査では「**ランダムサンプリング**」を用いるのが一般的

である．この方法は，いわゆるクジ引きのようなやり方によって地域社会の代表を住民基本台帳などからランダムに選んで調査対象者とするものである．地域社会には，様々な属性（年齢，職業，出身地，学歴など）を持った人が住んでいる．特定の属性を持った人たちだけを調査対象にすると，バイアスのかかった（かたよりのある）データになってしまう．その結果，得られた結論の妥当性や一般性が保証されなくなるおそれがある．社会言語学調査の学術的意義・価値を支えているのは，①まずバイアスのない代表を選ぶ科学的な方法としてランダムサンプリングを実施すること，②そしてランダムに選ばれた調査対象者から得られたデータに基づいて当該の地域社会における言語生活の実態の全体像を統計解析やデータサイエンスの手法を援用して推測すること，この2点に立脚した方法論であると言っても大過ない．ちなみに，この考え方は，いわゆる「**均衡コーパス**（balanced corpus）」の設計思想と同じである．

1.2　見かけ上の時間調査と実時間調査

　言語習得は言語習得期（臨界期）に過ごした社会環境から大きな影響を受ける．「臨界期に習得した言語運用能力が生涯にわたる言語運用を決定づける」という仮定のもと，若年層から老年層までのいろいろな年代層・世代を対象として基本的には1回だけ調査を実施し，そこから過去の言語使用の姿を推定しようとする研究を「**見かけ上の時間**（apparent time）」による言語変化研究という．それに対して，実際の時間経過にそって繰り返し調査を行う経年研究を「**実時間**（real time）」による言語変化研究という．医学，心理学，老年学などでは，見かけ上の時間による研究を「**横断研究**（cross-sectional study）」，実時間による研究を「**縦断研究**（longitudinal study）」と呼ぶ場合がある．

　見かけ上の時間で言語変化を研究する方法論は，ラボヴ（Labov）によるマーサーズ・ヴィンヤード島での調査に端を発する[6]．言語習得期に獲得した言語記憶が残りの生涯にわたって変わらずに保持されるのであれば，ある地域社会で生年がほぼ同じ調査対象者を経年的に繰り返してランダムサンプリングした場合や，同一人物を追跡した調査においては，同じ調査項目に対して，かなり長い時間が経過した後でも，ほぼ同じ回答傾向が得られるはずである．

　ところが，社会言語学の経年調査では，そうならないケースも少なからず確認されている．海外では，話者の発音が言語習得後も言語共同体全体の変化と

言語

169

同じ方向に変化するという報告[1][8]の他，見かけ上の時間による調査は変化の速度を過小評価する傾向があるという説[8]が出されている．日本では，江川清が，後述の鶴岡市における調査データを用いて，言語習得期をすぎたといわれる年齢層においても，なお共通語化が進行している可能性を指摘している[2]．つまり，生年が同じ調査対象者集団に実時間の経年調査を実施してみると，回答傾向が一致しない場合もあることが示唆されている．

1.3　大規模な実時間調査の実例

国立国語研究所は 1948 年の創立以来，日本各地で大規模な社会言語学調査を実施してきた．創立当初から現在まで続いているテーマは「共通語化」と「敬語・敬語意識」の実態究明である．共通語化の経年調査は，山形県鶴岡市において 1950 年，1971 年，1991 年，2011 年の 4 回にわたって実施された．また，敬語・敬語意識の経年調査は，愛知県岡崎市において 1953 年，1972 年，2008 年の 3 回にわたって実施された．以下，鶴岡市における共通語化調査を「鶴岡調査」，岡崎市における敬語・敬語意識調査を「岡崎調査」という．

実時間調査では，調査のたびに同じ項目を質問する必要がある．実時間調査の代表例の 1 つである鶴岡調査では，1950 年から 61 年間にわたる 4 回の調査を通じて，表 1 に示す質問項目が毎回繰り返し用いられた．例えば，図 1 で左上隅に 202 とあるイラストを調査対象者に呈示して「これは何ですか？」と質問した．この質問で期待する回答は「ヒゲ」で，唇音性に関する項目である．203 は「セナカ」で，口蓋化についての項目である．イラストに描けないものについてはナゾナゾ式でたずねた．発音に関する項目数は，音声 31 項目とアクセント 5 項目であった．

実時間調査のもう 1 つの代表例である岡崎調査では，1953 年から 55 年間にわたる 3 回の調査を通じて，場面差調査の項目が毎回繰り返し用いられた．場面差調査とは「このような場面で，このような人に向かってどのように言いますか？」と質問するものである．場面差調査の項目数は 12 であった．

図 2a に，その 12 場面の 1 つである「傘忘れ」項目の質問で使用されたイラストを示す．これを調査対象者に呈示して，次のように質問した．

「あなたがバスに乗っていると，この人が傘を忘れて降りていきかけました．この人は，あなたの知らない人です．何と言って，この人に傘を忘れたことを

表 1　鶴岡調査の質問項目

音　声	唇音性	I:「カヨウビ（火曜日）」「スイカ（西瓜）」 II:「ヘビ（蛇）」「ヒャク（百）」「ヒゲ（髭）」
	口蓋化	「ゼイムショ（税務署）」「セナカ（背中）」「アセ（汗）」
	有声化	「マツ（松）」「カキ（柿）」「クツ（靴）」「ハト（鳩）」 「ハタ（旗）」「ハチ（蜂）」「クチ（口）」「ネコ（猫）」
	鼻音化	「オビ（帯）」「マド（窓）」「スズ（鈴）」
	中舌化	I:「チズ（地図）」「スミ（墨）」「カラス（烏）」「キツネ（狐）」 II:「シマ（島）」「ウチワ（団扇）」「チジ（知事）」「カラシ（芥子）」
	イとエ	I「エキ（駅）」「エントツ（煙突）」／II「イキ（息）」「イト（糸）」
アクセント		「ネコ（猫）」「ハタ（旗）」「セナカ（背中）」「カラス（烏）」「ウチワ（団扇）」
語　彙		「いつも」「いらっしゃい」「驚いた」「ずいぶん」 「はずかしい」「もう（副詞）」「留守番」「あげる」「つらら」
文　法		「起きろ」「勉強しないで」「わたくしたち」「見に行く」 「静かなら」「行くから」「行くけれども」「強かったなぁ」
その他		言語意識に関する項目，協力者に関する情報（出身地）など

言語

図 1　鶴岡調査の質問で用いたイラストの例

図 2a　傘忘れ場面のイラスト　　　図 2b　医者場面のイラスト

注意しますか？」

　調査対象者の回答は「モシモシ，傘ヲ オ忘レジャ アリマセンカ？」とか「ア，傘ワスレテルヨ」などであった.

　もう1つの場面のイラストを**図 2b** に示す．これは「医者」項目で使用され
たもので，次のように質問した．「あなたの家の近所の人が急病になりました．
あなたが頼まれて，近所のお医者さんの家に行くと，お医者さんが玄関へ出て
きました．この近所のお医者さんに，すぐ来てもらうのには何と言って頼みま
すか？」

　調査対象者の回答は「センセー　チカクノヒトガ　ビョーキニ　ナッチャイマ
シタノデ　モシ　ヨロシケレバ　イマカラ　スグニ　ワタシノ　クルマデ　ソノヒト
ノ　ウチニ　イッテイタダケマセンカ」などであった．

　岡崎調査では，こうした回答データを，第1回から第3回までの調査で収集
した．

1.4　トレンド調査とパネル調査

　鶴岡調査や岡崎調査は，第1回から，いずれも物資配給台帳や住民基本台帳
などにもとづいてランダムに抽出されたサンプルを調査対象者としてきた．こ
の調査は方法論の面で2つの特長がある．その1つ目は，第1回調査から当
時最先端の統計理論を積極的に導入し，住民基本台帳などに基づくランダムサ
ンプリング調査を行った点である．鶴岡調査は約 20 年間隔でランダムサンプ
リングを実施し，毎回約 400 名前後の調査対象者を対象にして基本的に同じ
質問項目を経年的に4回繰り返した．このような調査方法を「サンプリング調
査」あるいは「トレンド調査」という．特長の2つ目は，トレンド調査に参加
した話者を長期間にわたって追跡し，約 20 年間隔で経年的に調査を行ったこ
とである．このような調査方法を「パネル調査」という．

　鶴岡調査の第1回〜第3回調査までのサンプリング調査とパネル調査の関係
は**図 3** のようになる．数字はサンプル数で，サンプリング調査では Random
Sample，パネル調査では Panel Sample と表記されている．**図 3** の（　）内の
数字は 15 歳〜24 歳の話者数（サンプル数）を2倍にした数値で，調査報告
書[3]〜[5]に説明がある．

1.5　コウホート系列法

　この調査デザインは「**コウホート系列法**（cohort sequential method）」と
呼ばれ，横断調査法と縦断調査法を組み合わせた形になっている．生涯発達心

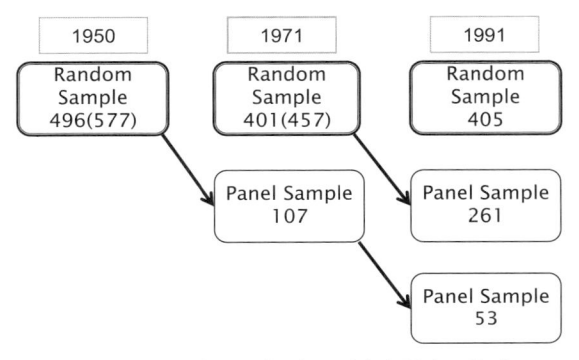

図3　サンプリング調査とパネル調査の構成

理学，老年学，脳科学など，幅広い分野の研究者が関心を持っている調査法ではあるが，海外で実施されたコウホート系列法による本格的な調査は米国の「シアトル調査」があるのみのようである．これは知能の生涯変化を探る目的で実施されている大規模プロジェクトで，米国シアトル市において 1956 年から 7 年ごとに経年的に行われている[9]~[11]．その基本的な調査デザインは鶴岡調査（図1）や岡崎調査と同様である．

　シアトル調査などが発端となって，言語的知能に及ぼす加齢の効果について新しい発見が次々となされ，様々な分野に大きなインパクトを与えている．例えば，横断調査法だけを用いると言語的知能がピークに達する年齢を低く見積もってしまう場合があることなどが明らかにされた．

2.　データ解析の手法

2.1　コウホート分析

　実時間調査で収集したデータには「年齢」と「時代」と「世代」の効果が含まれていると考えられる．以下，それぞれの効果について述べる．

　年齢効果（age effect）は，加齢に伴う生理的変化が誘発する影響を指す．時代環境や世代とは関係がない．いわゆるライフステージに応じた変化は，この効果によるものと考えられる．年齢効果だけが大きく，人口の年齢構成が変化しない場合は，その地域における言語生活に大きな変化は生じない．年齢効

173

果は年齢と関係がある.

時代効果（period effect）は，調査を実施した時点における社会環境の変化がその地域の住民全員に同じような影響をもたらすことを指す．時代効果だけが大きい場合は，その地域における言語生活は流動的に変化する．時代効果は調査年と関係がある.

世代効果（cohort effect）は，生育環境の時代的相違が世代差を生じ，その差が生涯を通して維持されることを指す．世代効果だけが大きい場合は，その地域の言語生活は世代交代によってゆるやかに変化していく．世代効果は生年と関係がある.

コウホート分析は，基本的にはロジスティック回帰分析である．例えば，共通語化のコウホート分析は，説明変数が調査対象者の年齢，調査年（時代），生年（世代），目的変数はその調査対象者が調査項目に共通語で回答したか否かとするロジスティック回帰分析によって実行される.

なお，コウホート分析には「識別問題」と言われる数学的難問が存在する．例えば，生年に年齢を加算すれば調査年が求まるという関係（これを1次従属という）がある．そのため，年齢と時代と世代の3つの効果を分離することは原則としてできない．これが識別問題である.

識別問題を乗り越えるために，現在までに2つの手法が提案されている．1つは中村によって開発された「ベイズ型モデル」で，ある制約条件を導入して年齢と時代と世代の3効果を分離する[7]．もう1つは比較的最近になって開発された「Intrinsic Estimator」である[12]．その解析結果は，ベイズ型モデル[7]の結果と比較的よく一致すると言われている.

2.2　分散分析

パネルデータを統計解析する場合，現時点で有力な方法の1つとして分散分析がある．例えば，横山・中村・阿部・前田・米田は鶴岡調査パネルデータを用いて共通語化得点の平均値の差に関する2要因分散分析を行った[13]．分析の要因は「調査年」と「性差」の2つであった．調査年は1950年，1971年，1991年の3水準，性差は男性，女性の2水準であった．同一話者を追跡したデータであるから，調査年は群内要因（同一人物で比較），性差は群間要因（別人物で比較）であった．このような群内要因と群間要因を同時に扱う解

析をロジスティック回帰分析やコウホート分析で行うことは現時点では難しいようである.

3. データベースの整備と公開

　国立国語研究所は，鶴岡調査と岡崎調査に関する統計解析用の回答データ（いわゆるローデータ）を Excel 形式ファイルで公開している．鶴岡調査については 2017 年 10 月に公開された「鶴岡調査データベース ver.2.0」が最新版であり，次のサイトから自由にダウンロードできる（http://www2.ninjal.ac.jp/longitudinal/tsuruoka.htm）.

　岡崎調査については「岡崎敬語調査データベース」が公開されている（http://www2.ninjal.ac.jp/longitudinal/okazaki.html）.

　海外に目を向けると，カナダ英語における見かけ上の時間変化研究プロジェクトで実施された大規模調査のローデータなどが，以下のトロント大学のサイトから公開されている．web で見かけ上の時間変化に関するグラフを作図することもできるようになっている（http://dialect.topography.chass.utoronto.ca/）.

［横山詔一］

【参考文献（さらに学びたい人のために）】

[1] Boberg, C.（2004）．Real and apparent time in language change: Late adoption of changes in Montreal French, *American Speech*, **79**, 250–269.

[2] 江川清（1973）．「最近 20 年間の言語生活の変容——鶴岡市における共通語化について」『言語生活』**257**, 56–63.

[3] 国立国語研究所（1953）．『地域社会の言語生活　鶴岡における実態調査』国立国語研究所報告 5, 秀英出版.

[4] 国立国語研究所（1974）．『地域社会の言語生活　鶴岡における 20 年前との比較』国立国語研究所報告 52, 秀英出版.

[5] 国立国語研究所（2007）．『地域社会の言語生活　鶴岡における 20 年間隔 3 回の継続調査』国立国語研究所報告.

[6] Labov, W.（1972）．*Sociolinguistic patterns*, University of Pennsylvania Press.

[7] 中村隆（1982）．「ベイズ型コウホート・モデル——標準コウホート表への適用」『統計数理研究所彙報』**29**（2），77–97.

[8] Sankoff, G.（2006）．Age: Apparent time and real time, *Encyclopedia of Language and Linguistics*, 2nd edition, 110–115, Elsevier.

[9]　Schaie, K. W.（1996）. *Intellectual development in adulthood: Seattle longitudinal study*, Cambridge University Press.

[10]　Schaie, K. W. and Hofer, S. M.（2001）. Longitudinal studies in aging research. Birren, J. E. and Schaie, K. W. eds., *Handbook of Psychology of Aging.* 5th ed. , Academic Press, 53-77.

[11]　Schaie, K. W. and Willis, S. L.（2001）. *Adult Development and Aging.* 5th ed., Prentice Hall.（Schaie, K. W. and Willis, S. L.（岡林秀樹訳）（2006）.『成人発達とエイジング　第 5 版』, ブレーン出版.）

[12]　Yang, Y., Fu, W. J. J. and Land, K. C.（2004）A methodological comparison of age-period-cohort models: The intrinsic estimator and conventional generalized linear models, *Sociological Methodology*, **34**（1）, 75-110.

[13]　横山詔一，中村隆，阿部貴人，前田忠彦，米田正人（2014）.「成人の同一話者を 41 年間追跡した共通語化研究」『計量国語学』**29**（7）, 241-250.

A2-12
音 声 処 理
speech processing

1.　デジタル化

1.1　アナログ／デジタル変換

　人間が知覚している音は空気の圧力変動が波として伝わったものであり，録音とはこの波（音波）を記録することに他ならない．録音媒体として古くはレコードやカセットテープが主流であったが，これらは音波の形そのものをアナログ信号として記録している（**図 1a**）．アナログ記録媒体は経年劣化や外乱の影響により雑音が入り込みやすいため，近年では CD や HDD などのデジタル記録媒体で音データを保管することが多くなった．しかしながら，デジタル媒体は離散値しか扱うことができないため，連続的に変化するアナログ信号をそのまま記録することができない．そこで，デジタル化に当たり，標本化・量子化によるアナログ／デジタル変換（A/D 変換）を行う．

1.2　標本化

　標本化（sampling，サンプリング）とは，波の振幅の大きさを一定の時間間隔で取り出すことにより，時間軸を連続値から離散値へと変換する作業であ

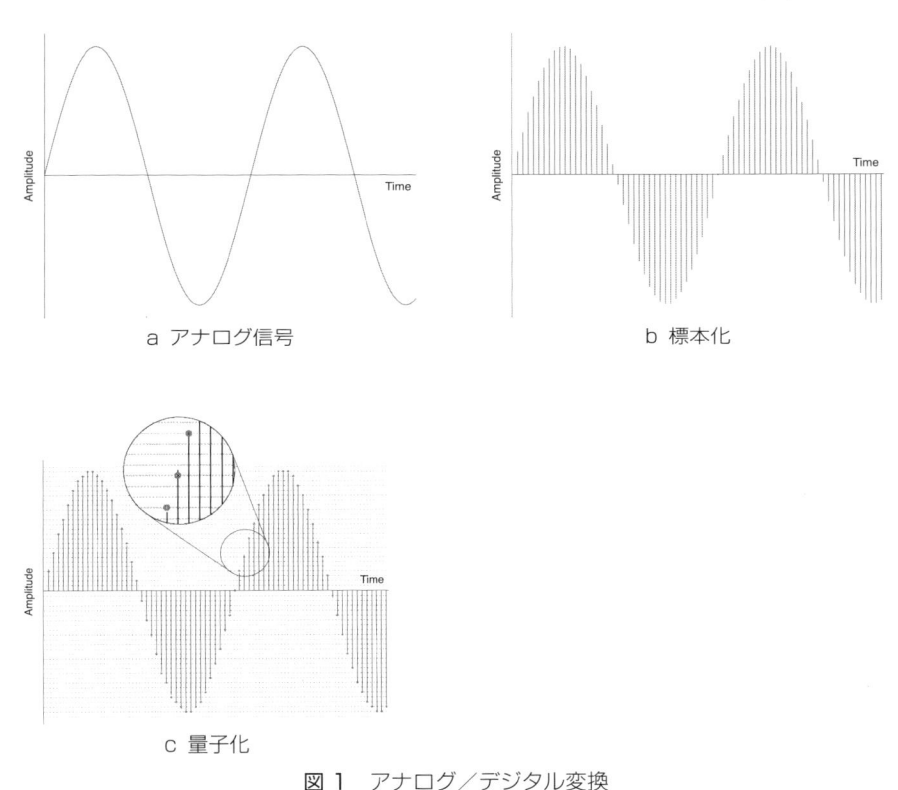

a　アナログ信号

b　標本化

c　量子化

図1　アナログ／デジタル変換

言語

る（**図1b**）．標本化を行う時間間隔（サンプリング間隔）の逆数，すなわち1秒あたりのサンプリング回数をサンプリング周波数と呼ぶ．なお，デジタル信号から元の波形に完全に復元するためには，サンプリング周波数は元波形の最大周波数成分の2倍に設定しなければならない．言い換えると，標本化によりサンプリング周波数の1/2より大きい周波数の情報はA/D変換により失われることになる．

　音声のようなアナログ信号はいわば無限の周波数成分を有しているため，目的に応じてサンプリング周波数を選択することが必要である．例えば，人間の声の主成分は概ね4 kHz以下にあるため，サンプリング周波数を8 kHzにすれば話している内容が聞き取れる程度の情報は保たれる．しかし，個人性の情報が含まれている高い周波数成分が失われるため，誰の声かわかりにくい．そ

のため音声研究においては，音声に含まれる様々な性質が保たれるようにサンプリング周波数を 16 kHz〜48 kHz 程度に設定することがほとんどである[i]．

1.3　量子化

　量子化（quantization）とは，波の振幅の大きさを連続値から離散値に変換する作業である．具体的には，標本化によって得られたサンプリング間隔ごとの振幅の値を一定間隔の飛び飛びの値で近似する（**図 1c**）．このとき，実際の振幅の値と量子化した値に差（量子化誤差）が生じることになるが，この差を小さくするためには飛び飛びの値の間隔（分解能）が十分小さければよい．この量子化の分解能は量子化ビット数と呼ばれる値で示される．量子化ビット数 16 bit であれば 2^{16}，すなわち振幅を 65,536 段階の離散値で表現することを意味し，整数値で表すと −32,768〜32,767 となる．人間の耳は 65,536 段階よりももっと細かい違いを聞き分けることができるものの，データサイズやコンピューターでの取り扱いの容易さを考慮して，音声では 16 bit が用いられることが多い[ii]．

　また，量子化した値から元の波形への復元ができるよう気をつけるべき点として，量子化ビット数だけではなく録音時における振幅の最大から最小までの範囲（ダイナミックレンジ）が挙げられる．録音に当たっては録音機器を操作して録音レベルの調整を行うが，例えば，−100〜100 程度の狭い振幅範囲で計測された音声をそのまま 16 bit で量子化した場合，振幅が 201 段階に丸め込まれることになり，細かな振幅の違いが失われてしまう．逆に録音レベルを上げすぎて振幅が録音機器の計測可能な上限を超えてしまうと，クリッピングと呼ばれる波形のピークの切り取りが生じてしまい，歪んだ音となる．録音機器には通常はレベルメーターが表示されており，入力信号の大きさが観察できるようになっているため，レベルメーターが振り切れないように（大きすぎる入力はメーターが赤色で表示されることが多い）適切に調整することが重要である．

1.4　音声ファイル

　デジタル信号へと変換された音声データは音声ファイルとして保存されるが，音声ファイル形式には様々な種類が存在する．厳密には，音声ファイルと

はデータを圧縮する形式の「コーデック」と，データを格納する形式の「ファイルフォーマット」が組み合わさった状態を指すが，音声ファイル形式の選択において重要なのは非圧縮・非可逆圧縮・可逆圧縮といったコーデックの違いである．コーデックの種類による違いを理解した上で目的に応じて音声ファイル形式を選ばなければ，のちの音声データの利用に支障がでる場合があるので注意されたい．以下に代表的な音声ファイル形式を挙げる．

1.4.1　非圧縮

非圧縮，すなわち音声データをまったく圧縮しないコーデックとしては，1.2 および 1.3 で述べた標本化および量子化による PCM（リニア PCM）が用いられることがほとんどである．PCM は元の波形を可能な限りそのまま保つように符号化する形式であり，音質の保持に対して最も優位なコーデックであるが，データ圧縮が行われないためにデータサイズは大きくなる．PCMのファイルフォーマットとしては Microsoft が開発した WAVE 形式（拡張子は.wav, .wave など）が主流であり，現在では WAVE 形式であれば Windows に限らず Mac や Linux などの OS でも標準で再生可能となっている[iii]．

1.4.2　非可逆圧縮

PCM による音声データを圧縮することでデータサイズを減らすことができるが，元の PCM には戻せない圧縮形式のことを非可逆圧縮と呼ぶ．非可逆圧縮のコーデックの主流の 1 つとして，MP3（MPEG-1 Audio Layer-3）形式がある．MP3 はファイルフォーマットも MP3 形式（拡張子は.mp3）となる．MP3 では人間の聴覚心理特性を利用し，人間にはもともと聴こえない音を省いたり大きな周波数成分の近傍の周波数帯域の音が聴こえにくくなるマスキング効果を考慮した情報削減を行うことで，人間が聞いたときに音質の低下を感じにくいように圧縮している．もっとも，圧縮の度合いを 1 秒あたりの割り当てビット（ビットレート）の設定により変えることができるため，低いビットレートでは音質の低下をはっきりと感じられる．元音の特性にもよるが，一般には 128 kbps 以上のビットレートであれば PCM との差を感じにくいとされている．

他の非可逆圧縮のコーデックとしては，AAC（MPEG Advanced Audio

Coding）形式があり，同程度のビットレートで比較すると MP3 よりも高い音
声品質となるためテレビ放送や音楽配信など幅広く使われている．AAC のフ
ァイルフォーマットは主に MPEG4 Audio 形式（拡張子は.m4a, .mp4 など）
であるが，その他の様々なファイルフォーマットにも格納できる．

　MP3 や AAC 以外にも非可逆圧縮のコーデックは存在しているが，いずれ
にせよ音声をただ聴く目的であれば PCM の 1/10 以下へのサイズ削減が期待
できる非可逆圧縮は音声ファイルが取り扱いやすくなり便利である．しかし，
元の音声の物理特性とは大きく変わる可能性があるため，詳細な音響分析や音
声のアーカイブには適さない．

1.4.3　可逆圧縮

　非可逆圧縮とは異なり，元の PCM による音声データに戻せる圧縮形式
を可逆圧縮（ロスレス）と呼ぶ．可逆圧縮のコーデックとしては MPEG-4
ALS（MPEG-4 Audio Lossless Coding）形式や FLAC（Free Lossless Audio
Codec）形式，ALAC（Apple Lossless Audio Codec）形式などがある．可逆
圧縮の圧縮率は PCM の 60～70% 程度であり，非可逆圧縮に比べるとデータ
サイズ削減は小さい．また，ほとんどのプレイヤーでも再生できる WAV や
MP3 と異なり，それぞれのコーデックに対応するプレイヤーでなければ再生
ができないため，利便性はやや劣る．元の音声特性を完全に保持しつつデータ
サイズを小さくしたいという用途において効果的であり，最近では，CD より
も高音質の音源（ハイレゾ音源）の配信に利用されている．

2.　可視化

2.1　時間領域

　音声データの可視化手法の 1 つとして，音声信号を時間軸上に表示する方法
がある（図 2a）．これは音波の振幅変化を時系列順に並べたものであり，一般
に音声波形と呼ばれる．音声波形からは，持続時間の長さと瞬間的な音の強さ
を測ることができる．ただし，実際に人間が感じている音の大きさはある一瞬
の振幅の大きさではなく，単位時間内の振幅変化や人間の聴覚の周波数依存性
などの複合要因によって決まるため，振幅の大きさと聴いたときの音の大きさ

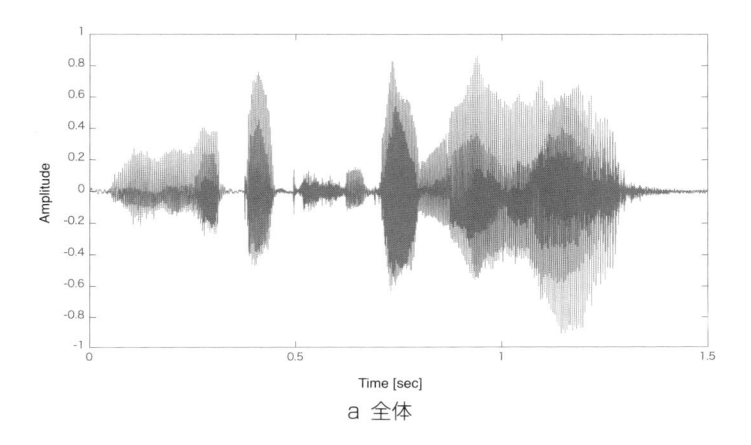

a 全体

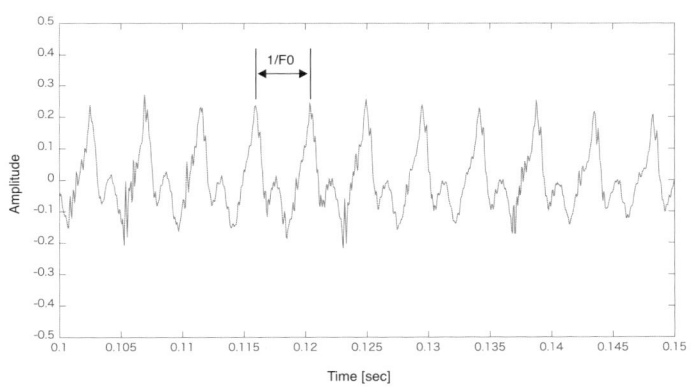

b 開始 0.1 秒から 0.15 秒までを拡大表示

図 2 音声波形

は相対関係にないことに注意されたい.

　波形を詳細に見ると，同じような形の繰り返しが生じている（**図 2b**）．この波形の繰り返しは声帯の振動により生じているもので，繰り返し間隔（基本周期）の逆数から音の高さに関わる**基本周波数**（F0）を読み取ることができる．F0 は小さいほど低い音，大きいほど高い音となる．なお，音声波形は完全に同じ形状の繰り返しではない準周期信号であるため，F0 は一定ではなく，時間とともに変化していく.

2.2　周波数領域

　音声波形の形は音素と 1 対 1 の対応関係にない．例えば，母音/a/に聴こえる音声が 2 つあるとして，その波形を比較すると形状はまったく異なる．すなわち，音声波形そのものから発声内容を読み取ることは非常に困難である．ある波形がどの音素であるのかは，その波形を構成する周波数成分によるところが大きい．周波数成分は，波形をフーリエ変換することで周波数領域の**スペクトル**（spectrum）として可視化される．音声の準周期性の性質から，長い時間波形のフーリエ変換を行うと異なる音素の特徴を包含したスペクトルになってしまうため，一般には音声波形に対し短い時間幅の窓関数を乗じ波形の一部分を切り出してからフーリエ変換を行う短時間フーリエ変換が用いられる（**図3**）．

　音声のスペクトルからは小さい山の連なりとその山々が形作る包絡（スペクトル包絡）が観察できる．山の連なりは基本周波数成分およびその倍音成分であり，声帯を振動させて発声する有声音の時に顕著に現れる．一方，スペクトル包絡は声道の共鳴に起因して形づけられており，共鳴が強く生じている周波数がピークとして現れる．このピークを**フォルマント**と呼び，周波数が低い方

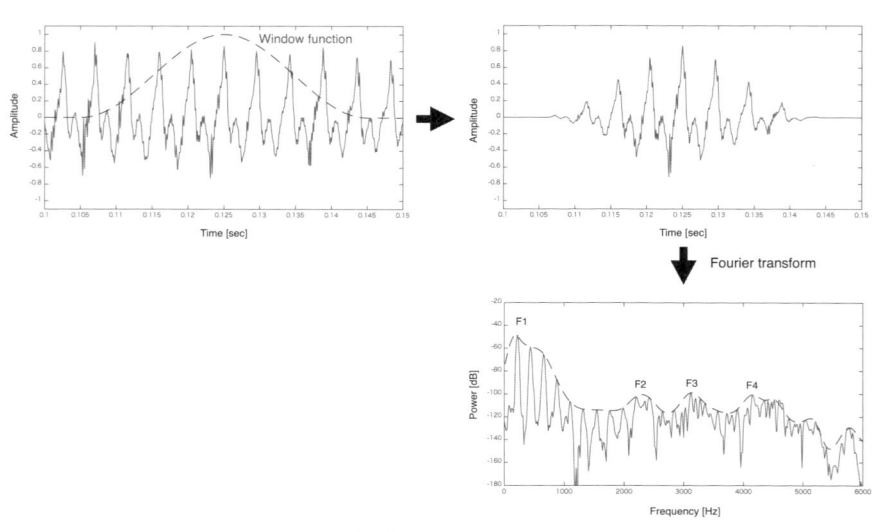

図3　スペクトル

から順番に第1フォルマント（F1），第2フォルマント（F2），第3フォルマント（F3），…のように名付けられている．音素のうち母音はF1とF2の値から推測することができ，F1が高くF2が低ければ/a/，F1が低くF2が高ければ/i/のように読み取ることができる．

2.3　時間—周波数領域

　母音と異なり子音の特徴は瞬間の周波数成分だけではなく周波数成分の時間的な変動（フォルマント遷移）にも現れる．そのような音声特性を観察するために，周波数成分の時間変化を可視化することができる**スペクトログラム**（spectrogram）がよく用いられている．スペクトログラムでは，横軸を時間，縦軸を周波数とし，周波数成分の大きさを色の濃淡や色相の変化で表す（**図4**）．具体的には，窓関数をずらしつつ音声波形の切り出しと短時間フーリエ変換を繰り返し，窓関数をずらした時間幅ごとにスペクトルを配置することで実現している．スペクトログラムによってフォルマントの時間的な変化を読み取ることができ，単独のスペクトルよりも詳細な音声分析が可能となる．

　なお，音声分析ソフトウェアはスペクトログラムを表示する機能を有して

言語

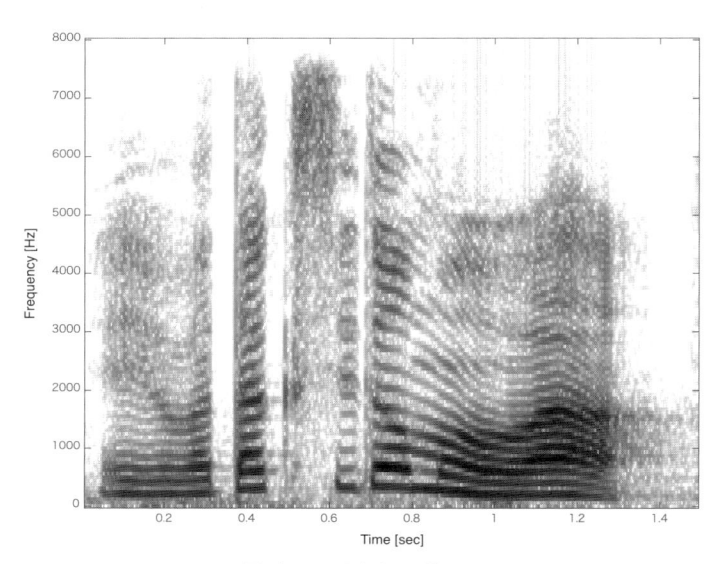

図4　スペクトログラム

いることが多く，自身でフーリエ変換の計算をせずとも容易にスペクトログラムによる音声分析を行うことができる．例えば，無償のソフトウェアでは，Wavesurfer，Audacity，Praat などにスペクトログラム表示機能が存在する．

3.　文字化

　音声を文字に変換するには人間が音声を聴いて内容を書き起こす方法が最も確実であるが，聴き直しが頻繁に発生することで対象音声の実時間以上の時間がかかることもあり，作業者の負担は大きい．一方，近年の音声情報処理技術の発展に伴い音声認識システムによる自動的な文字化が実用の範囲に入りつつある．音声認識システムは，音声の特徴を抽出し，音響モデル・言語モデルに基づいた統計的パターン認識によりその音声特徴がどの単語に近いかを識別することで動作している．音響モデルとは音声の特徴（周波数成分）と音素列との対応に関する統計モデルであり，言語モデルとは単語列・文字列の生成モデルである．すなわち，雑音が含まれていたり非流暢な音声の場合は，音響モデル・言語モデルの想定から外れた音声となってしまい，認識精度が低くなりやすい．当初から文字化を視野に入れている場合は，録音の段階で雑音が入らないよう留意する必要がある．

　現在は有償・無償にかかわらず様々な音声認識システムが存在するが，無償の音声認識ソフトウェアとしては，英ケンブリッジ大学で開発された HTK や京都大学／奈良先端科学技術大学院大学／名古屋工業大学で開発されている Julius が有名である．特に，Julius デクテーションキットは日本語の音響モデルと言語モデルがあらかじめ用意されており，自身で音響モデル・言語モデルを作成しなくともすぐに音声認識を利用可能となっている．他の言語に関しても，有志が音響モデルおよび言語モデルを作成し配布していることがあり[iv]，HTK や Julius にそれらを導入することで対応できる．このような無償のシステムを利用することで，音声の文字化に関して音声認識システムを利用するか否か検討する際の参考となるであろう．

［石本祐一］

【注】

i) なお，オーディオ CD（CD-DA 形式）のサンプリング周波数は 44.1 kHz に規定されているが，これは人間の可聴周波数の上限が 20 kHz 程度であることが基になっている．もっとも，20 kHz 以上の音を人間は聴く（感じる）ことができるとも言われており，音楽を対象とした高音質録音では 96 kHz や 192 kHz が用いられることもある．

ii) オーディオ CD の量子化ビット数も 16 bit であるが，最近の高音質録音ではより大きい 24 bit や 32 bit が用いられることもある．

iii) PCM 用のファイルフォーマットには Apple が開発した AIFF 形式（拡張子は.aif, .aiff）も存在する．なお，一般的な用法ではないものの WAVE，AIFF ともに非可逆圧縮のデータが格納されることがあり，厳密に言えばファイルフォーマットからコーデックを類推することはできない．

iv) 例えば，VoxForge（http://www.voxforge.org/）（最終アクセス：2019 年 8 月 31 日）．

【参考文献（さらに学びたい人のために）】

[1] 荒木雅弘（2007）．『フリーソフトでつくる音声認識システム』森北出版.
[2] Kent, R. D. and Read, C.（荒井隆行，菅原勉訳）(1996)．『音声の音響分析』海文堂出版.
[3] 北原真冬，田嶋圭一，田中邦佳（2017）．『音声学を学ぶ人のための Praat 入門』ひつじ書房.
[4] Moore, B. C. J.（大串健吾訳）(1994)．『聴覚心理学概論』誠信書房.
[5] 日本音響学会編（2011）．『音響学入門』コロナ社.

言 語

A2-13

言語系統論

linguistic phylogeny

言語の大きな特徴は人間が見てその意味を理解できることである．「何を当たり前のことを」と思うなら，比較対象としてゲノム塩基配列を考えてみると良い．塩基配列は記号列であるという点で言語と共通する．しかし，その意味するところは複雑な統計処理なしには解釈できない．

本項目で取り上げる言語系統論では，言語研究の他の多くの分野と同様に，良くも悪くも人間による直接的なデータ分析が主流を占める[i]．しかし，ここ 20 年，言語系統論に対しても計算集約的な統計手法を適用する事例が目立つ[2][6][7]．実は，そうした統計手法は，もともとは塩基配列のような生物データの解析のために開発されたものである．

本項目では，言語系統論の核となる**系統樹**（phylogenetic tree）モデルを紹

介した後，統計手法の代表的な適用事例を取り上げ，人間が不得意な問題を解くのに計算機が役立つ場合があることを主張する．最後に系統樹モデルの適用が難しい例として方言系統論に触れる．

1.　系統樹モデル

　言語は親から子へと受け継がれるが，その際に完璧に複製されるのではなく，時間とともに少しずつ変化する．このような生成過程に対して，我々が解きたいのは**逆問題**である．すなわち，現代語（あるいは記録の残る過去の言語）が観測されたとき，それまでの変化史を明らかにしたい．

　言語の具体的な変化には様々な可能性があり，無数に考えられる変化史の候補のなかから適切なものを選ぶのは容易ではない．そこで解候補を絞り込むための強力な手がかりとして，祖先（**祖語**（proto-language））を共有する他の言語が利用されてきた．2つの言語が共通の特徴を持つなら，それは祖語から受け継いだ可能性が高いと推測できる．特徴が一致しない場合でも，いずれがより古いか推測できる場合がある．さらに3つ以上の言語を比較すれば，より詳細に変化史が解明できる．言語間比較の重要性ゆえに，言語系統論を扱う分野は**比較言語学**（comparative linguistics）と呼ばれる．

　系統樹は複数の言語の歴史的関係を表すモデルである．系統樹の一例を**図1**に示す．木の各ノードは言語を表す．ある時点で**分岐**が発生すると，その後2つの子孫は独立に変化し，葉ノードに至る．反対に時間をさかのぼると，言語は合流を繰り返し，最終的に1つの祖語（根ノード）に行き着く．各言語の状態は**特徴**の集合（便宜的に列で表すが順番に意味はない）で表現される．この例では2値特徴を用いており，各特徴は，持つ（1）か持たない（0）かのいずれかの値をとる．ある特徴の値が親と子で異なるなら，その間で変化が起きたことを意味する[ii]．**図1**ではさらに各ノードに年代を割り当てている．現代語の年代を0とし，過去にさかのぼるほど大きな値をとる．このような系統樹を特に**年代つき系統樹**と呼ぶ．

　言語系統論は，系統樹の一部が観測されたとき，残りの隠れた部分を推定する問題として定式化できる．根を含む内部ノードの状態や年代などの隠れた部分に具体的な値を割り当てると系統樹候補が得られるが，そうした候補の中か

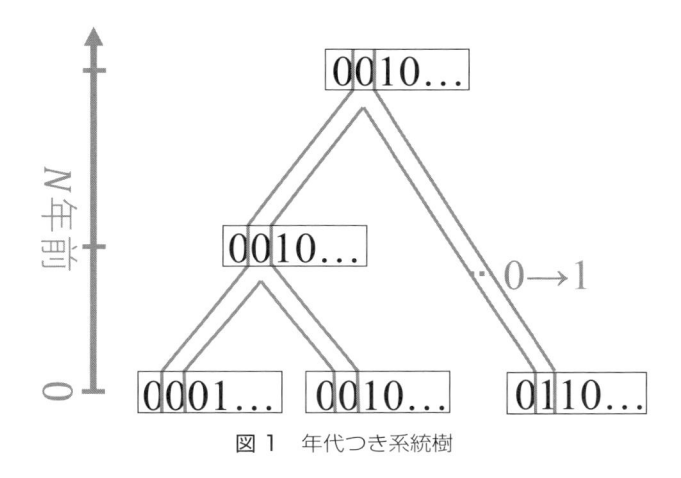

図1　年代つき系統樹

ら良いものを見つけたい.

2.　計算集約的な統計手法の適用事例

　グレイ（Gray, R. D.）は生物学を背景に言語系統論への計算集約的な統計手法の導入を主導し，2014 年に設立されたマックス・プランク人類史科学研究所の共同所長を務める．Gray and Jordan[7]は一連の研究の嚆矢であり，太平洋に広範囲に分布する**オーストロネシア語族**（Austronesian languages）を扱った．この研究は，この大語族の拡散過程に関する 2 つの仮説—急行列車モデルと生い茂った土手モデル—を比較し，**最大節約法**（maximum parsimony topology）という古典的な統計手法を用いて作った系統樹の**トポロジー**（木の形）[iii]を根拠として前者を支持した．

　Gray and Atkinson[6]はインド，イランからヨーロッパにかけて広がる**インド・ヨーロッパ（印欧）語族**（Indo-European languages）を扱ったもので，当時生物分野でも普及しはじめたばかりの**ベイズ統計学**（Bayesian statictics）を用いて年代つき系統樹を推定した．その結果得られた印欧祖語の年代を根拠として，クルガン仮説とアナトリア仮説の 2 大仮説のうち後者を支持した．Bouckaert et al.[2]は年代とともに故地を同時推定することでアナトリア仮説を補強した[iv]．

3.　計算集約的な統計手法の特性

　旧来の比較言語学に対する一連の研究の新規性は，人間が不得意な問題，すなわち解候補の**組合せ爆発**，数量の推定，**不確実性**の残る推定（それらは相互に関連する）に計算機を用いて対処したことに求められる．木の候補は葉ノードの数に対して組合せ爆発を起こし，計算機であっても列挙できないが，近似的な探索手法が開発されている．1930 年代に行われたオーストロネシア語族の最初の本格的な比較研究がわずか 3 言語の比較[5]だったのに対して，Gray and Jordan[7]が作成した系統樹は 77 個もの葉ノードからなる[v]．

　祖語の年代は，比較的新しい時代のデータから言語のおおよその変化速度を推定し，それを外挿することで得られる[vi]．年代は数量であり，仮に言語学者が直感を持っていたとしても，それを客観的に論証できない．一方，定量的分析は計算機が得意とするところである．

　しかし，祖語の年代はもちろん，離散的な状態についても，解を 1 つに絞り込むことは本質的に難しい．現在得られる手がかりは不充分だからである．この不確実性の問題に対して，ベイズ統計学では，真の解を 1 つ求める代わりに**確率分布**を推定するという方法を採る．例えば年代の場合，典型的には釣鐘型の分布が推定される．確実性が高ければ尖った分布が，そうでなければ裾の広い分布が得られ，その違いは相対的なものである．こうした分布を得るために，ベイズ統計に基づくモデルは，自然な系統樹候補を大量に作成する．その数は一般に数千万規模であり，**マルコフ連鎖モンテカルロ法**（Markov chain Monte Carlo）という近似的な探索手法が用いられる．推定結果としてしばしば提示される系統樹も，背後にある膨大な数の候補を人間の解釈のために要約したものである．

4.　データ作成の重要性

　一連の研究は，計算機の利用を特色とする一方で，データ作成面で依然として専門家の手作業に大きく依存する．言語の状態を表すのに語彙的特徴が広く利用されるが，各言語の語彙を収集し，偶然の類似（例えば日本語の「骨」と

英語の‘bone’）や借用を除外しながら語源を共有する語（**同源語**（cognate））
を認定する必要がある．この同源語認定は，**比較法**（comparative method）
と呼ばれる比較言語学の教科書的な手法が用いられる[vii]．

　グレイらは Gray and Jordan[7]の後，オーストロネシア基礎語彙データベ
ース[viii]を公開し，データの質・量の両面の向上に組織的に取り組んでいる．
Bouckaert et al.[2]以降，統計手法の面では大きな進展はなく，インド亜大陸
の**ドラヴィダ語族**（Dravidian languages）[9]やオーストラリアの**パマ・ニュン**
ガン語族（Pama-Nyungan languages）[3]といった最近の事例においても，大
規模語彙データの組織的な作成が研究の鍵となっている．

5.　方言系統樹

　系統樹は他のモデルと同様に注目する現象以外を捨象するが，それがどの
程度現実的かについて，比較言語学では長年にわたって疑いの目が向けられ
てきた．例えば，系統樹モデルは分岐後の独立変化を仮定するが，接触に基
づく借用はこの仮定に反する．特に方言（非常に近い言語）群の場合，接触の
影響が無視できる範囲を超えている可能性がある．リー（Lee, S.）らは方言
系統樹の作成を進めてきたが，本節では日本語諸方言を対象とする Lee and
Hasegawa[10]を分析する．

　Lee and Hasegawa[10]が作成した日本語基礎語彙データの基本的な性格を知
るために**主成分分析**（principal component analysis）を適用した．第 1，第
2 主成分からなる空間に本土諸方言を写像した結果を**図 2** に示す．上代語との
全体的な類似度においては東北や九州は下位に位置するにもかかわらず，第 1
主成分上ではそれらの方言は逆に上代語に近い．これらの周辺方言は第 1 主成
分が反映する大域的な変化の影響をあまり受けない一方で，影響範囲が限定的
な変化が頻繁に起きたと推測できる．この結果は，このデータが系統樹という
よりもむしろ方言周圏論的であることを示唆する．

　図 2 には現代諸方言，上代語，中世語に加えて，系統樹の推定例から取り
出した内部ノードも示している．第 1 主成分上で祖語から現代語への変化をた
どると，一旦大きく離れたのち先祖返りを起こすという不自然な振る舞いが確
認できる．このような折れ曲がり現象は系統推定失敗の兆候であることが報告

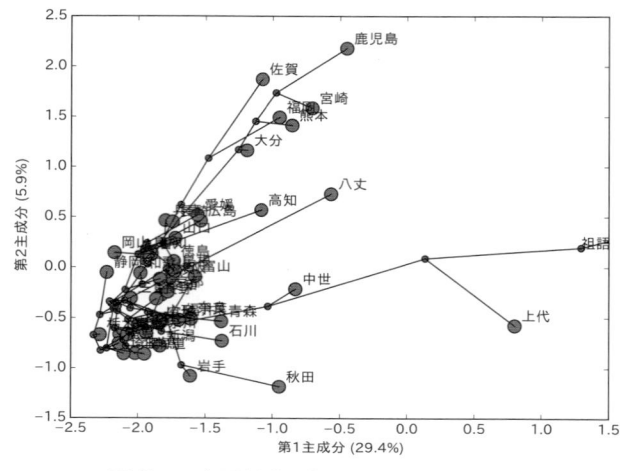

図2　日本語基礎語彙データの主成分分析

されている[4]．Lee and Hasegawa[10] の焦点は祖語の年代にあるが，誤った部分木を外挿して得られた年代は信頼できない．

　言語系統論は伝統的にいわゆる文系の領域であり，計算集約的な統計手法は生物学という分野外から導入される形となった．積み上げられた統計技術の山が敷居の高さを感じさせるかもしれないが，データやそれに対する仮定がすべて明示されるため，第三者による検証は旧来の研究とくらべてむしろ容易になっている．

　紙面の都合で語彙的特徴を扱う研究事例のみを紹介したが，**言語類型論**（linguistic typology）やその他の特徴の利用も考えられる．また，言語系統樹を人間集団の歴史を近似するデータとして利用すれば，他の文化的特徴の進化も分析できる．系統樹は問題を抱えつつも強力なモデルであり，その応用範囲は今後さらに広がると筆者は見込んでいる．

［村脇有吾］

【注】

i)　Saitou and Jinam[12] は研究文化の違いを感じさせる興味深い事例である．この報告は遺伝学者が日本語諸方言の基礎語彙データを分析したものだが，統計的に加工した結果の分析に終始する．言語研究者であれば，なぜ一度も元データに立ち返らないのかと不思議に思うだろう．

ii）正確には，親子で同じ値であっても，$0 \to 1 \to 0$ のような変化がありえるが，その可能性は高くない．

iii）Gray and Jordan[7]は年代は推定しない．

iv）しかし，言語学者の間ではアナトリア仮説はほとんど支持されていない．

v）グレイら自身，人間に説明する際は，有力な2説だけを取り上げてわかりやすい対立の構図を作る．計算機自体は多くの仮説を比較できるにもかかわらずである．

vi）我々はこのような振る舞いを期待してモデルを設計するが，実際の推論時には変化速度に関わるパラメータの推定と年代推定は同時に行われる．

vii）日本語と他の言語との間では，比較法に基づく同源語認定が充分に行えていないことから，計算集約的な統計手法も適用できない．

viii）https://abvd.shh.mpg.de/austronesian/（最終アクセス：2019 年 8 月 30 日）

【参考文献（さらに学びたい人のために）】

[1] Bellwood, P.（長田俊樹，佐藤洋一郎監訳）（2008）．『農耕起源の人類史』京都大学学術出版会．

[2] Bouckaert, R., Lemey, P., Dunn, M., Greenhill, S. J., Alekseyenko, A. V., Drummond, Alexei J., Gray, R. D., Suchard, M. A. and Atkinson, Q. D.（2012）．Mapping the origins and expansion of the Indo-European language family, *Science*, **337**（6097），957–960.

[3] Bouckaert, R., Bowern, C. and Atkinson, Q. D.（2018）．The Origin and expansion of Pama-Nyungan languages across Australia, *Nature Ecology & Evolution*, **2**, 741–749.

[4] Chang, W., Cathcart, C., Hall, D. and Garrett, A.（2015）．Ancestry-constrained phylogenetic analysis supports the Indo-European steppe hypothesis, *Language*, **91**（1），194–244.

[5] Grace, G. W.（1996）．Regularity of Change in What?, *The Comparative Method Reviewed: Regularity and Irregularity in Language Change* Durie, Mark and Malcolm Ross eds., Oxford University Press, 157–179.

[6] Gray, R. D. and Atkinson, Q. D.（2003）．Language-tree divergence times support the anatolian theory of Indo-European origin, *Nature*, **426**（6965），435–439.

[7] Gray, R. D. and Jordan, F. M.（2000）．Language trees support the express-train sequence of Austronesian expansion, *Nature*, **405**（6790），1052–1055.

[8] 濱田武志（2019）．『中国方言系統論——漢語系諸語の分岐と粤語の成立』東京大学出版会．

[9] Kolipakam, V., Jordan, F. M., Dunn M., Greenhill S.J., Bouckaert, R., Gray, R. D. and Verkerk, A.（2018）．A Bayesian phylogenetic study of the Dravidian language family, *Open Science*, **5**（3）．

[10] Lee, S. and Hasegawa, T.（2011）．Bayesian phylogenetic analysis supports an agricultural origin of Japonic languages, proceedings of the royal society B, *Biological Sciences*, **278**（1725），3662–3669.

[11] Nichols, J. and Warnow, T.（2008）．Tutorial on computational linguistic phylogeny, *Language and Linguistic Compass*, **2**（5），760–820.

[12] Saitou, N. and Jinam, T. A.（2017）．Language diversity of the Japanese archipelago and its relationship with human DNA diversity, *Man in India*, **97**, 205–228.

[13] 田窪行則，ホイットマン，J.，平子達也編（2016）．『琉球諸語と古代日本語——日琉祖

言
語

語の再建にむけて』くろしお出版.

A2-14
機 械 翻 訳
machine translation

　人間の使う言葉を計算機によって他の言語に翻訳するというアイデアを最初に提案したのは，ウォーレン・ウィーバー（Weaver, W.）だと言われている．彼は 1949 年に出版された機械翻訳についての覚書[7]で，ウィーバーは以下の 4 つの提案をしている．

　①文脈のモデル化による語義曖昧性の解消

　②論理と推論による意味の計算

　③暗号理論・**情報理論**（information theory）による翻訳モデル

　④言語の普遍的な特性を利用した翻訳

　これらの提案は 70 年前に提案されたものの，その後の機械翻訳につながる重要な洞察を含んでいる．例えばすべての機械翻訳手法は①で示すような文脈のモデル化がそれぞれ異なり，どのように語義曖昧性を解消するか（あるいはしないか）のアプローチによって特徴付けられる．また，②が 1950 年代から 1990 年代まで研究されていた知識に基づく機械翻訳，③が 1990 年代から 2010 年代前半に盛んであった統計的機械翻訳，④は 2013 年以降に盛んに研究されているニューラル機械翻訳に対応する．言語の普遍的な特性を利用することはこれまでの機械翻訳の手法では困難であったが，ニューラル機械翻訳の登場によってそれが可能になったということと，それを以前から予言していたことは特筆に値する．

　本項目では，ウィーバーの覚書の観点から機械翻訳の発展を捉え直し，順を追って説明する．アプローチが切り替わる時期には 2 つのパラダイムは並存してきたが，互いにアプローチが大きく異なる．そこで，それぞれの共通点を明らかにしつつ，相違点を述べる．

1. 知識に基づく機械翻訳

　最初に盛んに研究された機械翻訳手法は，辞書や翻訳に関する規則を人手で作成することで翻訳を実現する，知識ベースの手法であった．知識ベースの手法には大きく分けて**トランスファー方式**と，**ピボット方式**という2種類の方法がある．**図1**に示すように，前者のトランスファー方式は原言語で書かれた入力文を解析し，目的言語への翻訳規則や対訳辞書を用いることで出力文を得るアプローチを取るのに対し，後者のピボット方式は入力文を解析して言語によらない中間言語を用いた表現を抽出し，中間言語から目的言語を生成して出力文を得るというアプローチである．ピボット方式はトランスファー方式と異なり，言語対ごとに知識ベースを用意する必要がないという利点があるが，解消しなければならない語義曖昧性が増大するという欠点がある．いずれの方式もウィーバーのいう論理と推論による意味の計算を行うことで，翻訳を行っている．

　1952年には世界最初の機械翻訳会議がMITで開催され，後の自然言語処理の世界最大の国際学会 Association for Computational Linguistics へとつながった．しかしながら，1965年に発行されたALPAC報告[1]と呼ばれるアメリカ政府による報告書の中で，機械翻訳が人間による翻訳と比較して費用対効果が低く，近い将来には改善される見込みがないと指摘したため，国際的には

言語

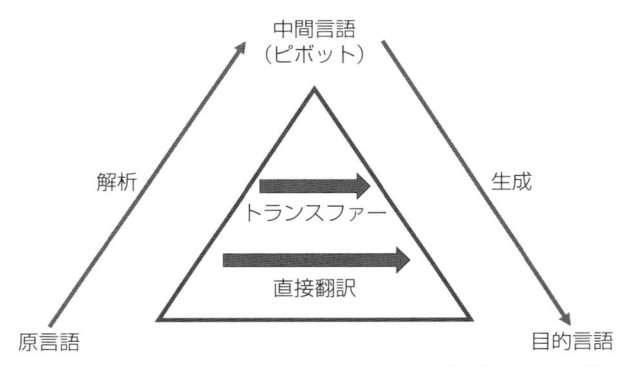

図1　ピボット方式とトランスファー方式による知識ベースの機械翻訳

機械翻訳の研究は一気に衰退した．機械翻訳の研究が再び脚光を浴びるのは，統計的手法が注目される 2000 年代に入ってからのことである．

　日本においても電気試験所（現在の産業技術総合研究所）が 1959 年にトランスファー方式で英日の機械翻訳専用機「やまと」を，九州大学の栗原俊彦らがピボット方式で日英独の翻訳が可能な翻訳実験用計算機「KT-1」をそれぞれ開発した．1982 年から 1985 年には科学技術庁が Mu プロジェクトと呼ばれる機械翻訳プロジェクトを実施し，科学技術文献アブストラクトの日英・英日機械翻訳システムの開発を行った．これ以降，知識に基づく多数の商用機械翻訳システムが開発されることとなった．一方，知識ベースの作成と管理には長い時間と多額の費用がかかるため，1990 年代半ば頃までにほとんどの機械翻訳システムの開発は停滞した．

2.　統計的機械翻訳

　人手で作成した知識に大きく依存する知識に基づく機械翻訳が普及段階に入っていた最中，1993 年に提案された IBM モデルと呼ばれる翻訳モデル[2]は，その後 20 年に渡る統計的機械翻訳の研究の礎となった．統計的機械翻訳は，図 2 に示すように，当時音声認識で用いられ始めた雑音のある通信路モデルを援用し，翻訳元の言語が雑音のある通信路モデルによって翻訳先の言語に変化したと考え，翻訳元の言語がなんであったかを復号する，というアプローチを取る．コンピューターが大規模なテキストデータを使えるようになり，かつ

雑音のある通信路モデル（ê が目的言語で最も確率が高い翻訳文）
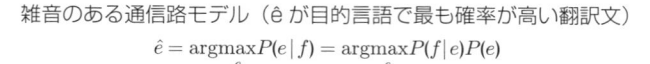
$$\hat{e} = \operatorname*{argmax}_{e} P(e \mid f) = \operatorname*{argmax}_{e} P(f \mid e)P(e)$$

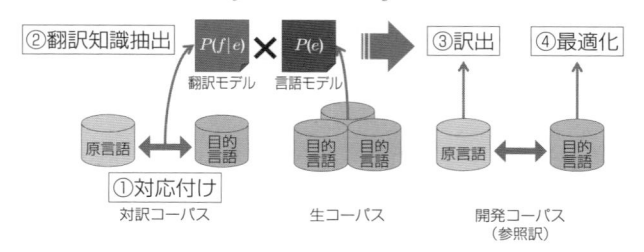

図 2　雑音のある通信路モデルによる統計的機械翻訳

高速で動作するようになって初めて実現可能になった手法である．これは統計学におけるベイズの定理を用いたアプローチで，ウィーバーのいう情報理論に基づく翻訳モデルである．

　知識に基づく機械翻訳で普及した手法はトランスファー方式によるもので，統計的機械翻訳も**対訳コーパス**（parallel corpus）を用いたトランスファー方式と見なすことができる．知識に基づく機械翻訳では翻訳知識は人手で構築するものであったが，統計的機械翻訳では翻訳知識は自動的に抽出される．統計的機械翻訳では，文単位で対訳となっている対訳コーパスから単語の共起頻度を計算することで，単語の対訳ルールを抽出する．また，それらの翻訳知識に関する重み（重要度）も翻訳モデルとして自動的に構築される．

　また，異なる 2 言語間では一般に語順が異なるため，どのような語順で翻訳するかという並べ替えモデルも必要である[4]．一方，統計処理された翻訳モデルは人間の作った対訳辞書や翻訳ルールと異なり多くのノイズが含まれているため，これをそのまま使うと流暢ではない翻訳が得られる．そこで，翻訳モデルの出した出力を流暢にする言語モデルを用いることで，原言語の文の意味を適切にカバーしつつ，目的言語の表現としても流暢な翻訳文を出力する．翻訳モデルを構築するためには大規模な対訳コーパスが必要であり，言語対によっては十分な量・質が得られないという問題があるが，言語モデルは目的言語のみに依存するので，対訳コーパスと比較して入手が容易な単言語コーパス（生コーパス）を用いて構築することができる．

　統計的機械翻訳で最も成功を収めたモデルは 2002 年に提案されたフレーズに基づく機械翻訳である[5]．フレーズに基づく機械翻訳は，対訳コーパスから自動的にフレーズ表と呼ばれる翻訳規則を抽出し，翻訳モデルとして用いて翻訳する．フレーズ表による訳出には，並べ替えモデルと言語モデルを用いて流暢な出力を生成する．これらのモデルは単純に組み合わせるのではなく，事前に用意した参照訳と呼ばれる正解の翻訳結果を用いて計算される自動評価尺度を最大にするように機械学習を用いて重みを調整して組み合わせることで，翻訳精度を最適化する．統計的機械翻訳では人手が介在するのは対訳コーパスの作成のみで，それ以外はすべて自動的に翻訳システムの構築が行われる．

　統計的機械翻訳におけるフレーズは言語学的な単位ではなく単語列であり，人手をかけないためフレーズ表の質も低い．一方，単純な仕組みで大規模な対

言語

訳コーパスを用いることで統語構造の似た言語対では十分な質の翻訳を出力することができ，ヨーロッパの言語間を中心に盛んに用いられるようになった．

3.　ニューラル機械翻訳

　統計的手法が 2000 年代に入って普及したものの，日本語と英語のような語彙も統語構造も大きく異なる言語対では機械翻訳と人間の翻訳との間には大きな隔たりがあった．特に統計的機械翻訳では流暢な出力を得ることが難しく，一見して明らかに機械翻訳の出力であることがわかるようなぎこちない文を生成しがちであるという問題があった．2012 年以降，画像や音声のような分野においては，**深層学習**（deep learning）と呼ばれるニューラルネットワークを用いたアプローチが既存手法と比較して圧倒的に高い精度を達成し，爆発的に普及していった．音声や画像では連続的な入力・出力を用いた連続最適化が自然であり，本質的に滑らかであるという特徴があるが，言語は離散的な記号を入力・出力に用いており，離散的な最適化が必要なので，自然言語処理において深層学習は有効ではないと懐疑的な研究者も少なくなかった．

　しかし，2013 年に word2vec と呼ばれる分布類似度に基づく単語のベクトル化手法が一躍脚光を浴びたのをきっかけに，自然言語処理においても深層学習が用いられるようになった．その中でも機械翻訳にとって最も重要な研究は 2014 年に提案されたエンコーダ・デコーダと呼ばれるモデルである[4]．これは深層学習を用いて単語列から単語列のように系列を変換するアプローチの総称であり，機械翻訳もニューラルネットワークを用いて行うことができることが示された．

　初期のエンコーダ・デコーダモデルは，**図 3** に示すように文全体を 1 つのベクトルとして符号化・復号していたが，現在主流のエンコーダ・デコーダモデルでは単語ごとに文脈を考慮したベクトルで符号化し，翻訳の際にはすべての単語ベクトルを用いて復号することで，長い文を含むどのような文に対しても正確に翻訳できるようになった[3]．これは，ウィーバーのいう文脈のモデル化による語義曖昧性の解消の観点からは，ニューラルネットワークを用いて無限長の履歴を考慮する文脈モデルを構築することで，入力文および出力文の語義曖昧性解消を行いつつ翻訳していることに相当する．

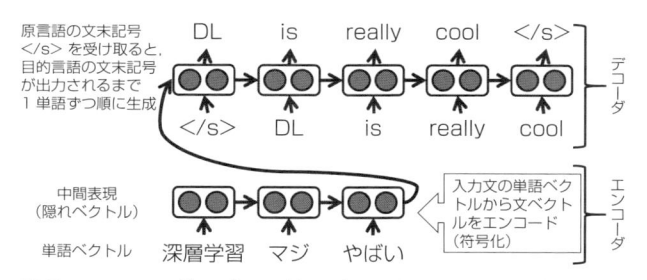

原言語の文末記号 </s> を受け取ると、目的言語の文末記号が出力されるまで 1 単語ずつ順に生成

中間表現（隠れベクトル）

単語ベクトル

デコーダ

エンコーダ

入力文の単語ベクトルから文ベクトルをエンコード（符号化）

図3　エンコーダ・デコーダモデルによるニューラル機械翻訳

　統計的機械翻訳とニューラル機械翻訳は、どちらも対訳コーパスというデータに基づいて翻訳知識を獲得するという点が共通しているが、統計的機械翻訳ではあくまで記号操作に基づいて翻訳を行っていて、翻訳過程も人間が解釈可能または容易であるのに対し、ニューラル機械翻訳は数値計算に基づいて翻訳を行っているので、翻訳過程の解釈が不可能または容易ではないという違いがある。

　流暢であるがカバー率が低いルールベースの翻訳から、カバー率は高いが流暢性の低い統計的機械翻訳を経て、カバー率と流暢性の両方が高いニューラル機械翻訳に到り、機械翻訳技術は成熟を迎えつつある。ニューラル機械翻訳は 2016 年には英語、スペイン語、フランス語の間で、2018 年には中国語から英語への翻訳においても人間と区別できない水準の翻訳ができるようになったと報告されている。統計的機械翻訳以降の機械翻訳は翻訳知識を人手で作成しない代わりに大規模な対訳コーパスの存在が前提となっており、この前提が現代的な機械翻訳の制約となっている。この課題について 2 つの面からのアプローチがある。

　まず、対訳データのような翻訳に用いる言語資源が少ない言語対においては、転移学習と呼ばれる枠組みを用い、対訳コーパスが存在する言語対を用いて構築した翻訳モデルを対訳コーパスが存在しない言語に転移する手法がある。このアプローチでは、翻訳したい言語対における対訳コーパスを少量使用するか、またはまったく必要とせずに、高精度の翻訳を達成することを目的とする。記号操作を行うトランスファー方式や統計的機械翻訳では実現が難しいが、数値計算によって翻訳するニューラル機械翻訳システムに組み込むことは容易なため、現在の機械翻訳を多言語に適応する際には有望なアプローチであ

言語

る．

　次に，文単位での対応の取れた対訳コーパスが必要であるという制約を外す試みとして，教師なし機械翻訳の研究がある．このアプローチでは，少数の種となる対訳辞書を手掛かりに，2言語間でのあらゆる単語の対応関係を獲得し，それを用いて翻訳モデルを構築する．統語構造が近い言語対でないと，この手法では必ずしも適切な翻訳モデルが獲得できず，統語構造の近い言語対においては対訳コーパスがすでに十分にあるかあるいは対訳コーパスの作成が容易であるという課題はあるが，ニューラル機械翻訳と組み合わせることで，これまでの統計的機械翻訳を用いた手法と比較して飛躍的な精度の向上が見られている．

　いずれのアプローチにおいても，ウィーバーが提言した言語の普遍的な特性を利用した翻訳であり，深層学習およびニューラル機械翻訳の登場によってこれらの研究が技術的に可能となり，脚光を浴びている．多言語かつ言語横断的な言語研究の取り組みとして universal POS tags や universal dependencies といった体系やデータセットが構築され，計算言語学による類型論の試みも2010年代以降盛んになってきており，今後はデータに基づく言語に普遍的な特性の発見と応用が進んでいくものと期待されている．

［小町守］

【参考文献（さらに学びたい人のために）】

[1]　ALPAC report.（1966）．*Language and Machines: Computers in Translation and Linguistics*, National Academy of Sciences.

[2]　Brown, P. et al.（1993）．The mathematics of statistical machine translation: Parameter estimation, *Computational linguistics*, **19**, 263-311.

[3]　黒橋禎夫（2019）．『改訂版　自然言語処理』放送大学教育振興会.

[4]　奥野陽ほか（2016）．『自然言語処理の基本と技術』翔泳社.

[5]　坪井祐太ほか（2017）．『深層学習による自然言語処理』講談社.

[6]　渡辺太郎ほか（2014）．『機械翻訳』コロナ社.

[7]　Weaver, W.（1949）．Translation, *Machine Translation of Languages*, MIT Press, 15-23.

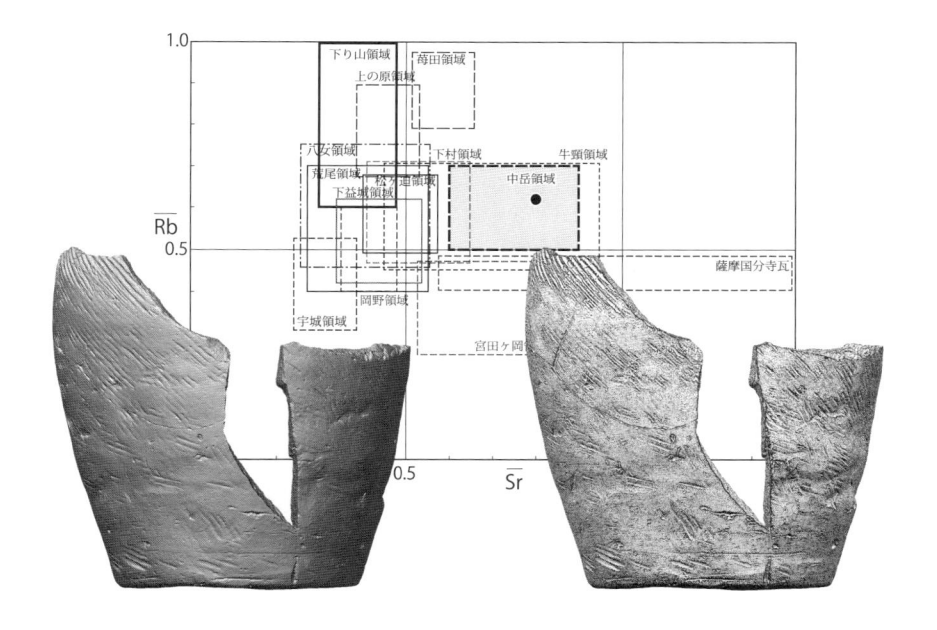

A3

考古・歴史

平安時代の須恵器壺の記録と分析

3 次元計測は歴史資料の記録，研究，教育普及などに大いに役立つ．平安時代の須恵器の壺に 3 次元計測を適用し（左），それをもとに表面の曲率を表示させた（右）．タタキやケズリなど製作者の動作の痕跡が可視化されている．背景のグラフは，この壺がどこで製作されたかを推定するために蛍光 X 線分析を行ったもの．デジタル技術や科学的な分析を適用することで，様々な歴史研究が進展しつつある．

A3-1
デジタル化時代の考古学・歴史学
archaeology and history in the digital age

考古学や**歴史学**（**文献史学**）は，ヒトの営為と社会的諸現象，さらにそれを取り巻く環境や自然現象を中心として，人類について時間的深みを持って復元・解明・理解・説明しようとする分野ということができよう．別の言い方をすれば，社会は個々人の行為の集合であるから，人類の経験した時空間における諸社会の出来事や諸行為を，時間的深みの中からパターン化して抽出しようとする総合的な分野ということができ，未来予測を目的に含むことがある．

なお，ここで扱うのは，デジタル化時代の「考古学・歴史学」に関する事柄であるが，**民俗学，文化人類学，自然人類学**など，関連する学問分野を包括したものと考えていただきたい．以下では，仮にそれらを「歴史系諸分野」と呼ぶことがある．これらが対象とするのは，生産・流通，経済，技術，社会組織，政治，芸術，宗教，教育，人間集団，アイデンティティ，自然環境，生態，認知進化……と非常に多岐にわたるカテゴリーを含んでいる．紙幅の都合もあり各分野を等価に扱えなかったが，共通点は本来大きいと思われる．

もちろん，遠い過去を扱うからといって，現在と遊離してはいないし，現状の研究対象には実際に現在も含まれている．歴史系諸分野では，コンピューターやデジタルにこだわらなければ，何らかの計量的アプローチがとられることは以前からあった．しかし，近年の**デジタル技術**の進展と様々なデバイスの普及を背景として，「デジタル」による記録や，それを応用した研究の導入が試みられて久しく，現在はさらなる展開が見られる．また，デジタル記録に基づき，デジタル技術を応用した教育・普及も進行中である．

そうした諸般の状況などについて概観するが，詳細は各項目によられたい．参考文献も付されているので，それも参照いただきたい．

1. 過去を追究する

もちろん，学問分野ごとに目的や方法，背景が異なっているが，歴史系諸分野を広くとらえると内包される学問分野が相互に密接に関わっている．歴史

系諸分野全体を「歴史学」ないし「人類学」と統合的に呼び替えることも可能であり，700万年にわたる人類史の全体をカバーすると見なすことも無理ではない．狭義にとらえると，考古学の大きな特徴の1つは，物質的に遺存したあらゆる資料をもとに人間の行動を復元するところにあり，一方，歴史学は「文献史学」とも呼ばれるように，主として文字資料（絵画なども含む）が用いられる．文字記録からは濃密な情報を得ることができ，考古学もそれを参照するが，文字記録のある時代であっても，書き残されなかった情報の回収は考古学がしばしば担うところである．扱われる主な対象については考古学と歴史学で明確に異なっているが，歴史学においても，対象とする時代の考古学的データに目を向けることが少なくなく，その境目は必ずしも截然としない．

　同様に，文化人類学や民俗学では，参与観察や聞き取りなどをもとに，日常・非日常にかかわらず人の営為や思想，社会組織などに関する広範な事柄が扱われ，口頭伝承，民具などの物質文化や景観なども対象となる．考古学では現在の物質文化をも対象とすることがあることを含め，考古学や歴史学と方法や対象などに重なるところも多く，歴史系諸分野は目的・対象・資料・方法を少しずつ違えながら相互に関係しあっていると言える．

1.1 考古科学

　自然科学的手法で考古資料（ないし歴史資料）を分析し，学問的に役立てる考古科学は，1970年代以降急速に普及していった．例えば，遺跡出土の植物や花粉，植物珪酸体（プラントオパール）などから古環境の復元や農耕の証拠の追求に取り組まれ，地質・岩石・テフラを素材とした地球科学的アプローチもある．**年代測定・推定**には，**放射性炭素**や最近注目されている酸素同位体を用いたものなどがあり，**年輪年代**や**地磁気**による年代推定もある．食生活の復元にも**同位体分析**などが用いられている．また各種材質の分析や，岩石学的または成分の機器分析による**産地推定**もある[4]．以上の方法や分析機器には，コンピューターが使用されたものが多く含まれ，デジタルデータが多用されている（**図1**）．

　そうした分析の中には，考古学の研究にダイレクトに影響を与えるものが多い．古墳時代の須恵器の産地推定で，5世紀代の陶邑からの広域供給が判明しているように，いわゆる伝統的な考古学的手法によるアプローチだけでは復元

考古・歴史

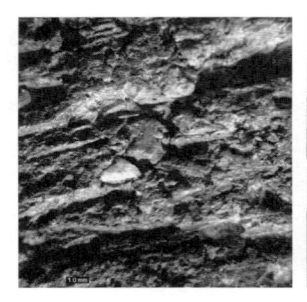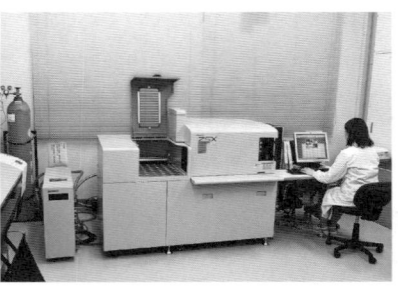

図 1　考古科学的調査の例

左：デジタルマイクロスコープによる土器表面痕跡の観察と記録．右：蛍光 X 線分析装置による元素分析．

困難な場合も多い．最近では依頼分析だけでなく，考古学者自らが分析を行う例も見られるが，やや性質の異なる保存科学を措くと，以上の考古科学は過去を解明する科学ということができ，歴史系諸分野の一翼を担うものと言える．

　遺跡の調査といえば発掘調査，という発想もあるが，遺跡の実態を明らかにしようとするとき，必ずしも発掘を前提とするわけではない．それに関して，衛星や航空機から遺跡や環境を探査するリモートセンシング（remote sensing）があり，発掘せずに地下の遺構を知る地中レーダー探査などもそれに含まれる．なお，ヨーロッパなどでは**ドローン**による 3 次元計測などを用いた「非接触型調査」にも取り組まれている[1]．

　掘らないで目的を達成することができれば，遺跡保存の観点からもそれに越したことはない．今後，そのような方式は技術的にも思想的にもさらに発展すると見込まれるが，その際にもデジタル記録が採用され保管されることになる．

　遺跡の地震痕跡や文献記録などから過去の災害を扱う「**地震考古学**」などは特筆すべきで，過去のデータからパターンを抽出して防災や意思決定，未来予測に役立てることは，ある意味で時間的深さを扱う分野のあるべき姿を垣間見るようである．

1.2　GIS

世界的に見ると 1990 年代に脚光を浴び，急速に普及したのが **GIS**（**地理情**

報システム）である．関連分野での学術論文の生産量を検討すると，3 次元計測に関する研究に一歩先んじて考古学界に変化をもたらしたと言える．GIS は広く利用され，考古学・歴史学の分野でも全幅にわたる使用ではないにしろ，使用例は多岐にわたっている．すでにオープンソースの GIS もあり，その普及に一役買っている．また，「ひなた GIS」という統合型の WebGIS が宮崎県から公開されており，その操作のし易さや拡張性の高さが評価されている．

　単なる場所の記録だけでなく，積極的に解析を行い解釈をすることで様々な人間行動にアプローチできるところは魅力である．基本的に時代を問わず，広域か狭小な範囲かを問わず活用できる．GIS には大きな可能性があり，歴史系諸分野においてさらに普及と定着が望まれる．

1.3　数量分類・解析

　様々な物質文化からなる歴史系諸分野の資料は，もちろん広く数量分類の対象となるし，**多変量解析**（multivariate analysis）や GIS などを利用して可視化したり解析したりすることで，通常では気付きにくいパターンを把握したり解釈に役立てたりすることができる．また，文献史料についても，用字・用語，文体，筆跡などを分類するなど，目的に従った様々な分析ができる．

　こうした方法も，過去を解明し解釈するための強力な一助となると考えられ，研究者の経験や直感の相対化にも役立つ可能性がある．

　なお，歴史系諸分野はもちろん，広く人文科学的分野に関してデジタル技術やコンピューターを利用した研究を行ってきた学会や研究会として，「じんもんこん」（人文科学とコンピュータ研究会）や，日本情報考古学会（前身の「考古学におけるパーソナルコンピュータ利用の現状」や「考古学における計量分析——計量考古学への道」を含む）などがある．以前から多くの研究例を蓄積しており，参考になる．国際的には，CAA（Computer Applications and Quantitative Methods in Archaeology）をはじめ多くの団体があり，活発である．

2.　保存と活用

　人類の**文化遺産**の保存が重要であることは論をまたず，デジタル技術はそこ

考古・歴史

203

に大きく貢献することは疑いないであろう．保存するということは，何らかの形で現在または将来において活用されることが想定されていることに他ならない．保存を自己目的化しないことが重要であろう．保存と活用のバランスが大切であるが，デジタル技術，とりわけ **3 次元計測**の成果の公開やそれに基づく精密なレプリカを製作することなどは，有効な選択肢となりえよう．考古資料や文献史料などのデジタル記録は，災害，戦争，盗難を含む資料の紛失・破損への予備的対処にもなる．

　以上に加え，遺跡から出土した最近のほとんどゴミといえるような資料，その他特段の学術的価値を見出しがたい資料など当分活用の見込みがないものであっても，将来活用の必要が出てくるものがあることにも配慮した保存が望まれる．その際にも 3 次元計測による記録は選択肢となろう．

2.1　デジタル化と 3 次元技術

　歴史系諸分野の全般にわたって，記録に写真が多用されてきたが，高性能の**デジタルカメラ**の普及でデジタル写真が増加しており利便性がある．また，古いガラス乾板やフィルムベースの写真のデジタル化も取り組まれている．これを遡及的に行うには時間も労力も必要であるが，蓄積された資料の経年劣化への対処としても多様な利用要求に応えるためにも必要なことと言える．

　古文書などはデジタルカメラや接触式／非接触式スキャナによる 2 次元的記録が多用されているが，絵画などと異なり判読可能性が担保できればさほど高解像度でなくてよいとされることも多い．そのため，技術的には比較的容易に多数のデータ取得が可能である．一方で，将来の学術水準や利用要求の変化への対応も考慮されることが望ましい．コンピューター上で仮想的に光源位置を変えながら器物の表面の観察を可能にする **RTI**（reflectance transformation imaging）技術により，印刷面の凹凸を陰影で可視化するなどして印刷技術を評価したり，棟札など板に書かれた不鮮明な文字を解読したりするなど多方面に役立てることができる．関連するものとして，光源位置を変えた写真をもとに，簡便かつ迅速に碑文等を可視化する「**光拓本**」も実践されつつあり，歴史資料として様々な活用が期待される[6]．

　なお，古文書の手書き文字では，書き手の癖を伴ったくずし字や異体字などがあり，多くの人が利用できるようテキストデータ化するためには，そのもの

の画像記録だけでなく，翻刻という手間が必要となる．本来は専門知識を要する地道な作業であるが，インターネットで多数の人が翻刻に参加する「みんなで翻刻」では膨大なデータの蓄積に効果的な方法がとられており，文字の解読をAIで自動化するなど翻刻を支援する仕組みの開発など様々な工夫もなされつつある．

　近年普及を見せている3次元計測については，ここで対象とするあらゆる分野で適用が可能であり，実際の適用例も多い．3次元技術には工学系の開発分野ですでに長い歴史があるが，そうした段階を経て，概ね2010年頃から考古学や自然人類学をはじめとして大きく普及してきた．各種の安価な計測装置やシステムの出現はその理由の1つと思われる．さらなる背景としては，各種のデジタルカメラやスマートフォンが普及し，3次元計測の無料アプリも存在しているし，**3Dプリンター**の一般への認知度は高く，市中で3Dプリンターが使用できるカフェなども出現している．また，ゲームなどで**3DCG**に触れる機会も多いなど，慣れ親しんでいることも挙げられる．

　このように，3Dをめぐる社会的環境は以前と比べ大きく変化しており，長期的にみると歴史系諸分野では3次元記録が通常の記録方式として一般化するかもしれない．これまで考古学では，海外調査などで人手や調査期間が不足しがちな場合や，国外への現物の持ち出しが困難な現場，あるいは安全を強く意識しつつ迅速性が要求される水中の調査現場などで3次元計測が多用される傾向があった．このことは，3次元計測の特性をよく表している．

　3次元計測は考古学や，自然人類学における人骨の記録・解析の前提として特に注目を浴びているようであるが，他の分野でも有効であり，すでに変化の兆しも見られる．海外の民族調査の現場では，物質文化の3次元計測や，人物の動画を**モーションキャプチャー**（motion capture）で動作解析した例もあり[2]（**図2**），記録としても解釈においても有効であると思われる．日本の民俗資料にも同様に適用できる．世界各所で伝統的な技術や儀礼などが消滅の危機にある現在において，そうした記録作業は急務と言える．

　複数の写真から3次元モデルを生成する**バンドル調整**（bundle adjustment）の技術により，特別な計測装置が不要になった．ある条件がそろえば，そのような意図なしに撮られた古い写真からもそれが可能であり，場合によっては多数の観光客が撮影した写真や，テレビ局が撮っていた高精細ビデオなどから生

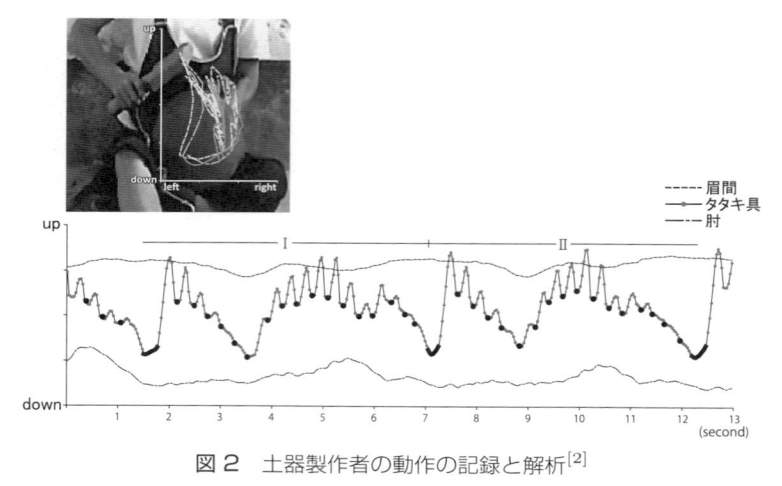

図2　土器製作者の動作の記録と解析[2]

上：土器製作者のタタキの繰り返し動作．下：各部位の時系列的（横軸）な上下の動き（縦軸）．ⅠとⅡでほぼ同じ動作が繰り返されたことがわかる．

成することもできる．

　なお，ある石造物に対して3次元計測を用いて時間的な変化をモニタリングした結果，地震に対して各部位がずれながら構造が維持されたことがわかったが，その後固定して保存したことで地震の来歴が失われてしまったという[5]．これは保存方策の常識を変える重要な指摘であり，3次元計測を活用すれば新たな歴史的価値の発見や付与につながりうることを教えている．

2.2　データベース，リポジトリ，公開

　膨大な遺跡調査が行われてきた日本では，冊子体としての遺跡の調査報告書を不自由なく誰もが利用できることが長年の課題であった．2008年に「全国遺跡資料リポジトリ・プロジェクト」としてスタートした「**全国遺跡報告総覧**」のおかげで，利便性が大きく向上した．全報告書を網羅することが課題だが，これまで報告書を利用しにくかった分野・層の人まで利用可能になった意義は大きい．

　古文書や文字資料については利用可能なデータベースがあり，例えば，東京大学史料編纂所のデータベースなどで，充実した史料や画像を検索・閲覧することができる．また，古文書のくずし字をデジタルアーカイブとして収録して

いる電子くずし字事典や，木簡・くずし字解読システム「MOJIZO」がある．
このシステムはスマートフォンなどのモバイル端末からも利用できる．

近代以降であれば，文字や絵画資料，あるいは様々な物質文化だけでなく，
写真や動画，音声なども主要な記録と言える．「国立国会図書館デジタルコレ
クション」ではデジタル化された図書・音声・映像関係の資料が収録されてお
り，古文書・古典，官報など著作権に問題ないものがインターネットで公開さ
れている．

こうしたデータベースの公開は，専門家にとっての有用性はもちろん，学生
や，一般の人を含む非専門家が利用できるところにも大きな意義がある．

付言すると，アメリカ歴史学会は「歴史学におけるデジタル研究を評価する
ためのガイドライン」（Guidelines for the Evaluation of Digital Scholarship
in History）[3]を公表しており，参照されたい．

2.3　普及

文化財の3次元計測の普及に関して，九州文化財計測支援集団（CMAQ）
による注目すべき取り組みがある．それは，SfM-MVS による3次元計測のデ
モや講習会を，希望があれば各地で行うものであり，有志による無償の取り組
みである点も特筆できる．

パブリック考古学では，特に学童の教育にゲームの要素が入れられることが
多いが，近年では博物館の展示などで3D データを用いた VR（バーチャル・
リアリティー）シアターや，3D プリンターで出力したレプリカなどを利用し
た企画などが行われている（**図3**）．**CG**（コンピューター・グラフィックス）
を駆使したコンピューターゲームが盛んになって久しいが，**VR**（仮想現実）
はその場にいるような臨場感・没入感を得ることができる．日本でも史跡など
で VR や **AR**（拡張現実）の利用も行われており，今後さらに普及すると見
込まれる．

縦割りを超えた **STEM 教育**（科学・技術・工学・数学），あるいはそれに
文芸を加えた **STEMA 教育**が提唱され，主にアメリカで幼稚園から高校まで
を対象に国家戦略的に実践されつつある．そこでは学校や図書館に多数の 3D
プリンタなどが設置されて総合的な教育に使用されるなどしている[i]．同様に
ヨーロッパやシンガポールなどでも実施されているが，日本にも波及すると見

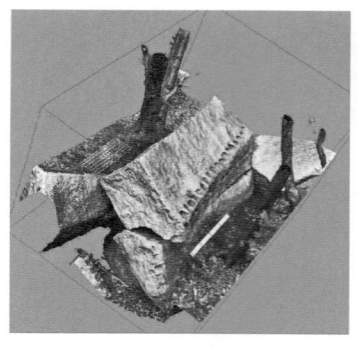

図3　文化財の3次元計測と普及・教育への活用

左：現地の3Dモデル（小豆島大坂城石垣石切丁場跡），右：縮小した3Dレプリカで接合を確認（川宿田好見氏提供）．

られ，こうした動きを背景に，社会的にデジタル技術や科学的思考に対する広範な理解や適用が促進されるであろう．翻って，歴史系諸分野の研究面の変化は必至と思われ，研究者の技術的・資料的独占が解消に向かい，成果の普及や市民との対話の場面にも変化が訪れる蓋然性が高い．

　歴史系諸分野を取り巻く思想，技術，社会的環境は変化しつつある[ii]．

[中園聡]

【注】

i)　平川ひろみ氏の分析と教示による．

ii)　本項目の一部は，JSPS 科研費 JP26284124，JP19H05733 による．

【参考文献（さらに学びたい人のために）】

[1]　平川ひろみ（2017）．「普及する三次元記録とその応用——日本と海外」『季刊考古学』**140**，64-67．

[2]　川宿田好見，平川ひろみ（2013）．「土器製作者のリズムと動作——モーションキャプチャーを用いた身体技法の基礎的研究」『情報考古学』**19**（1・2），13-27．

[3]　菊池信彦，小風尚樹，師茂樹，後藤真，永崎研宣訳（2016）．『歴史学におけるデジタル研究を評価するためのガイドライン』（http://hdl.handle.net/2261/59142）

[4]　日本第四紀学会編（1993）．『第四紀試料分析法』東京大学出版会．

[5]　津村宏臣（2017）．「文化財の"保存・修復"から 3D モニタリングへ」『季刊考古学』**140**，89-91．

[6]　上椙英之（2019）．「石造遺物調査における光拓本技術の提案と評価」『日本情報考古学会講演論文集』**22**（通巻 42），16-17．

A3-2
考古遺物の数量分類
quantitative classification of artifacts

　考古学が拠り所としてきた主要な資料は，**物質文化**である．生物は自然界を分類しながら生存しているといっても過言ではないが，とりわけヒト（ホモ・サピエンス）に関しては，自然界の分類だけでなく自ら生み出した物質文化にも拡張し，社会の中で分類し，様々な意味を付与し多様な読み取りをしてきた．このような分類は，ヒト特有の認知的行為と言える．

　考古学において物質文化を研究する上での基礎とされてきた概念・方法に，**型式学**（typology，**型式論**）がある．それは生物学におけるグランドセオリーといえる**進化論**と，（生物の）**分類学**（taxonomy）が深く結びついてきたのと同様，考古学でも考古資料を分類し整理して理解する基本的概念であるとともに，考古学者の過去の理解のしかたや日々の考古学的実践にも密接に結びついてきたと筆者は見る．そこで，ここでは考古遺物の**数量分類**を扱うが，遺構や，民族・民俗資料，その他歴史資料としての物質文化にも適用可能と思われる．各手法などについて述べる前に，分類や型式学などについても触れることにする．

　なお，欧米を中心に多様な実践が行われている考古資料の数量分類は，考古学研究で必ず用いられてきたわけではなく，伝統的には考古学者の「鑑識眼」といえる直感や経験に基づいた分類も多い．日本考古学ではその傾向が特に顕著である．しかし，検証可能性や再現性を意識すれば，数量分類は直感的な分類に対立する考え方とも言うことができ，考古学にとって有効かつ必要なものと言える．

1.　分類と型式学

　考古学における分類学が型式学である[10]．これは，19世紀から今日まで続く考古学の基本的な方法と言える．**編年**すなわち時間軸を構築するために資料を分類・整序して検討したり，空間的あるいは機能的に配列したりするなど，

考古・歴史

209

考古学において重要な役割を果たしてきた．そうした本来の意味に照らすと必ずしも正確ではないが，しばしば編年の方法として理解されており，考古学の教育においても型式学は早期に学習することが普通である．

　「型式学的研究法」は，人工物の型式を生物の種に相当するものとして捉え，種の進化のように型式は変化するという前提に立つ．すると，個体を構成する形態や文様などの視覚的諸要素が通時的に徐々に変化するということになる．そこで，まず個体群から似たものどうしを集めて分類した**分類単位**（型式）を，時間的変化を想定しつつ整序する．その際，生物における「痕跡器官」に相当する要素に注目することで，型式変化の方向性が仮説として定まる．その後，遺跡での出土状況による**層位学的検証**が行われる．この手順は古典的な O. モンテリウスの考えに基づいており，現在もその基本は継承されている[10]．

　数量分類についても型式学的研究法と密接に関わることがあり，型式学の前提として，いかに適切に分類されているかが重要である．単なる直感や恣意的な分類とは異なり，再現性や追証を担保する意味でも，ある基準・手続きに基づく分類が必要とされる．それは計測やカウントを伴う数量分類に期待される意義の1つと言える．なお，考古遺物は過去の行為者の認知的プロセスを経た人為物であり，生物とは異なる性質を持つかもしれない．また，一般に数量分類は，資料群の性質を要約したり，規則性を発見したりすることが期待されるが，常に考古学的に意味ある結果が出るとは限らない[7]．こうしたことも留意しておく必要がある．

　なお，**数量分類学**（numerical taxonomy），あるいは数理考古学的議論に見られるように，いくつかの特徴すべてを有する個体群と，別の特徴すべてを有する個体群とが排他的に定義できる「**単配列的**（monothetic）」な分類単位と，各個体が特徴の大部分を共有する緩やかなあり方をする「**多配列的**（polythetic）」な分類単位のうち，考古遺物は後者に該当する．また，分類単位内の構成員すべてに共有される属性変異がなく，変異のいくつかを緩やかに共有しつつ全体としてまとまりがある「**家族的類似性**（family resemblance）」と捉えるべき場合もある．数量分類においても，型式のような分類単位を設定する場合にはそうした性質を認識しておく必要があろう．

2. 属性分析

　遺物の数量分類との関わりにおいて，まず**属性分析**（attribute analysis）を扱う．属性分析とは，「大量の資料を精細にしかも計画的に検討するために，（中略）物の持っている性質（属性）を個々の単位に分解して資料操作を行う手法」ということができる[10]．遺物について，例えばヒストグラムで全長の分布を検討するような場合は単一の属性での検討と言えるが，複数の属性間の関係を検討することが普通であり，後述する多変量解析とも親和性が高い手法と言える．分類・編年を含む様々な情報を得るために使用できる．そのためにも，無数の変異からいかに考古学的に意味ある属性変異を抽出・選択するかが，考古学者の腕の見せ所ということになる[10]．

　意識的な属性分析は石器研究で早く導入され，石器の各部位の計測値（**計測的属性**）やその他の**非計測的属性**を記載し報告することはかなり定着している．一方，土器をはじめとするその他の遺物でもそれが行われることがある．属性分析の中でも前述の型式学的研究法との親和性の強い，「狭義の属性分析」がある．それは，あらかじめ各属性の変異の前後関係を型式学的に推定した上で，相関図（マトリクス）を使って属性間の相関を検討するというもので，属性ごとにあらかじめ推定した変異の変化の順序どうしに強い（正の）相関があれば，時間的変化の仮説の蓋然性が高まると見なせる（**図 1**）．相関図上に群状の構造がいくつか確認できれば，型式のような分類単位と見なせる場合がある．このような方法は 1980 年前後から適用例が散見され[3]，本来の機能を無くした「痕跡器官」といえる変異や前後のものとの類縁関係から時間的変化の方向を推定することで，層位学的検討以前に仮説の妥当性を高めておくことができる．

　この方法は，詳細な情報を直に「読みとる」ことができるのが大きな利点である．その反面，2 つの属性間の検討を繰り返すことが多いため，属性間の総合的な関係の判断やデータ構造の特性の把握には制限があり，その点では以下で述べる多変量間の解析に利点がある[4]．

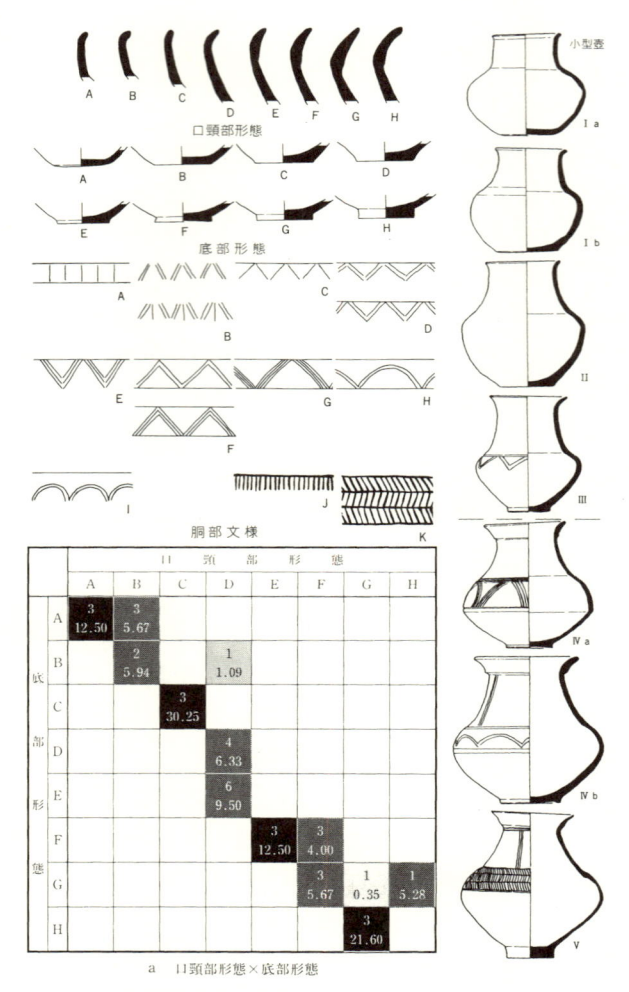

a 口頸部形態×底部形態

図1 型式分類を目的とした土器の属性分析

左上：属性変異の抽出，左下：個体内における属性間の共存状況，右：型式分類結果[2].

3.　多変量解析

　多変量解析（multivariate analysis）は，非計測的（質的）属性を用いる場合と計測的（量的）属性を用いる場合があるのは属性分析と同様であり，しばしば属性分析と同じデータセットを用いることができる．しかし，多種の属性間を一度に解析できるところに，属性分析と異なる大きな特徴と利点がある．多変量解析はコンピューターの使用が事実上前提となるが，複雑な生のデータからデータ構造に潜む情報を探索的に検討したり，分類に役立てたりすることができる．

　多変量解析のうち，考古遺物に対して比較的よく使用され実績があるものとして，以下がある．

　主成分分析（principal component analysis）は，計測的データに用いられる（**図 2**）．多次元的なデータを少数次元に圧縮してデータ構造を見出し，変異を読み取って解釈するのに有効である．遺物の各部位の計測値に基づく形態分析，墓の副葬品目ごとの出土数（あるいは %）に基づく副葬品システムの把握など，様々な問題に幅広く適用可能であり，実例も多い信頼性の高い方法と言えよう．遺物・遺構のサイズという生の計測値をデータとする場合，第 1 主成分は大小を示すサイズ・ファクターが出ることがしばしばある．それが考古学的に意味を持つ場合もあるが，むしろ第 2 主成分以下の形態を示すシェイプ・ファクターに意味があることがよくある．

　なお，各個体の主成分スコアの 2 次元散布図に，各変量のベクトルを重ねて表示させる「**バイプロット**（biplot）」があり，解釈に役立てることができる．主成分分析と似た手法に**因子分析**（factor analysis）がある．

　数量化 III 類（Hayashi's quantification method type III）は，非計測的（質的）データの分析に用いられ，圧縮された次元の解釈などを通じてデータの構造的な意味を見出すことなどに使用される．主成分分析の質的データ版とも言うことができ，サンプル（個体）とカテゴリーをそれぞれ 2 次元平面上にプロットしたものを視察するとともに，軸の意味を読み取ることが多い．狭義の属性分析と親和性が高く，データに順序構造がある場合，出力される 2 次元散布図で特有の分布をすることがある．ほぼ同等の手法として**コレスポンデン**

考古・歴史

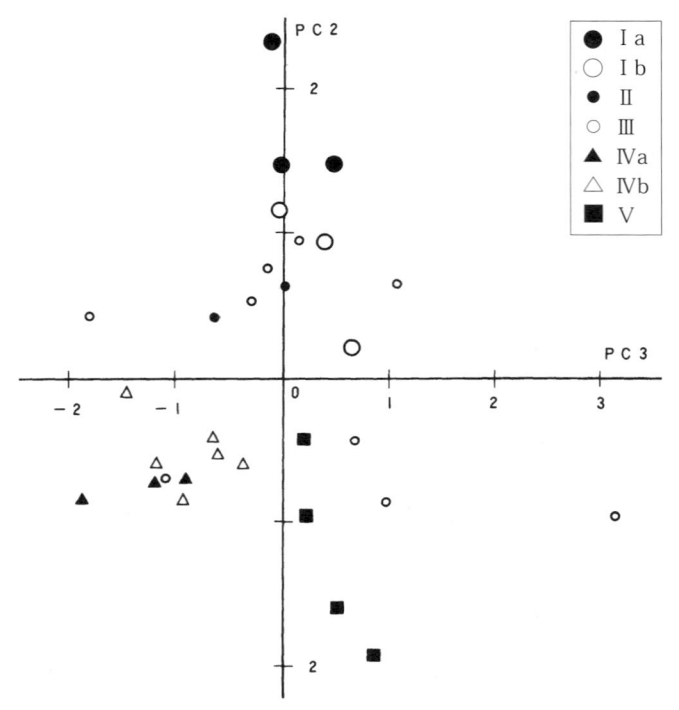

図2　主成分分析による主成分スコアの2次元散布図

形態に関する第2・第3主成分を表示．上から下に古い型式から新しい型式が布置されている[2]．

ス分析（correspondence analysis）があり，同様の目的で使用される．

　クラスター分析（cluster analysis）は古くからある方法で，類似度（距離）に基づくデンドログラム（dendrogram，樹形図）で示されるクラシカルな階層的クラスター分析がよく知られている（図3）．分類に有効な方法ではあるが，類似度（距離）の定義のしかたとクラスターの構成法の選択によって結果の差が大きいなどの問題があり，注意が必要である[1]．また，サイズ・ファクターが大きく効いてしまうと，考古学的に意味の薄いクラスターが形成されることがあり，入力するデータの標準化や，標準化を介在する計算法を選択することなどが考慮される[i]．あらかじめ主成分分析をして，データ構造の特性を把握したりカテゴリー化のあたりをつけておくことなども有効であろう．い

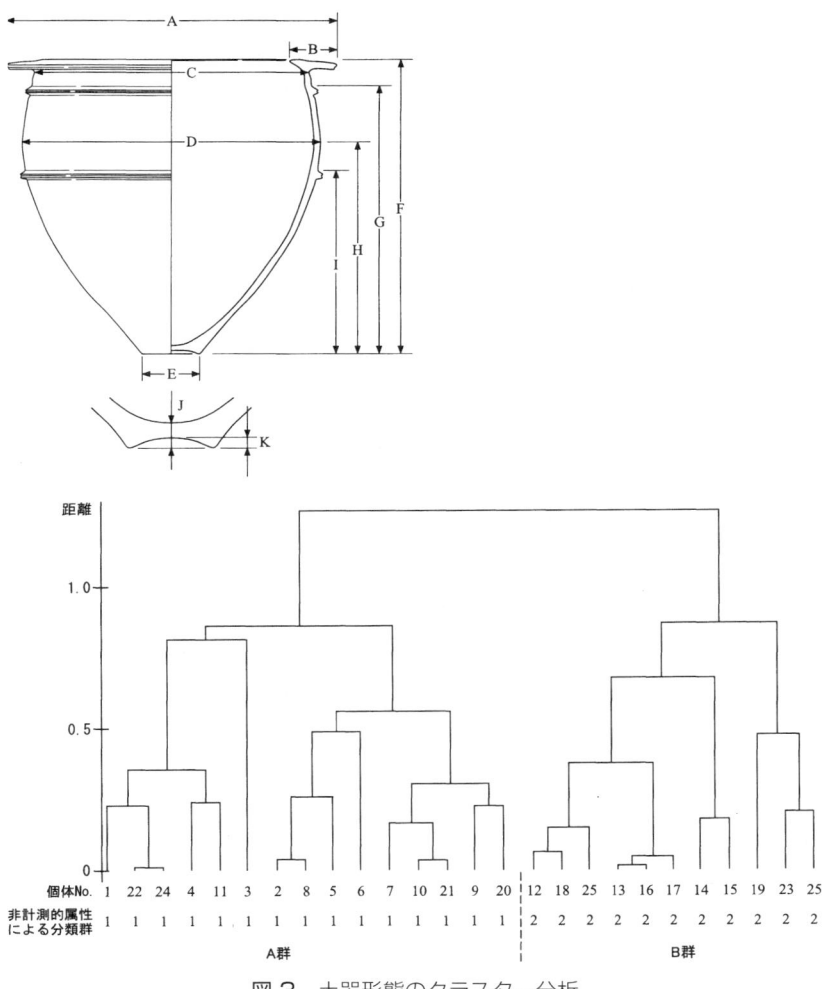

図3　土器形態のクラスター分析

各計測値を標準化（z変換）したデータを群平均法で分析したもの．形態が大きく2群
に分かれ，別途実施した非計測的属性による属性分析の結果と一致した[4].

ずれにせよ，クラスター分析の結果を過信しすぎず，計算法なども明示するよ
うにしたい．その他，**非階層的クラスター分析**があり，代表的な手法として k
平均法（k-means clustering）が知られている．デンドログラムでの表示が難

しい，サンプル数が多い場合などにも有効である．

　判別分析（discriminant analysis）は，あらかじめ 2 群（ないし多群）に分けられたサンプルを，計測的データをもとに分析し，判別の確かさや判別効率などを把握することができる．また，求められた判別式から，未知のサンプルがどの群に該当するかの判別にも役立てられる．線形判別分析と，マハラノビスの距離に基づく判別分析がしばしば用いられるが，後者は土器の元素分析による産地推定への適用例が多い（**A3-5** 参照）．なお，非計測的データの判別分析といえる**数量化 II 類**（Hayashi's quantification method type II）があり，考古学で適用例がある．

　多変量解析を用いる利点は多いが，考古学においては以下の 3 点を強調できよう[7]．

　①分類に当たって研究者の経験的な知識と勘に基づく予測が必要なことには変わりないが，多変量解析によって，人間の能力を超える多次元的な要素を扱うことにより，それまで見過ごされていた新たな着目点が発見される可能性がある．

　②分類の結果を他者へ呈示・伝達するための手段として有効である．この場合の「他者」には学問的伝統を異にする国内外の研究者を含む．職人技としての性格の強い土器分類についてさえ，広くその妥当性の検討が可能になりうる．

　③分類結果が研究者の帰属する集団や地域や対象や時代によって相違を見せることは，それ自体興味あることであるが，その相違は多変量解析の項目の選択やその水準に影響することであろうし，さらにそれが結果に影響するという再帰的循環を持っているものと思われる．つまり，計算処理のレベルでは同じデータを入力すれば必ず同じ結果が得られるという性質のゆえに，そこにあらわれたデータや結果の違いは立場や意図の違いを鮮明に示すと見ることができる．そうであれば，多変量解析を用いた数量分析が，考古学においてどのような意義あるいは価値をさらに有するのかは明白である．これによって，「考古学とはなにか」という学問の本質にも関わる問題への入口が示されるはずである．

4.　今後の展望

　前述のとおり，物質文化の分類はヒトに備わった特性であり，非言語的なプロセスを含むと考えてよい．型式学の実践に当たり，言語表現への依存の程度は低くない．属性変異の抽出でも土器の口縁部断面の「逆 L 字形」と「くの字形」は取り上げやすいが，両者の中間的形態がいくつもあるし，とらえどころのない単純な胴部のカーブを型式学的に抽出・分類・配列する際など，さらに困難な例は多い．

　この問題は上述の③とも関わるが，そうした計測点の設定などに絡む変異抽出の恣意性を可能な限り排除しようという考えはあってよい[5]．その解決法の1 つが，一定間隔で機械的に測ったり，格子目状に区切って数値化したりするなどの「全数比較」的手法である[10]．それに関する近年の注目される動向としては，**幾何学的形態測定学**（geometric morphometrics）の生物学などでの発展がある．既述のような各部位の距離計測に対して，特定部位に標識点を設ける landmark-based morphometrics，**楕円フーリエ解析**（elliptic Fourier analysis）の適用により輪郭形状を扱う outline-based morphometrics が知られ，輪郭に沿って等間隔に準標識点（semi-landmark）を設定することもある[6]．考古遺物に適用した例が欧米を中心に増加しており，日本でも石器や土器，古墳の墳丘などの分析で成果を挙げつつある．期待できる分野であり，3次元データへも拡張できる．現在，考古資料の 3 次元計測は精密なデータを蓄積しつつあり，こうした動向と相まって，数量分類や形態分析への積極的な活用が可能となろう．

　型式やその分布は何らかの人間集団という実体的単位に常に対応するという信念をもって研究を進めるむきも根強いが，そもそも型式は実体ではなく集団と対応する保証もない．そこで，型式という分類単位を用いずに，属性やその組み合わせの実態を捉えようとする考えもある[4][5]．その点でも，幾何学的形態測定学に加え，こうした新しい動きは変異抽出時の恣意性の低減や分類ないし解析の洗練，物質文化の分類に関する概念の深化などにも大きな役割を果たすと期待できよう．また，人工知能（artificial intelligence: AI）が近年注目されているが，物質文化の分類などに機械学習（machine learning）や深層学

習（deep learning）を適用する動きが欧米で出ており，今後大きく進展すると予想される[iii]．

[中園聡]

【注】

i)　サイズ・ファクターが生じることに対する手立てとして，計測値を全長で割るなどして規格化したり，属性間の比率をデータとしたりすることもあれば，平均 0，分散 1 のデータに標準化（z 変換）することもある．それらは，写真からデータを取得せざるを得ない場合など実寸が不明な場合などにも有効性があり，測点間の距離ではなく角度をデータとする工夫をした例もある．

ii)　ヨーロッパで始まった，考古学・人類学のための形態測定学国際会議 MORPH が 2019 年に日本で開催されるなど，急速な動きがある．

iii)　本項目の一部は，JSPS 科研費 JP26284124，JP19H05733 による．

【参考文献（さらに学びたい人のために）】

[1]　村上征勝（1995）．「考古学データとクラスター分析」『情報考古学』**1**（1），74-81.

[2]　中園聡（1994）．「弥生時代開始期の壺形土器──土器作りのモーターハビットと認知構造」『日本考古学』**1**，87-101.

[3]　中園聡（1996）．「属性分析と多変量解析を用いた土器の型式分類──その意義と実践」『情報考古学』**2**（1），1-27.

[4]　中園聡（2004）．『九州弥生文化の特質』九州大学出版会．

[5]　中園聡（2014）．「型式論は有効か」『考古学研究 60 の論点』考古学研究会編，考古学研究会，91-92.

[6]　野下浩司，田村光平（2017）．「幾何学的形態測定学と R を使った解析例」『文化進化の考古学』中尾央，松木武彦，三中信宏編，勁草書房，117-216.

[7]　及川昭文（1985）．「考古学データの数量的研究」『岩波講座日本考古学 1』，岩波書店，274-300.

[8]　Orton, C. R.（1980）．*Mathematics in Archaeology*, Cambridge University Press.（小沢一雅，及川昭文訳（1987）．『数理考古学入門』雄山閣．）

[9]　Shennan, S.（1988）．*Quantifying Archaeology*, Edinburgh University Press.

[10]　横山浩一（1985）．「型式論」．『岩波講座日本考古学 1』，岩波書店，43-78.

A3-3
考古資料のデジタル記録
digital documentation of archeological materials

考古学的記録の対象には，石器，土器，木器，金属器などあらゆる材質の人工物が含まれ，完成品だけでなく，素材や未成品，再加工品，製作過程で生

じた層なども該当する．人工物以外にも，人骨や動植物の遺体などの**自然遺物**も多い．以上は「**遺物**」として包括的に捉えられるが，集落，墓地などの「**遺跡**」や，そこで検出される住居跡，埋葬，柱穴，溝など様々な「**遺構**」がある．遺構には自然流路のような自然に生じたものや，足跡のような意識的でないものも含まれ，いわゆる**水中考古学**の対象となる海底・湖底などの遺構もある．土壌中には火山灰，花粉や植物珪酸体（プラントオパール）などがしばしば含まれ，地割れや噴砂，津波の痕跡などが確認されることもある．このように考古資料はヒトの営為によるものから，自然現象あるいは遺跡の立地やとりまく環境のようなものまで，非常に幅広い．

　地形や出土状況の記録であれ，個々の遺物の形状の記録であれ，手作業で計測し図面を描く「**実測**」とフィルムカメラによる写真のセットが記録の基本とされてきた．遺構・遺物の実測図のような手作業による方式が今日まで受け継がれている一方，直接・間接にデジタル技術を適用する例もある．最近学界で関心が高い **3 次元計測**は適用例が広汎化しつつあり，考古学における記録の方式やそれをめぐる考え方に変化の兆候が見られる．それは記録や資料化にとどまらず，考古学の研究にも画期的な変化をもたらす可能性がある．

1.　様々な考古学的記録とその問題点

　考古学的記録のメインに位置付けられてきたのは，遺跡や遺物の図面類であり，測量図や実測図である．日本を含む東アジアでは，遺物の実測図に拓本が添えられることも多い．また遺跡の全景や遺構・遺物は，写真も撮影される．その他，野帳に調査状況や略図などをメモし，調査日誌をつけることも一般的である．加えて，頻度は少ないが，調査現場で動画撮影をしたり，遺物の内部構造を知るために X 線写真を用いたりすることもある．

　近年のデジタル技術の進展は，人力・アナログであった記録や保存の方式に変化をもたらしつつある．日本の考古学シーンでは，トータルステーションなどの普及により，発掘現場での測量や遺物の取り上げ時の 3 次元座標の記録もアナログからデジタルへとかなり置き換わっている．また，デジタルカメラの普及も見られる．調査報告書作成の室内作業でも，実測図を製図ペンで「浄書」した「トレース図」の作成が一般的であったが，図面をスキャンした下絵

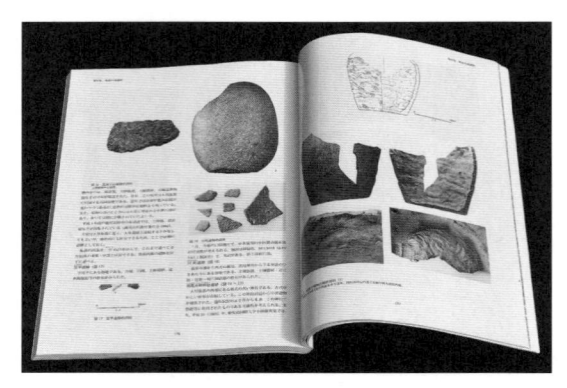

図 1　DTP による調査報告書

を Adobe Illustrator などでトレース（通称「デジトレ」）することはかなり普
及している．さらに，それらのコンテンツを **DTP**（desk top publishing）ソ
フトで編集し，調査報告書として印刷所に入稿することも多い（**図 1**）．この
動きは概ね 1990 年代に始まり，2000 年代に入ると急速に進行して今日に至
っている．ただし，印刷物という媒体に限らない，あるいはそれを前提としな
い，より自由で多様な公開方式をデジタル技術は可能とし，資料やデータへの
アクセスのしやすさと公益性を増すはずであるが，日本ではその点の対処につ
いて検討の余地が大きい．

　遺跡を掘り進めるということは，土壌の構造を含む遺構や遺物の埋没状況を
壊すことに他ならず，元の状態を完全に回復することは不可能である．まし
て，日本の**発掘調査**は純粋な学術目的のものよりも開発を契機とするものが圧
倒的に多く，調査による「**記録保存**」と引きかえに遺跡は失われる．このよう
に，発掘は一度きりという性質を持つため，調査時の記録は重要である．しか
し，調査時点での学術レベルと調査者の問題意識に依存するところが大きく，
後世に必要となるかもしれない情報まで余すところなく精確に記録することは
至難の業である．これは，現場で人の手で行う実測図の作成に顕著である．一
方，出土遺物は調査後も保存されるが，常に記録時の問題意識を超えられない
という点では同様で，学問の進展による陳腐化は避けられない上，記録者によ
る図の巧拙など品質に差がある．

　写真記録は，後世に情報を得ることを許すが，撮影の主題，アングル，ライ

ティングなどで品質が大きく異なる上，普通は少数枚にとどまるため，そもそも写っていない部分から情報は得られない．また，接写の有無によっても情報に大差が出る．調査者の認識の及ばないものが写っていることはあっても，記録し尽くすことが困難という点では実測図に通じるものがある．

そうした記録の品質の差の解消や将来的な活用などについては，**3次元計測**に期待できよう．実際，欧米先進国を中心に3次元計測の普及は目覚ましく，記録法を劇的に変えつつある．しかし，実測図の精緻さを誇りとしてきた日本では，3次元計測の普及の一方で，技量と鑑識眼の見せ所でもある実測に固執するむきも少なくない．この点を含めて3次元計測に関する課題は多いが，議論することは考古学の目的や本質を再考する契機ともなろう．

遺跡の調査記録は発掘区内に集中する傾向が強く，周辺の記録が不十分なことが多かった．しかし，開発により遺跡周囲の地形や景観が激変することがしばしばで，周辺の微地形の中で解釈する必要が生じることも多い．そのため，調査前・調査時の周囲の状況を記録すべく，**ドローン空撮**の恒常化を主張するむきがある．周辺環境の記録は，住民の誇りやアイデンティティの維持・醸成，記録に基づく世代間の対話の促進といった「**パブリック考古学**（public archaeology）」的活用のためにも必要であろう．

2.　写真・動画

デジタルカメラの普及・高性能化により，考古学における**銀塩カメラ**（フィルムカメラ）とフィルムの使用は減少している．しかし，日本ではカラーリバーサル（ポジフィルム）を併用しつつ，モノクロフィルムを正式とする機関も多い．フィルム重視の理由として解像度の高さと真正性の確保が挙げられることがある．その際，カラーは経時的に退色の恐れがあり，色情報を犠牲にしてもモノクロの保存性の良さを採るという理屈である．

しかし，保存性ではデジタルに軍配が上がり，デジタルの解像度も銀塩フィルムかそれ以上のレベルに達している．デジタルカメラであればモノクロで撮影する必然性もない．生産中止などで銀塩カメラや一連の写真材料の選択肢は狭まり入手も難しくなりつつある上，値上がりや調達・納入の日数の長期化なども問題である[4][6]．デジタルカメラは，多数撮影でき，現場で確認でき，バ

考古・歴史

ックアップもとれるなどの迅速性と利便性をもつ．なお，フィルム（ネガ）ベースの既存資料の保存については，スキャンして**デジタル化**する必要があり，取り組まれつつあるが，遡及的に行う手間やコストは大きい．

　動画についても同様で，日本の発掘現場では古くは 16 mm や 8 mm フィルム，現在ではデジタル方式の**ビデオ記録**が用いられる．ただし，すべての発掘現場で撮影される写真に対して動画（＋音声）の記録は極めて稀で，軽視される傾向がある．しかし，ビデオカメラの一般家庭への普及は著しく，民生品でも高精細な記録が可能になっている．後述する 3 次元モデルの素材ともなりうる他，教育・普及など多目的な活用が可能であり，発展の余地は大きい．

3.　3 次元記録

　考古学界において近年，世界的に目覚ましい適用がなされつつあるのが 3 次元計測である．それは考古学的記録の迅速化，精緻化，正確化に大きく寄与すると見られ，考古学の記録シーンを劇的に変化させるにとどまらず，研究にも多大な効果をもたらすと期待される．**写真測量**の原理に基づいて遺跡や遺物を計測・図化し，等高線表示などをした例は以前からあったが，ここで扱うのは概ね 1990 年代から考古学で適用例が見られ，2010 年頃から増加してきたものである．最近では日本でも急速に普及しつつある．

3.1　記録手法と特性

　3 次元計測の原理や手法はいくつかあるが，技術開発や原理等に関する詳細は成書に譲る．考古資料に適用可能なものも多く，目的・状況・コストなどを考慮して適切なものを選択できる．接触式で精度の良い機器もあるが，非接触式の使用がほとんどである．多くはレーザーを利用したもので，高級機以外にも安価で実用に足るものがある．その他**光切断法**（light-section method）・**モアレ法**（moire method）などの原理によるもの，撮影画像の視差を応用して 3 次元モデルを得るものなどがある．それらは表面形状の記録に用いられるが，内部構造を記録できる X 線 CT（X-ray computed tomography）でも 3 次元モデルを得ることができ，多くの成果を挙げている．

　航空レーザー測量の適用例も増しており，樹木等が茂って地表が見えない古

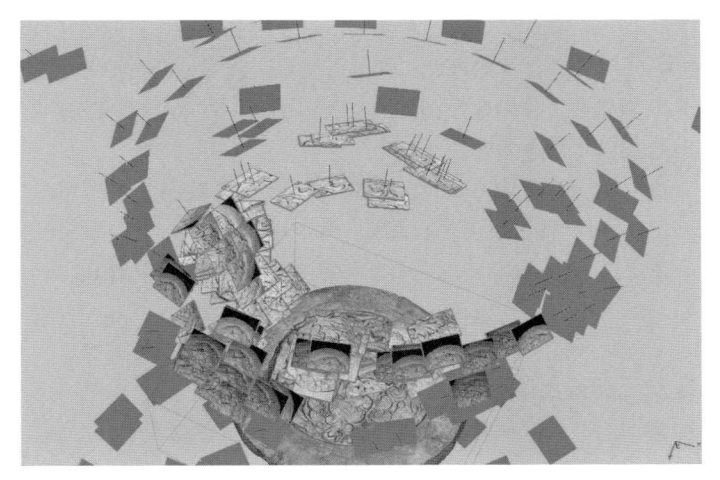

図 2 SfM-MVS を用いた 3 次元計測

軒丸瓦の計測例. 図中の長方形はカメラの撮影位置を表す.

墳や山城などの計測が迅速にできる[8]. なお，同法を用いたアジア航測株式会社の提供による「赤色立体地図」を国土地理院が公開している.

　機器で計測する手法の他，複数の画像から 3 次元モデルを生成する SfM (structure from motion)-MVS (multi-view stereo) の手法もある. 多数の写真や動画から切り出した画像等を解析するものである（**図 2**）. SfM-MVS は地形から微細な資料や痕跡までサイズを問わず，また現場での作業時間が節約できるなどの利点がある. ただし，解析用コンピューターのスペックで解析時間や品質などが左右される点は留意しなければならない.

　SLAM (simultaneous localization and mapping) や MMS (mobile mapping system) など自動的に 3 次元地図を作成するシステムや，**LiDAR** (laser imaging detection and ranging) などの機器が進展している. これにより，極めて迅速に地形や古墳などが計測でき，LiDAR で計測した地形から樹木データを除去するまでの一連の過程も試みられている[3]. 今後大いに普及する手法と見られる.

　3 次元モデルは取り回しが自在で，精密な計測や任意の断面画像の取得などが可能である. つまり，形態に関して現物資料に準じた扱いができ，現物が手

考古・歴史

元にあるかのように研究できるのである．**テクスチャー**（表面の色情報）を外した観察や，ライティングの変化，凹凸の強調，曲率の表示などをして情報を得るなど，現物資料では困難な積極的な利用法も，しばしば3D編集ソフト等に実装された機能でできる[i]．

　なお，3次元モデルではないが，対象とカメラを動かさず光源の位置のみを変えたデジタル写真を解析・合成し，コンピューター上で仮想的に光源位置を自由に動かして表面の3次元形状の観察を可能にする**RTI**（reflectance transformation imaging）技術もあり，考古学で実用に供されつつある．

3.2　3次元記録と応用

　3次元記録は，かつては貴重な遺物や遺跡に適用される傾向が強かったが，より積極的に，石器や土器片などの基本的で「ありふれた」資料に適用すべきことを主張し，実践する動きがある．そこでは，考古学的記録の選択肢の増加ないし従来法に替わる手段としての発展が目指されている．

　手作業では難しい複雑な遺構も，3次元計測で迅速かつ正確に計測できる．狭長なトレンチ（試掘溝）や井戸，横穴式石室の全体像を真横から観察したり，透過させて表示したりするなど，不可能を可能にする．複数の遺物間で同じ型で作られたかどうか，同一工具が使用されたかどうかを判断するために，立体的に差分表示して判断するなど様々なことが可能になっている．

　遺跡の発掘では調査前と完掘状況だけでなく，層ごとあるいは任意のタイミングで調査過程を記録できる．徹底した記録を意図した「3D発掘」の実践は，トルコのチャタルヒュユク（Çatalhöyük）などで先進的な取り組みがあり[1]，筆者らの実践もある（**図3**）．これにより，将来的な研究への活用はもとより調査過程のリアルな追体験や検証などに使用できる．

4.　活用・教育・普及

　考古学上のデジタルデータは，基本的に保存されることが前提であり，保存は活用が前提である．遺跡調査のデータは，日本では調査報告書という少部数の印刷物のみで公表されてきたが，PDF版でのアーカイブ化と公開が大規模に進行しており，利便性が格段に増している．島根大学附属図書館を事務局と

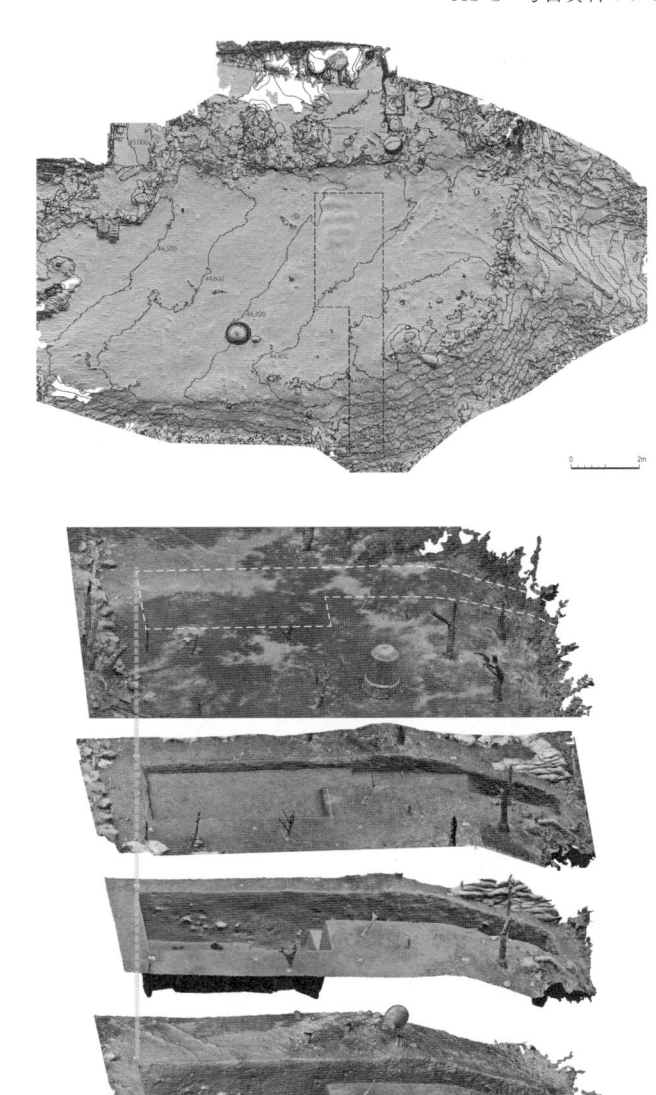

考古・歴史

図3　「3D 発掘」

上：調査前の微地形の等高線表示，下：調査過程の3次元記録．（鹿児島県黒島大里遺跡）

して 2008 年にスタートした「全国遺跡資料リポジトリ・プロジェクト」がそ
れで[9]．現在「**全国遺跡報告総覧**」に引き継がれている（**A3-12** 参照）．

　一方，3 次元データは，2 次元の印刷物では 3D 本来の使用法ができなかっ
たが，3 次元モデルをブラウザで操作し「観察」したり計測したりするなど，
多様な利用要求を満たすサービスが可能である．データの公開によってはじめ
て，利用者の資料へのアクセスに対する公平性が出てくる．

　3 次元データの出力方法としては **3D プリンター**が広く知られている．一般
に利用できるサービスの充実化とともに素材のラインナップも豊富で，資料
に合わせた選択が可能である．重要な文化財でも 3D レプリカの作成によっ
て，誰もが実際に手にすることが可能になる．データ化においても小学生が
SfM–MVS で郷土の文化財の 3 次元記録をした例があり（**図 4**），教育・普及
のあり方としても興味深い[5]．また，日本では博物館展示や史跡などで 3 次元

図 4　小学生による 3 次元記録（SfM-MVS）

上：デジタルカメラによる撮影の様子，下左：生成された 3 次元モデル，下右：3D プ
リンターで 1/10 スケールで出力したレプリカ（川宿田好見氏提供）．

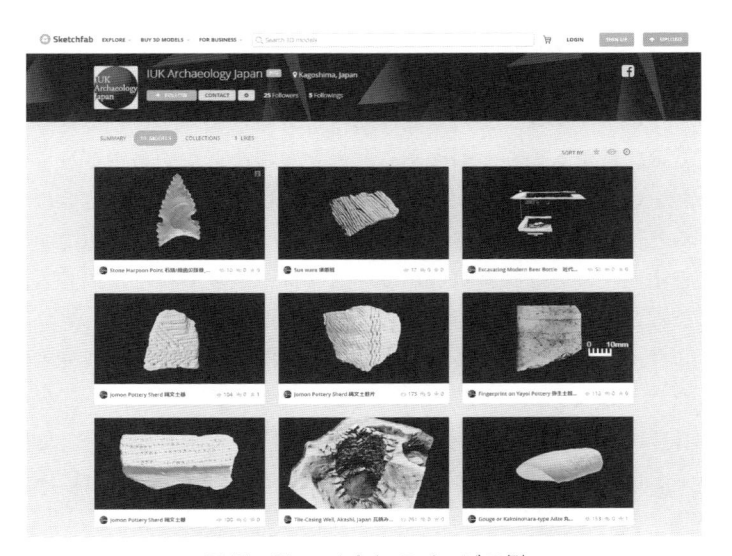

図 5 Sketchfab のページの例

（http://sketchfab.com/nakazono.archaeologylab）

CG（3DCG）や，VR（仮想現実），AR（拡張現実）の活用もなされており，欧米ではそうした活用やコンテンツ作成の専門的教育も進んでいる．

　Google Arts & Culture では世界の膨大な美術品等の高解像度のデジタル画像が閲覧できる．また，3 次元記録については戦争，盗難，災害などで破損したり失われたりすることや，長期保存による劣化への予備的対処となるうえ，保存・復元の方針の立案にも役立つ．スミソニアン博物館では，収蔵資料の 3 次元記録と公開に取り組んでいる．誰もが自由に参加できるものとしては，**Sketchfab** など 3 次元データを公開するプラットフォームがあり，専門家・非専門家にかかわらず，自分で作成した 3D データを投稿・共有できる（**図 5**）．Sketchfab には，大英博物館をはじめ博物館・美術館の参加も見られる．課題もあるが，考古資料を含む文化遺産のデジタルデータにアクセスできる環境はしだいに整いつつある．

　「3D 発掘」を行っているチャタルヒュユクでは，かねてからビデオ撮影，アーカイブ化，Web サイトでの公開など先進的な取り組みをしているが，近年では 3 次元の仮想空間にアクセスすることで世界各地の調査者が議論できる

考古・歴史

ようになっている．また，調査現場の VR による没入型シミュレーションは，教育にも使用されている[2]．

　以上のようにデジタル技術の進展は，考古資料の記録，ひいては考古学に大きな変化と可能性をもたらしつつある．とどまることなく蓄積されていくデジタルデータをいかに安全で効率的に保管し活用に供するか，あるいは公開・共有をめぐる著作権の扱いや真正性の担保などは当面の重要な課題である．公開について方法面だけでなくグローバルな公共性の観点を持った，ある種の決断も必要となると思われる．検討と実践の促進が期待される．

　また，昨今の状況はデジタルデータを行政機関，研究機関，研究者が取得し保有するだけでなく，一般の人でもそれが可能になっていることを示している．そうした埋もれたデジタルデータの活用法の検討が必要だが，専門家や機関が独占せず市民と協同するという新しいあり方への移行も視野に入れておくべきであろう[ii]．

[中園聡]

【注】

i)　より積極的なものとしては，遺物を一括して多量に計測することでコストを下げるとともに，表面形状から考古学的に有用な情報を自動抽出し視覚化する「PEAKIT」が運用されている[10]．

ii)　本項目の一部は，JSPS 科研費 JP26284124，JP19H05733 による．

【参考文献（さらに学びたい人のために）】

[1]　Forte, M., Dell'Unto, N., Issavi, J., Onsurez, L. and Lercari, N.（2012）．3D archaeology at Catalhöyük, *International Journal of Heritage in the Digital Era*, **1** ,351-378.

[2]　Forte, M., Dell'Unto, N., Jonsson, K. and Lercari, N.（2015）．Interpretation process at Catalhöyük using 3D, *Themes in Contemporary Archaeology: Assembling Catalhöyük*, Hodder, I. and Marciniak, A. eds., 43-57, Maney Publishing.

[3]　金田明大（2017）．「大変だったので仮想空間で伐採してみました。」『文化財の壺』**5**, 36-37.

[4]　勝原潤（2015）．「文化財写真における銀塩フィルム需要とデジタル化の現状について──アンケート調査の結果報告」『文化財写真研究』**6**，60-63.

[5]　川宿田好見（2017）．「小豆島におけるパブリックアーケオロジーの実践（2）──持続可能な博物館活動の構築に向けて」『日本情報考古学会講演論文集』**18**（通巻38），55-57.

[6]　栗山雅夫（2015）．「フィルムラインナップの盛衰──21 世紀初頭を中心に」『文化財写真研究』**6**，54-59.

[7]　中園聡，太郎良真妃，平川ひろみ（2017）．「速報・三次元計測を多用した発掘調査──

三島村黒島大里遺跡」『日本情報考古学会講演論文集』**19**（通巻 39），64-69.

[8] 西藤清秀（2017）．「3 次元航空レーザー測量とその成果」『季刊考古学』**140**，54-57.

[9] 昌子喜信（2012）．「遺跡資料リポジトリ——課題と展望」『情報考古学』**18**（1・2），1-8.

[10] 横山真，千葉史（2017）．「PEAKIT による考古遺物の視覚表現」『季刊考古学』**140**，26-29.

A3-4
考古学における年代測定法・同位体分析
radiocarbon dating and means of stable isotope analysis

1. 先史考古学と年代

　紀年銘資料や文献記録との対比が期待できる歴史考古学と異なり，直接的なカレンダー表記を文字として持たない先史時代を対象とした先史考古学においては，考古年代は相対年代すなわち層位による序列や型式差による形態変化による新旧の階段によって示してきた．併せて地質的情報（火山活動に伴う降下テフラを含む）・他地域の文献記録との対比（伝播・搬入などの考古学的コンテクストによる交差年代）・自然科学的な年代測定法[5]との組み合わせによって蓋然性の高い年代比定を目指してきた．日本列島の先史文化では，弥生・古墳時代においては中国大陸における暦年記録との対比によって暦年代の比定が構築されてきたが，**放射性炭素年代測定法**（radiocarbon dating）（AMS 法および較正曲線の改訂）の進展に伴い，大きく見直しの必要性が指摘されるに至った（いわゆる「弥生開始年代遡行論」）．本項目では，炭素 14（放射性炭素）年代測定法の事例を中心に，考古学において用いられる年代測定法について概観し，同位体比による分析など関連する分析を含めて説明したい．

2. 年代測定法の区分と炭素 14 年代測定の方法

　自然科学的年代測定法には，大きく分けて，同位体の性格を利用した方法（炭素 14 年代測定法，**酸素同位体比測定法**（oxygen isotopic den-

考古・歴史

drochronology)）と，その他の化学的・物理的手法による方法（**年輪年代** (dendrochronology)[15]，**考古地磁気測定法**（archaeomagnetic dating），**ルミネッセンス法**（luminesence dating），**フィッショントラック法**（fission track dating），**黒曜石水和層法**（means of hydration layer of obsidian）など）とに分かれる．また，時間経過の測定法とその結果を年代に置き換える方法とが別途に存在する（較正年代の算出法など）．樹木年輪の酸素同位体比測定などのように複数の手法を組み合わせる手法も認められる．ここでは考古学研究における代表的な方法を簡単に概説した上で，最も一般的に用いられている炭素 14 年代測定法について説明する．

2.1　考古地磁気測定

考古遺跡に残る土壌や岩石は，磁鉄鉱・赤鉄鋼など強磁性鉱物を微量に含み，被熱などによる残留磁気を獲得する．炉などの被熱した遺構面や土器・陶磁器は過去の地磁気の方向と強度を記録している．過去 2000 年間の地磁気永年変化が復元されており，窯跡・炉跡の磁化の方向を比較することで年代を推定できる[6]．近年は，磁化の方向性を失った遺物についても，強度の比較から年代を推定する考えが検討されつつある．

2.2　ルミネッセンス法

土器焼成時の加熱や太陽光の露光によってゼロリセットされてから現在までの自然放射線量（蓄積線量）から年代を推定する方法である[9]．熱ルミネッセンス（TL）法と，光ルミネッセンス（OSL）法がある．

2.3　年輪年代法および樹木年輪の酸素同位体比

樹木年輪年代法は，樹木の年輪幅の変動パターンを考古資料の樹木年輪幅を比較して年代を定める方法で，年単位で年代を決定できるが，年代既知の標準年輪曲線（マスタークロノロジー）が必要であり，日本では樹種が限られ，かつ最外年輪・辺材が残らないと伐採年が確定できないものの，弥生時代以降の考古木材資料に大きな成果を挙げてきた．酸素同位体比年輪年代法は，「年輪セルロースの酸素同位体比」に置き換えたもので，樹種を問わずに年代決定でき，かつ夏期の降水量を反映しているため気候変動についても復元できる[7]．

2.4　炭素 14 年代測定

炭素 14 年代（以下，^{14}C 年代）は ^{14}C の半減期を 5568 年とし，過去の大気の ^{14}C 濃度を一定と仮定して，1950 年を基点として得られる計算上のモデル年代である．現実には大気の ^{14}C 濃度は時間的変動があり，また計算に用いる ^{14}C 半減期（Half-life）5568 年は真の値（5730 年）からずれているので，木材の年輪など実年代の判明した試料の値を用いて ^{14}C 年代と実年代の対応関係から実年代に換算する．これを**暦年較正**（calibration，キャリブレーション）と呼ぶ（**図 1**）．

考古学における ^{14}C 年代の利用は，既に数十年に及ぶ長い歴史がある．特に 1990 年代後半からは AMS（accelerator mass spectrometry，**加速器質量分析計**）法の導入により，1mg と少ない試料で数多くの試料を高精度に測定できるようになり，同時に樹木年輪を利用して ^{14}C 年代を暦年代に対比させる較正年代のための較正曲線（IntCal）が提示され，OxCal[8] など暦年較正プログラムも改良されてきた．IntCal13 では，水月湖湖底堆積物の過去 5 万年間の年縞や中国フールー洞窟（Hulu Cave）の石筍などの利用で，樹木年輪のない 11500 年前以前の旧石器後期～縄紋（縄文）草創期の実年代比定の精度が高まった．

縄紋時代研究と年代測定の関わりについては，春成秀爾や，山本直人によって，明瞭に整理されている．想定される土器型式編年と実年代との対比は，完成された体系ではないが筆者による提示[1] が最新である．

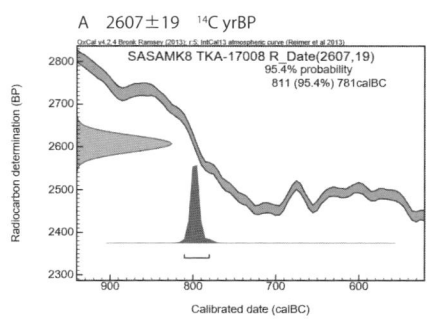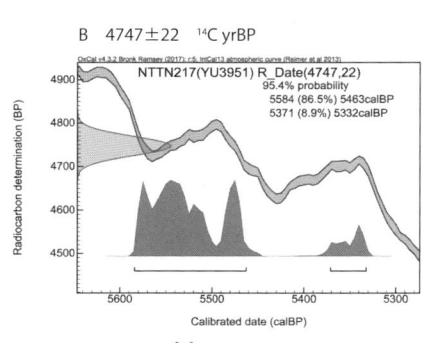

図 1　炭素 14 年代測定値の暦年較正（OxCal[8] による）

3.　炭素 14 年代測定の問題と留意事項

^{14}C 年代データを有効に用いるには，考古学側・分析側両者が，緊密な協業作業のもとに試料を選定し，結果を出土状況や土器編年にフィードバックし，得られた測定結果や資料・試料選択の妥当性について検証する必要がある．注意点・課題として次の点がある．

3.1　試料採取における留意，試料汚染の除去

土器付着炭化物（漆を含む）・遺構内出土炭化材（炭化種子・堅果類を含む）の試料採取において，土器型式との関係が明確な対象を選び試料採取することが肝要である．貝層を含む層位的な出土例については，試料の産状や出土位置を記録するべきである．

木材・炭化材の単体の試料は，**古木効果**（old wood effect）を避けるために，材の樹皮に近い側から採取し，顕微鏡観察によって樹種同定を試み，樹齢が比較的短いクリ・コナラなどの環孔材を選び（**ウィグルマッチング**（wiggle-matching）の場合は長樹齢がよい），枝材を優先し，根・樹皮の部分は避ける．

土器付着炭化物では，土器器面の付着状況を観察し，内面・外面付着部位を記録する．付着物がアスファルトであった場合は極めて古い値となる．試料は，土器の接合や固定のための各種の合成有機物（バインダーや接着剤など）の汚染の影響を受ける可能性があり，前処理の前に有機溶媒による油脂成分等を除去する．また，脱脂綿で包まれていた試料は，顕微鏡下で繊維を除去し，汚染防止を留意する．

3.2　処理方法，測定方法のルーティン化と明示

試料の前処理として，酸・アルカリ・酸による化学洗浄（AAA 処理）を行い，土壌由来の成分，フミン酸・腐植酸などを除去するが，その回数や薬品の濃度について，正確に記録し報告する．また，前処理後の試料を酸化銅により試料を酸化（燃焼）し，精製して不純物を除去する工程をとるが，その際の炭素量換算での回収量は，炭化材や土器付着物など試料の状態によっておおよそ

一定しており，炭素回収量を見ることで年代測定に適した試料か否かが判断できる．筆者の経験則であるが二酸化炭素化精製の際に供した試料と回収した炭素量が重量比換算で 10% 未満の場合は ^{14}C 年代測定値が極端に古くなる場合がある．土器胎土や土壌成分に含まれていた鉱物起源のデッドの炭素が混入していると考えられる．

3.3　炭素 14 年代における海洋リザーバー効果などエラーの検討

海洋水は約 1500 年を周期に循環しているので，放射壊変を経て ^{14}C 濃度が減少した二酸化炭素がとけこんでいる．それを取り込んだ海産物の炭化物は，一般的に同時代の陸上植物よりも古い ^{14}C 年代を与える．海洋が炭素の大きな容れ物（リザーバー）としてふるまっていることから，このずれは「**海洋リザーバー効果（marine reservoir effect）**」の影響と言われる．海域・生物の生息域や炭素のとりこみ方により，変動の値 ΔR 値は異なる．

海洋リザーバー効果による土器付着物の ^{14}C 年代のずれが，その δ^{13}C 値と関連することは，以前より指摘されている．今村峯雄は，秋田県大館市池内遺跡の縄紋前期土器付着物の ^{14}C 年代測定で，9 点のうち 2 点が，他のデータ（4780〜4940 ^{14}C BP）よりそれぞれ約 300 ^{14}C yr，約 1100 ^{14}C yr 古い値を与えた．これらのうち後者の δ^{13}C 値は −22‰ で，他の −25〜−27‰ よりも大きかったが，海産物の焦げである可能性を指摘した．δ^{13}C 値が −20〜−24‰ の間を示す試料は，共伴する炭化材試料と比べ数百炭素 14 年古い年代が測定される例が多く，海洋リザーバー効果の影響であろう[2]．

3.4　高精度年代比定のための測定手法の相互検証と適用

単独の ^{14}C 年代測定を較正年代に比定しても，測定誤差及び過去の炭素 14 濃度の変動により大きな年代幅を持つことが多い．弥生前期に相当する前 8 世紀〜前 5 世紀は，約 300 年以上にわたり（通常よりも多くの炭素 14 が生成されたため）炭素 14 濃度に変化がない．その間は，較正曲線がほとんど横に寝ている状態で「2400 年問題」と称されるように，^{14}C 年代で 2400 ^{14}C BP の測定値を示し実年代が求めにくい．長期にわたる「2400 年問題」の時期以外でも，数十年単位で大きく炭素 14 生成量が変動する時期，例えば縄紋中期後葉頃も 1 点だけの ^{14}C 年代値では複数の較正年代が相当し，高精度の年代比

定は困難である．

　年輪試料を用いるウィグルマッチングの手法は高精度で年代を比定できる．一定の年代差（例えば 10 年輪）の年輪毎に炭素 14 濃度を測定し，その挙動を年輪年代が既知の年輪試料（IntCal）とウィグルマッチすることで，数年の誤差で最外年輪の暦年代を推定する．

　年輪年代法と同じく用いた試料の最外年輪が樹皮直下でない場合は辺材部分など数年～数十年を経た年代となることが問題で，柱材などの考古資料では外側を削っていると伐採年が確定できない．樹皮が残る自然木の場合は，共伴する土器型式を比定できず遺跡との時間的関係が不明となる．また，年輪年代では 100 年以上の年輪が必要とされるが，考古資料特にクリやコナラ属などの広葉樹の材では 20～35 年ほどの年輪数の試料が多く，ウィグルマッチとしては十分ではない試料が多い等弱点はある．しかし，20 年ほどの年輪試料でも最外，10 年輪目，20 年輪目を採取し測定すれば，単独試料の測定よりもより年代を絞り込める可能性は高い．^{14}C 年代法は，火災住居の炭化材で測定でき，考古学的に有効である．

　問題点として，対比される樹木年輪にローカルリザーバー効果はないか（地域的な偏差の除去には日本産樹木年輪試料との対比が望まれるが，列島の中での地域差もあり得る），較正年代に用いられる先史時代に対比される樹木年輪試料は 10 年ごとのブロックで測定されており，試料の年輪幅をどのくらいにして測定するのが適切か不明な点がある．経験則であるが，特に木材試料の最外面は汚染を受けやすいためか，最外年輪試料だけ異常値になる例があるなど，検討課題も残る．

　関連して，筆者は土器型式の連続や，貝塚・盛土遺構の層位的な連続を，準ウィグルマッチとして年代比定に利用するが，これは年代幅が一定でなく年代差は年輪と異なり既知ではないことにより，本来のウィグルマッチではない．しかしながら，考古学的情報を組み合わせることで実年代推定を図る一方法である．

4．同位体分析とあわせた土器付着物による食性復元

　同位体分析（means of stable isotope analysis）によって土器に付着した

炭化物の由来を復元し，食性や調理法についての情報を得ていくことが期待できる．通常の陸性動植物由来の試料は $-24\sim-26‰$ の $\delta^{13}C$ 値をとることが多く，漆試料は $-30‰$ 程度の値を示すのに対し，海産物など海洋リザーバー効果の影響を受けた試料は $-20\sim-24‰$ の値を示すことが多い．また，海洋リザーバー効果によって ^{14}C 年代値も数百 ^{14}C 年ほど古い年代を示す．アワ・ヒエなど C_4 植物とされる特殊な光合成を行う植物は，$\delta^{13}C$ 値が $-15\sim-19‰$ 程度の値をとる．窒素同位体比は生態的に上位にある動物は窒素を多く含むなど，土器付着物の由来に有益な情報を持つ．

　調理物のお焦げに由来すると考えられる土器内面付着物における $\delta^{13}C$ 値と，年代値が古く測定されているかどうかを検討することで，海産物の土器での調理の度合い，特に内陸部においてはサケ・マス資源利用の目安と見ることができる[2]．IRMS による炭素同位体，窒素同位体（nitrogen isotope）および炭素量と窒素量の比（C/N 比）（モル比による場合が多い）が検討され，土器付着物[3]による調理物の検討や人骨による食性復元[11]によって成果が挙げられている（**図2**）．

　現生の動植物試料の値と炭化試料とでは同一の値が得られるとは限らず，同時に土器付着物が調理の痕跡の場合でも，調理物が複数の素材を混合して調理している場合や，複数回の異なった調理物が残されている場合など，検討するべき点も残されている．

[小林謙一]

【参考文献（さらに学びたい人のために）】
[1] 小林謙一（2019）．『縄紋時代の実年代講座』同成社．
[2] 小林謙一，坂本稔，松崎浩之（2005）．「稲荷山貝塚出土試料の ^{14}C 年代測定——層位的出土状況の分析と海洋リザーバー効果の検討のために」『縄文時代』**16**．
[3] 小林謙一，工藤雄一郎（2016）．「韓国蔚山市細竹遺跡における新石器時代の土器付着炭化物の分析」『国立歴史民俗博物館研究報告』**200**．
[4] 光谷拓実（2007）．「年輪年代法と歴史学研究」『国立歴史民俗博物館研究報告』**137**．
[5] 長友恒人（1999）．『考古学のための年代測定学入門』古今書院．
[6] 中島正志，夏原信義（1981）．『考古地磁気年代推定法』ニューサイエンス社．
[7] 中塚武（2015）．「酸素同位体比年輪年代法がもたらす新しい考古学研究の可能性」『考古学研究』**62**（2）．
[8] Ramsey, B. C.（2009）．Bayesian analysis of radiocarbon dates, *Radiocarbon*, **51**（1）．
[9] 下岡順直（2018）．「ルミネッセンス法」『考古学ジャーナル』**709**，ニューサイエンス

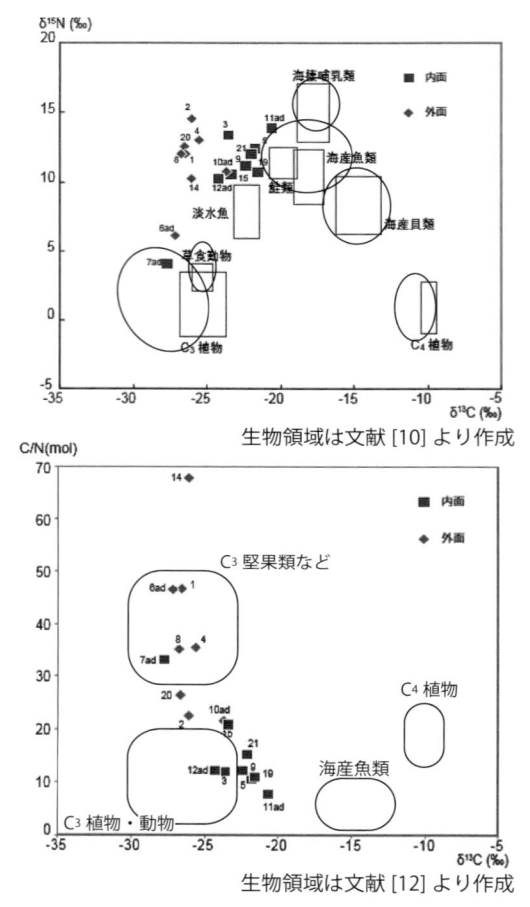

図2 土器付着炭化物の炭素・窒素安定同位体比，C/N 比

社.

[10] 米田穣（2004）.「炭素・窒素同位体による古食性復元」『環境考古学ハンドブック』安田喜憲編，朝倉書店.

[11] 米田穣（2007）.「日本人の起源 5 北海道に暮らした人びとの食生活──北海道の続縄文文化と本州の弥生文化」『生物の科学 遺伝』**61**（2）.

[12] 吉田邦夫，西田泰民（2009）.「考古科学が探る火炎土器」『火焔土器の国 新潟』新潟県立歴史博物館編，新潟日報事業社.

A3-5
元素分析による土器の産地推定
provenance analysis of ancient ceramics

　土器の素材は粘土であり，粘土は岩石の風化生成物である．土器，粘土，岩石は外形が異なるが材質としては同じアルミノケイ酸塩である．材質が同じであるという点で土器，粘土，岩石中の長石系因子である K，Ca，Rb，Sr の同時多元素分析には蛍光 X 線分析法が有効である．

　以下では，筆者が長期にわたって取り組んできた，完全自動式の蛍光 X 線分析装置を用いた土器の**蛍光 X 線分析**（X-ray fluorescence analysis）について述べる[1]~[5]．

1. 須恵器の産地推定

1.1 胎土分析の方法
　X 線粉末法が開発されて粘土鉱物の結晶学研究が進み，その理論化学式は $(SiO_2 \cdot mAl_2O_3 \cdot nH_2O)$ で与えられることになった．粘土鉱物の集合体が粘土である．しかし，自然界に広く分布する粘土には岩石同様，多くの元素が含まれている．粘土鉱物の結晶構造から，粘土の持つ特異な性質が解明されたが，粘土の地域差に関する地球化学的研究は行われていない．開発に伴う行政発掘によって日本各地で**須恵器**（sue ware）窯跡が発掘され，粘土に代わって，そこから出土した須恵器片が地域差の研究の分析対象として選択された．窯跡出土須恵器の地域差に関する研究では膨大な量の土器試料の分析が必要であるため，検量線法で含有量を求める方法は不適当である．土器試料の蛍光 X 線強度を同じ日に測定した岩石標準試料 JG-1 の各元素の蛍光 X 線強度で標準化する方法が採用された．JG-1 による標準化値は普遍化された蛍光 X 線強度である．JG-1 による標準化値の検量線を**図 1** に示す．JG-1 による標準化値と含有量の間に比例性があることを示している．つまり，「JG-1 による標準化法」で地域差を比較できる訳である．

　長年にわたる窯跡出土須恵器の分析化学的研究の結果，窯跡出土須恵器は K-Ca，Rb-Sr の両分布図上で窯跡ごとにまとまって分布し，かつ地域差を示

考古・歴史

237

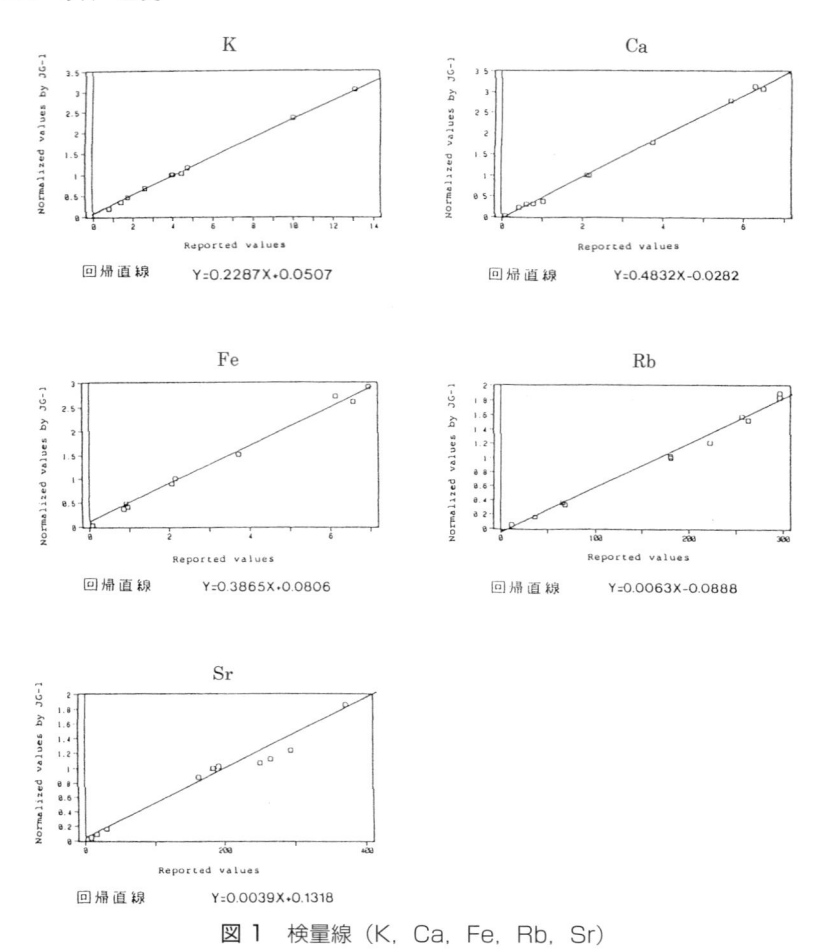

図1 検量線 (K, Ca, Fe, Rb, Sr)

　すことが実証された．地域差は2次元分布図上で比較する方法が定性的ではあ
るが，最も便利である．これ以降，両分布図上で地域差は比較されることにな
った．さらに，地域差の原因を調べるため，窯跡群の後背地の地質を構成する
花崗岩類の分析化学的研究も行われた．

　花崗岩類も両分布図上で地域差を示した．しかも，KとCa，RbとSrが
逆相関の関係を持つ花崗岩ベルト領域（belt zone of granitic rocks）に分布
した．図2には，花崗岩ベルト領域と土器領域の関係を示す．花崗岩ベルト

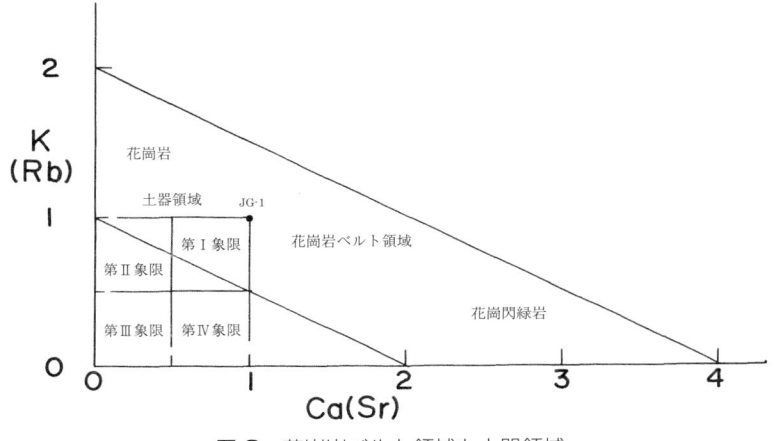

図2 花崗岩ベルト領域と土器領域

領域で，K が比較的多く，Ca が比較的少ない領域に分布するのが花崗岩であり，逆に，K が少なく，Ca が多い領域に分布するのが花崗閃緑岩である．両者を合わせて花崗岩類と呼ぶ．花崗岩類を構成する主成分鉱物は石英と長石類である．灰長石（$CaAl_2Si_2O_8$）と曹長石（$NaAlSi_3O_8$）間で（Ca + Al）と（Na + Si）の対イオン置換が，また，曹長石（$NaAlSi_3O_8$）とカリ長石（$KAlSi_3O_8$）の間で Na と K のイオン置換が起こる．全置換過程の両端にある Ca と K の間には逆相関の関係が生じる．この結果，花崗岩ベルト領域が形成されることになる．花崗岩ベルト領域の中で，全国各地の花崗岩類は地域差を示した．花崗岩類の両分布図上における地域差の原因は長石類である．他方，粘土では岩石の風化過程で流出する元素である K，Ca，Rb，Sr の分析値は JG-1 による標準化値にして 1 以下である．したがって，**図2** では土器領域に分布することになる．

　窯跡群の後背地の地質が花崗岩で構成されていると，窯跡群出土須恵器は土器領域の第Ⅱ象限から第Ⅲ象限にかけて分布し，花崗閃緑岩で構成されていると，第Ⅳ象限から第Ⅲ象限にかけて分布した．全国各地の窯跡群出土須恵器は土器領域の第Ⅱ象限から第Ⅲ象限を経て，第Ⅳ象限にかけて双曲線状に分布した．この分布の様相はカリ長石に比べて斜長石の風化が速いということで説明できる．窯跡群出土須恵器の長石系因子に見られる化学特性

（chemical characteristics）は後背地の岩石の化学特性によく対応した．このことは窯跡群出土須恵器の地域差の原因も母岩の長石類であることを示している．他方，花崗岩類に比べて K が少なく，Ca が多い岩石である玄武岩は花崗岩ベルト領域の右側の領域にずれて分布した．玄武岩に由来する粘土は須恵器の組材にはならない．また，微量元素 Rb と Sr は主成分元素 K と Ca と正の相関性を持っていた．長石類の結晶格子に K，Ca に代わって，一定量の Rb と Sr が配置されたので正の相関性を持つことになった．その結果，Rb-Sr 分布図でも，K-Ca 分布図での分布と類似した分布をする．かくして，両分布図は地球化学的意味を持つ分布図である．

　水に溶け難い Fe は風化過程で長石系因子とは別の挙動をする．Fe 因子も地域差を示すが，その地域差は十分に整理されていないため，産地推定では主として，長石系 4 因子が使用される．

1.2　2 群間判別分析による産地推定法

　須恵器の産地推定は窯跡出土須恵器全体（母集団）に結び付けて行われる．しかし，母集団の試料全体を分析することは不可能である．そこから任意に採取された，不特定多数の試料群が分析される．その結果から数理統計学の方法を使って，母集団への帰属条件が求められる．母集団の試料群は下記に示す分散分布式（F）に従って分布する．

$$F = \{(n - p)/[p(n - 1)]\} \cdot T^2$$

この式で，p は分析元素数であり，n は試料群の試料数である．一方，数学者ホテリング（Hotelling, H.）は T^2 を次式のように定義した．

$$T^2 = \{n/(n + 1)\} \cdot D^2$$

D^2 は試料群の重心からのマハラノビスの汎距離の 2 乗値である．F 分布式にホテリングの T^2 式を代入すると，

$$F = \{(n - p)/p(n - 1)\} \cdot \{n/(n + 1)\} \cdot D^2$$

となり，F 分布式は D^2 の関数となる．

　確率の概念を根底に置く数理統計学では重心から遠く離れたところに試料が

分布する確率はゼロではない．試料が分布する領域は無限に広がる訳である．母集団の試料群が分布する領域を決めるため，通常，5% の危険率をかけた検定にかける．第 1 自由度 p と第 2 自由度 $(n - p)$ で，5% 危険率をかけて切り捨てられる F の値は数理統計学の教科書に掲載されている 5% 危険率の F 分布表から読み取られる．その値を上式に代入すると，D の値が求められる．こうして，母集団の試料群が分布する領域が決められる．窯跡群出土須恵器の試料群の試料数が数十点程度では，$D^2 < 10$ である．これが母集団に帰属する必要条件となる．

　須恵器の産地推定法として，地元産か，外部地域からの搬入品かを問う 2 群間判別分析法（two-group discriminated analysis）が提案された．5 世紀代には和泉陶邑には 100 基を超える窯跡があるのに対して，地方では限られた地域に数基程度の窯跡しか発見されていない．そのため，5 世紀代の地方窯周辺の古墳出土須恵器の産地推定法として，地元産か陶邑産かを問うマハラノビスの距離による 2 群間判別分析が採用された．**図 3** には，福岡県の朝倉窯跡群と陶邑窯跡群間の 2 群間判別図を示す．両者は完全に分離している．この図に

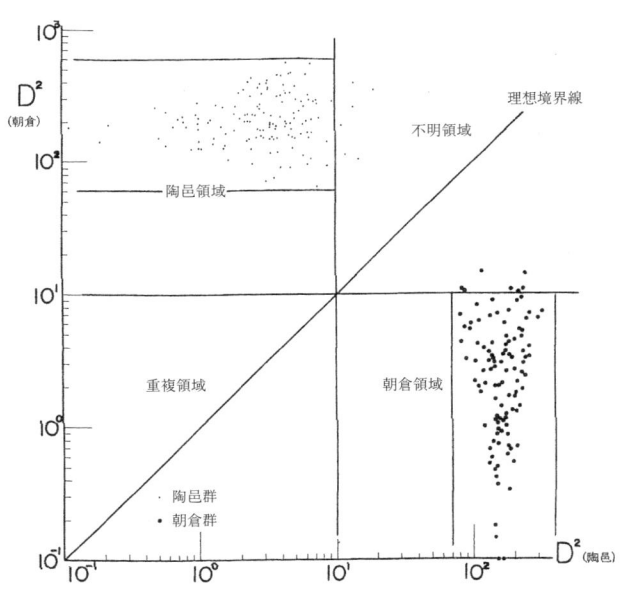

図 3　陶邑群と朝倉群の須恵器の相互識別（K，Ca，Rb，Sr 因子使用）

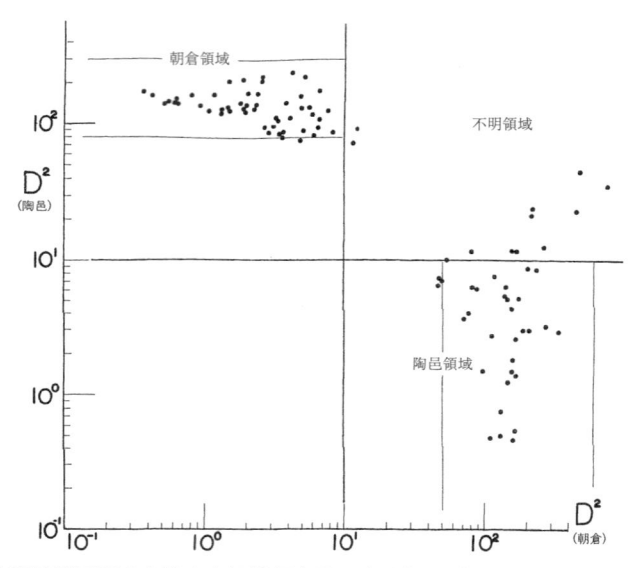

図4　朝倉窯跡群周辺の古墳出土初期須恵器の産地推定（K, Ca, Rb, Sr 因子使用）

は, $D^2 = 10$ のところに母集団に帰属する境界線が引かれているが, さらに, 互いに相手群に帰属しない条件（十分条件）も引かれており, その結果, 陶邑領域として $D^2_{(陶邑)} < 10$, $D^2_{(朝倉)} = 50〜600$, 朝倉領域として $D^2_{(朝倉)} < 10$, $D^2_{(陶邑)} = 80〜300$ が示されている. **図4** には, 朝倉窯跡群周辺の古墳出土初期須恵器の産地推定の結果を示してある. 地元産の須恵器が多いが陶邑産の須恵器も多い.

1.3　歴史的解釈

　この方法を使って全国各地の古墳から陶邑産の須恵器が検出された. 5〜6世紀代には陶邑産須恵器が全国各地へ伝播していたのである. **稲荷山古墳**出土の鉄剣に刻まれた銘文にある「獲加多支鹵大王寺在斯鬼宮時吾左治天下」から, 関東地域の大豪族の首長が大和政権に出仕し, 任務を終え帰国するときに, 大和政権から与えられたものと考えられた. その首長の墳墓に青銅製品とともに須恵器が埋納されたのである. この時期すでに, 倭王を頂点とする大きな政治的ポテンシャルが形成されていたのである. 古墳時代の須恵器は政治的

意味を持つ土器である．その伝播の様相はヤマト政権が国家体制をとっていたことを実証する．

　律令体制下の須恵器の生産・供給問題，灰釉陶器の伝播，古代末の青森県の五所川原窯跡群の須恵器の北海道への伝播，さらに，山茶碗，中世六古窯や珠洲陶器などの中世陶器の伝播に関する研究に2群間判別分析法をどのように適用するのか今後の研究課題である．

2.　埴輪・軟質土器の産地推定

　一方，窯跡群出土須恵器の地域差の原因が母岩に含まれていた長石類であれば，窯跡が残っていない軟質土器の地域差も K-Ca，Rb-Sr の両分布図上で比較できるはずである．問題は生産地となる母集団をどのように把握するかである．古墳時代のもう1つの重要な土器である**埴輪**（haniwa）を焼成した窯跡は各地に残っているが，須恵器窯跡ほど多くは残っていない．窯跡群を形成する各窯跡から出土した須恵器の化学特性は類似していた．このことは同じ母岩に由来する粘土がかなり広い範囲に分布していることを意味する．もし，古墳群出土埴輪が在地産の粘土を素材としていれば，類似した化学特性を持つことが予想される．

　このことは各地の古墳群で確かめられている．畿内では古市古墳群，百舌鳥古墳群，三島野古墳群，名古屋市の尾張古墳群，大垣市の野古墳群，さらに，関東地域の多くの古墳群の埴輪胎土はそれぞれ，古墳群としてまとまって両分布図上に分布した．各古墳群内にある窯跡出土埴輪の胎土も類似した化学特性を持っていたので，古墳群出土埴輪も在地産であることがわかる．そして，古墳群の埴輪胎土とは異なる異質の胎土をもつ埴輪，つまり，外部地域から搬入された埴輪も検出されている．これらのデータから古墳群出土埴輪全体が母集団として把握できる．母集団が設定されると，2群間判別法で埴輪の産地を推定することもできる．埴輪の生産・供給問題の研究は，古代豪族間の政治的姻戚関係を再現する．

　近畿地方では，生駒山西麓遺跡群から多数の縄文土器や弥生土器が出土している．生駒山西麓土器群は斑糲岩（玄武岩）に由来する粘土が素材となっており，特異な化学特性を持つので，花崗岩系の岩石に由来する粘土を素材とした

土器群からは容易に識別できる．生駒山西麓土器群（庄内式甕も含む）の伝播に関する研究にも長石系 4 因子は有効である．

このように，長石系 4 因子は種々の土器遺物の**産地問題**（provenance problems）に関する研究に役立つ．行政発掘によって膨大な量の土器を発掘した日本では，土器の型式学研究も進んでおり，日本は土器遺物の考古科学研究の絶好のフィールドである．今後，土器の考古科学的研究の大いなる発展が期待される．

［三辻利一］

【参考文献（さらに学びたい人のために）】
[1]　一瀬和夫，福永伸哉，北條芳隆編（2012）．『古墳時代の考古学 8 隣接科学と古墳時代研究』同成社．
[2]　三辻利一（1983）．『古代土器の産地推定法』ニュー・サイエンス社．
[3]　三辻利一（2013）．『新しい土器の考古学』同成社．
[4]　三辻利一，中園聡，平川ひろみ（2013）．「土器遺物の考古科学的研究」『分析化学』**62**（2），73–87．
[5]　大塚初重編（1999）．『古墳研究最前線』新人物往来社．

A3-6
地磁気による考古学的調査
archaeomagnetism

地球の属性としての，磁気コンパスが北方向（**磁北**）を指すことで知られる**地磁気**（geomagnetic field）は，経年変化しており，その歴史時代・先史時代の変化は，考古遺物や遺構の磁性を用いて研究できる．この**考古地磁気学**（archaeomagnetism）と称される学問分野について，考古試料の年代推定や被熱等の研究における有用性を紹介する．

1.　地磁気と残留磁化

1.1　地磁気とその観測の研究

地磁気は，**図 1** の様に方向と強さを持っており，方向は，磁北の真北からのずれの角度である**偏角**（declination）と，水平面からのずれの**伏角**（incli-

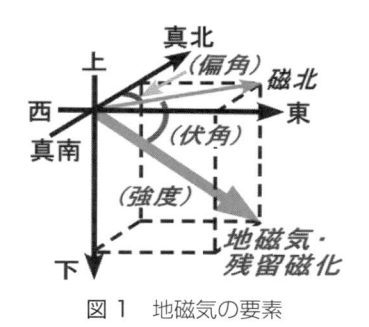

図 1　地磁気の要素

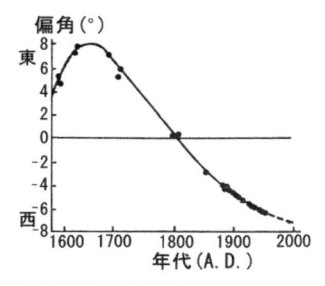

図 2　観測から得られた日本付近での偏角の過去 400 年間での変化

nation）で測定される．偏角は，東方向を正，伏角は下向きを正としている．現在の東京付近における偏角は約 7° で，伏角は約 50° である．

　地磁気は，地球の中心部の液体の領域で生じており，時代につれて変化している．地磁気の観測は，ヨーロッパでは 16 世紀後半から行われている．日本での継続的な観測は 19 世紀の後半以降からであるが，1600 年頃より，長崎県平戸や房総沖等で外国船が航海中に磁気コンパスで測定した偏角のデータが残っている．**図 2** は，それらを茨城県柿岡（気象庁地磁気観測所の所在地）の値に変換したまとめであり，約 400 年間で偏角は 15° 以上変化している．ちなみに，伊能忠敬が磁気コンパスを用いて全国を測量した 1800 年頃の偏角はほぼ 0° と，真北が磁北に近い時代であった．

1.2　地磁気の記録となる残留磁化

　遺跡で出土する考古遺構や遺物は，基になった土壌や岩石が永久磁石の性質を有する**強磁性**の鉱物粒子（磁鉄鉱や赤鉄鉱等）を微量含んでいるので，被熱や堆積の過程で**残留磁化**（remanent magnetization）を獲得する．残留磁化は，地磁気と同様に方向（**偏角**，**伏角**）と強度で表され，地磁気の方向を向き，その強度は**地磁気強度**の指標となっている．それ故，観測データの無い歴史時代・先史時代の地磁気は，過去の地磁気を記録した遺物や遺構の残留磁化から研究できる．

　残留磁化の獲得にはいくつかの要因があり，加熱・冷却の過程では**熱残留磁化**が獲得される．焼土，窯跡，炉址等の被熱遺構や土器・陶磁器等の遺物が熱

考古・歴史

245

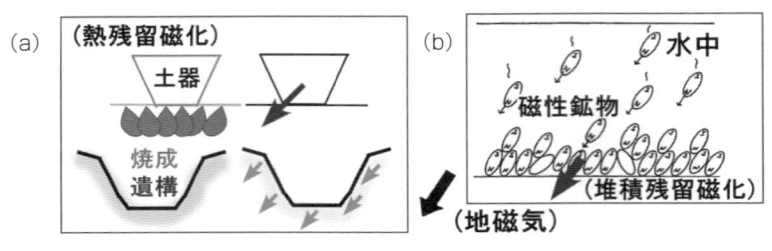

図3　(a) 熱残留磁化と (b) 堆積残留磁化

残留磁化を持っており，地磁気の記録を保存している（図3 (a)）.

　一方，堆積した土壌は**堆積残留磁化**を持っている．図3 (b) は水中での磁化獲得を示しており，磁性粒子が水中を漂う間に地磁気方向を向く粒子が多くなり，堆積物の磁化は地磁気を記録する．水田遺構の堆積物や溝の覆土も，この磁化を持っている．陸上の堆積物も，降雨等の水が関与する過程によって，堆積残留磁化を獲得している場合が多い.

　以上のようにして，遺跡では多くの遺物や遺構が地磁気を記録した残留磁化を持っている．残留磁化は通常の永久磁石に比べると微弱であるものの安定であり，一度獲得されると数万年後も保持されるので，それらを利用して人類が活動していた時代の考古地磁気学の研究が行える.

2.　地磁気の経年変化——年代推定での利用

2.1　考古地磁気

　日本における考古地磁気学の研究は，渡辺直経による遺跡焼土の研究（1950年代）が始まりである．その後，広岡公夫により，西南日本の遺跡を中心に多くの焼土遺構で研究が行われ，図4の (a)，(b) に示す過去2000年間の詳細な地磁気方向（偏角・伏角）の変化が明らかになった[1]．図5には，偏角・伏角を併せて検討できるシュミットネットと称される図法で経年変化を示している．偏角では真北を中心に東西へ15〜20°，伏角は35〜60°の範囲で変わっている．また，図4の (c) は，地磁気強度の変化を示しており[4]，紀元後の2000年間は減少傾向で，現在値の約5割の変化が認められる．以上は，**考古地磁気永年変化**とも称されている.

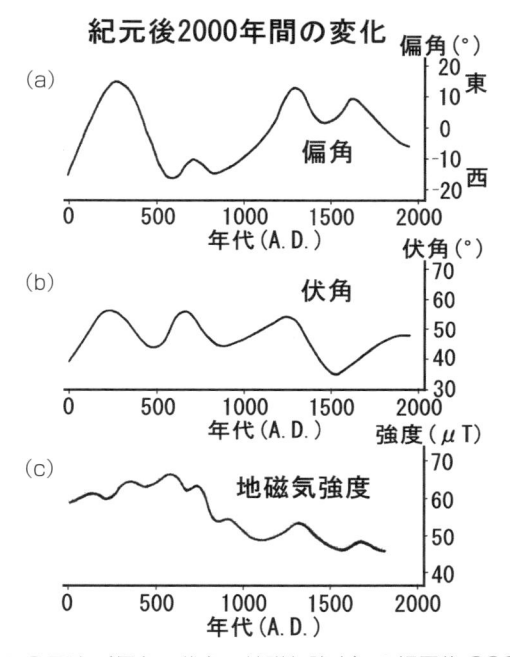

図 4　地磁気の 3 要素（偏角，伏角，地磁気強度）の紀元後 2000 年間の変化

考古・歴史

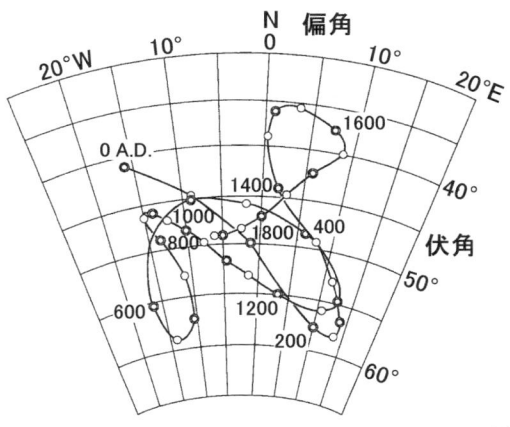

図 5　地磁気方向の変化のシュミットネット図での表示（Hirooka[1]の図を元に加筆）

2.2 年代推定

考古地磁気年代推定は，**図 4** や**図 5** の地磁気の経年変化を基準として，紀元後 2000 年間の年代不明の遺構・遺物を対象に，それらの残留磁化と経年変化との対比により行われている．地磁気強度の変化は，まだデータ数が十分でないので精度は落ちるが，地磁気方向による年代推定は，条件が良ければ誤差数 10 年で行える．研究方法の詳細は，中島・夏原[3]や酒井他[7]等の書籍・論文にまとめられている．

考古地磁気年代の研究は，主に本州や九州の遺跡で行われてきたが，研究が進むにつれて，地磁気の経年変化には，地域による差があることがわかってきた．そのため，年代推定の適用範囲を広げ，精度を上げるには，各地の地磁気データを増やすことが必要となっている．

また，より古い時代の地磁気経年変化を求める研究も進められており，今後の地磁気データの蓄積により，紀元前の時代の地磁気年代推定も進展が期待される．現時点では，例えば，**図 6** に示す過去 7000 年間の地磁気強度の変化を用いて，遺物の磁化から求まる地磁気強度との対比による，粗い年代推定も試みられている．

考古地磁気の研究が最も多く行われているのは，窯跡や炉址等の**焼土**である（**図 7（a）**は炭窯）．それは，焼土の熱残留磁化が強く安定なことも理由であったが，測定装置の性能向上により，磁化の弱い試料や堆積残留磁化の試料の

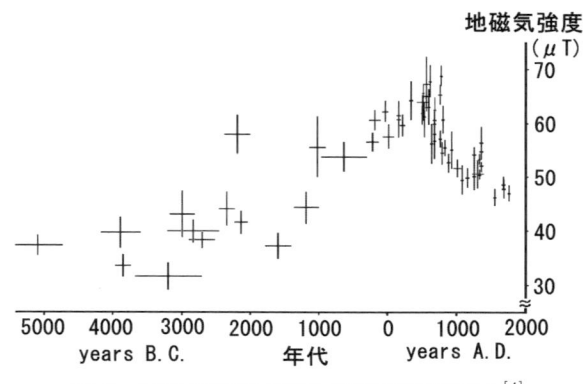

図 6　過去 7000 年間の地磁気強度の変化[4]

(a)

(b)

(c)

図7　（a）炭窯での研究試料の採取，（b）遺構に現れた噴砂，（c）戦禍を受けた城跡の石積み

研究も行われるようになった．

　過去の**地震**（earthquake）の証拠である**遺跡**の噴砂も，地震時の液状化に伴って微弱な残留磁化が獲得されており，磁化による年代推定が試みられている[10]．**図7（b）**に示す富山市の遺跡の噴砂の研究では，15世紀中頃の富山県ではほとんど認知されていなかった地震の影響と判明した．火山や**洪水**も含めて自然災害が多発する日本では，遺跡に残る災害跡は，災害史と共に，災害への対策の研究でも重要である．そして，遺跡の災害跡における各種の研究において，基本となる年代推定に考古地磁気学が活躍できる．

考古・歴史

3. 被熱や建物跡の方位の研究

3.1 熱影響の研究

残留磁化は試料の**熱履歴**（thermal history）も記録しているので，磁化を用いて遺構や遺物の被熱を求める研究も行われている．土器の煮炊き使用での加熱，戦禍等の火災で被熱した建物など，熱は考古学の重要な情報であるが，目視でわからない場合も多く，磁化による検討が有用となる[6]．

図7（c）の沖縄県久米島町に所在の**具志川 城 跡**の郭石積みでは，戦火の影響が推測されていた．石積みを構成する石灰岩の磁化を研究した結果，石灰岩が元々持っていた堆積残留磁化は，350° 以上の加熱を受けて熱残留磁化に置き換わっていた．これは戦禍の火災を被った証拠であった．更に磁化方向の年代推定により年代は 16 世紀と得られ，古文書の具志川城落城の時代が検証された[8]．

3.2 建物の方位と地磁気

歴史時代の建造物には，方位を**磁北**で決められたと考えられるものがある．京都の**二条城**（1601 年）は堀の方向などが真北から数度ずれており，ずれは**図2**に示す当時の偏角値と合っている．これは，二条城の築城の際に，磁気コンパスを用いて地磁気方向を基準として方位が決められたためではないかと指摘されている．また，17 世紀中頃に構築された富山県高岡市の瑞龍寺も，軸線の方位は，同様に真北から東偏しており，当時の磁北方向と調和している．

広岡[2]は，古寺伽藍の中軸線の多くは真の南北を向いているが，少し西へ振れている場合もあり，一方，中世の寺院には東に振れているものがあると示した．そして創建年代で異なっているずれは考古地磁気学による偏角の経年変化に対応し，中軸線は磁気コンパスで決められたとすると説明できた．つまり建立時に，地磁気の磁北を利用して方位が決められた寺院があるのではないかと考えられる．当時，精度良い磁石が使われていたことを示す記録は見つかっていないが，中国から早い時期に輸入されていた可能性はある．

以上が正しければ，寺院や大建造物の軸線等の方位の真北からのずれを偏角の経年変化と照合して，建物の創建年代を決めるという，建築学と融合する考

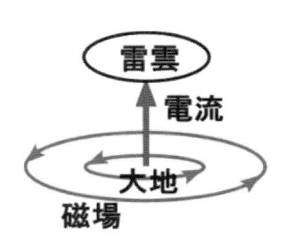 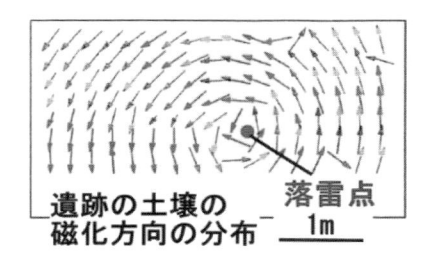

図8 落雷の跡

古地磁気の研究が行える.

3.3 雷の考古学

　雷（lightning）が多発する日本では，歴史時代や先史時代にも落雷は多く，当時の住居や建物への被害もあったと考えられる．一瞬の現象である落雷の際に，雷雲と大地の間を流れる電流（放電）は磁場を伴い，周囲の物質を磁化させる．つまり落雷場所では，大地の土壌や物質が残留磁化を獲得しており，雷の記録となっている．**図8**は遺跡の遺構土壌に記録されていた落雷の跡である．土壌の磁化方向は円周状の分布を示し，その中心に雷が落ちたとわかる．この様に，残留磁化から過去の落雷を調べることが可能となっている[5]．東大寺の塔等，落雷が原因で崩壊した建造物は多くあり，その検証の研究もできる．磁化調査による雷の考古学も興味深い課題である．

[酒井英男]

考古・歴史

【参考文献（さらに学びたい人のために）】

[1] Hirooka, K. (1971). Archaeomagnetic study for the past 2,000 years in Southwest Japan, *Memoirs of the Faculty of Science, Kyoto University. Series of geology and mineralogy*, **38**, 167–207.

[2] 広岡公夫 (1976).「古寺伽藍中軸線方位と考古地磁気――日本における磁石使用の起源について」『考古学雑誌』**62**, 49–63.

[3] 中島正志，夏原信義 (1981).『考古地磁気年代推定法』ニュー・サイエンス社, 95.

[4] Sakai, H. and Hirooka, K. (1986). Archaeointensity determinations from Western Japan, *Journal of Geomagnetism and Geoelectricity*, **38**, 1323–1329.

[5] Sakai, H. and Yonezawa, K. (2002). Remanent magnetization as a fossil of lightning current, *Proceedings of the Japan Academy, Series B*, **78**, 1–5.

[6] 酒井英男，泉吉紀 (2014).「考古遺物の熱履歴を残留磁化から探る研究」『情報考古

学』，**20**，42-48.

[7] 酒井英男，広岡公夫，中島正志，夏原信義（2016）．「考古地磁気年代推定法」『考古学と自然科学』**71**，1-18.

[8] 酒井英男，米原実秀，菅頭明日香，柏木健司，岸田徹，中島徹也（2016）．「久米島具志川城跡の地球電磁気学的研究——石積みの石灰岩の磁化調査を中心として」『情報考古学』**22**，1-9.

[9] 酒井英男，岸田徹，泉吉紀，川崎一雄，野原大輔（2018）．「砺波市久泉遺跡および周辺地の大溝の探査と年代——東大寺領荘園関連遺構の研究」『情報考古学』**23**，16-22.

[10] 酒井英男，泉吉紀，名古屋岳秀，野垣好史，卜部厚志（2019）．「噴砂の磁化による古地震の年代推定——御館山館跡と四方背戸割遺跡において」『情報考古学』**24**，16-24.

A3-7
地中レーダーによる遺跡探査
GPR survey for archaeological investigation

考古学において，人間活動の跡である遺構・遺物を直接見て情報を収集する発掘調査に対して，**探査**は非破壊で地中を調査する．繰り返しのきかない実験と言われる発掘調査の前に，様子を把握して発掘計画に役立てることも探査の目的となる．

遺跡の多くは比較的浅い地中にあるので，探査では，弾性波等を用いる手法より，電気・磁気で調べる電磁気探査が適している．その１つに，電波を用いる**地中レーダー探査**（ground penetrating radar: GPR）がある．同探査法の詳細は，物理探査学会[1]等に説明されている．

1. 地中レーダー探査の概要

1.1 探査の原理と方法

地中レーダー探査では，**図１**の様に，地表から発信する**電波**が地中を伝わって，反射，屈折，減衰して戻る様子を基に地中を調べる．電波の伝搬速度が，地中の土壌等の電気磁気的な性質によって変わることが基本となる．レーダー探査に用いる電波は，数 10 MHz（メガ・ヘルツ．ヘルツは周波数の単位）から数 GHz（ギガ・ヘルツ）の周波数であり，この領域では，電波の速度は特に**誘電率**に影響を受ける．つまり地中レーダー探査は，大地の電磁気物性の主

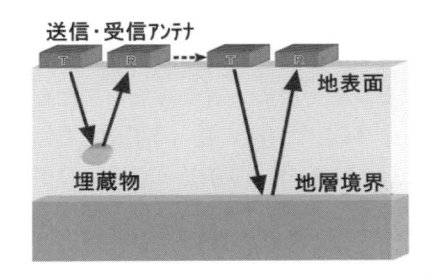

図1　地中レーダー探査の原理，装置

図2　アンテナ（送受信分離型）

に誘電率の分布を通して，遺構・遺物を探る方法である．

　電波の送信と受信には，地表に据える2つの**アンテナ**を用いる．送信アンテナから地中へ電波を送り，電磁物性の不連続な面や異常な箇所（異物）で反射して戻ってくる電波を受信アンテナで受ける．そして，電波が地表に戻るまでの時間（走時）と反射波の強度を解析して，地下の地層状況や埋設物等を推定する．

　探査装置は，アンテナ，電波信号の出力部，信号処理と解析部から構成される（**図1右図**，**図2**）．アンテナは，送信用と受信用があり，2つの一体型と分離しているタイプがあり，探査の用途・方法に応じて使い分ける．また，探査に用いる電波の信号波形にはいくつかの種類があるが，遺跡では装置がコンパクトになり，また解析しやすいことから，パルス電波を用いる探査装置が現

在は多く利用されている.

　地中レーダー探査の大事な特徴として，測定できる深度は，使用する電波の**周波数**に依存することがある．低い周波数の電波を用いると深部まで調べることが可能であるが，探査の分解能が悪くなる．そのため，調査対象の深度を考慮して適する周波数のアンテナを選択する．例えば，深度数 m の調査を行う場合は，一般の地質（電磁物性）の場所では，100〜300 MHz の周波数の電波信号が有用である．

　現地で探査を行う際には，調査範囲にまず測線を設定する．測線を密にすると，詳細な探査を行えるが時間がかかるので，探査の目的と装置の分解能に応じて測線の密度を変える．そして，各測線において探査を行いデータを収集する．測線上で，地表に置く送信・受信の 2 つのアンテナの間隔を一定にして，移動しながら測定を繰り返す探査方法がよく利用されている．

1.2　探査結果の解析

　探査結果は，地中に送信した電波が受信アンテナに戻るまでの時間（走時）と，反射波の強度を測線上で並べて解析する．**図3**は探査結果の例であり，横軸に測線上の距離を，縦軸に電波の走時をとった**鉛直断面図**において，受信した反射波の強度分布を表している（GPR profile とも称される）．反射波の強度は，濃淡で分けて異常箇所を見易くしており，また縦軸の右のスケールには，走時と電波の速度から計算した深度も示している．

　図3の例では，地表から 1〜2 m の深度に強い反射面が現れており，地層境

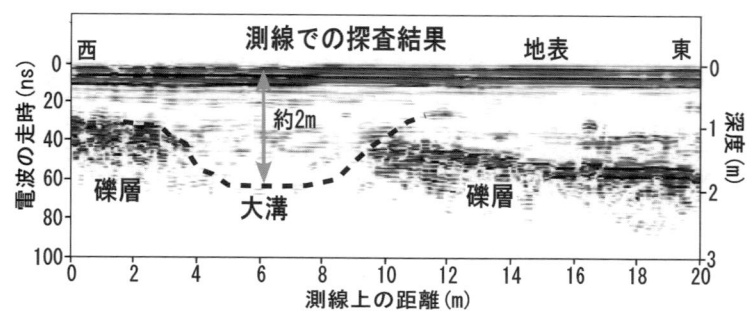

図３　探査結果の鉛直断面図での表示の例

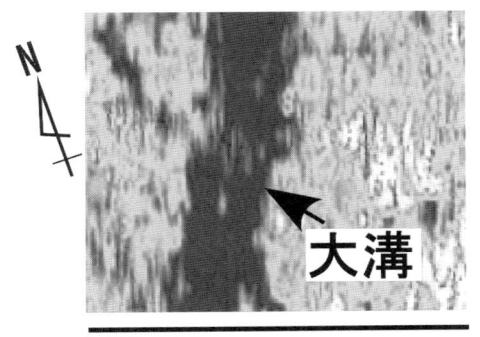

図4　水平面図（timeslice 解析）での表示の例（深度 1.3〜1.6 m）

界と推定された．その後の発掘調査で，この境界で，下部は礫が多い層になっ
ているとわかった．横軸の距離 4〜9 m の範囲には境界層の反射はないが，礫
層が削られており大きな溝が構築されていた．

　探査結果で重要な深度を求める際に必要な電波の地中での速度は，別の探査
として，送信アンテナと受信アンテナの距離を徐々に遠ざけながら，走時と距
離の関係を調べて求める手法が一般に用いられている．

　また探査結果の表示として，複数の測線の探査データを総合し，X 線 CT ス
キャンのように，特定深度のデータを水平面図に表す方法（**timeslice 解析**）
も用いられる．**図4**は，左図の測線も含めた 20 m × 17 m の範囲において，複
数の測線で得た探査結果を総合解析した深度 1.3〜1.6 m における反射波強度
の分布を表している．地中に大溝が続いている様子が明瞭に現れている．2.1
節において，この遺構の探査をより詳しく説明する．

1.3　地中レーダー探査が有効な対象

　地中レーダー探査を用いる非破壊の調査は，発掘調査の事前研究や発掘が行
えない遺跡の調査法として多く利用されている．また，限られた範囲での発掘
調査の結果を，周囲に広げて広範囲で検討することも探査の目的となる．

　地中レーダー探査は，対象の物性として特に誘電率の値が周囲と違う場合に
有効である．空気や金属，焼土は，土壌との誘電率の差が大きいので，古墳の

考古・歴史

石室等の**空洞**や**金属製の遺物**，窯跡等の**焼成遺構**は探査で認め易い．また誘電率は含水率・空隙率にも影響を受けるので，こうしたパラメーターが，遺構と周囲土壌の間で差のある，**溝や壕**の遺構でも地中レーダー探査は有効である．

地中レーダー探査の有用性を高めるために，従来，装置の性能向上，GPS測量の併用による効率化，解析ソフトの改良等が進められてきた．また，探査対象の電磁物性の実測も解析精度を上げる際に利用できる．土壌等の誘電率については室内でも測定できるが，試料の含水率は，採取後に変化するので，現地の状態で測定する方が良い．

また遺構や遺物によっては，地中レーダー探査があまり有効でなくても，違う物性を用いる探査では明確に捉えられることもある．例えば，焼土遺構では**磁気探査**が有効であり，地中レーダー探査と併用することが望ましい．2.3 節に両探査を用いた研究を示している．

以下では，地中レーダー探査が有効な遺構や遺物での研究例を紹介する．

2. 探査の例

2.1 東大寺領荘園に関する大溝の研究──古代の土木工事の復元

富山県砺波市の**久泉遺跡**において，奈良時代の**大溝**が発掘された（**図 5 上**）．近傍において地中レーダー探査を行った結果，1.2 節の**図 3** の探査データのように，深度 1〜2 m に大溝が認められた．その周囲で探査を進めた結果，北東−南西の方向に田んぼの下を 2 km の距離を越える大溝の流路が発見された（**図 5 下**）．その周辺には，正倉院絵図に**東大寺領荘園**が描写されている地域がある．大溝は，荘園の維持および広範囲に水を供給する施設として，8 世紀に構築されたものであり，越中国の国司であった大伴家持も荘園と大溝の構築事業に関与したと考えられている．

荘園開発に伴う大規模な**土木工事**として構築された大溝の全容は，部分的な発掘調査では解明は難しいが，非破壊のレーダー探査により広大な流路として復元された．それにより，水田の広がりや土地の利用状況も把握された．更に，大溝構築の際の掘削土量の見積もりから，工事の規模や日数，投下人員の研究と可能になった[5][10]．

古墳においても，地中レーダー探査により地山と盛土部との境界が求まり，

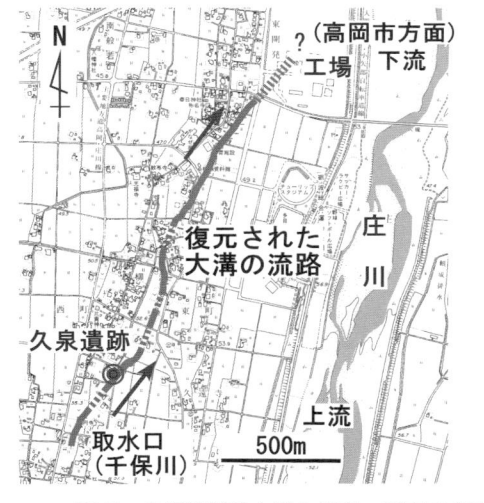

図5　久泉遺跡の大溝と探査．探査で求めた大溝の経路と掘削土量の算出

古墳の地表での3次元測量と併せることで**盛土量**が算出でき，古墳構築での工事の規模や人員の研究が行える[4]．歴史時代の大規模な土木工事は，当時の社会情勢も大きく反映しており，土木工事を復元する視点での探査は歴史研究にも貢献できる．

図 6　カニ塚古墳および隣接する尼塚古墳の推定地

2.2　古墳の地中レーダー探査

2.2.1　古墳の周濠の研究

　古墳の規模・形態や分布は，権力者の勢力や中央との関係等を知る重要な手がかりとなるが，開発で改変を受けたり，削平で消失した古墳も多い．徳島県鳴門市に所在する後世の削平で改変された 2 つの古墳について，**周濠**に着目して探査を行った．その 1 つのカニ塚古墳は 6 世紀後半の円墳であり，隣接する**尼塚古墳**は削平されて地表で確認できない状況であった（**図 6**）．約 3,500 m^2 の範囲で探査を行った結果，深度 0.6〜0.9 m における反射強度の平面図（**図 7**）には，カニ塚古墳の周濠と共に，右上の円形の異常部で，尼塚古墳の 2 本の周濠が推測され，試掘調査により周濠は確認された．尼塚古墳の墳丘は内径約 38 m に及び，徳島県内で 2 番目の大きさの，二重周濠を有する円墳と判明した[3]．

2.2.2　古墳での探査──金属製副葬品の検出

　岐阜県の**象鼻山 1 号古墳**において，地中レーダー探査を東西走向の測線で行った結果，**図 8** に示す双曲線形状の反射応答が認められた．**図 8** の下図の前面図には周辺の複数測線での探査結果を並べたが，双曲線応答は連続しており，頂部に南北走向の細長い遺物の存在が推測された．また探査結果を重ねた後面図では双曲線応答は強調され，解析から直径 40 cm 程の埋蔵物が A 地点の約 1.3 m 深度に示された．磁気探査も行った所，双曲線応答の地点で磁気異常が得られ，埋蔵物は**鉄製品**と推測された．

　探査後の発掘調査では，墓坑の底面に，鉄刀や鉄剣等の副葬品がほぼ南北

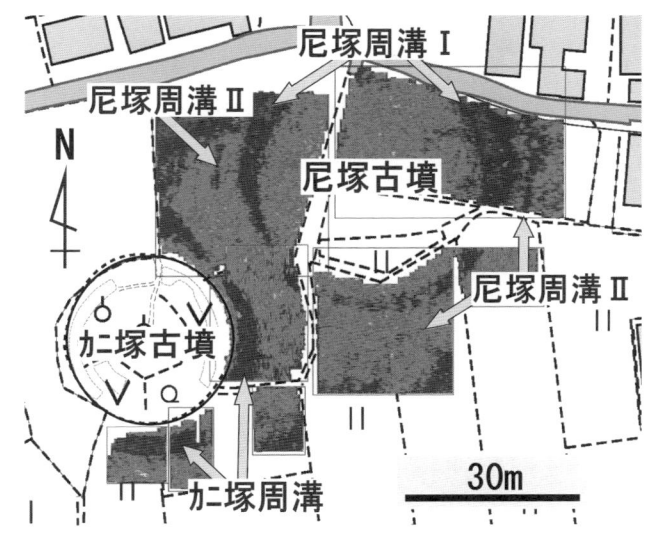

図7　探査結果の深度 0.6〜0.9 m での水平面図（time-slice 解析）

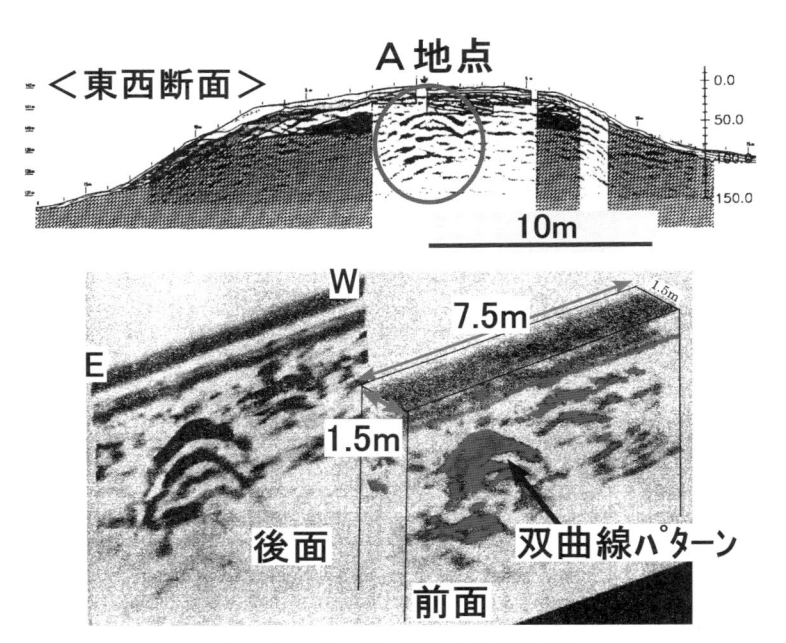

図8　レーダー探査結果の鉛直断面図

考古・歴史

259

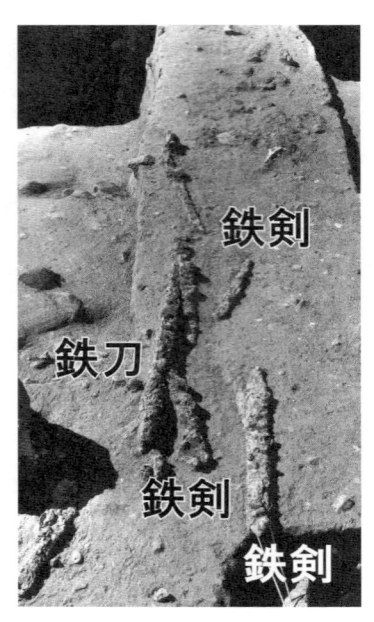

図 9　発掘調査の結果，墓坑棺内の底面で認められた副葬品

走向で幅 50 cm 程の範囲に納められていた（**図 9**）．双曲線状の反射応答は副葬品を捉えており，探査で推定した深度 1.3 m は実際の位置と良く一致した．刀の刀身や他の遺物の幅は 5 cm 以下であったが，探査では電磁波反射が相互作用して，数 10 cm 幅の細長い 1 つの遺物のように捉えられたと考えられる．地中レーダー探査により金属製の遺物が検討できた例である[6][8]．

2.3　窯跡での探査

　被熱遺構では，焼成により含水率が変わり，それに伴い，誘電率・比抵抗も変化するので，レーダー探査で捉えやすい．また，焼土が強い磁性（熱残留磁化と高い帯磁率）を獲得するので，磁気探査も有効となる．

　石川県珠洲市に所在する 14 世紀の**大畠遺跡**の窯跡において，地中レーダー探査と**磁気探査**を行った[6][7][9]．**図 10**（**a**）は，レーダー探査を 1 m 間隔で行った深度 50〜60 cm における反射強度の平面分布図であり，**図 10**（**b**）のは，プロトン磁力計で測定した全磁力分布を示している．レーダー探査により認め

（a）地中レーダー探査

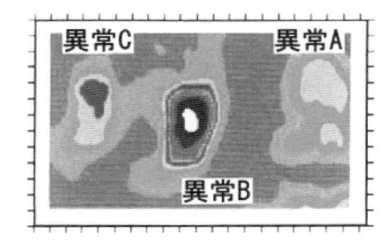

（c）発掘調査の結果

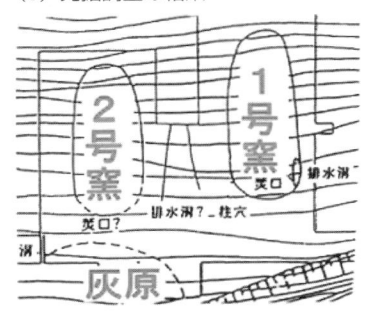

（b）磁気探査：磁気異常の分布

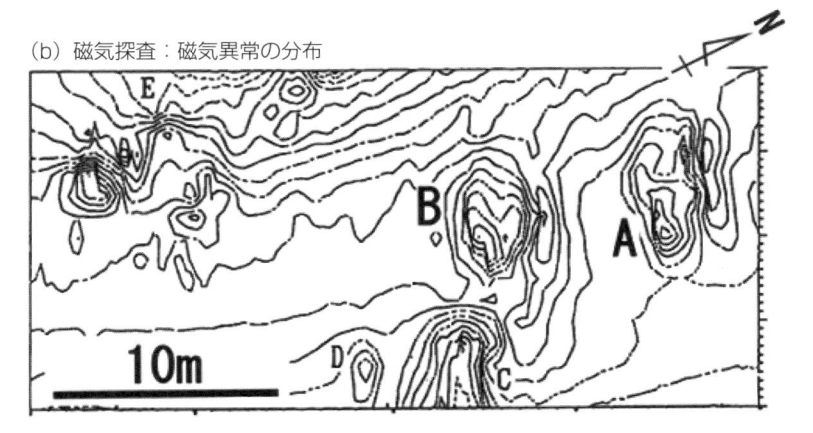

図10　大畠遺跡における地中レーダー探査と磁気探査の結果および発掘調査の結果

られた3カ所の異常のうち，A, Bの2カ所は磁気異常と一致した．その後の発掘調査から，**図10（c）** に示す2基の窯跡が見つかり，その位置は，磁気異常と非常に良く対応した．磁気探査の方がレーダー探査より，窯跡を精度良く捉えていた．

　レーダー探査にのみ異常があった箇所Cについては，作成を中止した窯の可能性があり，磁性変化はないが誘電率には違いが生じたとも考えられる．レーダー探査と磁気探査の併用による研究は，遺構の使用状況の検討としても有用である．

3.　その他の研究

　地中レーダー探査は，いろいろな対象で試みられており，城跡の石垣壁面から内部を探る調査[3]や，遺跡の地震跡を調べる研究等でも利用されている.

［酒井英男］

【参考文献（さらに学びたい人のために）】
[1]　物理探査学会（1998）.『物理探査ハンドブック（手法編）』, 401-429.
[2]　泉吉紀, 酒井英男（2014）.「壁面からの地中レーダ探査による遺構内部構造の研究」『情報考古学』**20**, 1-7.
[3]　Kishida, T. and H. Sakai（2006）. Study of kofun in Tokushima Prefecture using ground penetrating radar and electric survey: Reconstruction of the moat of the leveled mound, *Journal of Archaeological Prospection Society of Japan*, **8**（2）, 15-24.
[4]　岸田徹, 酒井英男（2007）.「地中レーダ探査による古墳の研究――削平された古墳の復元・盛土量の推定」,『考古学と自然科学』**55**, 45-60.
[5]　岸田徹, 酒井英男（2011）.「大規模遺構を対象とした探査の利用」『考古学を科学する』中條利一郎, 石田肇, 酒井英男編, 臨川書店, 48-65.
[6]　酒井英男, Goodman, D., 田中謙次（1999）.「考古学および雪氷学における地中レーダ探査法」『地質ニュース』**537**, 16-23.
[7]　酒井英男, 小林剛, 山田剛士, 田中保士（1993）.『石川県珠洲市大畠遺跡における登り窯の磁気探査珠洲大畠窯』富山大学考古学研究室編, 真陽社, 67-75.
[8]　酒井英男, 小島信人, 宇野隆夫, 田中保士, アダム・オニール, 上坂麻子, 佐藤朗（1998）.「岐阜県養老町象鼻山1号前方後方墳の電磁気探査――地下レーダ探査と高密度電気探査」『象鼻山1号古墳』富山大学考古学研究室編, 真陽社, 53-64.
[9]　酒井英男, 泉吉紀, 宇野隆夫（2016）.「窯跡における窯体の磁化研究と磁気探査」『情報考古学』**22**, 10-18.
[10]　酒井英男, 岸田徹, 泉吉紀, 川崎一雄, 野原大輔（2018）.「砺波市久泉遺跡および周辺地の大溝の探査と年代――東大寺領荘園関連遺構の研究」『情報考古学』**23**, 16-22.

考古学における GIS
archaeology and geographic information systems

1. GIS は考古学に必携のツール

　地理情報システム（GIS）はいまや，考古学に必携のツールである．
　その理由は 2 つある．1 つは，考古学の「ビッグデータ」化に伴い，空間分析の情報量が研究者個人の頭脳で処理できる限界を超えてしまったこと．もう 1 つは，総合科学としての考古学において，GIS が各分野の知識を統合するハブの役割を果たすようになったことである．

1.1 考古学の「ビッグデータ」
　現代の考古学は，データとの闘いである．考古学は過去の人間活動の場である遺跡と，遺跡内の建物跡などの遺構，遺跡や遺構から出土する遺物を研究対象とするが，そのいずれをとっても，発掘調査件数と報告・論文数の累積に伴い，分析するべきデータが膨大かつ離散的に蓄積している．例えば，データブック『日本列島の旧石器時代遺跡』には，旧石器時代と縄文時代草創期の遺跡・文化層あわせて 16,771 件のデータが集成されている．ここから得られる情報の量はもはや，研究者の頭脳による処理能力を超えている．手書きの分布図を作成することすらままならない．人間の情報処理能力を超えるような大規模で複雑なデータ，すなわち「ビッグデータ」からパターン（法則性）を見つけるのはコンピューターの仕事であり，コンピューターで地図を描くツールとしての GIS の出番である．

1.2 総合科学としての考古学
　近代の考古学は濱田耕作が『通論考古學』に記したとおり「過去人類の物質的遺物（により人類の過去）を研究するの学」として出発した．現在では，土器や石器といった人工遺物の研究（狭義の考古学）だけでなく，動植物遺体，古代 DNA，古植生，古気候，古地形，古土壌，年代などを分析する理化学的

考古・歴史

方法と，写真測量，物理探査，リモートセンシングなどの計測工学的方法を研究対象の特性に応じて組み合わせ，過去の人類の営みを物質文化から包括的に読み解く総合科学となっている．

地理情報学の視点に立つと，総合科学としての考古学が取り扱う遺跡・遺構・遺物は，それが発見された原位置にある限り「地球上のどこそこにある」という位置情報の付帯する**地物**（feature，**フィーチャー**）である．地物は，地球儀や地図，調査図面の上に点・線・面いずれかの図形として表現される．座標系を設定することによって，図形に経緯度と高度，すなわち (x, y, z) からなる座標値を与えることができる．地物のデータをコンピューター上で管理・表示・分析するシステムが GIS である．GIS は，各種の研究で得られたデータを地物に紐づけて学際的に統合するハブの役割を果たしている．

2.　研究略史

考古学における GIS のルーツは，遺跡内外の空間（space）を，過去に人間が生活を営んだ場所（place）として読み解く方法としての**空間分析**（spatial analysis）に求められる．空間分析は，ゴードン・チャイルド（Childe, G.）の「文化史（cultural history）」や佐原真の「分布論」に見られるように，遺跡の分布から文化の伝播や空間的まとまり（文化圏）を論じるアプローチであり，考古学的推論の基本的方法となっている．

1976 年にイアン・ホダー（Hodder, I.）とクリーブ・オルトン（Orton, C.）が『考古学における空間分析（Spatial Analysis in Archaeology）』を世に出し，考古学における定量的空間分析の方法を体系化した．GIS を用いた考古学研究は，この延長線上に位置づけられる．考古学における GIS の利用は 1990 年代から本格化した[4][10]．2006 年に出版された『考古学における地理情報システム（Geographical Information Systems in Archaeology）』[1]が，考古学における GIS の理論と方法を体系化した教科書として，この研究領域の到達点を示している．

日本でも，1990 年代に岡山大学考古学研究室を中心に GIS を用いた研究が進められ，2001 年に『考古学のための GIS 入門』[2]が刊行された．日本の考古学研究者による GIS の応用事例は『実践考古学 GIS』[7]，『フィールドワー

カーのための GPS・GIS 入門』，『景観考古学の方法と実践』[6]などにまとめられている．

3.　考古学 GIS を取り巻く環境

　GIS の利用環境は，昨今大きく変化した．2000 年代までは，GIS のソフトウェアとデータセットともに高価で技術的ハードルが高く，潤沢な研究予算とし研究設備，高度な技能を持った少数の専門家しか扱えなかった．しかし，2010 年代に入って無料，もしくは安価でかつ技術的障壁の低いプラットフォームとデータセットの普及が急速に進んだことで，参入障壁が一気に解消された感がある．

3.1　プラットフォーム

　考古学におけるコンピューターの利活用と計量的方法に関する国際会議 CAA（Computer Applications and Quantitative Methods in Archaeology）などで研究発表を見聞きするにつけ，考古学ではデスクトップ GIS，特に商用の ESRI **ArcGIS** とオープンソースの **QGIS** がよく使われているように思う．しかし同時に，クラウド型の地理情報プラットフォームの普及も目ざましい．例えば Google の提供する地図作成ツール **Google My Maps** を使うと，共同研究者と簡便に情報を共有することができる．また **CARTO** は，視覚効果の高いインフォグラフィックによるデータの可視化に適している．筆者は，これらのプラットフォームを目的に応じて使い分けている．各プラットフォームの特長については「**A4-2 計量地理学**」の項目を参照されたい．

3.2　データセット

　公的資金による研究の成果を社会に公開するオープンサイエンス政策の国際的な潮流の中で，考古学でもオープンデータ化の動きが始まっている．日本でも，旧石器時代の遺跡については先述の『日本列島の旧石器遺跡』，縄文・弥生時代の集落遺跡については国立歴史民俗博物館の「縄文・弥生時代集落データベース」がインターネットでアクセス可能であり，かつ位置情報付きの空間データをダウンロード可能である．他にも奈良文化財研究所や各都道府県が遺

表 1　考古学における GIS 利用の類型と分析スケールの対応

機能	手法	適用例	遺跡内	遺跡外	参考例
管理	データベース	データの連携，共有，可視化	○	○	図 1
表示	インフォグラフィック	遺構配置の可視化	○		
		文化圏の可視化		○	図 2
分析	密度分析	遺構／遺跡の分布傾向の可視化	○	○	
	時系列分析	遺構／遺跡の時系列動態の可視化	○	○	
	クラスター分析	文化圏の可視化	○	○	
	領域分析	狩猟採集民の日帰り行動圏の推定		○	
	最適経路分析	人類の拡散経路の推定		○	図 3
	ネットワーク分析	遺跡間の社会的関係性の分析		○	
	可視領域分析	島嶼間の相互視認関係の推定		○	図 4
	回帰分析	遺跡の存在確率の予測モデリング		○	
		人類集団の居住適地の生態ニッチモデリング		○	

跡データベースをインターネットでの閲覧に供している．将来的にこれらのデータベースからも空間データを直接ダウンロードできるようになることを期待している．

　また，行政界や道路，河川，標高，地形などのベースマップ（背景地図）も，国土地理院の基盤地図情報サイト等からデジタルデータを直接入手できる．衛星画像については有償のものが多いが，米国航空宇宙局（NASA）のLANDSAT など政府系データの中には無償で入手できるものもある．

4.　利用の類型

　GIS には，空間データの**管理・表示・分析**という 3 つの機能がある．以下，この 3 つの機能に分けて，考古学における応用事例を概説する（**表 1**）．実際の研究現場では，3 つの機能は連続的・複合的に取り扱われることが多い．

4.1　空間データの管理

　GIS は，地物の位置情報（位相構造情報）と属性情報をデータとして格納する．**位置情報**とは地物の位置を定義する空間情報のことである．考古学の遺

跡・遺構であればその代表点または外郭線の座標，遺物であれば出土地点の座標がこれに相当する．

　考古学の地物に紐づく**属性情報**としては，名称，管理用識別子，所在地，立地，帰属時期，種別，法量，関連文献などが挙げられる．考古学は過去の事象を研究対象として取り扱うため，時間情報はとりわけ重要な情報である．時間情報は暦年のような数値で保持すると，GIS 上で管理しやすいが，考古学では年代決定の不確実性（誤差）はよくあることなので，年代値が 1 つに定まらない場合は，相対編年に基づく時期区分名称で時間を表現することもあるし，年代測定値のように確率分布（中央値と標準誤差）で表現することもある．

　また，データの管理において意外に重要なのが識別子である．それぞれの地物には便宜的にシリアル番号などの**一意識別子**（unique identifier）を割り当てる．これは，GIS のリレーショナルデータベースにおいて，異なる実体（例えば遺跡，遺構，遺物）のレコードを相互に関連づけるために必要になる．**図 1** は科研費新学術領域研究「パレオアジア文化史学」プロジェクトの遺跡データベースの設計図（実体関連図）であるが，ここでは遺跡（site），文化層（layer），年代測定値（dating），文献（reference）の情報を一意識別子によって相互に関連づけている．

4.2　空間データの表示

　GIS の最大の利点は，大量の空間データを縮尺と範囲を自在に指定して表示できることである．また，検索条件に合う地物のみを表示することもできるし，値に応じてシンボルの色や大きさを変えることもできる．そして，これらの描画機能を駆使してインフォグラフィックを作製することができる．

　この機能を活用すると，遺跡内の遺構配置や地域文化圏を簡便に可視化することができる．**図 2** は地域文化圏可視化の 1 例で，東京湾西岸における縄文時代中期中葉の土器片錘の分布を表す．この分布図を，錘具の素材となった土器片の型式の視点から見直してみると，分析対象地域の東半（武蔵野台地の東部）では，東関東系の阿玉台式土器を素材とするものが西関東の勝坂式土器を素材とするものよりも優勢もしくは両者が拮抗するのに対し，西半（武蔵野台地西部と多摩丘陵）では勝坂式土器を素材とするものが優勢である．2 つの土器文化圏のミックスゾーンが現れているようで興味深い．

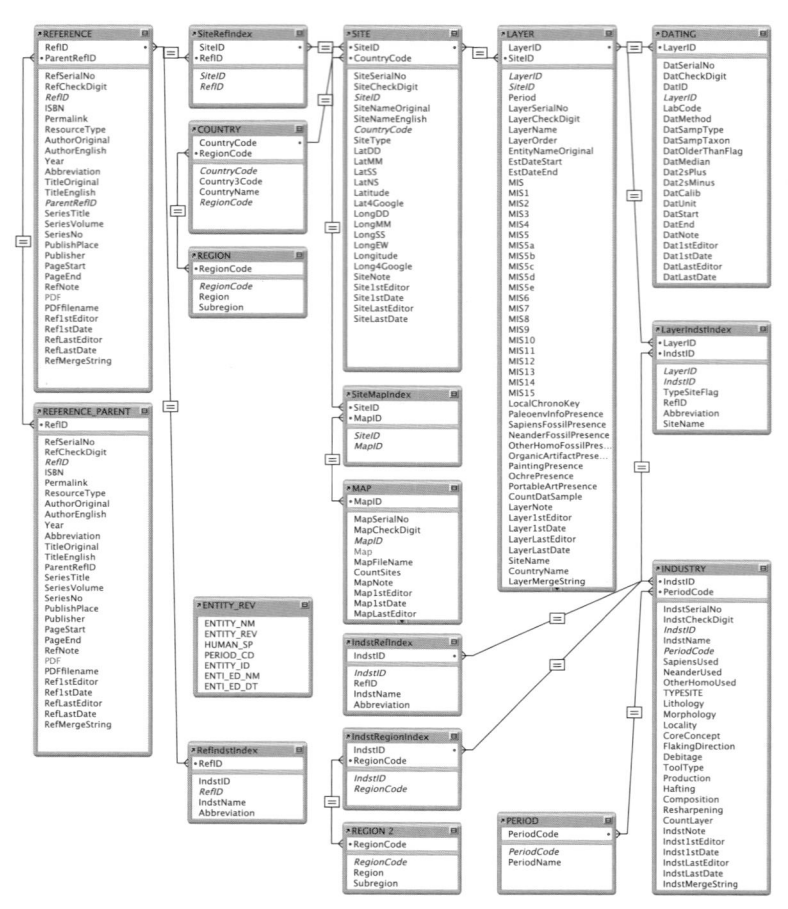

図 1 考古学における遺跡データベースの設計図（実体関連図）の一例
（パレオアジア文化史学遺跡データベースより）

　また，既存の**デジタル標高モデル**（digital elevation model: DEM）や衛星
画像，環境データの他，3 次元計測や写真測量の成果など，研究者自らが取得
したデータも重ねて表示することができることも，GIS の大きな利点である．

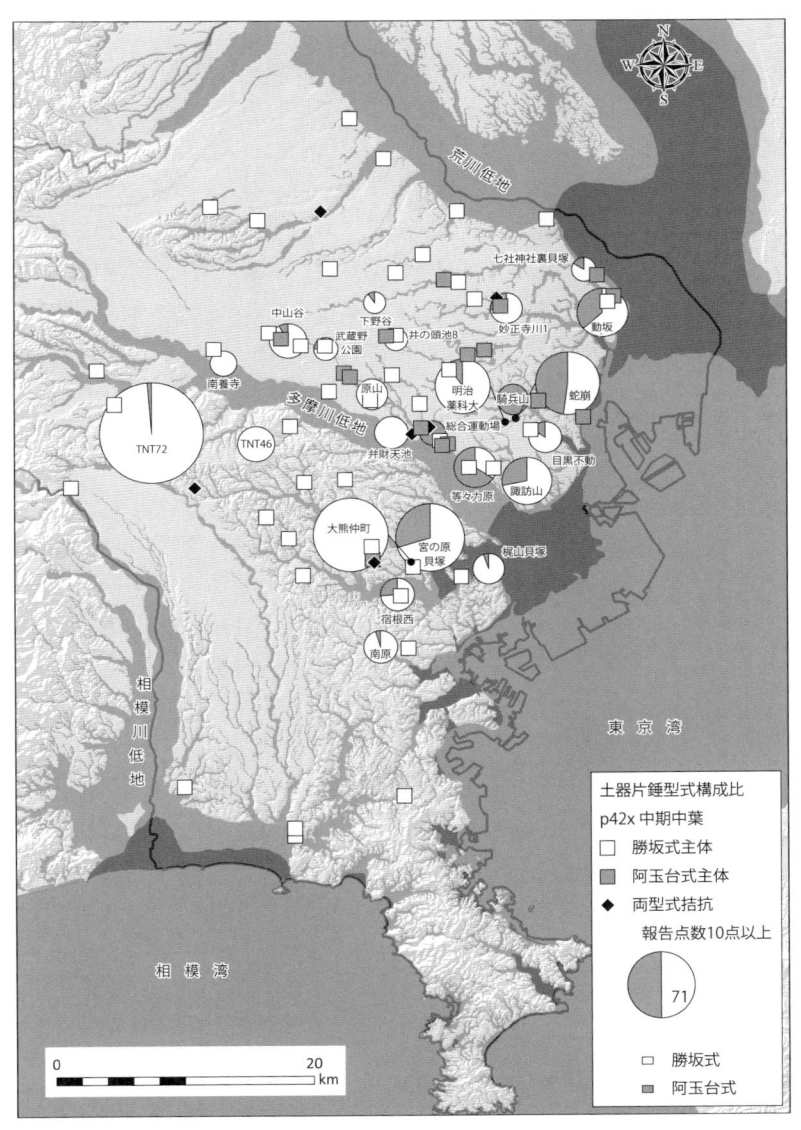

考古・歴史

図２　東京湾西岸における縄文時代中期中葉の土器片錘の型式構成比

円グラフの大きさは母体となる土器の型式を判別できた土器片錘の数に比例する.

4.3 空間データの分析

考古学の空間分析の対象は，空間スケールの観点から遺跡内と遺跡外に大別される．遺跡内空間分析というと，遺構ごとの遺物の集計結果に基づいて空間の機能を論じる研究がよく行なわれてきた．例えば旧石器時代の洞穴遺跡では，洞穴内の空間の使い分け（石器の加工場，寝床など）があったかどうかが論点となりうる．一方，遺跡外の空間分析においては伝統的に，地域的・広域的な遺跡分布パターンから，人口の移動や物資の流通，文化要素の伝播といった文化の動態を読み解くアプローチが主流となる．これには，時系列分析，密度分析，クラスター分析，領域分析，最適経路分析，ネットワーク分析，可視領域分析，回帰分析などの分析手法（**表 1**）を，研究対象に応じて組み合わせて適用する．

4.3.1 密度分析

密度分析は，地物の分布密度を空間統計学的に解析する手法で，単純な点密度の他に，**カーネル密度**（kernel density）がよく用いられる．考古学では，遺跡ごともしくは遺構ごとの遺物出土点数の密度図を作る機会が多い．ただしこのとき，検索半径等のパラメータの設定次第で密度図の印象を主観的に操作できるので，パラメータの設定根拠を合理的に説明する必要がある．

4.3.2 時系列分析

時系列分析は，時期ごとの遺跡・遺物の分布図，すなわち**時間切片図**（time-slice map）を作成し，それを時間順に配列して分析する手法である．密度分析と組み合わせて，図郭と段彩を固定して時系列マップを作製し，スライドにアニメーションのように並べると，考古学的パターンの経時変化を視覚的に追うことができる．

4.3.3 クラスター分析

クラスター分析は，文化要素の違いに基づいて遺跡や遺構を空間統計的にもっともらしいグループに分割する手法であり，***k* 平均法**（*k*-means clustering）がよく用いられる．また，ドローネ三角網を用いて近傍の遺跡のクラスタリングを行う方法もある．

4.3.4 領域分析

　領域分析は，狩猟採集民集団の排他的生業領域（縄張り・テリトリー）や集落・都市国家の勢力範囲の空間的広がりを分析する方法の総称で，**ボロノイ分割**（ティーセン・ポリゴン（thiessen polygons）とも言う）や**サイト＝キャッチメント分析**（site-catchment analysis）などの手法が知られている．

4.3.5 最適経路分析

　最適経路分析は，2 地点間の**移動コスト**（travel-cost）が最も小さくなる経路，すなわち**最小コスト経路**（least-cost path）を求めることによって，集落間や集落–資源産地間の最適経路を推定する手法である．**図 3** は，上部旧石器初頭石器群（約 47,000 年前～45,000 年前頃）の出土が確認された遺跡 28 カ所のうち，最南端のヨルダンの遺跡から，最西端のヨーロッパの遺跡や最東端の南シベリアの遺跡までの最適経路を，当時の亜氷期–亜間氷期の気候変動サイクルを再現した最新の古気候モデルに基づくシミュレーションにより推定し

考古・歴史

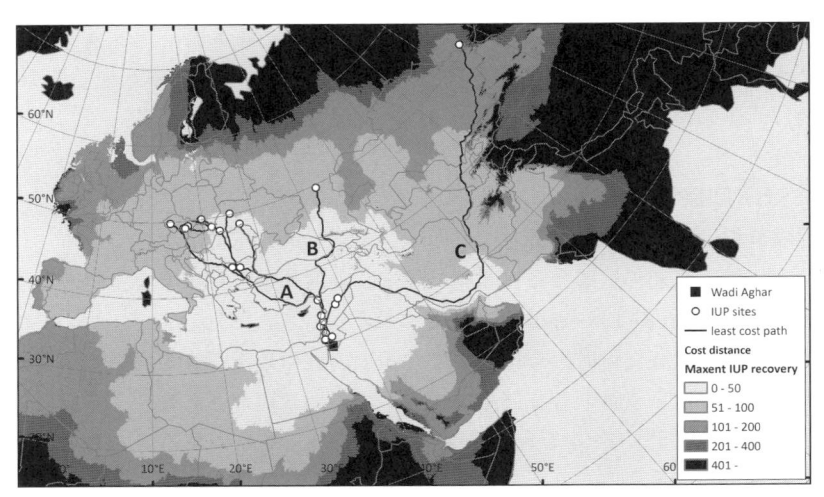

図 3　最適経路分析の一例

気候が比較的湿潤だった時期（亜間氷期）にあたる上部旧石器時代初頭の石器群を伴う最南端の遺跡（Wadi Aghar）を起点として，同じ石器群を持つ遺跡（IUP sites）に向かう最適経路を線で表す．

た結果である．この石器群を持つ人類集団がヨルダンを含むレヴァント地方からユーラシア大陸の東西に拡散したと仮定すると，トルコのアナトリア高原を経てヨーロッパへ向かう経路（A）と，コーカサス山脈を越えてロシア平原に向かう経路（B），イランから中央アジア・シベリアへ至る経路（C）がもっともらしいことが明らかになった．

4.3.6　ネットワーク分析

ネットワーク分析はグラフ理論から派生した手法であり，遺跡間関係や都市・集落間の交通網，あるいは墓域における被葬者間の関係などをネットワークに表現し，定量的に分析する方法である[3]．ネットワークは頂点（node，ノード）と線分（edge，エッジ）で表現される．ノードだけでなくエッジも属性データを持つことができる．ノードが地物である場合，GIS によるネットワークデータの管理・表示・分析が可能となる．

4.3.7　可視領域分析

可視領域分析は，DEM に基づいてランドマークの／から見える範囲，すなわち**可視領域**（viewshed）を推定する手法である．**図 4** はインドネシアの島嶼とオーストラリア北西部の相互視認関係を表す．島嶼間の相互視認関係は，例えば人類の海洋拡散経路を推定する際に重要な傍証となりうる．

4.3.8　回帰分析

回帰分析は，既知の遺跡分布の説明変数を回帰的に求める方法である．代表的な方法に，既知の遺跡分布に基づいて未知の遺跡の存在確率を推定する**予測モデリング**（predictive modeling）がある．この方法は，もともとイギリスやオランダの埋蔵文化財調査において，試掘調査や地下探査の結果に基づいて地理空間における遺跡の存在確率を予測するために開発された[8]．類似の方法に**生態ニッチモデリング**（ecological niche modeling）がある．こちらは生態学で開発された手法であり，考古学では既知の遺跡の位置に基づいて気温・降水量・標高など複数の環境変数の最適な重みを求め，それに基づいて未知の遺跡の存在確率を求めるという応用が可能である．

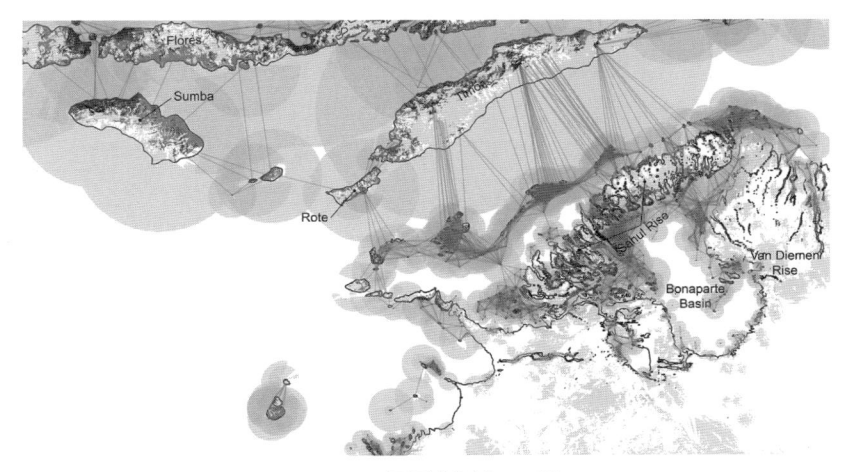

図 4　可視領域分析の一例

インドネシアの島嶼とオーストラリア北西部の相互視認関係．グレー塗りの円が観測点からの可視領域，濃いグレーの線が観測点間の相互視線を表す．（文献 [5] の Fig.6 より）

5.　考古学 GIS はどこへ向かうか

考古・歴史

　この十数年の間に，スマートフォンなどデバイスの普及，インターネットの普及と情報通信の高速化・大容量化，およびそれらを背景とする地図サービスの普及により，GIS の「大衆化」が進んだ．考古学において GIS を用いる研究事例も確実に増えている．GIS は年代測定や物理探査，動植物遺体分析，安定同位体分析などと並んで，考古科学を構成する主要なツールの 1 つに成長し，定着したと言えよう．「GIS を用いて考古学の何ができるか」を問う時代はすでに過ぎ去り，「考古学のリサーチ・クエスチョンを解くために GIS をどう活用するか」に関するベストプラクティスを積み上げて，研究水準を高めていく時代に入っている．

　考古学における GIS の今後の展望として，2 つのトピックを挙げてむすびに代えたい．1 つは**エージェント・ベース・モデル**（agent-based model: ABM）[11] との連携である．GIS は大規模データの管理・表示・分析に適した，データ駆動型研究のためのツールである．GIS を使うと，回帰分析など，データに基づくバックキャスティング型のシミュレーションを実行することができ

る．これに対し ABM は，初期条件に基づき世代を重ねてエージェントの振る舞いを推定するフォアキャスティング型のシミュレーションを実行するためのモデルである．両者を上手く結合することで，人口の動態と拡散や，社会ネットワークの成長・再編といった問題を数理的に扱えるようになり，研究の飛躍的発展が期待される．

　もう 1 つは，**参加型手法**[9]の応用である．GIS とデータの利用可能性が高まり，「みんな」が使えるようになったことで，研究者だけでなく，行政や住民など，社会の多様な主体と一緒に社会課題を解決する際に，GIS をデータの可視化と思考の共有のためのツールとして使えるようになった．これにより，従来は行政と研究者が主導していた文化遺産マネジメントやパブリックアーケオロジーをコミュニティー主導型の実践に転換するための支援ツールとして，GIS を使えるようになった．このように，GIS は考古学を発展・転換させるポテンシャルを大いに秘めたツールなのである．

［近藤康久］

【参考文献（さらに学びたい人のために）】

[1] Conolly, J. and Lake, M.（2006）. *Geographical Information Systems in Archaeology (Cambridge Manuals in Archaeology)*, Cambridge University Press, 338.
[2] 金田明大，津村宏臣，新納泉（2001）.『考古学のための GIS 入門』古今書院，231.
[3] Knappett, C. ed.（2013）. *Network Analysis in Archaeology: New Approaches to Regional Interaction*, Oxford University Press, 350.
[4] Lock, G. ed.（2000）. *Beyond the Map: Archaeology and Spatial Technologies*, NATO Science Series A 321, IOS Press, **236**.
[5] Norman, K., Inglis, J., Clarkson, C., Faith, J. D., Shulmeister, J. and Harris, D.（2018）. *An Early Colonisation Pathway into Northwest Australia 70–60,000 Years Ago*.（https://doi.org/10.1016/j.quascirev.2017.11.023）
[6] 寺村裕史（2014）.『景観考古学の方法と実践』同成社，226.
[7] 宇野隆夫編（2006）.『実践考古学 GIS——先端技術で歴史空間を読む』NTT 出版，425.
[8] Verhagen, P.（2007）. *Case Studies in Archaeological Predictive Modelling*, Leiden University Press, 224.
[9] 若林芳樹，今井修，瀬戸寿一，西村雄一郎（2017）.『参加型 GIS の利用と応用——みんなで作り・使う地理空間情報』古今書院，168.
[10] Wheatley, D. and Gillings, M.（2002）. *Spatial Technology and Archaeology: The Archaeological Application of GIS*, Taylor & Francis, 269.
[11] Wurzer, G., Kowarik, K. and Reschreiter, H. eds.（2015）. *Agent-based Modeling and Simulation in Archaeology*, Springer, 269.

A3-9
水中考古学とデジタル技術の利用
the use of digital technology in underwater archaeology

　陸に遺跡があるように，水中にも多くの遺跡が存在する．もともと陸であった場所が沈降した水没遺跡や沈没船など様々な種類の水中遺跡の調査が行われてきた．わが国では，長崎県松浦市の鷹島海底遺跡がよく知られる．この遺跡から，1281 年の文永の役（蒙古襲来）の際に大風によって沈没した船が 2 隻発見されている[4]．これまで水中遺跡の調査は困難な場合もあったが，デジタル技術の応用が進み，新しい時代を迎えつつある．最初に，水中遺跡調査の歴史を簡単に紹介し，水中で調査を行う際の問題点を指摘する．次に，デジタル技術の進歩がそれらの課題をどのように解決しつつあるか，いくつかの例をもって示したい．多くの場合，陸上の遺跡調査で使用されるデジタル技術は，そのまま水中遺跡の調査でも応用可能であるため，本項目では水中遺跡調査に特有な例に焦点を当てた．

1.　水中遺跡調査の歴史

　最も著名な水中遺跡として知られるスウェーデンの軍艦ヴァーサ号（1628 年沈没）は，船体の 9 割以上が残存した状態で発見された．全長 70 m を超える船体は引き揚げられ，現在，ヴァーサ号博物館でその姿を見ることができる（**図 1**）．年間 100 万人以上が訪れる北欧で最も人気のある文化施設である．ヴァーサ号は，水中遺跡を代表する存在であると同時に，「水中遺跡を保存処理の計画なしに引き揚げてはいけないことの象徴」と言われている[3]．1960 年代の引き揚げ事業から超大型木製品（軍艦の船体）の保存処理を終えて一般公開まで 30 年を要している．また，保存処理が終わっても徹底した温湿度管理など展示施設の維持管理も含めると，まさに永年続く国家規模のプロジェクトであると言える．

　1960 年代，水中遺跡は特殊な存在であり，遺跡の絶対数が少ないと思われていた．その後，世界各地で水中遺跡の発見が相次ぎ，すべての遺跡をヴァーサ号のように引き揚げて保存することができないとわかった．そのため，国

考古・歴史

図1　ヴァーサ号博物館の展示（撮影：佐々木蘭貞）

や自治体などが中心となり，遺跡の悉皆調査を通じて，どのような遺跡がどこに，どれだけあるかを把握し，周知の遺跡地図（海図）の作成が進められた．同時に，護岸工事や海洋開発に対して規制が設けられ，多くの国で水中遺跡を守る体制が整った．

　ユネスコの水中文化遺産保護条約では，「水中遺跡の管理方法を検討する際，遺跡の現状保存を第一の選択肢とする」ことに主眼が当てられている[9]．水中遺跡は，放置しておくと劣化することも考えられ，遺跡を守るために時には遺跡を完全に埋め戻す手法も取る．一見すると，「水中遺跡は発掘しない」がスタンダードであるように思えるが，効率よく遺跡を調査し，その成果を広く一般へ公開することが求められている．

2.　デジタル技術の革新がもたらすもの

　効率の良い遺跡調査を行うためには，デジタル技術の応用は重要な鍵となる．表1に水中遺跡の調査と活用の主な問題点，それらを解決するために必要なデジタル技術をまとめた．以下，近年のデジタル技術の発展がもたらしている調査手法の変化とその例を示す．

表 1　水中遺跡の調査と活用の主な問題点とデジタル技術の応用

水中遺跡特有の問題点	デジタル技術の応用
遺跡の位置の特定が困難	GPS による位置特定 GIS によるデータ管理と公開
遺跡の悉皆調査が困難	水中探査機器の効率向上（計算処理速度） 水中探査機器の小型化など マルチビーム・ソーナーなど 3 次元測量が可能
水中での測量 （時間的制約など）	デジタル 3 次元測量（潜水時間の短縮） 高感度・高画質，情報共有の効率向上
保存処理が困難 （主に金属製品）	金属製品の CT スキャン 保存処理の確認
遺跡へのアクセスができない （活用が困難）	3D プリンターなどによるジオラマ復元 VR や AR

2.1　悉皆調査：GPS/GIS

　遺跡の調査において，その位置を特定することは基本的な作業である．海の上における GPS の利便性については明らかであるが，位置情報を管理するデータベース（GIS）の存在も大きい．デンマークでは，石器時代の水没遺跡だけで 7,000 件を超えており，他国でも同様に数千から数万の水中遺跡が知られている（**図 2**）．このように膨大な量のデータは，GIS による管理が望ましい[i]．2006 年から EU 諸国を中心とした MACHU（Managing Cultural Heritage Underwater）Project では，文献史料に見られる沈没の情報，漁師などによる引き揚げ遺物の報告，周知の遺跡の位置，遺跡の時代や特徴など様々な情報を一括で管理する GIS データベースを作成し，水中遺跡の管理の方法を提示した[6]．

2.2　探査技術

　水中遺跡を発見するには，水中を見る方法（水中探査）が必要となる（**図 3**）．水中探査に利用する機器には，その原理も音波を用いるものなど様々ある（**表 2**）．海底の環境，遺跡の特徴，調査目的や予算規模によってどの探査機器が最も有用であるか（例えば，金属を使用していない古代の木造船を発見するには金属探知機は使えないなど）を判断し，また，データを分析する「目」も

考古・歴史

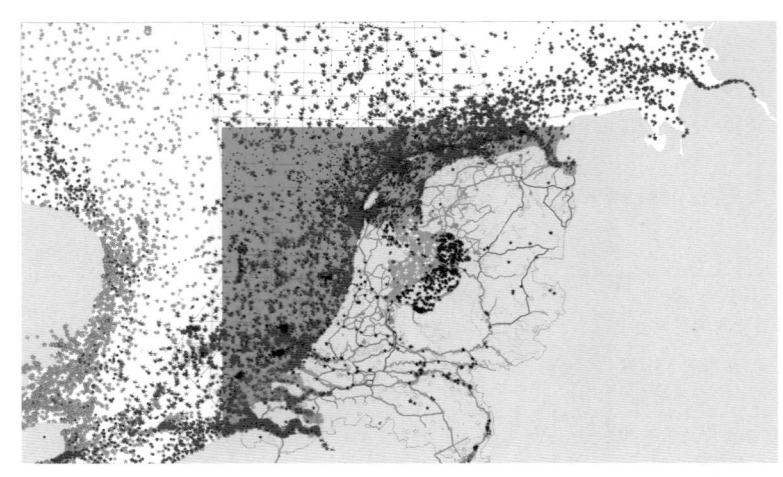

図 2 オランダ近海の水中遺跡（約 60,000 点）を示した海図（オランダ海事文化遺産局）

必要となる．近年，機材の軽量化が進み，市販のノートパソコンに USB で接続して使用する機材もあり，水中探査は身近な存在となった．探査機は，水中に「何かがある」ことを教えてくれるが，その正体を明らかにするのは，今のところ人間の目しかない．人の代わりに水中ロボットを使い，モニターに映し出される映像に頼る場合もある．

少し余談ではあるが，最も効果的な水中遺跡の探査方法について考えてみたい．これまで世界で発見された水中遺跡のほとんどが，この最もアナログな方法で発見されている．その方法とは，漁師など常に海と接している人々へのインタビューである．漁師は常に海に接し，自分達の漁場について豊富な知識を有する．漁師が見つけた水中の「異物」に対して歴史的価値を示すのが考古学者の仕事となる．

2.3 デジタル写真測量

遺跡の発掘は破壊行為であり，現場で記録されなかった情報は永遠に失われる．それゆえ，遺物の位置情報の記録を残すことは重要である．しかし，水中では，平行感覚や距離感も摑みにくい．潮の流れが早く，光のほとんど届かない場所にあり，そのうえ 1 日の潜水時間も 1 時間未満の現場もある．水中での

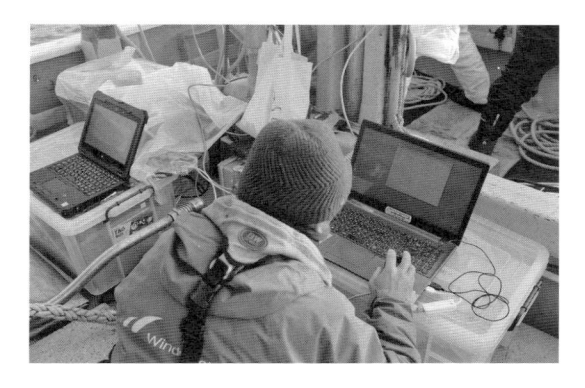

図3 水中探査機材（金属探知機）（撮影：佐々木蘭貞）

位置記録には，大きな機材を使用せず単純作業の繰り返しのような方法が望ましい．まさに，デジタル写真（動画）による実測は，水中遺跡の測量に最適な方法である[10]．沈没船の大きさが20 m前後だとすると，数千枚の写真が必要となり，水深20 mと仮定すると，3〜4日程の作業量となろう（図4）．それでも，手で実測するよりも格段に速い．

　実測だけでなく，手軽なデジタル撮影には様々な用途がある．アクションカメラなどを使い遺跡を泳いで回るだけで，遺跡の様子を作業者全員で共有することもできる．また，1回の潜水時間が短い水中調査では，複数のダイバーが継続して同じ作業を行う．作業の引継ぎ，調査手法の統一，安全性の確保のためにも簡単に共有できるデジタル映像は，水中の調査になくてはならない存在となった．

考古・歴史

表2　水中遺跡の調査と活用の主な問題点とデジタル技術の応用

探査機材（手法）	原理・使用方法・解説
サブボトム・プロファイラ	低周波の強い音波を発信し，反射音から海底面の下の堆積層の様子を探る装置．陸上の遺跡で使用する地中レーダーとデータの見方は，ほぼ同じである．
サイドスキャン・ソーナー	音波を発信しその反射速度から海底の様子を探る装置．反射強度を色の濃淡を使って示し，堆積物の区別や鉄・木製品の区別をすることもできる．ただし，距離を正確に測定できず，船の動きがそのまま映像のブレとなって表現される．海のコンディションによっては，数 cm の高解像度も可能．
マルチビーム・ソーナー（音響測深機）	複数の音波を発信して反射速度から距離を計測し，海底地形を 3 次元計測する装置．船に設置したモーションセンサーと GPS から位置情報を読み取る．解像度は数 10 cm〜1 m 程の間隔で標高差をドットで表すため，細かい遺物の特定などはできない．しかし，3 次元で海底地形が見られるのと，位置を特定できるなど利点は多い．
磁気探査機	磁力の強さを計測する装置であり，わずかな磁力の違いを感知できるため，集積した陶磁器やバラスト，また，完全に砂で覆われた水没遺跡の掘削の跡なども特定できる．
潜水調査	探査範囲と探査時間だけを見ると，最も効率の悪い探査方法であるが，最も多くの情報を確実に得ることができる方法である．潜水による探査は，限定された範囲内で実施し，金属探知機などハンドヘルドの機材を用いて，埋もれた遺物などを探す場合もある．
水中ロボット（ROV）	潜水時間に制約がないことがロボットを使う利点と言える．一方，ロボットから得られる映像の画角は狭いため，遺物の特定は困難な場合もある．ロボットでは水中の位置がわかりにくいため，マルチビームにより遺跡周辺地図を作成し，ロボットにトランスポンダーを取り付け，船に取り付けた GPS から水中の位置を特定する．
文献史料調査・聞き込み調査	最もアナログな手法である．文献史料などに見られる沈没の記録から遺跡のある位置をある程度まで特定できることがある．また，漁師や地域のダイビングショップなども水中遺跡についての情報を持っていることが多い．魚群探知機などの機材を使う漁船もあるため，海底面の様子について詳しい情報を得ることができる．

図4　水中撮影の様子と完成したモデル（山舩晃太郎）

考古・歴史

2.4　X線CTスキャナ

　鉄は水中（海水）に長い間浸っていると，鉄分が溶け出し膨れ上がり，硬い殻を形成する．この錆の殻は，周りの砂や貝などを取り込み，外見から中にある遺物を判断することは難しい．適切な保存処理を行うには，X線写真によって殻の中身を事前に把握する必要がある．1970年代以降，金属製品の保存処理を行う者にとって，X線写真撮影と現像技術の習得は欠かせないものとなった．現在，ほぼすべてデジタル撮影となり，大幅な時間短縮が可能となった．日本国内のX線CTスキャナを利用した例として，九州国立博物館が行った鷹島海底遺跡出土の金属製品の分析がある．また，「てつはう」の分析を行い，火薬と一緒に鉄片などが詰められていたことを突き止めた．金属製品の他に，例えば木製遺物の内部構造の保存状態の確認などにも使われる．

2.5 遺跡の活用

多くの国において，水中遺跡は一般公開されており，ダイビング産業とタイアップし，地元の経済振興に少なからず影響を与えている．イタリアのバイア海底遺跡などが知られ[10]，また日本でも試験的に海底遺跡の見学会が実施されている．しかし，誰でも水中遺跡を訪れることができるわけではなく，また，保護のため埋め戻された遺跡も多くある．水中遺跡の活用で最も重要な課題は「見えない遺跡を見せる」ことにあり，3次元測量で得られた情報を可視化する手法がある．いわゆる VR や，3D プリンターによるモデルの作成がすぐに思いつく．ここでは，鷹島海底遺跡の例を紹介したい．第 2 号沈没船は，遺跡保護のため現在は埋め戻されて見ることができない．発見当時，琉球大学と松浦市が実施した調査では，3 次元復元を目的としてデジタル測量を行った．このデータを利用し，松浦市では遺跡の VR や AR を作成し，スマートフォン向けアプリなどで，町おこしの事業に利用している[ii]（図 5）．また，九州国立博物館では，第 2 号沈没船のデータの提供を受け，文化庁の委託事業として 1/10 モデルの作成や原寸大のジオラマを作成し展示した[iii]．

3. むすびにかえて

本項目中，「水中考古学」と言う単語を使わなかったが，これには理由がある．陸であれ水中であれ，考古学は考古学であり，遺跡の立地により細分化することに意味はない．我々はデジタル技術を応用することにより，考古学調査の効率を高め，あらゆる環境において普遍的なスタンダードによる調査を行えるようになりつつある．

［佐々木蘭貞］

【注】
i) UNESCO は，全世界に 300 万隻の沈没船があると推定している．
ii) スマートフォン用アプリ「AR 蒙古襲来——甦る元寇船」（https://www.city-matsuura.jp/top/kanko_bunka/kankospot/2319.html）（ダウンロード可能）（最終アクセス：2019 年 10 月 24 日）
iii) 九州国立博物館文化交流展特別展示「水の中からよみがえる歴史——水中考古学最前線」は，船の科学館「海の学びミュージアムサポート」の助成を受けて実施した．

図5　松浦市鷹島のアプリ「AR 蒙古襲来」スタートアップページ（松浦市教育委員会）

【参考文献（さらに学びたい人のために）】

[1]　文化庁（2017）.『水中遺跡保護の在り方について』http://www.bunka.go.jp/seisaku/bunkazai/shokai/maizo.html（最終アクセス：2019 年 9 月 9 日）

[2]　林田憲三編（2017）.『水中文化遺産——海から蘇る歴史』勉誠出版.

[3]　Hocker, F.（2011）. *Vasa: A Swedish Warship*, Medstroms Bokforlag.

[4]　池田榮史（2018）.『海底に眠る蒙古襲来』吉川弘文館.

[5]　井上たかひこ（2015）.『水中考古学』中央公論新社.

[6]　MACHU.（2009）. *MACHU Final Report*, **3**, Manders, M., Oosting, R. and Brouwers, W. ed., MACHU.

[7]　野上建紀, Petrella, D.（2007）.「バイア海底遺跡見学記」『金大考古』**59**, 26-31.

[8]　佐藤信編（2018）.『水中遺跡の歴史学』山川出版社.

[9]　UNESCO.（2013）. *Manuals for Activities Directed at Underwater Cultural Heritage: Guidelines to the Annex of the UNESCO 2001 Convention*, Maarleveld T., Guerin, U. and Egger, B. ed., UNESCO.

[10]　Yamafune, K., Torres, R. and Castro, F.（2017）. Multi-image photogrammetry to record and reconstruct underwater shipwreck sites, *Journal of Archaeological Method and Theory*, **24**（3）, 703-725.

考古・歴史

A3-10
自然人類学と歴史研究
physical anthropology and historical study

---

1. 自然人類学とは

　自然人類学（physical anthropology）とは生物としてのヒトを研究する学問で，他の生物種と人類との共通性，人類の独自性，人類の起源と進化，現生人の多様性などを，主に生物学の手法で解明していく学問である．この自然人類学の中に，歴史研究と深く関わる「**生物考古学**（bioarchaeology）」または「**骨考古学**（osteoarchaeology）」と呼ばれる研究分野がある．遺跡から出土した人骨や動物骨などの形態を調べたり，DNAを分析したり，化学分析を行ったり，生物学や地球化学の手法を利用して，当時の人々の生死や健康状態，食性，集団構造，成り立ちなど，歴史学や考古学上の研究課題に答えようとする分野である．

　日本においては，自然人類学の勃興期より，「日本人の起源問題」が大きな研究テーマとして存在し続けてきた．その主たる研究資料は，昔も今も**古人骨**および歯である．古人骨新資料の追加は，生物考古学には欠かすことのできない作業の1つである．1個体の資料を実際の研究に用いることができるよう準備するまでには，多くの段階を経なければならない．いずれの作業についても，相当程度の熟練が必要である．古人骨の資料化の過程は，フィールドワークと，研究室における作業とに分けられる．古人骨収集におけるフィールドとは，主に考古学的な遺跡であり，発掘調査に参加して現場での人骨処理に当たる．研究室では，人骨の接合，復元，保管までの作業を行う．歯の資料は，古人骨の一部として得られる場合と，現生人から印象採得した石膏模型として得られる場合がある．このような過程を経て得られた資料について，計測および観察が行われ，データが採取される．

　以前は，計測と言えばノギスを用い，各骨を直接計測した．また観察と言えば肉眼での観察が主であった．それらの方法によって得られたデータの分析には，基本的な統計計算に加えて多変量解析が用いられ，集団間比較による議

論がなされてきた．ただ，これらの計測値分析に用いる古人骨資料の遺存状態は，ほぼ完全なものでなければ，当然ながら，多数の計測項目を網羅できない．そのため，古人骨資料の時代的，地域的偏在により，「日本人の成り立ち」に関する深い議論ができない場合もあった．

2. デジタル復元・計測の実例
——白保竿根田原洞穴遺跡から出土した頭蓋

　日本列島における更新世人骨は**山下町第一洞穴遺跡**（那覇市）や**港川フィッシャー遺跡**（沖縄県八重瀬町）など，南西諸島に集中しているが，顔面から全身の形態のわかる完全な個体は港川1号人骨だけであった．近年，新たに沖縄県石垣島の**白保竿根田原洞穴遺跡**（石垣市）から更新世人骨が20個体程度出土した[1]．更新世の日本列島の人々を知る上で重要な人骨化石である．最近では，「日本人起源問題」の鍵になる時代や地域から出土した人骨であれば，完全な保存状態で出土しなくても，デジタル復元やDNA分析技術の発達によって，計測やDNA分析から，議論を深められる場合も出てきている．その代表的な研究例として，河野らの論文「白保4号頭蓋の3次元デジタル復元に基づく頭蓋形態の予備的分析と顔貌の復元」がある[2]．

　ここでは河野らの研究[2]で行われた頭蓋の3次元デジタル復元とデジタル骨計測の実例を紹介する．白保4号人骨（男性・30〜40歳）は全身骨格の70〜80%が遺存している．年代は放射性炭素年代測定によって23,400 ± 64 BP（27,759〜27,433 calBP）と推定されている[3]．白保4号頭蓋の遺存状態は，脳頭蓋の大部分は遺存している．しかし，顔面頭蓋は左上顎骨の前頭突起の下3/4や右頬骨，鼻骨の下端などを欠いており，このままでは顔面頭蓋の重要計測項目の多くが計測できない（図1）．

　そのためデジタル復元を行っている．白保4号頭蓋のすべての骨片をX線CT装置により撮影し，連続断面データを取得している．連続断面データをPCに読み込み，骨と空気の中間となるCT値を閾値として指定し，マーチング・キューブ法によりポリゴンデータ化を行っている．これらをGeomagic Wrap（3D Systems, USA）に読み込み，デジタル空間内で位置調整して復元している．この際，白保4号頭蓋の骨片同士の位置関係を再現するために，よ

考古・歴史

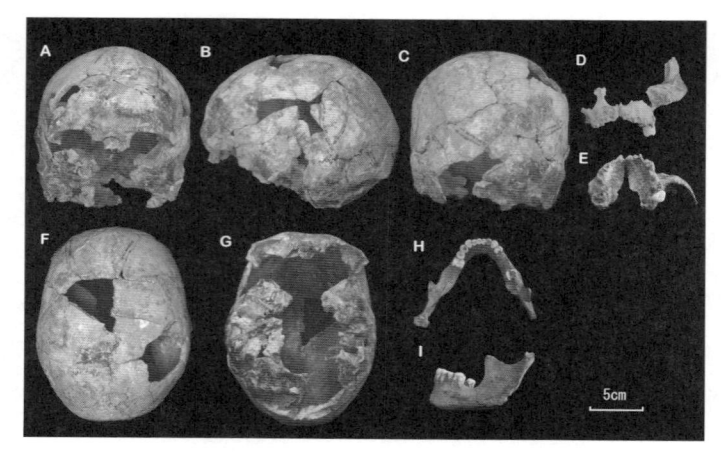

図 1　白保 4 号頭蓋の遺存状態

A　脳頭蓋正面観．B　脳頭蓋側面観．C　脳頭蓋後面観．D　頬骨・上顎骨正面観．E　頬骨・上顎骨咬合面観．F　脳頭蓋上面観．G　脳頭蓋底面観．H　下顎骨咬合面観．I　下顎骨側面観．右上顎骨の前頭突起は，実物では接合していないため写真に含まれていない．（文献 [2] の 18 ページの図 2 より転載）

り完全な港川 1 号の頭骨データを「テンプレート」としてあらかじめデジタル空間内に配置し，参照することによって，白保 4 号頭蓋のデジタル空間内でのオリエンテーションを決定している．最終的にはテンプレートデータはデジタル空間内から削除し，白保 4 号頭蓋単独でその形状を確認しながら位置は調整されている．欠損部については，実在する骨片の位置関係を復元した後，反対側を正中矢状面に対して鏡像反転することによって復元している（**図 2**）．

　デジタル空間内で頭骨データは矢状断面が YZ 平面に平行になるように配置するとの前提なので，正中矢状面も YZ 平面に平行な面として定義し，その X 座標は正中にあるべき複数の計測点の X 座標を平均して決定している．デジタル復元作業の途中段階で，3 次元プリンターにより 1/2 サイズの実体模型を作成し，接合の状態や補間の妥当性などを実見によって確認もしている．このような確認作業を複数回繰り返して，頭骨のデジタル復元を完了させ，実寸大の実体模型を作成している．

　頭蓋の計測はノギスによる骨の直接計測とデジタル計測を行っている．デジタル計測は復元後の 3 次元デジタル形状データ（ポリゴンデータ）のレンダリ

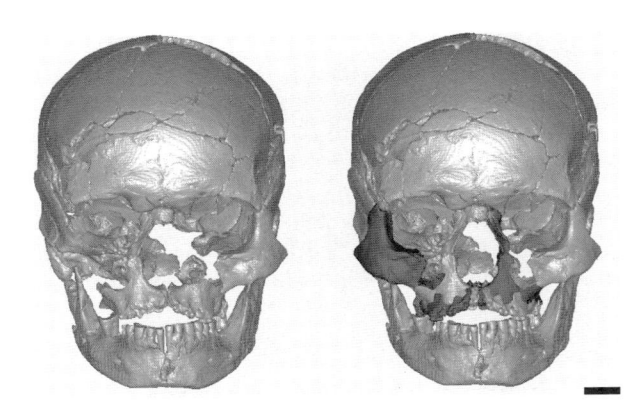

図2　白保4号頭蓋のデジタル復元の結果

左：実在する骨片のデータを位置あわせした状態．右：顔面部の欠損箇所を反対側の
データを鏡像反転させて補った状態．濃色の部分が反転データ．スケールバーは2cm.
（文献 [2] の 21 ページの図3より転載）

ング表示画像上で計測点の位置決めを行い，この点の3次元座標値をCSVフ
ァイルに出力して，座標値からエクセル計算にて各種距離を算出している．デ
ジタル計測では，必要に応じて，計測点の位置を実物の頭骨や復元結果の実体
プリントアウトなどで確認しながら進めている．これらのデータを用い主成分
分析やペンローズのサイズ・形態距離を計算している．加えて，ペンローズの
形態距離行列を多次元尺度法により2次元展開し，比較集団との関係を見てい
る．それらの結果，白保4号頭蓋は鼻根部の強い陥凹や，顔高が低く額が幅広
であるなどの特徴を明らかにしている．また白保4号頭蓋の形態は，日本列島
の旧石器時代人や縄文時代人，そして中国南部やベトナムなど琉球列島よりも
さらに南方系の先史時代の人々に近いことを示唆する結果を得ることができて
いる．

　近年の自然科学分析手法の発達は目覚ましい．最先端のデジタル技術による
分析，DNA分析や同位体分析の手法によって得られた生物考古学的知見を，
歴史学や考古学，文献などの情報と組み合わせることにより，過去に暮らした
人々の系統，生活，病気や生死などがさらに実証的に明らかにできるようにな
っていくと思われる．

[竹中正巳]

考古・歴史

【参考文献（さらに学びたい人のために）】

[1]　土肥直美，徳嶺里江，片桐千亜紀，河野礼子（2017）．「人骨」『白保竿根田原洞穴遺跡 ——重要遺跡範囲確認調査報告書 2　総括報告編』沖縄県立埋蔵文化財センター，64-85.

[2]　河野礼子，岡崎健治，仲座久宜，徳嶺里江，片桐千亜紀，土肥直美（2018）．「3 次元 デジタル復元に基づく白保 4 号頭蓋形態の予備的分析と顔貌の復元」『Anthropological Science（Japanese Series）』**126**（1），1-22.

[3]　米田穣，板橋悠，大森貴之，尾嵜大真，覚張隆史，伊藤茂（2017）．「白保竿根田原洞穴 遺跡から出土した人骨・動物骨・土器付着炭化物における炭素・窒素同位体比と放射性 炭素年代の測定」『白保竿根田原洞穴遺跡——重要遺跡範囲確認調査報告書 1　事実報告 編』沖縄県立埋蔵文化財センター，123-129.

A3-11
災害考古学
disaster archaeology

1.　災害と災害考古学

　災害は，人類の居住や生産活動が，突然起こった人為的な事故・異常な自 然現象で大きな被害を受けて，一定期間中断あるいは停止される事態である． 前者には，大規模な火事等があり，それに起因する災害を**人為災害**（man- made disaster）という．後者には，暴風，竜巻，雷，豪雨，豪雪，洪水，崖 崩れ，土石流，地滑り，高潮，地震，噴火，津波等があり，それに起因する災 害を**自然災害**（natural disaster）という．**災害考古学**は，それらの中で地中 に残された痕跡とその被害を受けた**被災遺構**（住居跡や水田跡等（resolting features））から過去の災害と人類の行動を認識し，個々の地域や地球規模の 災害の歴史を明らかにして防災・減災に役立てていく研究分野である（**図 1**）.

　災害考古学の基本的な調査研究方法は，現代の災害痕跡に基づいて過去の災 害痕跡を推定することである．具体的には，関連する自然科学分野（地質学， 地震学，火山学，地形学，年代学等）と連携して，発掘調査で被災遺構を検出 し，現象の種類の識別，年代や時期の推定，地形環境の復元，規模と起源の推 定を行う．そして，文献史料が存在する場合には史料批判を加え，復旧あるい は廃絶した**被災遺構**を通して遺跡を含めた地域社会の集落動態との整合性を確

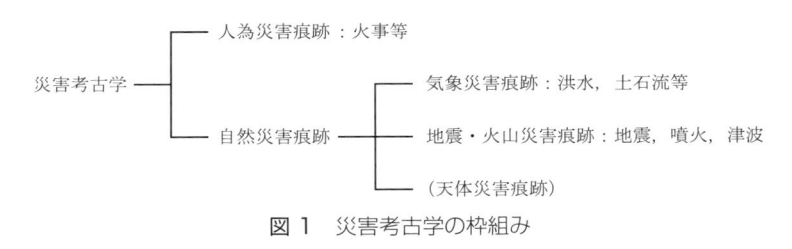

図 1　災害考古学の枠組み

認し，それらを総合化してより正確な**災害史**（disaster history）を構築する．

2.　人為災害痕跡

　人為災害痕跡には，火事によって広い範囲で建物等の構築物が焼失した事例がある．東京都の江戸時代の遺跡では，文献史料や絵図に記録された大火の痕跡が複数見つかっている．中でも，明暦 3 年（1657）の「明暦の大火」は当時の江戸の 2/3 に及んだと言われ，江戸城跡の調査では，厚い焼土層に覆われた石組溝と，そこから逃げ遅れた人と見られる人骨が発見されている．

　遺跡における火事の痕跡は，焼土層や炭化材等を手がかりとして，焼失した竪穴住居等が個々に識別され，複数の同時期の遺構が広い範囲に認められる遺跡もある．しかし，多くの場合は対応する文献史料がないため，人為災害痕跡とするには，火事の要因に関して自然災害や事件性を含めた検討が必要となる．自然災害の事例には陸奥国分寺跡の七重塔がある．この塔は承平 4 年（934）に雷火で焼失したと『日本三代実録』に記されており，それを示すように，塔跡の発掘調査では，その年代に相当する焼土層と，焼けた痕跡のある相輪の一部が見つかっている．この他，文献史料から想定される人為災害痕跡には船舶の沈没や遭難があるが，海底等で発見された船舶の理解には，より慎重な検討を要する．

3.　自然災害痕跡

　自然災害痕跡には，洪水で水田が砂層に覆われてそのまま廃絶された事例や，景観を変えるような火砕流の堆積で集落が埋もれた事例等，様々な災

考古・歴史

害痕跡が認められている．これらは，大きく「**気象災害痕跡**（weather disaster traces）」と，「**地震・火山災害痕跡**（earthquake and volcanic disaster traces）」に分けられる．

3.1　気象災害痕跡

気象災害痕跡は，地球の大気の動きが引き起こした現象を要因とする．台風や低気圧，前線による集中豪雨等で生じる様々な災害の痕跡である．以下に2つの事例を示しておく．

3.1.1　洪水災害痕跡

平野部において，河川の氾濫で生じる災害の痕跡である．気象災害痕跡の中で最も多く認められ，河川起源の堆積物に覆われた**被災遺構**が検出される．弥生時代以降は，水田稲作が行われた低湿地において，大阪府**池島福万寺遺跡**や静岡県**瀬名遺跡**等，数多くの水田が洪水災害を受けて幾度となく復旧してきた歴史がある．

3.1.2　土砂災害痕跡

丘陵等の斜面部から平坦面において，突発的な土石流や鉄砲水等で生じる災害の痕跡である．丘陵起源の堆積物に覆われた被災遺構が検出される．仙台市**富沢遺跡**では，古墳時代に丘陵起源の砂礫層が低地に堆積し，扇状地性の微高地を形成して複数箇所で水田跡を廃絶させ，景観を一変させている．

3.2　地震・火山災害痕跡

地震・火山災害痕跡は，地球の表層を形成しているプレート（厚さ数十 kmの岩盤（plate））の動きが引き起こした現象を要因とする．地震，噴火，津波による災害の痕跡である．これらの連動も認められ，地震が海溝付近で起こると，津波が発生し，そこから近い沿岸に**近地津波**（nearfield tsunami），対岸の遠い沿岸に**遠地津波**（farfield tsunami）が及ぶことがある．また，噴火で，山体が崩壊して水域に落下したり，火山島にカルデラが形成されて山頂部が水面下に沈下すると，津波が発生して対岸に及ぶこともある．

3.2.1　地震災害痕跡

　地震の震動で，断層，地割れ，地盤沈下，液状化等が生じ，地形面や地層の変形による災害の痕跡である（図2）．遺跡の発掘調査では，地割れや液状化に伴う砂脈・噴砂が多く見つかる．これらを平面と地層断面から観察し，年代のわかる地層や遺構との新旧関係から，遺跡における時間軸に地震の発生を位置づけていく[9]．被災遺構には，竪穴住居，掘立柱建物，石垣，土塁，水田等があり，そのまま廃絶している事例も多い．奈良県**酒船石遺跡**では，飛鳥時代の石垣が崩れる被害が認められ，群馬県**蕨沢遺跡**では，水田（6〜12世紀）面に地震で地割れが生じ，それを山崩れで生じた泥流が覆って地割れにも堆積する被害があり，地割れの下方では液状化による砂脈の上昇が確認されている．福島県**段ノ原B遺跡**では，縄文時代前期の居住域に生じた大きな地割れ（幅2〜6 m，長さ92 m）に対して祭祀行為が行われている（図3）．

3.2.2　噴火災害痕跡

　火山の噴火で，山体崩壊や砕屑物の噴出，溶岩の流出が起こり，それによって生じる災害の痕跡である．砕屑物（tephra，テフラ）には，火山岩塊（径64 mm以上），火山礫（径2〜64 mm），火山灰（径2 mm以下），火砕流（火山砕屑物が高温の火山ガスとともに山体斜面を高速度で流下する現象）堆積物等があり，他に泥流（火山砕屑物が水と混合して流下する現象）堆積物がある．日本列島の過去の火山活動に伴うこれらの識別は，その多くの噴出源と砕屑物の特質・年代が把握され，同定する方法が確立されている[5]．発掘調査では，このうち火山灰が多く見つかる．火山灰は広域に降灰被害をもたらすことがあり（**広域火山灰**（widespread volcanic ash）），その場合，火山灰は同時性を示す鍵層となって地中に残されており，遺跡の年代を知る指標となる．噴火による被災遺構には，竪穴住居，掘立柱建物，平地式建物，古墳，道，水田，畑等がある．墳出源に近い地域では，被害が大きく復旧されずに廃絶している集落もある．その例として，秋田県**片貝遺跡**では，平安時代の延喜15年（915）に，十和田火山の噴火に伴うゆっくりとした泥流の堆積で，家屋が倒壊しない状態で集落が埋積されている．

　また，群馬県渋川市周辺では，古墳時代後期に榛名山の2度の噴火で火山灰や火砕流，軽石の堆積によって集落が廃絶している．**金井東裏遺跡**では火砕流

考古・歴史

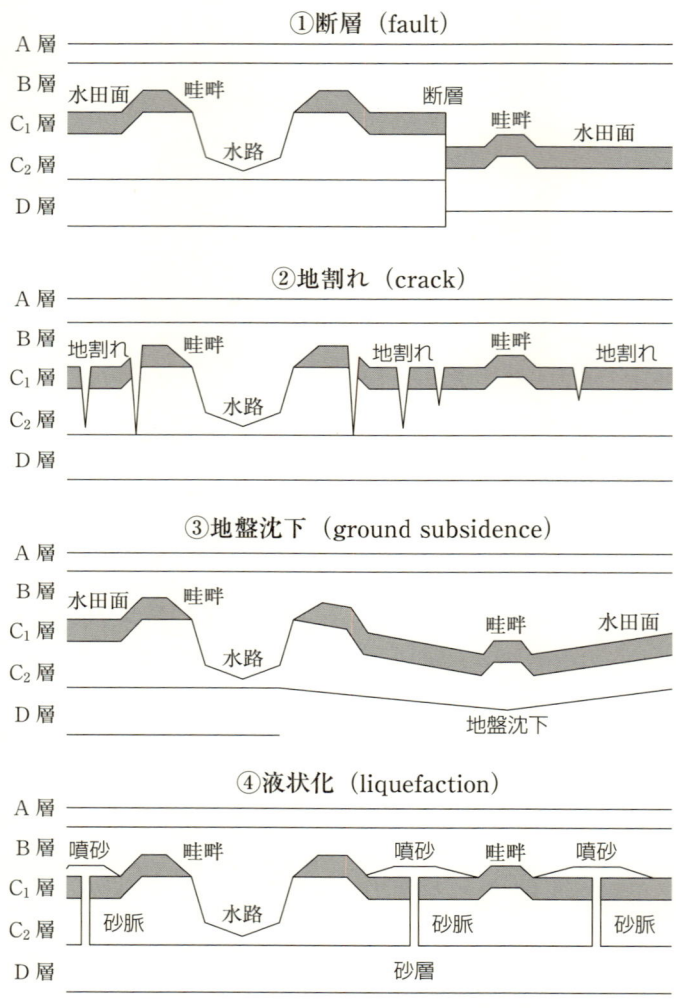

図2 C_1 層を耕作土とする水田跡の地震災害痕跡断面模式図

①断層, ②地割れ, ③地盤沈下, ④液状化によって C_1 層水田跡は復旧されずに廃絶. 地震後に堆積した B 層が, 火山灰等の砕屑物あるいは泥流堆積物の場合は噴火との連動, 津波堆積物の場合には津波との連動が推定される (A 層, B 層, C_2 層, D 層は自然堆積層. C_1 層は, C 層上部を母材として形成された水田耕作土. 畦畔直下の C_2 層上面には畦畔状の高まり：擬似畦畔 B が形成されることがある).

図3　縄文時代前期の地割れ跡

（福島県段ノ原 B 遺跡．福島県文化財センター白河館提供）

に覆われた状態で甲（よろい）を装着した「古墳人（人骨）」が発見されている（図4）.

3.2.3　津波災害痕跡

　地震や噴火で生じた津波による災害の痕跡である．地中に残されている津波痕跡には，**津波堆積物**（tsunami doposits）がある．津波は内陸の湖沼でも発生するが，ここでは海洋で発生して海岸平野を遡上する津波を対象とする．その津波堆積物は，津波が海浜から運搬した砂等が当時の地表面に堆積した物質である．津波堆積物の基質は，海浜地形を構成する砂，礫等の粒子で，それに珪藻，有孔虫，貝等の微化石が含まれることがある．しかし，海浜を起源とする同じような堆積物は台風等による高潮でも形成されるため，**高潮堆積物**（storm-surge deposits）との識別は，海岸線からの到達距離に基づいてなされる（図5）.

　通常，海岸平野では，津波の遡上距離は海浜起源の砂質堆積物の到達距離とほぼ同じであるが，**東日本大震災**（the Great East Japan Earthquake）の津波痕跡の調査によって遡上距離が 2.5 km を越えると泥質堆積物となる変化が明らかにされている．高潮の海浜起源の砂質堆積物の到達距離は，遡上距離と異なって短く，多くは海岸線から 500 m 以下で，希に 1 km 近くに到達する．そのため，砂質堆積物の到達距離が，当時の海岸線から 1 km 以上の場合は津

考古・歴史

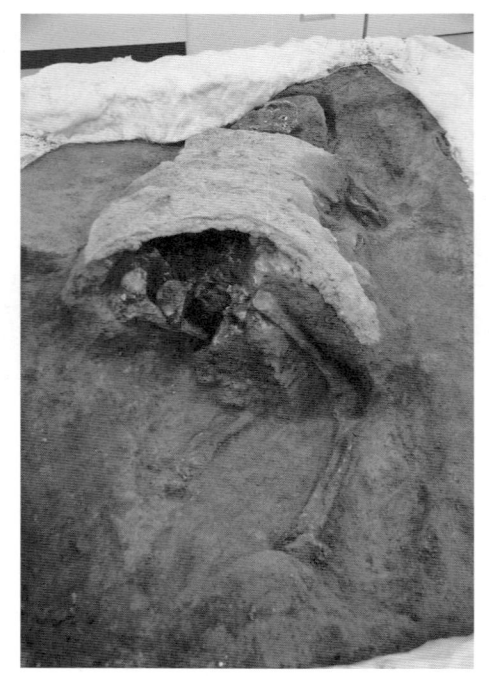

図4　古墳時代後期に火砕流で落命した「古墳人」
（群馬県金井東裏遺跡．公益財団法人群馬県埋蔵文化財調査事業団提供）

自然堆積層・人為堆積層・人工改変層
↓　粒径分布・淘汰作用・微化石（底生有孔虫・珪藻）等
河川起源・海浜起源
↓　堆積作用（堆積物の到達距離）
高潮堆積物・津波堆積物
↓　地震痕跡（地割れ跡）との連動性
遠地津波・近地津波

図5　津波堆積物の識別

波と判断され，1 km〜0.5 km の場合は津波の可能性が高く，0.5 km 以下の場合は津波か高潮か不明である[8]．津波による被災遺構の発見は少ないが，仙台平野において弥生時代と平安時代の水田，溝が知られる．

図6 弥生時代中期に津波堆積物で覆われた水田跡
（白っぽい層が津波堆積物. 仙台市沓形遺跡. 仙台市教育委員会提供）

　仙台市**荒井広瀬遺跡**では，弥生時代中期の溝が地震に伴う地割れの直後に**近地津波**の堆積物で覆われ，周囲の沓形遺跡（**図6**）や荒井南遺跡に広がっていた水田も津波で廃絶し，その後，古墳時代前期まで，約 400 年間，沿岸部に農耕集落は営まれなかった.

4. 災害考古学の地平

　人類が経験してきた災害の中で，古くから高い関心を持たれていたのは地震・火山災害である. 古代ギリシャでは，紀元前 426 年の夏，トゥキュディデスがエーゲ海沿岸西部で起こった地震と津波による災害の記録を残し，すでに両者の連動性を指摘しており，紀元前 4 世紀には，アリストテレスが地震の生因と，噴火，津波との相互の関連性を思考している. その後，ローマ帝国時代には，紀元後 79 年の夏，イタリア中部の西海岸にある**ポンペイ**の町がヴェスビオ火山の噴火に伴う火砕流で埋没する災害が発生し，その様子をプリニウスの残した手紙が伝えている. ポンペイは，遺跡として 16 世紀に発見された. そして，1748 年から発掘調査が継続して行われ，当時の町がそのままの状態で見つかり，世界文化遺産に登録されている. この研究活動の大きな成果

考古・歴史

は，文献史料（プリニウスの手紙）の内容を被災遺構の調査で検証していることと，遺跡を現地で一般に公開して防災・減災に役立てていることであり，災害考古学の原点といえる．

地中海地域に地震・火山災害が多いのは，地質構造においてアフリカプレートがユーラシアプレートに沈み込む境界に位置しているためで，活発な地震・火山活動がしばしば津波を誘発してきた．それは日本列島も同様で，海洋側の太平洋プレートとフィリピン海プレートが，大陸側の北米プレートとユーラシアプレートに沈み込んで海溝を形成している．この海溝周辺で発生する地震を**海溝型地震**（trench-type earthquake）といい，2011 年の東日本大震災をもたらした．また，プレート境界から離れた陸域の断層で発生する地震を**内陸型地震**（inland-type earthquake）といい，1995 年の**阪神淡路大震災**（the Hanshin Awaji Earthquake）をもたらした．こうしたプレート境界が陸域近くの海洋にある地域は，地中海沿岸や環太平洋沿岸，インド洋沿岸等，世界に広く認められ，それらの地震・火山災害を研究対象とした**テクトニック・アーケオロジー**（tectonic archaeology）[2] も提唱されている．

災害考古学は，関連する研究分野と連携して，人類の生活に大きな被害を与えた突発的な過去の災害を，文献史料の有無にかかわらず，先史時代まで，地中に残された痕跡に基づいて明らかにできることから，現代の防災・減災の基盤となる災害史構築を担う地球科学の一分野としての貢献が求められる．今後，その枠組みにおいて，**人為災害**では，対象とする範囲を明確にしていくとともに，**自然災害**では，隕石の爆発や落下等，天体の動きが引き起こした現象を要因とする災害痕跡を視野に入れていく必要がある．

［斎野裕彦］

【参考文献（さらに学びたい人のために）】

[1] 新井房夫（1993）．『火山灰考古学』古今書院．

[2] Barnes, G.（2017）. The search for Tsunami evidence in geological and archaeological record, with focus on Japan, *Asian Perspectives*, **56**（2），32-165．

[3] 文化庁（2017）．『日本人は大災害をどう乗り越えたのか』朝日新聞出版．

[4] 文化庁文化財部監修（2014）．「特集——災害と埋蔵文化財」『月刊文化財』**607**，第一法規．

[5] 町田洋，新井房夫（2003）．『新編 火山灰アトラス』東京大学出版会．

[6] 埋文関係救援連絡会議，埋蔵文化財研究会（1996）．『発掘された地震痕跡』．

[7] 斎野裕彦 (2012). 「仙台平野の農耕災害痕跡」『講座東北の歴史 4』清文堂, 185-215.
[8] 斎野裕彦 (2017). 『津波災害痕跡の考古学的研究』同成社.
[9] 寒川旭 (2011). 『地震の日本史 増補版』中央公論社.
[10] 寶馨, 戸田圭一, 橋本学編 (2011). 『自然災害と防災の事典』丸善出版.

A3-12
全国遺跡報告総覧
comprehensive database of archaeological site reports in Japan

　考古学や歴史学はデータ蓄積型の学問であり，調査事例や研究成果の積み重ねによって深化していくという性格を持つ．そのため，調査研究に関する情報が蓄積されるほど有用だと考えられる．しかし，実際には**情報爆発**の弊害があり，情報が多すぎて管理できないというデメリットが生じている．全国遺跡報告総覧（以下，総覧)[5]では，情報が多すぎてアクセスできないという点を解決し，調査研究を支援する今までになかった学術情報基盤として機能している．

考
古
・
歴
史

1.　発掘調査報告書の電子公開をめぐって

1.1　発掘調査報告書とは

　近年，日本全国で毎年約 8,000 件の発掘調査が実施され，約 1,500 冊の発掘調査報告書（以下，報告書）が発行される[2]．土木工事等の開発事業によって，やむをえず遺跡を現状保存できない場合に発掘調査を実施し，記録保存調査を実施する．遺跡の保存目的で調査を実施することもある．その調査結果は発掘調査報告書にまとめられ，紙媒体として印刷される．考古学では発掘調査報告書を 1 次資料に近い扱いをしている．文化庁の『発掘調査のてびき』では「報告書は，発掘調査全般の成果を的確にまとめた埋蔵文化財の記録であることから，将来にわたって保存されるとともに，広く公開されて，国民が共有し，活用できるような措置を講じる必要がある」とされる[1]．報告書の内容は，①書名や発行機関など図書としての書誌情報，②遺物・遺構に関する調査成果である．調査成果を記録するありかたとして，写真・図面・テキスト等が

ある.

1.2　経緯と推進体制

　総覧の前身に当たる全国遺跡資料リポジトリ（以下，遺跡リポジトリ）は，研究者や学生を中心に需要は大きいものの，灰色文献であるため利用しにくい報告書を電子化・公開することで，その可視性を高めるとともに，利用環境の向上を目指した大学図書館発の取り組みである．国立情報学研究所の最先端学術情報基盤（CS）整備事業の委託を受け，2008 年度〜2012 年度の 5 年間にわたって，全国の 21 の国立大学が連携して取り組んだプロジェクトである．遺跡リポジトリでは，約 14,000 冊の報告書を公開し，活発に利活用され大きな成果を挙げた．しかし，CSI 事業の終了によって，各大学でのシステム維持管理，人的体制の確保などに課題が残った．また，持続的な参加機関拡大という面からも事業モデルの見直しが必要であった．

　そこで当初からメタデータ提供などで協力関係にあった奈良文化財研究所（以下，奈文研）と協議を進め，分散構築された遺跡リポジトリシステムと報告書の電子データを奈文研に統合・移管することが 2014 年 11 月に決まり，「全国遺跡報告総覧プロジェクト」として再始動することとなった．当初 21 のシステムに分かれていたが，データやシステムを統合したことにより，報告書の情報基盤としてのデータの応用的な利活用の可能性が広がった．このように大学主導でプロジェクトを推進された経緯から，現在も奈文研の単独事業ではなく大学図書館と協同で推進している事業である．

1.3　文化財保護行政における位置づけ

　発掘作業は，遺跡を解体するという不可逆性を持ち，その成果を記録した発掘調査報告書は失われた埋蔵文化財に代わるという性格を持つため，恒久的に保管され，広く公開し活用されることが求められる．未来に記録を継承するためにも，その記録媒体は，長期安定保管が保証されている媒体でなければならない．印刷物は，保管環境が適切であれば，長期保管の実績がある．そのため報告書については印刷物であることが求められている．

　しかし印刷物の作成部数は，国庫補助事業（埋蔵文化財緊急調査等）では300 部を原則（配布リストを明示することで 500 部まで認められる）とし，国

土交通省直轄道路事業では 300 部が上限とされている（平成 26 年 12 月 1 日付け国道国防第 15 号各地方整備局道路部長あて国土交通省国道・防災課長通知「直轄道路事業の建設工事施行に伴う埋蔵文化財の取扱いの一部改訂について」）．この 300 部の印刷物では，利用環境の提供において課題があった．

　そこでデジタル技術を活用した報告書の電子公開によって，利用者がより情報アクセスしやすくなることは見込まれていた．文化庁が設置している埋蔵文化財発掘調査体制等の整備充実に関する調査研究委員会において，印刷物とデジタル媒体について，考え方が整理された[3]．整理の結果，印刷物・高精度 PDF・低精度 PDF の役割が明確化された．これまで通り報告書は，長期保管や真正性の確保の点から印刷物とし，低精度 PDF は長期保存と精度の点について問題があるものの簡便に情報を発信できるメリットがある．そこで低精度 PDF の役割は「印刷物の発掘調査報告書の活用のための媒体」と位置付けられた[3]．さらに PDF を一元的に集約したデータベースは利便性が高まることから「「全国遺跡報告総覧」は，低精度 PDF による公開に係る問題を克服したシステムであるので，積極的に参加すること」とされた．

2.　全国遺跡報告総覧とは

2.1　基本機能

　総覧には，報告書の書誌データと PDF が登録される．PDF のテキスト情報を総覧に取り込んでいるため，キーワード検索によって全文検索することが可能である．検索結果画面で該当キーワードにマーカー表示することで，ユーザーが必要としている報告書か文脈で判断できるようにしている．必要とする報告書であれば，PDF 形式で報告書をダウンロードし閲覧可能である．現在 21,170 件の報告書類が登録されており，検索対象となる文字数は約 18 億文字，PDF ページ数が 295 万ページである（2019 年 9 月 30 日時点）．考古学研究の基本である類例・前例調査に際し，調査漏れを減らし効率的な調査が可能となった学術的深化に資する意義は大きい．**考古学ビッグデータを形成している．**

考古・歴史

299

2.2 データ連携

　遺跡リポジトリで分散構築されていたデータを総覧に統合したことで，メタデータを集中管理できるようになった．データ連携が容易になったことから連携先を増やしている．データ連携によって情報流通が広がることで，報告書の存在を周知し利用を活発化させることを目的としている（**図 1**）．書誌データベースでは，CiNii Books・国立国会図書館（JAIRO を経由）・WorldCat と連携している．総覧は CiNiiBooks の書誌 ID である NCID と，国立国会図書館の JP 番号を報告書メタデータとして保持しており，書誌データベースへの参照機能がある．報告書の所在を明らかにすることで，紙とデジタルの相互補完・相乗効果を図っている．CiNii Book においては検索結果に遺跡総覧へのリンクも表示されるようになっている．ディスカバリーサービスでは，EDS・Summon・WorldCatDiscovery とメタデータ連携をしている．永続的なアク

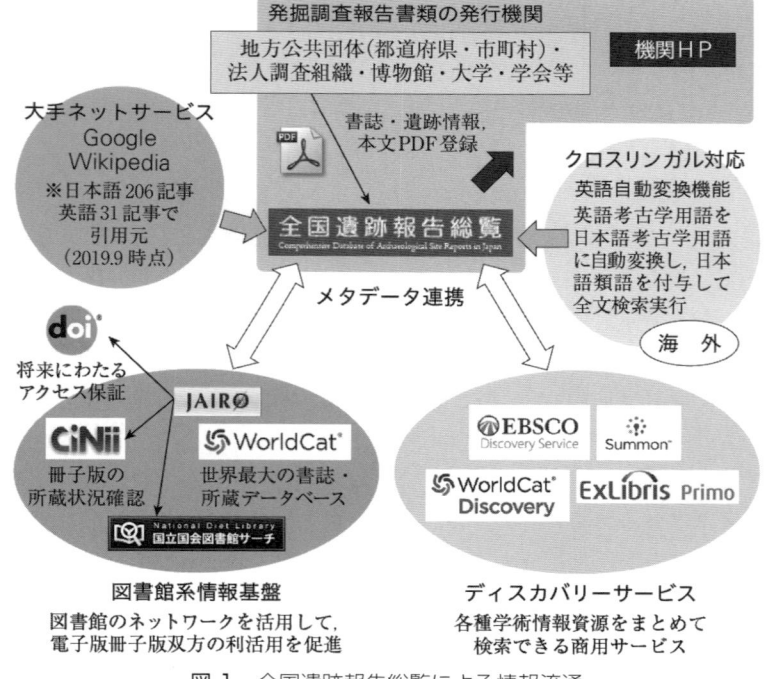

図 1　全国遺跡報告総覧による情報流通

セスを担保するために DOI を報告書毎に登録している.

2.3　応用的な情報の利活用

2.3.1　考古学関係用語辞書の整備

　テキスト情報が 18 億字あることから自然言語処理技術の活用も開始している．遺跡総覧はシステム内部に 70,411 語の**考古学関係用語辞書**を保持している．この用語辞書を活用し，18 億字においてどのような考古学関係用語が頻出しているかを確認するために，出現回数を集計し図化した（**図 2**）．報告書が何を重点的に記載しているのかが客観的に把握することができる．また，都道府県ごとに地域的な特徴語があるか確認するためにベクトル空間モデルの

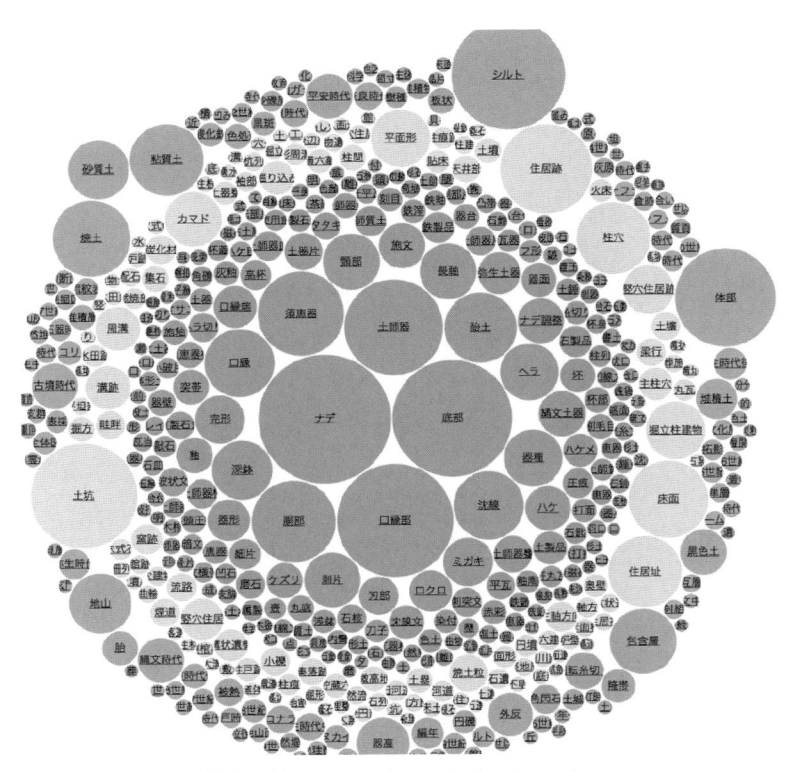

図 2　全国遺跡報告総覧における頻出用語

考古・歴史

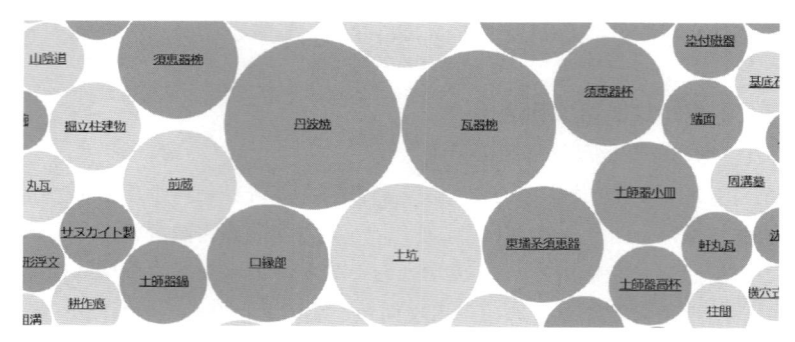

図3 都道府県毎の特徴語（兵庫県）

TF（索引語頻度）と **ID**（逆文書頻度）を組み合わせた TF-ID にて算出した（図3）．すべての報告書を登録できていないため，不完全ではあるものの報告書内の用語の出現頻度には一定の地域的特徴を確認することができる．この図内の用語をクリックすることで，報告書を閲覧することができる．そのため考古学用語を知らない場合でも用語選択するだけで情報アクセスできる手段を提供している．

　考古学関係用語の他に日英対訳辞書と類語辞書も保持している．この辞書を活用することで，英語自動検索機能を実装している．例えば 'quarry' を検索語とした場合，まず日英対訳辞書によって石切場と変換し，石切場の考古学用語の類語である石丁場・石切り丁場・石切丁場・採石丁場などを自動付与したうえで，15 億字のテキスト群に対し全文検索することができる（図4）．この機能によって海外から報告書を探す場合においても，漏れのない検索が可能となっている．

2.3.2　利用者に情報提示

　考古学においては類例・前例が重要であるが，既に刊行された報告書は，10万とも20万とも言われており，実数は不明である．膨大な報告書群から自身が必要とする報告書を探し出すのは困難な作業である．報告書の書名は，遺跡名となる場合が多いが，出土遺物などの内容は中身を見なければ確認することができない．内容を事前に知らなければ，必要とする報告書を特定できないし，特定するためには内容をすべて確認し要否を判断する必要がある．このよ

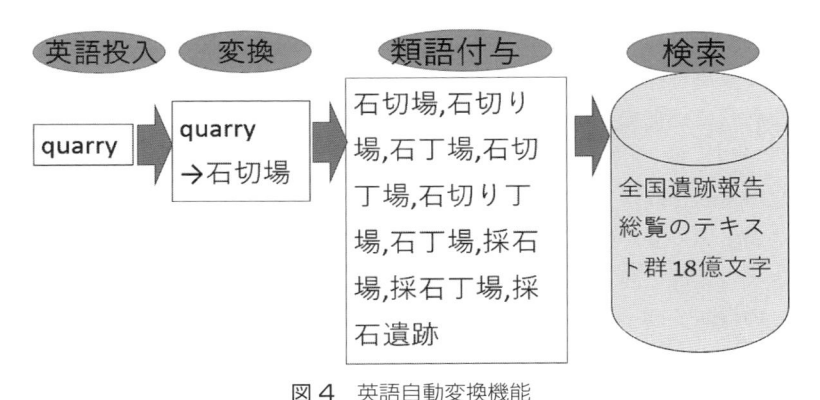

図4　英語自動変換機能

日英対訳辞書と考古学類語辞書を独自に作成し活用

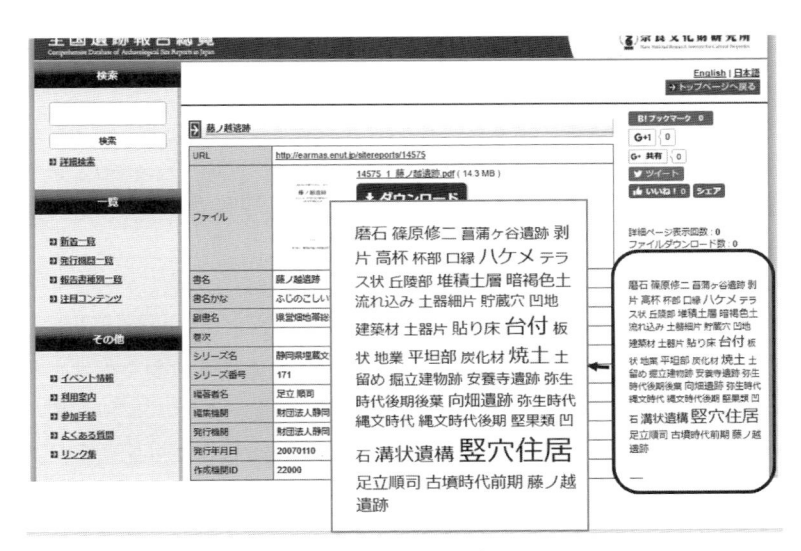

図5　報告書内の頻出用語

うな事態を抑止するために遺跡抄録が近年付加されており有効であるが，すべての報告書についておらず課題が残る.

　このような状況を解決する1つの手段として，報告書内の**頻出用語** TOP40を集計し表示する機能を実装している（**図5**）．頻出用語は，当該報告書の内

容を良く表す可能性が高いと考えられる．さらに用語の構成と類似する報告書も自動で算出可能となる．利用者は，ある報告書に関心があった場合，類似報告書を総覧で把握できるため，資料調査において新たな気づきの場を提供している．

　文化財保護行政において普及活用事業は重要であり，講座・体験事業や企画展示等が全国で盛んに実施されている．これらの普及活用事業と調査成果である報告書の連携を図るために全国文化財イベントナビという機能を公開している．この機能ではイベント情報のテキストから，考古学関係用語を抽出し，この用語の構成と報告書頻出用語の構成で類似の報告書を自動表示する．利用者は関心のあるイベントに関係のある報告書をイベントの事前・事後に閲覧することができ，普及活用事業の効果を高めることができる．イベントと報告書の相乗効果を生み出している点において，今までになかった効果である．

　以上，発掘調査報告書の電子データを登録した全国遺跡報告総覧の解説において主にテキスト情報へのアクセスと応用的利用について述べた．これまで類例・前例調査では，書庫に籠もり1冊ずつ報告書を手に取って確認するしかなかった．膨大な報告書が刊行されている状況において網羅的に類例を調べることは限界があった．このような状況に対し情報検索を得意とするIT技術によって解決できつつある．

　総覧は，2018年に年間約141万ダウンロードがあり，報告書のニーズの高さを表している（**図6**）．今後は，報告書に掲載されている遺物や遺構の画像について機械学習による自動判別などによって，画像検索機能を提供する予定である．テキスト検索では，考古学を勉強し用語を知らなければ検索することができないが，画像検索では用語を知らない場合でも検索が可能となり，より情報アクセスのハードルが下がる見込みである．

　この事業の特色として，大学・研究所・行政の3者が協同で推進している点がある．それぞれの機関の長所短所をうまく補完しながら全体として事業推進していくことで，情報基盤インフラとして発展していくだろう．

［高田祐一］

【参考文献（さらに学びたい人のために）】
[1]　文化庁文化財部記念物課（2010）．『発掘調査のてびき——整理・報告書編』同成社．

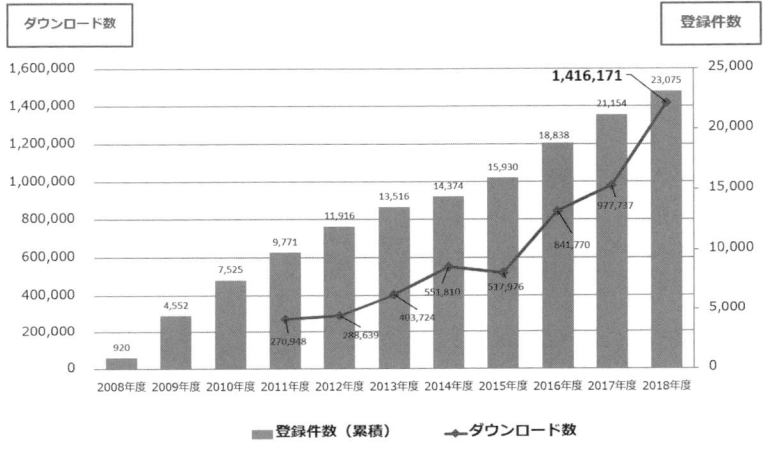

図6　全国遺跡報告総覧の利用実績

[2]　文化庁文化財部記念物課（2018）.『埋蔵文化財関係統計資料——平成29年度』.

[3]　埋蔵文化財発掘調査体制等の整備充実に関する調査研究委員会（2017）.『埋蔵文化財保護行政におけるデジタル技術の導入について2』文化庁.

[4]　奈良文化財研究所（2019）.『奈良文化財研究所研究報21 デジタル技術による文化財情報の記録と利活用』奈良文化財研究所.

[5]　全国遺跡報告総覧（https://sitereports.nabunken.go.jp/ja）（最終アクセス：2019年10月24日）

考古・歴史

A3-13
古文書に対する文字認識技術
character recognition technologies for historical documents

　筆者は，奈良文化財研究所，東京大学史料編纂所等と共同で「木簡・くずし字解読システム MOJIZO」[6]の開発に携わっている．本項目では，国内における古文書への手書き**文字認識技術**（character recognition technology）の応用例をいくつか取り上げるとともに，MOJIZO の開発に至った経緯と今後の課題について述べる．

1.　古文書とオフライン手法

　コンピューターによる**手書き文字認識**（handwritten character recognition）技術のうち，画像形式の字形を認識するオフライン手法を用いるもの（画像の入力に光学機器を採用したオフライン手法のアプリケーションを，optical character recognition または OCR と呼ぶことがある）を古文書に適用する研究は，比較的早い時点から行われている[1]．一方で，電子ペン，マウスなどのデジタイザーによって得られる入力時系列上の座標点列を字形と見なして認識するオンライン手法を，先述のオフライン手法と組み合わせて古文書の字形に適用する試みも存在している[10]．オンライン手法の併用においては，座標点の順序を筆順および運筆方向と見なすことで情報量が増える．従って，理論的にはオフライン手法単体の場合に比べて高い認識精度が期待できる．その反面，文字認識を行うコンピューターには筆順，運筆方向に関する知識を用意しておく必要があり，特に多様な字形を認識対象にする必要がある古文書においては知識データベースの整備に課題が残る．そのため，現実的なソリューションとしてのオフライン手法には強い期待が集まっている．

2.　プロトコルとしての字形と古文書

　人間社会において，字形は字種を伝達するための手段である．具体的には，「書き手が特定の字種を意図して字形を記述し，読み手が字形の属する字種を認識する」といった形で利用されている．手書きの字形には，書き手，記述環境によってある程度の変動が発生する．ただし，その変動が適切に抑制されている限り，読み手は字形の属する字種を正しく認識することができる．すなわち，適切に記述された手書きの字形は字種を伝達するプロトコルとして十分に機能する．地球上に存在する多くの文明，文化が，字種伝達時のプロトコルとして字形を採用していることから，その有用性は極めて高いと言える．ただし，この有用性が発揮されるためには，書き手が持つ字種と字形の対応付けに関する知識を読み手と共有している必要がある．古文書に対しては，記述された時代の字種と字形の対応付けに関する知識を読み手が持ち合わせていないケ

ースが頻繁に生じる．また，適切な字形の変動がどの程度なのかという点も明確ではない．これらは，プロトコルとしての字形の有用性の阻害あるいは断絶を意味するものである．

　他にも，古文書の経年変化による字形の欠損は字形と字種の対応付けを困難にする一因となる．また，複数の文字が並ぶことで構成される単語，文といった文字列において生じる「文字の大きさが一定ではない」，「連続する文字が結合されている」などの状況が，文字列を字形に区切る精度を低下させ，字形と字種の対応付けを困難にする原因になる．古文書をデジタル画像化し，読み手をオフライン手法に置き換えた場合においても，古文書の字形の認識が困難である点は基本的に変わらない．

3.　デジタルアーカイブとオフライン手法

　近年，古文書をデジタル画像として保存・公開するデジタルアーカイビングが広く行われるようになるにつれて，古文書デジタルアーカイブ（digital archive）の価値を高めるオフライン手法の研究に注目が集まるようになってきた．寺沢らは，江戸時代末期および明治以降の古文書デジタルアーカイブ内において「類似する複数の部分」を探すワードスポッティング技術を実現した[8]．単一，または一連の古文書内，あるいは共通性が高い古文書群において，幾度も出現する類似した記述には重要な意味がある可能性が高い．そのような記述を字種の列ではなく字形列で検索する技術は，処理対象となる古文書デジタルアーカイブの特徴に合致した有用性の高い**情報検索**（information retrieval（情報学），または information search（歴史学））を提供すると言える．

　また，Ngueng, H. T. らは，近世くずし字デジタルアーカイブの仮名文字列に対する自動翻訳のコンテスト（第 21 回 PRMU アルコン 2017）において，深層学習を用いたオフライン手法を提案して高い精度が実現できることを示した[7]．国内にはくずし字で書かれた膨大な数の古文書が存在しており，特に記載の頻度が高い仮名については深層学習を可能にする十分な量の字形画像を得ることができるようになった．同時に，膨大な数の古文書を適切に扱うための文字認識あるいはワードスポッティングに対する需要は今後も飛躍的に高ま

考古・歴史

ると考えられる.

4. 字形検索のための Web サービス「MOJIZO」

　筆者らが開発を行っている MOJIZO も，デジタルアーカイブの利活用促進を目指した Web サービスであり，オフライン手法を応用した研究成果の 1 つである[6]．MOJIZO の検索対象は，「木簡字典」，「電子くずし字字典データベース」の 2 つの古文書デジタルアーカイブに収録された文字画像である[5][9]．利用者が字形画像を入力すると，MOJIZO は両デジタルアーカイブ内にある形状が類似した字形を横断検索し，文字の画像および出典となる古文書情報へのリンクを検索結果として表示することができる（**図 1**）．

　木簡字典は，奈良文化財研究所が構築・公開している．奈良時代を中心に全国で広く作成された木簡（以下，古代木簡）を収録対象としており，古代木簡全体画像，文字単位の画像，解読結果などを多重的に記録可能なフォーマット

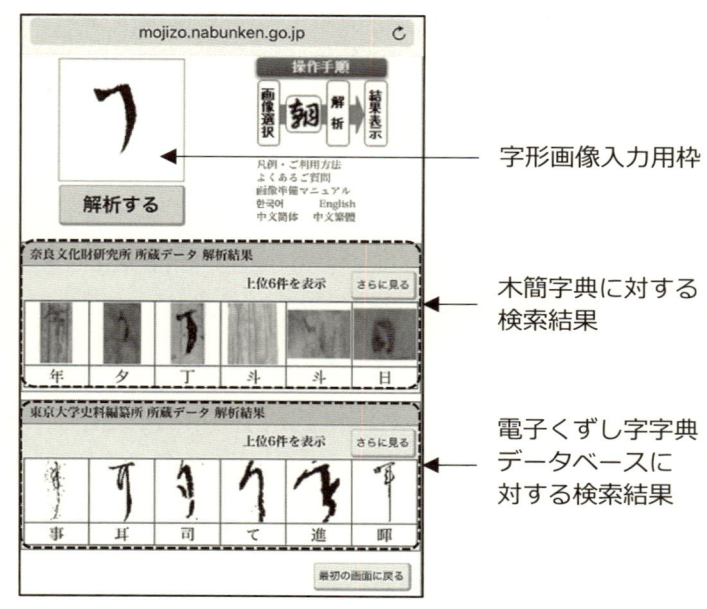

図 1 MOJIZO による字形画像の検索例（スマートフォン利用時）

を有している．古代木簡の多くは遺跡の地中に廃棄された状態で出土し，その点数は全国で 40 万点を超える．廃棄時の人為的破損，および約 1,200 年あるいはそれ以上の期間に渡る経年変化により解読は至難であり，完全／不完全を問わず解読作業に関する報告が確認できるものは 15,000 点ほどに留まる．その中でも字形として解読できるものは僅少であり，報告の多くは木簡の形状，出土時の周辺情報，既読の古代木簡に見られる類例などを考慮した推読作業による補完を受けている．書き手が全国に点在したこともあり，同一字種内での字形変動は確認されているだけでも比較的大きく，一方で字種内の字形変動を体系的に分析するに足る字形サンプルは未だ得られていない．古代木簡は，使い捨て文書であるが故に装飾のない情報が記載された媒体であり，解読結果は歴史を紐解く重要な意味を持つ．今後の古文書解読に資するデジタルアーカイブを構築する上で，読めない字形の類例を効果的に検索する手法への期待は大きい．

　電子くずし字字典データベースは，東京大学史料編纂所が構築・公開しており，近世から中世までの和紙文書を中心とした古文書に見られる文字の画像を収録対象としている．このデジタルアーカイブの特徴は，字種内での字形変動を古文書の専門家，書家らが事前に分析し，変動の典型例となる画像を字種ごとに選択・収録している点にある．既存のクラスタリングアルゴリズムで同水準の多面的な分析・収録を行うことはおそらく困難と考えられ，同所の研究成果が活かされたデジタルアーカイブと言える．デジタルアーカイブ内では，字種ごとの画像一覧表示機能だけでなく，用途が類似する異字種，あるいは誤読されやすい異字種へのリンクが整備されており，字種による画像検索機能が充実している．一方で，字形から字種を検索する逆引きの機能整備に対する期待も大きくなっている．

　MOJIZO は，前述の 2 つのデジタルアーカイブに対して字形画像による横断検索機能を提供するために，オフライン手法を担う情報科学分野の研究者と古文書の専門家が共同開発した Web サービスである．字形の類似性を評価する手法はオフライン手法の応用であるが，各デジタルアーカイブの性質上，手書き文字認識に有効とされる各種統計的手法および学習手法の適用には今後の十分な議論が必要になるだろう．

　また，古文書の字形を現代の知識で扱う以上，字種と字形によるプロトコル

考古・歴史

の接続は保証されず，読めない字形の存在を前提とした「コンピューターと利用者の連携」に対する支援が重要となる．さらに，文字認識技術の母体となる情報科学分野では数カ月から数年のスパンで研究者および研究対象の入れ替えが発生するが，古文書研究分野での各スパンは 10 年を超えることが珍しくなく，スパンの差を埋めながら現実的なコストでサービスを継続・メンテナンス可能にするための工夫が重要となる．他にも，Web サービスである以上，Web サーバーの定常的な運用コスト抑制，サーバー更新時に求められる可搬性，サービスを提供する Web サイトの各種ポリシーに対する柔軟性，同時に発声する複数の検索要求への対応などが求められる．これらを踏まえた上で，MOJIZO の設計・実装においては下記の項目を重視した．

①汎用性・安定性が高く計算負荷の少ない特徴量と計算手法の採用

②研究者ごとの担当機能の明確化と機能別のモジュール化

③オフライン処理モジュールの並列実行への対応

④継続的安定性が期待できる動作環境に適した実行形式の採用

　MOJIZO には，検索時に字形が黒，それ以外が白の 2 値画像，あるいはそれに準ずるコントラストを持つ画像を入力することができる．しかし，実在の古文書においては記録媒体に色がついていたり，墨の色が落ちていたり，字形と記録媒体の明暗が逆であったりすることが多い．従って，多様な出典を持つ文字の画像を MOJIZO に適した字形画像に加工するためには画像処理が必要となるのだが，MOJIZO では画像処理に必要な機能を Web サービスに含めず，利用者側のコンピューター（クライアント）に委ねることとした．字形とそれ以外の部分を画像上で区別することができる，全自動で汎用性の高い画像処理手法の実現は容易ではなく，仮に実現できたとしても，結果が利用者の意図する字形となり得るかどうかには議論の余地が残る．字形はあくまでも人間にとってのプロトコルであり，利用者が字形画像をマネージメントするステップは必要だと筆者は考える．そのステップをスムーズに実行するためには，画像処理のためのアプリケーションをクライアントサイドに置くことが適当である．この点を踏まえて，筆者らは iPhone 用の画像処理アプリ MOJIZOkin をリリース[2] しているが，様々な古文書に適した画像処理の実現とアプリケーションの展開は今後の課題の 1 つである．

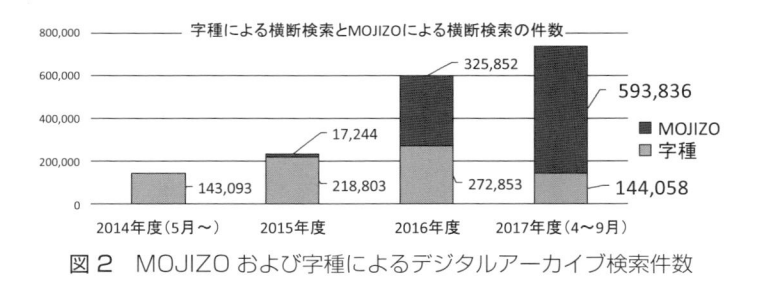

図2 MOJIZO および字種によるデジタルアーカイブ検索件数

5. デジタルアーカイブ利活用促進の効果と課題

　MOJIZO の公開によってデジタルアーカイブの利活用が促進されたのかを評価する尺度の一端として，**図2** に MOJIZO を用いた検索件数を示す．「字種」として示した比較対象は，MOJIZO と同じく奈良文化財研究所の Web サイトで公開されており，木簡字典と電子くずし字字典データベースを字種（文字コード）で横断検索できる Web サービス[5]による検索件数である．

　なお，MOJIZO の公開は 2016 年 3 月であり，2015 年度の検索件数は 1 カ月分だけである．MOJIZO は字種による横断検索に比べて後発であることを考慮し，何度かの広報活動を行っているが，その点を考慮しても，2017 年度上半期の利用件数はデジタルアーカイブの利活用促進に対してオフライン手法が持つ可能性を十分に示すものであると考えている．

　今後の課題として，技術面ではオフライン手法の改善による検索精度の向上，および検索可能なデジタルアーカイブの拡大が挙げられる．古文書に対する研究成果の蓄積とコンピューターの高速化は，オフライン手法の適用に新たな展開を生むものと考えている．また，運用面においては関連研究を担う人材の継続的な確保があげられる．情報科学分野における前述のスパンは，古文書研究を支援していくためには短い．長期的な視点に立った研究者の活動支援は，文理境界領域における研究の発展に寄与するものと考えられる[i]．

［耒代誠仁］

考古・歴史

【注】

i)　本項目の作成は，科研費基盤研究（S）-18H05221，（A）-17H0921，（A）-18H03597，
および（C）-18K00972 の助成によるものである.

【参考文献（さらに学びたい人のために）】

[1]　BS-DATA 編（1998）.「特集　挑戦　古文書 OCR」『人文学と情報処理』**18**.

[2]　耒代誠仁（2016）.「MOJIZOkin」https://itunes.apple.com/jp/app/mojizokin/
id1211838518?mt=8（最終アクセス：2018 年 4 月 2 日）

[3]　第 21 回 PRUM アルコン（2017）.「第 21 回 PRMU アルゴリズムコンテスト こ
の文字読めますか？　〜くずし字認識にチャレンジ！〜」https://sites.google.com/view/
alcon2017prmu（最終アクセス：2018 年 4 月 2 日）

[4]　奈良文化財研究所（2005）.「木簡字典」http://jiten.nabunken.go.jp/（最終アクセス：2018
年 4 月 2 日）

[5]　奈良文化財研究所（2009）.「『木簡画像データベース・木簡字典』『電子くずし字字典デ
ータベース』連携検索」http://r-jiten.nabunken.go.jp/kensaku.php（最終アクセス：2018 年 4
月 2 日）

[6]　奈良文化財研究所（2016）.「MOJIZO」http://mojizo.nabunken.go.jp/（最終アクセス：
2018 年 4 月 2 日）

[7]　Nguyen, H. Tuan., Ly, N. T., Nguyen, K. C., Nguyen, C. T. and Nakagawa, M.（2017）. Attempts
to recognize anomalously deformed Kana in Japanese historical documents, *Proceedings of the 2017
Workshop on Historical Document Imaging and Processing*（*HIP 2017*），31-36.

[8]　寺沢憲吾.「文書画像検索システム」http://records.c.fun.ac.jp/（最終アクセス：2018 年 4
月 2 日）

[9]　東京大学史料編纂所（2006）.「電子くずし字字典データベース」http://wwwap.hi.
u-tokyo.ac.jp/ships/db.html（最終アクセス：2018 年 4 月 2 日）

[10]　山田奨治，柴山守（2007）.『くずし字解読用例字典（CD-ROM）』東京堂出版.

A3-14

情報考古学

archaeoinformatics

　情報考古学（archaeoinformatics）とは，考古学を核に，それと隣接する諸
科学，すなわち，情報学，統計学，自然人類学，年代学，理化学，花粉学，文
化財科学，画像工学，人口学，博物館・図書館学，実測・測量学等と協調研
究を進める，新しい学際的学問領域である. 国内を見ると，まだ四半世紀の
歴史しかないが，世界を見ても，比較的に新しい研究ジャンルである. これ
らの隣接諸科学を概観すると，特にデジタルデータを活用する情報学，統計

学，実測・測量学等が目立ち，ここに情報考古学が**デジタル考古学**（digital archaeology）と呼ばれるゆえんがある．

1.　研究領域と手法

　国内における情報考古学の進展は，日本情報考古学会の設立・発展と共に歩んできた歴史がある．そこで，同学会の学会誌『情報考古学』に掲載された論文を分野ごとにまとめ，その手法を簡単に紹介することで，情報考古学の学際的性格を理解してもらえたらと希望する．

①須恵器や土師器等の蛍光 X 線分析による産地研究，鉛同位体比，黒曜石の磁気物性，地中レーダー探査，残留磁化等に関する研究のごとく，理化学的分析が中心となる．

②遺跡のデジタル測量や，遺物や遺構のデジタル計測・実測，復元（レプリカ作成），石器接合等の研究で，いずれもデジタルデータを使用する．

③古人骨，土器，寺院金堂，粘土混和材，副葬品等に関する研究で，多くは多変量解析（クラスター分析，主成分分析，数量化 III 類等）を主とする統計解析を利用している（**図 1**，**図 2** 参照）．

④VR（バーチャル・リアリティ）を利用した土器復元，拓本画像のデジタル作成，仏像・石窟・仏塔等の 3 次元形状モデリング，3D-CAD を利用した建造物復元，3 次元スキャナーを用いた遺物の復元，仏像・円柱形状・紋章・六葉（装飾）等のデジタル復元等に関する研究（**図 3** 参照）．

⑤遺跡数と人口推定，集落変遷，農耕人口，狩猟採集から農耕への人口数変化，最適食域モデル等の復元推定に関する古デモグラフィ研究．

⑥木簡，古文書，ロンゴロンゴ文字等の，古い時代の文字分析に関する研究．

⑦遺跡や遺物のデータベース作成に関する研究．

⑧遺跡・集落間交流の GIS（地理情報システム），MLA（Museums, Libraries, Archives）連携，遺跡資料リポジトリに関する研究．

⑨バーチャルミュージアム，遺跡写真博物館，メタデータ写真ライブラリーに関する新しい博物館・図書館に関する研究．

⑩その他，前方後円墳規格，古代尺，繊維方向，土偶，粘土混和材，土器製作具，身体技法等の研究．

考古・歴史

313

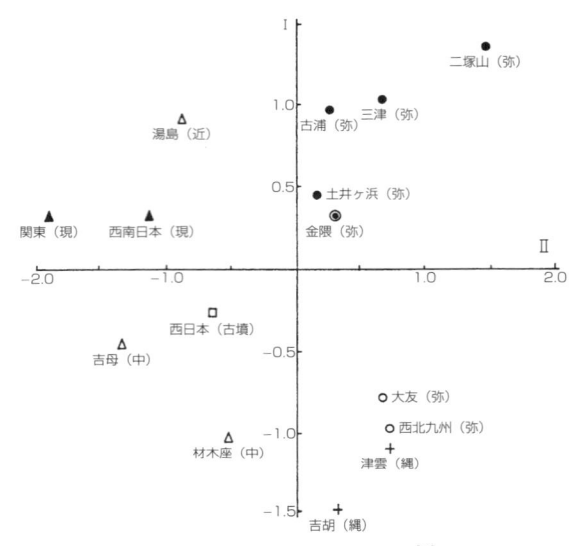

図1 古人骨の主成分分析[5]

人骨の各部計測を基に，縄文，弥生，古墳，中世，近世，現代人の相互の類似性が示されている．

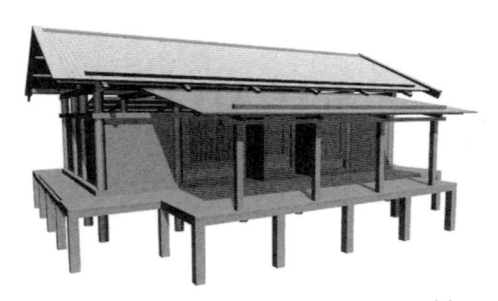

図3 3D-CAD を利用した建造物復元[8]

発掘した柱穴を基に家屋上部構造を 3D-CAD で復元した例．

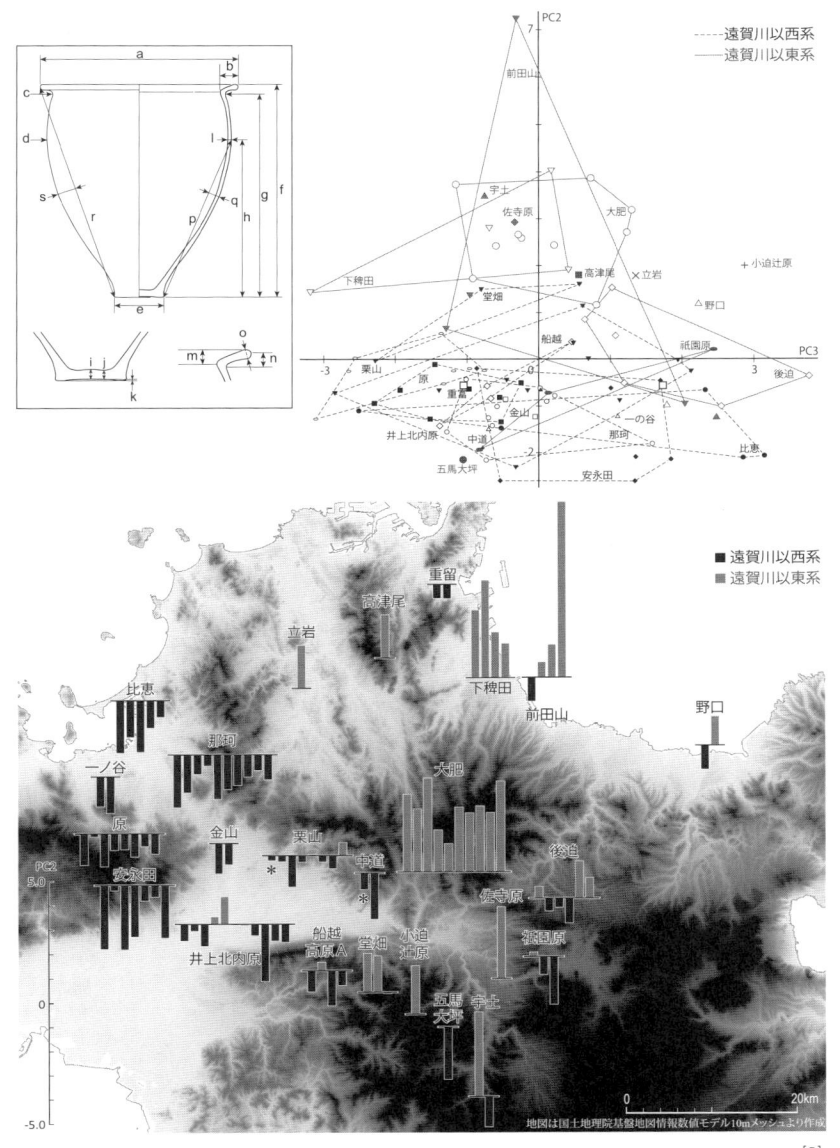

図2　弥生土器形状の主成分分析（上）と第2主成分スコアの地理的分布（下）[9]

須玖式甕の各部計測値を利用して解析し，空間的セリエーション（地理的に形態が変わる様子）を示した例.

考古・歴史

315

2.　将来への展望

　イギリス流考古学の影響を受けて出発した日本考古学は，別名で先史学とも呼ばれ，歴史学の一部であると認識されてきた．つまり，失われた文化の復元を第一義的命題として掲げる文系の学問である．ところが，毎年，多数の発掘踏査が敢行され，今までに築き上げた資料は収拾もできないほど膨大となり，生活様式復元には従来の歴史的観点からの分析だけでは充分ではなくなり，周辺サイエンスからの応援が必須となった．ここに情報考古学が台頭することになる理由があった．関連諸科学と協業研究は多いに奨励されるところだが，一方，1つ大きな問題が横たわっている．これまでに発表されてきた多数の報告書が持つデータをどのようにデジタル化するか，調査者により精度の異なるデータをどのように分析するか，莫大なデータをどのように保管するかという，基本的な問題も未解決として横たわっている．考古調査専門家を養成する高等教育機関では，従来の考古科目以外に，「情報考古学」とか「統計考古学」という新たな教科目を揃え，学生たちを教育する必要があろう．

　情報考古学と密接に関連する国内の学会としては，「日本情報考古学会」（1991 年〜現在）があり，それに類似するものとして「じんもんこん」（情報処理学会の「人文科学とコンピュータ研究会」）がある．海外に目を向けると，約半世紀前にイギリスで発生した CAA（Computer Applications & Quantitative Methods in Archaeology）があり，年 1 回の大会を世界各地で開催している．考古学の 1 つのジャンルとして発生した情報考古学は，これからも理数系サイエンスの支援のもと，文理融合型考古学として，更に進化・発展していくことであろう．

[植木武]

【参考文献（さらに学びたい人のために）】
[1]　千葉史，貝森和美，横山隆三，菊池強一（2000）．「地理情報システムを用いた遺跡集落ブロックの形成と最適交路の推定――北奥羽地方の縄文時代中期遺跡分布に関して」『日本情報考古学会論文誌』6（2），1-10．
[2]　原俊彦，植木武（1997）．「先史時代ワールドモデル――システムダイナミックス手法による構築」『情報考古学』2（1），28-40．

[3]　堅田直（1996）．『情報考古学——パソコンが描く古代の姿』ジャストシステム．

[4]　村上征勝（1999）．「6 世紀〜8 世紀建立の寺院の金堂の平面形状に関する計量分析」『情報考古学』4（2），15-22．

[5]　中橋孝博（1995）．「古人骨に対する統計解析法の適用例」『情報考古学』1（1），27-33．

[6]　西村淳（1987）．「畿内大型前方後円墳の築造企画と尺度」『考古学雑誌』73（1），43-63．

[7]　酒井英男，菅頭明日香，小黒智久（2013）．「竪穴住居上屋土壌の火災による落下状況を残留磁化から探る研究」『情報考古学』19（1・2），28-35．

[8]　庄政典（2010）．「3D CAD を用いた鬼ノ城景観図の作成」『情報考古学』16（1），1-8．

[9]　太郎良真妃（2018）．「土器様式の空間的検討——須玖式土器における東西の様式的地域差」『情報考古学』23（1・2），1-15．

A3-15
民具資料のデジタルアーカイブ化
constructing digital archive of folkcraft articles

1．民具資料とデジタルアーカイブ

考古・歴史

　アイヌの人々の伝統的衣服（以下，アイヌ衣服）を対象として，民具資料の**デジタルアーカイブ**（digital archive）[3]を作成していく過程での資料のデジタル化の方法と，デジタル化された情報の活用方法について，衣服に施される特徴的な刺繍文様を中心に記す．

　最初に「**アイヌ衣服**（Ainu clothes）」と「**民具**」との関連を記す．宮本は民具の定義を 7 項目に分けて示しており，その中には「人間の手によって，あるいは道具を用いて作られたもの」，「民衆が，その生産や生活に必要なものとして作り出したもの」，「民具の素材になるものは草木，動物，石，金属，土など」という記述が含まれる[9]．ここで対象とするアイヌ衣服は，これらの条件を満たしていることから，表題の通り「民具」として扱っている．二風谷アイヌ資料館創設者である萱野の著作物名においてもこの表現が用いられている[4]．

　次に民具資料のデジタルアーカイブ化の背景は次の通りである．アイヌ衣服は**図 1** に示すような博物館の展示，あるいはデータベースの公開[2]，各種刊行

図1　アイヌ衣服展示（国立民族学博物館にて 2018 年 3 月著者撮影）

物等を通じて見ることができるが，博物館における限定された条件下での展示物観覧や，Web サイト上の低解像度で小さなサイズの画像閲覧から，特徴的な文様のパターンについて詳細に観察し，理解を深めることは困難である．各種刊行物の写真に関しても Web サイト上の画像と同様のことが言える．資料保存上の観点から，実物を扱う機会は限られているが，画像の幅広い利用を想定し，材質などの属性情報ととともに高解像度デジタル画像の撮影・保管を行っておくことで，より詳細な画像閲覧をはじめとする資料公開が可能となる．ここで行っているのは，そのためのデジタルアーカイブ化である．

2.　アイヌ衣服と文様

　アイヌ衣服は，本体の素材と文様によって特徴づけられ，次のように分類される[1]．
① 　動物を使った衣服：獣皮衣，魚皮衣，鳥羽衣
② 　植物を使った衣服：樹皮衣，草皮衣
③ 　外来の衣服：木綿衣，外来衣
　樹皮衣，草皮衣，木綿衣において共通して見られる文様には，**切伏文様**（kirifuse pattern）と**刺繍文様**（embroidery pattern）がある．切伏文様は，直線状の布を衣服上に水平・垂直方向に配置して構成したもの，刺繍文様は，切伏文様の上に糸で文様を施したものである．刺繍文様は切伏文様の上に刺繍を行うものと，直接に衣服本体に刺繍を行うものとがある．**図 2** の例では，

図2　切伏文様と刺繍文様の例

黒く太い帯状の部分が切伏文様で，白く細い部分が刺繍文様である．このような文様は，衣服の一部に施されたものから全体を覆うようなものまである．後者の場合，衣服の背面から前面まで文様がつながっており，その状態を正確に把握できるように可視化するには，後述する立体的再現が1つの有効な手段となる．

3.　アイヌ衣服のデジタルデータ作成

　図3に著者が提案するデジタル化の枠組みを示す[8]．対象物（資料）デジタル化の最初の段階においては，撮影・スキャンによって画像（動画を含む）を作成する．衣服の立体的構成をデジタルで再現する場合に，その都度対象となる資料自体を直接参照できる（図3「資料の直接参照」の部分）ことが望ましいが，そのようなことは，資料の保存・管理などの点から一般的には難しい．しかし，デジタルデータを作成する機会に，将来的な利活用を想定し，資料の直接参照と同等の情報を得られるようにしておくことができれば，後にそのデータにアクセスすることで，原資料参照の困難さという制約を受けずに調査や再現作業を行える可能性が出てくる．
　衣服文様の立体的な再現を行うためには，画像をもとにした正確な展開図作成を可能とするような撮影方法を検討する必要がある．展示等で見られるような，衣桁に掛けた状態での前面と背面の撮影では，以下の問題がある．
①　衣服の折り曲げ部分の文様画像に歪みを生じる．

考古・歴史

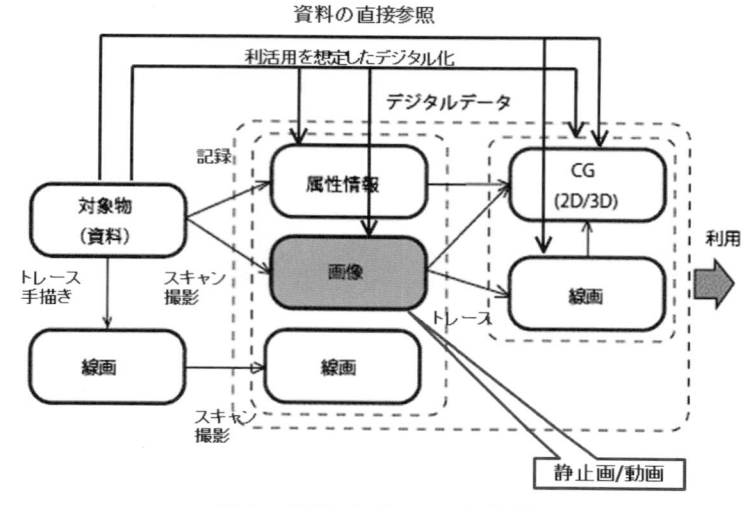

図3　デジタルデータの作成過程

② 自重による生地の歪み，生地の厚みおよび前面と背面の生地間の隙間により文様画像に歪みが生じる.

③ 前面と背面の画像をそれぞれ撮影するときに，2枚の画像間で境界部分を正確に一致させることができない.

　これらの問題を解決する1つの方法として，**俯瞰撮影**（overhead shot）がある．これは，資料の真上にカメラを配置して撮影を行う方法で，古文書等の撮影で採用されている[13]．衣服は床面上に置かれているので，自重による変形の影響を受けることがなく，生地のゆがみの修正，前面と背面の境界部分の正確な一致が比較的容易で，上記の問題の影響が抑えられる．文様を正確に再現するには，折り曲げ部分の文様形状についても正確に記録することが必要になるので，衣服の前面と背面に加えて，上面と側面の撮影を行う[7].

4.　デジタルデータの活用

4.1　刺繍文様のトレース

衣服画像を下絵として文様のトレースを行うことによって，文様の特徴や

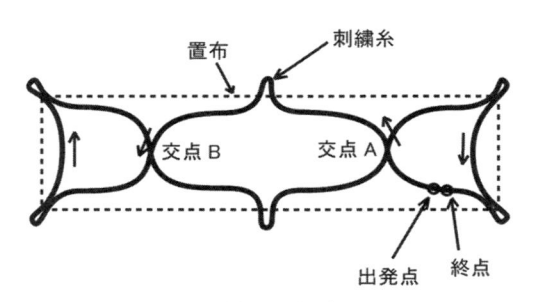

図4　運針の基本パターン

構成パターンを分析・理解することにつながる．そのためには，トレース作業に規則性・一貫性を持たせることが必要である．アイヌ文様にはアィゥ文，モレゥ文などの基本的な文様が存在する[1]が，ここでは個々の文様ごとにトレースするのではなく，アイヌ文様の重要な構成要素である**一筆書き文様**（one-stroke drawing pattern）[6]を構成する方法を採用する．つまり，一筆書きが，刺繍を行うための経験的に確立された運針方法であると仮定し，それに従ってトレースを行うのである．伝統的な運針方法では，**図4**の交点 A，Bに示すように，文様の交点で進行方向の反転は行わず，糸を互いに交差させている[14]．トレースを行う場合にもこの方法を適用する．一般的には一筆書きは閉曲線を対象としているが，ここでは，始終点が一致しない開曲線も含めている．

　このようなトレース作業は，作業者が衣服製作者の運針過程を，針と糸を使わない方法で疑似体験し，その方法の適否や例外など，文様の構成方法に関する知見を蓄積する機会になると考えている．また，トレース結果自体については，後述するようなデータ活用につながる．

4.2　運針過程の可視化

　図5は上述の一筆書きの方法によって，刺繍文様をトレースした結果で，衣服を展開し背面から見た場合を示している．同図の中央上部が背中の部分になり，その両側にあるのが前面の襟部分の文様で，同図の中央下部からつながっている．ここでは，4つの一筆書きが抽出されている．背面上部には3つの一筆書きがあり，実線と2種類の破線で示している．背面下部から左右に広がる

考古・歴史

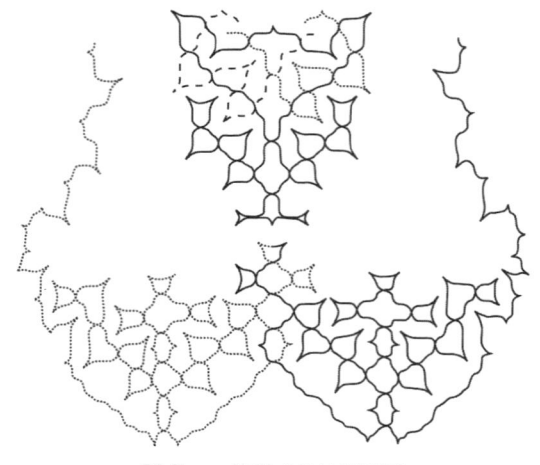

図5　一筆書きの抽出結果

文様は1つの一筆書きで構成されている．左右が対称になっており，その様子を実線と破線で示している．また，このトレース結果を3DCG化することによって，任意の方向から文様を立体的に確認することが可能になる[8]．このような可視化は，「一筆書き」という観点からアイヌ文様の構成や運針方法を検証する材料にもなる．

4.3　立体模型の作成

　図6は展開図と立体模型の作成例である．図6の左に画像トレースによる展開図を示す．展開図の作成方法は「静内地方のアイヌ衣服」[12]を参考にしている．この展開図を用いて作成した紙の立体模型が図6の右である．正確な展開図を描くことができると，歪みのない立体模型を作成することができ，簡便な方法でアイヌ文様の立体的な可視化が可能になる．このような展開図を得るために，衣服の前面と背面に加えて，側面と上面の俯瞰撮影を行い，トレース用の下絵となる画像を作成している．

　立体模型を手に取って自由な角度から文様を見ることができることで，アイヌ衣服文様が鑑賞・観察する対象から，身近に触れ，理解する対象となっていく．展開図上で一筆書きや色塗りを行い，立体模型を作成するという体験学習を行うことも可能である．

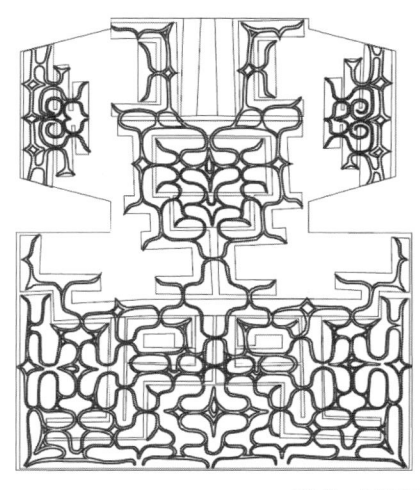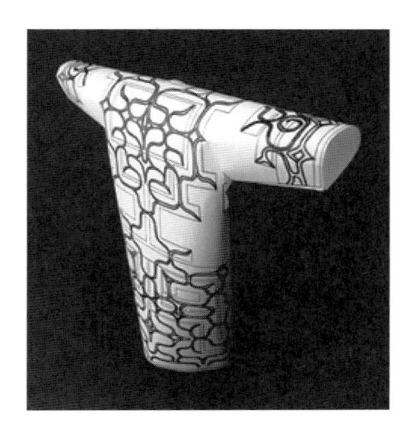

図6　展開図と立体模型

［皆川雅章］

考古・歴史

【参考文献（さらに学びたい人のために）】
[1]　アイヌ民族博物館（2009）．『アイヌ文化の基礎知識』草風館.
[2]　アイヌ民族博物館しらおいポロトコタンアイヌ伝統・文化資料の紹介「着る・装う」
　　　http://www.ainu-museum.or.jp/nyumon/siryo/kiru.htm（最終アクセス：2018年4月1日）
[3]　岩井宏實，工藤員功，中林啓治（2008）．『[絵引] 民具の事典』河出書房新社.
[4]　笠羽晴夫（2010）．『デジタルアーカイブ——基点・手法・課題』水曜社.
[5]　萱野茂（2005）．『アイヌ・暮らしの民具』クレオ.
[6]　金田一京助，杉山寿栄男（1973）．『アイヌ芸術』北海道出版企画センター.
[7]　西田香代子（2007）．『西田香代子のテケカラペアイヌ刺しゅう』クルーズ.
[8]　皆川雅章（2015）．「民具資料のデジタルアーカイブ化——3DCGによる刺繍文様の運針
　　　過程の可視化」『デジタルアーカイブ研究誌』2（1），3-10.
[9]　皆川雅章（2017）．「民具資料のデジタルアーカイブ化——俯瞰撮影画像を用いたアイヌ
　　　衣服文様の立体的構成の再現」『デジタルアーカイブ研究誌』4（1），51-59.
[10]　宮本常一（2007）．『民具学の提唱』未來社.
[11]　佐々木利和（1995）．『日本の美術第354号　アイヌの工芸』至文堂.
[12]　佐々木利和（2001）．『アイヌ文化誌ノート』吉川弘文館.
[13]　静内町，北海道ウタリ協会静内支部（1993）．『静内地方のアイヌ衣服』.
[14]　谷口知司（2014）．『デジタルアーカイブの構築と技法』晃洋書房.
[15]　津田命子（2009）．『アイヌ刺しゅう入門チヂリ編』クルーズ.

A4

人文地理

時空間を重ねて京都を地図で描く
上：江戸初期の京都（『新撰増補　京大絵図』林吉永，大英図書館蔵）
下：現在の京都（『バーチャル京都』（3 次元都市モデル）立命館大学）

A4-1

人文地理学

human geography

　大地（geo）を記述する（graphy）というギリシャ語 geōgraphía の語源を持つ地理学（geography）は，地表面の様々な自然事象・人文事象の状態およびそれらの相互関係を複合的総合的な視点から考察する学問で，自然事象，人文事象，特定の地域の地域性のいずれの解明に重点をおくかによって自然地理学，人文地理学，地誌学（地域地理学）に大きく分けることができる．自然地理学と人文地理学を合わせて系統地理学ないし一般地理学と呼ぶ場合もある．

　自然地理学は，さらに地形学，気候学，水文学などに，人文地理学は，社会地理学，経済地理学，歴史地理学などに分かれる．そして，地誌学（regional geography）は地域研究（area studies）と関連するが，地誌学は国外のみならず自国を重要な対象地域とする点で地域研究と異なり，また，対象地域の空間スケールは，身近な地域社会から世界全体まで多様である．地域，場所，空間，環境，景観といった概念に基づく地理学のアプローチは，隣接諸学問に対して地理学独自の貢献をなす一方，地理学は，隣接諸分野間をつなぐ学問として，学問の学際・統合に貢献している[8]．

　地理学は，物理学や生物学などの科学的学問と連携する自然地理学と，歴史学などの人文学や，経済学・社会学などの社会科学，さらに，都市計画学，土木工学などの応用科学と連携する人文地理学からなることから，極めて学際的な学問分野である．

　地理学の伝統的な分析手法には，フィールドワークと地図化がある．フィールドワークは，現地調査に基づく，観察，観測・測定，採集に始まり，聞き取り・アンケートまで様々であるが，現地調査を通じて独自の一次データを自らつくり上げ，それを基に分析する．そして，フィールドワークで得たデータや，公的機関などによって公開されたデータを用いて，地域事象に関する様々な空間的スケールでの主題図を作成し，情報の整理・分析・解釈・表現を行ってきた．現在では，地理情報システム（GIS）の活用により，オープンデータや大量のデータを効率よく地図化することが可能となっている．その結果，GIS の活用は今後ますます必要となると言える．

1.　近代地理学の成立と戦後の地理学の展開

　近代日本の大学における地理学の制度化は，1907 年に設置された京都帝国大学文科大学の地理学講座が最初で，次いで，1911 年に東京帝国大学理科大学地質学科に地理学講座が設けられ，1919 年に地理学科となった．自然地理学と人文地理学からなる地理学は，日本の大学においては，文学部においても自然地理学が，そして，理学部においても人文地理学が教授されることになる．その伝統は，大学に先行する東京や広島の高等師範学校の地理歴史学部などにも見られる[7]．

　このような背景にあって，人文地理学は，地域を対象に，自然地理学的側面を考慮しながら人文現象を説明・解釈してきた．その結果，地理学の本質から，人文地理学は，人文学的の説明様式のみならず，自然地理学の科学的・理学的な説明様式をも取り込んできたいと言える．

　第二次世界大戦後の欧米の地理学においては，個性記述的な地誌学を重視する伝統的な地理学から，法則定立的な系統地理学を重視する「新しい地理学」が展開することになる．そのような動向は，1950 年代後半に北米で起こる地理学における計量革命と呼ばれる．

　計量革命によって人文地理学では，行に空間単位，列に地域属性を配した地理的データ（このようなデータ行列を地理行列と呼ぶ）に，重回帰分析を適用することによって，地域属性間の関係を計量的に分析したり，主成分・因子分析やクラスター分析を用いて，等質地域や機能地域の客観的な地域区分・地域分類が行われるようになる．そこでは，心理学などで開発された相関係数やそれに基づく多変量解析が，当時，普及し始めた大型計算機の数値計算によって処理された．空間的に起こる様々な人文現象が数値化され，物理学を頂点とする自然科学の論理実証主義的な認識論が持ち込まれるようになる．それは，地理学的現象の法則やモデルを構築するために，仮説を立て，データを収集し，統計的検証を行うという，科学的な手順が用いられるようになった[10]．

　また，空間的パターンやそのパターンを形成する空間的プロセスのモデル化が行われるようになる．例えば，人口移動の流動パターンのモデル化には，ニュートンの万有引力の法則のアナロジーを用いた重力モデルや，熱力学のエン

人文地理

トロピーを援用したエントロピー最大化空間的相互作用モデルなどが開発され，都市内部の人口や産業などの活動の空間的分布や，通勤・買物流動を予測する都市モデル研究なども展開する．

このようにして人文地理学は，歴史地理学，文化地理学などの伝統的な個性記述的で一回性の現象を対象とする人文学の側面と，物理学を頂点とする科学的な法則定立的な側面，あるいは経済学，社会学，心理学などの社会科学理論を共有しながら，地域を対象として，空間的な次元に焦点を当てながら発展してきた．とりわけ 1970 年代に入ってからは，計量地理学批判に始まり，人文主義地理学，マルクス主義地理学，ラディカル地理学など多様な認識論のもとに混沌とした状態が続くことになる[3]．

とりわけ，個人の行動に着目する行動地理学，中でも時空間的制約から，個人の行動を解釈・説明・予測しようとする時間地理学，個人の頭の中に描かれた地図，絶対空間における物理距離だけでなく，時間距離，費用距離，さらには主観的な距離を扱う相対空間の研究，そして，新たな技術革新，文化，疾病などが時空間的に展開する伝播を対象とする空間的拡散研究が開花することになる．多次元尺度構成法（MDS）を用いて，相対空間やネットワーク空間を可視化する技術は，新たな地図化手法としても人文地理学に新たな視点を与えた[10]．

このように計量地理学で用いられる計量的手法は，多変量解析から質的データ分析まで，ネットワーク分析など多岐にわたるが，分析結果は，残差分析を含め地図として表現されることが多かった．

2. 地理情報システムの出現

1980 年代後半には，欧米において人文地理学における，第 2 の革命と言える地理情報システム（GIS）革命が起こる．そこでの展開は「**A4-5 地理情報科学**」に譲るが，コンピューターの処理速度の向上や大容量のメモリやハードディスクの普及により，膨大な**地理空間情報**を分析する GeoComputation という分野も現れた[9]．特に，1990 年代からは，そのようなコンピューテーションを最大限に活用して，位置情報を持ったビッグデータである，空間ビッグデータ（ジオ・ビッグデータとも呼ばれる）に適用する新たな方法が多く持ち込

まれるようになった．例えば，ニューラルネットワークや遺伝的アルゴリズムなどの AI を用いた研究が展開することになる．そこでは，演繹的なモデリングとともに，大量の空間ビッグデータを探索的に分析する帰納論的なアプローチも用いられている．

　人文地理学は，GIS を取り込みながら，1950 年代後半以降の計量地理学の手法を発展させて，地理情報科学を生み出してきた．その後は，地理情報科学は，地図を用いるあらゆる学問と関連しながら，そして，オープンデータによる国や地方自治体の持つ膨大な地図や統計データの整備・公開，ICT によるWeb 技術や，GPS を内蔵した携帯電話の普及など，新たな地理空間情報が出現などに後押しされて，その研究領域をさらに拡大させている．

　GIS と地理情報科学はジオテクノロジーとして，バイオテクノロジー，ナノテクノロジーと並んで，21 世紀の産業を支える科学技術として注目され，さらなる発展が期待されている．

　2000 年代後半からのデジタル・ヒューマニティーズでは，人文地理学と伝統的な人文学との関係の強化は，**歴史 GIS** による歴史学との連携から始まったと言える．歴史地理学という分野は，GIS が普及する前からすでに歴史学においても一定の位置づけが行われており，歴史学側からの歴史地理学は地理学的視角ないし空間現象の分析視角を取り込んだ歴史学であり，地理学側からの歴史地理学は過去の地理学，ないしは歴史事象の分析視角を取り込んだ地理学，あるいは時間の様子を重視した地理学と表現することが可能である[5]．両者は，すべての空間的現象が歴史的存在である，同時にすべての歴史的事象が空間的存在であるという事実に基づくもので，古典籍，日記，記録，古文書などを研究資料とする歴史学や文学などにおいても，それら資料に記された地名や場所がどこに相当するのかといった関心は，歴史地理学，ひいては人文地理学との協働を促進するものである[4]．

　そうした空間的な位置の特定は，これまでは地理学の専売特許であったが，GIS の一般化によって，どの学問分野においても地理空間情報を扱えるようになった．その結果，古地図のジオリファレンスはもちろん，古典籍や古文書に含まれる位置情報の地図化が，歴史学者と人文地理学者との連携によって，新たな歴史 GIS が展開し始めた．

　さらに，小説に見られる地理空間に関しても，1980 年代にすでに人文地理

人文地理

学の対象となっていたが，GIS の普及によって，より本格的に小説や日記などの地理空間が研究対象となるようになった．

2000 年代後半に，欧米において，伝統的な人文学に，情報技術を取り入れた**デジタル・ヒューマニティーズ**という新しい学問領域が形成される[6]．デジタル・ヒューマニティーズは，人文学への情報通信技術（ICT）の導入だけでなく，その背後にある科学的な学問観をもたらしつつあるとも言える．

デジタル・ヒューマニティーズに人文地理学が関わることによって，これまでの伝統的な人文学に空間的な視点を取り込んだ，空間的転回が起こりつつある．そのような展開は，歴史学と GIS が連携した歴史 GIS から**空間人文学**（spatial humanities）[1]へ発展し，歴史学以外の人文学との連携をも取り込んだ**地理人文学**（geohumanities）[2]といった新しい研究領域を形成しつつある．世界最大規模の米国地理学会では，これまでの機関誌である *Annals of the American Association of Geographers* に加えて，2014 年から *Geo Humanities* という学術雑誌を刊行するに至っている．

人文地理学は，計量革命によって，人文学とは最も離れたところにある物理学を志向し，経済学，社会学，心理学などの社会科学との連携しながら，計量地理学や GeoComputation を発展させてきた．そして，近年，GIS 革命による地理情報科学を通して，GIS の空間的視点を通して，伝統的な人文学との連携が展開している．

［矢野桂司］

【参考文献（さらに学びたい人のために）】

[1] Bodenhamer, D. J., Corrigan, J. and Harris, T. M.（2011）. *The Spatial Humanities: GIS and the Future of Humanities Scholarship*, Indiana University Press, 203.

[2] Dear, M., Ketchum, J., Luria, S. and Richardson, D.（2011）. *GeoHumanities: Art, History, Text at the Edge of Place*, Routledge, 326.

[3] Johnston, R. J. （立岡裕士訳），（1997, 1999）. 『現代地理学の潮流〈上・下〉——戦後の米・英人文地理学説史』，地人書房，284，404.

[4] HGIS 研究協議会編（2012）. 『歴史 GIS の地平——景観・環境・地域構造の復原に向けて』，勉誠出版，288.

[5] 金田章裕（2009）. 「歴史地理学と GIS」『京都の歴史 GIS』矢野桂司，中谷友樹，河角龍典，田中覚編，ナカニシヤ出版，1-19，209-223.

[6] 川嶋將生，赤間亮，矢野桂司，八村広三郎，稲葉光行（2009）. 『日本文化デジタル・ヒューマニティーズの現在』. ナカニシヤ出版，206.

[7]　中川浩一，竹内啓一，岩田一彦，立岡裕士，久武哲也（2000）.「I 地理学の制度化と日本地理学会の創設」『地理学評論』Ser. A**73**（4），225-247.
[8]　日本学術会議・地域研究委員会・地球惑星科学委員会合同地理教育分科会（2017）.『提言　持続可能な社会づくりに向けた地理教育の充実』，18.
[9]　Openshaw, S. and Abrahart, R. J.（2000）. *Geocomputation*, CRC Press, 432.
[10]　杉浦芳夫（1989）.『立地と空間的行動（地理学講座第 5 巻）』，古今書院，207.

A4-2
計量地理学
quantitative geography

1.　計量地理学の誕生

　19 世紀に確立されたとされる近代地理学の基礎となったのは，大航海時代の探検地理学にある．そこでは，主に地表空間の記述を目的とした地誌学が中心であった．その後，現代地理学に移行する中で，地表に関する様々な自然・人文現象の相互関係を俯瞰的に見るという地理学は，大きく地誌学と系統地理学の 2 つの視点があることが共通認識されるようになる．系統地理学は，地形学や都市地理学などのように主題ごとに地域を研究するもので，自然地理学と人文地理学に大別される．そして，地誌学は，系統地理学の知識を利用して，地形や気候などの自然現象と経済や文化などの人文現象の様々なテーマから特定の地域の特徴を明らかにし，自然現象・人文現象がどのように相互に絡み合っているのかを明らかにしようとする研究分野である．それぞれの地域は独自の特徴を有するために，地誌学は，現象を客観的に観察して，その有様を定性的に記述する個性記述的なアプローチがとられてきた．
　第二次世界大戦後，米国の地理学は大きな転機を迎える．それは全米科学財団（NSF）による各学問分野への研究費の配分が，大戦時における軍事サービスの貢献度に依存したためである．戦時中の地理学者の軍事サービスへの貢献は必ずしも十分でなかった．例えば，太平洋を爆撃機が横断する際の燃料の消費に大きく影響する偏西風（ジェット気流）の変動を予想することは極めて重要であるが，それを行ったのは自然地理学の気候学者ではなく，地球物理

学に依拠した気象学者であった．また，旧日本軍の暗号解読には，日本を研究対象とした地理学者でなく，言語学者であった．そこで，戦後の米国地理学会は，地理学の応用性，実践性を強調するようになり，地理学も物理学などの自然科学と同様に，計量的に計測したデータに基づいて法則や理論を構築し，それを用いて現象を説明しようと方法が重視されるようになった．すなわち，伝統的な地誌学と系統地理学の二元論において，系統地理学の一層の深化が求められたのである．こうした動向は，欧米の戦後の学問観を支配する物理学を頂点とする科学至上主義の考え方にも呼応していた．また，ちょうど時を同じくして，1950年代に入ると，IBMの大型コンピューターが，経済学や心理学などの社会科学においても用いられるようになった[5]～[7]．

　このような地理学の外部社会的状況の中で，1950年代後半に，地理学における計量革命が起こる．それの発火点となったのは，それまで米国における地理学の中心であったハーバード大学などの東海岸の大学ではなく，ワシントン大学地理学部のウィリアム・ガリソン（Garrison, W. L.）を中心とする，いわゆるワシントン学派によって先導されることになる[6]．

　1950年代における地理学における計量革命は，伝統的な地誌学から科学的な系統地理学へのシフト，個性記述的学問観から論理実証主義に依拠した法則定立的学問観へのシフト，そして，コンピューターを利用した統計学的手法や数理的モデルといった計量的手法の導入をもたらした．このようなパラダイム転換が地理学における計量革命であった．

2.　地理行列という概念装置

　伝統的な地理学の地誌学と系統地理学の二元論は概念的に，行方向に地域を，列方向に主題を置いた地理行列で表現することができる（図1）．この行列の特定の地域（例えば，アジア）を右方向に，自然地理学的現象（地形，気候，植生など），次いで，人文地理学的現象（人口，産業（農業，工業など），文化など）と見ていくことは，地誌学の視点となる．そして，この行列の特定の主題（例えば，農業）を，下方向に，世界（アジア，ヨーロッパ，アフリカなど），さらに，日本（北海道，東北など）と地域を見ていくことは，系統地理学の視点となる．もし，この行列に時間次元を加えるならば，特定の地域の

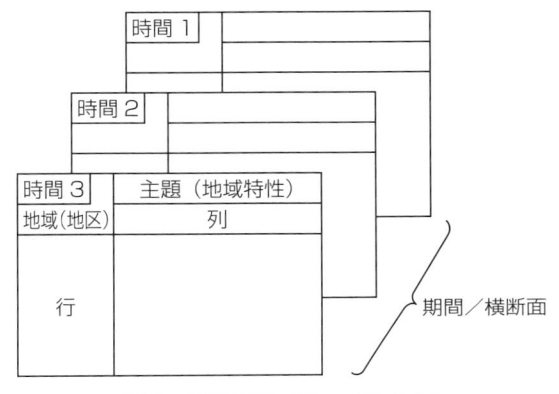

図1 地理行列（Berry[1]より）

特定の主題について，過去から現在について見ていけば，歴史地理学的な視点となる.

　このような地理行列の概念をデータ行列に置き換えたのが，ワシントン学派の中心人物の1人であるブライアン・ベリー（Berry, B. J. L.）であった[1]. ベリーは，この地理行列 X を，i 地区の j 地域属性とする数値データ（xij）に多変量解析を適用することで，地域属性間の関係を明らかにしたり，地域属性から地域間の類似性を求め，地域分類を行うようになる. さらに，地理行列を i 地区から j 地区への人やモノの移動量 tij とする取引行列（あるいは発地区・着地区（origin-destination: OD）行列）へも拡張し，地区間の空間的相互作用やネットワークの分析や，客観的な結節地域・機能地域の地域区分研究を展開した.

　「新しい地理学」へのパラダイム転換は，伝統的な地誌学と系統地理学を連動させた地理行列や等質地域などの地域概念をうまく継承しながら進行することになる. なお，この地理行列は，地図と連携させたリレーショナルなデータベースとして，**地理情報システム**（geographic information systems: GIS）の基本的なデータ構造となる.

　1950年代後半以降，地理学に科学的なアプローチをもたらした計量革命は，瞬く間に全米に，そして，ヨーロッパへと浸透していくことになる. データ行列としての地理行列への重回帰分析，主成分分析，因子分析などの多変量解析の適用，地区間の OD 行列を用いた重力モデル，そして空間的相互作用モデ

人文地理

ルの開発，さらには，集落や施設の空間的分布や，道路や鉄道などのネットワーク分析，時間空間現象であるイノベーション，文化，疾病などを対象とした空間的拡散研究など地理学的現象の数理モデルの適用が見られるようになった[4][6][7]．

　数理的なモデリング研究としては，人やモノなどの流動パターンのモデル化において，ニュートンの万有引力の法則のアナロジーを用いた重力モデルや，熱力学のエントロピーを援用したエントロピー最大化空間的相互作用モデルなどが開発され，都市内部の人口や産業などの活動の空間的分布や，通勤・買物流動を予測する都市モデル研究なども展開する[9]．

　このような計量地理学的研究は，主に大型コンピューターによる数値演算処理が中心で，多変量解析による地域分析，空間的相互作用モデルや都市モデルのような数理モデル分析が精緻化されていくことになる．なお，コンピューターによる地図化などが本格化し，地理情報システムが展開するのは，グラフィックスを用いるパーソナルコンピューターが普及する 1980 年代以降の話である[10]．

3.　計量地理学から地理情報科学へ

　1970 年代に入り，認識論を含め計量地理学の台頭に対する批判が見られるようになり，地理学は混迷の時代を迎える．とりわけ，人文現象に対して，物理学が依拠する論理実証主義的なアプローチを導入することに対する批判，抽象化・一般化することによって，重要なものが捨象されているという批判，数値化されるものだけが対象となるという批判，などが顕在化することになる．そうした中で，社会科学全般の動向でもあるが，マルクス主義地理学，構造主義地理学，人文主義地理学などが台頭し，人文地理学は様々な認識論が共存しあう形で展開することになる[2]．

　また，計量地理学において，心理学や経済学などで開発された多変量解析を地理学的データに適用することによる問題が指摘されるようになった．そもそも計量地理学で分析される地理学的データは，母集団を想定する推測統計的な手法ではなく，全数を対象としているため，記述統計的な利用となる．そして，サンプル間が独立でデータが正規分布しているという仮定を満たすことも

少ない. さらに, データは空間的に独立ではないことから, 空間的自己相関の影響を受けることが明らかにされた[3]. 空間的自己相関とは, 経済学における平均株価の変動のように, ある日の株価の値はその前日あるいは数日前の平均株価の影響を受けるため, 時系列データは独立でないという時系列自己相関と同様に, ある地区の観察値はその周辺の地区の値から影響を受ける, すなわち独立でないとする空間的自己相関である. その結果, 観察値そのものを独立とする推測統計学的手法は, 地理学的データに適用することはできないとする批判である.

さらに, 帰納論的な記述統計学的手法と, 演繹的な数理モデル的手法の適用に関する計量地理学と数理地理学の違いや, 地理学が純粋学問であるのか, 応用的学問であるのかといった立場の違いなど, 計量地理学の内部においても意見の食い違いが見られるようになった[8].

かくして, 1980 年代の地理学は, 認識論的にも, あるいは学問と社会の関係においても, 様々な議論が展開し, 計量地理学では, 複雑な統計モデルや数理モデルを駆使した研究が進められる一方, 「新文化地理学」に代表されるような, 多様な立場からの地理学が混在する状況となった[2].

人間そのもの, あるいは人間活動, 人間によって生み出されたものを対象とする人文地理学では, 物理学を頂点とし自然科学を中心とする認識論あるいは世界観が必ずしも中心的なパラダイムとはなりえなかった. そうした状況において, 1980 年代後半に, 人文地理学の計量地理学は, 地理情報システムの出現によって, 地理情報システム革命を迎えることなる.

[矢野桂司]

人文地理

【参考文献 (さらに学びたい人のために)】

[1] Berry, B. J. L.(1964). Approaches to regional analysis: A synthesis, *Annals of the American Association of Geographers*, **54**, 2-11.

[2] Johnston, R. J.(立岡裕士訳)(1997, 1999).『現代地理学の潮流〈上・下〉——戦後の米・英人文地理学説史』地人書房, 284, 404.

[3] 野上道男, 杉浦芳夫編(1986).『パソコンによる数理地理学演習』古今書院, 275.

[4] 杉浦芳夫(1985).「地理学における数理的手法の発達」『地学雑誌』**93**(7), 420-427.

[5] 杉浦芳夫(1987).「Ackerman とアメリカ地理学の「体制化」——計量革命に関する一考察」『地理学評論』Ser. A **60**(5), 323-346.

[6] 杉浦芳夫(1989).「Garrison とその時代——アメリカ地理学再生の時」『地理学評論』Ser. A **62**(1), 25-47.

[7]　杉浦芳夫（1989）．『立地と空間的行動』古今書院，207.

[8]　矢野桂司（2001）．「計量地理学と GIS」『GIS——地理学への貢献』高阪宏行・村山祐司編，古今書院，246-267.

[9]　矢野桂司（2003）．「空間的相互作用モデル」『地理空間分析』杉浦芳夫編，朝倉書店，84-106.

[10]　矢野桂司（2009）．「地理情報とデジタル・ヒューマニティーズ——革命か発展か」『日本文化デジタル・ヒューマニティーズの現在』川嶋將生，赤間亮，矢野桂司，八村広三郎，稲葉光行，ナカニシヤ出版，51-64，155-166.

A4-3
地理情報システム
geographic information systems

　例えば，私たちがどこかに出かけようと考えたときに，初めての場所である場合 Web ブラウザの地図サイトやスマートフォン向けの地図アプリケーションを立ち上げ，目的地の名称や住所を検索するだろう．そうすると，間もなく検索結果として該当する街の所在地や具体的な建物がデジタル地図上でズームアップされる．さらに，滞在先のレストランや宿泊するためのホテルなどを調べたいと思えば，続けて検索窓に入力し，同じく地図上に表示された結果に基づき，旅程の計画を立てる．これから訪れる場所について経路を調べたい場合は，出発地と目的地をそれぞれ検索窓に入力すると，その経路や所要時間，交通手段などが表示される．これらの結果は，自分のカレンダーに入力することで家族に共有することや，同行者にメール等で共有することも可能である．

　上記はあくまで例示にすぎないが，私たちが「**地理情報システム**（geographic information systems: GIS）」と接する日常的な場面を表象する 1 つであり，21 世紀の今日において，日常生活に欠かせないツールとなっている．

　GIS とは一般的には，空間上の位置を含む様々な情報（詳細は，「**A4-4 地理空間情報**」を参照）をコンピュータ上で処理するための情報システムの総称を指し[2]，その機能として情報データの編集や操作はもちろん，分析・可視化・管理する機能が備わっているソフトウェアやサービスを利用することが多い．GIS を活用する意義は，膨大な地理空間情報を効率的に処理することや複数のデータを自動的に統合あるいは変換することによって，その情報の性質を

定量的に分析することや，3次元表示など高度なビジュアライゼーションとして表現できることにある．また，情報の可視化によるコミュニケーション手段と捉えることもできよう[6]．

　他方，Ballas 他[1]は GIS の基本的な要素として，software, data, hardware, protocol, people の5つを挙げ，これらが相互に関係しあうことの重要性を強調している．空間的・地理的な情報を管理し理解することはもちろん，多種多様な情報を統合することで，将来の予測や計画立案といった意思決定を空間的な側面から支援する手段としても期待されており，民間企業，政府機関や地方自治体を始めとする公的機関，そして大学などの研究機関という多様な主体によって利用される社会インフラとしても位置づけられる．

1.　地理情報システム（GIS）の系譜

　GIS の発展は様々なルーツがあるとされており，1950 年代における米国空軍による軍事技術としての利用や，同年代における大学を中心とする計量地理学の発展（詳細は，「**A4-2** 計量地理学」を参照），そして 1960 年代にはカナダ土地目録局による国土資源管理のための GIS 利用を端緒として行政機関での利用が本格的に始まったとされている[5]．GIS のビジネス利用や商用ソフトウェアは，1981 年米国 ESRI 社の ARC/INFO が発売されたことを端緒に，汎用 GIS として広まっていく．特に ARC/INFO は，リレーショナルデータベースやベクタ型データを扱うことのできる最初のメジャーな GIS であったことから，GIS ソフトウェア環境の開発に大きな影響を与えてきた．

　他方，1990 年代後半になると**情報通信技術**（information communication technology: ICT）の進展に伴い，インターネット上で地理空間情報を扱う GIS 開発が進められ，これらは WebGIS または GeoWeb と称される．1996 年にサービスが開始された「MapQuest」や，サブメーター級の解像度を有する商業衛星の利用提供，さらに 2000 年には米国政府によって，軍事目的で利用されていた「**全地球測位システム**（global positioning system: GPS）」からの信号が民生利用にも開放されるようになり，地理学や情報工学的な研究，あるいは専門業務での GIS 利用のみならず，広く人文学分野を含めた学術利用や民間での活用へと大きく転換する1つの契機となった．そして，イ

人文地理

337

図1 OSM のプロジェクトページ（http://www.openstreetmap.org/）

ンターネットを活用した大きな進展として，2005 年に発表された米国 Google 社による Google マップ／ Google Earth の一般提供と，その前年の 2004 年より英国で始まった，オープンに利用可能な世界地図データベース作成を目的とした OpenStreetMap（**OSM**）のプロジェクト開始が挙げられる（**図 1**）．これまで GIS は，専門的なアプリケーションやデータが必要不可欠であったが，世界各地の背景地図を瞬時に表示することを始め多くの GIS 的な機能を，インターネットを介して行う方向性へと向かうことになる．加えて 2009 年には，**フリー＆オープンソース GIS**（free and open source software for geospatial: FOSS4G）の開発・普及を推進する Open Source Geospatial Foundation（OSGeo 財団）の主要プロジェクトとして，オープンソースのデスクトップ型 GIS である Quantum GIS（現 QGIS）が提供されるなど，GIS のオープンで広範な利用環境の実現が進められてきた．

2. 日本における地理情報システム（GIS）活用の展開

　日本における GIS の本格的な普及を考える上で重要な契機は，1995 年 1 月に発生した阪神・淡路大震災であるとされ[2]，広範な被害が発生した地域の被災状況の把握や分析に貢献しその有効性が広く認識されたことにある．

また 1995 年 9 月には，「GIS 関係省庁連絡会議」が組織されたことを受けて政府全体として GIS 活用の本格的な検討が開始され，国土交通省や国土地理院を始めとする省庁が有する基盤的な空間データがデジタル形式で整備されるとともに，2003 年からはインターネット上で提供開始された「電子国土ポータル」（現在は，地理院地図）により，無償かつ **API**（application programming interface）を介することで，外部アプリケーションからの利用が本格的に可能になった．

2007 年には，「地理空間情報活用推進基本法」（以下，基本法）が公布・施行されたことを受け，基本法の第 9 条に基づき「地理空間情報活用推進基本計画」（以下，基本計画）が策定され，基盤的な地理空間情報の整備や提供が位置づけられた他，GIS の活用を広く促進するための関連施策が実施されてきた．2012 年 3 月には第 2 期の基本計画が閣議設定され，準天頂衛星システム4 機体制の整備時期の明示や利用環境の整備，さらに産官学が有する多様な地理空間情報をワンストップで整備・提供する G 空間情報センターの設置を位置づけるなど，活動基盤の形成が進展した．

そして第 3 期基本計画は 2017 年 3 月に閣議決定され，先端的技術として近年注目されている **AI**（artificial intelligence，人工知能），**IoT**（internet of things，モノのインターネット）やビッグデータを活かした世界最高水準の地理空間情報高度活用社会（G 空間情報社会）の実現に向けて，①災害に強く持続可能な国土の形成への寄与，②新しい交通・物流サービスの創出，③人口減少・高齢社会における安全・安心で質の高い暮らしへの貢献，④地域産業の活性化．新産業・新サービスの創出，⑤地理空間情報を活用した技術や仕組みの海外展開．国際貢献の進展，の 5 つ目標を掲げている（**図 2**）．

これは現在の空間を表す情報をリアルタイムかつ高精度に蓄積するのみならず，例えば災害対応においては過去の土地の歴史や文化的要素の理解，将来の被害予測や避難想定を予め高精度で行うことが重要である．そして，それらを媒介する情報の 1 つとして，例えば古地図や人々の生活史に基づく文化資源に関する資料群が有効活用されることが期待される．

人文地理

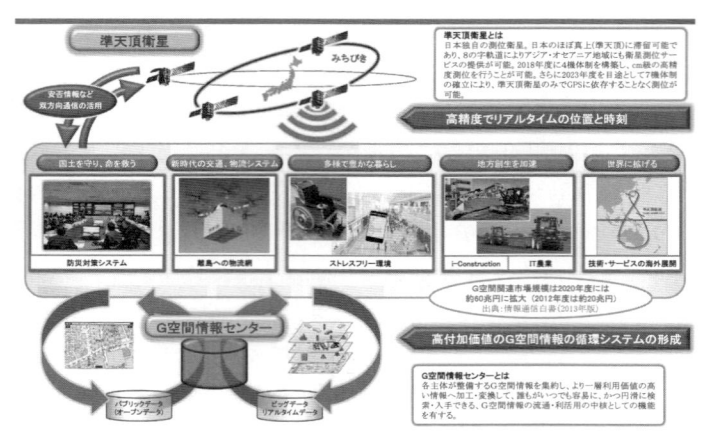

図2　G空間社会のイメージ（地理空間情報活用推進会議事務局「新しい日本を拓くG空間プロジェクト」から一部抜粋）

3.　地理情報システム（GIS）の活用を担う多様な主体の出現

　Ballas 他[1]は，GIS の構成要素の1つに people を挙げているが，これまで述べてきた GIS の系譜などに見られるように，GIS の担い手はまさに多様な立場の人々によって構成されている．若林他[7]は，特に 1990 年代以降における GIS の社会的影響力への注目を背景に，市民参加におけるツールとしての活用や，地域の課題解決への活用に対する応用的側面について扱うキーワードとして「**参加型 GIS**（participatory GIS: PGIS）」を挙げている．その1つとして，Web 上で膨大な地理空間情報を蓄積し共有する活動を，主に多様な個人によるクラウドソーシングによって行う現象は「**ボランタリーな地理情報**（volunteered geographic information: VGI）」と称され注目されている．

　VGI について，特に日本では 2011 年に発生した東日本大震災を契機に，ICT 分野に長けた多様な主体によって情報支援が活発に行われたことを背景に，前述の OSM やソーシャルメディアを始めとする手段を介して，災害時において VGI が推進されるようになった．同様に海外でも，2010 年のハイチ地震や 2014 年西アフリカエボラ出血熱流行など，世界各地で頻発する災害や危機的状況を空間的に把握し，災害支援活動に地理空間情報を活用するために

行われており，このような災害時に特化した活動を「**クライシスマッピング**（crisis mapping）」と指すこともある．

　以上のように，地理情報システム（GIS）は空間の現象を理解することに欠かせないツールの１つとなっており，今日では研究に限らず広く社会で日常的に活用・浸透されてきている．今後は，文化情報学に関わる諸分野においても GIS が有効に機能することで，過去から現在に至る時空間的な厚みを有する人々の生活や行動を高次元・高精度で理解できるような活用が望まれる．

[瀬戸寿一]

【参考文献（さらに学びたい人のために）】

[1]　Ballas, D., Clarke, G., Franklin, R. S. and Newking, A.（2018）. *GIS and the Social Science: Theory and Applications*, Routledge, 279.

[2]　川原靖弘，関本義秀編著（2016）.『生活における地理空間情報の活用』放送大学教育振興会，237.

[3]　国土交通省国土政策局国土情報課（2014）.『GIS：地理情報システム』http://www.mlit.go.jp/common/001036078.pdf（最終アクセス：2017 年 12 月 29 日）

[4]　Longley, P. A., Goodchild, M., Maguire, D. and Rhind, D.（2015）. *Geographic Information Science and Systems*, 4th ed., Wiley, 417.

[5]　村山祐司（2015）.「地理情報システムと地理情報科学の歴史」『地理情報科学——GIS スタンダード』浅見泰司・矢野桂司・貞広幸雄・湯田ミノリ編著，古今書院，8-15.

[6]　瀬戸寿一（2014）.「地理空間情報のオープン化がもたらすデジタル人文学の展開」『DHjp』**4**，勉誠出版，38-42.

[7]　若林芳樹，今井修，瀬戸寿一，西村雄一郎編著（2017）.『参加型 GIS の理論と応用——みんなで作り・使う地理空間情報』古今書院，174.

A4-4
地理空間情報
geospatial data

人文地理

1.　地理空間情報とは

　地理空間情報の活用・推進を目的として，2007 年に閣議決定して制定された地理空間情報活用推進基本法（平成十九年法律第六十三号）において，地理空間情報とは，「空間上の特定の地点又は区域の位置を示す情報（当該情報に

係る時点に関する情報を含む．以下「位置情報」という），そして，この位置情報に関連付けられた情報を指すもの」と定義されている．

　1980 年代後半に起こる地理情報システム（GIS）革命時には，**地理情報**（geographical information）と呼ばれることが多かったが，衛星データなどの空間を表す多様な情報を対象とするようになり，さらに様々な学問分野と関連することからも，より広義なものとして，**地理空間情報**（geospatial data）が用いられるようになった．

　位置について言及した情報が地理空間情報であるとするならば，ほとんどすべての情報が地理空間情報となる．GIS で表現可能な代表的な地理空間情報は，デジタル化された地図データと地理的位置の情報をもった属性データである．そして，地図データは，ラスタ形式とベクタ形式に大別される．

　ラスタ形式の GIS データは，地表面の矩形の範域を同じサイズの画素で敷き詰めたもので，その画素のサイズと縦方向と横方向の画素数，さらにその画素に蓄えられる情報量で定義される．一方，ベクタ形式は，経緯度を頂点とした座標値を持つ，点（ポイント），線（ライン），面（ポリゴン）で表現されるもので，それらフィーチャーに属性データを連結させることによって，主題図が描かれることになる．

　線は 2 つ以上の点から，面は始点と終点が一致する線として構成され，点の数が多いほど，GIS 上で地図として描かれる線は滑らかに表現される．空間スケールにもよるが，施設は点で，道路や鉄道は線で，市区町村境域は多角形で表現され，それぞれのフィーチャーの持つ属性によって，階級区分図やシンボルマップなどの主題図を描くことができる．

　なお，GIS で表示することのできる地図は，経緯度や投影法が特定されているなど，ジオリファレンスされている必要がある．現在，様々な機関から，無償あるいは有償で提供される GIS データが多数存在する．特に，2007 年の地理空間情報活用推進基本法の施行以降，国や地方自治体の地理空間情報は，Web を通して無償で提供されることが多くなった．こうした動向は，現在のオープンデータの流れに沿うものである[5]．

　また，Google が Google マップや Google Earth を公開するなど，無償の GIS データや GIS ソフト（Web ベースのものも含む）も多く現れるようになった．以下では，人文情報学で活用できる地理空間情報を紹介することにする．

2. 国の地理空間情報

　現在，国が作成する地図は国土交通省国土地理院で発行されるが，国土地理院の地図や空中写真を Web ブラウザで無料で見ることができる，『地理院地図』が 2013 年 10 月から始まった．地理院地図には，全国の 2 万 5 千分 1 地形図に相当する背景地図情報を常時配信し，縮尺レベルの大きい背景地図情報として基盤地図情報や都市計画基図などがベースマップとして用意されている．この他，現在から過去の空中写真が見れるだけでなく，地形に関する標高の段彩図や起伏図などを重ね合わすことができる．さらに，任意の地点間の断面図や標高を用いた 3 次元立体地図なども容易に作成することができる．

　地理空間情報の属性データの多くは，「政府統計の総合窓口（e-Stat）」のホームページからダウンロードすることができる．そこでは，都道府県別，市区町村別など様々な空間単位での統計データが提供されている．中でも総務省統計局の基幹統計である国勢調査は最も豊富な**地理空間情報**の 1 つである．

　国勢調査は，日本の人口，世帯，産業構造等の実態を明らかにし，国および地方公共団体における各種行政施策の基礎資料を得ることを目的として行われる国の最も基本的な統計調査である．調査は 1920（大正 9）年以来ほぼ 5 年ごとに行われており，最新のものは 2015（平成 27）年国勢調査である．

　国勢調査の人口・世帯に関するデータとしては，第 1 次基本集計（人口の男女・年齢・配偶関係，世帯の構成・住居の状態等）や，第 2 次基本集計（人口の労働力状態別構成及び就業者の産業（大分類）別構成等），第 3 次基本集計（就業者の職業（大分類）別構成及び母子世帯・父子世帯数等），従業地・通学地集計などがあり，10 年に 1 度の大規模調査では，さらに教育と移動人口に関する集計が加わる．

　国勢調査の最小単位は個人と世帯であるが，それらは，全国，都道府県，市区町村などに集計され冊子体として公開されてきた．1970（昭和 45）年から地域メッシュ統計の 3 次メッシュ（基準メッシュ，1 km メッシュ）による GIS データが提供され，1970（昭和 45）年国勢調査から 1990（平成 2）年国勢調査にかけては，都市部の市域内を細分化した「国勢統計区」が設定された．また，1990（平成 2）年からは，街区に相当する「基本単位区」が設定さ

人文地理

343

れ，そして，1995（平成 7）年国勢調査からは市区町村を町丁・字等別に細分化した「町丁・字等別集計」が提供されている．

3.　紙地図の GIS 化——ジオレファレンス

　前述のように地図化するデータには，ラスタ形式のものとベクタ形式のものに大別されるが，ラスタ形式のものには，衛星画像や空中写真の他に，古地図のような紙地図をスキャナなどでデジタル化した画像がある．このような画像の地図を GIS データとして扱うためには，実際の緯度経度に対応する位置情報を与える必要がある．そのような方法は，ジオリファレンスと呼ばれる．

　ジオリファレンスに関しても，標準的な GIS ソフトである，ArcGIS には Georeference ツールが用意され，QGIS にも同様の機能である Georeferencer が用意されている．しかし，フリーの Web ベースのジオリファレンス・ツールは最近まで普及してこなかった．

　しかし，近年，欧米では図書館などの地図所蔵機関が地図のデジタル公開を推進する中で，ジオリファレンスの需要が高まり，オープンソースによる Web ベースのフリーのジオレファレンス・システムである Map Warper（ニューヨーク公立図書館など）や Georeferencer（大英図書館など）が提供されるようになった．特に，GIS を専門としない，人文学研究者への利用が進められ，デジタル・ヒューマニティーズ，あるいは空間人文学の重要なツールとしても活用され始めている．また，オープン・ストリート・マップのようにボランタリーな一般人も加わったクラウドソーシングとしても展開している．

　ジオレファレンスする前の地図は，位置情報を持たないため，精確な経緯度がわかる地図上の参照点（コントロールポイントとも呼ばれる）を複数特定し，その参照点に基づいて，当該の地図の画像全体を歪めることになる．基本的なジオレファレンスでは，① 1 次多項式（少なくとも 3 点），② 2 次多項式（少なくとも 6 点），③ 3 次多項式（少なくとも 10 点），④薄版スプライン法（多くの点を広く配置する），などの方法が用いられる．また，位置情報が付加された画像のリサンプリングの方法としては，①近傍法（最も速い方法），②バイリニア，③キュービック，④ 3 次スプライン（遅いが最も高品質），が用意されている．そして，ジオレファレンスされた地図は，GeoTIFF と，PNG

（および，それに関連づけられた，.aux.xml ファイル）の 2 つの形式でエクスポートすることができる．さらに，GoogleEarth の KML や，タイル形式の WMS などに変換することもできる．

　この方法を用いることで，Web 上にデジタル画像で公開されている地図や，スキャナによってデジタル化された地図を，GIS 上に取り込むことができる．

　旧版地形図などをジオリファレンスして，公開しているサイトとしては，埼玉大学の谷謙二による『今昔マップ on the Web』（http://ktgis.net/kjmapw/），宮崎県庁による『ひなた GIS』（https://hgis.pref.miyazaki.lg.jp/hinata/hinata.html），立命館大学アート・リサーチセンターの『近代京都オーバーレイマップ』（https://www.arc.ritsumei.ac.jp/archive01/theater/html/ModernKyoto/）などがある．

4.　住所データからの GIS 化──アドレスマッチング

　電話帳や住所録などの住所データも地理空間情報として扱うことができる．町丁名や地番などを，緯度・経度の座標値に変換することを，ジオコーディング，あるいはアドレスマッチングという．

　ジオコーディングに関しては，ESRI の ArcGIS に組み込まれた Geocorder や，昭文社の「MAPPLE アドレスマッチングツール」など有償なソフトウェア以外にも，Google Maps API の Geocoding を用いた Web ベースのフリーのソフト AGtoKML や，東京大学空間情報科学研究センターが提供する CSV アドレスマッチングサービスなどがある．

　例えば，ある都市の店舗や施設の分布図を地図化したい場合は，NTT のタウンページなどから当該事業所の名称と住所を抜き取り，アドレスマッチングを行って，施設の経緯度を特定することで，GIS で地図を作成することができる．同様に，NTT のハローページに対して，同様にアドレスマッチングを適用すれば，全国の苗字マップも作成することもできる[4]．

人文地理

5.　新たな地理空間情報

5.1　空間ビッグデータ

近年，GPS などの発展により，携帯電話やソーシャルメディア（Twitter
や Flickr など）の発信場所の位置情報を特定した，新たな地理空間情報が提供
されるようになった．人，モノ，情報などのリアルタイムの位置情報が取得さ
れるようになったのである．このようなデータは，空間ビッグデータ（spatial
big data，または geo big data）と呼ばれ，これまで可視化が難しかった都市
内部の人の時空間的な動きも地図化できるようになった．

Twitter データの約 1% に位置情報であるジオタグが付けられているとい
う．その Twitter データには，つぶやいた内容に加え，つぶやいた日時や場
所が記録されていることから，それらを用いて，様々な地図を描くこともでき
る[2][3]．このようなデータは基本的に自由にダウンロードできるが，これを用
いて，外国人の日本国内での行動を分析して，それらの情報を提供しているベ
ンチャー企業もある．

5.2　小説の中の地名分析

小説などの文字情報をテキストとしてデジタル化して分析するテキストマイ
ニングは，デジタル人文学の研究分野の 1 つとして展開してきた．それは単語
の出現数や共起関係から，文書の計量的な内容分析である．その単語の中には
地名など位置を表すものも含まれる．それらの地名の位置を特定すれば，小説
に描かれた空間を地図化することも可能となる．

例えば，小説の中の主人公が，その小説に描かれた時空間でどのように行動
したのかを明らかにすることもできるし，観光案内のテキスト分析を行えば，
その観光地がどのように表象されているのかを地図を通して明らかにすること
も可能となる[1]．

そのためには，アドレスマッチングのための地名辞書も必要である．特
に，今はなくなってしまった歴史地名を含めた地名辞書が必要である．
例えば，米国ピッツバーグ大学が中心となって，全世界の歴史地名辞書
World-Historical Gazetteer を構築する試みなどがある（http://peripleo.

pelagios.org/）．日本でも，2018 年 3 月に人間文化研究機構が『歴史地名辞書』（https://www.nihu.jp/ja/publication/source_map）を公開した．このような地名辞書が今後さらに充実し，様々なデジタル人文学研究に活用されることが期待される．

5.3　さらなる展開

現在，様々な地理空間情報が作成され，Web を通して公開されている．そして，GIS 技術の発展により，それら地理空間情報は，地図として容易に可視化できるようになった．一方で，地理空間情報は極めて有用であるが，それぞれの GIS データの利用に際しては，データの持つ精度や信頼性についても十分に理解する必要がある．

米国や英国では，日本より一歩先を行く形で，国や民間，大学などからの GIS データ（ベクタ，ラスタに関わらず）の Web 配信が進められている．そうした展開は日進月歩であるが，GIS ポータルサイトとしては，米国の http://data.geocomm.com/catalog/ や，英国の http://www.gogeo.ac.uk/gogeo/ などが，教育・研究用に広く活用されている．ESRI の ArcGISonline や，米国ハーバード大学 CGA の World Map（http://worldmap.harvard.edu/），さらには，日本でも普及し始めた Open Street Map（http://www.openstreetmap.org/）などは，GIS データを共有する Web システムとして，今後ますます重要となるであろう．

[矢野桂司]

【参考文献（さらに学びたい人のために）】
[1]　木田和海（2008）．「タウン情報誌による京都の「街」の表象——都市空間イメージの地理情報の分析」『立命館地理学』**20**，57-70.
[2]　桐村喬（2015）．「ビッグデータからみた地域の諸文化——方言と食文化を事例に」『立命館地理学』**27**，23-37.
[3]　中谷友樹（2015）．「外国人旅行者の行動空間に関する地理的可視化——京都市を対象とした Twitter および GPS 調査資料の解析」『観光の地理学』立命館大学地理学教室編，文理閣，84-110.
[4]　矢野桂司（2007）．「日本の苗字マップとその応用可能性について」『人文科学とコンピュータシンポジウム論文集 2007』**15**，47-54.
[5]　矢野桂司（2015）．「既存データの地図データと属性データ」『地理情報科学——GIS スタンダード』浅見泰司，矢野桂司，貞広幸雄，湯田ミノリ編，古今書院，41-49.

人文地理

A4-5
地理情報科学
geographic information science

1. 地理情報科学の誕生

　地理情報システム（geographic information systems: GIS）は，位置に関する情報を持ったデータ（地理空間情報）を総合的に管理・加工し，視覚的に表示することで，高度な分析や迅速な判断を可能にするコンピューター技術である．地理学は，現実世界を記述，説明，予測する学問である．それゆえ，これまでの紙地図がデジタル地図に移行することは，地理学に多大な影響をもたらすことになる[6]．

　米国において，GIS は，インターネットと同様に，軍事技術から発展されたとされる．GIS の起源は，戦後，米空軍によって開発された，レーダ上の飛行物体をスクリーン上に表示させた，対話型コンピューター・グラフィックス（SAGE）である．そして，1950 年代後半に起こる地理学における計量革命においても，コンピューターによる地図化が行われた．その展開は，1965 年にハーバード大学に設置されたコンピューター・グラフィック研究所で展開する[8]．そこでは，ラインプリンターのシンボルを使った SYSMAP や，ベクタ型の ODYSSEY などの初期の GIS ソフトが開発され，現在の世界標準の GIS ソフトである ARC/INFO が生み出されることになる．

　そして，1980 年代後半に英国と米国それぞれにおいて，地理情報システム革命が起こる．英国においては，サッチャー政権下において，GIS は情報産業の活性化の戦略のもと，2 期に分けて，全国 8 カ所に地域研究所（regional research laboratory: RRL）を設置し，地域ブロックごとでの GIS プロジェクトが展開する．

　さらに，米国においては，全米科学財団（NSF）が年間約 5 万ドルの研究費を配分し，1988 年に米国地理情報分析センター（national center for geographic information and analysis: NCGIA）をカリフォルニア大学サンタバーバラ校地理学部，ニューヨーク州立大学バッファロー校地理学部，メイン

大学空間情報科学・工学科の3校に設置した．そして，地理学をはじめ，情報科学，測量学，リモートセンシング学，地図学，デザイン学，心理学など，地図に関連する様々な分野から人材が集められ，①空間分析と空間統計，②空間関係とデータベース構造，③人工知能とエキスパートシステム，④可視化，⑤社会的・経済的・制度的諸課題，などのテーマで研究が行われ，GISの研究・教育が一気に進展した．この1980年代後半に欧米で展開するGIS革命は，単に，地図を扱う学問分野に影響を与えるだけでなく，デジタル地図を作成・活用するあらゆる産業分野にも大きな影響を与えている[3][4].

　1990年代に入るとGIS革命は終焉し，GISのSがシステムのSから，サイエンスのSに変化したと言われるようになった[2]．すなわち，地理情報科学が誕生したのである．

2.　地理情報科学の展開

　しかし，1990年代における計量地理学批判者のGISに対するものは概ね次のようなものであった．「GISは地理学内において，ほんの小さなハイテク革命でしかない」といった懐疑的な主張や，「GISは1970年代に批判された素朴な経験主義に基づく計量地理学のリベンジであり，GISを推進する計量地理学者らは，GISで地理的知識システムを置き換えようとしている」と述べ，GIS研究を，地理学を知的に不毛とするハイテク用いた些末な研究と批判した[6].

　これに対して，GISの推進者は，地理学におけるGIS研究は，コンピューター科学における技術開発でなく，その理由に関わる一連の研究であり，地図化の技術革新が地理学に広範な思考を要求するものであると反論する．さらに，情報なくして知識は存在しえないとして，1980年代に認識論的に混とんとした地理学の危機を打破する可能性があると主張された．

　このような1990年代前半に繰り広げられた極論的な論争は，いわゆる社会理論地理学者とGISを推進する計量地理学者との立場の違いを明確にした．社会理論地理学者の立場は，GISを利用する，しないに関わらずその価値を疑い，彼らの関心は，社会の中でのGISの使われ方にシフトしていく．そして，計量地理学者の立場は，GISと空間分析の魅力とのその潜在的な応用的価値に

人文地理

よって，**地理情報科学**をさらに推進していくことになる[6]．

1980 年代後半に起こる GIS 革命は，基本的には，1950 年代後半に起こった計量地理学の流れにそった論理実証主義的な認識論に基づくものであった．しかし，コンピューター環境（処理速度，大容量メモリ，大容量ハードディスクなど）の飛躍的な発展が，これまでにない新たな地理学的研究の発展を促したことは間違いない．

ツールとしての GIS と科学としての地理情報科学との関係については，電子顕微鏡が分子生物学を発展させ，電波望遠鏡が宇宙天文学を発展させたという，科学の発展の歴史になぞられて例えられた．すなわち，電子顕微鏡や電波望遠鏡などのツールそのものは，光学などの科学に基づいて発展するが，それらツールの開発が新たな研究領域を創出したり深化させたりするのである．GIS というツールの出現によって，膨大でかつ多様な地理空間情報の地図化が可能となり，これまで見ることも，描くこともできなかった地図を扱うことができるようになったのである．GIS 革命以降，GIS は，地理学のみならず，地図を扱うあらゆる学問分野から注目されるようになった．

3. 地理情報科学のさらなる発展

地理情報科学は，紙地図をデジタル地図に変えることによって，GIS をツールとして，これまで手作業であった地図の描画をサポートするだけでなく，膨大な地理空間情報である空間ビッグデータを地図化することを可能とした．その結果，これまでに見たことのない衛星から見た夜の都市の明かりの世界地図（**図 1**）や，Twitter の世界地図（**図 2**）が描かれるようになった．

さらにデジタル地図は，それらを GIS 上で重ね合わすことによって，新たな地図を作成したり，空間的自己相関などの空間統計学などの空間分析を容易とした．そして，何よりも，デジタル地図は，インターネットを介して，配信したり，共有したりすることができるようになる．Google マップや Google Earth などのようなインターネット上の地図の閲覧だけでなく，Open Street Map のような市民参加型 GIS，さらにボランタリーな GIS へと展開している[5]．

GIS は，2 次元の地図を，高さを持った 3 次元地図として作成することをも容易とした．地形図にある標高のデータ（digital elevation model: DEM）で

図1　都市の明かりの世界地図

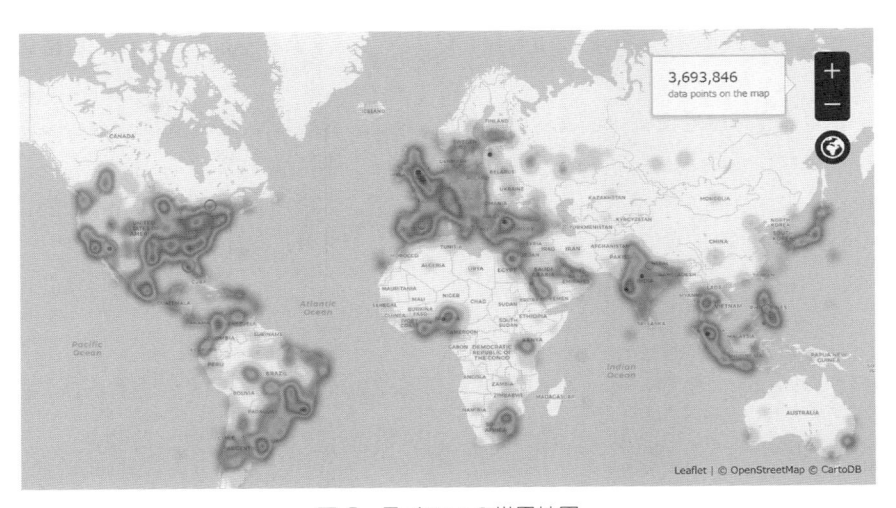

図2　Twitterの世界地図

土地の起伏を3次元表示することができる（**図3**）．さらに，最近では，レーザー計測技術が発展し，セスナやUAV（ドローンなど）を用いて上空から，あるいは車などの車上から地表物の3次元座標値とRGBを計測し，ポイントクラウドとして3次元モデルを構築することができる．また，PhotoScanの

人文地理

351

図3　3次元都市モデル（提供：株式会社パスコ）

ような SfM（structure from motion）と，MVS（multi-view stereo）の技術を応用した連続デジタル写真からの3次元モデルの構築が普及し始めた．このような3次元モデルの構築技術の発展により，バーチャルな都市モデルが構築されるようになった[9]．

　このように**地理情報科学**は，日進月歩に進化する GIS，衛星測位技術，測量技術などの発展とともにさらに高度化することが期待されている．今後，あらゆるものがリアルタイムの位置情報を持つことにより，地理情報科学は，IoT や AI 技術と連携して，さらに進化していくといえる．

[矢野桂司]

【参考文献（さらに学びたい人のために）】

[1]　浅見泰司，矢野桂司，貞弘幸雄，湯田ミノリ編（2015）．『地理情報科学——GIS スタンダード』古今書院，201．

[2]　Goodchild, M. F.（1992）．Geographical information science, *Journal of Geographical Information Systems*, **6**（1），31-45．

[3]　Longley, P. A., Goodchild, M. F., Maguire, D. and Rhind, D.（2015）*Geographic Information Science and Systems*, 4th Edition, Wiley, 417．

[4]　村山祐司（2015）．「地理情報システムと地理情報科学の歴史」『地理情報科学——GIS スタンダード』浅見泰司，矢野桂司，貞弘幸雄，湯田ミノリ編，古今書院，8-15．

[5]　若林芳樹，今井修，瀬戸寿一，西村雄一郎編著（2017）．『参加型 GIS の理論と応用——みんなで作り・使う地理空間情報』古今書院，174．

[6]　矢野桂司（2001）．「計量地理学と GIS」『GIS——地理学への貢献』高阪宏行，村山祐司編，古今書院，246-267．

[7]　矢野桂司（2009）.「地理情報とデジタル・ヒューマニティーズ──革命か発展か」『日本文化デジタル・ヒューマニティーズの現在』川嶋將生，赤間亮，矢野桂司，八村広三郎，稲葉光行共著，ナカニシヤ出版，51-64，155-166.

[8]　矢野桂司（2017）.「ハーバード大学の地理学と GIS の盛衰と展開」『理論地理学ノート』**19**，55-70.

[9]　Yano, K.（2017）. Constructing 3-D GIS, *International Encyclopedia of Geography: People, the Earth, Environment and Technology*, Richardson, D. ed., Wiley Online Library.

A4-6
歴史 GIS
historical GIS

1.　歴史 GIS のはじまり

　1990 年代後半，コンピューターのハードウェア・ソフトウェアの性能が飛躍的に向上したことによって，包括的に大量のデータを扱う分析・処理技術が進展した．これに連動するように，歴史資料のデジタルアーカイブも充実し，閲覧・利用できる機会が大幅に拡大する．デジタルアーカイブ化された対象資料の中には，行政文書や古典籍，絵画資料，古写真，古地図などの，空間情報を含むものも多く存在していた．そうした面からも，歴史空間を対象として，GIS のデータ管理・分析機能を援用する研究領域である「**歴史 GIS**（historical GIS）」に関心が集まることは自然の流れであった．

　歴史 GIS が多くの研究者に共通する興味関心を有した研究領域として認識される契機となったのは，1998・1999 年に開催された Social Science History Association（以下 SSHA）[4]のカンファレンスであると考えられる．SSHA は，学際的・系統的なアプローチを歴史研究へ適用することに関心を持つ研究者が多く所属している．こうした研究者が集る SSHA のカンファレンスにおいて，当時，空間情報を基盤として歴史資料の GIS データベースを構築する Great Britain Historical GIS プロジェクト（以下 GBHGIS）の中心的人物であったクイーンメリー大学のサゾール（Southall, R. H.）によってオーガナイズされた，以下のようなセッションが注目を集めた．

人文地理

・Historical Geography Sessions for SSHA 1998

'Historical applications of GIS: Non-US studies'

'Historical applications of GIS: US studies'

'Analytical applications of GIS in historical demography'

・Historical Geography Sessions for SSHA 1999

'Applying GIS to Urban History: Non-U.S. Studies'

'Applying GIS to Urban History: U.S. Studies'

　これらのセッションにおいて，GBHGIS のような GIS を歴史研究へ応用するというテーマは，これまで様々な分野の研究者が個々に実施してきたが，実は多くの研究者にとって共通の関心事であることが確認されたのである．翌 2000 年の *Social Science History* 誌では，前々年，前年のセッションにおける代表的な成果を掲載した特集号が組まれた．この編者を努めたノールズ（Knowles, A. K.）は歴史 GIS について，「歴史 GIS と圧倒的多数が現在の事象を対象に実行している GIS との重要な違いは，（分析の対象に）アナログ形式からデジタル形式に変換した保存資料（歴史文書・地図）を含むことである」と述べている[2]．このように，歴史資料のデジタルアーカイブが急速に充実してきたことを背景に，歴史 GIS が研究領域として認識されるようになってきた．

2.　歴史 GIS と古地図のデジタルアーカイブ

　現在，GIS は歴史空間における現象を空間のインデックスで整理することや，空間分析などの機械的な手法を提供する有効なツールとして，人文学分野においても重要な役割を担っているが，歴史 GIS のアプローチは，過去の任意の空間（地点・地域）に紐づけられる歴史資料がデジタル化されていることが前提である．そのため，過去の空間情報を直接的に取得できる古地図は，土地利用や景観，それらの変遷といった「時の断面」の復原や，当時の人々の地理的認識を考察する際の必須の資料であり，歴史 GIS の深化のための特に重要な研究対象として位置づけられる．

　歴史 GIS が注目を集める以前の早い段階から，博物館資料の 1 つとして古地図のデジタルアーカイブは進められてきたが，デジタル撮影に際して，文書

や書籍とは異なる古地図特有の問題があった．古地図はその性質上，一辺が3 m以上の法量のものも珍しくないことに加えて，1 cmに満たないような細かな文字や図像情報が書き込まれているケースも多い．そのため，複数回に分けた撮影によって解像度を確保しつつ，最終的には，分割された画像を1つの画像として統合する作業が必要であった．現在，古地図をデジタル撮影する際には，図幅の中で最小の文字が判読可能な解像度である300〜400 dpiでの画像作成が一般的である．

3. 古地図のジオリファレンス

　古地図をGIS上で分析する際には，GISソフトウェアにデジタル化された古地図の画像データを取り込み，その画像に現代の空間参照情報を付与する「ジオリファレンス」という機能が用いられる．国土地理院の基盤地図情報などの現代の測量技術で測量・製図された地図を基図としてジオリファレンスの作業が行われる．まず，古地図画像上の地物の座標と現在の測地座標系との対応関係，すなわちコントロールポイント（以下CP）を1対1で指定する．

　CPは，主に拡幅されていない街路の交差点や経年変化が見られない歴史的な地物に設定される．これら複数地点のCP情報を集積したリンクテーブルをパラメータとして，古地図画像を幾何補正し，現代の測地座標系に位置づけられる．なお，補正方法は，清水他[3]によるTIN（Triangulated Irregular Network）とアフィン変換を用いる方法が浸透している（**図1**）．

　従来の人文学分野において，古地図に描かれた景観や地物を分析する際には，近現代の測量技術によって作成された地形図や仮製図などに，目視と手作業で書き写す作業が行われてきた．こうした書き写し作業は，研究者の技量・経験に依存していたが，GISのジオリファレンス機能が浸透することで，比較的容易に過去の景観復原やその変遷を分析できるようになった．さらには，リンクテーブルを分析することで，対象の古地図と現代図との重なりの精度を検証することも可能となるなど，ジオリファレンスの機能が，歴史GISへの関心を集める要因の1つとなっていることは間違いない．

人文地理

古地図画像

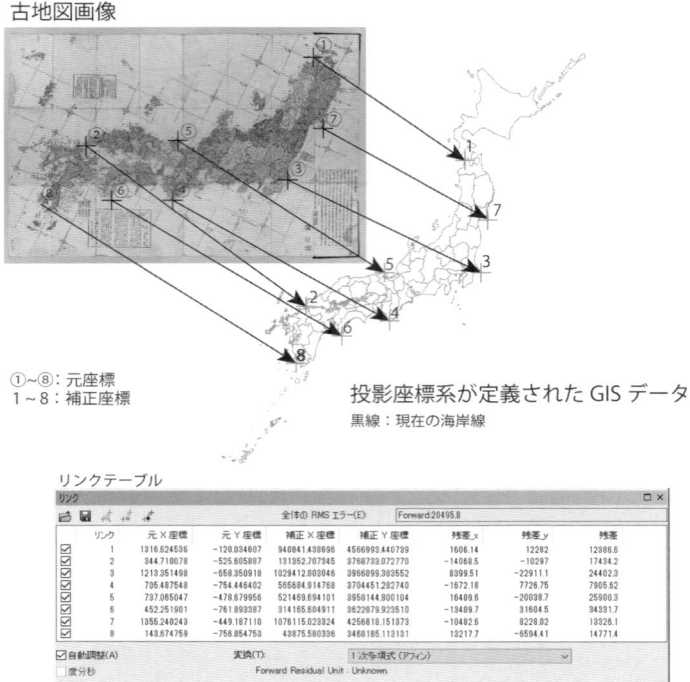

①～⑧：元座標
1～8：補正座標

投影座標系が定義された GIS データ
黒線：現在の海岸線

リンクテーブル

リンク	元 X 座標	元 Y 座標	補正 X 座標	補正 Y 座標	残差_x	残差_y	残差
		全体の RMS エラー(E)		Forward 20495.8			
1	1316.624536	-120.034607	940841.438696	4556993.440739	1606.14	12292	12986.6
2	344.710678	-525.605987	131952.707945	3766793.072770	-14056.5	-10297	17434.2
3	1213.351498	-658.350918	1029412.803046	3966099.393552	8399.51	-22911.1	24402.3
4	705.487548	-754.446402	565684.914768	3704451.282740	-1672.18	7726.75	7905.62
5	737.065047	-478.679956	521469.694101	3956144.800104	16409.6	-20038.7	25900.3
6	452.251901	-761.893387	314165.604911	3622079.923510	-13409.7	31604.5	34331.7
7	1355.240243	-449.187110	1076115.023824	4256616.151373	-10482.5	8228.02	13326.1
8	143.674759	-756.854759	43875.580336	3468195.113131	13217.7	-6594.41	14771.4

☑ 自動調整(A)　　変換(T):　1次多項式(アフィン)
☐ 度分秒　　Forward Residual Unit : Unknown

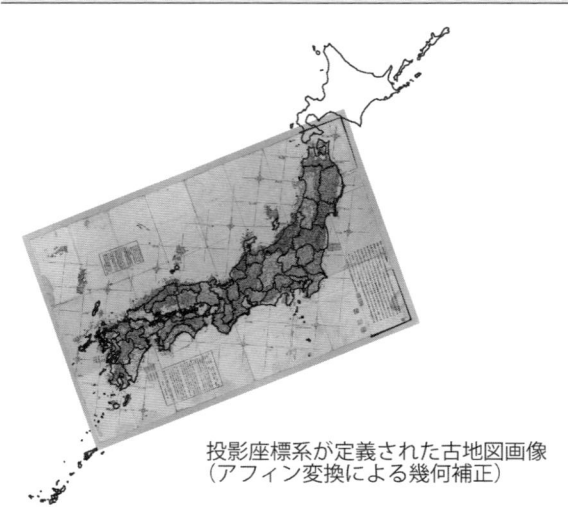

投影座標系が定義された古地図画像
（アフィン変換による幾何補正）

図 1　ジオリファレンスの方法

4.　歴史 GIS と古地図の分析視角

4.1　古地図の精度を検証する

　古地図を現代の地形図や空中写真と重ねると，「歪み」が認められることが多い．この歪みは，当時の測量・製図技術，政治的背景，特定地域の事情などが含まれた総合的な歪みであり，様々な分野の研究者の関心を集めるものである．GIS は，この古地図と現代図との誤差（X 軸方向と Y 軸方向の誤差）の抽出に非常に有効である．また，その補正した古地図画像がどの程度の精度で現代図に重なっているのかは，CP の **2 乗平均平方根**（root mean square: RMS）を利用した RMS 誤差が判断材料の 1 つとなっている．なお，この値を解釈する際には，古地図上で CP を設定した地点自体が，描画の工夫や作者の間違いなどで現実とは異なる地点に描かれている可能性もあるため，確実な CP のみに設定されているのかを確認する必要がある．また，RMS 誤差は古地図全体の歪みの程度を理解するには有効であるが，各測点や測線に焦点を当てて測量技術や地図描画技術をミクロに議論する際には，不十分な分析方法であるため，RMS 誤差の値のみで判断しないようにする必要がある．

4.2　歴史空間の景観を復原する

　古地図の中でも，地域支配と密接に関連しながら実測に基づいて作成された測量図は，当時の技術で可能な限り正確に現実を写し取った街路・街区・建物・敷地などの空間情報が含まれた重要な分析対象である．

　過去の景観を復原することが前提にある分析アプローチの場合，可能な限りの CP を基にしたジオリファレンスを施した上で，古地図を現代図に重ね合わせてトレースし，土地利用図などを作成することになる．このトレース作業は，古地図に描かれた地物，街区，土地利用などの空間情報を，画像データ（ラスタデータ）から図形データ（ベクタデータ）として作成することである．これより，古地図の描画情報に基づいた景観や土地利用を復原できるだけでなく，諸藩の家譜データベースとの連携や土地利用の面積割合の算出などの GIS の分析機能を援用することができるようになる[1]．

人文地理

357

4.3　古地図の歪みを可視化する

　近世の出版図に多く見られる周辺の山，河川，建築物などの地物を絵画的に描き，あくまでも相対的な位置関係を表すのに止めた不正確な古地図も歴史GISの分析対象となる．現実の空間情報を正確に写し取ってはいないものの，限られた紙面に多くの情報を描きこもうとする当時の絵師の工夫や，人々の主観的な距離感覚や地理認識を反映した資料であり，その「歪み」こそが考察の対象となる．GISは，この「歪み」の度合いを可視化することができる[6]．また，GISが有する「アジャスト機能」を援用して，洛中洛外図屏風に描かれた空間構造の正確性と構図の変化を可視化する成果も見られる[5]．歴史GISは，古地図に止まらず絵画資料に描かれた空間の歪みまでも，分析の射程に収めている．

5.　歴史 GIS の課題と展開

　本項目では，紙幅の制限から歴史GISと古地図分析の概要を記すに止めたが，GISの空間分析やデータベース連携機能を活用した歴史GISの研究成果への関心は根強い．しかし，その一方で，GISを用いて得られた成果に対して，懐疑的（あるいは批判的）な指摘もある．この指摘は，地理学に計量的手法が導入された計量革命の時期の反応とも類似している．GISの幾何的な手法が人文現象を解釈するのには馴染まない，といった指摘である．確かに，歴史GISが認知され始めた初期の研究成果は，データ収集・整備および可視化・地図化に止まっていた．しかし，近年では，歴史学者・歴史地理学者が自らGISを援用することや，GIS研究者が歴史学的なテーマに取り組むことが自然となされるようになってきた．こうした課題が解決される日も遠くはないであろう．

［塚本章宏］

【参考文献（さらに学びたい人のために）】
[1]　平井松午，安里進，渡辺誠（2014）．『近世測量絵図のGIS分析——その地域的展開』古今書院，322.
[2]　Knowles, A. K.（2000）．Introduction, *Social Science History*, **24**（3），451-470.
[3]　清水英範，布施孝志，森地茂（1999）．「古地図の幾何補正に関する研究」『土木学会論

文集』**625**，89-98.

[4]　Social Science History Association（http://www.ssha.org/）（最終アクセス：2018 年 7 月 1
日）

[5]　Tsukamoto, A.（2009）．Unfolding the landscape drawing method of Rakuchu Rakugai Zu screen
paintings in a GIS environment, *International Journal of Humanities and Arts Computing*, **3**（1-2），
39-60.

[6]　塚本章宏（2012）．「近世京都の刊行都市図に描かれた空間」『歴史 GIS の地平——景
観・環境・地域構造の復原に向けて』HGIS 研究協議会編，勉誠出版，121-130.

A4-7

地理人文学

geohumanities

1.　Geohumanities とは？

　2000 年代後半に，欧米において，歴史学，哲学，言語学，文学，芸術学，
音楽などの伝統的な人文学に，情報技術を取り入れた**デジタル・ヒューマニテ
ィーズ**（digital humanities: DH）という新しい学問領域が形成される．デジ
タル・ヒューマニティーズは，計算メディアを用いて，知識の調査，分析，統
合，提示を行い，これまでの人文学に新たな知見を提供することが期待されて
いる[10]．デジタル・ヒューマニティーズは，コンピュータを用いるという点
で技術的な革新であるが，情報科学と人文学が連携した文理融合的な学問分野
でもある．

　デジタル・ヒューマニティーズは，人文学への情報通信技術（ICT）の導入
だけでなく，その背後にある科学的な学問観をもたらしつつあるとも言える．
長い歴史をもつ地理学，とりわけ人文地理学は，21 世紀後半に，大型計算機
の利用や ICT の導入による 2 回の革命を経験している．1950 年代後半の北
米で起こる地理学における計量革命，そして，1980 年代後半の GIS 革命であ
る．こうした人文地理学の発展の歴史を振り返ることによって，人文地理学と
デジタル・ヒューマニティーズとの関係について言及する[8]．

　そして，このような GIS をベースとした過去の地理空間情報を活用し

人文地理

た研究は，歴史学者や人文学者が空間的視点を取り入れる形で，近年，**空間人文学**（spatial humanities），**地理人文学**（geohumanities），**空間歴史学**（spatial history）といった新たな研究分野を創出している．すなわち，歴史GIS は，地理学と歴史学の融合だけでなく，GIS を介しての人文学全体の融合を促進しているのである[1][9]．こうした人文学での GIS の受容は，人文学分野における情報技術革新として，デジタル・ヒューマニティーズという新たな学際的な研究分野としても認識されつつある．人文地理学，歴史学，芸能史，芸術学，文学などの人文学においてもテキスト，イメージ，音声，動画などのデータベースが蓄積され，それらが GIS を介して，時空間上に配置されることで，時空間的視点を有した学際的な新たな人文学研究の可能性が期待されている[4][5][7]．

世界最大規模の米国地理学会では，2007 年の年次大会において，「地理学と人文学」というシンポジウムが開催され，そのときの成果が，*GeoHumanities: Art, history, text at the edge of place*（2011）の単行本として出版された．そして，米国地理学会は，これまでの機関誌である *Annals of the American Association of Geographers* に加えて，2014 年から *GeoHumanities* という学術雑誌を刊行するに至っている．また，2005 年に立ち上げられたデジタル・ヒューマニティーズの国際学会である，Alliance of Digital Humanities Organizations （ADHO）では，2013 年から，デジタル・ヒューマニティーズの，空間・時間・場所を強調した GeoHumanities Special Interest Group を設置した[3]．

2. Geohumanities と GIS

このような地理人文学の背景には，GIS や地理情報科学の進展と，GPS による位置取得や，Twitter による位置情報を持った SNS などの空間ビッグデータの出現などがある．伝統的な人文学においても，概念やメタファーとしての空間は用いられてきたが GIS が情報を統合し，可視化する極めて効果的なツールであることの認識が，**空間人文学**という，新たな言葉を作り出したのである[1]．そして，人文学における，空間的転回が起こっている．

テキストや表に隠されたままの情報を，GIS を通して空間的パターン・空

間的プロセスとして可視化することが，複雑な世界の理解に大きく貢献することが認識されたからである．時・空間を通して起こりうる，人間，もの，考えの出現や移動に，そして，特定の空間に関わる，場所，記憶，人工物，経験に興味を持つ研究者，歴史学者，考古学者，言語学者，物質文化研究者が，GISによる可視化に大きな関心を持つようになったのである．

　一方で，精確な位置情報を必要とする GIS は地理情報科学を基礎とするために，法則定立的な科学的な認識論を持ち，伝統的な個性記述的な人文学の認識論とのギャップも大きい．しかし，GIS に依拠せずともに，時間・空間・場所を通しての，地理学と人文学の連携はさらに発展することが期待されている．

　空間人文学の中で，歴史学と GIS の協働による具体例としては，Harvard大学が展開する中国歴史 GIS がある[2]．地理学部を持たない Harvard 大学において，2010 年に地理空間分析研究センターが設置された．初代のセンター長は，中国の歴史学者である Peter Bol 教授で，彼は歴史学，ひいては人文学における GIS の導入の重要性を早い時期から認識していた[9]．復旦大学と連携して行われた中国歴史 GIS は，膨大な歴史資料に基づいて，紀元前 221 年から 1911 年までの歴史的行政境界や都市を GIS 化したものである[8]．

［矢野桂司］

【参考文献（さらに学びたい人のために）】

[1]　Bodenhamer, D. J., Corrigan, J. and Harris, T. M.（2010）．*The Spatial Humanities: GIS and the Future of Humanities Scholarship*, Indiana University Press, 203.

[2]　China Historical GIS（http://chgis.fas.harvard.edu/）（最終アクセス：2019 年 10 月 1 日）

[3]　Cresswell, T., Dixon, D, P., Bol, P. K. and Entrikin, J. N.（2015）．Editorial, *GeoHumanities*, **1**, 1-19.

[4]　Dear, M., Ketchum, J., Luria, S. and Richardson, D.（2011）．*GeoHumanities: Art, History, Text at the Edge of Place*, Routledge, 344.

[5]　Gregory, I. N. and Geddes, A.（2014）．*Toward Spatial Humanities: Historical Gis and Spatial History*（*The Spatial Humanities*）, Indiana University Press, 212.

[6]　川嶋將生，赤間亮，矢野桂司，八村広三郎，稲葉光行（2009）．『日本文化デジタル・ヒューマニティーズの現在』，ナカニシヤ出版，206.

[7]　Schreibman, S., Siemens, R. and Unsworth, J.（2005）．*A Companion to Digital Humanities*, Wiley-Blackwell, 611.

[8]　矢野桂司（2009）．「地理情報とデジタル・ヒューマニティーズ」『日本文化デジタル・ヒューマニティーズの現在』川嶋將生，赤間亮，矢野桂司，八村広三郎，稲葉光行，ナ

人文地理

カニシヤ出版，51-64，155-166.

[9] 矢野桂司 (2017)．「ハーバード大学の地理学と GIS の盛衰と展開」『理論地理学ノート』**19**，55-70.

A4-8
ジオ・ビッグデータ
（空間ビッグデータ）
geospatial big data

1. ビッグデータと位置情報

　ジオ・ビッグデータ（geospatial big data，空間ビッグデータとも呼ばれる）とは，位置情報を持ったビッグデータ，言い換えればマッピング（地図化）が可能なビッグデータである．例えば京都駅前にある京都タワーの位置情報は，東経 135 度 45 分 33.6 秒（+135.759329 度），北緯 34 度 59 分 15.2 秒（+34.987564 度）であり，これらの経度と緯度の組み合わせは，京都タワーの地球の球面上での固有の位置を示す情報である．一方，京都タワーには毎日多くの観光客が訪れており，日々の入場者数の情報やお土産の売上情報などが蓄積されるだろうし，入場者によって **Twitter** や Instagram などの**ソーシャルメディア**（social media）への情報の投稿が繰り返し行われている．このように蓄積される多種多様なビッグデータに京都タワーの位置情報が結び付けられることでジオ・ビッグデータが生み出される．ジオ・ビッグデータは，世界中のあらゆる場所で生成されており，ジオ・ビッグデータを活用することで，いつどこにどんな人が多く滞在し，どんな商品がよく売れ，どんな情報が発信されているのかを知ることができる．

　ジオ・ビッグデータのマッピングには，文化情報学やデジタル・ヒューマニティーズの領域でも積極的に活用されている **GIS**（geographic information system，地理情報システム）が利用される．GIS は，マッピングだけでなく，地理情報の解析も行うことができるため，ジオ・ビッグデータを GIS で扱うことで，膨大なデータからその地理的特徴を的確に把握し，有用な知見を得る

ことができる.

2.　ジオ・ビッグデータに見る文化

　ビッグデータには文化に関する様々な情報が含まれており，ジオ・ビッグデータも同様である．例えば，どの都市で餃子の購入金額が最も多いかが，都道府県庁所在地と政令指定都市を対象とする家計調査の結果が発表されるたびに話題になる．小売店の売上情報のビッグデータを見れば一目瞭然であり，全国規模の小売店が持つデータがもし公開されれば，店舗ごとに集計して，県庁所在地などに限らず，全国で最も多い市町村を探し出すことができる.

　一方，どの地域でどんなものがよく食べられているかは，**ソーシャル・ネットワーキング・サービス**（social networking service: SNS）のデータからも把握できる．SNS はユーザー間の会話のためだけに用いられるものではなく，他のユーザーへの情報発信，独り言のような呟き，行動の記録のためのメモなど，様々な用途で用いられている．投稿の際に投稿場所の位置情報を付与できるサービスも多く，日々発信される SNS のログ（投稿記録）データはジオ・ビッグデータの代表例である．このような SNS のログデータからは，どんなものがよく食べられているかだけでなく，人間の生活行動の多様な側面を垣間見ることができ，その地理的特徴も把握できる.

　一方，SNS のログデータには，ユーザーの情報はそれほど多く含まれていない．例えば SNS の 1 つである Twitter では，性別や年齢などをユーザー登録の段階で申告する必要がないため，第三者がユーザー名（スクリーンネーム）やプロフィールの文章以上の情報を得ることはできない．しかし，Twitter のユーザー名に注目し，姓名に関するビッグデータを活用して出身地や民族，年齢などを推定して，民族や年齢による行動や投稿内容の違いを分析する例もある[8]．日本ではこれらのデータを結び付けて分析することは難しいかもしれないが，姓名，特に名字のデータの地理的特徴を分析するだけでも，人間の移動の歴史や地域文化の特徴などを把握できる．以降では，Twitter のログデータと電話帳や住宅地図に基づく名字データから把握される様々な文化に関する地理的特徴の可視化事例を紹介する.

人文地理

3.　Twitter のログデータからわかる地域の諸文化

　Twitter のログデータは，Twitter 社が提供する **API**（application programming interface）を通して誰でも取得できる．Twitter のログデータには，様々な文化情報が含まれており，方言や食文化に関する分析資料としての利用可能性が期待されている[3]．例えば，日本国内の位置情報が付与された Twitter のログデータのうち，「うどん」を含むものは主に西日本で卓越し，特に香川県や岡山県，愛媛県，福岡県で多くなっている（**図 1**）．Twitter のログデータには，投稿時間の情報も含まれており，東京都や大阪府では，昼食と夕食の時間帯に「うどん」を含むログデータが多い一方，香川県では朝 7 時台をはじめとして，朝食と昼食の時間帯に「うどん」を含むログデータが多い傾向にあり，朝食にうどんを食べる香川県の文化的特徴が現れている[3]．

　また，Kirimura[4]は，Twitter のログデータに含まれる日常会話に注目し，「（笑）」や笑顔の顔文字を含む投稿を抽出し，地域別に集計した．西日本では「（笑）」が多く，東京周辺では「（笑）」も笑顔の顔文字もそれほど多くはない傾向が確認された（**図 2**）．現代日本の文化の発信地である東京周辺では，より多くのパターンの顔文字や感情表現が生み出されているためと考えられる．

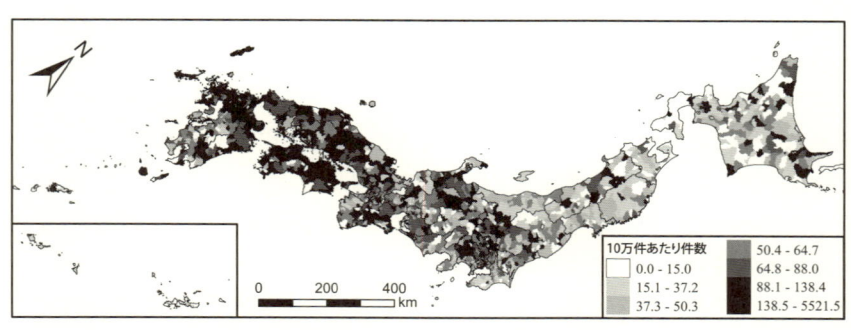

図 1　「うどん」を含む Twitter ログデータの地理的分布（桐村[3]より引用）

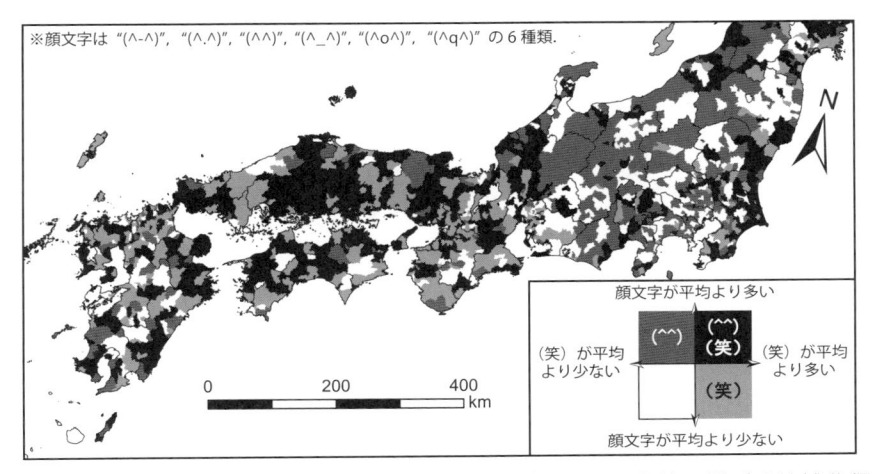

図 2　笑顔の顔文字・「(笑)」を含む Twitter ログデータの件数に基づく地域分類
(Kirimura[4] より引用・編集)

4.　名字データからわかる地域間の歴史的結び付き

　名字は，祖先の言語，宗教，地域，文化などの様々な要因によって形作ら
れてきたものであり[9]，名字からは様々な地理的情報を得ることができる．
Longley ら[8]は，人の姓名に関するデータベースを構築し，Twitter のユーザ
ー情報に含まれる氏名からユーザーの民族を推定して民族別の投稿の地理的特
徴を整理している．

　日本においても，中谷らが「日本人の名字マップ」をウェブ公開してい
る[1]．また，桐村[5]は，1,600 万件の電話帳データを利用して全国の名字がど
のような地域で多いかを集計して名字を分類し，地域ごとに特有の名字のグル
ープを求めた．この名字のグループ別に名字の件数を集計して，その構成比に
基づいてさらに地域を分類した結果が図 3 である．この図からは，北海道の
南部と東北地方の北部（R04），北海道の大部分と北陸地方（R05）など，明
治以降の開拓に伴う地域間の歴史的な結び付きを読み取ることができる．

人文地理

365

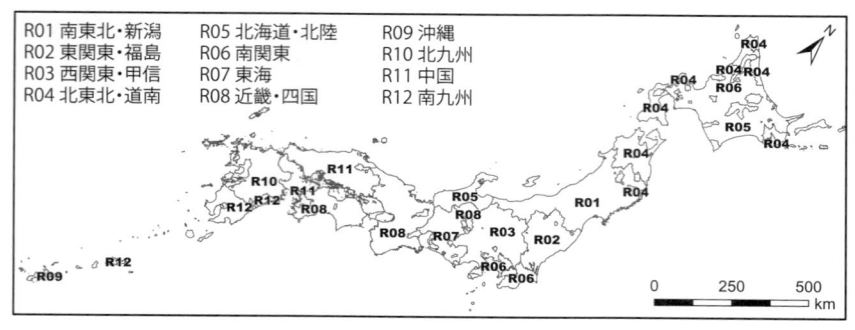

図3 名字グループ別の構成比に基づく 12 類型の分布（桐村[5]より引用・編集）

5. 文化情報学におけるジオ・ビッグデータ

　位置情報を持ち，マッピング可能なジオ・ビッグデータは，ここで紹介したようなデータだけではない．まだ研究者によって発見されていないだけで，文化情報に限ったとしても，より多くの知見が得られるデータが存在している可能性がある．例えば，桐村・高木[7]では，浄土真宗本願寺派大谷本廟が管理する納骨・読経の申込みデータに着目し，郵便番号が付与された約 90 万件のデータの分析を行っている．SNS のログデータに比べれば，90 万という件数はそれほど多くはないが，宗教に関するデータは少なく，これもジオ・ビッグデータと言える．情報社会である現代においては，少なくとも現代文化に関するビッグデータは公開・非公開を問わず，何かしらの形でデータとして生み出されており，ジオ・ビッグデータもそこには含まれている．SNS のログデータなど，研究者が入手可能なジオ・ビッグデータは，文化に関する時空間的な特徴を分析できる貴重な研究資源となってきており，今後の文化情報学研究には欠かせないものとなっていくはずである．

［桐村喬］

【参考文献（さらに学びたい人のために）】

[1]　http://www.ritsumei.ac.jp/acd/cg/lt/asp/research/surname_map_in_japan.html（最終アクセス：

2019 年 9 月 1 日）

[2]　岩波データサイセンス刊行委員会編（2016）．『岩波データサイエンス Vol. 4　特集　地理空間情報処理』岩波書店．

[3]　桐村喬（2015）．「ビッグデータからみた地域の諸文化──方言と食文化を事例に」『立命館地理学』**27**，23-37．

[4]　Kirimura, T.（2016）．Happiness map of Japan: Geographical differences in internet slang for laughing and emoticons of smiling faces, *Esri Map Book*, **31** ,102-103．

[5]　桐村喬（2017）．「名字の構成比に基づいた市区町村単位での地域分類」『日本地理学会発表要旨集』**92**，179．

[6]　桐村喬編（2019）．『ツイッターの空間分析』古今書院．

[7]　桐村喬，高木正朗（2017）．「浄土真宗本願寺派門徒による大谷本廟での納骨・読経に関する空間構造」『地理学評論』**90**（5），504-517．

[8]　Longley, P. A., Adnan, M. and Lansley, G.（2015）．The Geotemporal Demographics of Twitter Usage, *Environment and Planning A*, **47**, 465-484．

[9]　Mateos, P.（2014）．*Names, Ethnicity and Populations: Tracing Identity in Space*, Springer-Verlag, 1-5．

A4-9
景 観 分 析
landscape analysis

1.　景観の捉え方

　山や森，川といった自然から，田畑などの土地の利用，家屋や高層ビル，道路や橋梁といった人工の建造物まで，眼前に広がる眺め全体を景観として分析する方向性には，2 つの立場がある．

　1 つは，森林を切り開く，土地の利用を変える，建造物を変える，あるいはそれらを保護の対象とするなど，人為的な操作を加える対象として景観を分析する立場である．そこでは，景観が人々の心象にもたらす影響を考慮しつつ，景観を改変あるいは保護する上での根拠や理念，そして操作するための方法や技術が吟味される．

　もう 1 つは，景観を人間活動の積み重ねによって形成されたものとして捉える立場である．地形や植生といった自然環境や，土地利用の特徴を理解することで，人間が自然に対してどのように手を加え，自然を改変してきたのか．景

人文地理

観から過去の人間活動の痕跡まで抽出し，失われた景観を地図上に可視化し復原する．それは，景観の時間的な変化を考慮し，人間活動の来歴を読み解こうとするものである．

2. 「生きられる景観」を問う

　将来的な景観の操作について検討する景観工学では，対象の見え方，すなわち視覚的な特徴に注目することにより，景観の基本的な構造や性質を知ろうとする．樋口忠彦は，「人々の心の中には，どの人にも共通して好ましいと思われている風景が，ひっそりと息づいているようである」とし，日本人にとって好ましく思う景観とは何かを問いかけた[1]．

　そこで述べられた日本人にとって好ましい景観とは，母性的な雰囲気を持った空間であり，その背景にある主要な構造は地形であるとされた．日本人は，様々な地形の特性を発見し，それを生活の中に組み入れてきたという．その結果，地形すなわち自然と人間活動とが調和した景観が生み出されてきたと考えられた．海に囲まれた日本における地形の特性は，変化に富んだ海岸線，国土の約7割を占める山地，そこから流れ出る急勾配な河川，その流域に形成された平野にある．こうした自然条件のうち，居住地として選んできた景観を，樋口忠彦は，およそ「盆地の景観」，「谷の景観」，「山辺の景観」，そして「平地の景観」とに分類した[1]．中でも，周囲を山に囲まれ1つのまとまりを持つ盆地という場所に古代人は安らぎを感じたと推測し，凹性，隠れ場所のような景観が母性的であり「生きられる景観」と位置付けられた．

　このような特徴的な景観に共通して見られる型を理解し，その型を基本的な要素として溶け込ませた景観を，人が住まうすべての環境に創造することで，「生きられる景観」が構築されるという．

　景観工学は，日本人の感性や精神に着目して，日本の景観を分析し，そこで得られた解釈を将来的な景観の操作に活かそうとする．ここでの景観分析は，現実には刻々と変化していく眼前の景観に対して，変化した後も心地よいと人々が思うことができるように，人間の生活の中に景観の本質的な部分を埋め込んでいく方策を導き出すためにある．

3.　景観を読み解く

　景観は人間によって形成されたものと捉える地理学での景観分析とは，環境に対し，人間がいかなる作用を加えてきたのかを読み解くことである．

　地理学では，景観はいくつかの要素から構成されていると考える．要素とは，地形や植生，気候といった自然条件，田畑のような土地利用，建物，道路などであり，それらが互いに関係し合って景観がつくられてきたと考える．そして，景観を形成する各要素の形成過程や広がり，その維持，消滅などを把握する．各要素を知る手段としては，地図類，空中写真，統計，文献資料，考古資料，あるいは聞き取り調査など多岐におよぶ[i]．もちろん，フィールドワークにより現地を直接観察することで得られる情報も重要である．

　中でも歴史地理学では，景観を形成する各要素について時間的な変化を辿り，可能な限り過去の景観を地図上に可視化して復原する．さらに，復原された景観が過去の一時期においてどのような意味を持っていたのか，社会や経済などの関連を踏まえて解き明かしていく必要があるとされる[3]．金田章裕は，景観史を提唱し，「全体としての分析の精緻化と深化という動向に立脚して，景観の特質を改めて認識しようとするとき，多様な景観要素の時間の経過による景観の変容について改めて注目する必要性が生じる」[3]と指摘した．また，景観を，人間が生きるために行う諸活動により作り出された，過去の人間と自然との交渉が凝縮されたものととらえ，景観分析から環境史研究へ展開する事例が見られる[5]．

　景観工学における景観は操作される対象である一方，地理学での景観は人間活動とその来歴を探るための対象である．後者は，景観は時の流れとともに移り変わるものであるという点を重視し，環境に手を加える契機となる人間の社会・経済的な問題にも言及する．

4.　GIS による景観分析

　ICT 技術の進展に伴い展開してきた GIS（地理情報システム）により，景観を構成する各要素がコンピューター上で比較・分析されるようになった．各

人文地理

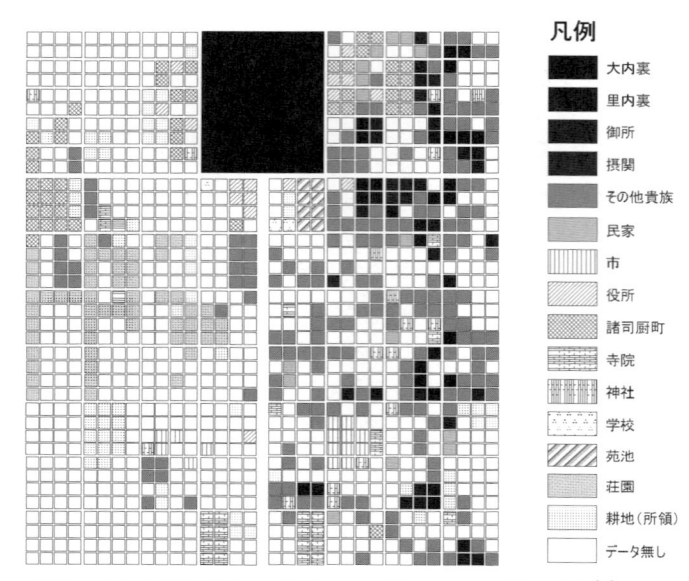

凡例

■ 大内裏
■ 里内裏
■ 御所
■ 摂関
■ その他貴族
■ 民家
▦ 市
▨ 役所
▦ 諸司厨町
▦ 寺院
▦ 神社
▦ 学校
▨ 苑池
▦ 荘園
▦ 耕地(所領)
□ データ無し

図1 12世紀平安京における土地利用の復原（河角龍典[4]より）

要素は，それぞれ層（レイヤー）として分解され，複数のレイヤーの関係性か
ら，景観の特徴が読み解かれる．そこでは，地形，土地利用，人口など景観を
構成する各層が，位置情報に基づき強力に接着され重ね合わせられることで，
これまで紙媒体で行われてきた比較や分析などが容易となった．地形と土地利
用，土地利用と人口，人口と地形など，異なる情報の関係性の検討，大量のデ
ータの処理や管理，持ち運びも容易となった．また，絵図や文字資料，記憶な
ども，位置情報に基づき GIS 上でデジタル化され，GIS データベースとなる
ことで地図上に表現される．その結果，定量的な分析や他の定性的なデータの
比較も進展しつつある[6]．

　一方，ICT を駆使し，過去の景観を 3 次元 CG によって再現する技術は，
博物館の展示資料をはじめ街歩きのコンテンツとしても浸透しつつあるⅱ）．都
市デザインのシミュレーションにおいても活用されるこの技術は，概して研究
成果の一般社会への寄与という側面が大きかった．その中で，デジタル・ヒュ
ーマニティーズの進展を目指し，人文学に新たな知見を提示する試みもある．

　GIS 上に過去の地形や土地利用などの景観を可能な限り復原し，さらに

図2　平安京内裏から北方向の景観復原（河角龍典[4]より）

3D-GIS の技術を援用して 3 次元で視覚化した研究である[4]．そこでは，当時を生きた人々が観た眺望を再現することにより，古代の都市では山並みを考慮した都市計画を施工した可能性が指摘された．それは，景観工学で述べられた，古代以来，日本人が選び創造してきた凹地の生きられる景観を問う姿勢と，過去の景観を精密に復原し，景観を構成する要素を読み解こうとする地理学の両視角を，GIS 上で（ICT 技術を介して）融合した試みと言える．

　景観分析は，日常生活において何気なく視角に入り，眺められてきた景観に対する理解を深めることであり，GIS は，過去から現在，そして未来を見据えた景観に関する議論への一助となるものである．

[河角直美]

【注】
i)　景観要素として自然条件を知る手段としては，ボーリング調査，^{14}C による年代測定，花粉分析などがある．
ii)　例えば，CG で古代の都を復原し，過去と現在の風景を重ね合わせて表示した「バーチャル飛鳥京」は，2017 年より Apple App Store にて無料で配信されている．

【参考文献（さらに学びたい人のために）】
[1]　樋口忠彦（1993）．『日本の景観』，筑摩書房，291.
[2]　金田章裕（2011）．「歴史地理学と GIS」『京都の歴史 GIS』矢野桂司，中谷友樹，河角龍典，田中覚編，ナカニシヤ出版，1–19.
[3]　金田章裕（2018）．「景観史の視座」『景観史と歴史地理学』金田章裕編，吉川弘文館，1–27.
[4]　河角龍典（2011）．「3 次元都市モデルを用いた古代都市の景観分析——バーチャル長岡

人文地理

京・平安京でみる都市の中軸戦と山並みの関係」『京都の歴史 GIS』矢野桂司，中谷友樹，河角龍典，田中覚編，ナカニシヤ出版，57-78.

[5] 佐野静代 (2008). 『中近世の村落と水辺の環境史——景観・生業・資源管理』吉川弘文館，348.

[6] 矢野桂司 (2011). 「バーチャル京都プロジェクトの過去・現在・未来」『京都の歴史 GIS』矢野桂司，中谷友樹，河角龍典，田中覚編，ナカニシヤ出版，20-42.

A4-10
記 憶 地 図
memory mapping

---

1. 都市研究と記憶地図

　記憶地図は，人々の記憶の中にある経験や思い出，印象をその位置情報に基づいて地図上に表現したもの，記憶の中にある空間を可視化したものと言える．

　1960 年代，都市デザインの分野では，住民が都市に対して描くイメージとは何かが調査され，その際に，**記憶地図**が活用された．ケヴィン・リンチ (Lynch, K.) は，都市を眺めたときの外見のわかりやすさを抽出し，そのわかりやすさを地図に表すことで都市の視覚的な特質について考えたのである[3]．ケヴィン・リンチは，3 つの都市（ボストン，ジャージー・シティ，ロサンゼルス）について，住民の目線を重視して都市を注意深く観察し，住民が都市空間において強く認識し捉えているものを記憶地図として示した．その結果，眺めの広がり，特定の植物，公園や道路などが，都市をイメージさせる共通の要素として理解された．そして，知覚できる物理的な形態が，パス（道路），エッジ（縁），ディストリクト（地域），ノード（接合点，集中点），そしてランドマーク（目印）の 5 つのタイプに分類された[3]．

　人が直接体験する空間は絶対的ではなく，時間の流れとともに変化するものである．何より，個人の感覚や注意力によって見え方や感じ方は違うものである[5]．同一の環境条件にいる 2 人でも，目の前に見える空間がまったく同一のものとして見えているわけではない．しかし，地図にシンボル化されて提示さ

れることで，眼前の空間を互いに理解することが可能となる．記憶地図は都市空間を共通して理解するために用いられた．

都市研究では，記憶地図をもとに都市空間の全体的なパターンを知ることで，実在する空間が住民に広く受け止められるものとなるよう，都市空間をデザインすることが意図された[5]．それは，都市計画を考え整備する側の意図ではなく，記憶地図を介することで，住民が持つ都市のイメージに基づき都市をデザインしようとした視点である．

ここでの記憶地図は，都市空間を互いに理解するため計画者や為政者と住民との間で機能したものと言えるであろう．

2. 個々の記憶のアーカイブ

2.1 記憶へのまなざし

空間に対して強く認識されるものは，それぞれの経験に基づき違いが生じることは言うまでもない．都市のデザインを検討するため，住民との対話から記憶地図を作成したケヴィン・リンチも記したように，日々の経験やそのときに抱く感情は個人の私的なものである．都市をイメージするときに影響を与えるものは，物理的な，知覚できる物体だけではなく，ある場所が持つ社会的な意味や機能，その歴史，名称なども含まれることが，住民との対話から認識されていた[3]．そのうち，都市空間とデザインするためには，物理的な，視覚的なものだけが採用された．

近年では，場所についての個々の経験と主観的な感覚である記憶そのものへの関心が高まりつつある．これまでまち並みの保全を考えるときには，建物の歴史的経緯を踏まえながら外観を残すことに主眼が置かれてきた．こうした流れに対して，建造物そのものを残すことだけではなく，建物に関わる思い出，そこで起こった出来事，経験といった個人の主観的な記憶もあわせて残していく必要があると考えられ始めている[2]．物理的な視覚的なものだけに意義があるのではなく，目に見えない感情が物理的なものを支えていることに気づき始めた．

近年の記憶地図は，都市デザインにおいて見過ごされた，場所についての個人の経験と主観的な感覚そのものを地図に表示したものと言えるだろう．それ

人文地理

は，空間をシンボル化し，共通して理解するための一助としてではなく，個人の記憶の内容をほとんど維持したまま，その位置情報に基づき地図上に表した地図である．こうした記憶地図は，失われた景観や，過去に起こった出来事を表現し，それらを後世に伝えるためのプラットフォームになりつつある．

2.2 記憶のアーカイブ

2011年3月11日に発生した東北太平洋沖地震による津波被害を受けた地域（都市，村落に限らず）では，震災後の復興を考えるため，震災前の住民の記憶を地図化した記憶地図が作製された[i]．その地図は，震災前の街の様子について，自宅の周辺，なじみの店，通学した学校といった建物から，それに関わる日常生活の思い出など，失われた街の様子について，記憶をたぐりよせ，それらを位置情報に基づいて可能な限り地図上に表したものである．「『失われた街』模型復元プロジェクト」は，それを3次元化した地図と言えるだろう[ii]．

また，第二次世界大戦の悲惨さと，原爆による被害を後世に伝えるためにも記憶地図が活用されている．渡邊英徳は，「ヒロシマ・アーカイブ」と題し，被爆地の真実の姿を伝える試みを行っている[6]．被爆し，当時を知る人たちの語りをデジタルマップ，デジタル地球儀（Google Earth）上につなぐことで，被災の写真だけでは伝わりにくい実態を伝えようとしている．被爆地である広島に関する資料は多数存在し，これまでアーカイブも進められてきた．しかし，それらを横断的に閲覧し，検索することが難しい状態にあることを渡邊は指摘し，すべての資料をデジタル地球儀上の仮想空間へ一括表示する試みを行っている[7]．ICT技術を活かした情報の集積により，利用者は，戦災全体の概要と個々の資料との関係を一度に把握することが可能となった．さらに，地図のスケールを変えて広島の町を探索することもできる．さらに，デジタル地球儀上で，被爆した時の地図と，現在の地図とが同じ視野の中で重ねて表示されることにより，過去と現在とのつながりを知ることも容易である．

このように，記憶地図は，個人の記憶を集積しデジタルアーカイブする機能を担いつつある．何より重要なことは，アーカイブの制作における若者たちの参画である．「ヒロシマ・アーカイブ」では，若者たちが被爆者との対話を重ねる中で，被爆者の証言が彼らの中に強く刻みこまれていった．そして，アーカイブを進めることで，若者たちが被爆の記憶の語り部になっているとい

図1 ヒロシマ・アーカイブ（http://hiroshima.mapping.jp/index_jp.html）

う[6][7]．ICT 技術によるデジタルマップ上の記憶地図は，過去と現在，そして未来をつなぐコミュニティの場として活かされつつある[6]．記憶地図は，空間を客観的に理解するためだけではなく，過去を知らない者や経験のない者が，個人の主観を尊重し，場所の意味を知り，追体験するためのツールとなっている．

3. 記憶と地図

　記憶地図はまちづくりの現場においても用いられている[1]．まちのデザインに記憶地図を活用するという点では，都市のデザインに近似しているだろう．ただし，物理的な視覚的な点を重視しシンボル化することよりも，個人の経験や感覚などの記憶そのものを表現する記憶地図が活用される．史資料には残らない地域固有の生活史を地図に表した記憶地図は，新旧の住民同士が地域の歴史を共有するためのものとなる．

　歴史学においても記憶地図が着目されている．政治経済史に対して，日常の生活史が文字記録として残る場合は少ない．あるいは，日本の戦時期から占領期のように，史資料があっても，情報統制により実態をつかめないこともあ

人文地理

375

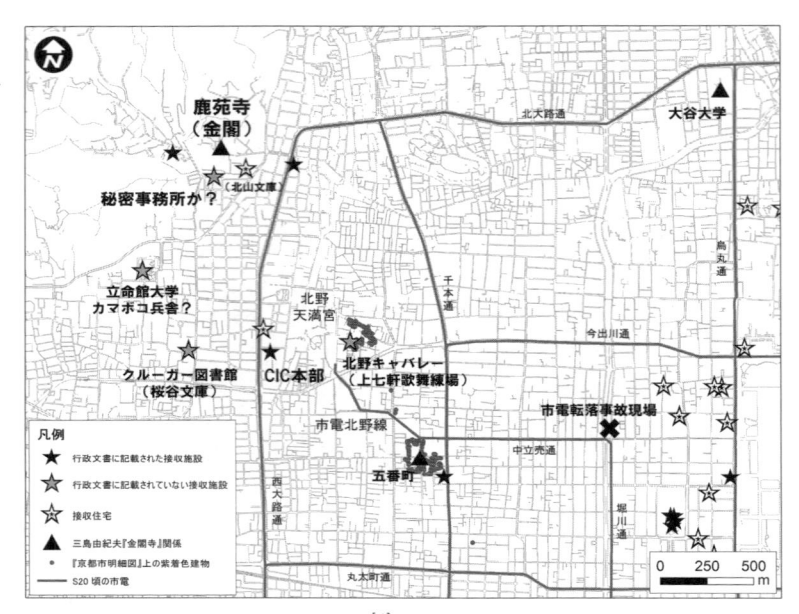

図2　占領期における金閣寺周辺（西川[4]より，聞き取り調査，京都府立京都学歴彩館所蔵『京都市明細図』などより作成）

る．そこで，人々の記憶に基づいて過去の実態を知り，地図に表す試みが行われている．西川祐子は，京都における 1945 年～1952 年の占領期を取り上げ，生活の記憶を丹念に紡ぎ，それを地図化することから占領とは何かを問うている[4]．そこでは，GIS（地理情報システム）を活用し，占領下の京都において，日本人が巻き込まれた交通事故，占領軍に接収された施設や，一般住宅などの情報を地図化した．そこに当時を生きた人々の記憶を重ねた結果，占領は時間的なものだけではなく，空間的支配であったことが理解された．この研究では，人類学や女性史を専門とする著者と，近現代史，建築史，そして地理学の各分野交流し，デジタル上の記憶地図に情報が集積され，学際的な研究が促された[8]．

　ところで，記憶をアーカイブする際には，可能な限り語り手の記憶に近い時期を示した地図類を用いることが重要である．およそ客観的なことを示す地図を介することで個人の記憶が想起されるとともに，事実確認にもなる．また，誰かの記憶地図が，同時代を生きた人々の記憶も想起させ，次第に記憶が点か

ら面へと広がっていく．そして，地図における描画の充実と補完が図られ，個人の空間的な位置がより鮮明になる．

　地図は，位置情報があれば形のないものでも可視化し表現する機能を有している．場所に関わる思い出，あるいは些細な日常生活，忘れられない経験，それら個人の主観的な感覚や感情といった記憶を，ICT技術を駆使し，地図の持つ機能を最大限に活かして共有し，後世に伝えようとするのが近年の記憶地図である．それは，学際的な研究を促すコミュニティの場でもある．

【注】

i)　「未来への記憶」プロジェクト（https://www.miraikioku.com/info/）は，その一例である．

ii)　「東日本大震災復興支援 失われた街 模型復元プロジェクト」（http://www.losthomes.jp/）では，建築・都市デザインに携わる研究者らが失われたものを認識し，都市と自然とが新たな関係を築いていけるよう，地域の記憶を保存・継承を行っている．

[河角直美]

【参考文献（さらに学びたい人のために）】

[1]　河角直美，板谷直子，中谷友樹，佐藤弘隆，谷崎友紀，前田一馬（2007）．「記憶地図から読む地域の景観の歴史——仁和寺門前地域を例に」『ランドスケープ研究』**81**（1），22-25.

[2]　建築雑誌会誌編集委員（2015）．「まちの記憶のつなぎ方」『建築雑誌』**130**，3-5.

[3]　Lynch, K.（丹下健三，富田玲子訳）（2007）．『都市のイメージ　新装版』岩波書店，286頁

[4]　西川裕子（2017）．『古都の占領——生活史からみる京都 1945-1952』平凡社，507.

[5]　嶋村仁志（1967）．「記憶地図における空間構造について」『清水建設研究所報』10，123-128.

[6]　渡邉英徳（2013）．『データを紡いで社会につなぐ——デジタルアーカイブのつくり方』講談社，268.

[7]　渡邉英徳（2015）．「多次元デジタルアーカイブと記憶のコミュニティ」『建築雑誌』**130**，20-21.

[8]　矢野桂司，瀬戸寿一（2013）．「地理情報システムを用いた地理学と歴史学の連携——歴史GISの試み」『アリーナ』**15**別冊，13-19.

人文地理

A4-11
空間人文学と文学
geohumanities and literature

1.　文学の空間特性とデジタル人文学の諸プロジェクト

　文学テキストへの空間マッピングおよびデジタルマッピングは，文学へのデジタル人文学アプローチにおいてますます重要な分野になってきている．今でも文学へのデジタル・ヒューマニティーズ的方法の最大の部分は，テキスト分析，特に大集積テキストに対するコンピューターを使った方法に主眼を置いたままである．デジタル・ヒューマニティーズと文学の多くのリーダーたちが，フランコ・モレッティ（Moretti, F.）やスタンフォード文学研究所（Stanford Literary Lab）の仕事を含むこの分野にいる[12]．最近ではシカゴ大学のホイト・ロング（Long, H.）やリチャード・ジーン・ソー（So, R. J.）の重要な仕事も見られる．

　それらはより大きな世界文学という文脈の中で，モダニスト俳句やその他の東アジアモダニストの著述を読み取る解釈学的およびコンピューター分析論にリンクしている[10]．コンピューターを使ったツールは大規模なテキスト群の中から新たな意味を見出だす重要な方法を提供してきた．しかし，興味深いことに，テキストベースの諸プロジェクトでは「マッピング」はしばしば，ある程度比喩的な意味で，テキストの空間的視覚化を意味してきたのである．これには，理解手段としての小説登場人物の相関図といった空間的表象や各種「ワードクラウド（word clouds）」も含まれる．

2.　テキストと著者のマッピング

　テキスト群のこの種の「マッピング」は，テキスト作成の場所やその著者のいる場所を認知する諸々のデータ・フィールドを加えることから始まり，時にはそれを作家たちや出版社群のネットワークと結び付けもして，現実空間との結びつきをますます強めている．前述のロングとソーの仕事は，俳句

を世界文学の一部として新しい地理的および言語的空間の中に見出すことに重点を置くという点でそれを行っている．文化史（intellectual history）と文学におけるもう 1 つの重要なプロジェクトは「文壇のマッピング（Mapping The Republic of Letters）」である（http://republicofletters.stanford.edu/）．近代ヨーロッパおよびアメリカの重要な知識人たちの居場所に焦点を当て，彼らがどこから誰に向けて，そしてどこへ向けて書いているかを検討し，その資料を視覚化するのである[6]．韓国の詩歌に関するウェイン・ドゥフレメリ（DeFremery, W.）のマップ化出版目録プロジェクトは，韓国の出版社を検討しながら詩歌本の出版場所がいかにそれらの読解に重要かを明らかにしている[3]．人々がどこで読書をしているのか，その空間の GPS 位置探索に人文学的にアプローチすることには多くの潜在的な意味合いが考えられるが，そのいくつかはブライアン・グリーンスパン（Greenspan, B.）の手による卓越した概説の中に見出せる[9]．

3.　文学受容のマッピング

　文学に関する本物のマップ作りへと移行していくにつれ，重要な仕事の重点は地理情報システム（GIS）や，他の文学作品とその設定舞台のマッピングへと移ってきた．時代をまたいでの文学作品の受容の具合を理解するにもマッピングはまた重要である．文学的な旅めぐり，いわゆる文学散歩は読者たちに何世代にもわたって影響を与えてきた方法である．この分野での革新的な仕事には Donaldson, Gregory, Murrieta-Flores[4] も含まれる．これは GIS の特定性を使って，ワーズワース（Wordsworth）に関して焦点となるイングランドの湖水地方文学散歩の一部空間分析の助けにしようというものである．

　以前もこの文学散歩に焦点を当てていた．しかしデジタルマッピングは研究者たちに，ワーズワースが最も頻繁に訪れた場所を見せるだけでなく，その当時に存在していた道路からの視線や道路への近接具合といった空間的な諸要素をも理解させる．これは著者や読者の実際の生活を読み取るに役立つだけでなく，彼らの描写や観察の実際をよりよく理解する助けにもなる．

　そして，Frederick[8] は，夏目漱石の京都旅行のマッピングを行っているが，それもまた，漱石がどこを訪れたかを知ることが『門』や『それから』に登場

人文地理

する小説の中の京都の舞台はもちろんのこと，彼のノンフィクションの随筆に関してもよりよく理解し翻訳するための助けになるかもしれないという，その道筋を提示している．

4.　虚構テキストのマッピングに際しての諸問題

4.1　文学マッピングの解釈学

　文学へのデジタルマッピングのアプローチの有用性に関しては，マッピングそのものの過程も重要である．文学テキストからの最も直接的な位置データでさえも，それを取り込むに当たっては緻密な注意が必要である．それが虚構で，多義的で，登場人物たちの感情的な体験がその空間体験にも影響するような場所のテキスト・データならなおさらである．アイド（Eide）はデジタルマッピングがテキスト分析の独自の形態を創造するある種の方法や，「批評的段階式形式化（critical stepwise formalization）」のような概念を使ってテキストとマップの間の関係性について考えることを勧めている[7]．ジョアンナ・ドラッカー（Drucker, J.）は，デジタル・ヒューマニティーズのプロジェクトにおいても人文学スタイルの解釈や分析の力を維持するようにと訴える重要な見解を提示している．彼女は，研究者たちは「被構成性と解釈に関する人文学的教義（the humanistic tenets of constructedness and interpretation）」を考慮に入れて，デジタル・ツールを通じて使用・表示されるデータの認識論的ステータスに注意する必要があると説く[5]．デジタルは人文学と相入れないなどとは言わず，ドラッカーは人文学者に，デジタルマッピングに参加して曖昧さや不確かさ，解釈の度合いを維持できる洗練されたデータ視覚化の方法を探すよう勧めている．それには，異なる時間認識や登場人物への障害物や感情的な困難を考慮に入れて表示できるマップといった，野心的な要求も含まれる．これらがどのように人々の空間感覚を変化させるか，それを表現できるような方法を見つけるよう彼女は求めている．学際的ハイパーシティーズ計画（the interdisciplinary HyperCities project）と，コンピューター・プラットフォームはまた，文化作品について都市の文脈の中で考えるツールを提供しようとしている．ヨー・カワノ（Kawano, Y.）の研究は地震，津波，原発といった東北三大災難（Tohoku Triple Disaster）とそのデジタルな形跡を軸にし

つつ，『ハイパーシティーズ（*HyperCities*）』という本では空間人文学における
より幅広い可能性と，物語を理解し語るための「分厚いマッピング（thick
mapping）」の利用方法とを検討している[15]．

4.2　虚構空間のマッピングに関する問題

　虚構世界で描かれる空間をマッピングすることは，仕事上最も難しいエリア
の１つである．虚構での表示はいかに現実空間と関係するのか？
　ドラッカーはこの疑問に非常に重要なアプローチを論じている．研究者たち
に，虚構空間を，空間の現実性を直に表象しているとされる Google マップの
上に表示することには注意が必要だと言う．他の研究者たちはこの疑問に別の
角度から取り組んでいる．比較の問題として「現実」空間と虚構空間との関係
性を検討することは有益である．『ユリシーズを歩く（Walking Ulysses）』は
ボストン・カレッジを拠点とするジョセフ・ニュージェント（Nugent, J.）に
よるプロジェクトで，このジェイムズ・ジョイス（Joyce, J.）の小説に登場す
るダブリンの町の現実空間と，小説の中の複雑な時間との間の関係性を，章ご
とに空間をマッピングすることで展開している[14]．同様のプロジェクトをマ
イケル・スティーヴンズ（Stevens, M.）も行っている．彼もこの小説をもち
ろん虚構のテキストと認識しながらも「歴史的に設営された文書（historically
situated document）」として捉えることで研究している[16]．この考え方は前
田愛のそれに似ている．前田は東京の現実空間を近代文学におけるその表象と
の関係で論じている[11]．より最近では杉浦芳夫が地理学的思考のセンスを多
様な文化的形態の分析に持ち込んでいる．それらの仕事には，技術的進歩が文
学空間へのより多くのデジタルなアプローチを可能にする中，杉浦[17]で見られ
るような地理的アプローチから成立した数多くの論文などの文学研究も含まれる．

4.3　「ディスタント・リーディング（distant reading）」対
　　「クロース・リーディング（close reading）」

　米国の学会では，文学へのデジタル・ヒューマニティーズのアプローチ
に関する最近の主要な論議は，モレッティが「ディスタント・リーディング
（distant reading）」と呼ぶものに価値があるかどうかという問題である．デジ
タル・ヒューマニティーズをめぐる議論や，デジタル・ヒューマニティーズが

人文地理

そもそも文学の解釈にはそぐわないのかどうかといった議論の核にもしばしばこの問題がある．こうした議論の文化史が最近になって発表された．文学批評において「ディスタント・リーディング」が常に重要な実践だったその道のりをたどったものである[18]．さらに最近では，この話題に関するやり取りが北米高等教育界の週刊紙 *The Chronicle of Higher Education* に掲載されている[1][2]．空間人文学のプロジェクトの場合で注目すべき点は，テキスト中で表象される場所の決定はほとんど常にクロース・リーディング（close reading）を通じてなされるということである．固有名詞は作品資料から自動的に得られる一方で，そのフォーマットの情報が首尾一貫したものであることは珍しく，場面や主人公の位置を割り出すには記録の調査とクロース・リーディングとの両方が必要になる．技術がどんどん発展しすでにモバイル・アプリケーションも手にできていることから，文学の読者あるいは学生がクロース・リーディングで本の設定舞台を考え，GPS を使って，本を読みながら同時に自分たちの位置を割り出すことも可能になっている．これは実践と技術とが相まったところから登場してくる潜在的で新しい解釈学的戦略の 1 つと言える．

5. 新たな方向性

　文学テキストというのは大学生，あるいは高校生にもよく教えられている．文学散歩に参加するような一般読者にもまた興味深いだろう．従って，文学マッピング・プロジェクトの重要な発展分野および資金提供分野は，教育関連のプロジェクトや，文学テキストから読者が空間と直接インタラクティヴに交じり合えるモバイル技術の中にある．

　前述したボストン・カレッジのプロジェクト『ユリシーズを歩く』は，同大での『ユリシーズ』のコースとともに始まった見事な典型例である．学生たちは数多くの授業を発展させ，そこにプログラミングや学術的情報入力を行ってさらに発展させて，アイルランドの実地で使えるようなタブレット・アプリケーションを構築したのである．こうしたタイプのプロジェクトはこれから数年にわたって空間人文学や文学にとって重要であり続けるに違いない．

[Sarah Frederick]

（北丸雄二訳）

【参考文献（さらに学びたい人のために）】

[1]　Bond, S., Long, H. and Underwood, T.（2017）. 'Digital' is not the opposite of 'Humanities', *Chronicle of Higher Education*, November 1.

[2]　Brennan, T.（2017）. The Digital-Humanities bust, *Chronicle of Higher Education*, October 15.

[3]　Defremery, W. Poetry's Printshops（http://www.pwdef.info/projects.html）（最終アクセス：2019 年 10 月 9 日）

[4]　Donaldson, C., Gregory, I. and Murietta-Flores, P（2015）. Mapping 'Wordsworthshire': A GIS study of literary tourism in Victorian lakeland, *Journal of Victorian Culture*, **20**（3）, 287-307.

[5]　Drucker, J.（2011）. Humanities Approaches to Graphical Display, *Digital Humanities Quarterly*, **5**（1）.

[6]　Edelstein, D. and Kassabova, B.（2009）. *Voitaire's Correspondence Network*（http://republicofletters.stanford.edu/publications/voltaire/）（最終アクセス：2019 年 10 月 9 日）

[7]　Eide, Ø.（2015）. *Media Boundaries and Conceptual Modelling*, Palgrave Macmillan, 230.

[8]　Frederick, S.（2017）.「『京に着ける夕』デジタル地図——漱石と人文学のデジタル時代」『虞美人草「京都漱石の會」会報』19, 14-17.

[9]　Greenspan, B.（2011）. The new place of reading: Locative media and the future of narrative, *Digital Humanities Quarterly*, **5**（3）.

[10]　Long, H. and So, R. Jean.（2016）. Literary pattern recognition: Modernism between close reading and machine learning, *Critical Inquiry*, **42**（2）, 235-267.

[11]　前田愛（1983）.『近代日本の文学空間——歴史・ことば・状況』新潮社, 456.

[12]　Moretti, F.（2007）. *Graphs, Maps, Trees: Abstract Models for a Literary History*, Verso, 119.

[13]　Moretti, F.（2013）. *Distant Reading*, Verso, 224.

[14]　Nugent, J.（2011）. *Walking Ulysses*（https://josephfinbarrnugent.wordpress.com/joyceways/walking-ulysses/）（最終アクセス：2019 年 10 月 9 日）

[15]　Presner, T., Shepard, D. and Kawano, Y.（2014）. *HyperCities: Thick Mapping in the Digital Humanities*, Harvard University Press, 216.

[16]　Stevens, M.（2013）. Roundtable: Representation: Mapping Ulysses, *Teaching and Learning Multimodal Communications*, 9.

[17]　杉浦芳夫（1992）.『文学のなかの地理空間——東京とその近傍』古今書院, 308.

[18]　Underwood, T.（2017）A Genealogy of Distant Reading, *Digital Humanities Quarterly*, **11**（2）.

人文地理

A4-12
デジタル地域学
digital regional studies

1.　地域研究とデジタル技術

　地理学は大きく系統地理学と地誌学とに分けられ，地誌学は特定の地域の自然環境や社会環境を網羅的に捉え，地域的特色や地域性，地域全体と部分地域の関連性を総合的に考察する分野とされている[3]．この他に，民俗学や文化人類学，社会学などでも特定の集落や都市に存在する事物の地域性が捉えられてきた．近年では分野を問わず，学際的な視点や方法から**地域研究**（area studies）が行われており，体系化された一学問として地域学とも呼ばれている．

　地域学（地域研究）において，**フィールドワーク**（field work）は基本的な調査手法として重要視されてきた．近年のデジタル技術の進展・普及はフィールドワークに大きな変革を与えた．例えば，人文・社会科学系の研究者や学生であっても，デジタル機器を使いこなすことで，現地での一次資料の収集手段として質の高いデジタルアーカイブが容易となった．また，フィールドワークの事前準備や事後のデータ整理・分析にもデジタル技術を取り入れることで効率的に作業を行えるようになった．ここでは，地域で行われる「**祭礼**（festivals）」を対象としたデジタル地域学の研究実践を紹介する．

2.　祭礼と都市

　歴史的な都市では，祭りの際に生活の場から離れた場所に鎮座する氏神が都市内部に迎えられ，御旅所で一時的に祀られた後，再び鎮座地へ還された．この移動に伴う神輿渡御や神幸行列に付随させる形で，町人は風流を生み出した．それが見物人を惹きつけることで，都市の祭りは祭礼として発展していった[8]．

　人文・社会科学の諸分野において，祭礼は都市の社会・空間構造が現出する

場面として多くの研究が蓄積されてきた．例えば，博多祇園山笠では，担い手に見られる共感や排除の関係性から，近代博多に潜在する「共同性」の回復が見出されている[1]．また，中・近世の城下町や京都の祭礼でも，対象の都市の形成過程や変容と祭礼の関連性が示めされてきた[1][7]．このように祭礼を調査することで，祭礼文化を支える都市の機能やその地域性が見えてくるのである．

3.　GIS を利用した祭礼敷地の可視化

　多くの祭礼はその神社の氏子区域を中心に行われる．また，祭礼執行のための人員や資金，場所を確保する一定の範囲は「祭礼敷地」と呼ばれる[1]．祭礼と地域の関わりを調査する際，事前に氏子区域や祭礼敷地，その地域内の社会空間構造を把握しておくことが望ましい．これにより現地での調査が効率的に進められる．

　ここでは GIS を用いて，現在の**京都祇園祭**（Kyoto Gion festival）の祭礼敷地を地図に可視化した（**図 1**）．まず，八坂神社の氏子区域を示した．3 基の神輿が八坂神社から御旅所や神泉苑などを渡る神輿渡御や山鉾の新旧巡行路からわかるように，祇園祭の祭礼敷地は八坂神社の氏子区域を中心に広がっている．ベースマップには地理院地図を使用しており，祇園祭は建物の密集する市街地で行われることがわかる．

　次に，祭礼を支える人員や資金の集まる範囲から祭礼敷地を捉える．神輿渡御を資金面で支える清々講社は，氏子区域に含まれる 25 の元学区ごとに支部を組織し，区内各世帯から寄付金を集める．また，神輿の昇き手の確保は三若・四若・錦という氏子区域内に所在する 3 つの組織が行う．

　2018 年現在，**山鉾巡行**（Yamahoko floats parade）に参加する山鉾は 33 基存在する．これらの運営を担う人々は氏子区域の中央西よりに位置する 33 の山鉾町の人々である（**図 1**）．また，山鉾巡行の現行ルートは四条烏丸から御旅所への巡行後，河原町通や御池通を経由して各町内に戻るという神輿渡御と比べると狭い範囲を巡行する．このように，神社の氏子区域や，祭礼における各行事の祭礼敷地は，それぞれ範囲が異なり，都市内で重層的な広がりを見せるのである．

人文地理

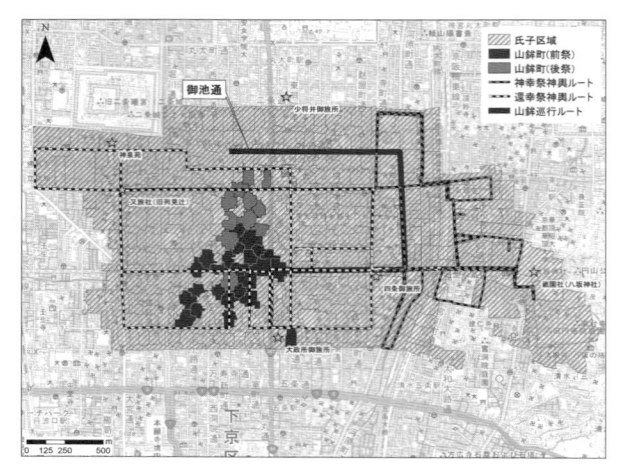

図1　京都祇園祭の祭礼敷地

4.　統計資料を利用した山鉾の運営基盤の把握

　山鉾は神輿渡御に付随して発展した風流の一種であり，7月17日と24日に行われる山鉾巡行は祭礼のハイライトとなっている．2022年の復興を目指す鷹山を含めた34基の山鉾を出す町内（山鉾町）では，居住者を中心に組織される公益財団法人（一部任意団体）の保存会によって山鉾の運営基盤となる人員や資金，場所の確保が行われている[3]．ここでは，山鉾の運営基盤を構築する山鉾町の機能を国勢調査**小地域統計**（2015年度）のGIS分析によって把握する．

　図2の円の大きさは各山鉾町の居住世帯数を表しており，同じ山鉾町でも各町内で大きな差が見られる．また，各町の色分は社会構成の傾向による区分である．このような町間の社会構造の差は各保存会による運営基盤の構築に特色を与えていることが予想される．これを踏まえ，筆者は各保存会の代表者に対し，山鉾の運営に関する聞き取り調査を行った．

　その結果の一部をここで簡略に説明すると，例えば，町内に居住する世帯がほとんどいないAでは，保存会役員となる地元住民は少なく，町内企業の代表者や元居住者が役員に就くことがわかった．また，ここでは企業から大口の

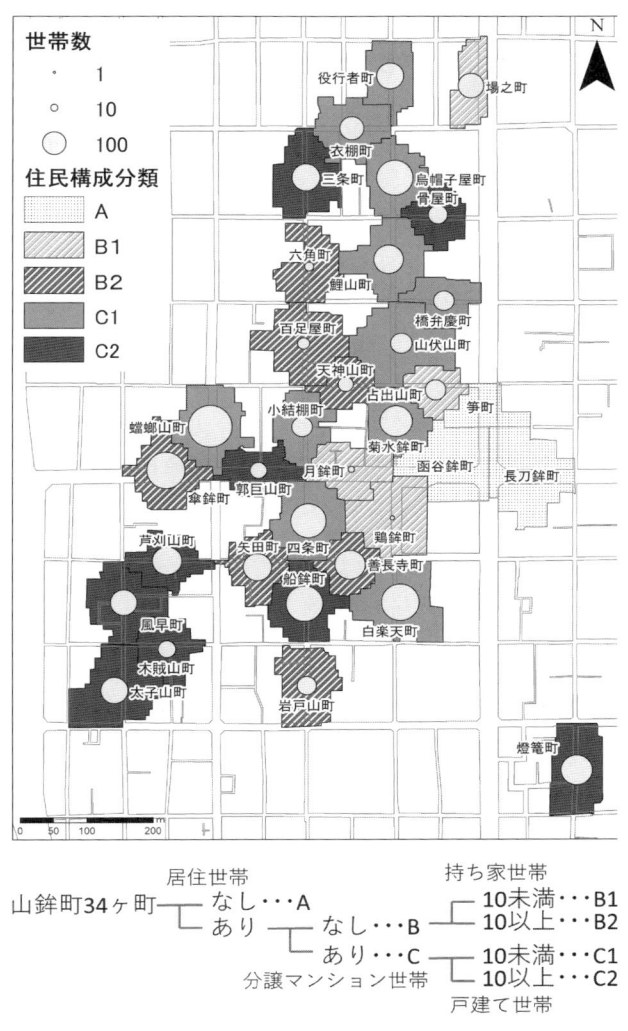

図2　山鉾町の社会構成分類

保存会費や寄付が集められ安定した経済基盤が築かれている．分譲マンション世帯と旧来の戸建て世帯が共存するC2では，マンション住民も保存会役員に就く場合が見られた．さらには，分譲マンション一棟からまとまった会費も集めることができる．このように統計データを用いたGIS分析によって事前に

人文地理

対象地域の社会構成を把握しておくことで，現地で得られた祭礼の運営基盤に関わる情報が論理的に理解できるのである．

5.　地域に残された文書・写真資料のデジタルアーカイブ

5.1　船鉾町での参与観察

　筆者は祇園祭の山鉾町の中でも，旧来の一戸建て世帯と分譲マンション世帯との協力が活発である船鉾町（C2）に対して**参与観察**（participant Observation）を行ってきた．当町には，数軒の京町家が残されており，その中でも町会所と京都市指定有形文化財「長江家住宅」の2軒は町内の歴史や文化を知る上で重要な建物である．筆者は船鉾と町内の関係を歴史地理学的に明らかにするための地域資料収集の一環として町会所所蔵の「船鉾町文書」と長江家旧蔵（立命館大学所蔵）の「長江家文書・写真資料」の**デジタルアーカイブ**（digital archive）を実施した．

5.2　文書

　表1にはデジタルアーカイブした文書のうち祭礼に関するものを挙げた．筆者は文書の資料番号や資料名，年代，所蔵，内容分類などのメタデータを整備しながら，全資料の全頁にわたるデジタル撮影を現地（長江家住宅の一室）で行った（**図3**）．作業に必要な人員は筆者と補助の学生アルバイト1名で，撮影機材は市販のデジタル一眼レフカメラ及びレンズ，コピースタンド，ノートPC，LEDライト4つなど2名で十分に持ち運び可能の物を揃えている．作業台となる机や椅子，電源などは現地で借用する．

　撮影された画像データは資料番号に対応したファイル名へ変更し，RAW形式で研究室のサーバーで保管している．そして，必要なファイル形式（TIFFやJPEG）への変換や向きの調整，トリミングなどを行い，その画像データを閲覧するためのWebデータベースを構築した（**図4**）．そのデータベースでは，翻刻によるテキストデータを整備し，そこから祭礼の運営や町内の社会構成に関する**時空間情報**（spatio-temporal information）を抽出し，GISで可視化させ（**図5**），船鉾を支える町内の機能の通時的分析に活用した[5]．

表 1　祭礼に関する文章の一部

資料番号	資料名	年	所蔵
FN1-0	船鉾飾道具入日記	1645（正保 2）年	
FN1-1	船鉾車輪及合羽新造之記	1892（明治 25）年	
FN1-2	船鉾車輪及合羽新造寄付者名録	1892（明治 25）年	
FN1-3	祇園会式例書	1778（安永 7）年	
FN1-4	祇園会神事諸日記	江戸後期	
FN1-5	寄進覚	1746（延享 3）～1778（安永 7）年	
FN1-6	船鉾由緒之記	1760（宝暦）10 年	
FN1-7	船鉾由緒之記	1808（文化 5）年	
FN1-8	寄進帳	1779（安永 8）～1830（天保元）年	
FN1-9	神事費計算簿	1915（大正 4）年	
FN1-10	寄進帳	1831（天保 2）年～1873（明治 6）年	公益財団法人祇
FN1-11	寄進帳	1874（明治 7）～1926（昭和元）	園祭船鉾保存会
FN1-12	人形殿寄進帳	1927（昭和 2）～1962（昭和 37）	
FN1-13	神功皇后御神徳記	1761（宝暦 11）1858（安政 5）年	
FN1-14	船鉾修理昭和 46 年度清算書	1971（昭和 46）年	
FN1-17	船鉾保存講員名簿	明治期	
FN1-18	祇園会寄町覚	1695（元禄 8）年	
FN1-19	博物館書上之写	1878（明治 11）年	
FN2-1	町内会規約　神事規則	1930（昭和 15）年	
FN2-11	神事費計算簿	1960（昭和 35）～1969（昭和 44）年	
FN2-12	人形殿寄進帳	1963（昭和 38）～1971（昭和 46）年	
NM001	神事規則	1927（昭和 2）年	
NM002	神像御初穂記	1874（明治 7）年	長江家旧蔵
NM003	囃子譜	明治・大正期	

5.3　写真資料

　長江家住宅には，昭和初期から末期にかけての当主である伊三郎によって撮
影された大正末～昭和初期の写真資料が大量に残されている．これらは旅行や
年中行事，日常風景などを写したもので，当時の景観や人々の生活を知る貴重
な資料である．

　資料形態はガラス乾板や 35 mm のネガフィルム，現像写真，など多様であ
ったが，A4 サイズのフラットベッドスキャナーとノート PC を現地に持ち込
み，1 枚ずつデジタル化した．ファイル形式は TIFF とし，解像度は資料のサ
イズに応じて 600～3200 dpi で設定した．オリジナルデータは保存用として研
究室のサーバーに保管している．

　筆者は閲覧用として JPEG に変換した画像データを用い，データベースを

人文地理

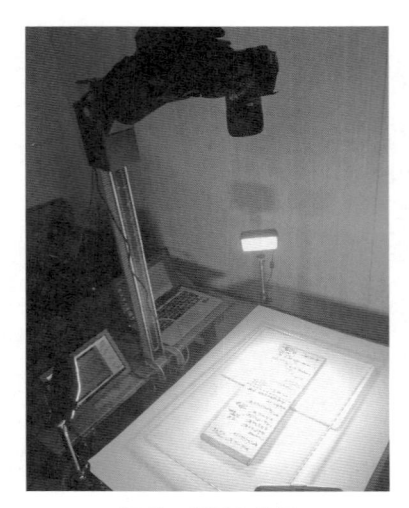

図 3　撮影の様子

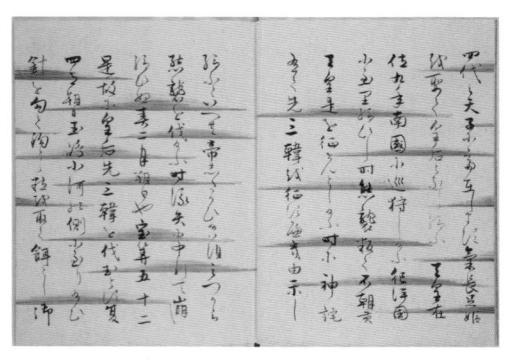

図 4　完成した画像データの一例

構築した（**図 6**）．そして写真 1 枚ずつに，撮影時期や撮影場所，資料形態，写されたものについての旧蔵者（撮影者の息子）への聞き取り結果などメタデータを付与した．特に撮影場所については，詳細な位置特定を進めており，Google マップ上に撮影地点を表示できるようにした．これにより過去と現在の祭礼景観の比較や当時の祭礼運営に対する視覚的理解が可能となった．

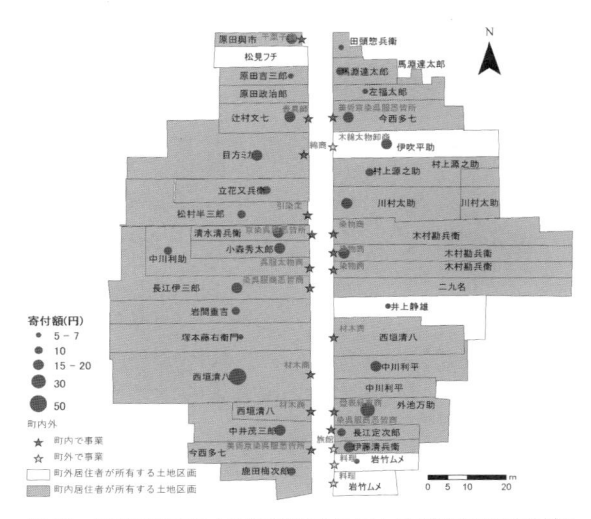

図5　明治期における船鉾町の住民と車輪新調の寄付額

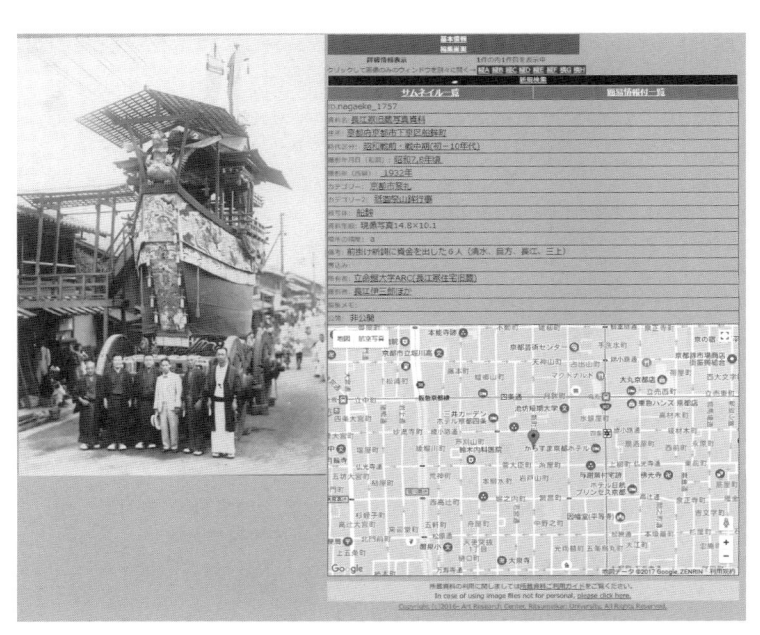

図6　写真データベースの閲覧画面

人文地理

6. デジタル地誌学の可能性

　ここまでで示したように，フィールドワークにデジタル技術を取り入れることで，地域研究は効率的に進められるようになった．また，町や家の文書・写真のデジタルアーカイブにより，これまで扱いづらかった地域資料の研究利用は促進されるであろう．

　近年では，一方的に情報を公開するデータベースだけでなく，京都大学古地震研究会の『みんなで翻刻』や立命館大学アート・リサーチセンターの『京都の鉄道・バス写真データベース』などクラウドソーシング（crowd sourcing）によって双方向で作り上げるデータベースが登場している[6]．このように蓄積された地空間情報は，地域資料の画像データとともに広く共有されることで，地域における「デジタルミュージアム（digital museum）」を生み出すことができる．これは一般市民による地域の歴史・文化の理解や多分野の研究者による地域研究の進展に大きく寄与するものであろう．このような最新の地域研究はデジタル技術を取り入れることにより，一層学際的な広がりを見せ，一般市民をも巻き込んだ新たな領域「デジタル地域学」へと到達しつつある．

［佐藤弘隆］

【参考文献（さらに学びたい人のために）】
[1] 本多健一（2013）．『中近世京都の祭礼と空間構造——御霊祭・今宮祭・六斎念仏』吉川弘文館.
[2] 遠城明雄（1992）．「都市空間における「共同性」とその変容——1910〜1930年代の福岡市博多部」『人文地理』**44**（3），341-365.
[3] 櫻井岳彦（2013）．「地誌」『人文地理学辞典』人文地理学会編，丸善出版，118-119.
[4] 佐藤弘隆（2016）．「京都祇園祭の山鉾行事における運営基盤の再構築——現代都市における祭礼の継承」『人文地理』**68**（3），273-296.
[5] 佐藤弘隆，矢野桂司編著（2018）．『船鉾——財団法人設立五十周年記念誌』公益財団法人祇園祭船鉾保存会，209.
[6] 髙橋彰，河角直美，矢野桂司，山路正憲，山本俊平，佐藤弘隆，今村聡（2017）．「クラウドソーシングを活用した写真資料（古写真）の地理情報等の同定方法の検討とその課題——京都市電のデジタルアーカイブ写真を事例として」『地理情報システム学会講演論文集』**27**，全4頁（CD-ROM版）.
[7] 渡辺康代（1999）．「近世城下町における祭礼形態の変容——下野国那須郡烏山を事例として」『地理学評論』**72**（7），423-443.
[8] 柳田国男（1969）．『日本の祭』角川書店，232.

文化・芸術

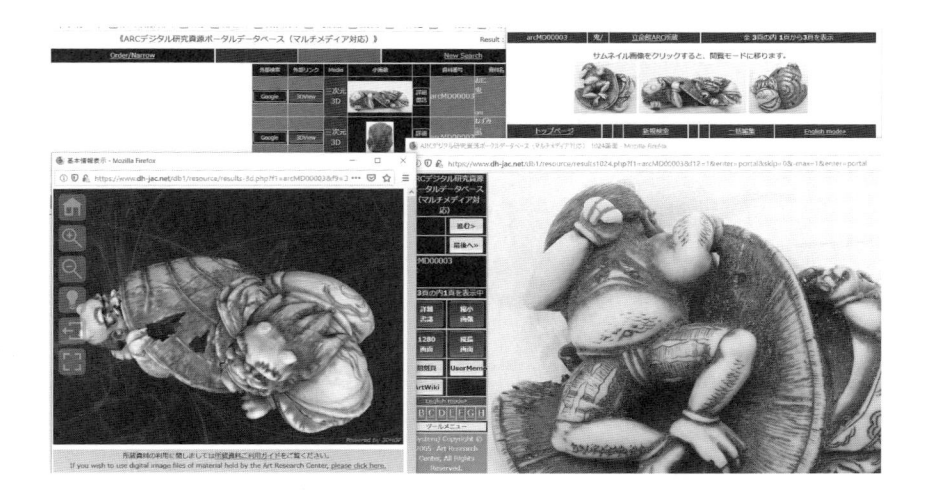

工芸品デジタルアーカイブの事例

美術・工芸品などの文化資源を文化情報学の手法で研究するためには，デジタル化，データベース化，オンライン化などの手順を踏みながら，そこに含まれるデジタル情報を活用可能とする必要がある．図は，1 個の根付をオンラインデータベース上で 4 通りの提示方向で表示したものであるが，3 モデリングや深度合成撮影による精細撮影などを駆使して，できる限り質感を伝える工夫がされている．なお，図の根付は傘の下に寝る鬼の上にもう一体の鬼が覆いかぶさるのをかたどったものである．（466 頁参照）

文化・芸術と文化情報学
arts and culture, and digital humanities

1. 対象と特徴

「**A5 文化・芸術**」では，文化・芸術分野において，研究資源を**デジタル化**することで生まれる新たな研究について述べる．人類が残してきた営みのうち，特に「表現者」たちが製作した作品やそれにかかわる記録をどのようにデジタル技術で抽出し，分析・評価するかが課題となる．この分野は，アナログの世界を対象とする割合が高く，研究手法として，哲学（とくに美術・美学）・歴史・文学というデジタル技術の活用が最も遅れた分野である．そのうち，歴史分野は歴史的事実を解明しようとする分野であるのに対し，美術や文学は，基本的に"創作されたモノ"，つまりフィクションを対象とする分野であり，また感性を評価の基準としているという特徴（問題）がある．

感性的な情報をデジタル化し分析するのは，きわめて難しい課題である．その最初の落し込みが十分にできていないと，研究やその結果は見当違いで陳腐なものとなり，評価は得られない．アナログ世界にある作品をデジタル情報に置き換えるまでに，作品への十分な理解と的確なデジタル化手法が確立されて初めて文化情報学的な研究がスタートできる．そのために必要な試行錯誤を行っているというのがこの分野の現状である．以下，作品に対峙するうえでの留意点を挙げる．

1.1 情報の限定

文化・芸術作品は，人間が五感を使って，何らかの表現を作品から感じ取り，鑑賞するものである．そのうち，視覚と聴覚が最も高度な表現を可能とするのはいうまでもないが，味覚・触覚・嗅覚，あるいはそれ以外にも熱や磁気などによって対象物を認知している．そのため，対象物をデジタル情報により完全に複製するのは至難の業である．「そこそこ満足できるレベル」にもほど遠いというのが現状である．したがって，デジタル化された作品は，オリジナ

ル作品の持つほんの一部分の情報が抽出されだけのものであることを十分に認識しておく必要がある.

1.2　表現の型とメディア

文化・芸術分野の "作品" の場合，表現者たちもその製作物には自然界には本来備わっていなければならないはずの要素を完全な配慮のもとに配置しているわけではない. まずは，**言語型**（文学），**視覚型**（美術），あるいは**聴覚型**（音楽）を選びながら，または，その複合型を選びながら，ある一定の（可能な）**メディア**を使って表現する.

メディアは，紙やキャンバスなどの物体を使って固定されたものそのものが作品である段階から，ある装置を使ってある物体に記録し，それを再生することで表現する段階，さらには，すべてがデジタル情報として記録され，様々な再生装置を使って表現する段階へと進んできている. すなわち，デジタル情報とその再生装置によって表現できるメディア芸術は，創出する段階からデジタル情報を使うことが可能な，**ボーンデジタル作品**となる.

文化情報学においては，本来アナログ環境で生れた作品をボーンデジタル作品と同列の段階まで移行することで，研究がスタートする.

1.3　時間軸と空間軸

もともと，聴覚型表現には時間が伴っており，一方，絵画や写真などの視覚型作品は，その作品が完成して以降は，**時間**軸を持たなくなるが，演劇などのパフォーマンスには時間軸が備わっている. 映画やビデオ映像作品は，いったん完成したとしても，作品内部に時間情報を伴っている. 一方，演劇の場合は，映像，聴覚とともに**空間**上の動作や小道具大道具などのオブジェクトとの位置関係も重要な要素になってくるため内部に空間情報を伴っているといえ，より総合的な視点でのアーカイブが必要となってくる.

もっとも，いずれのタイプの芸術表現においても，展示や公演などが繰り返し行われていけば，その履歴には空間情報や時間情報が必要である.

1.4　鑑賞者軸

研究対象をビデオゲームにすると，表現されるものは，製作者だけではな

く，最終的には遊戯者によって作り出されているともいえる．これは，ビデオゲームがこれまでに存在してなかった新たなメディア表現であるから，というわけではなく，例えば，舞台芸術にもいえることで，鑑賞者の座席によって，そこから見える映像は異なっている．表現される作品そのものが，鑑賞者ごとに様々なバリエーション（バージョン）を持っているのである．

　以上，表現された作品が本質的に持つメタな「可能性」を念頭に入れておく必要がある．

2.　研究方法

　文化・芸術分野を文化情報学の方法を使って研究するというのは，従来の方法とはどこがちがうのだろうか．この分野では，これまで長い作品閲覧の経験を積むことで，作品の情報を自分なりのフォーマット（＋複製品）で記録し，その中から，ある一定のテーマのために作成したインデックスをノート・カード・記憶に記録し，そこから作品の事例を引出し，基本的には“比較”の方法で，ある結論を導き出すということが行われていた．

　しかし，この方法では，若手研究者と熟練研究者の間には，大きな情報量の隔たりがあるため，通常は若手研究者の論考の方が未熟な論述になる．その隔たりは，まさに情報量であり，例えば美術研究の場合は，美術全集などの図録については，当然のように網羅的に調査しているという前提の上に，どれだけ原物の作品を実体験として鑑賞しているか．展覧会などのようにガラス越しではなく，原物を前に熟覧した経験がいくらあるのかという点がきわめて重要な分かれ目となる．文化財としての作品の熟覧は，通常，経験を有した文化・芸術分野の研究者にしか許されていない場合が多く，文化・芸術分野が求める研究テーマ（例えば作品論や作家論）を深める目的での調査・研究，そしてその深化のためだけに行われることになる．

　こうした限定した目的の場合，もともと作品を鑑賞するセンスが備わっていない研究者にとっては，原物を目の前にしても，何も獲得できない場合もあり，その段階でふるい落としが起きてしまう．しかし，そのセンスには，その人が保持する情報量によって形成された「知識のフィルター」によっても左右される，後発的な要因も十分にある．さらにいえば，美術的な鑑賞が目的では

ない研究の場合，鑑賞センスではなく，例えば材料に対する分析力や描写されている事物への知識が有効に働くこともある．つまり，同じ美術作品を対象にした研究でも，全く違った分野からのアプローチもあり得るのである．文化情報学では，従来の閉じた世界ではなく，従来からみると異分野の研究者が，オープン化した大量のデジタル情報を扱うような研究スタイルが想定される．しかし，元来，研究対象となるような文化芸術作品の情報は，限定した範囲内に止まっていたものであるから，文化情報学的なスタイルによるデジタル情報配信活動が基盤環境として進めば，従来型の研究コミュニティにとって，同分野ながら思ってもみなかった研究者が突然出現して研究成果を上げるということも可能となるのである．

　すなわち，データベース等により，デジタル化された大規模な作品グループを対象にし，その情報に自分なりのテーマを設定して，データベースに必要な情報を付け加え，そのデータベースが提供していた情報に新たな分析の可能性を付与し，データベースの公開者（情報提供者）とは異なる，あるいは提供者が想定していなかったテーマについての研究を推し進め，新知見を得るというタイプの研究が想定できる．従来型の研究方法と違うのは，単にデジタル技術を使うというのではなく，最初から大規模な情報基盤の上に立って，ビッグデータとして対象を分析するところにある．

　文化芸術研究の世界では，指導者は微視的研究に終始する若手研究者に対して，巨視的な視点を併せ持つように指導してきた．しかし，指導者の巨視的な視点は，あくまでも美術史や文学分野の中における巨視的な視点であり，昨今の急速なクロスメジャー化の中で，従来の分野を超えたさらに大きな視点がありうるということまでは考えが及んでいなかった．すなわち，文化情報学的手法は，領域を越えて人材が流入・交流する可能性を組み込んだ手法であり，これを許す環境作りと，各分野の研究者のオープンなマインドが必要となってくる．

3.　文化資源デジタルアーカイブから文化情報学へ

　デジタルアーカイブが始まった草創期には，デジタル情報は劣化せず，永久に保存できるという説明が繰り返されていた．だが，それは幻想であった．例

えば，文化財のデジタル画像に一時期標準的に使われたフォト CD は，現在利用することはなくなり，再生さえ難しくなりつつある．こうしたファイルフォーマットの盛衰は繰り返されている．しかし，一方で，1998 年頃の段階でデジタル化されたデジタル画像が，20 年の時を経て，いまだに Web 上で使われている事例もある．デジタルアーカイブは，継承しようとする意志や技術展開への確かな予想がなければ，簡単に消滅してしまう．デジタルアーカイブは一筋縄ではいかない．

　しかし，デジタル化しなければ，文化情報学的なアプローチはかなわない．対象となる文化資源のデジタル化が究極の課題となってくる．文化芸術分野では，研究対象となる文化資源は，おもに博物館や美術館，図書館や文書館などの機関に収蔵されているか，個人所蔵も数多くある．永久保存のためではなく，資源情報管理の効率化や活用という理由により，近年では，収蔵品のデジタル化が 1 つのトレンドになってきた．そうした中，資源保有者たちの意識にも次第に変化が兆しており，デジタル化された文化資源の Web 公開が進みつつある．メトロポリタン美術館や大英博物館など，公開ポリシーを明確にし，効果的な運営へと結びつけた Web 公開の前例を受けて，美術館・博物館など，収蔵品の Web 公開に消極的であった日本の組織が，**クリエイティブ・コモンズ**のライセンス表示を活用するなどして，デジタル資源の一般公開へと舵を切りつつある（**図 1**）．

　文化芸術分野における文化情報学型の研究は，こうしたデジタル化された文化資源を活用して，従来型の研究手法やジャンルを超えた研究を展開することになる．以下，いくつかの典型的な文化情報学的研究を列挙する．いずれも，デジタル化された文化資源がデータベースや Web サイト上に存在していることを前提としている．

3.1　総合型ポータルデータベースと個別型ポータルデータベース

　ジャパンサーチは，欧州の**ユーロピアーナ**を参考に，日本の様々な**データベース**を横断的に検索して，元のデータベースに到達するためのデータベースとして設計されている．リンクトオープンデータ化が遅々として進まない中で，データベース公開をしている現場から情報をまとめて提供してもらえるような仕組みを作ることにより，大規模な統合データベースを構築しようとするも

図 1　京都府立京都学・歴彩館の東寺百合文書 Web

クリエイティブ・コモンズライセンスの表示.

のである．こうした個別のデータベースを丸ごと含み込んで，データベース化
し，典拠に当たる個別のデータに直接アクセスできるようにする形のデータベ
ースを「**ポータルデータベース**」と呼んでいる．ジャパンサーチは，国立国会
図書館がコーディネートする国家プロジェクトである（**図 2**）．

　一方，文化情報学的アプローチでは，個人研究者や個別プロジェクトごとに
専門や対象を絞り込んだ特化型のポータルデータベースの構築が有効なテーマ
となる．所蔵機関が公開する文化資源のうち，プロジェクトが必要とするもの
を限定して，極度に専門家したデータベースを構築して精度を上げるもので，
事典でいうならば，百科事典と専門事典との違いにあたる．この専門データベ
ースには，常に情報を吸収し，精度の高いメタデータを付与する必要があるた
め，スクレイピング技術や典拠データベース群の構築と同時に，データ蓄積の
ための効率のよいシステム設計などを用意する必要がある．

図２　ジャパンサーチ・トップページ

3.2　二次利用型機能追加データベース

　また，絵画作品のデータベースが Web 上にあり，標準的なメタデータが付与されていた場合，文化情報学的発想と技術により，これらのデータベースの情報を参照しつつ，元のデータベースには存在しない視点による自身の研究プロジェクトに必要なデータ，例えば画中に描かれた生活用具にキーワードを付与し，独自のデータベースを構築することも考えられる．浮世絵における **Ukiyo-e.org** は，ネット上の主要なデータベースからスクレイピングによってデータを収集し，イメージマッチングによる検索や画像比較機能を持ったデータベースである．古典籍データベースにおける翻刻テキストのアーカイブデータベースの運用なども，これに当たる．立命館大学アート・リサーチセンタ

ーの翻刻システムは，これにディープラーニングによる翻刻支援機能を加えたものである．

3.3　データマイニング

一方，所蔵品目録のようなリソースデータベースや，年表や人名事典のようなレファレンスデータベースのデータそのものを使い，Web データベースの通常の利用方法としては想定されていない分析を行うことが可能である．例えば，歌舞伎の興行年表を使い，どの演目が最も集客効果が高かったのか，また，江戸時代を通じての人気役者のランキングを，特定のアルゴリズムの下に算出するというような研究である．

3.4　オンラインギャラリー

文化情報学でも，より人文学的な研究方法としては，データベースを基盤情報として，オンライン展示のような Web コンテンツの製作が考えられる．オンライン展示システムに CMS（contents management system）を使い，1 つひとつの展示や解説を手作業で進めるのではなく，共同作業の効率化や多様な見せ方を工夫するものである．例えば，**Google Arts & Culture** は，参加する組織の収蔵品を使い，個別のオンライン展示を展開できるし，各組織が，他組織の収蔵品を参考文化資源として，解説に活用できるようになっている．ジャパンサーチの「ギャラリー」や立命館大学アート・リサーチセンターの「バーチャル・インスティテュート」も，同じ仕組みであり，デジタルアーカイブの活用・情報発信としては，有効なデジタルアーカイブの活用方法であろう（図 3）．

3.5　保存科学のためのデジタル化とそのデータアーカイブ

対象をデジタル化し記録する方法としては，デジタルカメラによる記録が最初に思いつく方法であるが，より科学的に分析・記録するために，材料を分析したり，形状を計測する必要がある．こうした材料分析の目的は，通常，作品や文化財・文化遺産の修復・復原を目的として行われることが多い．

放射性炭素年代測定法による年代特定，光学顕微鏡による微細な対象観察，赤外線カメラによる肉眼では認識されない描画の撮影などがよく知られている

図3　立命館大学アート・リサーチセンター　バーチャル・インス
ティテュートのトップページ

が，また，漆器などの光を反射する作品に対する**反射特性計測**，絵画に使われ
ている絵の具の特定に使われる**蛍光 X 線元素分析法**や**ラマン分光法**，解体で
きない立体物の X 線撮影による内部構造記録など，作品の材料に非接触・非
破壊で分析する方法もよく使われている．

　これら特定の分析目的のための装置は，高価でかつ技術の進歩に伴い実用
期間も短い．そのうえ，測定する目的が同じでも，手法が次々と変化する．一
方，こうした分析装置で測定したデータは，そのつど活用はされるが，そのデー
タの保存にまで留意されている事例は少なく，機器の更新に伴って，再生不
可能なデータになる場合もある．

　しかしながら，単なる外観にすぎないデジタルカメラによる対象物の複製画
像よりも，こうした分析目的の測定データは，経年劣化の的確な確認，将来的
な変化の予想など，文化資源分析記録としては非常に重要である．これらの情

報は，対象となる作品に附属させて保存し，いつでも引き出せるデータバンクが必要となるであろう．

4.　著作権と文化情報学

　「文化財や文化遺産のデジタルアーカイブ」を議論する場合，必ずといってよいほど話題に挙がるのが，**著作権**問題である．日本の著作権法では，2019年1月から，保護期間が70年に延長された．これにより，ますますデジタル化の壁は高まったかにみえる．

　ところが，**文化財**を対象としたデジタル化においては，著作権と所有権を混同していることがあり，「文化財アーカイブ」の現場では，著作権の保護期間が切れている「文化財」をデジタル化する場合がほとんどである．そのため，所有者の許諾が得られるかが争点となるはずであるが，実は，文化財デジタル化の著作権問題を云々する時には，必ずデジタルコンテンツとしての利用，とりわけ営利目的での利用ができるかどうかを問題にしている場合が多い．

　こうした営利目的での利用については，著作権者からの許諾を得ることは当然の義務である．著作権者が不明で，許諾が取れない場合（**孤児著作物**）にも，現在は，文化庁長官の裁定を受け，通常の使用料額に相当する補償金を供託することにより，著作物を適法に利用することができる．また，学校等での教育にかかわる利用についても，供託金を支払うことにより教科書・電子教科書の利用が可能となっている．

　文化情報学的な「研究」におけるデジタル化された「**文化資源**」の利用においては，こうした著作権や所有権はあまり争点にはならない．なぜなら，Web上で公開されているデジタル文化資源を（研究）活用するのであれば，Web公開の段階で所有者が許可しているものであるし，Web公開していなくても，複写サービスにより入手した複製物には，原則的に研究利用の許可を得ているからである．

　また，同じく2019年からの著作権法の改定により，このようなデジタル文化資源を使った研究成果を文化情報学的な手法で，Web上の動的なWebサイトとして配信する場合にも，結果のみならず，その根拠となるデータを，テキストならば**スニペット型**（引用型），画像ならばサムネイル型で提示すること

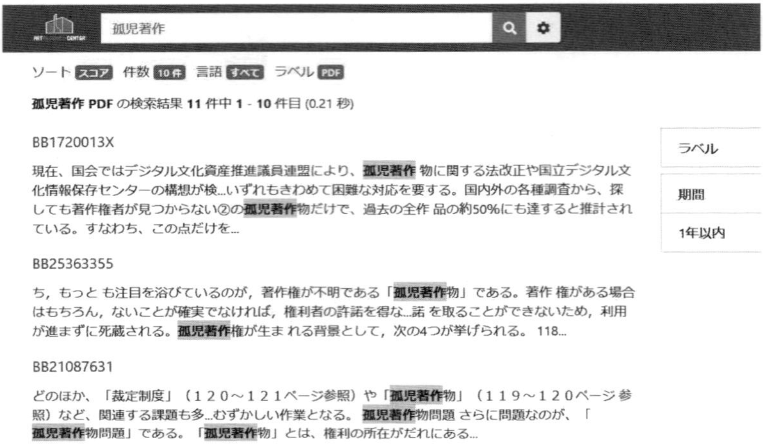

孤児著作
ソート スコア　件数 10件　言語 すべて　ラベル PDF
孤児著作 PDF の検索結果 11 件中 1 - 10 件目 (0.21 秒)
BB1720013X
現在、国会ではデジタル文化資産推進議員連盟により、孤児著作 物に関する法改正や国立デジタル文化情報保存センターの構想が検...いずれもきわめて困難な対応を要する。国内外の各種調査から、探しても著作権者が見つからない②の孤児著作物だけで、過去の全作 品の約50%にも達すると推計されている。すなわち、この点だけを...
BB25363355
ち，もっと も注目を浴びているのが，著作権が不明である「孤児著作物」である。著作 権がある場合はもちろん，ないことが確実でなければ，権利者の許諾を得な...諾 を取ることができないため，利用が進まずに死蔵される。孤児著作権が生まれる背景として，次の4つが挙げられる。 118...
BB21087631
どのほか、「裁定制度」（１２０～１２１ページ参照）や「孤児著作物」（１１９～１２０ページ参照）など、関連する課題も多...むずかしい作業となる。 孤児著作物問題 さらに問題なのが、「孤児著作物問題」である。「孤児著作物」とは、権利の所在がだれにある...
ラベル
期間
1年以内

図４　立命館大学アート・リサーチセンター近代書籍データベースの語彙検索結果スニペット表示

が，条件付きながらできるようになったことを付け加えておく（**図 4**）．

［赤間亮］

【参考文献（さらに学びたい人のために）】

[1]　赤間亮（2014）．『文化情報学ガイドブック――情報メディア技術から「人」を探る』勉誠出版．

[2]　文化庁（2019）．「著作権法の一部を改正する法律（平成 30 年法律第 30 号）について」（http://www.bunka.go.jp/seisaku/chosakuken/hokaisei/h30_hokaisei/）（最終アクセス：2019 年 9 月 30 日）

[3]　デジタル文化財創出機構（2016）．『デジタル文化革命！――日本を再生する "文化力"』東京書籍．

[4]　後藤真，橋本雄太（2019）．『歴史情報学の教科書――歴史のデータが世界をひらく』文学通信．

[5]　川嶋将生（2009）．『日本文化デジタル・ヒューマニティーズの現在』ナカニシヤ出版．

[6]　柳与志夫（2017）．『入門デジタルアーカイブ――まなぶ・つくる・つかう』勉誠出版．

A5-2
絵　　画
painting, drawing, prints

　絵画は，基本的には 2 次元資料であり，絵具の厚みや支持体自体が立体である場合，2 次元ではその質感を表現できないこともあるが，多くの場合デジタル写真によって**デジタルファクシミリ**を作成することができる．文化情報学型研究を可能とするためには，まずは，このデジタルファクシミリをアーカイブして，データベース化することが，研究の第一歩となる．ここでは，とくに日本の絵画作品を対象にして述べていきたい．

　このデジタルファクシミリを活用した研究に対して，従来型研究者からの危惧，とりわけ作品の持つ "アウラ" を感じることなく，研究が進められることに対する反発が，現段階でも非常に大きいことには，留意しておく必要がある．実際，画像のデジタル化技術が急速に進化したため，デジタル・ファクシミリであっても，原物と対峙する以上に精細に作品を観察することができ，また，従来とは違ったアウラを得られることもある．例えば真贋判定をデジタル画像のみで判断できる段階まできていることも付け加えなければならない．

1.　版画

　現在多くの美術作品のデジタル画像がインターネット上で閲覧できるようになったが，博物館・美術館や個人が所蔵する絵画資料がインターネット上で大量に公開された最初の分野は**浮世絵**である．すでに 1995 年頃から，浮世絵を中心的な素材として構成された Web サイトが，続々と出現していた．その理由として，多色摺り版画の浮世絵が，色の表現も "安価に" 可能な情報発信メディアであるインターネットにうまくマッチしたことによる．さらに浮世絵は，判型が決まっており，フラットベッドスキャナーでの直接取り込みが可能であったこと，浮世絵はすでに著作権がなくなっている作品がほとんどで，初期のインターネット上での著作権問題からも外れていたこと，現在も大量に流通しており，個人の所有者は，自身の判断で公開できたこと，などが理由として挙げられよう．

　浮世絵の場合，作品の残存数が膨大であり，いまだ古美術市場で大量の作品が流通している．加えて，国内に限らず，むしろ海外（欧米）の美術館・博物館で，日本美術に関連する収蔵品を持つ場合は，必ずといってよいほど確実に浮世絵を収蔵しており，その量と地域的な拡散，さらには，海外での知名度によって，デジタルアーカイブ向きの素材として最適であった．

　その一方で，著作権がある近現代版画については，とりわけ公的機関では，デジタル化（つまり複製）ができず，インターネット公開，あるいはデジタルアーカイブ化が遅れており，これらを対象とする文化情報学的な研究手法が適応されることは少ない．

2. 絵巻物・屏風・襖絵

　絵巻は閲覧に手間がかかり，そのつど必要な巻き戻しの繰り返しにより，作品が劣化していくため，所蔵者にとっては頻繁な閲覧機会の提供は避けたい収蔵品である．**屏風**や**襖**もまた，サイズが大きく，取り扱いが難しいものの代表である．この問題を解決するため，これらを高精細に複製することで，原物閲覧の必要性を下げ，閲覧によって生じる毀損や劣化をできるだけ抑える目的でのデジタル化のニーズが生れる．また，実際，限られた時間でしか閲覧できないこうした作品を，時間の制限なく容易に閲覧し，しかも肉眼で見るよりも精細に見ることが可能となるので，デジタル化が非常に効果的な文化資源である．

　問題は，絵巻にせよ屏風にせよ，その面積が大きく，デジタル画像を作成するにしても，高精細画像を作成するのに高度な技術が要求されてきた点にある．

　1）8×10 のフィルムを使ったアナログ撮影の上でスキャニング
　2）大型カメラにバックパック式 CCD を移動させながらのデジタル撮影
　3）畳一畳分ラインスキャナーによるデジタル化
　4）分割撮影画像のソフトウェアによるマージ

などが試みられている．これらのうち，1）〜3）までは専用のスキャニングデバイスや専門家の技術も必要であるため，スキャニング単価が高価である．国宝・重文クラスの作品の場合，予算獲得が可能であるため，デジタル化は進ん

だが，これらは既に過去に何らかの形で冊子図録に掲載されているものがほとんどで，これらの作品のオンライン公開によって，研究資源が急に豊富になったわけではない．そうではない作品にこそ，埋もれた作品の価値が"発見"できる可能性があるのだが，埋もれてきた作品のデジタル化を気軽に進めることはできないのが現状である．

　一方で，未だ完全ではないが（2018年段階），ソフトウェアの急速な進化により，明暗や色の濃淡，画像の歪みをも調整しながら精度の高いマージが実現できるようになってきた．近い将来，スキャニング単価の急激な下落が期待できる対象であり，浮世絵版画と同じような劇的な研究対象・方法の変化がこの分野に起きる可能性があることも指摘しなければならない．

3.　絵本

　奈良絵本や絵手本，絵本，絵入本など，**冊子型**の絵画資料についても，急ピッチでデジタル化が進められている．冊子の場合，書籍の複製技術は，マイクロフィルム時代から培われてきたものであり，デジタルカメラによって，撮影ミスなどによるフィルムの編集等も必要なくなったため，効率は大きく向上した．国立国会図書館や国文学研究資料館，さらにはグーグルブックスなどのデジタル化プロジェクトによって，絵本に限らず書籍の大規模なデジタル化が網羅的に進んでおり，この分野での応用的な文化情報学型研究の増大が待たれる．

　しかし，過去の資産であるモノクロマイクロフィルムからのスキャニング画像が未だに多く流通しており，アナログ・デジタル環境の併存の上に，モノクロ・カラーの二重環境問題が横たわる．とりわけ絵画資料として書籍の口絵や挿絵を扱う研究には，マイクロフィルムから作られた画像がある限り，カラー化は費用の問題から，むしろ大きく遅れることが確実である．

　なお，書籍形態の場合，1作品に対するページ画像が多数あるため，ページ単位で画像を閲覧する仕組みが必要である．PDFで1ファイルにまとめて，ダウンロードさせたり，サムネイル一覧から各ページ画像をブラウザで開く，Flashを使ったページ単位での配信などを使って対応する閲覧システムが多かったが，IIIFが世界標準のプラットフォームになりつつあり，ページ単

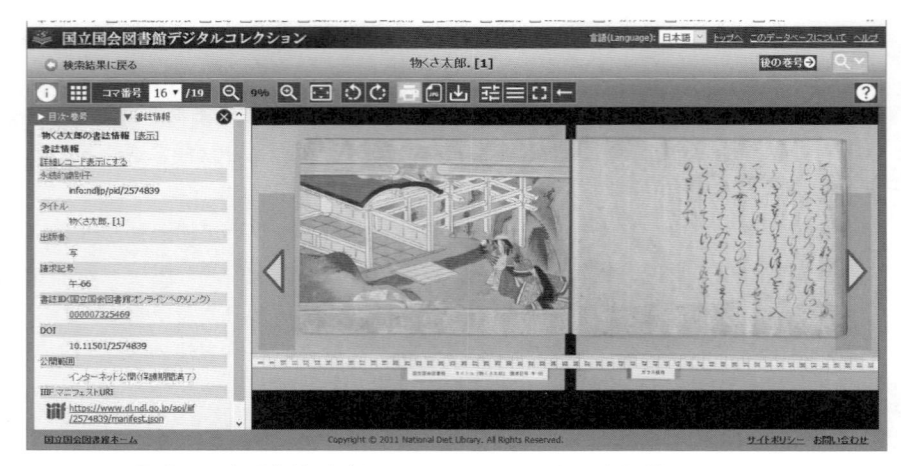

図1　国会図書館デジタルコレクション・奈良絵本「物くさ太郎」
IIIF によるページ閲覧.

位でのアノテーションや画像の比較なども可能となってきた．今後は，IIIF
の環境を使った閲覧や情報学的研究が主流となるであろう（**図1**）.

4.　研究の可能性

　絵画資料を対象とした場合，対象によっては，その大きな面積の画像を，限
られた大きさのモニター上にどのように再現するかという課題がある．基本的
に，データが送出されてくるのは，インターネット回線であり，高速にストレ
スなく，拡大縮小，全体表示・部分表示が可能となり，原物を目の前にしてい
る以上に精細に観察できるような仕組みが必要である．地図のデジタル閲覧な
どと同様，ピラミッド画像を使って，絵巻全体をデジタルファイルにして配信
する方法をとることが多いが，この方法は，一方で全体画像をダウンロードで
きなくするという副次的な機能を獲得することができる．そのため，コンテン
ツの悪用・流用などの目的でのダウンロードを避けたい所蔵者が情報配信する
ための方法として使われる．オープンデータ化の流れが主流となる中で，デジ
タルファクシミリでの Web 上での一般公開は，人文学的な研究には一歩前進
にみえるが，こうした制限付きの公開方法では，デジタル環境下で加速される

文化情報学的な研究方法を遮断してしまう．オープンデータ化することで得られる，思ってもみなかった活用方法へとつなげられる機会を失っていることも，視野に入れておく必要があろう．

　このような単純なデジタル閲覧は，結局，原物に直接アクセスしての熟覧を越えるものではない．一方で，文化情報学型研究は，デジタル化されたがために可能となる研究に本領がある．現在，次のような研究が目立つものである．

　①　**画像マッチング**：描かれている画像の色や形態を解析して類似画像や同一画像を抽出．

　とくに版画の分野において同一画像を瞬時に収集することで，検索の効果を各段に上げることに成功している（**図 2**）[2]．また，浮世絵の美人を使った顔の表現を計量的に分析し，絵師の特徴を抽出し，絵師の特定に利用する研究も行われている[4]．

　②　**メタデータの活用**：異言語によって記述された複数のデータベースへの並列アクセスによる作品の同定・検索や，検索結果の推薦システム[3]．

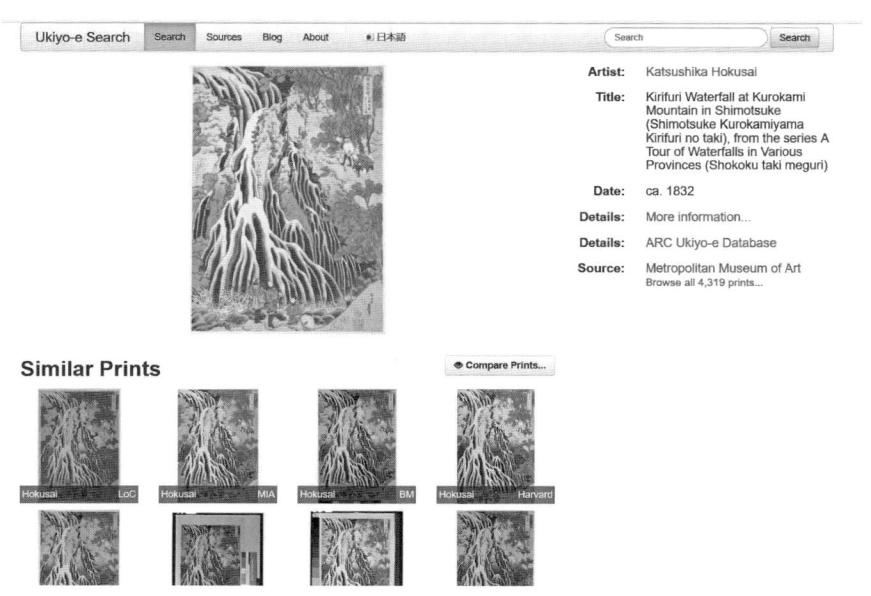

図2　Japanese Woodblock Print Search（Ukiyo-e.org）
画像マッチングによる検索，画像比較が可能．

③　絵画イメージデータベースの付箋システムやキーワードを使った，絵師別・テーマ別**カタログレゾネの構築**[1].

以上のように，絵画での文化情報学型研究では，浮世絵版画が研究対象として使われることが多いが，オンライン上に存在する研究資源が，十分な量に達しているからであり，今後，肉筆画，書籍（絵本）分野でも同様な展開が期待できるだろう．さらにいえば，現在，独立して進んでいる，絵画の上記3ジャンルであるが，これらが統合的に扱えるようになることで，アナログ時代の絵画研究を圧倒的に凌駕する段階が訪れることが期待できる．

[赤間亮]

【参考文献（さらに学びたい人のために）】
[1]　岩切友里子.「国芳戯画作品目録」（http://www.dh-jac.net/db/nishikie/search_KYC.php）（最終アクセス：2019 年 9 月 30 日）「月岡芳年・役者絵目録」（http://www.dh-jac.net/db/nishikie/search_YToshiActor.php）（最終アクセス：2019 年 9 月 30 日）

[2]　Ukiyoe.com（http://www.ukiyoe.com）（最終アクセス：2019 年 9 月 30 日）

[3]　Wang, J. Y., Biligsaikhan, B., Maeda, A. and Kawagoe, K.（2018）. A Recommender System in Ukiyo-e Digital Archive for Japanese Art Novices, *Maturity and Innovation in Digital Libraries*, 20th International Conference on Asia-Pacific Digital Libraries, ICADL 2018, Hamilton, New Zealand, 205-209.

[4]　山田奨治，早川聞多，村上征勝，埴原和郎（2002）.「浮世絵における顔表現の科学」『日本研究』**25**，13-49.

A5-3
工　芸　品
decorative art

文化財や美術工芸品のデジタル化の動きは 1990 年代半ばごろから始まる．当初は公開される点数も少なく，画像や画質の質も十分なものではなかった．しかし，デジタルカメラやソフトウェア等の廉価化や性能向上が進んだことや画像撮影のメソッドが徐々に確立．立命館大学アート・リサーチセンターの日本文化財のデジタル化事業のように，研究者が撮影を行うことにより，研究の資料として利用できるレベルの画像の作成や公開がなされるようになった[1]（「**A5-1 文化・芸術と文化情報学**」参照）.

筆者が専門とする美術工芸の分野においても同様に，この 20 年の間，主に

作品を所蔵する機関によって画像データベースが作成されインターネット上で公開をされてきた．本項目では，工芸のデジタルアーカイブにおける簡単な歴史と問題，そして現状について述べる．

1.　美術工芸作品の画像データベース構築を阻む諸問題

1.1　海外の美術館・博物館での工芸品の画像データベース構築

　21世紀に入り欧米・日本の博物館・美術館が多くの所蔵作品画像を公開するようになった．しかし，残念なことに工芸作品の画像データベース化は期待されていたほどの成果が出ていない．その原因は，技術的というよりも日本の工芸をとりまく様々な問題による．

　当然のことであるが，立体作品のデジタル化は平面作品の絵画や版画とは異なり複数枚の画像を必要とする．特に工芸作品の多くは作品の底面に作者の銘があり，箱書やその他の付属品にも多くの情報を含んでいる．画像データベースが研究者の利用に応えるには，詳細が観察できる程度の高精細で複数の画像（箱書等も含む）を収録することが必要となる．しかし，それらを提供している画像データベースはきわめて少ないのが現状である[i]．

　画像データベースに工芸作品が少ない理由としてまず挙げることができるのは，デジタル化にかかる費用の問題である．2000年代後半からデジタルアーカイブの流れに伴い，海外の一部の美術館・博物館は，所蔵する日本の工芸作品を含むアジア諸国の工芸作品のデジタル化を進めた．一例にオックスフォード大学アシュモリアン美術館がある．2009年にイスラム美術とアジア美術の展示室の改装に合わせて，2010年2月にEastern Art Onlineを公開した．本サイト公開に際し，同館所蔵の日本陶磁器の多くが撮影され，多彩な機能を備えた展示を提供したにもかかわらず，2013年以来更新されていない[ii]．この時，大量に「生産」された画像は学術利用については無料で公開されたため，研究者にとってはきわめて有用な情報を提供したのは事実である．しかしながら，これらの事業は館に利益を生むわけではなく，データベースの継続的な管理や画像利用の申請への対応など，逆にランニングコストがかさむ．そのために2010年代前半以降，所蔵品データベース公開のために工芸品の画像を新たに「生産」する館は減少の一途をたどっている．

1.2　国内の美術館・博物館での工芸品の画像データベース構築

　他方，国内の美術館・博物館による工芸作品のデジタルアーカイブや画像データベース公開も欧米と同様に進められた．しかし，美術工芸界は産地・作家・研究者・所蔵機関のいずれもが，バブル経済崩壊以降に資金面において厳しい状況にある．そして，2007年の国立文化財機構を皮切りに多くの公立の文化財所蔵機関が独立行政法人化され，常に事業の採算性が問われるようになって久しい．公開用の画像データベースのために人員をあてることのできる館はきわめて少なく，既に十分多忙な学芸員が担当することになる．結果として，費用も時間もかかる作品画像の撮影は行われず，所蔵作品デジタル化事業の多くは既に館が所有するポジフィルムのデジタル化にとどまったのである．元は出版や広報に使用されるために，古くは1980年代に撮影された画像である．使い古され，色あせたポジフィルムのスキャンでは，前述したような研究者の利用に足る情報を提供することが難しいのは専門家でなくとも想像できるだろう．

　文化庁の「文化遺産オンライン」[3]のように規模の大きなプロジェクトでも，収録された画像の大半は研究に資することのできる品質ではない．一部の例外を除き，有名な作品が限られたアングルから，低画質の画像が閲覧できるようになったにすぎなかった．例外としては国立文化財機構の「e国宝」[7]があるが，収録作品は同機構所蔵の国宝と重要文化財に限られており，近世以降の作品はきわめて少ない．

　このように，いくら優れたシステムを構築しても，提供されるコンテンツが時代遅れだったり，少なかったりすればユーザーを満足させることはできない．現在もこのような状況は続いている．浮世絵で達成されたような，インターネット上のデータベースに収録された情報だけを使って，ある程度のレベルの研究ができるというような状況にはほど遠いといわざるをえないのである．

　かつてデジタルアーカイブ事業や画像データベース構築は日本の工芸研究に新たな可能性を提供するかに思われていた．しかしこれまでの成果としては，海外の美術館・博物館が所蔵する作品の一部が新たに公開され，どこに何があるかわかる範囲が広がっただけに留まっている．特に国内では公立館の予算の減少や美術工芸に対する需要の減退の結果，工芸研究を劇的に進展させることができるツールにも，ユーザーに新たな感動を与えるものにもなれず，その

多くが広大なインターネットに埋没している．このような状況を鑑みると，今後，ウェブ上における高精細の画像を多く携えた工芸データベースが充実することはきわめて難しいといわざるをえない．

2.　新たな美術工芸品発信の方法

2.1　Google Arts & Culture の登場

美術作品や文化人類学の資料としての工芸の画像データベース構築・公開だけが，工芸のデジタルアーカイブではない．ここまでは，世界の美術館・博物館といった日本の工芸品所蔵機関が公開する画像データベースが研究者の利用に足るかどうかに注目してきた．しかし，その視点に不足していたことは，「公開する限りサイトが対象とするのは研究者ではなく，専門的な知識を有しない一般の利用者であるということ」である．

ユーザー重視の画像データベースとして注目すべきものに Google が 2011 年からウェブ上で運営している **Google Arts & Culture**[iii][5] がある．前述したような世界にあまたある美術館・博物館が独自に構築した画像データベースを公開しているということは，利用者にとってはあまり都合の良いことではなかった．なぜなら，それぞれの所蔵機関のホームページからデータベースにアクセスしなければ使うことができないからである．

わざわざデータベースを検索し，手間をかけて見つけた個々のデータベースで目当ての作品を探すのは専門家に限られる．いくら個別のデータベースの内容を充実させても利用者数の増加という点では限界があるため，世界中に存在している博物館・美術館の所蔵品画像を 1 か所で検索・閲覧できるのが Google Arts & Culture の特徴である．アイデアとしては EU が提供する Europeana[4] や，日本の「文化遺産オンライン」と通じる．しかし，Google が先行するこれらのサイトと違うのは，基本的に一般ユーザー目線でコンテンツが提供されているところである．

2.2　Google Arts & Culture の特徴と効果

Google Arts & Culture（以下，A & C）はこれまで各国の所蔵機関ごとに積み上げられてきたこの知の蓄積を，一般に普及するという点において画期

的なプラットフォームである．2019 年 11 月時点で，全世界 80 か国以上の美術館・博物館を中心とするパートナーは 2,000 館を超えた．その仕組みは，Google がパートナーになることを希望する機関と契約を結び，A & C 上に作品や展示を登録する場所とツールを提供する．あとは，パートナーが作品画像と解説を独自に登録するというものである．さらに，掲載する画像サイズの最小の大きさを規定しており，利用者はすべての画像をストレスのない大きさで鑑賞することができる．超高精細画像や 360 度カメラを用いた動画提供，Google Map との連携など常に機能を拡充し続けている A & C は，今後もインターネットを通じた美術鑑賞に新たな地平を提供してくれることだろう．

日本においても，2011 年から参加する館が増え続けており，2015 年に東京国立博物館，2016 年には京都国立博物館がパートナーになった．ホームページ上で既に自前の画像データベースを公開している機関は少なくないが，着実にパートナー数が増え続けている A & C．その理由として考えられるのは，基本的な契約は無料であること．そして，登録した作品が世界中の所蔵機関の作品と一緒に表示されること．どんな田舎にある，どんな小さな機関の所蔵作品でも，検索ワードに応じて世界を代表する美術館の作品と同列に表示される．作品の力次第で，規模にかかわらず注目を集めることも可能となる．費用の面でも，公開した所蔵作品の視認度という点においても効果が期待できる．

2.3 プロジェクト展示「Made in Japan：日本の匠」

さらに，単なる画像データベースの提供だけではなく，ユーザーの興味を喚起するためのプロジェクト展示がある．その中で日本の工芸品を紹介しているのが「**Made in Japan：日本の匠**」[6]（**図 1**，以下，「日本の匠」）である．本プロジェクトの目的は「普段一般の人々がみることできない日本の伝統工芸の裏側を見せたい」というものであった．そこで，作品だけではなく，普段は見ることのできない工芸作品の制作過程など，作品の背景を見せる展示作成を行っている．職人や作家の高齢化や材料や道具の枯渇が指摘されて久しい工芸の現場．現在の工芸の状況を記録し発信するという点においても価値ある活動である．

このプロジェクトは京都女子大学生活デザイン研究所と立命館大学アート・リサーチセンターが中心となり，NHK エデュケーショナルや鳥取県，京都伝

図1　Google Arts & Culture「Made in Japan：日本の匠」トップページ[6]

統産業ふれあい館などと協力して 2015 年度より進められている．A & C で陶磁器，漆器，木竹工芸，紙といった分野で検索を行うと，表示されるコンテンツの多くは「日本の匠」のものとなっている．現状では工芸分野において世界有数の展示であり，日々世界中からのアクセスがある．

3.　誰のために，何のために

　デジタルアーカイブの目的は様々である．画像データベースの利用者といっても，研究者には研究者の，コレクターにはコレクターの，そして一般のユーザーには彼らなりの興味があり使い方がある．しかし，それを作るのはわれわれ研究者である．

　思い起こしてみれば，筆者のような研究者もコレクターも，もともとは何も知らない一般人だった．そこから何かのきっかけで興味をもち，学び，専門的なことが理解できるようになった．公開されている画像データベースの重要な役割として，一般ユーザーを「専門家になる入口にいざなう」という仕事がある．しかし，インターネットで公開されているコンテンツの多くは一般ユーザーの感情を無視し，専門家が数少ない他の専門家のために情報を提供している

のが常である．来館者を獲得するツールとしても，教育のツールとしても「知らない人が使ってみたくなる」システム開発とコンテンツの充実こそが，未来に工芸をつないでいくために求められているものなのである．

［前﨑信也・山本真紗子］

【注】
i) 立命館大学アート・リサーチセンター日本陶磁器データベースや同・竹工芸データベースでは，そうしたニーズにこたえるため，作品の正面・背面・側面（左右）・上部・底面の 6 面（作品の形態によってはそれ以上）の角度から撮影した画像や銘の部分の接写画像を公開している[8]．
ii) 詳細については Eastern Art Online[11]を参照．このほかにも，ヴィクトリア・アンド・アルバート博物館のコレクション・データベース[12]公開に合わせて多くの日本の工芸品が撮影された．
iii) 2011 年に Google Cultural Institute として開始されたこのサービス．2015 年には Cultural Institute が提供するウェブ上のプラットフォームは Google Arts & Culture に名称統一された．

【参考文献（さらに学びたい人のために）】
[1] 赤間亮（2010）．「日本文化研究とイメージデータベース」『イメージデータベースと日本文化研究（バイリンガル版）』赤間亮，冨田美香編，ナカニシヤ出版，1-17．
[2] 赤間亮，鈴木桂子，八村広三郎，矢野桂司，湯浅俊彦編（2014）．『文化情報学ガイドブック——情報メディア技術から「人」を探る』勉誠出版．
[3] 文化庁．「文化遺産オンライン」（http://bunka.nii.ac.jp/）（最終アクセス：2019 年 9 月 4 日）
[4] EU. "Europeana"（https://www.europeana.eu/portal/en）（最終アクセス：2019 年 9 月 4 日）
[5] Google Arts & Culture（https://artsandculture.google.com/?hl=ja）（最終アクセス：2019 年 9 月 4 日）
[6] Google Arts & Culture.「Made in Japan：日本の匠」（https://artsandculture.google.com/project/made-in-japan?hl=ja）（最終アクセス：2019 年 9 月 4 日）
[7] 国立文化財機構．「e 国宝」（http://www.emuseum.jp/）（最終アクセス：2019 年 9 月 4 日）
[8] 前﨑信也（2010）．「工芸研究に求められるイメージデータベースとは」赤間亮，冨田美香編『イメージデータベースと日本文化研究（バイリンガル版）』ナカニシヤ出版，37-51．
[9] 前﨑信也，木立雅朗，藤平三穂，阿部亜紀，北野奈々（2019）．「小規模美術館が所蔵する作品のデジタル化——藤平伸記念館を例に」『生活造形』（京都女子大学）64．
[10] 前﨑信也，山本真紗子（2018）．「Google Arts & Culture「Made in Janan：日本の匠」における京都女子大学と立命館大学の取り組みについて」『生活造形』（京都女子大学）63．
[11] オックスフォード大学アシュモリアン美術館．"Eastern Art Online"（http://www.jameelcentre.ashmolean.org/）（最終アクセス：2019 年 9 月 4 日）
[12] ヴィクトリア・アンド・アルバート博物館（https://collections.vam.ac.uk/）（最終アクセ

ス：2019 年 9 月 4 日）

A5-4
服 飾 文 化
closing culture

　日本の服飾には和装，洋装，装身具などが含まれる．そして，その姿や流行を伝達する媒体としては絵画資料，版本，近代以降は写真，雑誌，新聞などを挙げることができる．また，着物の制作段階を視野に入れれば下絵や図案，あるいは型紙も含むことができよう．しかし，これらの資料は図書館，博物館，美術館など各所に点在している．加えて，近代以降の資料に関しては，整理も十分に進められていない．

　そこで，本項目では日本の近世から近代の和装を中心とした服飾関連資料に焦点をあて，資料のデジタル化やその活用事例を紹介する．また，現在の課題や文化情報学的手法による服飾史研究の可能性や展望についてまとめる．

1.　服飾史研究の資料

　まず研究を進めるにあたり，対象資料の所在情報を得ることが必要となる．資料が立体物，もしくは紙媒体，あるいは画像化されているのかによりアプローチの方法も異なってくる．

1.1　服飾資料の基礎的情報を得るには

　染や織によって形成された**染織品**は，服飾史研究においていうまでもなく重要な資料であり，**着物**（小袖）は各美術館や博物館などに所蔵される．展覧会や図録等で所蔵資料は公開されるが，公開されるのはその一部であるため多くの資料は日の目を見ない．そこで美術館・博物館の一部では，所蔵品データベースなどで情報を公開している[i]．展覧会や図録では紹介しきれない情報も公開され，調査・研究を開始する 1 つのきっかけともなる．

　服飾品に特化した**データベース**としては，国立民族学博物館，文化学園服飾博物館，京都服飾文化研究財団（KCI）のものが挙げられる[ii]．ここに挙げた

データベースには，日本のみならず世界各地の服飾品が含まれる．資料画像とともに寸法，製作地域，材質等の情報が公開され，資料の基礎的な情報を得るための有用なデータベースである．

　海外に所蔵される日本の服飾品を探すには，EU が公開している Europeana がある．Europeana には Fashion のカテゴリがあり，そこから所蔵資料を検索することができる[3]．対象資料の詳細は掲載されないが，所蔵機関の情報を得ることができるため，ポータルサイトとして有用である．

1.2　画像データベースの活用

　対象資料が紙媒体の場合，高精細のデジタル画像や資料の内容が公開され，研究利用が進んでいる．例えば，小袖雛形本などの版本や錦絵は所蔵機関のデータベースを通じた公開が増えつつある．また，版本や錦絵を活用し，近世や近代の服飾文化を明らかにした研究成果もすでにあり，今後さらに研究利用の場が広まることとなるだろう[5][8] 等．

　近代の服飾史を研究するには「身装画像データベース」iii) が画像資料や典拠情報も掲載されていて有用である．1868 年から 1945 年までの新聞挿絵，写真，図書の図版が登録されていて「身装画像コード」と呼ばれる，装いを分類したコードやキーワードによって画像を検索することもできる．また，典拠情報も記載されているため，資料を探す入口として重要なデータベースである．

1.3　近代の服飾・染織関連資料の掘りおこし

　明治維新以降の服飾史研究は昨今，研究が特に進んでいる．近代に制作された着物，あるいは制作に使用された道具・下絵などは廃業に伴って散逸する例もあり，現在は近代の資料群が表出している．筆者は以前，**染織図案**iv) のデジタルアーカイブに携わった．対象の資料を調査してみると，明治中期から後期に開催された図案公募への応募図案であることが新たに判明した[4]．

　また，長年繊維産業に携わる事業者や企業関係者への**インタビュー**からは，近代以降の産業界や貿易の様子，さらに専門用語など，文書や書籍では知ることのできない情報を得ることができる．インタビューを音声や動画で記録しておくことは，重要な調査・研究活動となる[7]．

2.　文化情報学的アプローチによる服飾研究の課題 ――資料情報の散在

　服飾関連の資料は，データベースなどによる公開も徐々に進みつつある．しかし，服飾史研究の分野では，その資料情報を一元化することについてあまり議論されていない[v]．例えば，多くの資料は現在「もの」に即して分類される．データベースも，多くは版本，錦絵，染織品といったように構築される．そのため，服飾研究に必要な資料の情報は，散在しているのが現状である．服飾品をどのように身に着けてきたのか，また，他者からどのように見られたのかを研究する本分野にとって，資料の種類をもとに分類されることで関連する情報が分断される可能性もある．

3.　将来の展望――複合的な服飾史研究へ

　上記の課題を踏まえ，今後の服飾史研究について資料を横断した複合的な手法という点から考えてみたい．

3.1　服飾関連資料の分類方法

　服飾関連資料に限らず，工芸分野の資料は名称の付け方に規定がないため，各データベースでもばらつきがある[6]．そのため，目的の資料が探し出せないこともしばしばである．筆者らは染色に関連する資料のデータベースを構築したが，個別の資料に対して作品名を付与していない[9]．大量に現存する下絵や型紙などの分類方法のひとつとして，表現された文様を即物的に分類して検索項目とした．図1のように植物，器物などを大分類とし，その下層に桜，琴などの小分類を配置した．こうした資料の種類にとらわれない分類は，横断的な資料検索の可能性を広げるものと考える．

3.2　資料の特性を活かしたデジタルアーカイブ

　先に紹介したKCIでは，マネキンに着装させた状態でデジタル撮影を行っている．新居氏は，

　　正しく着装された状態を常時観察できるデジタルアーカイブは，そうした

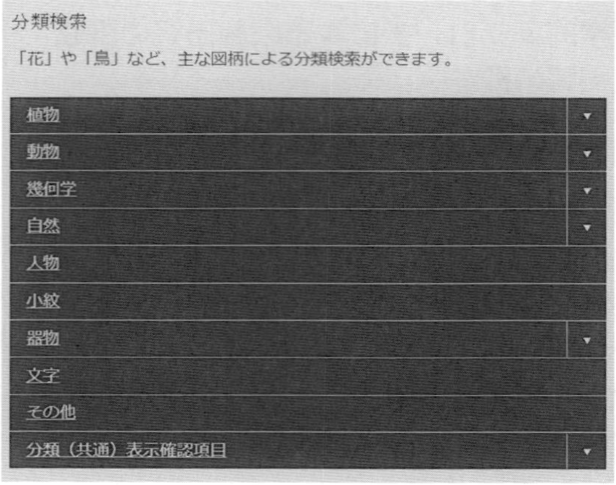

図 1　型紙データベースの分類一覧
（立命館大学アート・リサーチセンター）

　（資料保存の）意味においても大変有効といえる（カッコ内は筆者が補った）[1].

と述べるように，服飾資料特有の状況も考慮してデジタルアーカイブを進めている．図 2 は，着物をロンドンで仕立て直してドレスにしたものである．このような立体的な縫製は，実際に着装した状態でなくては，形状が全くわからない．しかし，常時着装の状態を保つことは資料に負担をかけることになる．着物の視点から考えてみれば，帯も含めた着装の状態で（もちろん資料の状態が最優先されるが）高精細のデジタル画像を取得することができれば，研究資料としても有効であり，資料保存の観点からも有効な手段となる．

3.3　資料を横断した学術研究

　染織品に加え，絵画資料や新聞・雑誌などの文字資料のデジタルアーカイブが充実することにより，資料を横断した服飾史研究の進展も期待される．しかし，

　　染織品と絵画資料の比較は，一目で理解できるために魅力的ではあるのだが，絵画が製作された時期および意図について十分な考察を経たうえで成されるべきであろう[12]

図２　ターナー「ドレス」（1870 年代）
（京都服飾文化研究財団所蔵，リチャード・ホートン撮影）

と指摘される通り，十分な考慮が必要である．また，近代以降の雑誌・新聞記事についても，発行元や担当者の視点の存在を十分考慮したうえで利用する必要がある[10]．

　日本の近世・近代の服飾史研究における文化情報学的な手法と課題，今後の展望についてまとめた．衣服は着用者，そして，それを見る第三者の視点も存在し，社会や生活習慣，ひいては商業・産業も関わってくる複合的な分野である．そのため，服飾研究に関する資料情報をまとめたポータルサイトの存在も必要になってくるだろう．そして，さらなる研究分野としての発展には，デジタル技術も取り入れながら幅広い資料の利用に臆しない研究姿勢が必要とされるのではなかろうか．

[加茂瑞穂]

【注】
i)　「共立女子大学博物館コレクション」，「女子美術大学美術館　染織コレクション」など．

服飾品に特化はしていないが，文化庁が運営する「文化遺産オンライン」も「染織」の分類があり，染織品のほか伝統的な染織技術の基本的な情報を得られるポータルサイトである．

ii）「京都服飾文化研究財団 KCI デジタルアーカイブ」，「国立民族学博物館　衣服・アクセサリーデータベース」，「文化学園服飾博物館所蔵品データベース」．文化学園服飾博物館と KCI については，一般公開と館内利用を区別している．館内データベースを利用することにより，さらに豊富な情報を引き出すことが可能となる．

iii）また，「近代日本の身装電子年表」は装いに関する新聞・雑誌記事などが検索できる．服飾に関する記事を一括で探すことができる本データベースは，非常に有用である．

iv）「図案」という用語は明治に入ってから「デザイン」の訳語として生まれ，美術工芸品の完成図を描いたものとして下絵とも観賞用とも異なる独自の形式で美術工芸界に浸透した．特に明治 20 年代以降は，新たな図案を創出するために公募も開催され，着物や帯など服飾に関わる図案も数多く描かれることとなった．

v）　文化学園大学和装文化研究所では，2015 年度から 2017 年度まで文化庁委託事業「アーカイブ中核拠点形成モデル事業」として，和装に関する服飾資料のデータベース横断化を目指した検討が進められた．

【参考文献（さらに学びたい人のために）】

[1]　新居理絵（2003）．「KCI デジタル・アーカイブ　衣裳作品のデジタル化とその特殊性」『京都服飾文化研究財団の 25 年 企業文化の創造』財団法人京都服飾文化研究財団，121.

[2]　美術フォーラム刊行会（2009）．「特集：工芸史研究の現在」『美術フォーラム 21』**19**.

[3]　Europeana collections（https://www.europeana.eu/portal/en）（最終アクセス：2019 年 9 月 12 日）

[4]　加茂瑞穂（2012）．「財団法人京染会蔵友禅協会図案について──明治期の友禅図案」『服飾文化学会誌〈論文編〉』**12**，59-69.

[5]　小池三枝（1991）．『服飾の表情』勁草書房.

[6]　前﨑信也（2010）．「工芸研究に求められるイメージデータベースとは」『イメージデータベースと日本文化研究』ナカニシヤ出版，42.

[7]　並木誠士，上田文，青木美保子（2019）．『アフリカンプリント──京都で生まれた布物語』青幻社.

[8]　大久保尚子（2015）．『江戸の服飾意匠──文芸，美術，芸能との交流と近代への波及』中央公論美術出版.

[9]　立命館大学アート・リサーチセンター「型紙データベース」（https://www.dh-jac.net/db1/stencil/）「京都近代染織資料データベース」（https://www.dh-jac.net/db1/yuzen/）（最終アクセス：2019 年 9 月 12 日）

[10]　高橋晴子（2005）．「第 2 部 身装文献資料の分析・批判」『近代日本の身装文化』三元社.

[11]　高橋晴子（2007）．『年表 近代日本の身装文化』三元社.

[12]　山川曉（2015）．『中近世の染織品の基礎的研究』中央公論美術出版，23-24.

[13]　山本真紗子（2012）．「立命館大学アート・リサーチセンター所蔵友禅図案資料群の整理作業」『日本文化デジタル・ヒューマニティーズ 05 京都イメージ──文化資源と京都

『文化』ナカニシヤ出版.

A5-5
無形文化のデジタルアーカイブ
digital archiving of intangible cultural properties

1. 動作をアーカイブする

　文化財デジタルアーカイブでは，2000 年代に入ると，舞踊や芸能など，人間の身体運動により形成される**無形文化**についても，記録や研究が行われるようになった[2]．無形文化は，時間の経過とともに消えていく．能，歌舞伎，日本舞踊などの日本固有の伝統的な文化財は，特有の，高度で緻密な伝承システムにより長い歴史を超えて伝えられてきているが，一般の民間人により伝承されてきている各地の民踊，伝統行事，祭の行事などは，時代の変遷により伝承者が不在になり，途絶える可能性も否定できない．さらに，日常生活の中にある季節ごとの行事や風習も，戦後における近代化・西洋化の動きにより，次第に失われつつある．畳の部屋での生活，土間にあった台所，和服の着こなし，様々な習慣など，これらは，現代では必ずしも普遍的なものではなくなってきている．日常生活の身体の遣い方までを記録しアーカイブすることは，必ずしも重要ではないと思われるかもしれないが，当時の建造物の様式や形状を計測・記録しアーカイブするなら，これらに即しての身体の**振舞い**も記録の対象と考えて，しかるべきであろう．

　さて，人間の身体の振舞いによる無形文化の記録・保存は，デジタルビデオでの記録で十分であろうか．人間の身体は多くの骨と関節により，柔軟な姿勢と**動作**を生成している．人間身体の 3 次元の動作は，現在の高精細度ビデオシステムだけでは，すべてを記録することはできない．

　動物の速い動作の記録は，古くは 19 世紀イギリスの写真家マイブリッジ（Muybridge, E.）による，馬の速足ギャロップの際の四肢の動きを記録したコマ撮りの写真記録が有名である．彼は人間の人体についても，速い姿勢の変化を記録しているが，これでも，一方向からだけの写真撮影であり，3 次元的

な人間の姿勢変化を捉えることはできない．多方向からのビデオ撮影の試みも
あるが，これも不完全な情報しか得ることができない．

2.　モーションキャプチャーによる記録

　現在，人間の動きまわる様子を細かく計測する仕組みとして，**モーションキ
ャプチャー・システム**がある．人間の姿勢を形作る基本は骨格である．骨格の
各パーツ（骨）の大きさと，隣接する骨と骨との間の各関節での角度と位置を
計測すれば，その時点での姿勢を求めることができる．

　主要な四肢の関節の角度の計測には，ゴニオメーターと呼ばれる分度器のよ
うな機械を用いて測る，機械式のモーションキャプチャー・システムから始ま
り，人工的に作られた磁界中に置かれた人体の主要部位の上に取り付けた複数
の磁気センサーにより，磁界の強度と方位を得て，全身姿勢を計測する磁気式
が開発された．しかし，これは地磁気や周囲の鉄などの磁性体の影響を受ける
欠点があるため，特定の場面でしか使われなくなっている．近年は，身体表面
上につけた多数の小さな球形のマーカーを，人体周囲に複数台設置された，高
速かつ高精度のビデオカメラで撮影し，これらで得られる画像群をコンピュー
ターで解析することによりマーカーの正確な3次元位置を測定する，光学式の
モーションキャプチャーが主流になっている．

　このような異なる方法での**身体動作**の計測は，いずれの手法によるものも一
長一短があり，必ずしも一般的に容易に扱えるものではないのが現実である．
ところが，電子技術・装置の小型化・高精度化の発展に伴って，2010 年代後
半より，ジャイロセンサー，磁気センサー，および，WiFi による無線通信機
能を使った，簡便で廉価なモーションキャプチャー装置が市場に出現し，注目
を集めている．着衣下でも計測が可能であり，今後，日常生活などでの動作計
測や，衣装を着たままでの舞踊計測などへの応用が期待される．

　さて，このようにして取得された人間の身体動作のデータは，現在広く普及
した，**CG（コンピューター・グラフィクス）**のソフトウェアを使い，**アニメ
ーション**として表示することができる．近年この関連のソフトウェアも使いや
すいものが増えてきて，少なくとも，人体の骨格構造とその動きを表示する程
度であれば，それほど困難ではなくなった．

3.　無形文化デジタルアーカイブの課題

3.1　クロスシミュレーション

　課題は，着衣の形状とその動きの再現である．ダンス，バレエなどでも，人体の動きにつれて自在に動く衣装の様子の再現も重要であるが，これを正確に記録し再現するのは，現時点では必ずしも容易ではない．

　CGの分野では，衣装の振舞い，すなわち，身体の動作に伴う衣装の変形をリアルタイムに再現し，また，衣装の素材の違いや動きにより，衣装の色や明るさなどの見え方が変化する様子を再現することを，**クロスシミュレーション**というが，これはデジタルアーカイブにおいても，主要な研究課題として残っている．衣装が光源からの光に照らされ，衣装表面で不斉一に反射する光の様子，色の変化をどのように再現するか，これは大変に複雑で困難な課題である．金糸や刺繍などを使用した能装束表面の，能役者の動きにともなう「見え」の変化をシミュレーションにより再現する試みも行われているが，いまだに，困難な課題であることは否めない．舞踊などの無形文化財における衣装・装束の振舞いの記録と再現においては，時間の要素とそれに伴う布の動きと変形の要素が加わることにより，さらに困難な課題となる．

3.2　複数人（集団）の動作アーカイブ

　また，1人の演技者による動作を記録・再現するだけでなく，複数人のグループによる集団での演技や群舞などをどのように記録し再現するのか，これも大きな課題である．複数人を対象とした同時モーションキャプチャーは，必ずしも不可能ではないが，人の手による作りこみを行わない，ありのままの正確な記録を必要とするアーカイブの場合，処理時間等に大きな課題がある．

3.3　動作アーカイブの活用

　さらに，このようにしてアーカイブされた無形文化財のデータを，どのように利用していくかについての課題もある．データを正確に再現・表示するのは当然重要な課題として残っているが，単に再現するだけでなく，例えば，学術研究の素材としてこれらのデータを扱うことを考えた場合の取り組みである．

　まずひとつは，記録された演技者の身体の動作データから，その動作の特徴を数値的に抽出すること，また，その数値を用いて，同じ対象動作の異なる演技者によるものとの比較，分析を行うことが考えられる．演技者による表現の相違を数値的に導き出すということである．この場合，衣装・着衣の動きはとりあえず対象から除くとして，本質的な課題として，演技者の，主に骨格の動き，さらにいえば，皮膚の動きにも着目して，演技者間の相違，また，同一の演技者の場合でも，様々な外的・内的要因による，演じ分けの様子などを分析し抽出することが，研究課題として考えられる．

　多数の部位における，時間的に変化する位置や角度などの変数に対する分析となるので，多変量解析のような数学的解析手法が必要になる．また，これとともに，このようなわずかに異なる演技の仕分けが，観客にとって，どのような異なる印象や感銘を与えるかという課題も，演技に対する評価としては重要である．

　観客の受ける印象を定量的に捉えるのは難しいが，このような，人間が感じる印象などの，元来，定量的には捉えにくいものを分析する研究分野として**感性情報学**がある．ここでは，例えば，演技者の動きを観客が目で見たときの，いくつかの項目についての5段階程度の数値的評価の結果と，身体部位の動きを示す数値との相関関係を求める，**SD 法**（semantic differential method）と呼ばれる手法が一般的に利用される．

　また，観客の存在やその人数，および，演技に対する観客の反応が，演技者の演技にどのような影響を与えるかという研究も行われている．

　さらに，例えば盆踊りなど，日本各地で普遍的に行われている民間舞踊の，地域ごとの相違を求める研究も行われている．対象とする踊り動作の，リズム，四肢の振り方などの地域差，あるいは同一さを多変量解析により分析する．

4.　今後のアプローチ事例

　次に，今後のアプローチとしてのデジタルアーカイブについて述べる．

　まず，海外での注目される試みとして，米国における「**バーチャルボードビル**」の研究開発がある．**ボードビル**とは17世紀末のパリ市中の街頭に出現し

た演劇形式の興行に端を発するといわれているが，19世紀末から1920年頃には，日本における漫才や寄席のような庶民的・喜劇的な興行として米国社会で人気を集めた．

　「バーチャルボードビル」では，ジョージア大学とジョージア工科大学の研究者が，ボードビルが行われていた中心的な劇場（ニューヨークのユニオンスクエア劇場）の様子を精密にCG再現するとともに，ボードビルを演じる演技者（ボードビリアン）の話し方，仕草を当時の蝋管録音や映画記録などをもとにデジタル再現している．ボードビリアンの仕草などの身体動作の詳細は，不明な部分が多いが，映画記録などをもとに，体格の似た人による身体動作をモーションキャプチャーにより計測・記録し，CGアニメーションで再現している．この劇場の内部は精緻で高度な装飾が施されているが，この形状や壁画なども正確にデジタル再現されている[1][4][5]．

　さらに，この研究のユニークなところは，主役であるボードビリアンの話術と動作だけでなく，劇場の客席を埋める800人を超える多様な観客について，人種，性別，年齢，階層などで細かく区分けし，ボードビリアンのウィットあふれる話術に対して，鑑賞している観客らが反応する身体動作についても再現していることである．子供が駄々をこねるのを親がたしなめる様子なども再現されている．実に細部にまで，雰囲気を再現するための工夫がなされている．

　このバーチャルボードビルは，オンラインで，ユーザーが自由に視点移動しながらインタラクティブに楽しむことができたが，現在は，このインタラクティブシステムは稼働しておらず，YouTubeでの映像記録の公開のみが行われているようになっている[4]．

　このシステムの重要な点は，主役としての演技者の動作や声だけでなく，劇場空間はもとより，演技者のせりふや動作に呼応する観客の反応までも，デジタル化し再現していることである．まさに，「空間（場）の再現」といってもよい．このように，無形文化財のデジタルアーカイブ化は，主役である演技者や関係者だけでなく，彼らと，観客・観衆を包み込んだ，その空間を記録し再現することに意味があることが，このシステムから理解できる．

　このバーチャルボードビルに触発されて行われた，**祇園祭山鉾巡行**のデジタルアーカイブも興味深い．山鉾巡行は，単に山や鉾などの山車が巡行するだけでなく，山や鉾を組み立てる手順，巡行の手順など，多くの人から人へと千年

図1　祇園祭バーチャル山鉾巡行

の長きにわたり受け継がれてきたものである．ここでは，山や鉾の揺れや振動の様子を記録し，また，大きな鉾を実際に曳いている町衆の身体動作，巡行時のお囃子の演奏の動作と，その音響などを，関係者の協力と理解のもとデジタル記録し，これらをバーチャルリアリティの技術で再現し，お囃子の音響とともに巡行時の鉾の揺れや，交差点での「辻回し」による大きな方向転換時の揺れを体験する，「祇園祭バーチャル山鉾巡行」（図1）と呼ぶシステムが実現されている．さらに，京都の暑い夏の大通りを埋めつくす観光客・見物人についても，それらの動作とともに表現することで，巡行時の雰囲気を再現するように構築されている[3]．

　以上のように，舞踊，日常動作，芸能，祭などにおける，人間の身体動作が作るさまざまな無形文化財のデジタル記録と再現・保存，および，身体動作の数量的・感性的評価などに関する研究が行われてきている．大規模な祭などの，記録と再現，すなわちデジタルアーカイブ化は，今後の重要な課題であり，個としての人間，また，集団で動く人間の行動，さらには，心理までを探り記録し再現するということも，情報科学的な観点から期待される研究テーマのひとつである．

[八村広三郎]

【参考文献（さらに学びたい人のために）】
[1]　Gandy, M. *et al.*（2005）．The Design of a Performance Simulation System for Virtual Reality,

Human-Computer Interaction System for Virtual Reality, CD-ROM.

[2]　八村広三郎（2007）.「伝統舞踊のデジタル化」『映像情報メディア学会誌』**61**（11），1557-1561.

[3]　八村広三郎，田中覚，西浦敬信，田中弘美（2016）.「文化遺産の記録と再現——「コト」のディジタルアーカイブの実現に向けて」『電子情報通信学会誌』**99**（4），287-294.

[4]　Saltz, D. D.（2004）. Virtual Vaudeville: A Digital Simulation of Historical Theatre, *Performance Documentation and Preservation in an Online Environment*, Schlesinger, K. ed., Theatre Library Association.

[5]　Virtual Vaudeville（http://www.virtualvaudeville.com/）（最終アクセス：2018 年 4 月 17 日）

A5-6
映像・ゲーム・映像アーカイブ
film archive, game archive

　映像アーカイブの問題について，まずはその代表例たる**映画アーカイブ**を取り上げて述べる．わが国では 2018 年 4 月に国立映画アーカイブが設立され，映画の保存・研究・公開を目的とした活動を開始している．この施設は 1952 年に設置された国立近代美術館の映画事業（フィルム・ライブラリー）が 1970 年開館の東京国立近代美術館フィルムセンターを経て，独立行政法人国立美術館として独立したものである．組織的なアーカイブの重要性が広く認知された結果といってよいだろう．

　映画アーカイブの主な目的は，いうまでもなく保存とアクセシビリティの担保である．映像の容れ物たるメディアの寿命は有限である．とりわけ映画用フィルムの場合，1950 年頃まで使用されていたナイトレート・フィルムは気温 40 度を超える環境では自然発火の危険性があり，その後普及したアセテート・フィルムも高温多湿の環境では酢酸臭を放ちながら劣化する可能性がある（今日では耐久性の高いポリエステル・フィルムが用いられている）．加えて繰り返し上映すればフィルムに傷がつき劣化する危険性もある．このように，フィルムの保存には大変な苦労を要するためデジタル化が着目されているものの，デジタル映像の規格とフィルムの規格とでは色の幅や素子の構造が異なることから，フィルムの完全な再現は困難である．逆に，フィルムは保存環境さえ保つことができれば 100 年単位での保存が可能といわれているため，オリジナル・フィルムを長期保存しつつ，使用時のためにその世代の最も高品質な

フォーマットでデジタル化を行うことが最良の手段とされている.

　次に映画アーカイブの**アクセシビリティ**の問題にも触れたい．ここでいうアクセシビリティは Web を介して地理的時間的制約を問わずアクセスを可能とするという意味に留まらない．映画やアニメーションをはじめとするタイムベースト・メディア（time based media）は，その特性上，視聴もしくは体験による内容の理解に時間的コストを要する．そのため，慎重にメタデータを設定してデータベースを構築することで，利用者の網羅的な理解を助けることも可能となるのである.

1.　映像アーカイブの研究利用に向けて

　映像アーカイブの研究利用の形態として着眼すべき点に，**オーファンフィルム**（孤児フィルム）の取り扱いがある．オーファンフィルムは，狭義では「著作権者が不明であるために処理運用ができないもの」とされているが，広義には「破棄され無視され消失しそうになったフィルムすべて」すなわちメインストリームの商業システムの外側に存在するメディアを指す．このようなオーファンフィルムに研究価値をみつけて，公開，還元するための役割もアーカイブは担っている.

　加えて，映像アーカイブは映像自体のみならず，その周辺にある非フィルム資料にも目を向ける必要がある．例えばシナリオやポスター，スチル写真，映画関連機器，セット図面，映画雑誌，聞き書き調査，映画館関連（チラシ）などである．これらの資料をしかるべき手段で保存・還元できる環境が，わが国ではまだ確立されているとはいい難い．例えば東映太秦映画村には貴重な映画フィルムが大量に保管されているが，専属の学芸員がいないため保存環境に不安があるという．当時，同施設の映画文化館の担当者であった木村立哉は，「保存と還元を両立させて展示を行なうためには，デジタルアーカイブが必要になってくる」と述べており，その整備が急務であることが示唆されている[7].

　また，映像研究の史資料として近年着目されているものに映像制作会社の労働組合が所蔵する史料がある．木村智哉は東映動画史を研究するための資料としてこれらを用いており，映像制作中に生じた中間成果物のアーカイブやその

利活用の可能性を指摘している[8].

　このようにフィルムの保存はもちろんのこと，その周辺に位置する非フィルム資料の保存・活用環境を構築する重要性が高まっている.

2.　ゲームアーカイブをめぐる諸問題

　様々な映像メディアやそれらを巡る資料のアーカイブが進められている中で，**デジタルゲーム**のアーカイブには若干特殊な事情が含まれる．デジタルゲームは日進月歩の情報技術を駆使して製作される**ニューメディア**であることから，法的にも技術的にも長期保存を困難とする側面がある.

　一般にはデジタルゲームは，ROM カートリッジ，磁気ディスク，光学ディスク等に記録されたゲームソフトと，その再生機器の組み合わせによって成立する場合が多い．この場合，ゲームソフトとゲームハードウェア，およびソフトのパッケージや取扱説明書といった資料に関しては，保存自体はそこまで困難ではない．唯一（にして最大）の問題を挙げるとするならば，これらを収容可能な物理的なスペースが国内では不足していることにあり，そのため大規模なゲーム保存は国外が先行している点であろう.

　しかし，近年増加傾向にあるネットワークを介したダウンロード型のソフトウェアやオンラインゲーム，スマートフォン用ゲームアプリケーションに関しては，物理的な保存が困難であることから，その方法やプロセスは現時点では明確ではなく，その対応は喫緊の課題である.

　国内でゲームアーカイブの中心的役割を担っているのは立命館大学である．立命館大学は，1998 年に京都府と任天堂株式会社，株式会社セガ等による産学公連携でゲームを保存，利活用することを目的に「ゲームアーカイブ・プロジェクト」を発足させている[3]．この組織が母体となって，国内における唯一の公的なゲーム研究機関である「立命館大学ゲーム研究センター」が設立されており，同センターでは現在，文化庁メディア芸術デジタルアーカイブ事業のゲーム部門の構築を委託されている（**図 1**）[1].

　「**メディア芸術データベース**」のゲーム部門では，2015 年 12 月までに発売された家庭用ビデオゲーム，PC ゲーム，アーケードゲームの各作品の情報が登録されている（2018 年 5 月時点）．各作品の登録項目数は「タイトル名」

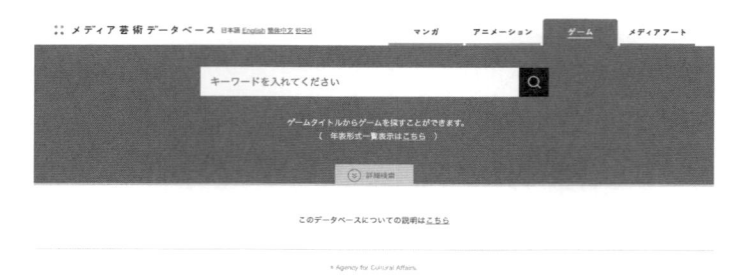

図1　メディア芸術データベース

「プラットフォーム」「発売年月日」「ディベロッパー」などをはじめ30弱となっており，メタ情報に関してはほぼ網羅的な把握が可能なデータベースとなっている．ただし，デジタルゲームは同一タイトルのゲームソフトであっても別バージョンの作品やリメイク作品などを含め，きわめてバリエーションが多い．そのためデータベース構築のためにはこれら相互の関連付けを行うためのメタデータ構築が必要となることが1つの課題となっている．なお，同データベースの研究利用は福田[2]等によって既に試みられている．他方で，ゲーム産業が所蔵するゲーム開発関連資料の保存や活用についての研究も進んでいる．兵藤や岸本らによって，開発資料のアーカイブ化や教育活用が進められているほか[9]，博物館施設における展示活用の可能性も示唆されている[10]．

　加えてゲーム研究におけるアーカイブ活用の一例として，取扱説明書データベース（図2）を用いたゲーム研究が考えられる[13]．ゲームソフトに付属する取扱説明書には「使用上の注意・コントローラー操作方法・ゲームの物語背景・遊び方・ルール・テクニック・キャラクター紹介・イラスト」等が記載されている．これらを参照することによって，ゲームのナラティブやチュートリアルデザインに関して質的に捉える指標が構築できると考えられる．

3.　ゲームプレイ映像記録

　デジタルゲームがインタラクティブなメディアである以上，現物保存や作品資料に関する情報のデータベース構築のみでは完全なアーカイブの構築とはいいがたい．ゲーム研究者として名高いイェスパー・ユール（Juul, J.）は，ゲ

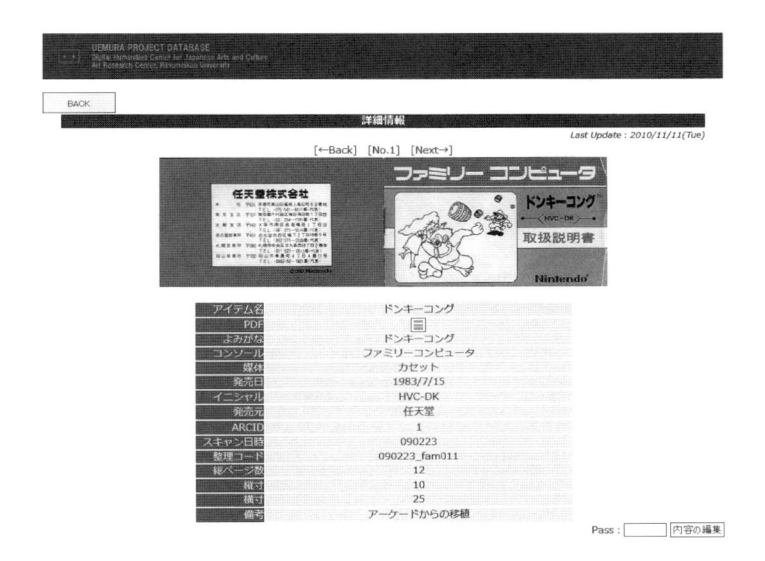

図2　取扱説明書データベース（開発中）

ームとして古典的に考えられている概念の中心性を，①ルールの有無，②可変かつ数値化可能な結果の有無，③起こりうる結果に課せられる評価の有無，④プレイヤーの努力の余地の有無，⑤プレイヤーと結果の関連性の有無，⑥対価交渉の可能な結末の有無，という要素によって捉え，この6つがどの程度存在しているかによって，どの程度「ゲームっぽい」と考えられるようになるかどうかをグラデーション状に位置付けている[6]．すなわち**ゲーム**とは**プレイ**することによって発生する現象であり，プレイこそがゲームの中心的役割を担っている．

　ではゲームにおけるプレイとはどのようなものか．**図3**で示したように，ゲームプレイヤーはコントローラーを媒介として，アクションとリアクションのサークルの中に誘われる．一見すると複雑にみえるこのサークルであるが，その関係性は**図3**のように図式化可能な点からも理解できるように，「入口」と「出口」が明確な逆3角形で構成されている．そしてこのサークルの中で展開される出来事はすべてコンピューター上で制御されているため，古典的な遊び

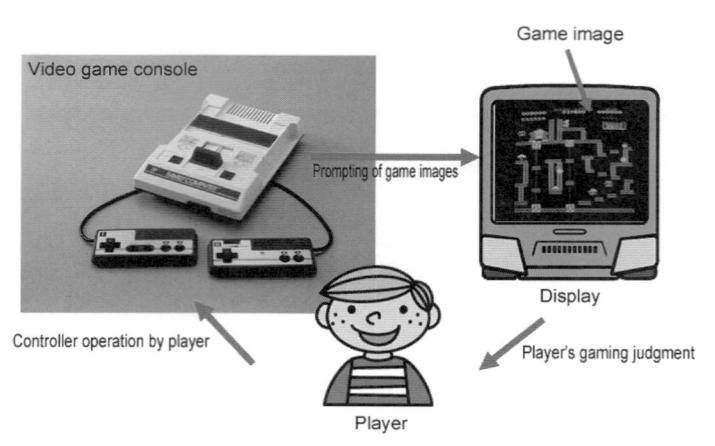

図３　ビデオゲームの遊びの要素

　のようにルールが変幻自在でとらえどころのないものにはならない．したがって，アクション（＝コントローラー操作）とリアクション（＝ゲーム映像）の関係を可視化する必要性が生じるのである．

　その方法として，プレイヤーが行うコントローラーのボタン操作の情報を記録し，ゲームプレイ画面やプレイヤーの表情，プレイヤーの音声とあわせて記録することが望ましいと考えられる．その一例として，**図４**では「ゲーム画面」「プレイヤーの撮影風景」「ボタンの入力状況」「ボタン操作履歴」を取得

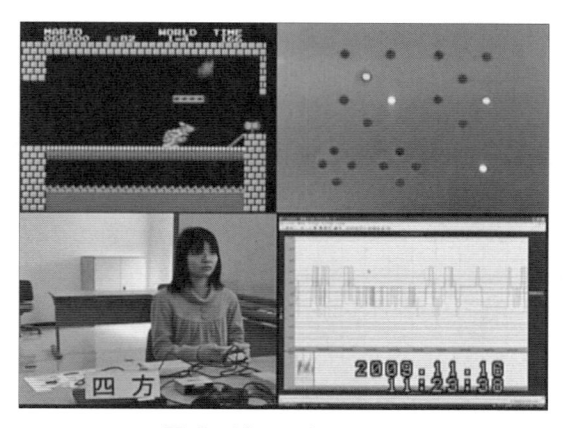

図４　ゲームプレイ映像

し，ビデオテープに映像情報（ゲームプレイ映像）をリアルタイムで記録するためのデバイスを用いてゲームプレイの全容を記録し，保存することを試みている[14]．「ゲームプレイ」の情報をビデオゲーム研究のための基礎資料として蓄積・保存し，活用していくことは，特定の時代にどのようにそのゲームが遊ばれていたのかを後世に残す意味でも，重要な役割を担っている．

［尾鼻崇］

【参考文献（さらに学びたい人のために）】

[1]　文化庁．「メディア芸術データベース」(https://mediaarts-db.bunka.go.jp/gm/)（最終アクセス：2019 年 9 月 15 日）

[2]　福田一史ほか（2018）．「家庭用ゲームソフトのタイトルに関する研究」『アート・リサーチ』**17**, 29-44.

[3]　細井浩一（2019）．「研究資源としてのゲームアーカイブ」文献 [12]，87-108.

[4]　稲葉光行（2012）．『デジタル・ヒューマニティーズ研究と Web 技術』ナカニシヤ出版．

[5]　石原香絵（2018）．『日本におけるフィルアーカイブ活動史』美学出版．

[6]　Juul, J.（2003）．The game, the player, the world: looking for a heart of gameness. *Level Up: Digital Games Research Conference Proceedings*, Utrecht University, 30-45.

[7]　木村立哉（2018）．「東映太秦映画村アーカイヴ資料の概要と経緯」，シンポジウム「アーカイヴの理論と実践——東映とその可能性を中心に」講演記録，京都大学．

[8]　木村智哉（2010）．「初期東宝動画における映像表現と制作体制の変革」『同時代史研究』**3**，19-34.

[9]　岸本好弘，兵藤岳史（2018）．「ナムコ開発資料のアーカイビングとその活用」『日本デジタルゲーム学会 2018 年夏季研究発表大会予稿集』97-70.

[10]　小出治都子，尾鼻崇，岸本好弘，兵藤岳史（2019）．「展示からみるゲーム開発関連資料の可能性」『日本デジタルゲーム学会 2019 年夏季研究発表大会予稿集』95-97.

[11]　松永伸司（2018）．『ビデオゲームの美学』慶應義塾大学出版会．

[12]　中沢新一，中川大地編（2019）．『ゲーム学の新時代』NTT 出版．

[13]　尾鼻崇（2010）．「ゲームマニュアルを対象としたビデオゲーム研究の可能性」『アート・リサーチ』**10**，101-110.

[14]　尾鼻崇，上村雅之（2012）．「遊びとしてのビデオゲーム研究」文献 [4]，68-87.

[15]　上村雅之，細井浩一，中村彰憲（2013）．『ファミコンとその時代』NTT 出版．

文化・芸術

A5-7
出版文化・書物学
publishing culture, bibliology（pre-modern）

1.　書物史と研究資料としての書物

　日本の書物史は，世界的視野に立てば，決して長大な歴史を有してはいない．しかし人々は，中国から漢字や文体を学びとり，意味や音を記録するメディアとして，または表現手法として活用する中で，平仮名や片仮名，漢字仮名交じりというわが国独自の文字や文体を編み出しつつ，それを筆写して夥しい書物を蓄積してきた．また，早くも 8 世紀には印刷史が始まり，それは筆写と並行して，主に社会における有力者によって脈々と行われ，17 世紀には出版という産業化も図られた．ここに至り，絵と文字を柔軟に組み合わせるという表現様式も獲得しつつ，写本・印刷物・出版物という膨大な書物が市井に流通することになる．それらの一部は現代に伝存しており，20 世紀以前の人文科学系諸学に関わる研究にとって不可欠の資料とされてきたし，**書物**（pre-modern old books）そのものも研究対象となってきた．

2.　筆写・複写から古典籍デジタルアーカイブへ

　書物はそうした資料であるがゆえに，かつては踏査および筆写，原本収集によりそれらの情報が蓄積され，戦後はマイクロフィルム，マイクロフィッシュ等によるアーカイブや，それらによる紙焼き写真が蓄積されていくこととなった．これらの手法は今なお消滅していないが，1990 年代末以降のインターネットの普及，1996 年に文部省学術審議会がまとめた「大学図書館における電子図書館的機能の充実・強化について（建議）」[9]や，1998 年の国立国会図書館「国立国会図書館電子図書館構想」[6]の影響は大きく，国立の機関以外にも波及し，書物調査の趨勢は徐々に**古典籍デジタルアーカイブ**（digital archiving of pre-modern Japanese old books）に移行していくこととなる．

　古典籍デジタルアーカイブの取り組みとしては，国立国会図書館，東京大学

附属図書館，京都大学附属図書館，奈良女子大学附属図書館，東京学芸大学附属図書館，立命館大学アート・リサーチセンター（ARC）などが早期の事例であり，中には，現在も当時のおもかげをそのまま残して運用が続くコンテンツも存在している．また，当初はフィルム資産の活用という観点から，マイクロフィルムのスキャンニングによるデジタルアーカイブ構築が行われた例があり，東京大学や東京学芸大学の事例はそれに該当していたが，1999 年以降に実用的な民生フルカラーデジタル一眼レフカメラが陸続と登場・普及して以降，ボーンデジタル型のフルカラー古典籍デジタルアーカイブが常套手段となった．

3.　古典籍デジタルアーカイブの一般化と普及

　2000 年代には，全国的に各機関が大小の規模で古典籍デジタルアーカイブの公開を行うようになり，2010 年前後以降，早稲田大学図書館が 2005 年から取り組んでいる「早稲田古典籍総合データベース」[17]や，国文学研究資料館（国文研）が「日本語の歴史的典籍の国際共同研究ネットワーク構築計画」（歴史的典籍 NW 事業）において，古典籍 30 万点の画像の利活用を目指し，「新日本古典籍総合データベース」[5]を公開するなど，急速な拡大を続けている．同時に，大英博物館[14]やボストン美術館[10]，フリーアギャラリー[16]，メトロポリタン美術館[15]等の海外所蔵機関の古典籍デジタルアーカイブも成長してきている．古典籍デジタルアーカイブは，少なくとも 10 年前には特別な取り組みではなくなり，現在は提供者・ユーザーの双方にとって，きわめて一般化しているといっても過言ではない．

　書物学（bibliology, pre-modern）において，原本によってのみ得られる情報（寸法，紙質等の書誌学的情報，それらから得られる学術的感触，撮影面には写らない情報）を完全に無視することは不可能である．したがって，古典籍デジタルアーカイブのみでは書物に関わる研究を完遂できない．また，すべての書物がデジタル化されているわけではないため，依然として旧来のアナログ手法にも頼らざるを得ないし，すべての書物がデジタル化されたところで，原本の収集が不要になるわけではない．しかし，現状を踏まえれば，古典籍デジタルアーカイブを活用することにより，原本を出納する機会を最小限に抑えつ

つ，旧来よりも速く，大量に，閲覧者の立場からは低コストに，研究を進められるようになったのである．

4. 古典籍デジタルアーカイブの問題点

1990年代以降，古典籍のみならず，文化財デジタルアーカイブ全般が抱えている課題として，各所蔵機関が独自プラットフォームによる閲覧方式を提供してきたことが挙げられる．ユーザーは，所蔵機関ごとに使用感や効率的に情報を得るためのコツを体得せざるを得ず，所蔵機関の枠組みを超えて諸資料を比較対照させることには困難が伴った．今後も完全にプラットフォームを画一化することは難しいと考えられるが，古典籍デジタルアーカイブのさらなる利活用を促進するためには，各機関が公開する古典籍デジタルアーカイブの相互利用性を確保することが必要であろう．

また，現在の古典籍デジタルアーカイブは，すでに述べた国文研の事例や，以下に述べるARCのデータベースを除き，一義的には，簡便な書誌情報とともに1次資料の複製画像が各所蔵機関からユーザーへ一方的に提供されてきたにすぎない．もちろん，アナログ時代と比較すれば，一方的な提供を受けるだけでもユーザーのメリットは大きいが，文化情報学時代において古典籍デジタルアーカイブのさらなる活用を望むならば，1次資料の閲覧にとどまらず，諸本の対照，関連資料や近接分野との接続，**翻刻テキスト**（digital transcription of historical text）の準備，ユーザーによる画像・テキストに対する**アノテーション**（annotation）付与等が実現できるような機能を有していることが望ましい．

例えば，古典籍デジタルアーカイブに多分に含まれる**板本**（printed books）については，版・摺りのバージョンが異なる諸本が存在し，場合によっては摺刷に使用された**板木**（printing woodblocks）が現存し，そのデジタルコンテンツが存在している可能性もある．また，個々の板元が日常の営業記録として残したもの，板元が自身の所有する板木を管理運用するために作成した蔵板目録，板木すなわち版権の売買記録の他，本屋仲間によって記録された開板・販売許可，板元間の争論の記録など，多種の**出版記録**（publishing records）が現存する．これらの記録は，活字化され叢書として刊行されたもの，単行書あ

るいは単行論文として公刊されたもの，未翻刻の資料として古典籍デジタルアーカイブに含まれているものなど，多様な状況に置かれており，画像によるアーカイブよりむしろ，テキストデータアーカイブを目指すべき資料である．この場合，ユーザー側では板本・板木・出版記録の三者のデジタルアーカイブを組み合わせた考察が不可欠であり，その結果としてようやく個々の書物学が成立していくこととなる．つまり，所蔵機関からユーザーへ一方的に提供されたデジタルアーカイブのみで，デジタル環境下において効率的に研究が進められるわけではないのである．

5.　古典籍デジタルアーカイブの有機的活用と相互運用

　例えば，ARC には，諸機関が Web 公開している古典籍デジタルアーカイブに含まれるデジタルコンテンツの URI を管理し，所蔵者・公開者を明記した上で，ユーザーに各機関のサーバーから古典籍を参照させる「ARC 古典籍ポータルデータベース」[12]（図 1）の仕組みがある[1]．つまり，ARC のデータベースシステムにエンベッドできるタイプのデジタル画像が公開されている場合，画像を各所蔵機関のサーバーにおいたまま，ARC のデータベースシステム上で一元的に閲覧可能である．加えて，ARC には，独自開発されたテキストアノテーションシステムや，関連資料へのリンク機能，翻刻テキスト蓄積機能，User メモと呼ばれるタグ付け機能が存在しており，それらをフルに利用すれば，機関の枠組みを超えた，諸資料の連携も可能となる．

　現在，国際的に注目を集めている枠組みに，International Image Interoperability Framework (**IIIF**)[4]がある．IIIF はその名のとおり，各機関が公開するデジタル画像の相互運用を目的としており，各機関が IIIF に対応したデジタル画像の公開を準備し，ユーザーが IIIF 対応のビューアを保有しさえすれば，各機関の独自プラットフォームに悩まされることなく，各機関のデジタル画像を閲覧できる仕組みである．複数資料の比較対照機能や，アノテーション（タグ付け）機能を備えたビューアーがすでに存在する他，テキストの構造的記述のための Text Encoding Initiative (**TEI**)[13]との連携も検討されており，当面は IIIF が 1 つの世界的潮流になると考えられる．

　2019 年 2 月に試験版が公開された国立国会図書館「ジャパンサーチ」[7]は，

図1　ARC古典籍ポータルデータベース

コンテンツを保有する機関と連携し，それらのメタデータを集約するポータル
サイトであり，当然その中には書物に関する情報が大量に集積され，諸機関を
横断した検索や閲覧が可能になる．先述のIIIFにも対応しているほか，大量
のコンテンツから得られた知識を再構成し，発信できるギャラリー機能も備わ
っており，連携機関の増大が期待される．

6.　古典籍デジタルアーカイブの展望と課題

　ARCのポータルデータベースにせよ，IIIFにせよ，所蔵機関の枠を超え
て，書物や各分野の関連資料を有機的に結び付けていこうとする方向性は一致
している．現在は，古典籍デジタルアーカイブは，古典籍をWeb上で閲覧す
る目的だけでなく，その上で書物学や出版研究を行うツールとして姿を現しつ
つあるといえよう．その間口を広げるためには，画像のみならず，翻刻テキス
トの整備を徐々に進めることが必要と考えられる．翻刻とその校正には多大
な労力を要するが，近年，京都大学古地震研究会の共同翻刻アプリケーション

文化・芸術

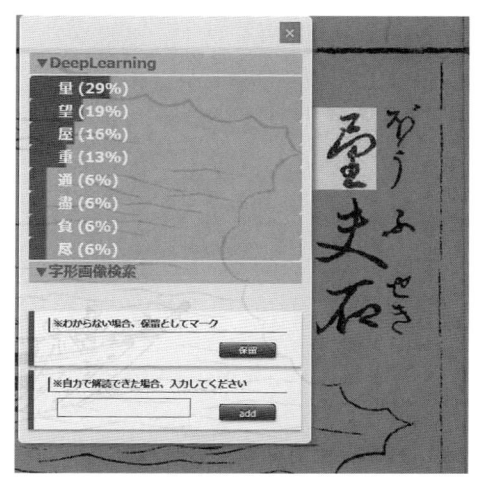

図2　翻刻支援システム（ARC 古典籍ポータルデータベース）

「みんなで翻刻【地震史料】」[8]では，古典籍デジタルアーカイブをもとに，必ずしも専門家ではないユーザーに対して，翻刻文字数ランキングやレベル認定といった知的好奇心と達成感をくすぐる情報集積システムが準備され，なおかつ添削依頼によって翻刻データの質を確保する仕組みが構築され，短期間で相当数の翻刻データ蓄積を達成している．昔ながらの人海戦術がめざましい成果をあげた事例として注目すべきであろう．一方，凸版印刷株式会社によって，くずし字 OCR の新方式が提示され[19]，その高い認識率によって，翻刻データ蓄積の進捗への期待も高まっている．実際，2019 年には，人文学オープンデータ共同利用センターが日本古典籍くずし字文字データセットを 68 万字超に拡充したことにより，**ディープラーニングによる文字認識**（Japanese cursive character recognition by deep learning）研究が一気に進んだ．例えば，ARC 古典籍ポータルデータベースには，くずし字解読支援システム（**図2**）が搭載された翻刻テキストアーカイブシステムが稼働しており[18]，大規模なテキストアーカイブを構築できる環境が整っている．

　古典籍デジタルアーカイブは，今後も量の充実が図られ，書物学や出版研究に資するところがさらに大きくなるだろう．また，ARC のポータルデータベースや IIIF を含め，新規技術開発というよりはむしろ運用面において，今後

も発展が続くと考えられる．技術的な仕組みのみならず，それらの上でいかに知的コミュニティを形成し，いかに人文科学の知識を集積していくか，集積された知識に対して，理系・情報系の技術を用いてどのように新知識を発掘していくかが古典籍デジタルアーカイブの，ひいてはそれを利用した書物学の今日的課題となるであろう．

　なお，本項目は出版・書物学を念頭に，古典籍デジタルアーカイブを扱ったが，上述の内容は必ずしも出版・書物学のみに限定されるものではなく，あらゆる文化財デジタルアーカイブに共通すると考えている．さらなる理解の深化のために，関連の他項目を合わせて参照されたい．

［金子貴昭］

【参考文献（さらに学びたい人のために）】

[1]　赤間亮（2016）．「専門分野別研究資源ポータルデータベースと相互リンクによるユーザビリティ」『2016 年度アート・ドキュメンテーション学会年次大会予稿集』，38-42.

[2]　赤間亮，冨田美香編（2010）．『イメージデータベースと日本文化研究』ナカニシヤ出版.

[3]　後藤真，橋本雄太編（2019）．『歴史情報学の教科書——歴史のデータが世界をひらく』文学通信.

[4]　International Image Interoperability Framework（http://iiif.io/）（最終アクセス：2019 年 9 月 5 日）

[5]　国文学研究資料館「新日本古典籍総合データベース」（http://kotenseki.nijl.ac.jp/）（最終アクセス：2019 年 9 月 5 日）

[6]　国立国会図書館「電子図書館事業の沿革」（http://www.ndl.go.jp/jp/dlib/project/history.html）（最終アクセス：2019 年 9 月 5 日）

[7]　国立国会図書館「ジャパンサーチ（試験版）」（https://jpsearch.go.jp/）（最終アクセス：2019 年 9 月 5 日）

[8]　京都大学古地震研究会「みんなで翻刻【地震史料】」（https://honkoku.org/）（最終アクセス：2019 年 9 月 5 日）

[9]　文部省学術審議会「大学図書館における電子図書館的機能の充実・強化について（建議）」（https://www.janul.jp/j/documents/mext/kengi.html）（最終アクセス：2019 年 9 月 5 日）

[10]　Museum of Fine Arts Boston Collections Search（https://collections.mfa.org/collections）（最終アクセス：2019 年 9 月 5 日）

[11]　日本歴史学会編（2019）．「新年特集 ICT 時代の歴史学」『日本歴史』**848**.

[12]　立命館大学アート・リサーチセンター「ARC 古典籍ポータルデータベース」（http://www.dh-jac.net/db1/books/search_portal.php）（最終アクセス：2019 年 9 月 5 日）

[13]　TEI: Text Encoding Initiative（http://www.tei-c.org/）（最終アクセス：2019 年 9 月 5 日）

[14]　The British Museum Collection search（http://www.britishmuseum.org/research.aspx）（最終アクセス：2019 年 9 月 5 日）

[15]　The Metropolitan Museum of Art Collection（https://www.metmuseum.org/art/collection）（最終アクセス：2019 年 9 月 5 日）

[16]　The World of the Japanese Illustrated Book: The Gerhard Pulverer Collection（https://pulverer.si.edu/）（最終アクセス：2019 年 9 月 5 日）

[17]　早稲田大学図書館「早稲田古典籍総合データベース」（http://www.wul.waseda.ac.jp/kotenseki/）（最終アクセス：2019 年 9 月 5 日）

[18]　山路正憲ほか（2019）.「古典籍デジタルアーカイブの活用を促進するディープラーニング型くずし字翻刻支援システムと指導システム」『2019 年度アート・ドキュメンテーション学会年次大会予稿集』，22-23.

[19]　山本純子・大澤留次郎（2016）.「古典籍翻刻の省力化：くずし字を含む新方式 OCR 技術の開発」『情報管理』**58**（11），819-827.

A5-8

書物学（近代）

bibliology（modern）

1.　造本技術，文学の近代化と木版多色摺口絵

　明治 20 年前後は木版による整版印刷から活字を用いた活版印刷へ，和紙から洋紙へ，和装本から洋装本へと，印刷や用紙，製本が急速に近代化した時代であった．文学史上では坪内逍遥『小説神髄』を契機として，本文と挿絵とがたえず連動する近世流の小説から，視覚を頼りとしない写実的な〈近代小説〉への移行が試みられた時期とされる．造本技術と文学が近代化へと歩みを進める中で，一部の書物に錦絵を彷彿させる前時代的な木版画が付されたことはきわめて興味深い[i]（**図 1**）．この**木版多色摺口絵**（以下，**近代木版口絵**）は，当時衰退しかけていた錦絵の職人らによる「生き残りを賭けての活動」[1]から生まれたものであったが，その美麗さは読者の関心を引き，作品を〈読む〉1 つの材料となった[ii]．本項目では近代木版口絵を切り口に，**書物の〈装い〉**をデジタルアーカイブすることの必要性および研究の可能性について述べる．

443

図 1　『文芸倶楽部』3 巻 10 編（博文館，1897）の口絵・武内桂舟「美人撲蛍」（筆者蔵）.

近代木版口絵には，三つ折りや十字折りの状態で右辺あるいはその一部が綴じ込まれる形のほか，二つ折りの左右両端が巻頭頁に貼り付けられる形のものがある.

2.　研究の動向と近代木版口絵の特質

　近代木版口絵は同時代の出版文化を窺い知ることができる貴重な研究資源であるにもかかわらず，その存在はこれまでほとんど看過されてきた[iii].　一方で近年，世界中で関連の展覧会が開催されるなど，近代木版口絵に対する関心が高まりをみせており，研究の進展が期待される状況にある[iv].

　近代木版口絵が既往の人文学研究の俎上に載せられなかった要因は，資料の特質にあると考えるのが妥当であろう.　口絵は物理的に作品へ依存する一方で，「独立した」「美術品」[7]とみなされる傾向が強い.　それゆえに，美術の分野からはアクセス困難な資料として，文学の分野からは専門外の資料として敬遠されてきた[v].　このような背景は，表紙や見返し，扉などを対象とする書物の〈装い〉研究全体にみることができる.　以上を受け，近代木版口絵研究を活性化するために，筆者は書物の〈装い〉に特化したアーカイブの構築に着手している.

3.　日本近代文学書を取り巻くアーカイブ

　近代以降の書物をアーカイブした事例では「国立国会図書館デジタルコレクション」[2]が最もよく知られるが，文学書に着目するとマイクロフィッシュ版『明治期刊行物集成』[6]を代表例として挙げることもできる．しかし，いずれも白黒の画像しか閲覧できず（前者はカラーのコンテンツが随時追加されている），書物の〈装い〉について読み取ることができる情報は圧倒的に少ない．これらは従来の近代文学研究が作品解釈を中心になされてきた背景を受け構築された，本文部分（テキスト）のアーカイブを主たる目的としたものであろう．

　これに対して筆者が取り組むアーカイブは，書物をモノとして捉え，文学書の〈装い〉を通して近代の出版文化を研究するためのものである．版の検討に耐え得る質を保証することはもちろん，背や天地小口も撮影しておく必要がある．木版口絵については，正面摺などの特殊な技法が施されている場合，ライティングを工夫した別ショットを用意しなければならない．文学作品を取り巻く文化・社会現象をも含めた総合的な人文学研究が求められる段階を迎えた現在，各々の研究対象に対する適切な視点をもったアーカイブを構築し，デジタル研究環境基盤の整備に着手する必要があるといえよう．

4.　デジタルアーカイブがもたらす近代木版口絵研究の可能性

　従来の書物アーカイブは本文頁を閲覧できるにすぎないものばかりであったが，〈装い〉のデジタルアーカイブが切り拓く研究の可能性について，簡単に触れておく．

　例えば，アーカイブに蓄積された同一絵柄の木版口絵を比較検討することで，口絵制作にあたって主板がどの程度用意されていたか推察できるが，これらは当時の出版体制を考察する際の手掛かりとなるのである[5]．また，表紙や扉，袋の意匠を担当した絵師と口絵の絵師が同一か否かなどの調査を進めていくことで，出版制作の様子を垣間見ることも可能となる．さらに，入力されたメタデータから，小説作者と絵師，木版職人，出版社の間に存在した人的ネッ

トワークの考察へと研究が発展していくことなども考えられるが，ここに記述しきれないほど，研究の着眼点は無限に広がっていくだろう．Web 上でアーカイブを構築することで常に最新版の〈総覧〉を作成できる点も，従来の研究とは異なる特色である．

デジタルアーカイブは，資料へのアクセスを確保するという物理的制約を取り除くだけでなく，研究の着眼点そのものを変え得るものである[5]．書物の〈装い〉に特化したアーカイブが，従来の人文学研究に与えるインパクトは大きなものであろう．

[常木佳奈]

【注】
i)　近代木版口絵は文学関連書に多くみられるが，百科事典や裁縫書など，幅広い分野の書物の中に確認できる．また，同時代の口絵には木版だけでなく石版も活用され，新旧の技術が共存していた．
ii)　同時代の雑誌や新聞には，読者が作品の内容よりも口絵を重視して本を選ぶ傾向にあったことが記されている．「作者作物を問はず新刊本にて一に口絵次第」（『朝日新聞』1907.10.5 朝刊，6 頁），「まづ貸本屋の店頭で客は口絵を先に見て借りて往く（中略）イヤモ斯うなると，小説を読むのだか，絵をなぐさものだか分からなくなつて来る」（『新小説』10 巻 12 号，1905，105-110 頁））
iii)　近代木版口絵に関する研究史については，拙稿 [5] を参照されたい．
iv)　2016 年から 2017 年にかけて，ルーマニアやハワイ，オーストラリア，三島と，各所蔵資料を使った展覧会が開催されている．2020 年には，東京でも展覧会が計画されている．
v)　1996 年時点において，中島国彦は口絵研究が進まない要因について次のように述べている．「私たち文学のサイドだと画家のことがよくわからないというか，やはり誰の描いたものかとなかなか特定できないことがあり非常に困難を極めることがある点だろうと思います．」[3]

【参考文献（さらに学びたい人のために）】
[1]　岩切信一郎（2009）．『明治版画史』吉川弘文館.
[2]　国立国会図書館デジタルコレクション（http://dl.ndl.go.jp/）（最終アクセス：2019 年 10 月 16 日）
[3]　紅野敏郎，近藤信行，高井有一，中島国彦（1997）．「マイクロフィッシュ版明治期刊行物集成文学・言語編 完成記念シンポジウム：「明治」の本・人・出版社」『早稲田大学図書館紀要』**44**，101-144.
[4]　鈴木親彦，高岸輝，北本朝展（2017）．「IIIF Curation Viewer が美術史にもたらす「細部」と「再現性」：絵入本・絵巻の作品比較を事例に」『じんもんこん 2017』，157-164.
[5]　常木佳奈（2019）．「近代木版口絵の制作過程とその体制——朝日コレクションのデジタル化プロジェクトを通して」『アート・リサーチ』**19**，3-14.

[6]　早稲田大学図書館明治期資料マイクロ化事業委員会（1988-2001）．『明治期刊行物集成：文学・言語編』雄松堂書店．

[7]　山田奈々子（2016）．『増補改訂 木版口絵総覧』文生書院．

A5-9
電子出版
electronic publishing

1.　総論

1.1　電子出版の定義

電子出版を定義することは困難であり，暫定的に定義しても数年経過すると出版ビジネスの実態がその定義を過去のものにしてしまうという特性がある．

例えば，1980 年代では電子出版は一般に **CD-ROM** による出版のことを指していたが，今日では CD-ROM などの**パッケージ系電子メディア**は電子出版の主流ではなくなっている．現在の出版ビジネスの実態からすれば，電子出版は明らかに**ネットワーク系電子メディア**を指すものへと変化したのである．

また，今日の出版業界で「電子ジャーナル」や「デジタル雑誌」と呼ばれている電子メディア化した雑誌は，動画コンテンツが埋め込まれていることもまれではなく，データ量からすれば「動画中心」といえなくもない．つまり，文字情報や静止画だけでなく，音声や動画が含まれる「デジタル・コンテンツ」を従来の出版という領域に押し込めることは次第に困難になっているといえよう．

社会現象としての出版事象を研究対象とするこれまでの「出版学」が扱う「出版」の定義を拡大するのか，それとも新聞，映画，放送など，メディア間の融合を視野に入れた新たな「デジタル・コンテンツ学」の立場から電子出版の再定義を行うのかが大きな課題となっているのである．

1.2　電子出版の歴史

電子出版の定義が困難であるのは，その歴史的経緯をみれば明らかであり，

様々なデバイスが登場するたびに電子出版と呼ばれるものが変化してきたことがわかる.

1980年代の日本の出版業界において電子出版は,2つの意味で使われていた.第1に,著者や編集者が書籍や雑誌を編集・製版する過程を電子化する**デスクトップ・パブリッシング**(desk top publishing: **DTP**)である.電算写植システム(computerized typesetting system: CTS)による文字情報のデジタル化とスキャナー(電子写真製版機)などを使った画像情報のデジタル化によって編集の電子化が進展し,そのことを電子出版と呼んでいたのである.

第2に,CD-ROMのようなデジタル化された出版コンテンツをパッケージ系電子メディアにした出版形態もまた電子出版と呼ばれていた.1985年に日本で初めて『最新科学技術用語辞典』(三修社)がCD-ROMで出版され,1987年に『広辞苑』(岩波書店)がCD-ROM化されたことによりCD-ROM出版の社会的認知度が高まったのである.

その後,1990年に8cm CD-ROMを活用した小型電子ブックプレイヤーが発売され,同時に13の出版社が「電子ブックコミッティ」を結成し,18タイトルの8cm CD-ROMを発売した.この電子ブックプレイヤーの機器そのものを電子出版と呼ぶ場合もあり,このような呼称はその後の「電子辞書」や2004年に相次いで発売された読書専用端末などにも継承された.

そして今日では,インターネット経由で出版コンテンツを配信するネットワーク系電子メディアを電子出版と呼ぶようになり,閲覧するデバイスもパソコン,2010年に登場したiPad(アップル)や,日本では2012年に販売されたKindle(アマゾン)のように通信機能を備えたタブレット端末,読書専用端末,スマートフォンなど,実に多様な状況になっているのである.

また,ケータイで書いてケータイで読む小説と定義づけられる「ケータイ小説」が,1999年に「BOOK」と呼ばれる小説執筆機能を提供した「魔法のiらんど」によって誕生し,**ボーンデジタル**(born digital)や**デジタルファースト**(digital first)という電子出版による著作物の新たな流通領域が形成された.その後も「comico」など無料マンガ雑誌アプリや,ブログ小説,ウェブ小説,ネット小説など「投稿サイト」を活用した一群の出版形態,また,2012年から開始されたアマゾンによるKDP(Kindle direct publishing)といった**セルフパブリッシング**(self-publishing)の手法が一般化することになり,こ

うしたものもすべて「電子出版」と呼ばれているのである.

　さらに，2014 年から電子雑誌の読み放題サービスが電子出版の新たな流通形態として定着し，これまでの 1 点 1 点の著作物の販売というビジネスモデルから**サブスクリプションモデル**（継続課金型）へと移行し，電子出版が出版コンテンツのデータベースとして利用される時代を迎えているといえよう.

1.3　電子出版の統計

　一方，電子出版に関する統計をみてみよう.

　『電子書籍ビジネス調査報告書』は，2002 年度（2002 年 4 月～2003 年 3 月）の統計を掲載する 2003 年版から刊行を開始し，毎年，電子書籍ビジネス市場の統計を公表している. この報告書では，電子書店を通して個人ユーザーに対して課金されている電子書籍ビジネスの市場規模のみを暦年で把握するという算出方法をとっている. これに対して，2015 年から電子出版の統計を掲載するようになった『出版指標年報』では，出版社の売上データを中心に電子取次，電子書店への調査，そしてアマゾンやグーグルの市場規模については推計をもとに電子出版全体の市場規模を算出する方法がとられている.

　『電子書籍ビジネス調査報告書』は，対象が「**電子書籍**」と「**電子雑誌**」であり，「電子コミック」は「電子書籍」に含まれ，電子書店への調査が中心，市場規模は主に個人ユーザーが支払った額より算出，会計年度（4 月～翌年 3 月）の統計であるのに対して，『出版指標年報』の電子出版統計は，対象が「電子書籍」，「電子雑誌」，「電子コミック」，出版社への調査が中心，市場規模は出版社の売上高を中心に算出，暦年（1 月～12 月）という違いがある.

　電子出版関連の統計では，個人ユーザー向けの課金システムにおける読み放題プラン，あるいは無料マンガ雑誌アプリ等の広告市場など，どのように統計数値に反映させるか困難な問題が多い. また，「電子書籍」と「電子雑誌」の区分は必ずしも明確ではない.

　電子雑誌は 1 号ごとに 1 作品だが，収録されている複数の著者が執筆した記事が単体として配信される場合は，これもまた 1 作品としてそれぞれ固有のタイトルをもつ書誌単位となるため，電子書籍のタイトル数が膨大になっていく可能性が高い.

　図書館情報学では書誌階層の考え方がある. 例えば「岩波講座現代社会学」

の第 15 巻として刊行された『差別と共生の社会学』に収められている「差別的表現と『表現の自由』論」という論文がある[12]．書誌単位としては，＜岩波講座現代社会学＞，＜差別と共生の社会学＞，＜差別的表現と「表現の自由」論＞の 3 つがあり，それぞれ「集合レベル」，「単行レベル」，「構成レベル」と呼ばれるが，物理単位として成立しているのは＜差別と共生の社会学＞という「単行レベル」のみである．

　ところが電子出版では物理単位は存在せず，それどころか場合によっては「構成レベル」である論文をさらに「章」や「節」単位でダウンロード販売される可能性もあるということになる．またアマゾンが提供する『太宰治全集』Kindle 版では，272 作品を 1 冊にまとめ 200 円で販売している．このように，実際に電子書籍としてどのような単位で配信され，どのようにカウントされるのかという問題が浮上してくるのである．

2. 研究事例

　それでは日本国内における電子出版の流通・利用・保存の観点から，ここでは国立国会図書館における取扱いについて見てみよう．

2.1 第 1 期：パッケージ系電子出版物

　国立国会図書館では，CD-ROM やオンライン出版など電子出版物の増大に対応するため，1997 年 3 月より，納本制度審議会の前身で，館長の諮問機関である納本制度調査会において，審議を行い，1999 年 2 月に「答申 21 世紀を展望した我が国の納本制度の在り方――電子出版物を中心に」を提出した．

　そこで，「CD-ROM 等の有形の媒体に情報を固定したパッケージ系電子出版物を，従来の紙媒体等による出版物と同様に網羅的に納入対象とし，その納入に際して交付する代償金の額は，納入出版物 1 部当たりの生産に要する費用相当額とすることが妥当であること」，しかし，「ネットワーク系電子出版物については，当分の間納本制度の対象外とし，必要，有用と認められるものについては，契約により収集することが適当である」として，CD-ROM 等のパッケージ系電子出版物を納本制度による新たな収集対象としたのである[2]．なお，ここでいうネットワーク系電子出版物とは，インターネット等により送受

信される電子出版物のことである.

　この答申では，①著作者等の意思に反する「固定」，②「固定」時期決定の困難，③網羅的納入の困難，④納入義務者特定の困難などを理由として，ネットワーク系電子出版物を納本制度の対象とすることを見送り，近い将来においてこのような問題が解決されれば，改めて検討する必要があるとしている[3].

　つまり1999年2月時点においては，ネットワーク系電子出版物の収集については様々な困難が想定され，そのためCD-ROMなどのパッケージ系電子出版物のみを納本制度に組み込んだが，それはこれからの「電子出版時代」に対応する第一歩であったと位置づけることができるのである.

2.2　第2期：オンライン系電子出版物のうち非商業出版物

　2009年10月，第17回納本制度審議会において，長尾真国立国会図書館長（当時）から「国立国会図書館法第25条に規定する者（私人）がインターネット等により利用可能とした情報のうち，同法第24条第1項に掲げられた図書，逐次刊行物等に相当する情報を収集するための制度の在り方について」の諮問がなされた．すなわち，「インターネット等を通じてのみ出版する事態が急速に進展しており，これらの情報を包括的に収集することができない状態が続くと，出版物の収集を通じた文化財の蓄積及びその利用」（同法第25条）という納本制度の目的が達せられないおそれがあるため，オンライン資料の収集制度を設ける必要性についての状況認識が示されたのである[4].

　この諮問を受けて，納本制度審議会では，「オンライン資料の収集に関する小委員会」（以下「小委員会」）を設置し，オンライン資料の制度的収集について調査審議を行った.

　そして，2010年6月7日，第19回納本制度審議会において，中間報告を基にした「答申 オンライン資料の収集に関する制度の在り方について」が全会一致で決定され，同日，会長代理から国立国会図書館長へ手交された[7].

　その日のうちに国立国会図書館東京本館において記者会見が行われ，**図1**のオンライン資料の収集イメージが示された.

　ところが，出版社団体を対象としたオンライン資料の収集制度についての説明会を行う中で，制度に対する批判的意見が相次ぎ，各関係団体の賛同が得られず，プレスリリースしたにもかかわらず，ただちに制度化することができな

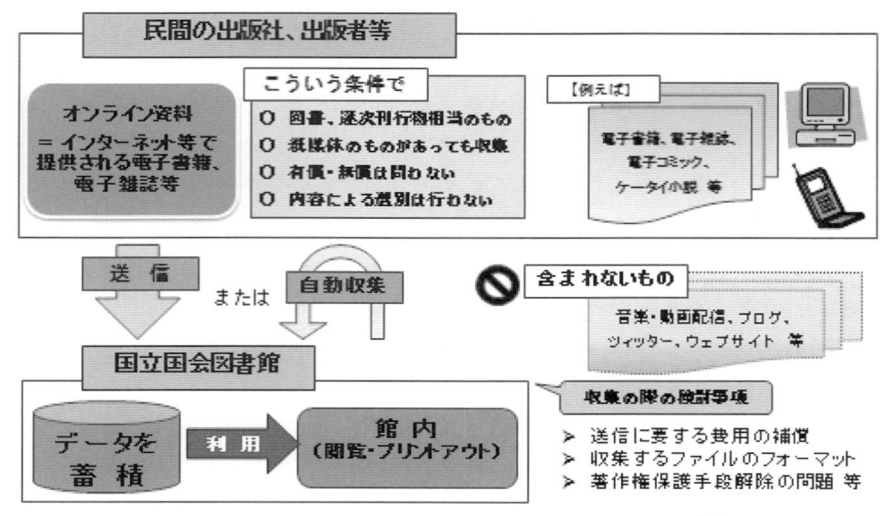

図1 オンライン資料（電子書籍等）の収集イメージ[9]

い状態となったのである.

　2012年6月22日，国立国会図書館法の一部を改正する法律が公布され，2013年7月1日に施行され，「DRM（digital rights management，技術的制限手段）等の付与されている商業出版物」については当面，その収集を見送り，「DRM等の付与されていない無償出版物」の網羅的収集が「オンライン資料収集制度（eデポ）」（**図2**）として開始された.

2.3　第3期：オンライン系電子出版物のうち商業出版物

　その後，2013年9月19日に開催された「納本制度審議会オンライン資料の補償に関する小委員会」では，「有償・DRMありオンライン資料の収集に向けて」をテーマに審議を行い，このとき，事務局からオンライン資料収集の実証実験事業の提起があった. 小委員会は賛成多数でこれを進めることに決定した[5].

　このような経過を経て，2015年12月1日より，ついに日本国内において有償で頒布された電子書籍・電子雑誌を対象にした「国立国会図書館 電子書籍・電子雑誌収集実証実験事業」が開始されたのである.

納入義務対象概念図

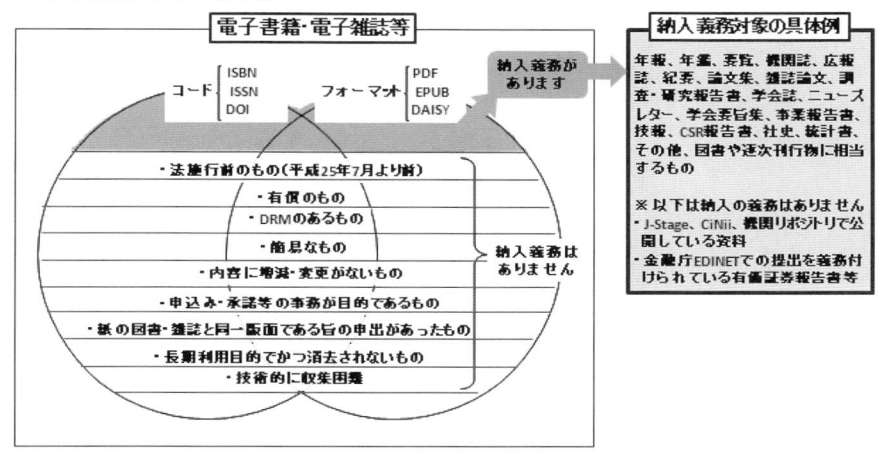

図２　「オンライン資料収集制度（ｅデポ）」納入義務対象概念図[8]

この実証実験ではその目的として，次の２つが挙げられている[6]．

（1）　電子書籍・電子雑誌の収集及び長期的な保管・利用の技術的検証を行うこと．

（2）　国立国会図書館内で電子書籍・電子雑誌を閲覧に供することによる電子書籍・電子雑誌ビジネスへの影響の検証や納入時の費用の調査分析を行うこと．

この事業を受託した日本電子書籍出版社協会では，第１段階として 2015 年12 月から 2018 年 12 月（37 か月），第２段階として 2019 年 1 月から 2020 年1 月（13 か月）という４年２か月間の長期にわたって，出版社・著作者の協力のもとに提供された市販の電子書籍・電子雑誌を，国立国会図書館東京本館，関西館，国際子ども図書館に設置された館内端末で利用者に提供し，アンケート調査を行い，オンライン系電子出版物のうちの商業出版物についてもその収集を実現しようとしているところである．

以上，第１期：パッケージ系電子出版物，第２期：オンライン系電子出版物のうち非商業出版物，そして第３期：オンライン系電子出版物のうち商業出版物と，国立国会図書館の納本制度は従来からの図書，雑誌・新聞，地図，楽譜，レコード，マイクロ資料や点字資料，ビデオなどに加え，CD，DVD な

どのパッケージ系電子出版物，さらにはオンライン系電子出版物へと資料対象を拡大している．

　これからさらなる進展が予想される電子出版物の収集，整理，保存，提供はデジタル・ネットワーク社会における図書館の利用者サービスにとって，大きな転換期を迎えているといっても過言ではないだろう．

3.　今後の課題

　冒頭に指摘したように，電子出版を対象とする研究は「出版学」の領域である文字情報を中心としたメディア研究をすでに越境し始めている．すなわち音声や動画も含む「デジタル・コンテンツ学」の立場から電子出版の再定義を行う必要があることが最も大きな課題となっているのである．

　また，電子出版においては1点ごとの著作物単位ではなく，サブスクリプション・モデル（継続課金型）が導入される傾向があり，出版コンテンツのデータベースそのものを研究対象とする必要が生じている．

　このように電子出版の研究においても，著作物の生産・流通・利用・保存のそれぞれの局面において，従来の出版学とは異なるアプローチを試みることが重要であろう．

　具体的には，図書や雑誌など紙で出版された資料をデジタル化し，オンライン配信で提供される電子書籍，電子ジャーナル・デジタル雑誌だけでなく，投稿型小説サイトなどウェブ上の様々なボーン・デジタル著作物を研究対象とすることや，多様な流通プロセスや読者受容，そして長期保存に関する調査研究などがこれからの研究テーマになるだろう．

　出版と隣接するメディア間の融合が進展し，電子出版とデータベースの境界線が曖昧になり，著者と読者の関係も大きな変容を遂げていくことは，実はこれまでになかった研究手法が創出され，新たな知見がもたらされる好機となる可能性がある．

［湯浅俊彦］

【参考文献（さらに学びたい人のために）】
[1]　インプレス総合研究所（2019）．『電子書籍ビジネス調査報告書2019』インプレス．

[2] 国立国会図書館 (1999). 「答申 21 世紀を展望した我が国の納本制度の在り方――電子出版物を中心に」, 10-15. (http://ndl.go.jp/jp/aboutus/deposit/council/history.html) (最終アクセス：2019 年 8 月 2 日)

[3] 同上, 43.

[4] 国立国会図書館 (2009). 「諮問書」国図収 090928001 号 (http://ndl.go.jp/jp/aboutus/deposit/council/online_shimon.pdf) (最終アクセス：2019 年 8 月 2 日)

[5] 国立国会図書館 (2015). 「第 25 回納本制度審議会」配布資料 3 (http://ndl.go.jp/jp/aboutus/deposit/council/25noushin_siryo.pdf) (最終アクセス：2019 年 8 月 2 日)

[6] 国立国会図書館「電子書籍・電子雑誌収集実証実験事業」(http://www.ndl.go.jp/jp/aboutus/deposit/dbdemo.html) (最終アクセス：2019 年 8 月 2 日)

[7] 国立国会図書館「納本制度審議会のこれまでの歩み」(http://ndl.go.jp/jp/aboutus/deposit/council/history.html) (最終アクセス：2019 年 8 月 2 日)

[8] 国立国会図書館「オンライン資料の収集」(http://www.ndl.go.jp/jp/aboutus/online/detail.html#anchor1) (最終アクセス：2019 年 8 月 2 日)

[9] 国立国会図書館納本制度審議会答申 (2016)「オンライン資料の収集に関する制度の在り方について」について (http://ndl.go.jp/jp/aboutus/deposit/council/s_toushin_5gaiyou.pdf) (最終アクセス：2019 年 8 月 2 日)

[10] 日本電子出版協会編 (2009). 『電子出版クロニクル――JEPA (日本電子出版協会) のあゆみ』日本電子出版協会.

[11] 日本図書館情報学会研究委員会編 (2014). 『電子書籍と電子ジャーナル』勉誠出版.

[12] 湯浅俊彦 (1996). 「差別的表現と『表現の自由』論」『岩波講座現代社会学 15　差別と共生の社会学』井上俊ほか編, 岩波書店, 155-169.

[13] 湯浅俊彦 (2013). 『電子出版学入門――出版メディアのデジタル化と紙の本のゆくえ』改訂 3 版, 出版メディアパル.

A5-10
音楽・音響
musical acoustics

1. 音楽・音響情報処理分野における文化研究の現状

　昨今，急速に発展するデジタル技術を用いて文化資源を保存・再現する**デジタルアーカイブ**（digital archive）の研究が盛んに取り組まれている[1]．従来，歴史的文化財の閲覧手段として，博物館，舞台，祭事の開催地などへ直接出向き，定められた時間内に文化財を鑑賞することが一般的であった．ここで，デジタル技術によりアーカイブされた情報を用いて歴史的文化財を再現すること

文化・芸術

で，このような時間や場所の制限を超えて，いつでも，誰でも，どこでも文化財の閲覧が可能となる．

　現在，建造物や工芸品などの有形文化財を保存・再現する目的でコンピューターグラフィックス技術などを応用したデジタルアーカイブの研究[8]が精力的に進められているが，この有形文化財に加えて音楽や音声などの無形文化財を含めたデジタルアーカイブを実現できれば，これまで以上に多くの人々が歴史的文化財に関する見識を深めることができる．これまでに音楽・音響情報処理分野に関する文化研究として，古典楽器や祭事などの無形文化財を高精度に記録・再現するためのアルゴリズムが提案されている[2][7]．その他にも，歴史的文化財の閲覧・検索システムの利便性を向上させるための研究（例えば，古典芸能の研究者や鑑賞者が必要なシーンを簡単に検索できるように，あらかじめ膨大な能楽のビデオデータに対して発話内容，時刻情報，役柄情報を自動的に付与する研究[6]）が取り組まれている．これらの研究は，いずれも単に歴史的文化財を記録・保存することに加えて，エンドユーザーが効率よく情報を検索・閲覧できることをデジタルアーカイブの意義としてとらえている．

　次節で紙腔琴と京都祇園祭のデジタルアーカイブの事例を中心に音楽・音響情報処理分野における文化研究の具体的な取り組みとその課題について述べる．

2.　事例紹介

2.1　紙腔琴を用いた日本伝統音楽のデジタルアーカイブ

　図1（左）に示す**紙腔琴**（Japanese traditional music box called "shikokin"）は明治時代に考案された発音器であり，西洋の自動演奏装置（オルガン）を参考に開発された．この紙腔琴は，蓄音機が普及する明治36年頃まで音楽の再生機の中心的な役割を果たしており，現在も立命館大学アート・リサーチセンターをはじめ，数か所の歴史文化施設にて保存されている．紙腔琴は発音部と共鳴箱から構成されており，**図1（右）**に示す**ロール譜**（rolled music score）と呼ばれる楽曲の韻律に合わせて穴が開いている楽譜に従って音楽が演奏される．具体的には，共鳴箱に取り付けられているハンドルを回転させることによって発音部に空気が送り込まれる．このとき，同時にロール譜も発音部に送り

 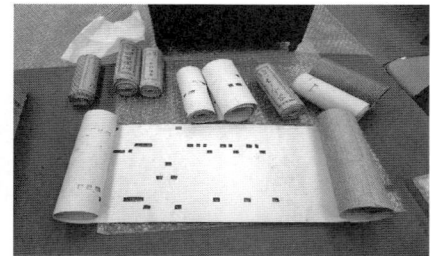

図 1 紙腔琴（左）とロール譜（右）

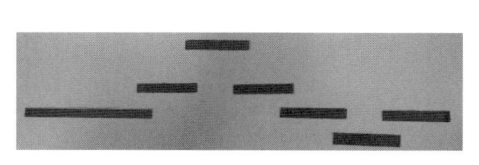 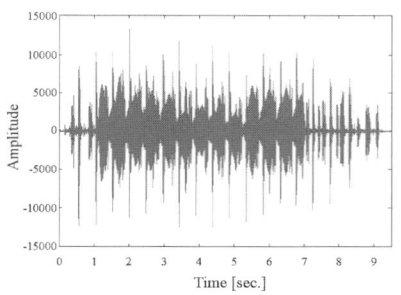

図 2 当時のロール譜の穴の形状（左）と演奏音（右）

込まれ，このロール譜の穴が開いているときだけ，発音部に送り込まれた空気が通過し，当該の音階が発音される．

　紙腔琴はロール譜を使った自動演奏装置であるが，当時のロール譜の型紙を見る限り，図 2（左）のように楽譜に合わせて規則的な長方形の穴が開けられているだけで，クレシェンドやデクレシェンドといった一般的な音楽で取り入れられている演奏手法なども一切表現されておらず，きわめて単調な表現に留まっている．そこで，図 3 のように穴の形状を，細長い長方形，右開きの 3 角形，左開きの 3 角形に変えて，3 種類の新たな演奏表現（①ソット・ヴォーチェ：小声でささやくように，②クレシェンド：だんだん大きく，③デクレシェンド：だんだん小さく）を紙腔琴で再現した．図 2，図 3 の右図に示す演奏音の時間波形に着目すると，音の大きさを表す振幅の時間推移が各演奏表現（穴の形状）によって変化していることがわかる．さらに聴取実験を通して聴感上でも各演奏表現らしさを再現できていることを確認した．

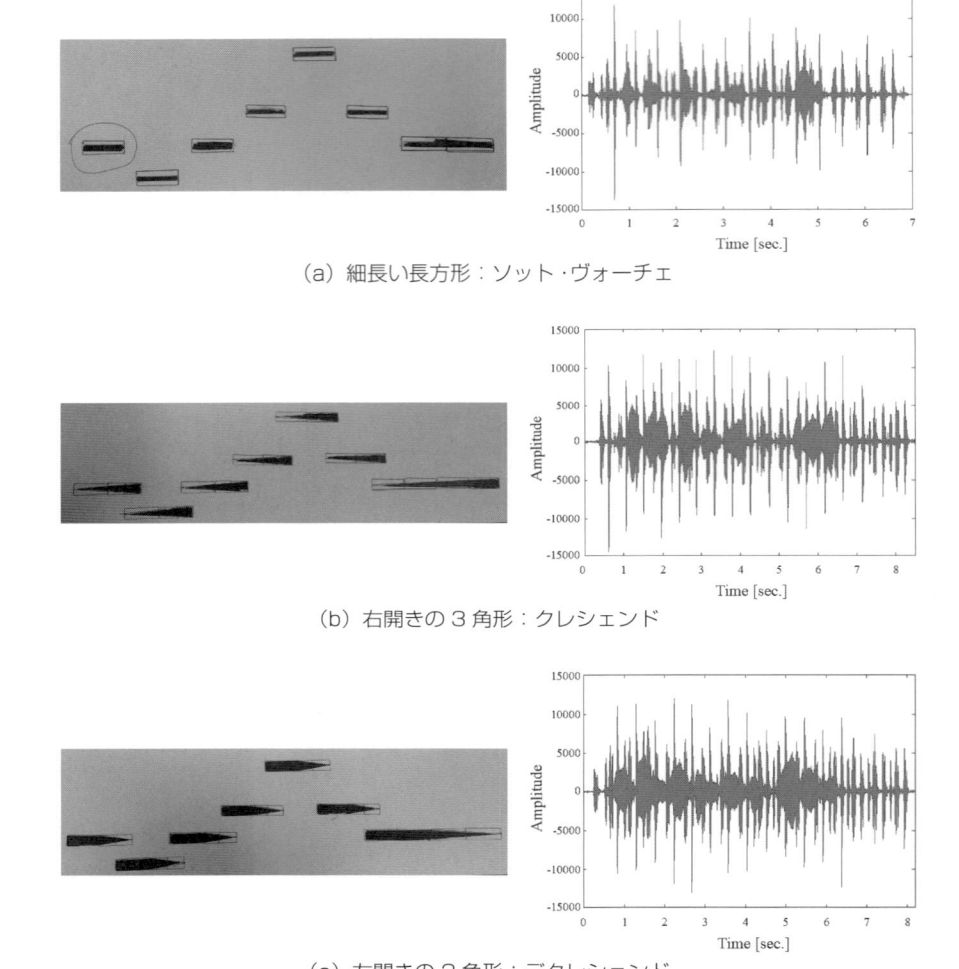

（a）細長い長方形：ソット・ヴォーチェ

（b）右開きの３角形：クレシェンド

（c）左開きの３角形：デクレシェンド

図３　新たなロール譜の穴の形状（左）と演奏音（右）

　この研究事例[7]では，紙腔琴の音色をデジタル音響機器で収録・再現するほかに，デジタル音響機器に楽曲のメロディーを入力するだけで，デジタル上で紙腔琴の演奏音を自動生成する手法も提案した．具体的なアルゴリズムとして，はじめに紙腔琴の全音階が収録されたデータベースを構築する．次に演奏

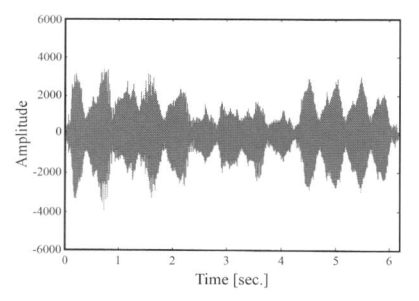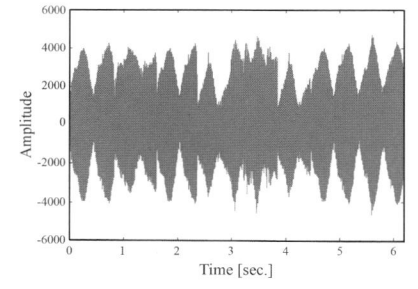

図4　紙腔琴の実収録音（左）とデジタル再現音（右）

する楽曲のメロディー情報（音の高さや長さなど）をデジタル音響機器に入力し，その情報に基づいて必要な音階の時間波形をデータベースから選択する．そして隣接する音を接続するときに，これらの波形に対して波形接続方式（2つの波形が重なる部分にクロスフェード処理を施す）を適用することで紙腔琴の演奏音を合成する．ここで，**図 4** に紙腔琴の実収録音とデジタル再現音の時間波形を示す．これらの音源を使って主観評価実験（聴取実験）を実施した結果，デジタル上で再現した音（合成音）が原音と同程度の音階の遷移を再現できていることを確認した．現在は楽曲のメロディー情報として音の高さと長さのみを用いているが，クレッシェンドなどのその他の演奏表現に関する情報も入力することで，さらに豊かな音楽表現を紙腔琴で実現できると考えられる．

2.2　京都祇園祭音場のデジタルアーカイブ

京都祇園祭（Kyoto Gion festival，**図 5**）では，京都市内を巡行する山鉾の中で，祭りの音楽であるお囃子が演奏される．京都祇園祭のお囃子は，**図 6** に示す鉦，笛，太鼓から構成され，**囃子方**（performers called "hayashikata"）と呼ばれる約 20 名の奏者が太鼓の調子に合わせて演奏する．この研究事例[2]では，日本無形文化財の音場体験システムの開発を目指して，この京都祇園祭音場のデジタルアーカイブに取り組んだ．

まず囃子方が座る柱の下に 5 機のステレオマイクロホン内蔵型リニア PCM レコーダー（SONY PCM-M10）をサラウンド配置して，鉾が町家を出発してから市内を巡行した後に再び町家に到着するまでの約 4 時間分のお囃子と鉾の軋みや振動から生じる音を収録した．そして，この山鉾巡行で収録した音源

図 5　京都祇園祭の山鉾巡行

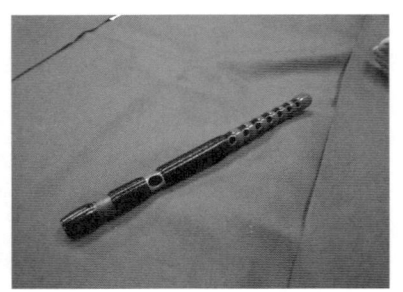

図 6　演奏に使用する楽器（太鼓，笛，鉦）

を用いて，祇園祭の巡行経路を体験者が指定することで，その経路上のお囃子
が体験できる**インタラクティブ Web システム**（interactive web system，**図**

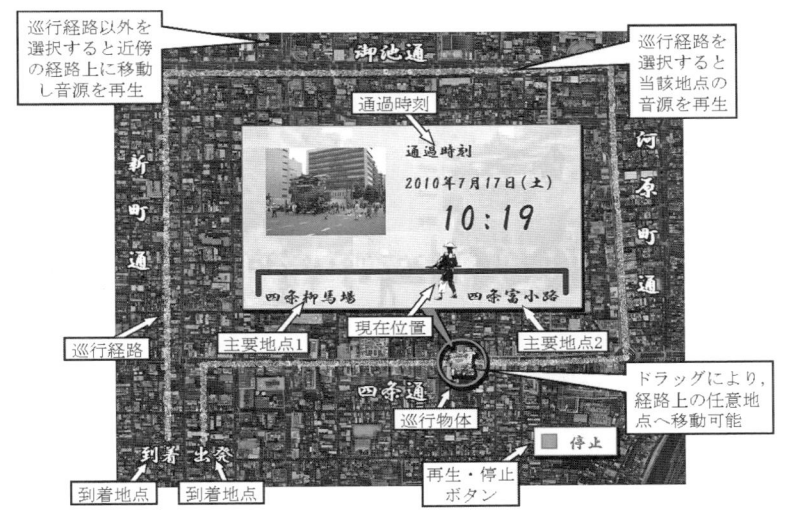

巡行経路以外を選択すると近傍の経路上に移動し音源を再生

巡行経路を選択すると当該地点の音源を再生

御池通

通過時刻

通過時刻

2010年7月17日(土)

10:19

河原町通

新町通

四条柳馬場　　　　四条富小路

巡行経路

主要地点1

現在位置

主要地点2

四条通

巡行物体

ドラッグにより，経路上の任意地点へ移動可能

到着　出発

停止

再生・停止ボタン

到着地点　　到着地点

図 7　京都祇園祭のインタラクティブ Web システム

7）を開発した．本システムでは京都市内の地図上に山鉾の巡行経路が表示され，この経路に沿って巡行物体が移動する．また画面中央には，巡行情報（山鉾の巡行位置，当時の巡行時刻，巡行の写真）が表示される．画面右下の再生・停止ボタンをクリックすると巡行位置で演奏されているお囃子を再生しながら巡行物体が移動する．またお囃子を再生している状態で巡行物体をドラッグ操作で移動させると，移動先における巡行情報が表示されると同時にその巡行位置でのお囃子が再生される．

　この音場体験システムの運用実績として，2014 年 7 月に開催された祇園祭デジタル・ミュージアム展（**図 8**（**a**））や 2011 年 10 月から 2017 年 7 月まで開設されていた京都市無形文化遺産展示室（**図 8**（**b**））において，本研究で開発した京都祇園祭の巡行経路連動型お囃子体験システムを出展した．いずれの展示においても体験者から「テレビ放送などで京都祇園祭の様子を見かけるが，毎年同じような場所の映像が放送されているので，山鉾の巡行場所によってお囃子の曲目が異なるとは知らなかった」という意見をいただき，京都祇園祭に対する新たな見識を体験者へ与えることができた．

(a) 祇園祭デジタル・ミュージアム展　　　（b）京都市無形文化遺産展示室

図 8 京都祇園祭の巡行経路連動型お囃子体験システムの展示

3. 課題と将来展望

　本項目で紹介した研究事例では，無形文化財の中でも特に音楽や音声のデジタルアーカイブ（記録から再現までの一連の流れ）を行う手法を提案し，これらの手法を紙腔琴や京都祇園祭などに応用している．基本的に音空間を再現するときは，目的や利用環境に応じて，あらかじめ収集した**音響素片**（acoustic component）を組み合わせることになる．特に後世の人々へ正確に情報を伝える必要のある歴史的文化財については，無形文化財の音響素片を余すことなく収集しておくことが不可欠となる．しかし，歴史的文化財は千差万別であり，紙腔琴のような小規模なものから，京都祇園祭の山鉾巡行のような街中全体がアーカイブ対象となる大規模なものまで存在する．現時点では，大規模な歴史的文化財については一部分の音空間の記録・再現に留まっているため，今後，文化財の規模を問わず，音空間全体をマルチチャンネルで同期収録できる新たなアーカイブ手法を確立することが，無形文化財のアーカイブ精度を飛躍的に向上させるための最重要課題であると考える．

[福森隆寛・西浦敬信]

【参考文献（さらに学びたい人のために）】

[1]　Choi, W., Fukumori, T., Furukawa, K., Hachimura, K., Nishiura, T. and Yano, K.（2010）. Virtual Yamahoko parade in virtual Kyoto, *SIGGRAPH2010*.

[2]　福森隆寛，吉元直輝，中野皓太，中山雅人，西浦敬信，山下洋一（2015）．「日本無形文化財のインタラクティブ音場体験システムの開発」『日本音響学会誌』**71**（11），590-598.

[3]　八村広三郎，田中弘美編（2012）．『デジタル・アーカイブの新展開』（シリーズ日本文化デジタル・ヒューマニティーズ 06），ナカニシヤ出版．

[4]　石野和男編（2006）．『サウンドレコーディング技術概論』日本音楽スタジオ協会．

[5]　河原書店編集部編（2019）．『京都 祇園祭手帳 前祭編／後祭編・神事編』河原書店．

[6]　岡田一貴，高橋清人，山下洋一，重田みち，赤間亮（2006）．「能楽ビデオデータに対するタグ付けの自動化」『人文科学とコンピュータシンポジウム論文集』，327-334．

[7]　Otsuka, M., Okayasu, S., Fukumori, T., Nishiura, T. and Akama, R.（2017）. Sound Reproduction by Concatenative Synthesis for Japanese Traditional Music Box, *Culture and Computing*, 153-154.

[8]　佐川立昌，大石岳史，坂野貴彦，池内克史（2007）．「大型有形文化財モデル化の実際」『映像情報メディア学会誌』**61**（11），1553-1556．

A5-11
美術品・考古資料の３次元計測
3D recording of cultural properties

1.　美術品と考古資料，文化財

『日本国語大辞典』によれば，**美術**とは「美を表現する芸術」であり，**美術品**とは「美術の制作品．絵画，書道，彫刻，工芸品などの作品」とある[6]．

他方，**考古資料**は，「金石土木の類より成れる建築物，其の集團たる市街，彫刻，繪畫，各種の工藝品武器家等に至るまで，苟も人類の意識的に製作したる一歳の空間的延長を有する物件を網羅するのみならず，其の無意識的に殘したる手澤足跡の印影等に至る」[1]．考古資料とは，人類の活動痕跡を直接的・間接的に宿す物事すべてといえる．

また，美術品や考古資料と近い意味の言葉に**文化財**がある．文化財は，「人間に特有なあらゆる活用の所産のうち，物として現存する物的所産の一切を指す」ものとされる（日本文化財科学会設立発起人一同，1982）．このように，同一資料であっても視点・論点の違いにより，ある時は美術品，またある時には考古資料あるいは文化財という．本項目では美術品と考古資料を総称して文化財という．

文化財の 3 次元計測の目的は，立体的な資料を定量的な 3 次元形状データと

して記録することにある．美術品の場合は，その美を表現する技術や意匠の可視化を図る．考古資料の場合は，一辺 1200 m を超える城跡から長さ数 cm の石器まで大小あるので，全体像の把握や造営計画の検討，製作技術などそれぞれの目的を達成しようとする．

2.　アーカイブとドキュメンテーション

　近年，文化財の**デジタルアーカイブ**，という言葉を見聞きする機会が増えた．"archive" は元来，公文書の記録保管庫を指す．"digital archive" とは，デジタル形式で対象を保存・保管するという意味だ．海外では公文書などの記録文書のデジタル記録および保存・保管を指す．他方日本のデジタルアーカイブは「有形・無形の文化資産をデジタル情報の形で記録し，その情報をデータベース化して保管し，随時閲覧・鑑賞，情報ネットワークを利用して情報発信」と意味を拡張した日本独自の新しい概念である[2]．日本と海外ではその起源はこのような違いはあるが，現在ではその対象は記録文書に留まらず，絵画や浮世絵，書籍などの印刷物，フィルムや映像など平面的な資料全般に及んでいる．

　"archive" と似るがその本質は異なる語に "documentation" がある．"documentation" には対象の情報を収集・管理・活用するという意味があり，本項目では総称して**資料化**という．3 次元計測は，情報の収集方法のひとつだ．文化財における documentation は日本でも 1969 年にはみることができる[7]．"digital documentation" とすると，デジタル形式の資料化という意味だ．考古学や文化財科学などの分野では "Digital Documentation of Cultural Heritage" などと用いる．文化財の多くは立体物なので，その技術体系も "digital archive" のような平面的な記録方法ではなく，立体的な計測方法が洗練されてきた．平面的な資料と立体的な資料では，資料化に関する技術体系が異なる部分があるので注意が特に必要である．

3.　3 次元計測の意義

　文化財は，人々や地域の歴史の中で生み出された．それゆえそれぞれ多様で

豊かな内容をもち，しかも唯一無二の存在であり，今日に至るまで守り伝えられてきた貴重な人類の財産である．中でも有形の文化遺産は，カタチあるものである以上，長年の風雨や突然の災害，土地開発，盗掘などによる消滅・崩壊の危機に直面する可能性があり，すでに何らかの対応を必要としているものも数多い．

このような厳しい状況の中でも文化財を未来に残し伝えるため，対象の研究，保存・保護，活用の一層の充実が望まれている．文化財の情報は研究，保存・保護，活用のいずれの場面でもその基盤となる．しかも多くの文化財は立体的で屋内外の様々な状況下にあるため，これに柔軟に対応できる 3 次元形状の計測方法の洗練と普及が国内外問わず課題となっている．それでは次に文化財の 3 次元記録の歴史の概略をつかんでみたい．

4.　3 次元記録の歴史と方法

文化財の調査は，可能なかぎり非接触・非破壊・非侵襲が原則だ．その原則を基準にすると，3 次元計測は**接触法**と**非接触法**に分けることができる．近年は非接触による 3 次元計測方法が複数登場し精度も向上したことから，非接触法が大半を占めるになった．

文化財の**3 次元計測**は，日本では 1955 年に始まった．それは東京大学生産技術研究所丸川研究室の協力を得て行った奈良国立文化財研究所（現在の独立行政法人国立文化財機構奈良文化財研究所）による飛鳥地方の詳細な地図を作成するための航空写真測量である．このステレオ写真を用いた 3 次元計測によって，条里や寺地の復元が可能になり，その後の調査研究の基礎資料となった．1959 年には，航空写真測量の原理を応用した地上写真測量が鎌倉大仏の実測に導入され，国内初の事例となった．その後，奈良国立文化財研究所も地上写真測量用のカメラを導入し，興福寺阿修羅像や東大寺法華堂石灯籠，海住山寺五重塔などの計測を進めた．

文化財における写真測量はその迅速性や精度の点から高く評価され，様々な文化財調査への応用が短期間に進められた．さらには，「他の測量に比べると歴史も浅く，まだ進歩発展の途上にあるが，作業が迅速で，精度にむらがなく，写真が保存される限り，撮影時の状態をいつでも再現できるし，測定だけ

でなく図面に表現できないものも，写真から観察判読でき，また復維な構造物
や曲線曲面について定量的なデータが得られ」，「全国にある数多くの文化財の
写真測量による撮影とその写真乾板の整理保存が目下の急務」[3]という，今日
も抱える課題がすでに指摘されている．

　その後，文化財における3次元計測方法は，デジタル写真を利用するデジタ
ル写真測量や，X線CT，**3次元レーザースキャナー**による計測や距離画像計
測などが登場した．3次元レーザースキャナーは廉価な機器も登場し，これま
でより比較的導入しやすくなり，文化財の3次元計測事例が増えた[3]．近年で
はコンピュータービジョン（computer vision）分野から生まれた**SfM-MVS**
（**Structure from Motion and Multi-view Stereo**）の普及が進んでいる．今
後も目的達成をより簡便で確実にする方法が生まれる可能性があり，常により
良い方法を求めて検討し続ける必要がある．

5.　文化財の3次元計測の実際

　現在の計測方法の主流は，3次元レーザースキャナーとSfM-MVSだ．国内
外での様々な文化財に対する実践例については別稿[10]を御覧いただきたい．

　SfM-MVSは対象を複数の角度から撮影した画像データを用いてコンピュー
ター上で3次元モデルを構築する技術である．市販のデジタルカメラとコンピ
ューターおよびSfM-MVS実行プログラムがあれば着手でき，高価な機材を
必要としない．さらに対象の大きさの大小に限らず応用が可能で汎用性が高い
ため，3次元レーザースキャナーより普及する可能性が高い．そこで，以下で
はSfM-MVSを使った美術品と考古資料の3次元計測の事例を取りあげる．

5.1　根付

美術品の中でも根付のような美術工芸品は，細密な製作技術によって実現
された意匠が重要である．根付は，江戸時代に煙草入れなどを紐で帯と吊す
ときに用いた留め具だ．大きさは約2〜3cmほどのものが多くを占める．鼠
の根付であれば精緻な彫りによって毛の1本1本まで表現されている（**図
1**）．傘に隠れた鬼をモチーフとする根付では，細密な技法により鬼の表情ま
で活き活きと表現されている（**図2**）．このような文化財のデジタル資料化は，

図1 鼠の根付（所蔵：立命館 ARC）　　　図2 鬼の根付（所蔵：立命館 ARC）

SfM-MVS による3次元モデル構築と高精細画像を用いた[9]．その成果は，立命館大学アート・リサーチセンターの ARC デジタル資源データベースで閲覧することができる．

　これら根付の3次元モデルの構築方法の概略は次の通りである．①資料を電動式回転台に載せ，15度ごとに回転させながら，マクロレンズを装着したデジタルカメラ1台を PC と有線接続して Raw と Jpeg ファイル形式でリモート撮影し，これを360度分撮影する．②カメラの高さを上下させ，アングルを上向き下向きに変更して①と同じ方法で撮影し，対象のうち写っていない範囲がないように撮影する．撮影枚数およそ72枚から96枚．③当日のうちに jpeg ファイルを SfM-MVS プログラムで仮解析し，3次元モデルが破綻なく構築できるかを確認する．④ Raw ファイルからホワイトバランスなどを調整して現像し，SfM-MVS プログラムで精密な3次元モデルを構築する．という手順である．この方法ではカメラアングルの変更に時間を要し，資料1点の撮影時間に約30〜40分であった．

　その後2016年度には撮影時間の短縮を図り，同一型番のカメラとマクロレンズ3式を導入し，カメラアングルを水平方向・上方向・下方向になるよう設置することにより，資料1点の撮影時間を約5分に大幅に短縮させた．以上の方法は，大英博物館所蔵の根付コレクションの3次元計測でも導入し，その成果は大英博物館がインターネット上で3次元モデルを閲覧できるサービス

Sketchfab 上で公開している[8].

　さて，**図 1** と**図 2** の画像は実に細部まで明瞭に確認できるものだが，実は普通の画像ではない．一般に，マクロレンズを用いて近接撮影すると被写界深度が浅いため，写真はピンボケする部分が発生するが，この画像にはボケがない．ではどうしたか．この画像は，**深度合成**という技術を用いて作成したものだ．深度合成は，「焦点合成」や "Focus Stacking" ともいわれる技術で，これまで昆虫や花，鉱石などの資料化に利用されてきた．

　文化財における深度合成の方法と実例についてはすでに別稿[9]があるので詳細はそちらに譲り，ここでは概略のみ示す．深度合成は 2 段階の作業を経て行う．具体的には，①合焦点を手前から奥までずらしながら数十枚撮影する．②コンピューター上で動作するプログラムを用いて画像群の合焦するピクセルのみを抽出・合成する．こうして被写体の手間から奥まですべてに合焦した，すなわちすべてにピントが合った画像を作成する．この手法は，デジタルカメラ画像だけでなく，顕微鏡画像などにも応用できるので，様々なスケールの資料の資料化に導入することができる．また，作成した深度合成画像を元にSfM-MVS で 3 次元モデルを構築することも可能である[10][11]．細部まで鮮明に可視化した資料を得たい場合には非常に有用な道具である．

5.2　考古資料

　考古資料は主に遺跡・遺構・遺物であり，いずれも 3 次元計測の事例が蓄積されつつある．ここでは独立行政法人国立文化財機構奈良文化財研究所（以下，奈良文化財研究所）が進めている平城京出土瓦の 3 次元デジタルデータベース構築に向けた取り組みを紹介しよう．

　奈良文化財研究所では，平城京と藤原京で出土した軒瓦を分類・拓本・実測図などを作成，基準資料を設定するなど資料化してきた[5]．このうち平城京の基準資料は約 600 点を数える．この基準資料は，日本各地から出土する軒瓦の中から，紋様や傷が同じ瓦，つまり同じ笵で作られた瓦（同笵瓦）を検討する資料となっている．出土した軒瓦がどの種類（型式）かわかれば，その製作時期だけでなく，古代の技術や地域の交流を考える資料となり，重要な取り組みといえる．

　平城京出土瓦の 3 次元デジタルデータベース構築とは，その約 600 点の基

文化・芸術

図 3 平城京薬師寺出土軒瓦(6276Aa)
の 3 次元モデル

図 4 図 3 と同笵の出土軒瓦(6276Ab)
の 3 次元モデル

準資料を対象にすべて 3 次元計測等を実施しデータベース化して公開するもの
だ[11]. その目的は, これまで写真や実測図の目視による比較から進められて
きた同笵の認定から, より詳細な凹凸のわかる 3 次元デジタルデータを用いた
定量的な比較による同笵の認定を目指そうというものだ (**図 3**, **図 4**).

この瓦の 3 次元計測は, 3 次元レーザースキャナーではなく SfM–MVS で進
めている. その理由は第 1 に 3 次元レーザースキャナーによる 3 次元計測と
比較して, 精度の点で十分に目的を達成できるものであること. 第 2 にデジタ
ルカメラで撮影した写真を元に 3 次元モデルを構築する SfM–MVS のほうが
3 次元レーザースキャナーよりも色や質感の再現性に優れること. 第 3 に高価
な機材を必要としないので, 将来的に全国の自治体や大学, あるいは調査研究
機関などで導入のハードルが低いことなどである.

6. 課題

このように, 近年のデジタル 3 次元計測方法の進展は, 美術品や考古資料の
3 次元計測をこれまでより身近にさせ, より豊かに文化財を資料化できる可能
性を高めてきた. だが一方で取り組まなければならない課題もある.

デジタルデータは第三者による改変や意図しない拡散が比較的容易であるか
ら, 資料化したデジタルデータの真正性・正統性の担保や検証ができる仕組み

が必要だ．またデジタルデータの完全性と保存性をどのように担保するかも難しい課題だ．おそらくは真正性には収集した元データと解析過程の開示，正統性にはブロックチェーンの応用，完全性には継続的な学術的検討，保存性にはマイグレーションの確実な実行，そして何よりそれらを実現するための知識や技術などの研究と教育と専門職の普及がそれら課題の解決策の候補として挙げられるだろうか．3次元デジタルデータの視覚的な目新しさに目を向けるだけでなく，データを守り未来へ伝える着実な仕組みの検討も進めていかなければならないだろう．

[山口欧志]

【参考文献（さらに学びたい人のために）】
[1]　濱田耕作（1922）．『通論考古学』大鐙閣，230.
[2]　影山幸一（2010）．「デジタルアーカイブ羅針盤」（http://www.infocom.co.jp/das/column/column1/column1.html）（最終アクセス：2018 年 2 月 10 日）
[3]　金田明大，木本挙周，川口武彦，佐々木淑美，三井猛（2010）．『文化財のための三次元計測』岩田書店，160.
[4]　丸安隆和，大島太市，鳶岡康子，津田昌明（1960）．「写真測量を利用した三次元の精密測定——鎌倉大仏の測定を例にとって」『生産研究』**12**（6），37-41.
[5]　奈良国立文化財研究所（1996）．『平城京・藤原京出土軒瓦型式一覧』.
[6]　日本国語大辞典第二版編集委員会，小学館国語編集部編（2001）．『日本国語大辞典第二版』小学館，269-270.
[7]　関野克（1969）．「科学技術と文化財」『生産研究』**21**（7），427-433.
[8]　The British Museum. The netsuke collection of the British Museum（https://sketchfab.com/britishmuseum/collections/the-netsuke-collection-of-the-british-museum）（最終アクセス：2019 年 10 月 31 日）
[9]　山口欧志（2016）．「多焦点画像処理による歴史芸術文化遺産の詳細記録」『日本文化財科学会第 33 回大会研究発表要旨集』，340-341.
[10]　山口欧志（2018）．「文化財のデジタル文化資源化：見たままの姿を伝え，深層を探る」『デジタル技術で魅せる文化財——奈文研と ICT』クバプロ，135-158.
[11]　山口欧志，中村亜希子，石松智子，金田明大，今井晃樹，林正憲，岩井晶子（2017）．「平城京出土瓦基準資料の三次元デジタルデータベース構築に向けて」『日本文化財科学会第 34 回大会研究発表要旨集』，312-313.

身体文化・行動計量

日本舞踊のモーションキャプチャー（撮影協力：日本舞踊家　花柳乃三氏）
テクノロジーの発展によって，時間とともに消えゆく無形文化財を計測，保存，共有することが可能となった．動作・行動のデジタル記録は，身体文化研究にいったい何をもたらしただろうか．

A6-1

身体文化・行動計量

body culture, behaviormetrics

　印象派画家エドガー・ドガ（1834-1917）は，数多くの踊り子たちの，その場限りで消えていく華麗な舞姿を我々に残してくれた．また，20世紀最も影響力のあった芸術家とされるマルセル・デュシャン（1887-1968）は，私達が現実空間で見ている「動き」を2次元キャンバスの上に落とし込むことに挑んだ．人の身体が紡ぎ出す文化を残すことは長らく人類の悲願であったと言える．

　近年，テクノロジーの発展によって，身体，行動の有様を詳細に，そして容易に記録することが可能となった．では，身体，行動を記録することが，「文化」研究に一体何をもたらしただろうか．

　本項目では，人の身体や行動を通して「文化」を見ることの意味について概説すると共に，それが「科学」であるために，どのような試みがなされてきたか，そして本領域が今後発展していくための課題として何が共有されているかについて解説する．

1.　身体に蓄積された文化

　図1は，シンガポールのとあるバレエ教室で，「生徒が先生からひどく怒られている」様子を，生徒の保護者が撮影したものである．写真に写っている9名の生徒のうち，右奥の2名だけが，いわゆる体育座り（体操座り，三角座りとも呼ばれる）をしている．実は，体育座りをしているこの2名だけが（日本育ちの）日本人なのだそうである．体育座りは，戦後の義務教育において，長時間床に座ることのできる姿勢として文部省によって推奨されたことにより浸透したとされており，今でも日本の学校では床（地面）に座るときの標準的な姿勢として取り入れられている．海外に行くと，体育座りをしている人を見かけることはほとんどない．先生に怒られる場面で，誰に指示されるでもなく，この2人の日本人少女だけが，自ら体育座りをしている姿は実に興味深い．

　社会学者ピエール・ブルデュー（Bourdieu, P.）（1930-2002）は，日常生

図1　床に座る少女たち

活において日々蓄積される知覚・思考・行為を生み出す性向を「**ハビトゥス
(habitus)**」と称した．ブルデューは，その性向について「もろもろの性向の
体系として，ある階級・集団に特有の行動・知覚様式を生産する規範システ
ム．各行為者の慣習行動は，否応なくこれによって一定の方向づけを受け規
定されながら，生産されてゆくことになる．」[1]としている．ハビトゥスは，手
足の長さや顔つきのような，生まれ持った身体の形状，容貌と違って，後天的
に，その文化の中で獲得される性向であり，それゆえに本人にはそうと自覚さ
れることのない振る舞いとして立ち現れる．まさに，先の少女たちの体育座り
は，日本の文化によって規定された慣習行動としてのハビトゥスである．

　人の営みとして生身の身体に立ち現れる現象に着目することは，まさに身体
に脈々と蓄積されてきた文化そのものを目の当たりにすることに他ならない．
しかし，身体に立ち現れる「現象」を科学の対象にすることは容易ではなかっ
た．

2. 身体文化・行動の記録

　文字やテキスト，建造物や美術作品など，目に見える実体として存在する**有形文化**（tangible culture）は，対象とされる実体の形状，属性，特徴を定量化することで，データ取得することを可能としてきた．対象から文化としての意味を抽出するために，いかにしてデータ取得するかという問題については，多くの研究者の不屈の探究心により，ようやく方法論として確立してきた．その詳細については本書の他領域に譲ることとする．

　その一方で，音楽や舞踊，芸能のように，誰かがその身体でもって，都度実体化することでしか存在し得ない**無形文化**（intangible culture）は，「無形」ゆえに，実体化の仕方次第で，その有様が多様に変化してしまうという特性を持っている．誰かが身体で実体化することでしか存在し得ないということは，その「誰か」が違えば実体の仕方も異なるし，その誰かが同一人物であったとしても，毎回全く同じ仕方で実体化されることはあり得ないからである．従って，人の身体，行動を基盤とする文化を計量しようとするとき，「誰が」「いつ」「どこで」「どのように」実体化したものを対象とするのか，もとより実体化されたそれが「何を」実体化したものであるのか，さえも意識しなければならない．この曖昧さ，煩雑さが，本領域を科学研究から遠ざけてきたとも言える．

2.1 身体動作・行動の記述

　図2は，姿勢・身振りがコミュニケーションにおいて果たす機能を実証した研究として著名な Rosenberg & Langer[5] で使用された線画である．この線画は，姿勢・身振りが，言語以外の情報伝達のメディアとして機能していることを示したものとしてよく知られている．この極めて単純化された線画が，人の身体が持つメッセージ性を表象しているという事実は重要である．しかし，この線画が示しているのは，実際には刻一刻と変化する動作の一場面に過ぎず，変化する動きから立ち現れる情報は捨象されてしまっている．

　他方，時間の流れとともに立ち現れては消えてゆく音楽や舞踊を記録する手法として，**記譜法**（notation）がある．特に，音楽における記譜法として知ら

図２　姿勢やジェスチャーを示した線画（文献 [5] より転載）

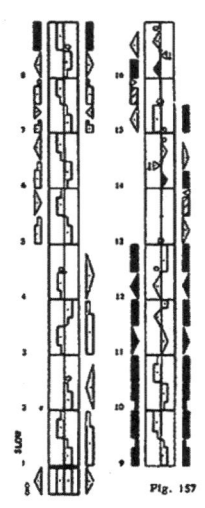

図３　ラバノテーションの例（文献 [2] より転載）

れる「**5 線記譜法（五線譜）**」は，時々刻々と変化する音表象を簡便かつ合理
的に記録できる方法として現在も広く用いられている．

　舞踊にも，動きの時系列変化を記録するための「**舞踊譜**」が存在する．中で
も，**ルドルフ・ラバン**（Laban, R.）（1879-1958）によって考案された舞踊譜
である**ラバノテーション**（labanotation）は，人間の動作を図形的に示し，そ
の時系列変化を記録する方法として，特にアメリカ，ヨーロッパの舞踊従事者
および舞踊研究者らの間で用いられてきた（**図 3**）．人の身体各部位が，どの
ような位置で，どのように動かされているかを逐一記号化するため，詳細な

01D：°でも°キ ミちゃんもさ:なん［かさ:,
02Y：　　　　　　　　　［うん.
03　　(1.0)
04D：キミちゃんもお金ないやんか:.
05Y：うんうん.
06　　(0.6)
07D：だからね,
08Y：うん.
09　　(0.4)((O が電気のスイッチを押す音.
　　　　　ここから 11 行目にかけて O は複数の
　　　　　スイッチをパチパチさせる.))
10D：あ:トイレつかへんねん電気.
11　　(0.4)
12D：んな ぜんぶ

図4　トランスクリプトの例（文献 [4] より転載）

「動きの記録」が可能である．しかし，その複雑さゆえに，誰でも簡単にその記譜方法を習得，解読できるわけではなく，音楽の五線譜に比べて，一般にはほとんど認知されていない．

　記譜法は，音や動きを記号化することで音楽や舞踊を，他者と共有可能な形で記録できる手法として有効であるが，記譜法によって記録できる情報は，音楽や舞踊そのものが持つ全体特性のごく一部に過ぎない．

　複数の人同士における「**相互行為**」の時系列変化を記録する方法として，会話や身体動作を記述する**トランスクリプト**（会話記録）が知られている（**図4**）．トランスクリプトは，会話を体系的に記述することを目的として改良が重ねられ，発話内容を一言一句漏らさず記述するだけなく，音調や発話スピードといった**パラランゲージ**についても忠実に書き起こすことで，その場で起こっている現象を正確に記録することを可能とした．トランスクリプトは，主に会話内容を時系列に記述する方法として現在でも相互行為研究者らによって用いられている．近年では，会話中の身体動作のイラスト（個人が特定されないよう加工）とトランスクリプトを併記することによって，会話中のマルチモーダルな相互作用の記述がされるようになってきた（**図5**）．

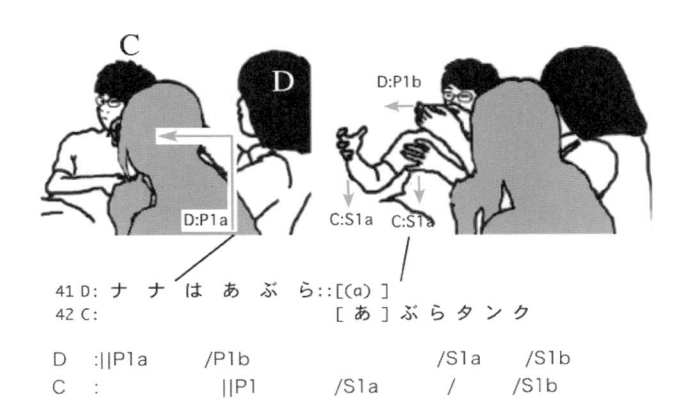

```
41 D: ナ ナ は あ ぶ ら::[(a) ]
42 C:                    [ あ ]ぶ ら タ ン ク

D   :||P1a    /P1b              /S1a    /S1b
C   :         ||P1    /S1a    /    /S1b
```

図5 　身体動作のイラスト付トランスクリプトの例（文献 [3] より転載）

2.2 　身体動作・行動の定量化

　1990 年代以降，テクノロジーの発展に伴って，人の身体および行動，動作を記録するための手段が飛躍的に拡大した．とりわけデジタル技術の発展と普及はめざましく，かつては一家に一台だったカメラやビデオカメラが，スマホの普及に伴って，今や一人一台（以上）の時代となった．現在では，誰しも容易に人の行動，動作を映像として記録できるようになっただけでなく，睡眠や移動などの日々の行動履歴もライフログとして，何の負担もなく記録，蓄積されるようになった．まさに身体動作ビッグデータ時代の到来である．

　デジタル技術の発展は，当然，身体文化，行動計量研究に対しても，多大なる影響を与えた．1990 年代ごろから，歴史，文化，芸術といった文化遺産の計測，記録，保存にデジタル技術を活用する**デジタルアーカイブ**研究が盛んに行われるようになったが，無形文化としての身体・行動のアーカイブにもデジタル技術が適用されるようになった．

　例えば，人の身体動作を詳細に記録する方法としては，**モーションキャプチャー**がよく知られている．複数の高精細カメラを用いることにより，身体の各部位の位置情報を詳細（例えば 1 秒間に数十〜数百コマ）に記録できるため，スポーツや舞踊，あるいは会話や日常動作の計測に頻繁に利用されるようになってきた．本領域でも，身体文化，行動計量の計測方法として各執筆者が具体的な応用事例を紹介しているので，参照されたい．

図6　舞踊作品鑑賞者の視線行動（協力：舞踊家　石川雅実氏）

　また，「人がどこを見ているか」を知る手段としては，**視線計測**が知られている．例えば，私たちは自分が関心のあるものに対して視線を向けるため，視線を計測することで，その人が「何に関心を持っているか」を推し量ることができる．例えば，**図6**は，舞踊の映像作品を鑑賞する際の鑑賞者の視線の軌跡を示したものである．画像中の線は鑑賞者の視線の軌跡を示している．画像から，鑑賞者が頭，手，足に視線を移動させながら，体幹部分に注目している様子が窺える．半ば無意識に行われている視線行動を記録できるようになったことで，振る舞いとしての「目遣い」だけではなく，対象を理解する際の認知メカニズムすらも把握できるようになった．

　他に，人の身体の状況を把握する指標として，筋電，心拍，呼吸，脳活動など，様々な生体情報が知られている．計測機器の発達により，これらの指標を計測することが可能となった今，それらを計測することで，一体「何を知りうるのか」を改めて問う必要がある．もちろん，このことは，身体文化にかかわらず，テキスト，文学，歴史など，文化情報学における様々な対象にも当てはまる課題である．

　従来は，民俗学や芸術学，文化人類学といった分野で扱われていた身体文化や行動様式といった研究対象が，計測可能な対象となった．これにより，それぞれの分野の射程が飛躍的に拡大すると共に，様々な分野が融合することによって新たな知が創成されることが期待される．

［阪田真己子］

【参考文献（さらに学びたい人のために）】

[1]　Bourdieu, P.（石井洋二郎翻訳）（1990）．『ディスタンクシオン 1　社会的判断力批判』藤原書店，476.

[2]　Hutchinson, A.（1977）．*Labanotation*，Theatre Arts Books.

[3]　城綾実，細馬宏通（2009）．「多人数会話における自発的ジェスチャーの同期」『認知科学』**16**（1），103–119.

[4]　串田秀也（2009）．「聴き手による語りの進行促進――継続支持・継続催促・継続試行」『認知科学』**16**（1），12–23.

[5]　Rosenberg, B. G. and Langer, J.（1965）．A study of postural-gestural communication, *Journal of Personality and Social Psychology*, **2**（4），593–597.

身体文化・行動計量

A6-2

演　　劇

theatre

1.　演劇研究の広がり

　演劇は一過性の芸術である[15][43]．ある日ある時間に演者と観客がある場に集まり，上演を共有する．共有されたそれは，上演が終了すればそのまま消えてしまう．その特性から 1970 年代までは「上演そのもの」を対象に研究することが不可能であった[6]．しかし，カメラの出現により，今ここで起こっている「イベント」[7]を記録し，何度もそれを見返すことができるようになったことで，その手法はもちろん，演劇研究そのものに大きな広がりと可能性を与えることとなった．

2.　演劇というイベント

2.1　「かたり」の芸術

　演劇は「かたり」の芸術である．演者という語り手が観客という聴き手に「かたる」ことで成立する．その「かたり」には必ずしも言語が伴う必要はない．時には身体で，うなずきで，視線で，手で，足さばきで，その立ち位置で，「かたる」．そしてその「かたり」を，共有する．

ブルックの『なにもない空間』[2]では，1人の人間が「なにもない空間」を歩いて横切り，もう1人の人間がそれを見つめることで，演劇行為が成り立つことを示唆している．歩いている人とその歩きを見つめる人，そこにはおそらく「かたり」という構造が潜んでいる．

2.2 「かたり」と「はなし」

「かたり」と「はなし」はどちらもヒトの基本的な伝達行為と言えるが，そこにこめられた意味にはいわく言いがたい差異がある．日常生活において「話しかける」ことは頻繁にあっても，「語りかける」ことはあまりない．「話し込む」とは言うが，「語り込む」というのは違和感がある．そもそも，誰かと「語る」ときは「話す」ときよりも事前に充分時間をとるような印象がある．野家[27]はその差異の理由について，次のように述べている．

> 「話す」が話し手と聞き手の役割が自在に交換可能な「双方向的」な言語行為であるのに対し，「語る」は語り手と聴き手の役割がある程度「単方向的」な言語行為と言えそうである．視点を変えれば，「話す」がその都度の場面に拘束された「状況依存的」で「出来事的」な言語行為であるのに比べ，「語る」の方ははるかに，「状況独立的」であり，「構造的」な言語行為だと言うことができる．(p.99)

演劇は演者と観客という役割がある程度固定され，観客の反応や応答とは独立した着地点が，あらかじめその構造と仕掛けによって定められている．いつ終わるともしれない演劇はおそらく存在しない．観客の反応によって，物語が分岐していく仕掛けをもつ演劇も生まれてきているが，そこにも構造や定められた着地点がある．演劇は「かたり」の芸術なのである．

2.3 「かたり」に必要なもの
2.3.1 主体と行為の二重化

では，「かたり」が成立するために必要なものは何だろうか．

「かたる」ことは「語る」ことであることと同時に「騙る」ことにも通じる[34]．「会社の社長をかたって大がかりな詐欺が行われた」と言うとき，重要

となるのは「その言語行為の主体が，意図的に二重化」されていることであり，だまされた相手やその行為そのものではない．つまり「かたり」はその主体に二重構造をはらんでいる．

　また，ヒトが「語り」という行為を行うとき，「語られること」は主として過去のことである．ゆえに，いまここで進行中の，終着点が見えないイベントではない．つまり「かたり」は，意識的にせよ無意識的にせよ，その主体や行為が二重化されていることが必要なのである．

2.3.2　水平の空間・時間から垂直の空間・時間へ

　では主体や行為が二重化されることでそこに何が生まれているのか．

　坂部[34]は語りによって生じる二重化を，「行為とその主体の二重化的統合」とよんだ．その統合の系列として，「＜うた＞―＜かたり＞―＜はなし＞」という言語行為，そして「＜まい＞―＜ふり＞―＜ふるまい＞」という行為の2つを示した．＜うた＞は＜かたり＞より，＜かたり＞は＜はなし＞より，言語行為とその主体の二重化的統合の度合が高い．この度合が高まるにつれて，「ひとは，（中略）目前の利害・効用に直結する」ような「生活世界」内の「いわば水平の時間・空間」を抜け出し，「記憶や想像力や歴史の垂直の時間・空間の奥行のうちへと参入」する．「この垂直の時間・空間の次元」は，「究極において，真に非日常的な＜ミュートス＞神話の空間，記憶を絶した＜インメモリアル＞な時間にふれる」ことができる．

2.3.3　「かたり」を描く

　演劇が行っていることはおそらく，少し複雑である．まず，演者―演者間において生活時空の「はなし」や「ふるまい」を展開しているように見せつつ，演者ら―観客間においては，実は二重化されているある主体の「かたり」や「ふり」によって生活時空を飛び越え，観客それぞれの「記憶や想像力や歴史」のもつ「垂直の時間・空間の奥行」を拓いていく．言わば，劇が開始されている時点で，生活時空と「かたり」の時空が同時に存在している．ここで重要なことは，演劇は単に観客へ向けた「かたり」を行っているだけではなく，舞台上に生活時空が存在している，ということだ．つまり，単に「ふるまい」を成立させた「ふり」をしているのではなく，少なくとも舞台上には「ふり」のな

481

い「ふるまい」が存在している．だからこそ，その「ふるまい」を目撃した観客が，自身の「記憶や想像力や歴史」をそこに重ね合わせることのできる余地を持つことができる．自身に向けて「かたられ」る時空であれば，おそらく，そこには自身の「記憶や想像力や歴史」を重ね合わせるのではなく，そこは生活時空として「目前の利害や効能に直結する」判断をするしかなくなるからだ．

　そして，劇が進行していくと，「ふり」ではない「ふるまい」をしていた演者―演者間と，その「ふるまい」を「ふり」として理解しつつ，そこに「記憶や想像力や歴史」を重ねてきた演者ら―観客間の「かたり」の時空が，統合される瞬間がある．例えば，うねるような笑いやさざ波のように広がる哀しみといった感情，ふっと大きなため息が会場全体を支配する，そんな瞬間だ．それは個人のレベルをはなれ，「より大きな共同体の＜相互主体性＞のレベル」となって，その「ふるまい」を目撃し，経験する瞬間であり，演劇というイベントが，誰かの記憶でも想像力でも歴史でもない，神話的で相互主体的な時空をつくりだしている瞬間と言えるだろう．

　言わば演劇とは，「ふり」ではない「ふるまい」という「ふり」が肉薄した肉体の上に描かれ，観客がその肉体の運動をイベントとして生産する芸術なのである．

3.　デジタルデータ化された演劇から抜け落ちるもの

3.1　カメラという「知覚機械」の特性

　一方，カメラで撮影したイベントを観るとき，忘れてはならない事実がある．カメラという「知覚機械」は「私たちの中枢的な肉眼が見ずに済ましている世界そのもの」を提示している[23]．だからこそ，映画の興行師ルイ・リュミエールの撮影した『ラ・シオタ駅への列車の到着』（1895）に多くの観客が驚き，私たちが知覚している世界は「器官的身体に縛り付けられた」世界であることを改めて知るのだ．言ってしまえば，カメラは，「社会的に成立する無数の意味の線」や，ヒトだけが持つ観念や感情といったものを「とんとご存じない」のである．ただ，そこに展開されていく無数の運動を分化させずに提示していく．それゆえ「決闘」や「戦争」といった，私たちが厖大な言葉によっ

て意味づけたイベントをカメラで撮影しても,「存外つまらなかった」のだ.そういったイベントを細切れに組み替え,カメラの移動や人物の動きでテンポをつけ,大げさな表情や手振りを大写しにし,音響を付加することでようやく,それは私たちの求める「イベント」として成立するのである.

3.2　演劇という運動の「意味」

演劇というイベントをデジタル化することの居心地の悪さは,おそらくここにある.言ってしまえば,演劇というイベントであるはずの「上演そのもの」をカメラで記録しても,そこには最も肝要な,ヒトが取りだし分化させ,個体化させている,一回性と呼ばれるような運動の「意味」が抜け落ちるのである.言わば,「かたり」であるはずのそれが,ちょこちょこと動くヒトの身体や音声の応酬という運動となって提示されることになるのだ.

デジタルデータ化した演劇を対象に分析ないし考察する際,そこには「意味」が抜け落ちている,という前提を踏まえてそのデータを見る必要がある.逆に言えば,その「意味」をどのようにしてデジタル情報から引き出すのか,が演劇というイベントを文化情報学的視点でとらえる際の肝要な点となる.

4.　演劇をとらえる

では,デジタルデータ化した演劇を,その「意味」を逃さずに分析するためにはどういった切り取り方ないし単位を考えることができるのか.

4.1　方法

演劇が相互主体的な芸術であるとすれば,その相互行為を分析するための方法論が必要となる.しかし現在ではまだ,確固たる方法論は確立されてない.また,演劇の何に,またどういった持続に注目するのか,によってもその方法は異なってくる.

対象を舞台上とし,その持続を上演の始まりから終わりに限定し,舞台装置,照明,音響等の舞台上の環境,演者の身体や発話を観察,記述する,という方法がある[9][14][38][39].この方法は,**記号論**(semiotics)と相性がいい.なぜなら記号論的アプローチは,上演された演劇を,それだけで成立する「1つ

身体文化・行動計量

の作品」であり，「異なる種類」の「演劇的記号からなるテクスト」ととらえるためである[6]．テクストを構成している俳優の発話や，視線，うなずき，ピッチ，ジェスチャー等の非言語行動の意味や機能を明らかにするために，**エスノメソドロジー**や**マルチモーダル分析**といった手法を使用したり，それらとまばたきや脈拍といった生理的手法と組み合わせて分析したりするやり方もあるだろう（**図1**）．

　また，俳優と演出家ないし観客の相互主体性に注目し，それぞれの発話や身体，生理的指標等を記述，観察，分析したり，俳優や演出家に，演技の変化，演出の指示や変更等についての意図についてインタビューを行ったり，観客に対してその演技や劇についてのアンケート調査を行うといった方法もある[1][10][11]．これは，「どのようにそれらが感受され，経験されるか」という「パフォーマティブな」視点に重きをおいた「**現象学的アプローチ**[6]」と言えるだろう．

　どちらのアプローチをとるのかは，何を目的として演劇研究を行うかに依る．すべての研究に通じることではあるが，まずはデータをじっくり観察し，何をそこから取り出すべきかを明確にすることから始めることが，基本となる．

4.2　デジタルデータ化した演劇を分析するために
　最後に，演劇のデジタルデータを利用した研究を進める上で，参考となる文献や，演劇のデジタルデータを対象に行われた研究等を概観する．

4.2.1　演劇研究
　最初に，演出家や俳優などが俳優の演技や演出法について言及した著作のうち，デジタルデータ化した演劇を分類するために参考となる文献を次に述べる．

　演技については，デュラン[5]，世阿弥[47]，ブルック[2][3]，チェーホフ[4]，平田[13]，スタニスラフスキー[41]，ハーゲン[12]，山崎（努）[46]，太田[33]，クリースチ[18]，宮沢[25]，演出家による演出法ないし演劇論としては，倉橋[19]，蜷川・長谷部[28]，日本演出家協会[27]，小池[17]を挙げることができる．これらは，演技や演出についての著者の経験的例示や教示を通した理論書となってお

図1　1人芝居の創作実験風景

稽古場の四方にカメラを設置し，稽古過程を記録.

り，演技のデジタルデータをどのように切り出すかを具体的に示唆したもので
はないが，プロの演出家，俳優などが演劇の「意味」をどこに見い出している
のか，を考えるための礎になる.

　また，日本の演劇研究者が俳優の演技に言及した理論的演劇研究として，日
常生活の行動と俳優の演技の差違と共通部分，そして演技のリズムや型につい
て論じた山崎（正和）の先駆的研究[45]や，俳優の発話の種となる「戯曲」の
言葉の二層構造を詳細に分析した佐々木（健一）の著作[35]，俳優の演技を含
めた「演劇の上演構造」について言及した毛利の著作[26]，「型」と「内面」と
いうキーワードを軸に据えつつ，日本の演技術の近代的歴史を通時的に論じた
笹山の著作[37]が挙げられる.

4.2.2　心理学的研究

　デジタルデータ化された演劇を対象とした心理学的研究は少ない.

　後安[9]は，プロの演出家，太田省吾の稽古場へ参入し，俳優が舞台上でどの
ように行為を制御しているかを観察した. 太田は俳優らに「移動と定位」の2
種類の行為の制御を求め，経験が浅いためにうまく行為の制御ができない俳優
には，視線をあらゆるところへ分散させることを指示し，逆にダンサー経験が

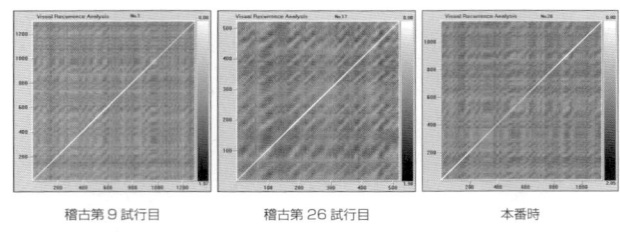

稽古第 9 試行目　　　　稽古第 26 試行目　　　　本番時

図 2　発話タイミングのリカレンスプロット図

稽古第 26 試行目に集団的周期性が現れ，本番でまた意図的個人レベルでずらし，周期的
が消失している（文献 [11] より引用）．

豊富で身体の制御をなんなく行う俳優には「さらに負荷をかける」ように，ショルダーバッグを片手でおさえる指示をだした．これらの観察から，俳優はその行為を行うとき，「周囲のモノが与える負荷」に身をゆだねることを求められていることを示唆した．

　また，後安・辻田[11]では，システムダイナミクスという観点からプロの演劇集団の演劇創作過程をとらえ，特に俳優の発話のタイミングに注目した．その結果，「集団によるリズミックな発話タイミングの形成過程の段階」と，「個々の俳優が集団のリズムを基準にしながらそれを意図的にずらす段階の 2 段階の習熟過程がある」こと，また，演出家の指示と俳優のパフォーマンスはダイナミックな相互行為であり，演出家から俳優へという一方向的なものではないこと等を明らかにした（**図 2**）．

　佐藤[38]は，プロの俳優であるイッセー尾形の発話構造の分析を行った．その結果，視線とジェスチャーの構造の変化点が，「舞台上の誰か」から観客へという俳優の演技行為の宛先の転換点を示していることを示唆した．

　また佐藤[39]では，俳優の 1 人芝居の場面と成人男性の課題説明場面のジェスチャーを中心とした発話構造を比較し，ジェスチャーの持続時間，構造，ビートのリズム性等については共通していたが，俳優は 1 つのジェスチャーに含まれるジェスチャー句数が成人男性に比べて少なく，ジェスチャーを使用する手に左右有意差がなく，指さしを多用していることが示された．この指さしの多用が，まずは俳優が観客との間に発達的に場を生成している可能性があることを示唆した．

　安藤[1]は，俳優をその経験年数によって初心者群，中間群，準熟達者群の 3 郡に分け，「声の大きさ」「動き」「目線」「表情」といった評価基準を設け，彼らの演技を別の演劇経験者に評定させ，演技の熟達化モデルを提案した．そして，演技遂行中に「俳優の視点」「観客の視点」「役の視点」という 3 つの視点に立つことができるかどうか，が演技の熟達化に影響を与えていることを示した．

　細馬[14]は，アンドロイドと人間との相互行為を観察する手段として，アンドロイドが参加した演劇の作劇過程に注目し，アンドロイド，俳優，脚本・演出家間の相互行為を観察し，時間経過によるその質的変化を記述した．

　その他の心理学的研究では，日常生活の認知に俳優の記憶力がどのように役立つのかといった研究[30]~[32]や，俳優や劇作家の著作から演技中の俳優の心理状態を考察する文献研究[8]，舞台芸術家にとっての心理学を考察した研究[44]などが挙げられるが，演劇のデジタルデータを活用した心理学的研究はほとんど見当たらない．

4.2.3　その他

　一方，振付家やダンサーなどの舞踊家やマイムアーティストなどのパフォーマー，そして演劇指導者らが，演技にとどまらずその身体表現について，動きを要素的に分類し，それぞれの動きの意味を言及する著作がある．

　モダン・ダンスの舞踊家であり，振付家であるラバンは，その著書[20][21]の中で，運動こそ存在の本質であり，それを観察し分析することで，芸術においては「均衡のとれた全体」を創造し，「仕事」という場面では「明確な価値の達成」を目指すことができると述べた．具体的には，身体運動を「重さ」「時間」「空間」「流れ」という 4 つの要素に還元し，さらにそれらを「発動の系」「統御の系」「空間表示の系」の 3 つの系に当てはめ，8 つのパターンを提示した．そして「仕事」や「芸術」のそれぞれの場面において最も適切なパターンとは何か，を探索している．

　フランスの俳優であり演劇教育者であるルコックの著作[22]は，その内容の大半が実演家へむけた経験的例示や教示を通した理論研究となっている．しかし，その中の「動きのテクニック」という章では，日常生活で行われる人の動きを「波の動き」「逆波の動き」「花開く運動」の 3 つの動きに分け，それぞれ

が「賛成」「反対」「同化」を表し，「動きのテクニック」の基礎となる，と述べた．そしてそれらの具体的な一連のポーズを図示し，この基礎的な動きから「洗練された」演劇的動作へとつながるステップの糸口を示唆している．

[佐藤由紀]

【参考文献（さらに学びたい人のために）】

[1] 安藤花恵（2011）．『演劇俳優の熟達化に関する認知心理学的研究』風間書房．
[2] Brook, P.（高橋康也，貴志哲雄訳）（1971）．『なにもない空間』晶文社，7.
[3] Brook, P.（貴志哲雄・坂原真理訳）（1993）．『秘密は何もない』早川書房．
[4] Chekhov, M.（ヒラノ，ゼン訳）（1991）．『演技者へ！――人間―想像―表現』晩成書房．
[5] Dullin, C.（渡辺淳訳）（1955）．『俳優の仕事について』未来社．
[6] Fische-Lichte, E.（萩原健訳）（2007）．「センス（意味）とセンセイション（感覚）――演劇の記号論的次元とパフォーマティヴな次元の相互作用」『演劇論の現在』毛利三彌編，論創社，47-74.
[7] Gibson, J. J.（1979）．*The Ecological Approach To Visual Perception*, Psychology Press, 10-12, 93-110.
[8] Gleitman, H.（1990）．Some reflections on drama and the dramaticexperience, Rock, I. ed., *The Legacy of Solomon Ash*, Lawrence Erlbaum Associates, 127-142.
[9] 後安美紀（2001）．「ゆっくりと普通に歩く――太田省吾の舞台稽古における俳優の運動制御」『身体性とコンピューター』岡田美智男，佐々木正人，三嶋博之編著，共立出版，352-363.
[10] 後安美紀（2006）．「演劇と同時多発会話」『アート/表現する身体――アフォーダンスの現場』佐々木正人編著，東京大学出版会，25-54.
[11] 後安美紀，辻田勝吉（2007）．「演劇創作におけるシステムダイナミクス」『認知科学』**14**（4），509-531.
[12] Hagen, U.（マッケンジー，シカ訳）（2010）．『"役を生きる" 演技レッスン――リスペクト・フォー・アクティング』フィルムアート社．
[13] 平田オリザ（2004）．『演技と演出』講談社．
[14] 細馬宏道，坊農真弓，石黒浩，平田オリザ（2014）．「人はアンドロイドとどのような相互行為を行いうるか――アンドロイド演劇『三人姉妹』のマルチモーダル分析」『人工知能学会論文誌』**29**（1），60-68.
[15] 河竹登志夫（1978）．『演劇概論』東京大学出版会，2.
[16] Kendon, A.（2004）．*Gesture: Visible Action as Utterance*, Cambridge University Press.
[17] 小池博史（2017）．『新・舞台芸術論――21世紀風姿花伝』水声社．
[18] Kristi, G.（野崎韶夫，佐藤恭子訳）（2006）．『スタニスラーフスキイ・システムによる俳優教育』白水社．
[19] 倉橋健（1980）．『演出のしかた』晩成書房．
[20] Laban, R. and Lawrence, F. C.（神沢和夫訳）（1984〜1988）．「エフォート（営為）第1回〜第4回」『舞踊研究』19〜22.
[21] Laban, R.（神沢和夫訳）（1985）．『身体運動の習得』白水社．

[22]　Lecoq, J.（大橋也寸訳）（2003）. 『詩を生む身体――ある演劇想像教育』而立書房.

[23]　前田英樹（2010）.「映画と戦争」『深さ，記号』書肆山田，187-199.

[24]　McNeill, D.（2005）. *Gesture And Thought*, University of Chicago Press.

[25]　宮沢章夫（2012）. 『演劇は道具だ』イースト・プレス.

[26]　毛利三彌（2007）. 『演劇の詩学』相田書房.

[27]　日本演出家協会編（2006～2012）. 『演出家の仕事 全4巻』れんが書房新社.

[28]　蜷川幸雄，長谷部浩（2002）. 『演出術』紀伊國屋書店.

[29]　野家啓一（2005）. 『物語の哲学』岩波書店，97-124.

[30]　Noice, H.（1991）. The role of explanations and plan recognititon in the learning of thetrical scripts, *Cognitive Science*, **15**, 425-460.

[31]　Noice, H. and Noice, T.（1997）. Long-term retention of theatrical roles, *Memory*, **7**, 357-382.

[32]　Noice, H. and Noice, T.（2002）. Very long-term recall and recognition of well-learned material, *Applied Cognitive Psychology*, **16**, 259-272.

[33]　太田省吾（2006）. 『プロセス 太田省吾演劇論集』而立書房.

[34]　坂部恵（2008）. 『かたり――物語の文法』ちくま学芸文庫.

[35]　佐々木健一（1994）. 『せりふの構造』講談社.

[36]　佐々木正人（1994）. 『アート/表現する身体――アフォーダンスの現場』佐々木正人編著，東京大学出版会，25-85.

[37]　笹山敬輔（2012）. 『演技術の日本近代』森話社.

[38]　佐藤由紀（2006）.「一人芝居の身体――イッセー尾形の1分間」『アート/表現する身体――アフォーダンスの現場』佐々木正人編著，東京大学出版会，55-85.

[39]　佐藤由紀（2012）.「舞台俳優は演技において発話と身体の組み合わせをどのようにデザインしているのか」『芸術研究――玉川大学芸術学部紀要』**4**，1-12.

[40]　佐藤由紀，青山慶，佐々木正人（2016）.「俳優の演技デザインの変遷――ひとり芝居の創作実験の分析」『生態心理学研究』**9**（1），41-43.

[41]　Stanislavsky, K.（堀江新二，岩田貴，安達紀子訳）（2009）. 『俳優の仕事 第三部 俳優の役に対する仕事』未来社.

[42]　高梨克也（2016）. 『基礎からわかる会話コミュニケーションの分析法』ナカニシヤ出版.

[43]　Villiers, A.（岩瀬孝訳）（1960）. 『演劇概論――その理論と実際』白水社.

[44]　Wilson, Glenn D.（2002）. *Psychology for Performing Artists*, Whurr Publishers Ltd.

[45]　山崎正和（1988）. 『演技する精神』中央公論社.

[46]　山﨑努（2013）. 『新装版 俳優のノート』文藝春秋.

[47]　世阿弥（野上豊一郎，西尾実訳注）（1958）. 『風姿花伝』岩波書店.

身体文化・行動計量

A6-3
ダ　ン　ス
dance

1.　はじめに——ダンスとは

　ダンスとは，知覚・認知機能とリズムに従って，ある時間と空間内に展開する身体運動であり，それは感情表現や意思表示，思想の伝達等の役割を果たす[13]．本項目では，そのダンスを対象に，情報学的また認知科学的にアプローチしている研究を紹介する．ダンスの動作を数値／データ化することによって知見が得られている．

　なお，**舞踊**とダンスは同義で使われることが多いが，本項目で扱うダンスとは，中学校保健体育において必修化されたダンスのうち，フォークダンスと現代的なリズムのダンス，そして，クラシックバレエ，モダンダンス，コンテンポラリーダンスである．

2.　情報学的視点のダンス研究

2.1　創作や振付支援に関するシステム開発

　モーションキャプチャー（motion capture, MoCap）で取得したデータを利用し，クラシックバレエ（バレエ）の振付を Web 環境下で創作し，3D アニメーションによってシミュレーションするシステムが開発されている[16]．Web3D Dance Composer と言われる創作支援システムは，バレエ教師が作成した振付を Web 上に蓄積し，それを生徒がダウンロードして再生，復習や自主学習に利用することが想定されている．バレエの**モーションデータ**（motion data, MotionCapture data, MoCap data）が体系的に符号化され，動作連結の自動制御，自動振付機能，蓄積・再利用機能等がシステムに備わっており，振付を効率的に創作し得るだけでなく，バレエの上級者であればその振付を実際に使用できる実用性も確かめられている．

　また，同じくモーションデータより 3D アニメーションを作成し，連続して

いるダンスの動きから，ダンスの動作を分割して，その分割された動作を自由に組み合わせていく振付のシミュレーションシステムが開発されている[17]．ダンス動作を分析的に解体し，再び組み合わせるその振付手法は，分析合成型振付と言われ，それを用いてシミュレーションを行う Body-part Motion Synthesis System が開発されている．主にコンテンポラリーダンスの動作が対象となり，そのシステムで作成された振付を実際にダンサーが踊り，ダンス学習者へ振り移しを行う試みもされており，芸術活動への応用が期待されている．

2.2　特徴量を抽出または可視化するための解析手法の開発

モーションデータを用いて，ダンス動作のリズム特性を抽出するため，その強さを自動抽出する手法が確立されている．また，自然言語の構文解析を行い，その結果を対応分析法に用いることによって，動作と関係ある単語が定量的に図式化されている[5]．さらに，ダンス動作の**空間的特徴**と**時間的特徴**の両方を定量的に数値化する手法が提案され，ある地域の歴史が記された文書を使用しながら，ダンス（民俗舞踊）のモーションデータを解析した結果，秋田県の盆踊りの分布を詳細に示すことを可能にしている[4][6]．さらに，民俗習慣の分布に関する調査結果を追加して解析した結果，過去の行政区域の割り当てが，民俗習慣と民俗舞踊に対して影響を与えている可能性が示され，その地域の盆踊りの特徴的あるポーズと江戸時代の文献に見られるポーズとの関連性の説明に成功している[7][8]．

これらの研究は全国で最も多くの重要無形文化財を有している秋田県の民俗舞踊に特化しているが，フォークダンスとして地域に根付く各地のダンスにおいて，その起源や歴史との関係を分析する上で，有意義な手法を提案している．

3.　認知科学的視点のダンス研究

3.1　ダンスにおける協調の解明

リズミカルな音に身体運動を同期させる行為を，**感覚―運動協調**（sensori-motor coordination）と呼ぶが，リズム音／ビートとストリートダンスのア

ップ・ダウン動作に感覚―運動協調課題を用いて，全身動作における**相転移**（phase transition）現象を発見した研究がある[2][3]．リズム音と膝の伸展を同期させるアップ課題と，リズム音と膝の屈曲を同期させるダウン課題を行った結果，ダンスの未経験者はリズムが遅ければアップ課題を行うことができるものの，速くなると行うことができず，アップの動作を行おうとしているにも関わらず，ダウンの動作になってしまうことが明らかにされている．これをダンス動作におけるアップからダウンへの相転移現象という．一方，ダンスの熟練者において相転移現象は観察されず，非常に速い速度でもアップ課題を行えることがわかっている．ダンスを習得していく中で，人間が生得的に備えている相転移（運動における制約）を克服していくことが示されている．

　また，同様にストリートダンスのアップ・ダウン動作を用いて，人間の動きと同期させる課題について，対面の効果を明らかにした研究がある[13]．ダンスの経験者をリーダーとフォロワーに分け，お互いが向き合う対面条件と，フォロワーがリーダーの背中を見て互いに向き合わない非対面条件を設け，フォロワーがリーダーに合わせる同期課題と，フォロワーが合わせない非同期課題が行われた．そのタイミング差を調べた結果，対面である同期課題が最も差が小さいことが明らかになっている．また，リズム音の速さを変えても同様の結果が示されている．ダンスをする中で，互いに向き合うことは動きを合わせることに効果があると明らかにされている．

3.2　ダンスの感性／感情に関する検討

　人間にはそれぞれ感性があるように，ダンス動作にも感性という情報が含まれるという考えから，ダンスの**感性情報**（kansei information）が調べられている[10]．型に囚われないモダンダンスが対象とされ，時性，空間形態性，力性に関連する語句と感情を表す形容詞や形容動詞との関連を見ることが多い．

　ダンスの熟練者により表された**感情**の動画映像から，鑑賞者が感情を読み取れるか実験をした結果，鑑賞者は正しく認識し，感情それぞれについて**印象**が持たれることがわかっている．そして，鑑賞者は3つの印象に関する因子と4つの動作に関する因子を手がかりにして，熟練者が踊った感情を識別していることが，統計手法により明らかにされている（**図1**）[15]．

　さらに，**点光源映像**（point-light displays）という，人間の身体の構造を捨

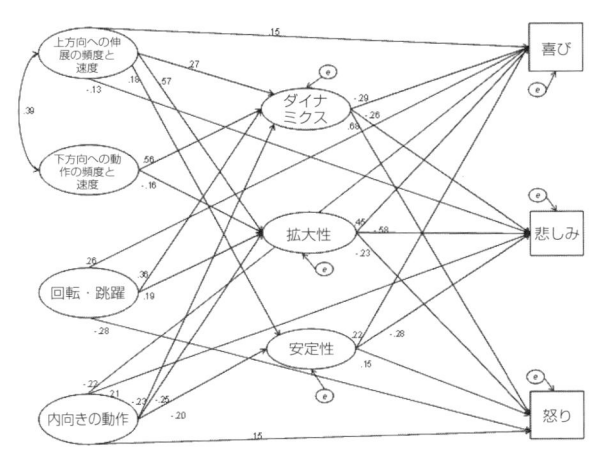

図1 ダンスにおける動作—印象—感情モデル（文献 [15] より一部改変）

図2 ビデオ映像と点光源映像の例（文献 [14] より一部改変）

象して，主要関節のみを点で表現したダンスの動画映像（**図2**）で，鑑賞者が
ダンス熟練者の表現した感情を読み取れるかについても実験されている．点だ
けの表現でも鑑賞者は感情を正しく認識し，各感情特有の印象が伝わることが
わかっている[14]．

4.　情報学および認知科学的手法を用いたダンスの教育研究

　ダンスの動作を**定量化**し，学習や指導方法に役立てようとする研究もある．

　ストリートダンスの Locking ／ Lock ダンスにおける「カッコよさ」の評価について，モーションデータより得られた**物理的要因**と，鑑賞者のアンケートより得られた感性的要因からそれを説明したところ，リズム音／ビートに均一に合わせることが「カッコいい」ではないことが示されている[9]．

　同じくストリートダンスで見られる上肢を用いたウェーブ動作（波のような動き）について，ダンス熟練者の特徴を説明した研究[11]では，各関節を一定の速さで動かすのではなく，肩関節と肩甲骨の角度変化量を大きくし，体の中枢から末梢部分にかけて動きを制限することで波の伝搬を表現することを示している．

　また，ストリートダンスの Hip-hop ダンスにおける「頭の使い方」「身体の開き」「動きのキレ」を，モーションデータより得られた**物理的特徴**に替えて説明し，ダンス初心者と経験者の違いを示した研究がある[1]．さらに，この研究から明らかにされた，初心者にとって目に入りやすい上肢と下肢の動きに着目し，ダンスの初心者同士が互いに指導し合うピアエデュケーションシステムも開発された．

　そして，リアルタイム舞踊学習支援システムが提案されている[12]．ダンス学習者の動作をリアルタイムで **CG** で表現し，あらかじめモーションキャプチャーで計測した熟練者の動作も学習者の動きの速さに合わせながら CG で再現，それらを重ねて表示することができるものである．ソーラン節を用いて開発されたシステムであるが，ダンスにとって自主練習は重要であることから，他のジャンルのダンスであっても応用可能な，学習の促進に寄与するものである．

5.　ダンスを科学することの難しさ

　ダンスの情報学的研究と認知科学的研究は，ビデオカメラ，モーションキャプチャー，加速度センサー等によりデータを取得して，システムを開発した

り，ソフトウェアを用いて分析したり，データ／数値解析のため統計処理を行ったりしている．ダンスに関して方法論が確立されていないため，各研究者の基となっている分野の方法論が用いられることが多い．共通しているのは，ダンスという複雑なものを研究対象にチャレンジしているということである．

　ダンサーという芸術家に協力をあおぎながら，動作の計測を行い，可視化したり数値化したりしながら分析をすることは，時間的にも，人的資源的にも，経済的にも決して容易なことではない．そして，そもそも特別でないと評価されないダンスに対して，統計処理を行うことにより，特別ではない何か（例えば平均値）を導き出そうとしたり，CG を用いて再現することにより，それはもう本来の特別なものではないものになったりしていることを忘れてはならない．データ化する意味や，明らかにすることは何かということを，常に慎重に丁寧に考えながら進める姿勢が問われる．

　それでも，ダンスについて解明されていないことは多く，ダンスに関する科学的な研究の発展が，ダンスの素晴らしさを未来に伝えることに繋がると考える．

［鹿内菜穂］

【参考文献（さらに学びたい人のために）】

[1]　長谷川聡，八村広三郎，鹿内菜穂，泉朋子，仲谷善雄（2014）．「ストリートダンス未経験者教師間のピアエデュケーションシステム」『第 76 回全国大会講演論文集』**2014**（1），599-601.

[2]　Miura, A., Kudo, K., Ohtsuki, T. and Kanehisa. H.（2011）Coordination modes in sensorimotor synchronization of whole-body movement: A study of street dancers and non-dancers, *Human Movement Science*, **30**（6），1260-1271.

[3]　Miura, A., Kudo, K. and Nakazawa, K.（2013）．Action-perception coordination dynamics of whole-body rhythmic movement in stance: A comparison study of street dancers and non dancers, *Neuroscience Letters*, **544**（7），157-162.

[4]　三浦武，海賀孝明，柴田傑，桂博章，田島克文，玉本英夫（2015）．「秋田県の民俗芸能研究におけるモーションキャプチャデータの活用」『情報処理学会研究報告』**2015-CH-108**（5），1-6.

[5]　Miura, T., Kaiga, T., Katsura, H., Shibata, T., Tajima, K. and Tamamoto, H.（2014）．Coupled motion capture and text analysis of the Bon Odori Dances of Akita Prefecture, *The Computers and the Humanities Symposium 2014*, 23-30.

[6]　Miura, T., Kaiga, T., Shibata, T., Katsura, H., Uemura, M., Tajima, K. and Tamamoto, H.（2015）．Motion characteristics of Bon Odori Dances in areas along Ushu Kaido Road in Akita Domain, *The Computers and the Humanities Symposium 2015*, 269-276.

身体文化・行動計量

[7]　Miura, T., Kaiga, T., Shibata, T., Uemura, M., Tajima, K. and Tamamoto, H.（2016）. Quantitative analysis of folk customs and motion characteristics of Bon Odori Dances in Akita Prefecture, *The Computers and the Humanities Symposium 2016*, 171-176.

[8]　Miura, T., Kaiga, T., Shibata, T., Katsura, H., Uemura, M., Tajima, K and Tamamoto, H.（2016）. Conditions of Bon Odori Dances belonging to Akita Prefecture's Nanshu-Odori system in the era of Sugae Masumi, *SIG Technical Reports*, **2016-CH-110**（3）, 1-6.

[9]　宮本圭太, 阪田真己子（2009）.「Locking ダンスにおける質評価指標の定量化」『情報処理学会研究報告』**2009-CH-82**（4）, 1-8.

[10]　阪田真己子, 八村広三郎（2007）「身体動作における感性情報の関係モデル構築」『表現文化研究』6（2）, 194-202.

[11]　佐藤菜穂子, 居村茂幸, 布目寛幸, 池上康男（2011）.「ダンスパフォーマンスにおける熟練者の動作特性」『総合保健体育科学』**34**（1）, 35-39.

[12]　柴田傑, 玉本英夫, 海賀孝明, 横山洋之（2012）.「身体動作の 3 次元計測によるリアルタイム舞踊学習支援システム」『ヴァーチャルリアリティ学会論文誌』**17**（4）, 353-360.

[13]　鹿内菜穂（2014）.「ダンスの身体表現における感情認知とインタラクションに関する研究」（立命館大学・博士論文）.

[14]　鹿内菜穂, 八村広三郎, 澤田美砂子（2011）.「舞踊の感情表現における感性情報の評価——ビデオ映像と点光源映像を用いた主観的評価実験」『情報処理学会研究報告』**2011-CH-92**（2）, 1-8.

[15]　Shikanai, N., Sawada, M. and Ishii, M.（2013）. Development of the movements impressions emotions model: Evaluation of movements and impressions related to the perception of emotions in dance, *Journal of Nonverbal Behavior*, **37**（2）, 109-121.

[16]　曽我麻佐子, 海野敏, 安田孝美, 横井茂樹（2004）.「3DCG によるバレエ振付のための体系的符号化と創作支援システム」『芸術科学会論文誌』**3**（1）, 96-107.

[17]　海野敏, 曽我麻佐子, 矢崎雄帆, 平山素子（2017）.「振付シミュレーションシステムを用いた現代舞踊の実演指導」『じんもんこん 2017 論文集』185-190.

A6-4
演　　奏
music performance

　一般的に, 西洋芸術音楽は「作曲者」—「演奏者」—「鑑賞者」と辿るコミュニケーションによって成立する. この中で,「演奏者」は作曲者が楽譜に記した情報を音響として表現し, 鑑賞者に伝える中核的な役割を果たす. テンポの緩急, 強弱, アーティキュレーション[i], 音色等, 演奏表現の大部分は演奏者に委ねられている. 本項目では,「演奏」および「演奏者」を定量的に扱う方法とその研究例を紹介する.

1.　音楽演奏の定量化——演奏者の解釈に起因するゆらぎ

1.1　芸術的逸脱と表現ゆらぎ

音楽の演奏者は，作曲家が楽譜に込めたメッセージを解釈し，演奏を構築しようとするとき，テンポや強弱等の**演奏変数**（performance parameters）を操作する．楽譜に基づいて演奏変数を操作することを一般的に**表情づけ**（expressivity）と呼び，特に「華麗な演奏スタイルの絶頂期」[9]とも呼ばれるロマン派の楽曲を表現する際には最大限に表情豊かに演奏することが求められる．音楽演奏の科学的研究のパイオニアであるカール・シーショア（Seashore, C.）（1866-1949）は，表情豊かな演奏には楽譜上に書かれた音価からの体系的な逸脱が認められることを示し，これを**芸術的逸脱**（artistic deviation）と名づけた[14]．これは後に，演奏者の芸術的解釈に基づくゆらぎ，すなわち**表現ゆらぎ**（expressive variation）の研究へと発展した[13]．演奏者が演奏中に操作できる音響的特性は，テンポやリズムといった時間的側面や強弱[8]に加え，弦楽器等では音色や音高等，多岐にわたるが[12]，一般的に強弱よりも時間的側面のゆらぎが重要な役割を果たすと言われる．

1.2　音楽演奏の定量指標

表現ゆらぎの特徴を知るためには，演奏中の音響特性をできる限り正確に計測することが求められる．電子楽器の場合には，**MIDI** 規格（musical instrument digital interface）で演奏データを記録するのが一般的である（MIDI には発音の時間情報，音高の情報，音の強さの情報が含まれる）．ただし逐次的に情報を転送するという性質上，特に多くの音を同時に鳴らす場合には時間情報にずれが生じうる．CD 音源等，実際の音の録音を使用する場合，テンポや拍を機械的に抽出することは現代の技術を持ってしても非常に困難である．かなりの労力が必要となるが，最も正確な方法は，音響波形を画面上に表示し，各音の立ち上がりを耳で聴きながら同定する方法である（**図 1**）．強弱については人間の聞こえに応じた補正を行った A 特性音圧レベル（単位：dB（A））を算出することが望ましいが，演奏と同じ環境で録音された定常音（ホワイトノイズ等）がないと，A 特性音圧レベルの絶対値を決定することが

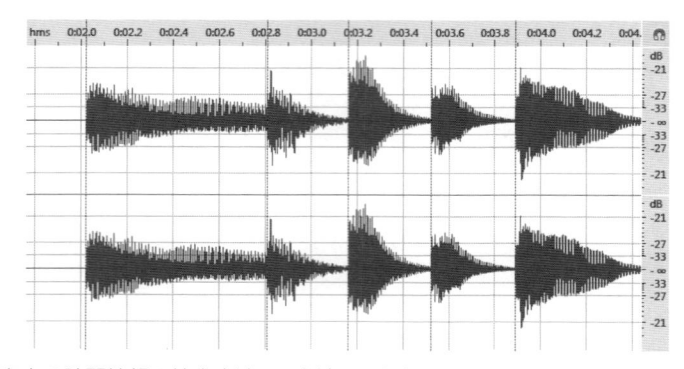

図1　演奏音の時間情報の抽出方法の一例（ソフトウェア：Adobe Audition CC 2015）
音響波形の中で発音されたタイミングを耳で聴きながら同定し，マーカー（図中縦の点線）を記録する．

できない[ii]．ただし音楽演奏における強弱の変化について知りたい場合には，相対値（音圧の時々刻々の変化）に興味があることの方が多いため，ある時間間隔（例えば100ミリ秒）ごとに音圧波形の実効値（二乗平均平方根（root mean squares: RMS））を算出し，音圧の代表値とすることも多い．さらに，音楽情報の抽出ツールであるMIRtoolbox[6]（Mathworks社の行列計算ソフトウェアMatlabで動作）等で演奏音のスペクトル重心等，音色[iii]に関する成分を抽出することもできる．

1.3　楽曲構造のコミュニケーション

ここでは，テンポの表現ゆらぎの例を紹介する．**図2**は，ヴァイオリニスト10人にパガニーニ作曲『カプリース』作品1第24番の序盤部（テーマ）を「芸術的」および「機械的」に演奏してもらったときの小節ごとのテンポ（平均値）の推移である[16]．このようなテンポの推移を表した曲線のことを**テンポ曲線**（tempo curve）という．「芸術的」演奏では，テンポの緩急がより大きく，また楽譜に記された一定のまとまりごとに明確なパターンを読み取ることができる．演奏者の表現ゆらぎは楽曲の音楽構造に基づいており，一般的に構造として階層が高いほど表現がより大げさになる．そのため，拍よりもフレーズの方が，小楽節よりも大楽節の方が，そして大楽節よりも曲全体の方が，その終結部における演奏者の表現がより顕著になる．このように表現を調整し

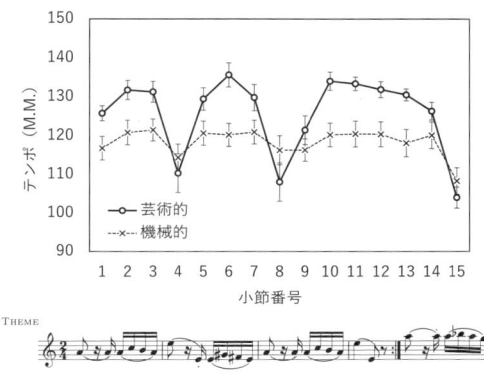

図2　ニコロ・パガニーニ作曲『カプリース』作品1第24番序盤部を「芸術的」「機械的」に演奏したときの10人分の平均テンポ曲線

エラーバーは標準誤差を示す.

ながら楽曲の構造を聴衆に伝えることを**楽曲構造のコミュニケーション**と呼び，楽曲構造を反映するような演奏表現は，芸術的な解釈のもとで演奏したときに表れる[3][11].

2.　生演奏における音楽演奏者の生理反応
──社会的促進と社会的抑制

2.1　音楽演奏における社会的促進と社会的抑制

　1人での練習，教師の前でのレッスン，レコーディング，コンクール等，音楽を演奏する状況は様々である．その中でも観客の前で演奏する「**生演奏**」は，演奏者に審美的感動を喚起させ，独特の高揚感を抱かせる格別の瞬間である．生演奏では，演奏者は「あがり」に起因して，特に難度の高い楽曲を演奏するときに演奏の芸術性が低下することが知られている[20]．その一方で，演奏者にとって十分に慣れ親しんだ曲（例えばシューマン作曲「トロイメライ」）を演奏するときにはむしろ人前での演奏の方が評価が高く，聴取者により強い感動を引き起こすことも知られている[15]．観客の存在によってパフォーマンスが変化することは，「**社会的促進**（social facilitation）」や「**社会的抑**

制（social inhibition）」と呼ばれ，音楽演奏に限らず一般的な現象である[21]．両者の違いは課題遂行中の覚醒度や認知的不安の程度によって説明され，過度の覚醒や不安によって，時に取り返しのつかないほど深刻にパフォーマンスの質が低下する[4][19]．

2.2　生演奏における自律神経活動の測定

音楽演奏中の演奏者にインタビューやアンケートを行うことは不可能であるので，生演奏中の演奏者について知るためには，その行動（身体動作等）や生理反応を測定することが有効である．生演奏中の自律神経反応を測定する際には，演奏や鑑賞が阻害されないよう，小型かつ無線のセンサーを用いて無拘束に測定することが望ましい．最近では比較的安価（一台 50,000～70,000 円程度）に種々の生体指標を得ることができる小型センサーや電極が埋め込まれたシャツが販売されており，計測も容易である．心電図の波形のうち最も鋭いピークである R 波から次の R 波の時間間隔（**RR 間隔**，単位：ミリ秒）を計測し，これを 60,000 から除することで瞬時心拍数を算出することができる．さらに RR 間隔のパワースペクトル密度を算出することにより，生体の自律神経活動を推定することもできる．このとき，比較的遅い変動を示す低周波成分（LF, 0.04-0.15 Hz）が**交感神経活動**と**迷走神経活動**，速い変動を示す高周波成分（HF, 0.15-0.4 Hz）が迷走神経活動の指標と見なされる．一般的に LF と HF のパワースペクトル密度の比（LF/HF）を算出し，交感神経と迷走神経のバランスの指標とする．さらに，近年，心拍変動の非線形的分析として，心拍変動の**複雑性**を評価する方法が用いられている．心拍をはじめとした人間の生理的振動はもともとカオスで複雑なものであるが，ストレスや疾病によりそうした複雑性が低下する[1]．

2.3　研究例

観客の前でパフォーマンスが上昇したり低下したりするメカニズムを解明するため，正田・阪田・Williamon[16]は，ヴァイオリニスト 10 人に，挑戦的な楽曲（パガニーニ作曲『カプリース』作品 1 第 24 番）と十分に慣れ親しんだ曲（ゴセック作曲『ガヴォット』）を観客あり条件と観客なし条件で演奏してもらい，両者の**心電図**（electrocardiogram）を測定した．あるヴァイオリニ

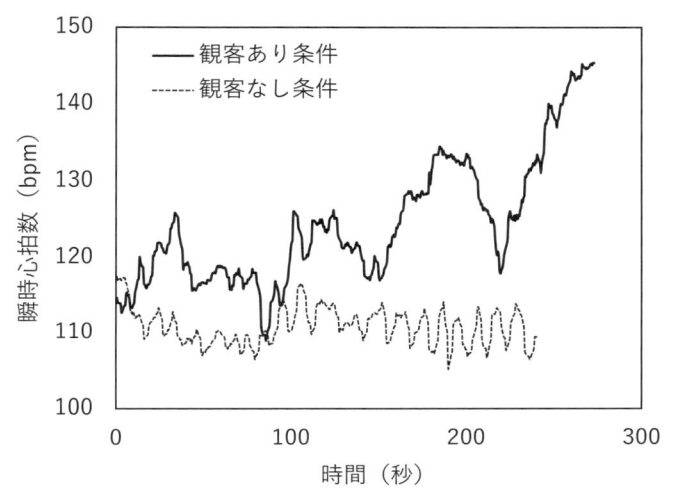

図 3　ニコロ・パガニーニ作曲『カプリース』作品 1 第 24 番を「観客あり」「観客なし」で演奏したときの各条件における心拍数の変化

観客なし条件の方が演奏時間が短かったため，両者の終点は一致していない．心拍数は前後 10 点の移動平均フィルタをかけた．

ストの瞬時心拍数の変化を**図 3** に示す．このように，明らかに観客あり条件の方が心拍数の値が高く，その傾向は曲が進むに連れ明確である．観客あり条件での最大心拍数は 145.37 bpm であり，観客の前で挑戦的な曲を演奏することがいかに強いストレスであるかがわかる．さらに興味深いことに，挑戦的な楽曲では観客あり条件で心拍変動の複雑性が低下した一方で，慣れ親しんだ楽曲ではむしろ観客あり条件の方で複雑性が上昇した．心拍変動の複雑性の値と精神的ストレスの関係に関する研究は多くないが，一見演奏者にとっては演奏を阻害しうる「邪魔者」にも思える観客の存在が，演奏者の生理的複雑性を向上しうるという知見は「生演奏の方が演奏の評価が高くなる」という音楽演奏の社会的促進のメカニズムを説明する可能性がある．

3.　まとめ

　音楽演奏を定量的に扱うための方法論として，演奏音の音響的測定と演奏者の生理反応を中心に紹介した．こうした定量的分析によって，芸術音楽を無理

やり数値に落とし込み，無味乾燥としたものとして扱うことにならないかという不安も多い．しかしながら，本項目で紹介したように，演奏表現の定量的研究は「我々がどのような側面から演奏を芸術的・美的なものととらえるか」という音楽美学上の問題に対するアプローチの1つに他ならない．我々がバッハやショパンが生きた時代の演奏を知ることができないのを残念に思うように，演奏を定量化しアーカイブとして残すことができれば，後世の人々にとってこれほど価値の高い史料はないであろう（Harrer and Harrer[5]ではオーストリアの指揮者ヘルベルト・フォン・カラヤンが指揮をしているときの脈拍の変化が紹介されている）．「音楽演奏の文化情報学」では，音楽演奏の歴史学的・文化民俗学的なアプローチに加え，演奏を取り巻く演奏者の心理・行動・生理の反応を同時に理解していくことが求められよう．

[正田悠]

【注】
i)　スタッカートやレガート等，音の区切り方のこと．
ii)　この定常音については演奏と同じ環境で，騒音計を用いて A 特性音圧レベルを測定しておく必要がある．
iii)　聴覚に関する音の属性の1つで，物理的に異なる2つの音が，たとえ同じ音の大きさ及び高さであっても異なった感じに聞こえるとき，その相違に対応する属性をいう（JIS Z 8106:2000（音響用語））．

【参考文献（さらに学びたい人のために）】

[1]　Costa, M., Goldberger, A. L. and Peng, C. K.（2002）．Multiscale entropy analysis of complex physiologic time series, *Physical Review Letters*, **89**（6）．
[2]　Critchley, M. and Henson, R. A.（1983）（柘植秀臣，梅本堯夫，桜林仁監訳），（1983）．『音楽と脳 I』サイエンス社．
[3]　Friberg, A. and Battel, G. U.（2002）．Structural communication, *The Science and Psychology of Music Performance: Creative Strategies for Teaching and Learning*, Parncutt, R. and McPherson, G. E. eds., Oxford University Press, 199-218.
[4]　Hardy, L. and Parfitt, G.（1991）．A catastrophe model of anxiety and performance, *British Journal of Psychology*, **82**（2），163-178.
[5]　Harrer, G. and Harrer, H.（1977）．Music, emotion, and autonomic function, *Music and the Brain*, Critchley, M. and R. Henson, R. A. eds., William Heinemann Medical Books, 202-216.
[6]　Lartillot, O., Toiviainen, P. and Eerola, T.（2008）A Matlab toolbox for music information retrieval, *Data Analysis, Machine Learning and Applications. Studies in Classification, Data Analysis, and Knowledge Organization*, Preisach, C., Burkhardt, H., Schmidt-Thieme, L. and Decker, R. eds., Springer, 261-268.

[7]　Miell, D., MacDonald, D. and Hargreaves, D. 編（星野悦子監訳）（2012）『音楽的コミュニケーション——心理・教育・文化・脳と臨床からのアプローチ』誠信書房.

[8]　Nakamura, T.（1987）. The communication of dynamics between musicians and listeners through musical performance, *Perception & Psychophysics*, **41**, 525-533.

[9]　岡田暁生（2007）.「ヴィルトゥオーソ狂詩曲！——社交界とオペラとサロンの 19 世紀」『ピアノはいつピアノになったか？』伊藤信宏編，大阪大学出版会，173-196.

[10]　Parncutt, R. and McPherson, G. E. 編（安達真由美，小川容子監訳）（2011）.『演奏を支える心と科学』誠信書房.

[11]　Penel, A., and Drake, C.（2004）. Timing variations in music performance: Musical communication, perceptual compensation, and/or motor control?, *Perception & Psychophysics*, **66**, 545-562.

[12]　Povel, J.（1977）. Temporal structure of performed music: Some preliminary observations, *Acta Psychologica*, **41**, 309-320.

[13]　Repp, B. H.（1990）. Patterns of expressive timing in performances of a Beethoven minuet by nineteen famous pianists, *Journal of the Acoustical Society of America*, **88**, 622-641.

[14]　Seashore, C. E.（1938）. *Psychology of Music*, McGraw-Hill.

[15]　Shoda, H. and Adachi, M.（2015）. Why live recording sounds better: A case study of Schumann's Träumerei, *Frontiers in Psychology*, **5**（1564）.

[16]　正田悠，阪田真己子，Williamon, A.（2015）.「ヴァイオリン演奏者の心拍変動および複雑性に聴衆の存在が及ぼす影響」『電子情報通信学会技術研究報告』，**114**（483），29-34.

[17]　正田悠，阪田真己子，Williamon, A.（2017）.「ヴァイオリニストによる「芸術的演奏」と「機械的演奏」のテンポ曲線」（未公刊の生データ）.

[18]　正田悠，山下薫子（2015）.『演奏の心理』星野悦子編，誠信書房，211-239.

[19]　Yerkes, R. M. and Dodson, J. D.（1908）. The relation of strength of stimulus to rapidity of habit-formation, *Journal of Comparative Neurology*, **18**（5），459-482.

[20]　Yoshie, M., Kudo, K., Murakoshi, T. and Ohtsuki, T.（2009）. Music performance anxiety in skilled pianists: effects of social-evaluative performance situation on subjective, autonomic, and electromyographic reactions, *Experimental Brain Research*, **199**（2），117.

[21]　Zajonc, R. B.（1965）. Social facilitation, *Science*, **149**（3681），269-274.

身体文化・行動計量

A6-5

お 笑 い

comedy

　生後間もない赤ちゃんが見せる笑顔．新生児微笑や生理的微笑と呼ばれるもので，本人の意思とは無関係に表出されるものとされている．しかし，その赤ちゃんの笑顔を見て，養育者は「笑ったぁ！」と喜び，再びその笑顔が表出さ

れるのを待ちわびる．この無意識に発せられた最も原初的な身体表出としての
「笑う」行為は，いずれ人と人とが円滑な人間関係を構築するための手段とし
て多様かつ複雑に発達することになる．

さて，本来最も原初的な身体表出であったはずの笑いは，他者との関係性を
コントロールするためのツールとして高度に発展を遂げ，人の笑いを引き起こ
すしかけとして「お笑い」と称されるようになる．日本では，落語，漫才，コ
ントといった様々なジャンルが知られ，庶民の娯楽として親しまれている．つ
まり，原初的な身体表出に端を発する笑いは，極めて文化的な所産として我々
の身近に存在することになる．

これらの「お笑い」を対象とする研究は，人文学における芸能研究の一環と
してなされることはあっても，情報学的な視点によって定量的に研究されるこ
とはほとんどなかった．とりわけ，漫才や落語が「発話」を中心とする芸能で
ある（と思われている）がゆえに，その研究対象は言語的側面に絞られること
が多く，それらの近言語，身体的側面に着目されることはほとんどなかった．
本項目では，「お笑い」に着目して定量的な研究事例を複数紹介し，文化情報
学としての「お笑い」研究の可能性について概観する．

1.　お笑いの間合いに関する研究

スポーツや演奏などのパフォーマンスにおいて**間合い**は極めて重要な役割を
果たすが「お笑い」においても例外ではない．話芸がメインコンテンツとなる
「お笑い」においては，絶妙の間合いを外してしまうとたちまち面白さを欠く
ことになる．

1.1　間合いの定量化

複数人の発話タイミングを知るための指標としては，一般的に**交替潜時**
（switching pause）が知られている[6]．交替潜時とは，一方の会話者が発話を
終了してから，別の会話者が発話を開始するまでの無声休止区間のことであ
る．これが長いと間合いが長く，短いと間合いが短い，ということになる．と
ころが，漫才では，そもそも間合いがない（一方の発話終了と同時に間髪おか
ずもう一方の発話が開始される）ケースや，一方の発話終了を待たずにもう一

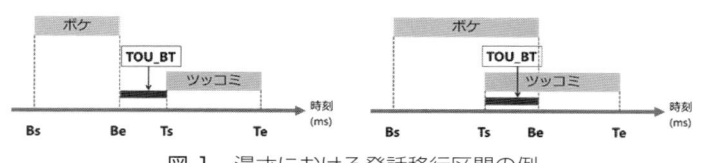

図1　漫才における発話移行区間の例

方の発話が開始される**発話重複**（overlap）も多く見られる（**図1**）.

　川嶋他[3]は，この点に着目し，一方の発話終了時からもう一方の発話開始時までの「間合い」について，**無声休止**（交替潜時），発話重複の両方を包含して**発話移行区間**と呼び，プロの漫才師の映像を元に定量化を試みた．分析の結果，ボケ役の発話移行区間長の平均値がほぼ0付近にピークがあるのに対し，ツッコミ役では負の位置にあることを示し，ツッコミ役は，ボケに対してやや重複気味に発話を開始することにより勢いのあるリズムを生み出していることを明らかにした.

　また，趙他[1]は，日本の漫才と中国の相声（中国の伝統的な話芸の1つで，話術や芸で観客を笑わせる芸能．日本の漫才同様，2人1組で演じられることが多い）に着目し，両者の間合いの違いについて定量的な比較を行った．プロの漫才コンビ，相声コンビ各5組の映像を元に分析した結果，**図2**に示すように漫才，相声ともにゼロ付近にピークが位置するものの，相声は正側（無声休止）に，一方漫才は負側（発話重複）に裾を引く形状となった．つまり，漫才は相声に比べて，無声休止が短く，発話重複が圧倒的に多いことがわかった．日本において「しゃべくり漫才」というスタイルが認知されていることからも，漫才では速いテンポで発話のやりとりが多く，本研究結果はそれを実証的に裏付けている．また，このことは「お笑い芸能」がそれぞれの文化において独自の発達を遂げ，それぞれの文化圏における心地よい間合いを形成していったことを示すものと言える.

1.2　観客の存在と間合い

　宮田・阪田[5]は，漫才の間合いに観客の存在も影響していると仮定し，プロの漫才師に「観客あり」と「観客なし」の状態で同一ネタを実施してもらい，その収録映像を元に，両条件での発話移行区間を定量的に比較した．その結

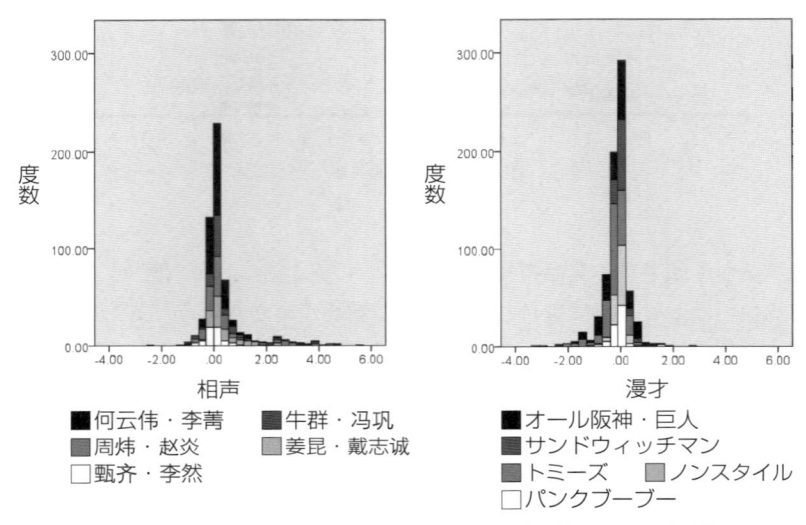

相声　　　　　　　　　　　　漫才

■何云伟・李菁　■牛群・冯巩　　■オール阪神・巨人
■周炜・赵炎　　■姜昆・戴志诚　■サンドウィッチマン
□甄齐・李然　　　　　　　　　　■トミーズ　■ノンスタイル
　　　　　　　　　　　　　　　　□パンクブーブー

図2　漫才と相声の発話移行区間長の比較（文献 [1] より転載）

果，ツッコミ役は，観客がいないときに比べて，観客がいるときの方が発話開始タイミングが早くなることが明らかとなった．また，ボケ役は，先行するツッコミ発話が終了した時点で観客が笑っている場合には，自身の発話開始タイミングを遅らせていることも明らかになった．つまり，舞台上の漫才師は，観客の存在を意識し，その日のそのときの観客の反応によって，間合いを微妙に変化させていると言える．

2.　お笑いとロボット

　2012 年，人間国宝の落語家，故桂米朝の完全コピーを目指した「米朝アンドロイド」が制作され話題を呼んだ．これは見た目も米朝にそっくりな**アンドロイドロボット**に対し，本人による落語実演の録音音声とともに，実際に本人によって演じられた身体動作を作り込みで実装したものである．当時，このニュースは，ロボットがお笑いをマルチモーダルにアーカイブできる可能性を担うとしてかなりインパクトを持って世間に伝えられた．
　漫才を 2 体のロボットに演じさせる試みも散見されるようになり，例えば林

図3　あいちゃんとゴン太（画像提供：甲南大学灘本研究室）

身体文化・行動計量

ほか[1]は，開発した2体のロボットによって演じられた漫才が，人間が行った漫才のビデオと比べて遜色ないことを実証した．エンターテイメントとしてのロボット漫才の有用性を示すとともに，前述のアンドロイドの例とも併せて，ロボットのコンテンツとして「お笑い」が注目されるようになったことを示している．

　近年は，AI やディープラーニングの発展により，上記のような作り込みによるロボット製作ではなく，自発的にお笑いを**自動生成**できるようなロボットの開発も進みつつある．例えば，時事ネタに基づいて漫才台本を自動生成する漫才ロボット「あいちゃんとゴン太」（**図3**）は，ユーザーが入力したキーワードを元に WEB 上から記事（時事ネタ）の取得を行い，漫才台本を短時間で生成する[4]．台本生成の際には，「つかみ」「本ネタ」「オチ」（それぞれさらに細かい下位要素に分けられている）に分割し，多様な漫才技法を取り入れて対話文を自動生成し，実際に2体のロボットが自動音声により漫才を演じるというものである．ロボットがネットから情報収集する仕組みとなっているため，あたかもロボットが時事ネタに基づいて漫才台本を作成しているように見える．「あいちゃんとゴン太」は手足がなく，発話（自動音声）に併せて身体方向が変わるだけのシステムであるが，自動生成された発話内容に適した動作を実行させる漫才ロボットの開発も進んでいる[8]．

3.　コミュニケーション研究の素材としてのお笑い

　「先生，なぜ塩を入れるんですか」「それはね，青野菜の緑を鮮やかにするためよ」．料理番組における先生とアシスタントのやりとりの一幕である．よくよく考えてみると，先生が１人で「青野菜をゆでるときは塩を入れることで緑色が鮮やかになりますよ」と説明すればいいはずである．にもかかわらず，多くの料理番組は必ずといっていいほどアシスタントが存在し，冒頭のように，アシスタントの素朴な疑問に対して先生が答えるというやりとりを繰り返しながら番組が進んでいく．この先生とアシスタントの会話は，一見，２人の間で閉じられているように見えるが，実際にはそこで話されている内容（情報）は，テレビの前の視聴者に向けられている．このような情報伝達の形は，料理番組以外にも，テレビショッピングやワイドショー，あるいはパネルディスカッションのような場面でよく見られる．

　岡本他[7]は，このように参与者の間で閉じられたように見える会話（**内部指向発話**）が，直接的には会話に参与していない第三者にも向けられている（**外部指向発話**）ようなコミュニケーション形式のことを**オープンコミュニケーション**（open communication）と名付けた．舞台上で複数人によって演じられる漫才も，一見舞台上の漫才師の間で閉じられた会話が，会話の場から見て外部にあるオーディエンス（観客）に向けられたオープンコミュニケーションの形式をとっている．岡本他[7]は，オープンコミュニケーションを成立させている要素として**非言語チャネル**（non-verbal channel）である身体動作の機能にも着目し，発話，視線，姿勢といった**マルチモーダル**（multimodal）な要素間の相互作用について分析を行った．プロの漫才師の映像を分析した結果，全体的な傾向として視線は相方に向けられ，姿勢は観客に向けられることが示された（**図 4**）．つまり，舞台上の漫才師の顔は，直接的な発話の受け手である相方に向けられているものの，身体を観客の方向に向けることで，実はその発話が観客に対しても向けられていることを明示していることを示唆した．

　本項目では，芸能としての「お笑い」を対象とする定量的な研究事例を複数紹介した．「お笑い」は，原初的な感情表出を基点としつつ，他方極めて高度に発展をとげた文化的所産でもあり，人と文化の関わりを捉える上で実に興味

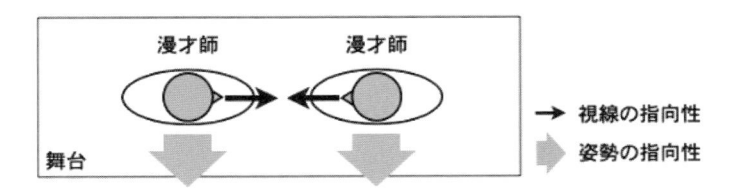

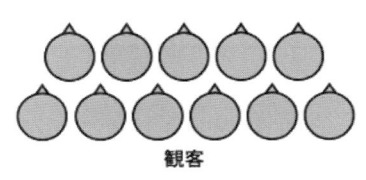

図4　オープンコミュニケーションの非言語的特徴（文献 [7] より転載）

深い研究対象と言える．しかし，それらを定量的に捉えた研究は現時点で極めて少なく，今後の文化研究に光明を見いだす新たな視点として貢献できるものと期待している．

[阪田真己子]

【参考文献（さらに学びたい人のために）】

[1]　趙曼，阪田真己子，鈴木紀子（2013）．「日中芸能身体文化の比較――漫才と相声のマルチモーダル分析」『情報処理学会人文科学とコンピュータシンポジウム 2013 論文集』**2013**（4），13-20．

[2]　林宏太郎，神田崇行，宮下敬宏，石黒浩，萩田紀博（2007）．「ロボット漫才――社会的受動メディアとしての二体のロボットの利用」『日本ロボット学会誌』**25**（3），381-389．

[3]　川嶋宏彰，スコギンズ・リーバイ，松山隆司（2007）．「漫才の動的構造の分析――間の合った発話タイミング制御を目指して」『ヒューマンインタフェース学会』**9**（3），379-390．

[4]　真下遼，梅谷智弘，北村達也，灘本明代（2014）．「Web ニュースからの漫才台本自動生成を用いたコミュニケーションロボット」『第 7 回 Web とデータベースに関するフォーラム（WebDB Forum 2014）』．

[5]　宮田佳寿美，阪田真己子（2017）．「オープンコミュニケーションとしての漫才――観客の存在が漫才の発話タイミングに及ぼす影響」『電子情報通信学会技術研究報告』**117**，61-66．

[6]　長岡千賀，小森政嗣，中村敏枝（2002）．「対話における交替潜時の 2 者間相互影響」『人間工学』**38**（6），316-323．

[7]　岡本雅史，大庭真人，榎本美香，飯田仁（2008）．「対話型教示エージェントモデル構築に向けた漫才対話のマルチモーダル分析」『知能と情報』**20**（4），526-539．

[8]　竹越智也，萩原将文（2016）.「ロボット漫才自動生成システム──動作が漫才に与える影響の考察」,『日本感性工学会論文誌』**15**（1），47-54.

A6-6
身体性認知
embodied cognition

1.　身体と認知の相互作用──身体化された認知

　人間の認知情報処理システムは独立して機能するのではなく，身体の状態や運動に影響を受けることが明らかになってきた．例えば，心的回転課題i)を行うとき，手運動と心的回転の方向が一致すれば成績が良くなる[19]．この例では視覚的なオブジェクトの表現やその心的な操作が身体運動と相互影響することを示唆するが，より高次の様々な情報処理において相互作用が生じることが明らかとなっている．

　例えば，首を縦に振る肯定的な動作，あるいは，首を横に振る否定的な動作を行っている間に提示した単語に対する偶発記憶成績は，前者ではポジティブな意味の単語，後者ではネガティブな意味の単語に対して良くなる[5]．肯定的な動作中にはその動作とマッチしたポジティブな意味を持つ単語が円滑に処理されやすいものと考えられる．また，不安定なイスに座ると安定したイスに座るときよりも身体的な不安定が恋人同士の付き合いの安定性を低く評価させ，カップルが破局する傾向が高いと判断される[7]．

　このような知見は，**身体化された認知**（embodied cognition）という枠組みによって説明されている[3][10]．我々の知識や概念はマルチモーダルな情報として記憶システムに保存され，その中に身体の感覚，状態，そして動作に関する情報も含まれている．そして，マルチモーダルな情報は認知システムと身体システムの双方からアクセスされ，相互に影響し合う．例えば，「ベッド」という概念は眠っている姿勢についての情報も含み，横たわっている身体状態によってベッドに関連した認知情報処理が駆動される．また逆方向の作用で，ベッドという単語を認知することでベッドに関連した身体状態や動作が生じや

すくなる．Schneider ら[13]は，左右方向の運動と矛盾の感じやすさについて，身体から認知，認知から身体の2方向の効果について検討した．すなわち，身体が左右に揺れる動作によって心が揺れて決断に迷ったり矛盾を感じるというような心的状態を導き，逆に，このような心的状態が左右に揺れるという運動を誘発することを報告している．認知から身体への影響は身体から認知へ影響に比べて報告例は少ないが，他に，未来の出来事を想像する場合には身体が前方に，過去の出来事を想像する場合には後方に動くことなどが見出されている[11]．

2. 身体化された認知の多様性

　身体化された認知に関しては近年多くの研究が行われてきた．感情に関わる研究としてよく知られているものに Strack ら[17]の研究がある．実験参加者に気づかれないように巧みに笑顔に類似した口元の表情を作らせる（口角を上げる）と，ニュートラルな表情を作らせた場合に比べ，マンガの内容がより面白いと評価された．これは笑顔に近い表情を作ることによって感情が快に誘導されたと解釈されている[7]．Strack らと同じ表情筋操作を行い，課題中のエラーに応じて出現するエラー関連陰性脳電位を計測した研究では，笑顔に類似した表情ではニュートラル表情よりもエラー関連陰性脳電位が小さくなることがわかり，快感情に誘導された結果，エラーを気にしない状態になるものと推察された[21]．Stepper ら[16]の研究知見は，表情などの顔面状態が体験される感情に関係するという**顔面フィードバック仮説**（facial feedback hypothesis）を支持するものである．また，「悲しいから泣くのではない．泣くから悲しいのだ．」で知られるジェームス・ランゲ説と同様に，感情の生起に先立ち末梢の生理的・身体的活動が生じることを示唆している．他に，背筋を伸ばして胸を張った姿勢，対照的に前屈みになった姿勢では異なる感情体験が生じることが見出されている．図形に関する課題を行い，その成績をフィードバックされたとき，背筋を伸ばしている姿勢では前屈み姿勢よりも，自身の成績に強い自尊心や自信を感じる[16]．

　また，道具や衣服によって身体状態を変化させる効果を検討した研究がある．例えば，温かいコーヒーカップを持ったときに指先に感じる身体の温か

さが，他者が温かいパーソナリティの持ち主であるという評価をもたらす[20]．履歴書から人物評価を行うとき，重いクリップボードを手に持ちながら評価するときには軽いクリップボードよりも，全体的に良い人物であると判断された．また，サンドペーパーで覆われたザラザラした表面のパズル，あるいは滑らかな表面のパズルを完成させた後，架空の場面での社会的インタラクションの質を評価させると，前者でより協調性が高いと判断された．これらは，身体感覚としての重さや滑らかさが，人物の重要性や社会的関係の円滑さの判断に影響を与えたものと考えられる[1]．次に着衣効果について紹介する．白衣を着用したときには，普段着やペンキ塗りの制服（実際は白衣だがペインターコートと教示）より注意課題の成績が良かった．これは，医師や研究者が着用する白衣を着ることによって，医師や研究者が持つに違いない注意深く正確な認知情報処理が行われるようになったと説明された[2]．

　身体化された認知は，言語的メタファーの起源にも深く関わっていると考えられている[8]．先に紹介した，指先に感じる身体の温かさが，パーソナリティの温かさと関連していること[20]，身長の高さが社会的地位の高低の判断に関係すること[4]など，身体に関わる物理的な性質（温冷や高低など）と他の性質（例えば，社会的な温冷や高低）を同じ言葉で表現するメタファーは多くの言語で共通して見られる（身体化された言語，とも言えよう）．物理的な温かさと社会的な温かさが脳内の同じ領域で処理されている[6]ことは，メタファーの背景メカニズムを考える上で非常に興味深い．このように，身体化された認知という枠組みは言語を含む認知情報処理全体に深く関与していると考えられる[3]．

3.　身体化された創造性

　創造性思考に関しても身体運動の影響が生じることが報告されている．文献 [15] では流れるようになめらかな軌跡，ぎこちない軌跡の手指運動を行わせ創造性課題の成績を比較した．例えば，事物のユニークな使い道をたくさん挙げる課題（unusual uses test），3 つの単語（例えば 'cheese'，'sky'，'ocean'）に共通して関連する単語を発見する課題（remote associates test，正解は 'blue'）等で，なめらかな手指運動では課題成績が良いことが報告され

た．よって，流れるような運動によって淀みのないスムーズな思考が行われ，創造性課題の成績が全般的に向上することが示唆された．文献 [9] では，仮想現実環境で実験参加者が操作するアバターを自由に歩かせる，あるいは固定した経路上を歩かせながら曖昧図形に名前を付ける課題等を行わせ，アバターに自由な動きを行わせた前者でオリジナリティの高い命名が行われること等を示している．

　最後に，筆者らが行った研究を紹介する[12]．実験では参加者は円を描くように大きく腕を回す，あるいは，小さく腕を回す運動を行わせ，アイデア産出課題を行わせた．実験の結果，大きな腕回し運動では小さな腕回し運動と比較し，非典型的なアイデア，および多様なアイデアが産出されることが明らかとなった．大きな腕回し運動では小さな運動よりも拡がりのある認知情報処理モードを駆動し，拡散的な創造的思考が促されることが示唆された．

［永井聖剛］

身体文化・行動計量

【注】

i)　向きが異なる 2 つの物体が同じであるか否かを判断する課題．物体を心的表象において回転させる必要があるために心的回転課題と呼ばれる[14]．

【参考文献（さらに学びたい人のために）】

[1]　Ackerman, J. M., Nocera, C. C. and Bargh, J. A.（2010）．Incidental haptic sensations influence social judgments and decisions, *Science*, **328**（5986），1712-1715.

[2]　Adam, H. and Galinsky, A. D.（2012）．Enclothed cognition, *Journal of Experimental Social Psychology*, **48**（4），918-925.

[3]　Barsalou, L. W.（2008）．Grounded cognition, *Annual Review of Psychology*, **59**, 617-645.

[4]　Duguid, M. M. and Goncalo, J. A.（2012）．Living large the powerful overestimate their own height, *Psychological Science,* **23**, 36-40.

[5]　Förster, J. and Strack, F.（1996）．The influence of overt head movements on memory for valenced words: A case of conceptual-motor compatibility, *Journal of Personality and Social Psychology*, **71**, 421-430.

[6]　Inagaki, T. K. and Eisenberger, N. I.（2013）．Shared neural mechanisms underlying social warmth and physical warmth, *Psychological Science*, **24**（11），2272-2280.

[7]　Kille, D. R., Forest, A. L. and Wood, J. V.（2013）．Tall, dark, and stable: Embodiment motivates mate selection preferences, *Psychological Science*, **24**, 112-114.

[8]　Lakoff, G. and Johnson, M.（1999）．*Philosophy in the Flesh: The Embodied Mind and its Challenge to Western Thought*, HarperCollins.

[9]　Leung, A. K., Kim, S. Polman, E., Ong, L. S., Qiu, L., Goncalo, J. A. and Sanchez-Burks, J.（2012）．Embodied Metaphors and Creative ''Acts'', *Psychological Science*, **23**, 502-509.

[10]　Meier, B. P., Schnall, S., Schwarz, N. and Bargh, J. A.（2012）. Embodiment in social psychology, *Topics in Cognitive Science*, 705-716.

[11]　Miles, L., Nind, L. and Macrae, C.（2010）. Moving through time, *Psychological Science*, **21**（2）, 222.

[12]　永井聖剛, 山田陽平, 仲嶺真（2019）.「身体運動の大きさが拡散的アイデア産出に与える効果」『心理学研究』**90**（3）, 294-300.

[13]　Schneider, I. K., Eerland, A., Van Harreveld, F., Rotteveel, M., Van der Pligt, J., Van der Stoep, N. and Zwaan, R. A.（2013）. One way and the other the bidirectional relationship between ambivalence and body movement, *Psychological science*, **24**, 319-325.

[14]　Shepard, R. N. and Metzler, J.（1971）. Mental Rotation of Three-Dimensional Objects, *Science*, **171**, 701-703.

[15]　Slepian, M. L. and Ambady, N.（2012）. Fluid movement and Creativity, *Journal of Experimental Psychology General*, **141**, 625-629.

[16]　Stepper, S. and Strack, F.（1993）. Proprioceptive determinants of emotional and nonemotional feelings, *Journal of Personality and Social Psychology*, **64**, 211-220.

[17]　Strack, F., Martin, L. L. and Stepper, S.（1988）. Inhibiting and facilitating conditions of the human smile: A nonobstrusive test of the facial feedback hypothesis, *Journal of Personality and Social Psychology*, **54**, 768-777.

[18]　Yamada, Y. and Nagai, M.（2015）. Positive mood enhances divergent thinking but not convergent thinking, *Japanese Psychological Research*, **57**, 281-287.

[19]　Wexler, M., Kosslyn, S. M. and Berthoz, A.（1988）. Motor processes in mental rotation, *Cognition*, **68**, 77-94.

[20]　Williams, L. E. and Bargh, J. A.（2008）. Experiencing physical warmth promotes interpersonal warmth, *Science*, **322**, 606-607.

[21]　Wiswede, D., Münte, T. F., Krämer, U. M. and Rüsseler, J.（2009）. Embodied emotion modulates neural signature of performance monitoring, *PLoS One*, **4**（6）, e5754.

A6-7
赤ちゃん学
baby science

1.　赤ちゃんを対象とした実験研究の方法

　「**赤ちゃん学**」の研究対象である赤ちゃんとは, どのような存在なのだろうか. 運動はもちろんのこと, 感覚・認知が大人とは大きく異なる一方で, 早期から様々な能力を持つことが, 多く研究から明らかにされている.

　言葉を話さない乳児の心の動きを知るために，乳児の視線は大きな手掛かりとなる．生後数日の乳児であっても，母親の顔と見知らぬ人の顔とを並べて見せると，母親の顔を長く見つめる．これは「**選好注視法**（preferential looking method）」と呼ばれる方法で，乳児がどちらをより「好む」かを視線から判断する．また，センサーのついたおしゃぶりを使って「好み」を調べる方法もある．例えば母親の声と見知らぬ人の声がヘッドフォンから交互に聞こえるようにし，吸い方のパターンを変えることでどちらかの声を選べるようにすると，乳児はパターンを覚え，意図的に吸い方のパターンを変える．

　乳児が新奇なものを好んでみる傾向を利用した「**馴化・脱馴化法**（habituation-dishabituation pardigm）」という方法が，乳児研究では古くから使われている．この方法では，ある刺激を繰り返し乳児に見せ続け，乳児が飽きて目をそらしがちになったところで，新たな刺激を提示する．青色を見せ続け，飽きたところで青緑色に替えるとする．青色と青緑色の違いを認知したのであれば，「新しいもの」を認知した乳児はまた，画面を注視する．もし，2つの色の違いを認知していなければ，相変わらず「飽きた」ままの状態が続き，改めて注視する様子は見られない．飽きることを「**馴化**」，新たな刺激によって注意が回復することを「**脱馴化**」と呼ぶ．この馴化・脱馴化の方法によって，乳児が2つの刺激を区別しているかどうか，調べることができる．これに類する方法は，乳児の認知に関する研究で広く用いられている．

　様々な新しい技術が，乳幼児研究では使われる．例えば，瞳孔の動きをカメラで捉える視線計測装置は，乳幼児の対象物への視線を細かく記録する．「画像のどの部分を注視するか」「2つの画像のうちどちらをより長く注視するか」等，視線による「答え」を乳児から引き出すことができる．新しいものでは，対面で動きながらでも人の視線の動きを記録することができるので，インタラクションの間に相手のどこを見ているかなど，興味深いデータを得ることができる．

　その他，脳波計や光トポグラフィーを用いた脳活動の測定，また発汗や心拍の計測に基づく生理状態の測定など，多様な技術が乳幼児研究で利用されている．近年の新しい方法論や，発達科学の成果については，文末の参考文献を参照されたい．

2.　赤ちゃんの独り言に関する研究

　筆者は，乳児の自発的発声に関心を持ち，条件を設定した観察・分析を行ってきた．中でも，周りに誰も相手のいないところで，見たところ心地よさそうに声を出す乳児の姿に興味を持ち，その「独り言」とも言うべき発声行動を研究対象とした．先行研究は幼児を対象とし独り言を「**私的言語（private speech）**」と呼ぶ．私的言語は文字通り言語的なもので，言語の内容が発声者の行動を制御するはたらきを持つ，とされていた[1]．しかし，筆者の対象とする生後5〜6カ月の乳児の「**独り言**」が，言語的内容を持っているとは考えにくい．私的言語が「言語」として機能するなら，乳児の独り言は「音」「声」として機能する（あるいは何も機能がない）と考えられた．音声発達に関する先行研究では，乳児の発声は，応答やケアを求めるもの，あるいは無意味なもの，と大きく分類されていた．しかし「心地よさそうな」独り言は，音を楽しむための行動ではないかと筆者は予想した．

　そこで，乳児の自宅を訪問し，「独り言」の記録を行った．仮説は「独り言は音声を聴くことが目的であり，応答を得ることが目的ではない」ということだった．一定時間続くこと，快状態に伴っていて泣きに移行しないこと，応答しうる人が視野内に居ないこと，という条件を満たす独り言を待ち，録画した．さらに，「声を聴くことが目的」であることを示すための実験条件として，対象児の近くにマイクとスピーカーを置き，対象児の出した声が（ほぼリアルタイムで）大きく増幅されて室内に響く状態を作り出した．もう1つの比較のための条件として，母親が対面で応答する様子も記録した．そして，それぞれの条件での乳児の発声の継続時間（大きく間を空けずに継続した秒数），音声分析によるピッチの記述，採譜によるリズムの記述を行った．リズムの記述に関してはPC等による音声分析に限界があり，採譜による視覚化が用いられることが多い．

　この研究では，音の響きを大きくした条件での「独り言」で発声がより長く継続したこと，また「独り言」では一定のフレーズがリズミカルに反復される回数が有意に多かった，という結果が得られた．快い状態で・外的な報酬なしに・反復的に継続された，という点は「遊び行動」の定義にも一致しており，

声の音で遊ぶ行動とも解釈できると考えられた.

　また研究の過程では, 独り言を発しない例も多々あった. 独り言を発した乳児とそうでない乳児では, その子の取っていた姿勢が異なっていた. 同じ月齢でも, 独り言を発した子の多くがその時間を仰向けの姿勢で過ごして, 独り言を発しなかった（ごく短い発声だけだった）子の多くが, 腹ばいや寝返り運動で時間を過ごしていた. 腹ばいの多くがおもちゃの探索を伴っており, 独り言を発しなかった子の多くが, 物体への探索行動や運動に従事していたことが示唆された. 独り言は, それら対象の探索・運動の生じていないときに発せられたと言える.

　この研究報告から, 乳児にとっても「独り」の時間には意味があると考察することも可能で, 特に育児や保育の現場に対しては, 保育者としての介入を控えることが時に重要であることを示唆することとなった.

3.　環境と発達──保育園における音環境と聴覚に関する研究

　赤ちゃん研究の裾野は広く, 上記のような研究手法以外にも様々なアプローチがある.「赤ちゃん学」と称する領域には, 心理学・認知科学・小児科学・保育学・霊長類学・工学等々, 多様な分野の研究が参画している. 実証研究の知見と, 実践現場の問題意識を結びつけることが, この複合領域の1つの課題となっている. 以下では,「赤ちゃん学」の研究の一例を紹介する.

　筆者と共同研究者は,「保育の音環境」をテーマに, 乳児のおかれた環境の評価・測定と乳幼児の聴覚発達を調べている. 保育園・幼稚園は, 多人数の乳幼児が長い時間を過ごす空間であるが, その室内の騒音レベルをはじめとする音環境については過去には十分に検証されず, 保育指針にも規定が示されてこなかった. 埼玉大学の志村洋子をはじめとする研究グループは, 長年, この「保育の音環境」を問題視し, 調査に取り組んできた.

　狭い空間で多くの乳幼児が活動するとき, 環境によっては, その音量はしばしば90 dbを上回る. 午前の保育活動が盛んになる時間帯, 昼食時, 夕方の活動時間から保護者が迎えに来る17時前後, 園によっては100 dbを超える音量が記録されることも珍しくない. 志村らの研究により多くの事例が示され, 園のハードウェアを対象とする建築学・音響学, 保育士の関わり方などに注目

する保育学，保育室における乳幼児の聴覚や発声行動を調べる発達心理学・聴覚心理学といった，多様な専門家が集まって調査を進めるようになった．

　保育実践者との研究会では，これを保育環境の設計に直接活かす方法が議論されている．また，音環境の問題と先述の「独り言」が，保育の場においては「にぎやかな音環境のどこで独り言が言えるのか」という視点で関連づけられた．

　赤ちゃんや子どもの発達という課題は，保育実践や子育てと密接に関わるものである．実践には，保育環境や社会，また学童期以降の発達も視野に入れた総合的な視野が必要である．そのため，異なる分野の研究者の協力体制が必要不可欠となる．専門領域の厳密さを保ちながら総合的な視野を持つことは簡単ではないが，「赤ちゃん学」は，比較的，異分野の専門研究者が問題意識を共有して自然な形で協力体制を取っている領域だと言えるのではないだろうか．

　赤ちゃん学は，保育実践とも密接な関わりを持つ．日本赤ちゃん学会学術集会には，医学・発達科学・発達心理学・霊長類学・認知科学・教育学・保育学等々，多くの分野の研究者の他，数多くの保育者が席を並べる．赤ちゃん学会は小児神経科医である小西行郎らが設立した，本来から異分野融合の学会ではあるが，設立から18年を経た今も，実践者と研究者が互いに学び合う姿勢を保っている．

　赤ちゃん学会の学会内部会として2018年に発足した「保育部会」では，保育実践者，基礎研究者，保育者養成大学の教員らが文字通り同じテーブルにつき，「子どものために一緒に何ができるか」をテーマに率直な意見交換が行われた．研究と実践との間にある認識のずれが多くのテーブルで議論となり，そのずれを踏まえつつ互いに何ができるか，具体的な方策を練る場となった．「赤ちゃん学」ならではの生産的な異分野融合が，今後さらに発展することが予想される．

［嶋田容子］

【参考文献（さらに学びたい人のために）】
[1]　Berk, L. E.（1992）. Children's private speech: An overview of theory and the status of research, *Private speech: From social interaction to self-regulation*, Diaz, R. M. and Berk, L. E. eds., Lawrence Erlbaum Associates, 17-53.
[2]　Gopnik, A.（青木玲訳）（2010）.『哲学する赤ちゃん』亜紀書房.

[3]　小西行郎, 遠藤利彦（2012）．『赤ちゃん学を学ぶ人のために』世界思想社.
[4]　森口佑介（2014）．『おさなごころを科学する』新曜社.
[5]　Shimada, Y.（2012）．Infant vocalization when alone: Possibility of early sound playing, *International Journal of Behavioral Development*, **36**（6），407-412.
[6]　志村洋子（2016）．「保育活動と保育室内の音環境——音声コミュニケーションを育む空間をめざして」『日本音響学会誌』**72**（3），144-151.

A6-8
スポーツバイオメカニクス
sports biomechanics

1.　スポーツバイオメカニクスとは

　スポーツバイオメカニクスは，バイオメカニクス（biomechanics）を基礎学問としている．バイオメカニクスは，バイオとメカニクスからなる造語であり，力学的観点から生体を評価するため生体力学と訳されることが多い．その研究対象は，人以外の生物も含み幅が非常に広い．一方，スポーツバイオメカニクスは，スポーツを研究対象とするため，人の動きや，バットやラケットといったスポーツ用具の振る舞いが主な研究対象となる．これらの動きを計測し，力学を用いて解析する．一般的に，フォームなど身体の姿勢を評価することを**運動学解析**（kinematic analysis），身体動作に伴う力や関節モーメントなどを評価することを**動力学解析**（kinetic analysis）と呼ぶ．

　スポーツ動作の解析には，対象とする動作を可能な限り正確に計測する必要がある．それらの計測には，光学式カメラや，磁気センサー，加速度計，角度計など様々な工学機器が利用される．これらの機器を総称して，動作解析装置や**モーションキャプチャー・システム**（motion capture system）と呼ぶことが多い．ここでは，スポーツ動作の計測に利用されることが多い光学式カメラを利用したモーションキャプチャー・システムを中心に説明する．なお，19世紀末頃に，マイブリッジ（Muybridge, E.）やマレー（Marey, E.）が連続写真撮影機（フィルムカメラ）を開発し，人の目では追うことができない素早い動作を連続撮影することに成功した[8]．その後，フィルムカメラ，ビデオ

カメラ，デジタルビデオカメラとカメラの性能が飛躍的に向上し，様々な動き
をより詳細に計測できるようになった．スポーツバイオメカニクスは，計測機
器の発達とともに発展してきていると言える．

2. スポーツ動作の測定

　光学式カメラを用いたモーションキャプチャー・システムは，人の体表面に
光を反射する小型かつ軽量な反射マーカーを複数個貼り付けるだけで測定がで
きる．そのため，計測装置が身体動作を妨げにくく自然な動きを計測できる利
点がある．また，カメラの台数とそれらの配置を変更することで測定視野を調
整できるため，投球動作やキック動作といった大きな動きも計測できる．
　反射マーカーは，解剖学で定義された骨特徴点上の皮膚面に専用の両面テ
ープを用いて貼り付けられる[11]．これらの反射マーカー位置から身体の姿勢
（関節角度）を算出するが，これまでに数多くの算出方法が提案されてきた．
そのため**関節角度**（joint angle）の算出方法が異なる報告においては，直接の
比較が困難な場合があった．そこで，ウーら（Wu, G.）によって，2002年に
下肢の標準座標系，2005年に上肢の標準座標系が提案された[12][13]．それ以
降，多くの研究者がこれらの標準座標系を採用し，関節角度の算出方法が統一
されてきている．加えて，市販されているモーションキャプチャー・システム
の改良により，50個を超えるマーカー位置の計測も比較的容易になったこと
から，より詳細に身体動作を計測することが可能となってきた（**図1**）．
　肘関節を例とすると，肘の曲げ伸ばし（屈曲と伸展）と前腕を使った手首の
回転（回内と回外）を評価するには，上腕と前腕にそれぞれ局所座標系を設定
し，それらの座標変換を算出する必要がある．そのためには，各部位に3個以
上の反射マーカーを貼付する必要がある．そこで上腕には，肩峰（肩関節）と
上腕骨外側上顆（肘関節外側），上腕骨内側上顆（肘関節内側）の3点にマー
カーを貼付する．また前腕には，橈骨茎状突起（手関節親指側）と尺骨茎状突
起（手関節小指側）にマーカーを貼付し，前述の肘に貼付した2つのマーカー
と合わせて4点のマーカーを貼付する．これらのマーカーから上腕座標系と前
腕座標系を決定し，両者の座標変換を算出する．この座標変換に対してオイラ
ー角を用いて関節角度を算出する[10]．同様に，体の各関節（肩関節，肘関節，

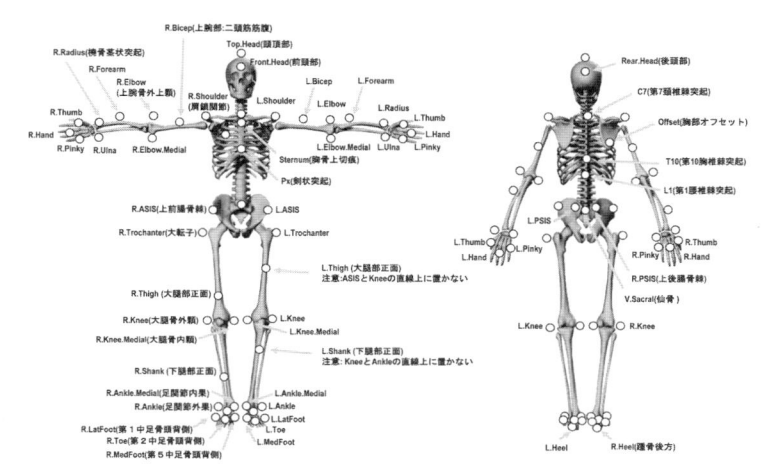

図1　身体の関節運動を計測するための反射マーカー配置例

手関節，股関節，膝関節，足関節）や，部位（腰部，胸部，頭部）の姿勢変化
を算出することで，フォームなどの運動学解析が可能となる（**図2**）．

3.　スポーツ動作の力学的解析

　スポーツバイオメカニクスの動力学解析において，「**関節モーメント**（joint
moment）」を評価することが多い．関節モーメントは，身体の外からスポー
ツ動作を計測することにより，直接計測することが困難な身体内の筋活動を推
定できる数少ない現実的な手法である[1][7]．関節モーメントの推定には，ロボ
ット工学などで利用される剛体リンクモデルを用いた逆動力学解析（ニュート
ン・オイラー法）が応用されている[5]．
　肘関節の屈曲・伸展動作を例とする．動作解析により，屈曲モーメント（肘
関節を屈曲させる関節モーメント）が作用していたと推定されたとする．その
とき肘関節が屈曲する動作をしていた場合，筋は力をかけながら収縮するため
「短縮性収縮」していたとわかる．逆に，肘関節には屈曲モーメントが作用す
るものの，肘関節が伸展する動作をしていた場合，筋は力をかけながら伸ばさ
れるため「伸張性収縮」をしていたとわかる．このように関節モーメントは，
筋の活動がかなりの程度直接的に反映されているため，スポーツ動作の評価に

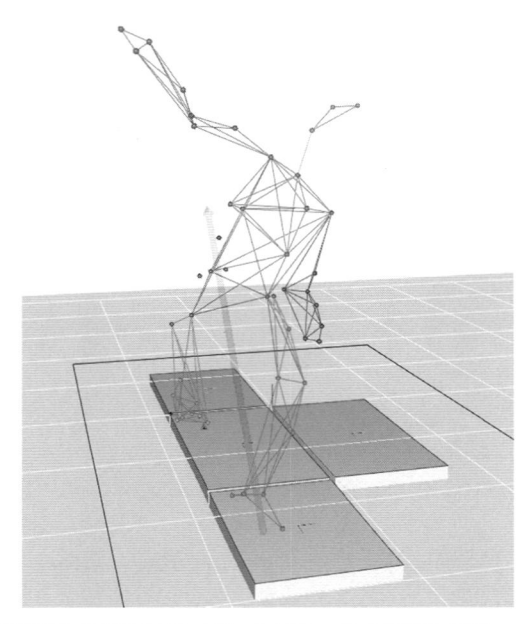

図２　投球動作の測定結果（ボールリリースの瞬間をスティック表示）

利用されている.

　ただし関節モーメントの理解には，以下の点に注意が必要である．推定された関節モーメントは，その関節の運動に関与する複数の筋と靭帯に起因したモーメントの合計（正味のモーメント）となる[1]．例として，肘関節に屈曲モーメントが作用していたと推定されたとする．屈曲に関与する筋群によるモーメントと伸展に関与する筋群によるモーメントの差分が正味の関節モーメントとして推定されるため，屈筋群が伸筋群よりも優位に働いていたことがわかる．しかし，屈曲筋群と伸筋群が同時に活動している場合，推定された屈曲モーメントは，実際に屈筋群が発生したモーメントよりも小さい値となる．このような推定上の限界があることを理解して，関節モーメントを適正に解釈する必要がある.

4.　野球の投球動作解析

　様々なスポーツ種目が研究対象とされているが，研究対象とされるスポーツ
は，その国で盛んなスポーツに影響を受ける．とくに，日本やアメリカでは，
野球に関するスポーツバイオメカニクスの研究報告が多い．ここでは野球の投
球動作を例とした動力学解析について紹介する．

　1986 年にフェルトナー（Feltner, M.）らが，野球の投球動作を 2 台のフィ
ルムカメラを用いて計測した．この報告では，従来の運動学解析に加えて，剛
体リンクモデルを用いて投球腕の関節モーメントを推定することで動力学解析
を実施した[2]．これ以降，投球動作の評価において動力学解析が多数報告され
ることになる．

　スポーツ動作の評価において，その種目の特徴的な動作を区切りとして相
を分けることが多い．投球動作では，一般的に，ワインドアップ相，アームコ
ッキング相，加速相，減速相，フォロースルー相に分けて評価される[3]．とく
に，アームコッキング相は踏込足が地面に接した時点（FC）から肩関節が最
大外旋位（MER）に達した時点までと定義され，加速相は MER から始まり
ボールリリース（BR）までと定義される（**図 3**）．フェルトナーらの報告によ
れば，平均時速 121 km の球速に対して，ボールリリース付近で，肩関節の内
旋角速度は約 6100 °/s となり，肘の伸展角速度は約 2000 °/s となった．肘関
節に注目すると，加速相において，前述の大きな進展角速度を示すが，伸展モ
ーメントは約 20 Nm とあまり大きくない[2]．そのため加速相における肘関節
の伸展動作は，肘関節の伸展筋である上腕三頭筋によらないことが動力学解析

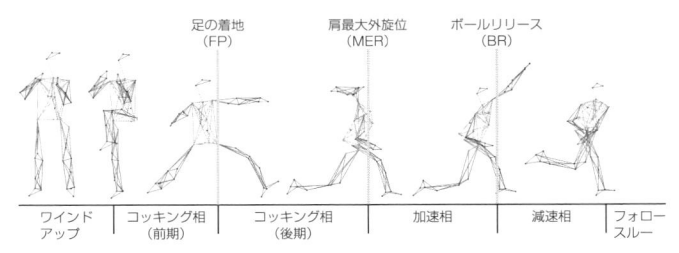

図 3　投球動作の相分類

により明らかとなった．加速相における肘関節の伸展動作は，体幹の回旋と肩関節の動作に起因していると考えられる．

　次に，主に肩関節の外旋運動に起因する肘関節の内反モーメントは，FC から MER にかけて増加し，MER 前後に約 64〜100 Nm まで達した[2][3]．しかし肘関節は，その解剖学的構造から内反方向（肘関節を小指側に曲げる方向）には関節が曲がらず，この動作に対応する筋も存在しない．そのため筋に代わり尺側側副靭帯などの靭帯が内反モーメントを発生させている[2][5]．この靭帯は，内反モーメントを発生するために伸張され，投球動作のたびにストレスを受け続ける．このストレスが繰り返されることが，肘関節傷害を引き起こす要因の 1 つであると示唆されている[3]．その後の研究報告において下肢や体幹の動作が評価され，投球動作のメカニズムが定量評価されてきている[6]．近年の研究では投球動作における肩甲骨の動作も評価が進められている[8]．

　このようにスポーツバイオメカニクスは，スポーツのパフォーマンスの評価だけではなくスポーツ傷害の解明にも利用されている．今後も，スポーツバイオメカニクスを応用することで，様々なスポーツ種目の特徴的な動作の定量的な評価が期待される．

［中村康雄］

【参考文献（さらに学びたい人のために）】

[1] 阿江通良，藤井範久（2002）．『スポーツバイオメカニクス 20 講』朝倉書店，89.

[2] Feltner, M. and Dapena, J.（1986）．Dynamics of the shoulder and elbow joints of the throwing arm during a baseball pitch, *International Journal of Sport Biomechanics*, **2**, 235-259.

[3] Fleisig, G. S., Andrews, J. R., Dillman, C. J. and Escamilla, R. F.（1995）．Kinetics of baseball pitching with implications about injury mechanisms, *The American Journal of Sports Medicine*, **23**（2），233-239.

[4] 深代千之，内海良子（2018）．『身体と動きで学ぶスポーツ科学——運動生理学とバイオメカニクスがパフォーマンスを変える』東京大学出版会.

[5] 広瀬茂男（2001）．『ロボット工学——機械システムのベクトル解析（改訂版）』裳華房，90.

[6] 金子公宥，福永哲夫（2004）．『バイオメカニクス——身体運動の科学的基礎』杏林書院，239, 268.

[7] 宮西智久編，岡田英孝，藤井範久著（2016）．『はじめて学ぶ健康・スポーツ科学シリーズ 4　スポーツバイオメカニクス』化学同人，189.

[8] 宮下浩二，小山太郎，太田憲一郎，谷祐輔，岡棟亮二（2017）．「投球動作の後期コッキング期から加速期における肩甲骨の三次元運動解析」『日本臨床スポーツ医学会誌』**25**

　　　（3），374-382.
[9]　Muybrige, E.（1955）. *The Human Figure in Motion*, Dover Publications, 44.
[10]　中村康雄，林豊彦，中村真理，中溝寛之，信原克哉，加藤直，飯塚大輔（2004）.「投球フォームとボール・リリース時の肩関節負荷」『バイオメカニズム』**17**, 123-132.
[11]　Thompson, C. W. and Floyd, R. T.（中村千秋，竹内真希訳）（2002）『身体運動の機能解剖 改訂版』医道の日本社，65.
[12]　Wu, G., Siegler, S., Allard, P., Kirtley C., Leardini, A., Rosenbaum, D., Whittle, M., D'Lima, D. D., Cristofolini, L., Witte, H., Schmid, O. and Stokes, I.（2002）. ISB recommendation on definitions of joint coordinate system of various joints for the reporting of human joint motion—Part I: Ankle, hip, and spine, *Journal of Biomechanics*, **35**（4），543-548
[13]　Wu, G., van der Helm, F. C., Veeger, H. E., Makhsous, M., P. Van Roy, P., Anglin, C., Nagels, J., Karduna, A.R., McQuade, K., Wang, X., Werner, F. W. and Buchholz, B.（2005）. ISB recommendation on definitions of joint coordinate systems of various joints for the reporting of human joint motion—Part II: Shoulder, elbow, wrist and hand, *Journal of Biomechanics*, **38**（5），981-992.

身体文化・
行動計量

A6-9
他　者　性
reality of other minds

1.　他者性を過剰に感じる人間の心

　　「この世界で最も美しいものは，見えたり聞こえたりするものじゃなく，
　　心で感じるものではないでしょうか？」　ヘレン・ケラー
　我々は日々の暮らしの中で「他者」の存在に大きな影響を受ける．他者が存在することで，その振る舞いや言動に同調したり，逆に強く反発したりと，外界の物理的・機械的出来事に対するものとはまったく異なる反応が引き起こされる．このような特異的な反応を引き起こす，「そこに他者がいる」という感覚を「他者性」と呼ぶ．
　他者性を感じさせるためには，実際に他の人間が存在することは必ずしも必要ではない．例えば 1 人で緑深い森や雪山を歩いているときに，実際には存在しない他者の視線や存在感を周囲から感じることがある．さらに統合失調症の人たちはしばしば存在しない他者の声が聞こえてくる幻聴体験をすることが報

告されている．また人間以外の動物や人工物であるロボットの動きや言動に対しても，我々は強く他者性を感じることがある．このように，我々は実際には他の人間がいなくても，ある種の要因が存在すると他者性を感じることがある．

2.　他者性という感覚の背後にある複数の次元

　一言で他者性と言っても，実際には様々な感覚が混在している．例えば，乳児や動物に対して我々が感じる他者性と，大人に対して感じる他者性は大きく異なるであろう．そこで他者性という感覚の背後にある要因を明らかにするために，様々な対象（成人，乳児，カエル，ロボットなど）に対して抱く心の印象を，対象の印象を形容詞の当てはまりの良さから評定する質問紙法（semantic differential scale: **SD 法**）を用いて 500 人の日本人の実験参加者に回答してもらい，その結果を主成分分析することで，どのような要因が他者性を感じさせるのかを調べた[4]．

　その結果，他者性を感じさせる要因には，「暖かい」次元（その対象が喜怒哀楽のような感情を有しているような感覚）と「冷たい」次元（その対象に観察されているという感覚）の少なくとも 2 つがあることが示された（**図 1 左**）．具体的には，「成人」から感じる他者性には，暖かい次元と冷たい次元のどちらもが大きく寄与しているのに対して，「乳児」から感じる他者性に関しては暖かい次元だけが大きく関わっていた．

　一方，「神さま」や「ロボット」から感じる他者性には，逆に冷たい次元のみが大きく関わっていた．このように他者性という感覚を引き起こす次元を定量的に解析することによって，対象に応じて感じる他者性の質の違いを評価できることが示された．

　上記に示した結果は多数の参加者の平均から得られたものであるが，同一の対象にどのような他者性を感じているのかについては大きな個人差が存在すると思われる．例えば上記の研究では被験者にどの様な宗教を信じているかは問わなかったが，キリスト教のような一神教での超然とした存在としての「神さま」を信仰している人，ギリシャ神話のような多神教での人間臭い「神さま」を信仰している人，あるいは無宗教の人では「神さま」に感じる他者性は大き

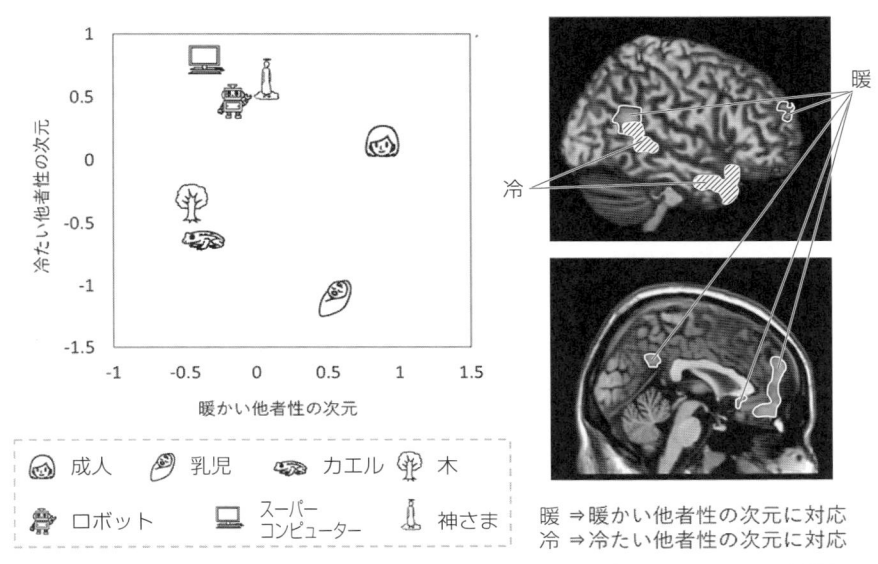

図 1　他者性の背後にある 2 つの次元と対応する脳部位（文献 [3][4] より抜粋）

く異なると思われる．このように様々な対象に対して感じる他者性を次元に分
解して詳しく検討することは，個性や宗教観などの人間の社会や文化について
深く考えることにつながるのかもしれない．

3.　他者性を感じる脳の機能

　他者性を感じる神経基盤を明らかにしていくために，**磁気共鳴機能画像法**
（functional magnetic resonance imaging: fMRI）を用いた実験を行った[3]．
この手法を用いると，課題遂行中に活動する被験者の脳の部位（血流動態反
応）を同定することが可能である．被験者に人間や様々な種類のロボットなど
を相手に簡単なゲーム課題を行ってもらい，それぞれのゲームの相手に対する
他者性を質問紙法により暖かい次元と冷たい次元の 2 次元で定量化した．同時
にゲームを行っている最中の被験者の脳活動を fMRI により計測，それぞれの
ゲームの相手に被験者が感じている他者性の 2 つの次元それぞれと正の相関を
する脳の部位を探索した（**図 1 右**）．

　その結果，暖かい次元が関わる他者性は，側頭頭頂接合部（temporoparietal junction）の上部，前頭葉の内側部（medial prefrontal cortex），楔前部（precuneus）などの脳領部位に対応が見られた．一方で，冷たい次元が関わる他者性には，側頭頭頂接合部の下部，側頭極（temporal pole）などの脳部位に対応が見られた．暖かい次元と対応する前頭葉内側部などの脳部位は，相手の気持ちを明示的（論理的）に推定する際に重要な機能を担っていることが示唆されている．また，冷たい次元と対応する側頭極などはより自動的（直感的）な情報処理に関わっているとされる．この fMRI 実験により，他者性は異なる性質の情報処理（論理と直感）により生み出されていることが示唆された．

4.　論理的な他者性，直感的な他者性

　我々の心に備わった他者性を感じ取る仕組みは複数の次元により成り立っており，それぞれに対応する神経基盤が存在することについてこれまで述べてきた．ではどのような外部刺激によって，これらの他者性の感覚が立ち上がるのであろうか？　図2は他者性の感覚とそれによる行動変容の背後にあるメカニズムのモデルである．脳機能計測の結果から示唆されたように，我々の他者性の感覚は論理的な処理（暖かい次元）と直感的な処理（冷たい次元）によって成り立っている．論理的な他者性とは，「この状況においては○○さんが

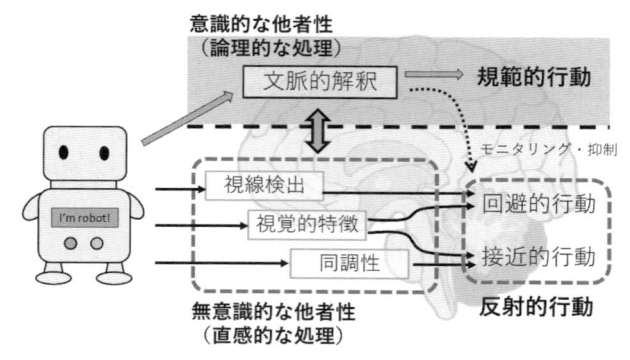

図2　他者性の背後にある要因とその影響のモデル

存在するのは自明である」といった論理的に導かれる信念のことである．この
ような論理的な他者性は，置かれている状況の文脈的解釈（この状況ではこう
であるべきという社会で共有された通念）によって生み出されるものであり，
「他者」を直接的に想起させる感覚的な刺激の入力が無くても立ち上がるもの
である．そしてこのような他者性により引き起こされる行動は，この状況では
このような振る舞いをするべきだという規範に基づくものである．

　一方で，直感的な他者性とは，文脈とは無関係に立ち上がるより自動的な感
覚である．例えば人間そっくりのアンドロイドの見た目に対して我々は不気
味さを感じたり（不気味の谷），目のような刺激によって被視感を感じて警戒
をするような回避的行動をとったりすることが報告されている[2]．さらにたと
え見た目がまったく人間に似ていない人工物であっても，その見た目が乳幼児
や愛玩動物のようにかわいらしかったり，その動きが自らの動きと同調（シン
クロ）したりすることで，我々はそれに強い親近性を感じて接近的行動（距離
感が近くなる，物理的接触をするなど）をとることが知られている．このよう
な回避的行動や接近的行動は論理に基づかない刺激に駆動された反射的行動と
言える．このような論理的な他者性と直感的な他者性が間接的に相互作用しな
がら，しかし独立して並列的に我々の脳内で働くことで他者性の感覚に基づく
我々の行動変容が生じると考えられる．

　発達心理学の研究領域において，ロボットに対して乳幼児がどのような反
応をするか調べた研究が近年数多く行われている[1]．その結果，大人と比較し
て，乳幼児はロボットの見た目や同調性などに応じて行動を敏感に短時間で変
容させることが報告されている．これは，乳幼児が早い段階から直感的な他者
性を感じ取るメカニズムを有していることを示唆している．そして発達に応じ
て，次第に論理的に他者性を感じるメカニズムが成熟していくことで，文脈に
即さない反射的行動が抑制されるようになり，より規範的な行動が表出しやす
くなると思われる．

　以上，ここまで述べてきた他者性の背後にあるメカニズムはまだ仮説であ
り，今後様々な実験的検討を行うことで，より詳細なモデルを構築していく必
要がある．

身体文化・
行動計量

5.　「幻想の他者性」と「真実の他者性」

　これまで述べてきたように，他者性というのは実際の他者の存在の有無を問わずに，外部からの刺激によって機械的に立ち上がる．つまり我々は他者性を脳内の幻想として感じているとも言える．このような幻想を生み出す脳のメカニズムを深く理解することで，人間のような強い他者性を感じさせるロボットを創り出すことができるかもしれない．ではどのような精巧なロボットに対しても感じられない，実際の人間からしか生じない「真実の他者性」というものは存在するのであろうか？

　1つの仮説として，人間同士の共有基盤を考えることで，ロボットでは絶対に実現できない他者性というものが見えてくると考えている．例えば，同じ風景を観たときに，物理的には離れている2人が同じような感覚を抱くことがある（図3）．これは人間同士が，生物学的基盤（遺伝子）や文化，記憶といった様々なものを共有しているため，共通した入力に対して共有された感覚が生起するためと考えられる．このような共有基盤は非常に複雑で膨大な情報に基づいており，表面的な刺激の総体として人工的に創られたロボットには現実的には獲得させられないものである．このような共有基盤によって生み出される他者性の感覚というものが現実にあるのであれば，それはもはや幻想とは言え

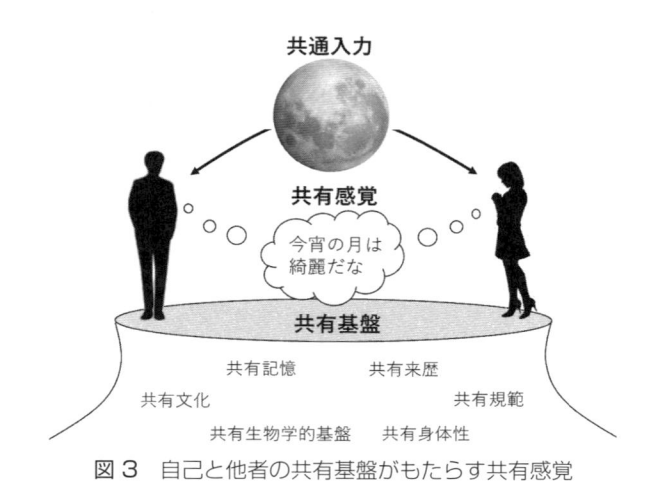

図3　自己と他者の共有基盤がもたらす共有感覚

ないのかもしれない．同じ風景であっても，1人で観る場合と比較して，2人で観る場合に全く違う彩りに満ちた景色となることがある．人間同士が一緒にいることにより時として生まれる幸せな感覚を深く追求していくことで，刺激に応じた機械的な反応生成という古典的な理解の枠組みを超えた新しい他者性が見えてくるのかもしれない．

[高橋英之]

【参考文献（さらに学びたい人のために）】
[1] 板倉昭二，北崎充晃編著（2014）．『ロボットを通して探る子どもの心――ディベロップメンタル・サイバネティクスの挑戦』ミネルヴァ書房．
[2] Takahashi, H., Saito, C., Okada, H. and Omori, T.（2013）. An investigation of social factors related to online mentalizing in a human-robot competitive game, *Japanese Psychological Research*, **55**（2）, 144-153.
[3] Takahashi, H., Terada, K., Morita, T., Suzuki, S., Haji, T., Kozima, H. and Naito, E.（2014）. Different impressions of other agents obtained through social interaction uniquely modulate dorsal and ventral pathway activities in the social human brain, *Cortex*, **58**, 289-300.
[4] Takahashi, H., Ban, M. and Asada, M.（2016）. Semantic differential scale method can reveal multi-dimensional aspects of mind perception, *Frontiers in Psychology*, **7**, 1717.

身体文化・
行動計量

A6-10
共 同 作 業
cooperative work

　複数人での共同作業（協同作業，協調作業）を円滑に進めることは，仕事，趣味，娯楽といったフォーマル，インフォーマルいずれの場面においても重要であり，ヒューマンインタフェースや心理学，認知科学といった研究領域で，「共同作業」というキーワードで研究されてきている．

1.　共同作業と行動計量

　共同作業とは，個別に取り組む単独作業に対して，ある1つの目的を達成するために複数人で協力しながら一定の作業を行うことを指す．**協同作業**や**協調作業**（collaboration，または collaborative work）と表記されることがある．
　共同作業の定量的な評価として，単位時間当たりの作業量や，作業過程にお

ける作業者の行動量が用いられることが多い．マイクロフォン付きビデオカメ
ラの普及で，作業終了後に作業過程に立ち戻った行動計量が可能になった．さ
らに，**視線計測装置**（gaze tracking system）や**3次元動作解析装置**（motion
capture system）を含むセンシング技術の発展により，作業過程で計量可能な
行動の種類が増えつつある．

2.　構造物を組み立てる共同作業での行動計量例

　時間と空間を共有しながら3人で構造物を組み立てる作業（structure as-
sembly work）での行動計量について，**完成型**（completion type）・**共創型**
（co-creation type）・**競争型**（competition type）の3つの事例を紹介する．
これら3つの事例に共通する点は，作業に取り組む3人には特定の役割を事前
に与えられていないこと，作業の相手とやり取り（interaction）しながら身体
を介して構造物を組み立てること，1人では困難であるものの2人ならば達成
できる程度の難易度の課題に3人で取り組むことの3点である．

2.1　完成型共同作業
　完成型共同作業とは，組み立てる構造物の完成形状が具体的に決まっている
ため，作業者の創造の余地がそれほど大きくない作業である．目的達成の成否
については第三者による判定が容易であり，客観的な競争の要素を含む．
　完成型共同作業の事例として，パイプ家具を模した構造物の組み立て課題を
図1に示す．この課題では，完成図を確認しながらパイプ状の材料を用いて
制限時間内に完成図と同一の構造物を組み立てることを目的とする[2]．作業の
過程での作業者の発話・視線の向き・身体の動きを，マイクロフォン・視線検
出装置・3次元動作計測装置で計量した．作業者同士で視線を交わしたり，同
時に完成図や同じ作業者を注視する時間と回数の多い場合に，制限時間内に構
造物が完成された[5]．作業の終了後に，作業の先導者について第三者による評
定を行った．その結果，構造物を組み立てる手順についての発話が多く，完成
図に視線を送る時間の長い作業者が先導者と見なされる傾向があることがわか
った[6]．

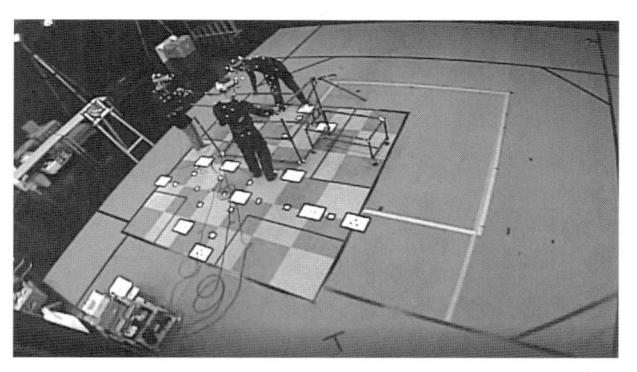

図1　完成型共同作業の事例：パイプ状構造物組立課題[i)]

2.2　共創型共同作業

　共創型共同作業とは，組み立てる構造物の完成形状は具体的に決まっていないため，作業者の創造の余地の大きな作業である．目的達成の成否については第三者による判定が困難であり，主観的な競争の要素を含む．

　共創型共同作業の事例として，レゴⓇブロックを用いた城制作課題を**図2**に示す．この課題では，作業者同士で話し合いながら制限時間内にブロックを組み立て城を制作することを目的とする[3]．作業の過程での作業者の発話・視線の向き・身体の動きを，マイクロフォン・ビデオカメラ・3次元動作計測装置で計量した．作業の終了後に，城の完成度と創造性について第三者による評定

図2　共創型共同作業の事例：レゴブロックによる城作成課題

を行った．その結果，城の制作の方向性を相談する時間が長く，お互いに視線を交わす回数が多い場合に，完成度の高い城が制作された．一方，作業には関係のない雑談が多く，相手にイメージを伝えるジェスチャーの表出回数が多い場合に，創造性の高い城が制作された[4]．

2.3　競争型共同作業

競争型共同作業とは，組み立てる構造物に物理的な制約条件が存在するものの完成形状は具体的に決まっていないため，作業者の創造の余地のある作業である．物理的な制約条件から目的達成の成否については第三者による判定が容易であり，客観的な競争の要素を含む．

競争型共同作業の事例として，マシュマロチャレンジ課題を図3に示す．この課題は，スキルマン（Skillman, P.）とウージェク（Wujec, T.）により考案されたものである[1]．この課題では，あらかじめ用意された材料を用いて制限時間内にできるだけ高い塔を作ることを目的とする．ただし，塔の頂上にマシュマロが1つ乗った状態で自立しているという物理的な制約条件が課せられる．作業の過程での作業者の発話・視線の向きをマイクロフォンとビデオカメラで計量した．作業の終了後に，作業過程の満足度について作業者自身による評定を行った．その結果，作業の序盤で自分の出したアイディアに対して他の作業者から多くの賛同を得られた場合に，高い塔が制作された．また，作業の序盤で作業者同士が視線を交わした場合に，高い満足度が得られた[7]．

図3　競争型共同作業の事例：マシュマロチャレンジ課題

3. 今後の展望

　複数人で問題を解決しようと試みる際によく使われる対称的な諺として，「3人寄れば文殊の知恵（Two heads are better than one.）」と「船頭多くして船山に登る（Too many cooks spoil the broth.）」がある．この2つの諺に代表されるように，共同作業はうまくいくときがあれば，うまくいかないときもある．一体，作業の過程で何が起きているのだろうか．ここでは，作業者の行動を客観的に計量することで，どのような行動が表出されていた場合に作業がうまくいったのかを探る試みを紹介した．

　センシングと通信の技術発展により，我々の日常生活での行動は，より簡便な方法で計量可能になってきている．同時に，より多くの種類の行動をより精緻に計量できるようになりつつある．共同作業の過程で我々は，作業の相手とどのようなやり取りをしているのか，その結果としてどのような**相乗効果**（synergy）が生まれているのか．大量かつ詳細な行動データを，局所的な視点と大局的な視点の双方から分析していくことで，共同作業の過程で何が起こっているのかが解き明かされることに期待したい．

［鈴木紀子］

【注】

i)　完成型共同作業のデータは，株式会社国際電気通信基礎技術研究所（ATR）メディア情報科学研究所において，国立研究開発法人情報通信研究機構（NICT）の「超高速ネットワーク社会に向けた新しいインタラクション・メディアの研究開発」の支援を受けて実施した研究により収録されたものである．

【参考文献（さらに学びたい人のために）】

[1]　Anthony, S.（2014）. Innovation leadership lessons from the marshmallow challenge, *Harvard Business Review Online*.（https://hbr.org/2014/12/innovation-leadership-lessons-from-the-marshmallow-challenge）（最終アクセス：2019年10月25日）

[2]　伊藤禎宣，馬田一郎，鈴木紀子，岩澤昭一郎，神谷俊郎，鳥山朋二，間瀬健二，小暮潔（2006）.「共同作業時の身体動作と視線運動に関する考察」『情報処理学会研究報告』**2006**（14）（2006-UBI-010），185-190.

[3]　Sakata, M. and Miyamoto, K.（2011）. Process in establishing communication in collaborative creation, *Human Interface and the Management of Information: Interacting with Information*, 315-324.

身体文化・行動計量

[4] Shoda, H., Nishimoto, K., Suzuki, N., Sakata, M. and Ito, N.（2016）. Creativity comes from interaction: Multi-modal analyses of three-creator communication in constructing a Lego castle, *Human Interface and the Management of Information: Applications and Services*, 336-345.

[5] Suzuki, N., Umata, I., Kamiya, T., Ito, S., Iwasawa, S., Inoue, N., Toriyama, T. and Kogure, K.（2007）. Nonverbal behaviors in cooperative work: A case study of successful and unsuccessful team, *Proceedings of the Annual Meeting of the Cognitive Science Society*, **29**, 1527-1532.

[6] Suzuki, N., Kamiya, T., Umata, I., Ito, S. and Iwasawa, S.（2012）. Analyzing the structure of the emergent division of labor in multiparty collaboration, *Proceedings of the ACM 2012 conference on Computer Supported Cooperative Work*, 1233-1236.

[7] Suzuki, N., Shoda, H., Sakata, M. and Inada, K.（2016）. Essential tips for successful collaboration: A case study of the ''Marshmallow Challenge'', *Human Interface and the Management of Information: Applications and Services*, 81-89.

A6-11
アフォーダンス
affordance

1. アフォーダンスとは

　アフォーダンス（affordance）という用語は，英語の afford（もたらす，与える，提供する，供給する）という動詞をもとに心理学者ギブソン（Gibson, J. J.）が造った造語である[1]．環境内の異なる場所や，モノ，他者，できごとは，わたしたちに異なる利益をもたらしたり，あるいは害を与えたりする．これらの環境の様々な側面やその組み合わせがわたしたち動物に与える価値をアフォーダンスと呼ぶ．ギブソンは，環境のアフォーダンスを見ることは，当の環境との接触が自分に何をもたらすかを見ることに他ならない，と言う．ただし，ここで言われている「接触」には，文字通り触れることのみならず，場所，モノ，他者や人工物など環境の様々な側面との関係形成が広く含まれる．

　例えば，ギブソンは次のような例を挙げる．ハチが花にとまろうとするとき，どうすればその花の上に首尾良くとまることができるかは，花の向き，花びらのかたちやそのやわらかさといった種々の特性の組み合わせにかかっている．花にとまるためには，これらの特性の高次の組み合わせが与える機会に応じて，ハチの飛行は調整される必要がある．従って，ハチが花にとまるプロセ

スにおいては，花の「ハチがとまることを可能にする高次の特性」の持続に対して，刻々と変化しつつあるハチ自身の飛行が絶えず調整されていくことになる．

　ただしもちろん，環境内の場所，モノ，他者，できごとおよびその組み合わせがわたしたちに何をもたらすかは，たとえそれらが同一の場所やモノ，他者やできごとであったとしても「ひとつ」に定まるものではない．その意味において，アフォーダンスはわたしたちの行動を「決定」するものではなく，行動を「引き起こす」ことはできない．異なる動物は異なる仕方で同一の場所を利用し，異なる文化圏の人々は異なる生活様式によって，皆が共有するところのひとつの環境に対処している．空気，地面，重力，場所，他者，人工物や多層的なできごとが織りなす独特の秩序をもったまわりに，わたしたちは集団として，また個体として参加していく．環境の側から見ると，わたしたちの多様な生活習慣は，ひとつの環境が与える無数のアフォーダンス群を選択・利用するかたちで進化し，育まれてきたものとして見ることができよう[2]．

2.　アフォーダンスの研究

　まわりに参加していく調整のプロセスの中で，人の様々なふるまいには，自らをとりまく環境がもたらす様々なアフォーダンスが，ちょうど写真のネガのように映りこむ．また，人がなんらかの目的を達成するために利用したモノの集積には，自ずと，活動の目的に沿った統一が生まれるはずで，その統一は，当の目的の達成を可能にする環境の性質を反映するものになるだろう．環境と人の活動の結びつきに光を当てるアフォーダンスの研究には様々なアプローチが可能であり，例えば①人の活動の記述を通して，当の活動が向かう環境の利用価値について透かし見るものや，②活動が利用した環境の記述を通して，そこに浮かび上がる高次の不変を抽出するもの，③アフォーダンスの識別を可能にする情報について，周囲を探索する活動の特徴と照らし合わせて検討するもの，④他者が利用するアフォーダンスの知覚について，他者と協調する人のふるまいの特徴から垣間見るものなどが挙げられる．以下にその例を紹介する．

2.1　発達とアフォーダンス

　人の行為が発達するプロセスは環境のアフォーダンスの多数性と深く関わっている．佐々木[3]は，多数のアフォーダンスを内在させている環境と，発達する2名の乳児の行為がどのようにして出会っているのかをとらえた動画を集めたデータベースを制作した．収められた940の動画はキーワードから，乳児名から，月齢から検索することができる．

　このデータベースのために集められた動画を用いた研究のひとつに，食事場面で2人の乳児がスプーンやフォークを使って食べるようになるまでのプロセスを検討したものがある[4]．多くの食物は人が手で食べることをアフォードするが，東アジアや欧米諸国などの食事場面では，スプーンやフォーク，箸などの道具を手で操り，道具を介して食物を口に運ぶことが選択される．道具を用いた食事の発達は，単に効率よく食べることに向けられたものとは言えず，ある規範を共有する集団の中で食べることの発達という側面を持つ．

　2名の乳児たちが食卓ではじめてスプーンとフォークに接してから，「食物を口に運搬する」目的に向けてこれらの道具を利用できるようになるまでには半年以上を要したが，「食べること」に用いられないのにもかかわらず，食事場面で道具はほぼ常に乳児たちの手にあった．道具を使って食べるようになる前に乳児が具現していた道具のアフォーダンスは，道具の柄を口にくわえる，道具を指でなでる，両手にもった道具をぶつけあう，振る，食卓を叩く，食卓の上で転がす，食卓をひっかく，床に落とす，投げる，自分の頭をポンポンと叩く，服に食物をなすりつける，皿を叩く，モノを指し示す，食物をつつくといった実に多様なものであった．

　スプーンやフォークの用途の「幅」は次第に変化を見せ，時を追うにつれて乳児は徐々に手にした道具を一貫して食物に対して向けるようになっていく．1歳半を過ぎてしばらくすると，乳児がこれらの道具を食卓で使う用途は，「食物をとって口に運ぶ」ことに向けて収束していった．乳児が食卓で道具を使えるようになるプロセスは，多機能な道具がもたらす様々な活動の機会の中から，食卓という場所の文脈にかなうかたちで，特定の活動の機会を選択的に利用するようになるプロセスという一側面を持っていた．

　また，こうしたプロセスのまわりで，母親は乳児の前の食卓に置かれている食器や食物の配置を注意深く調整していた．乳児が道具に接しはじめて数カ月

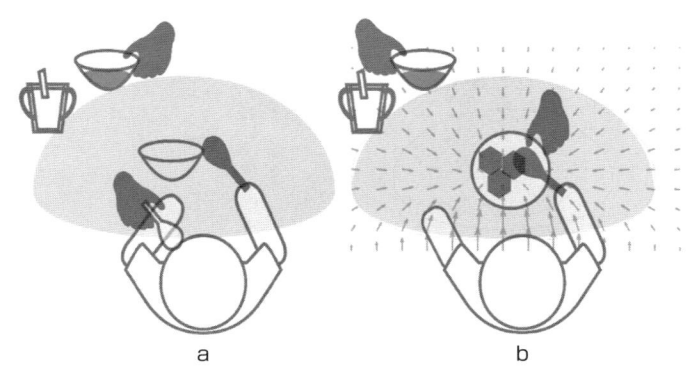

図1　食卓における母親による乳児の行為の機会の調整
a.　「食べること」に関係のない道具を用いた探索／遊びを許容・促進する場の生成
b.　「食べること」に向かう食卓における道具のアフォーダンスの選択的強調

のあいだは「(食べることに関係のない) 道具を用いた探索／遊びが許容され
るような配置」が母親によってつくりだされており，その後だんだんと「(食
べることに向かう) 特定の活動の機会を強調する配置」が食卓に導入されてい
った (図1). 母親による食卓の調整には，長期的な乳児の活動の変化を，食
卓という場所にふさわしい特定のアフォーダンスの選択に向けて徐々に水路づ
けていくような方向性が見られた.

2.2　石器づくりのアフォーダンス

　200万年以上も前に初期人類によって作られた石器は，ヘルツ破壊と呼ばれ
る独特の割れ方をたくみに利用して鋭利な剥片を打ちかいたものである (図
2). その中には，打ち割ったときの石の割れ方が事前に予測されて制御され
た痕跡が見られるものがある. こうした予期的な制御を何が可能にしていたの
かという問いを背景として，石材が与える打ち割りのアフォーダンスの識別と
利用に関する実験が行われている[3].

　石器づくりの名人を含む実験参加者は，フリントという石の表面に，打ち割
ることができそうな剥片の輪郭を事前にマーカーで描いたのち，自分が描いた
輪郭どおりに実際に剥片を打ち割ることを求められた. 実際に予測どおりに剥
片を打ち割ることができたのは少数の石器づくりの名人たちだけだったが，彼

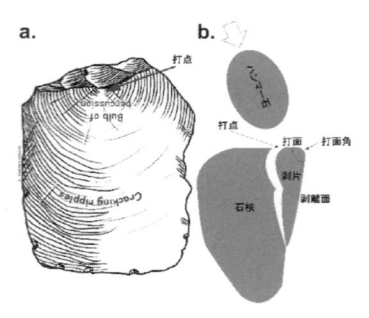

図2　a.　ヘルツ破壊によって生じた剥片．打点まわりに同心円状の波紋を持つ
b.　剥片の打ち割りに関連する変数

らが実際に打ち割る「以前」に割れ方を予測して石表面に描いた剥片の輪郭には，ヘルツ破壊の制約を反映する石材の縁の角度，打点から縁までの距離，打ち割られる剥片の大きさの間の不変な関係がすでに現れていた．

　さらに，名人たちが打ち割る動作を3次元モーションキャプチャーで解析すると，実際に打ち割られた剥片の長さと，打撃時の運動量が，きれいに比例して変化していた．これらの結果は，名人たちが，石材の表面の縁の角度や，そのまわりの潜在的な打点と縁との配置関係と，打撃によって打ち割り可能な剥片のかたちとの関係を識別するとともに，当の剥片を剥離するのに必要な運動量にあわせてその打撃を調整していたことを示唆する．石材の表面の縁の角度や，そのまわりの潜在的な打点と縁との配置関係と，その打点との接触がアフォードする剥片の割れ方のあいだには，不変な関係が存在する．そして，打ち割られる剥片の大きさと，それが打ち割られるのに必要な衝撃とのあいだには，不変な関係が存在する．剥片の打ち割りというできごとに意味を持つまわりの関係の連鎖に作り手が参入することで，未来の状態が現在の状態変化に因果的に作用する予期的な活動が生起していた．

3.　今後の展望

　アフォーダンスの研究は，環境と人の活動の結びつきを問題としており，デザイン，教育，リハビリテーション，ロボティクス，建築，人類学など，分野を越えた学際的な広がりを持つ．環境内のモノの位置情報や身体動作情報を大

量に取得する技術的・理論的道具立てが整いつつある現在，状況に応じて絶えず変化する人の活動と豊かな環境とのつながりを検討するアフォーダンス研究の新たな展開が期待される．

[野中哲士]

【参考文献（さらに学びたい人のために）】

[1] Gibson, J. J.（2015）. *The Ecological Approach to Visual Perception: Classic Edition*, Psychology Press（original work published 1979）.

[2] 野中哲士（2016）．『具体の知能』金子書房.

[3] 佐々木正人（2008）．『アフォーダンスの視点から乳幼児の育ちを考察』小学館.

[4] Tetsushi, N., Blandine, B. and Robert, R.（2010）. How do stone knappers predict and control the outcome of flaking? Implications for understanding early stone tool technology, *Journal of Human Evolution*, **59**（2），155-167.

[5] Tetsushi, N. and Eugene, C. G.（2018）. Mother-infant interaction in the emergence of a tool-using skill at mealtime: A process of affordance selection, *Ecological Psychology*, **30**（3），278-298.

身体文化・行動計量

A6-12
身体性メディア技術
embodied media technology

1. ノンバーバルコミュニケーションの重要性

　人は，言葉だけではなく，うなずきなどの身振り，手振りを交えてコミュニケーションしている[15]．言葉によるコミュニケーションが**バーバルコミュニケーション**（verbal communication）と呼ばれるのに対して，身体動作を介したコミュニケーションは**ノンバーバルコミュニケーション**（nonverbal communication）と呼ばれる．これには多くの種類があり[3]，人のコミュニケーションにおける情報量を考えると，バーバルが占める割合はむしろ小さく，文献にもよるがノンバーバルは9割以上と，情報量が多いと言われる[10]．

　バーバルコミュニケーションが，意味的・意識的であるのに対し，ノンバーバルコミュニケーションは，感覚的・無意識的になされると筆者は考えている．例えば，電話中に，相手に伝わらないにもかかわらず，気づかずうなずい

ていたりする．従って，これまでコンピューターが言語情報を中心に扱ってきたのに対して，このような非言語情報を扱うことできるようになれば，人とコンピューター，あるいは人と人工物とのかかわり方が大きく変化すると考えられる．

2.　身体性メディアとは

　ノンバーバルコミュニケーションは，発するのも，受け取るのも，人の身体（しんたい）である．このため，ノンバーバルに限らず，コミュニケーションにおける身体のはたらきは自ずと非常に大きくなる．この身体のはたらきを**身体性**（embodiment）と呼ぶ．また，身体性を活かすコミュニケーションは**身体的コミュニケーション**（embodied communication）と呼ばれ，対話者相互のリズム同調が，一体感を生み，かかわりを実感させている．渡辺が，「乳児期から母親（育児者）の語りかけに対して身体動作の引き込み（entrainment）により言語という文化を習得してきた以上，この身体的リズムによる一体感・身体性の共有なくしては，シンボルとしての情報交換の前提となる，心の基底の部分で情報を送受信することは極めて難しい」と述べているように[15]，この仕組みは，人のコミュニケーションの本質の1つである．

　この仕組みを，CGキャラクターやロボットなどのメディアに導入することで，人とコンピューター，人と人をつなぐ新しいインターフェースとすることができる．このようなメディアを**身体性メディア**（embodied media），これを実現する技術を**身体性メディア技術**（embodied media technology）と呼ぶ．以下では，その具体的な事例を紹介する．

3.　CGキャラクターによるコミュニケーション支援

3.1　CGキャラクターを映像に重畳合成した教育支援システム

　渡辺らは，発話音声と身体動作に相関関係があることに着目し，うなずきや身振り，手振りなどの豊かなコミュニケーション動作を発話音声から自動生成するiRT（inter Robot Technology）や，それを導入したCGキャラクターInterActorを開発している[16]．筆者は，このInterActorの引き込み効果

図 1　音声駆動型身体引き込みキャラクターを映像に重畳合成した教育支援システム（放送大学 VTR への合成例）

に着目し，映像コンテンツに重畳合成した教育支援システムを開発した（**図 1**）[13]．これは，通常の映像コンテンツの下部に 2 体の InterActor を重畳合成したシステムで，映像コンテンツの話者と聞き手として動作する InterActor によるコミュニケーション場が生成されている．知的財産権とバロック音楽について学ぶ評価実験を行った結果，InterActor ありの場合にビデオ視聴後の試験の平均点が高くなり，とくに成績中位者では有意差が認められた．4K，8K と画質を向上させたり，ストリーミングで利便性を高めたりすることは勿論重要であるが，映像を人から人に伝えるメディアであると考えた場合に，このようなアプローチをとることの重要性を示す例である．

3.2　CG キャラクターを介したコミュニケーション

　InterActor の自然な身振り，手振りは，発話音声のみから自動生成されることから，様々な CG キャラクターを介してコミュニケーションをとることができる．パペットや着ぐるみを CG キャラクターにより実現するイメージである．この仕組みを導入することで，例えば，教師と生徒の InterActor を 1 人 2 役で演じることができる[14]．**図 2** は，これをエデュテインメントに応用した例で，ブタの先生とアヒルの生徒という 2 種類のキャラクターを演じ分ける形で，ビデオ映像の学習者とコミュニケーションを楽しみながら教材について学ぶことができる．評価実験の結果，ただ楽しいだけではなく，学習者の

図2　教師と生徒を1人2役で演じるエデュテインメントシステム

図3　CGキャラクターによるごっこ遊びを取りいれた実空間共有型グループコミュニケーション

発話が増えるという，コミュニケーション支援の効果も明らかになっている．

　この効果は，グループでのコミュニケーションにも応用可能である[1]．**図3**は利用者がCGキャラクターを選んで，ごっこ遊びのようにコミュニケーションを楽しむシステムである．このシステムでは，InterActorにより身振り手ぶりに加えて，侍のキャラクターなら「…でござる」，マダムのキャラクターなら「…ざます」と，CGキャラクター毎に設定された語尾をつけてコミュニケーションすることで，キャラクターになりきる．この結果，通常のグループワークと比較し，一体感が高まる，気軽に意見が言えるなどの効果がある他，客観的な指標として，ディスカッションにおける独創性が高くなることも明らかになっており，CGキャラクターを介したコミュニケーションによる，普段

とは異なるコミュニケーションの効果が明らかになっている.

4.　タブレットのロボット化

　物理メディアであるロボットも,そのハードウェアをいかに活用できるかという点で,身体性メディア研究の興味の対象となる.ジェミノイド[5]のようなヒューマノイド(humanoid)であるからといって,人と同じ機能を有するわけではない一方で,ニコダマ[6]のようなシンプルなデバイスでも,付加すれば擬人化(anthropomorphication)される.大澤らは,様々な人工物に目と手をとりつける手法により,新しいかかわりを持たせることを提案している[9].著者らは,こういった身体性メディア研究の1つとして,タブレットのロボット化に関する研究を進めている[8].これは,広く普及している情報機器であるタブレットに,非常にシンプルなハードウェアである腕を取り付け,iRTで動作させることで,コミュニケーションにおける身体性を付与でき,新たなインタラクションを実現できるというアイデアである.実際,**図4左**の「きろぴー」を開発して評価実験を行ったところ,キャラクター性が付与され,インタラクションが楽しくなるなど,効果が明らかになっている.最新の研究では,よりシンプル化した上でカスタマイズ性を高めた「きろぴーv2」を開発しており,小型のヒューマノイドロボットよりも親近性や機能性が高く感じられるようにことが示されている.AIスピーカーの普及がはじまったばかりであるが,今後どのようなコミュニケーションロボットがどのように普及するかなど,近い将来の人とかかわるシステムのデザインの在り方に注目していきたい.

身体文化・
行動計量

図4　タブレットをロボット化した「きろぴー」(左)と「きろぴーv2」(右)

5.　情動を表出するメディアとしての身体

　人とかかわる CG やロボットを実現するためには，身体性メディア技術の導入が不可欠であることを述べてきたが，今後，より心が通うコミュニケーションを実現するには，人の情動（刻々と変化する感情（emotion））の問題を取り扱うことが必要になるであろう．筆者らは，人の情動が，身体というメディアを介して表出されていると考えて，研究を進めている[12]．例えば**図 5** のように，電子パーツを組み合わせて 2 人 1 組でシンセサイザーを製作するタスクにおいて，身体動作を計測する．その後，ムービーによる振り返りにより，作業中，**図 5** の感情群のいずれの状態であったかを解答させる．ここで，身体表現（ダンス）の分野で広く知られる**ラバン理論**（Laban theory）を発展させた独自の特徴量（**図 6**）と，先ほどの感情群との対応付けを AI に学習させ，それをもとに感情を推定するのである．SVM（support vector machine）という手法で学習・推定した結果，推定率は約 80% にも達することが明らかになっている．これは，顔表情が，作り笑顔のような意図的な表出も多く含まれるのに対し，無意識に表出されるいわば身体動作表情は，人の情動をダイレクトに表出していることを意味するのではなかろうか．

図 5　シンセサイザー製作の様子と，推定対象となる感情群

Space:手と頭の三角形　　　Weight:頭の上下位置　　　Time:手の速さの移動平均

図6　独自に定めたラバン特徴量

　本項目では，身体性メディア技術とは何か，どのようなアプローチで研究がなされているかを紹介した．勿論，これらは一例である．例えば三輪らは，自他非分離の身体性メディアとしての影の重要性を指摘し，多くのシステム開発を進めている[7]．広くとらえると，楽器は，身体動作を音に変換するメディアである．コミュニケーションに限定しなければ，舘らによる身体の遠隔操作や[11]，稲見らによる超人スポーツの提案など，将来の展開が興味深い研究も多い．

　今後，多数の身体性メディアが存在するコミュニケーション場の理解や生成・制御，意図と感情との関係性の解明，より新しいセンシング技術の確立などが課題になるであろう．著者らも，挙手ロボットの研究[1]，視線インタラクションの研究[4]などを進めながら，こういった課題の解決に挑んでいる．

［山本倫也］

【参考文献（さらに学びたい人のために）】

[1]　青柳西蔵，山本倫也，渡辺富夫（2016）．「CG キャラクタによるごっこ遊びを取り入れた実空間共有型グループコミュニケーションシステム」『情報処理学会論文誌』**57**（12），2859-2869.

[2]　青柳西蔵，河辺隆司，山本倫也，福森聡（2017）．「積極的な挙手動作を代行する挙手ロボットの開発」『情報処理学会論文誌』**58**（5），994-1002.

[3]　大坊郁夫（1998）．『しぐさのコミュニケーション——人は親しみをどう伝えあうか』サイエンス社.

[4]　江川晃一，山本倫也，長松隆（2014）．「角膜反射法における視線計測可能ボリュームシミュレータの開発とマルチユーザ視線インタラクションシステムへの適用」『情報処理学会論文誌』**55**（11），2476-2486.

[5]　石黒浩（2008）．「アンドロイド，ジェミノイドと人間の相違」『情報処理』**49**（1），7-14.

[6]　クワクボリョウタ（2009）．「ニコダマ」（http://ryotakuwakubo.com/）（最終アクセス：2019 年 9 月 12 日）

[7]　Miwa, Y., Itai, S., Watanabe, T. and Hiroko, N.（2011）. Shadow awareness: Enhancing theater

space through the mutual projection of images on a connective slit screen, *ACM SIGGRAPH 2011 Art Gallery*（*SIGGRAPH '11*），325-333.

[8]　奥田悠資，青柳西蔵，山本倫也，福森聡，渡辺富夫（2018）．「きろぴー——腕型ハードウェアによりキャラクタ性が付与されたタブレットベースのロボット」『ヒューマンインタフェース学会論文誌』**20**（20），209-220.

[9]　大澤博隆，大村廉，今井倫太（2008）．「直接擬人化手法を用いた機器からの情報提示の評価」『ヒューマンインタフェース学会論文誌』**10**（3），11-20.

[10]　Richmond, V. P. and McCroskey, J. C.（山下耕二訳）（2006）．『非言語行動の心理学』北大路書房.

[11]　Tachi, S.（2016）．Telexistence: Enabling humans to be virtually ubiquitous, *Computer Graphics and Applications*, **36**, 1, 8-14.

[12]　田中一晶，山本倫也，青柳西蔵，長田典子（2016）．「ラバン行動分析に基づくモノづくりの場における感情抽出の試み」『ヒューマンインタフェース学会論文誌』**18**（4），363-372.

[13]　山本倫也，渡辺富夫（2006）．「音声駆動型身体引き込みキャラクタを映像に重畳合成した教育支援システム」『情報処理学会論文誌』**47**（8），2769-2778.

[14]　山本倫也，渡辺富夫（2013）．「教師と生徒の InterActor を一人二役で演じるエデュテインメントシステムの開発」『情報処理学会論文誌』**54**（4），1677-1685.

[15]　渡辺富夫（2003）．「身体的コミュニケーションにおける引き込みと身体性——心が通う身体的コミュニケーションシステム E-COSMIC の開発を通して」『ベビーサイエンス』**2**.

[16]　Watanabe, T., Okubo, M., Nakashige, M. and Danbara, R.（2004）．InterActor: Speech-driven embodied interactive actor, *International Journal of Human-Computer Interaction*, **17**, 1, 43-60.

A6-13
インタラクション
interaction

　日本におけるスマートフォンの普及率が 70% を超えたのは 2015 年頃であるが，この同時期に 3 回目と言われる AI ブームが訪れ，それに合わせるように実際に身体を持つコミュニケーションロボットが，単にエンターテイメントの観点だけでなく，医療や生活支援などの観点からも本格的に注目を集め始めた．このような時代において「**インタラクション**」という言葉は，人工的で高度な知識を有した実態を伴う知的システムと人が相互作用を行うときに用いられることが多くなってきている．

　この人と知的システムのインタラクションをデザインしようとするとき，人同士のインタラクションがどのようなものであるかを明らかにし，それを 1 つ

のレファレンスポイントとするという立場がある．このような立場から筆者らは，人同士のインタラクションでも最も基本的なものであるといえる挨拶行為において，その詳細について解析した[3]．以下，その詳細について述べる．

1.　挨拶行為に関する実験について

1.1　実験概要

人同士の基本的なインタラクションである挨拶行為において，話者の発話と身体の関係を詳細に分析するために，筆者らは 2 人の発話者が対面で「こんにちは」と挨拶する実験を，以下に示す社会的関係を考慮した条件を用意して行った．

① 　親密的関係（friendly）：互いに手を挙げる

② 　形式的関係（formal）：互いにお辞儀をする

③ 　上下関係（vertical）：1 人が手を挙げ，もう 1 人はお辞儀をする

この実験では，先行発話者を実験者として固定し，被験者（男子大学生 15 人，平均年齢：21.6 歳）に実験者の後に続いて挨拶を返させた．また，実験者は挨拶する際に発話と身体動作の速さを「速く」，「自然に」，「遅く」の 3 段階で変化させた（速度変化については，330 ms，660 ms，990 ms の長さで発話された「こんにちは」の音声を聞くことで行った）．実験では，3 つの挨拶条件において 3 つの速度で挨拶を 5 回ずつ行った（このとき挨拶速度の順番はランダムとした）．実験における音声データはヘッドセットから取得し，身体動作データは，モーションキャプチャーを用いて，頭部，各関節につけられたマーカーの位置をサンプリングレート 100 Hz で計測することによりデジタルデータとして取得した．

1.2　解析項目

本実験の解析に用いた各時間特徴量を**図 1** に示す．発話に関する時間特徴量には実験者の発話長（PU），発話反応潜時長（SPU），被験者の発話長（RU）を用いた．身体動作に関する時間特徴量には，実験者の身体動作長（PM），動作反応潜時長（SPM），被験者の身体動作長（RM）を用いた．また，挨拶動作によって発話や身体動作に関わる遅延長がどのように変化するかを詳細に

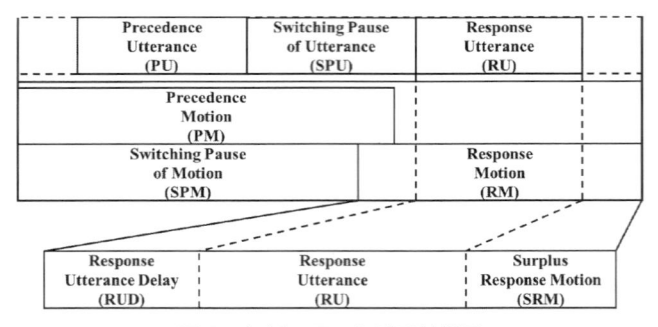

図 1　解析に用いた時間特徴量

解析するために被験者の身体動作長（RM）を分割し，動作開始から発話開始までの差である発話遅延長（RUD），被験者の発話長（RU），発話終了から動作終了までの差である動作剰余長（SRM）も解析に用いた．本実験では，これらの時間特徴量間で相関分析（Spearman の順位相関を用いた）を行った後，得られた相関係数の平均値に関して条件間で Friedman 検定を行い，有意差が見られた場合には Wilcoxon の符号順位検定で多重比較を行った．また，その際 Holm 法で有意水準を調整した．

2.　実験結果について

2.1　話者間における各時間特徴量間の相関関係について

表 1 に話者間の各時間特徴量間の相関係数の平均値と標準偏差を示す．まず実験者の発話長（PU）についてであるが，被験者の発話長（RU），身体動作長（RM），動作反応潜時長（SPM）間において，すべての条件で中程度（0.4）以上の正の相関関係が見られた．これらの平均値群に対して検定を行った結果，実験者の発話長（PU）と被験者の身体動作長（RM）間の相関係数に有意傾向が見られた（$S = 4.93$, $df = 2$, $p < .10$）．また多重比較を行った結果，親密的関係条件と形式的関係条件間，親密的関係条件と上下関係条件の間に有意傾向が見られた（$Z = -2.16$, $p < .10$; $Z = -2.04$, $p < .10$）．これらの結果は，実験者の発話長と被験者の発話リズムや身体リズムに関わる各時間特徴量間で強い**同調**（synchronization）が現れる中で，親密的関係の挨拶に

表1　話者間の時間特徴量間の相関係数

Friendly	PU-RU	PU-RM	PU-SPU	PU-SPM	PU-RUD	PU-SRM
Mean	0.82	0.67	−0.22	0.76	0.23	−0.29
S.D.	0.076	0.16	0.50	0.15	0.34	0.29
	PM-RU	PM-RM	PM-SPU	PM-SPM	PM-RUD	PM-SRM
Mean	0.75	0.62	−0.22	0.75	0.25	−0.27
S.D.	0.053	0.17	0.49	0.12	0.33	0.25

Formal	PU-RU	PU-RM	PU-SPU	PU-SPM	PU-RUD	PU-SRM
Mean	0.84	0.51	−0.24	0.74	0.10	−0.10
S.D.	0.085	0.23	0.50	0.14	0.38	0.41
	PM-RU	PM-RM	PM-SPU	PM-SPM	PM-RUD	PM-SRM
Mean	0.77	0.52	−0.13	0.79	0.12	−0.090
S.D.	0.13	0.24	0.48	0.12	0.37	0.42

Vertical	PU-RU	PU-RM	PU-SPU	PU-SPM	PU-RUD	PU-SRM
Mean	0.77	0.49	−0.11	0.77	0.14	−0.18
S.D.	0.14	0.27	0.51	0.12	0.43	0.42
	PM-RU	PM-RM	PM-SPU	PM-SPM	PM-RUD	PM-SRM
Mean	0.76	0.48	−0.082	0.78	0.10	−0.14
S.D.	0.12	0.26	0.51	0.12	0.41	0.41

身体文化・行動計量

おいては，他の挨拶動作と比較して発話長と身体動作長の同調が相対的に強くなることを示唆している．

　次に実験者の身体動作長（PM）についてであるが，被験者の発話長（RU），身体動作長（RM），動作反応潜時長（SPM）間において，すべての条件で中程度以上の正の相関関係が見られた．実験者の身体動作長（PM）と被験者の身体動作長（RM）間の相関係数について検定を行った結果，有意差は見られなかった（$S = 3.60$, $df = 2$, $p > .10$）．これらの結果は実験者の身体動作長と被験者の発話リズムや身体リズムに関わる各時間特徴量間においても強い同調が現れることを示している．

2.2 話者内における各時間特徴量間の相関関係について

表2に話者内の各時間特徴量間の相関係数の平均値と標準偏差を示す．まず発話長（RU）については，身体動作長（RM），動作反応潜時長（SPM）間において，すべての条件で中程度以上の正の相関関係が見られた．その中で発話長（RU）と身体動作長（RM）間の相関係数については，検定を行った結果，有意差が見られた（$S = 6.53$, $df = 2$, $p < .05$）．また多重比較を行った結果，親密的関係条件と形式的関係条件間，親密的関係条件と上下関係条件間で有意差が見られた（$Z = -3.01$, $p < .05$; $Z = -2.27$, $p < .05$）．これらの結果は，被験者の発話長と身体動作長間，動作反応潜時長間で同調が現れやすいことを示している．特に親密的関係の挨拶では，被験者の発話長と身体動作長間の同調が相対的に強くなることを示唆している．

次に身体動作長（RM）についてであるが，前述の発話長（RU）間の相関関係を除くと，親密的関係条件では動作反応潜時長（SPM），発話遅延長（RUD）間に中程度の正の相関関係，形式的関係条件では発話遅延長（RUD）間のみに中程度の正の相関関係が見られただけであり，上下関係条件では顕著な相関関係が見られなかった．これらの結果は，各挨拶条件によって，被験者の身体動作長と各時間特徴量間の同調が変化することを示唆し，親密的関係の挨拶では同調が現れやすいのに対して，上下関係の挨拶では現れにくいことを示唆している．

最後に発話遅延長（RUD）については，動作剰余長（SRM）間にすべての条件で中程度以上の負の相関関係が見られ，検定を行った結果，有意差が見られた（$S = 13.33$, $df = 2$, $p < .05$）．また，多重比較の結果，親密的関係条件と上下関係条件間で有意差が見られた（$Z = -3.12$, $p < .05$）．この結果は，発話遅延長が長く，もしくは短くなった際に，動作剰余長は短く，もしくは長くなる傾向があることを示している．その中でも，上下関係の挨拶では親密的関係条件の挨拶と比較して，相対的にその傾向がより強くなることを示している．

表2 話者内の時間特徴量間の相関係数

Friendly	RU-RM	RU-SPU	RU-SPM	RU-RUD	RU-SRM
Mean	0.70	−0.21	0.66	0.24	−0.36
S.D.	0.18	0.51	0.23	0.35	0.30
	RM-SPU	RM-SPM	RM-RUD	RM-SRM	−
Mean	−0.14	0.46	0.47	−0.039	−
S.D.	0.46	0.30	0.31	0.37	−
	SPU-SPM	SPU-RUD	SPU-SRM	−	−
Mean	−0.0047	0.17	−0.013	−	−
S.D.	0.52	0.32	0.37	−	−
	SPM-RUD	SPM-SRM	−	−	−
Mean	0.014	−0.18	−	−	−
S.D.	0.35	0.28	−	−	−
	RUD-SRM	−	−	−	−
Mean	−0.47	−	−	−	−
S.D.	0.30	−	−	−	−

Formal	RU-RM	RU-SPU	RU-SPM	RU-RUD	RU-SRM
Mean	0.45	−0.22	0.69	0.055	−0.17
S.D.	0.23	0.48	0.17	0.39	0.48
	RM-SPU	RM-SPM	RM-RUD	RM-SRM	−
Mean	−0.14	0.26	0.46	0.084	−
S.D.	0.35	0.29	0.29	0.36	−
	SPU-SPM	SPU-RUD	SPU-SRM	−	−
Mean	0.0054	0.16	−0.11	−	−
S.D.	0.47	0.39	0.39	−	−
	SPM-RUD	SPM-SPM	−	−	−
Mean	−0.20	0.090	−	−	−
S.D.	0.41	0.41	−	−	−
	RUD-SRM	−	−	−	−
Mean	−0.63	−	−	−	−
S.D.	0.16	−	−	−	−

Vertical	RU-RM	RU-SPU	RU-SPM	RU-RUD	RU-SRM
Mean	0.42	−0.061	0.72	0.017	−0.20
S.D.	0.35	0.42	0.13	0.42	0.48
	RM-SPU	RM-SPM	RM-RUD	PM-SRM	−
Mean	−0.030	0.30	0.27	0.078	−
S.D.	0.37	0.34	0.30	0.36	−
	SPU-SPM	SPU-RUD	SPU-SRM	−	−
Mean	0.020	0.20	−0.12	−	−
S.D.	0.41	0.40	0.44	−	−
	SPM-RUD	SPM-SRM	−	−	−
Mean	−0.24	0.078	−	−	−
S.D.	0.43	0.47−	−	−	−
	RUD-SRM	−	−	−	−
Mean	−0.74	−	−	−	−
S.D.	0.12	−	−	−	−

身体文化・行動計量

3.　実験結果の持つ意味について

3.1　話者間の相関関係について

　本実験では，人同士の最も基本的なインタラクションである挨拶行為について，その詳細を発話と身体動作の観点から解析した．その中で話者間における発話と身体の関係については，すべての挨拶条件で発話や身体に関わる様々な時間特徴量間で同調が現れやすい中で，親密的関係の挨拶では，その傾向が強くなりやすいことが示された．この結果は，挨拶行為が話者間で様々なリズムが同調するインタラクションであるとともに，親密度が高くなるとその同調の度合いが高くなることを意味している．現在のコミュニケーションロボットを考えると，例えば「こんにちは」と言えば「こんにちは」と返すような機能は実現されていても，このような同調を含めたメカニズムを実現している例はあまりない．今後，人とロボットを含めた知的システムがより自然にインタラクションを行うためには，このような同調を考慮していくことがより求められると考えられる．

3.2　話者内の相関関係について

　次に話者内における発話と身体の関係についてであるが，発話や身体に関わる各時間特徴量間の同調が親密的関係の挨拶では強くなるのに対し，上下関係の挨拶では相対的に弱くなることが示された．この結果は，人が親密的な挨拶動作をする場合には，自身の発話リズムと身体リズムを同調させながら，相手の発話リズムと身体リズムに対して同調を行うのに対し，形式的関係や上下関係の挨拶を行う場合には，自身の発話と身体動作の同調を崩しながら，目上の人により同調しようとしていることを意味している．このように自身の同調を崩してまで，挨拶を行うことで相手に対して敬意を払うという仕組みは，当然ながら現在のコミュニケーションロボットには考慮されていない．今後，コミュニケーションロボットがより人に近い存在になっていくことを考えると，このような社会的な文脈を背景とする人のインタラクションのメカニズムをさらに考慮していく必要があると考えられる．

3.3　インタラクションの今後

　挨拶行為という人の最も基本的なインタラクションに関する本実験が示した
ように，人のインタラクションにはまだまだ未知な部分が多い．一方で，人が
知的システムとインタラクションしていく機会は，今後，さらに増えると予想
される．その際，上記のような背景から知的システムとの間で様々な問題が起
きると考えられる．この問題を解決していくためには，人をデジタルデータの
観点から捉え直し，詳細な実験を積み重ねてデータ取得しながら，それらを体
系化していくことが求められると考えられる．

［山本知仁］

【参考文献（さらに学びたい人のために）】

[1]　大坊郁夫（1998）.『しぐさのコミュニケーション――人は親しみをどう伝えあうか』サ
　　イエンス社.
[2]　木村敏（2005）.『あいだ』筑摩書房.
[3]　杵鞭健太，山本知仁（2016）.「挨拶行為における発話リズムと身体リズムの同調」『ヒ
　　ューマンインタフェース学会論文誌』18（4），415-424.
[4]　黒川隆夫（1994）.『ノンバーバルインタフェース』オーム社.

身体文化・
行動計量

A7

コンピューター・情報

文化情報学でも大量のデータを，AI を用いて解析する必要が出てくるでしょう．

A7-1
コンピューターと文化情報学
computer, and culture and information science

1.　コンピューターの登場

　電子計算機（computer）が発明され，我々は桁違いに高い計算能力を利用できるようになった．初期の電子計算機は非常に高価であったので，1台の電子計算機を多数の利用者でシェアして使用していた．大型計算機と言われていた電子計算機であり，利用者は本体に接続された多数の端末から大型計算機を利用していた．この大型計算機は汎用の計算機であったが，ワークステーションと呼ばれる科学技術等に専用化したいくぶん小型の計算機が開発され，科学技術分野では利用されてきた．大型計算機やワークステーションの活躍により，情報化社会が出現し，電子計算機の価値が一般にも理解されるようになってきたのである．

　これらの電子計算機は個人で所有するには高価であったが，個人利用を目的とした**パーソナルコンピューター**（personal computer，パソコン）の登場で状況は変化する．個人で保有し独占的に利用できる電子計算機の登場である．ゲーム等の趣味で使用することも可能であるが，企業活動，行政活動や教育・研究活動においても電子計算機を手軽に利用できるようになってきたのである．電子計算機を使用することにより人手では扱えなかった大量のデータを扱うことが可能となった．また，大量のデータを扱えるだけではなく，間違いが少なく，網羅的に，客観的に処理をすることが可能となったのである．これにより，人手では成し得なかった分析が可能となった．また，物体の3次元計測等も利用可能となり，様々な統計解析ソフトも利用可能となってきた．従来，大型計算機やワークステーションでしかできなかったことが，安価に手軽にできるようになってきたのである．

　文学，歴史学，考古学，社会学等の文化情報学の研究においても，パソコンを利用した研究が盛んに行われるようになる．計測データのパソコンでの管理・処理，測量データの図化，遺物等の3次元計測とその再現，パソコンによ

る各種の文書の分析等が行われ，客観的な処理や処理の省力化が可能となり，また，人出では成し得なかった分析が可能となり，文化情報学の研究に新たな手法をもたらしたのである．また，仮想現実感（VR），拡張現実感（AR）や3次元データを利用したデジタルアーカイブも重要である．物理的，経済的等の様々な理由により存続が不可能となった事物を電子計算機中に格納しておけるのである．建築物や物品のみではなく，踊りや技等，様々なものも含まれる．また，VR や AR を用いた昔の事物の復元にも役立っている．例えば，平安時代の人々がどのように景色を来ていたのかを仮想的に体験できるのである．

2.　インターネット

　これと並行して，電子計算機がネットワークで接続され，分散した電子計算機で処理を行うことが可能となってきた．専用線を利用して接続され，広域のネットワークを介したサービス等が実現されてきた．JR の特急列車の座席指定や銀行の電信扱いの振り込みがその例であり，一層の利便性をもたらした．これらの電子計算機のネットワーク接続は特殊なことであったが，**インターネット**（internet）の一般利用が開始され，状況は激変する．個人の電子計算機が世界中の電子計算機と接続可能になったのである．これにより，全世界での情報共有が可能となり，また，個々人の世界に向けた情報発信が可能となったのである．また，様々なサービスがインターネットを通して提供されるようになる．これらのインターネット上のサービスはソーシャル・ネットワーキング・サービス（SNS）と呼ばれ，利用者のインターネット利用を促進させている．このように，インターネット接続を前提とした計算機環境，情報処理環境となり，社会が高度情報化社会となってゆくのである．
　文化情報学の研究等においても，インターネットによる情報発信は重要なものとなっている．これまではごく限られた専門家しか知り得なかったことが，インターネットにより全世界に情報発信されることにより，興味のある人が知ることができるようになっている．また，そのような情報発信が求められるようになってきている．また，SNS はインターネット上での様々な人間関係に関するものであり，その意味で人文社会的な視点での研究も待たれるところで

コンピューター・情報

ある.

　インターネットによる電子計算機の接続は光とともに影ももたらした. インターネットは, 許諾により電子計算機を接続してゆくというトップダウンの計画系のネットワークではなく, 末端の電子計算機がネットワークに接続してゆくというボトムアップ型のネットワークであるので, 誰でも電子計算機をネットワークに接続でき, モラルのない利用者の接続を防止することは困難なのである. いわゆる情報倫理は, インターネットによる接続で取り上げられてきている. 倫理は文化情報学の問題領域であり, 高度情報化社会における重要な検討事項である. 文化情報学研究の進展を期待したい.

3.　ビッグデータへの対応

　さらに, スマートフォンの登場や電子計算機の性能向上で高度情報化はさらに進展する. 起こったことや感想等を記したツィートを投稿したり, 個人が撮影したその場で画像や動画をインターネット上にアップロードし情報発信したりすることが可能となり, 情報流通はいっそう激しくなる. また, GPS (全地球測位システム) からの位置情報や各種センサーからのデータも発信され, 膨大な量のデータがインターネット上を飛び交うことになる. また, オンラインショッピングで顧客の購買行動を分析して商品の推薦をするようになり, 購買データからの購買行動の分析等, 大量のデータからのデータ分析が重要となる.

　さらに, 電子計算機の発展により, 各種センサーからのデータ, 医療データ, 防犯カメラや監視カメラからの映像といった膨大なデータをもとに各種の分析を行うことも可能となっている. いわゆる, **ビッグデータ** (big data) である. ビッグデータには, 大量であるという側面, 頻繁に更新・到来するという側面やデータフォーマットが多様であるという側面がある. このようなビッグデータを適切に処理する必要がある. 従来の電子計算機では性能的に困難であった処理が可能になり, また, 膨大なデータが利用可能になることにより, 深層学習といった, これまではできなかったような情報処理が可能となってきている.

　文化情報学においても, 今後, ビッグデータへの対応が必要となると考えら

れる．例えば，行政データの**オープンデータ**（open data）化が急ピッチで進んでいるが，これらのオープンデータは大量であることに加え，多様なデータとなっており，これらを統合的に利用して何らかの分析を行うにはビッグデータ処理の技術が不可欠である．また，画像処理における有用性に端を発した深層学習は，様々な分野で利用されるようになってきている．深層学習は，多層の隠れ層を持つニューラルネットワークであり，利用に当たってはそのブラックボックス性と大量のデータが学習に必要であるという課題が指摘されてきている．ニューラルネットワークは高い精度や一般性を持って推定や判断が可能であるが，ニューラルネットワーク内部でどのような判断が行われているかが分からないというのがブラックボックス性である．例えば，医療判断を行う場合，どのような根拠でその判断が行われたのかを知らなければその判断を信用することはできない．近年では，そのブラックボックス性も解消されつつある．また，大量のデータが必要という問題も，本当のデータを見わけがつかないようなデータの生成を可能とする方法が開発されてきており，深層学習利用の壁が低くなってきている．人文情報学においても有用なツールとなると考えられる．

［宝珍輝尚］

【参考文献（さらに学びたい人のために）】
[1]　橋本泰一（2017）．『データ分析のための機械学習』SB クリエイティブ．
[2]　増永良文（2008）．『コンピュータサイエンス入門――コンピュータ・ウェブ・社会』サイエンス社．

コンピューター・情報

A7-2
ビッグデータ
big data

1.　ビッグデータに対する認識

　ビッグデータ（big data）には定義は存在せず，一般的には「その時代のシステムでは扱えないような（大量の）データ」という認識である．そのような

意味合いであれば，コンピューターが登場する以前からビッグデータは世の中に存在しており，例えば，18世紀後半にデンマークやアメリカで行われた国勢調査で得られたデータは，その典型的事例と言える．

しかし21世紀に入り，米国の調査会社であるメタグループ社（META Group Inc.）の調査報告書[9]に，ペタバイトやエクサバイト級[i]の**巨大なデータ量**（volume）を持つだけではなく，これまでとは比較にならないほど**データの発生頻度**（velocity）が高く，またその**多様性**（variety）が大きいという特徴を持ったデータがビッグデータであると記載された．それ以降，米国ガートナー社（Gartner Inc.）[ii]が発行する調査報告書にたびたび引用されたため，文献 [8] の記述が今日の IT 分野における共通認識として広く用いられるようになっている[iii]．

2. ビッグデータの活用

ビッグデータを扱う上で重要なことは，大量のデータを有していることだけではなく，それをどう活用するのかにある．そのため多くの企業では，コスト削減や時間の節約，新製品の開発と最適な市場投入時期の設定，そして意志決定の迅速化などの目的のために，IT コンサルティング企業と共にビッグデータを高速に処理・分析できる情報システムを導入し，ビッグデータを分析した結果をそれぞれの目的達成のための材料にしている．つまり，どのような分析を行えばどのような目的を達成できるかを十分に認識しておく必要があるため，そういった知識を有した**データサイエンティスト**（data scientist）の養成が急務であると，平成26年度版情報通信白書に述べられている[12]．

従って，文化情報学分野においても，様々な研究目的を達成するために適切な手段・分析・考察を行うことができれば，ビッグデータの活用は十分に可能であるが，本項目執筆時においては，ビッグデータの3つの特徴（3V）を有したデータを用いた研究事例は残念ながら存在しない．しかし，ビッグデータの一側面である巨大なデータ量にだけ着目した場合は，ミシェルらによる研究[10]は良い研究事例となる．

この研究は，著者にグーグルブックスの開発チームが入っているように，米国グーグル社（Google LLC）が運営する書籍の全文検索サービスであるグー

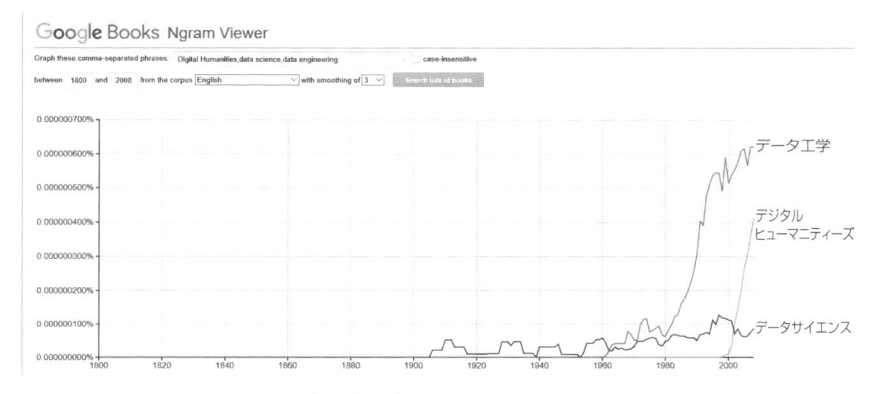

図 1　グーグルブックス N グラムビューワ

グルブックス（Google Books）[iv]のデータを**コーパス**（corpus）[v]として用い
て行われている．このコーパスは，グーグル社が紙媒体の書籍をスキャンして
データ化し，さらに研究者が研究に活用できるように**構造化**（structured）し
ており，書籍内の全文を対象に検索を行うことができる．

　情報検索の研究分野では，1970 年代から特定のデータを検索する手がかり
として，その主題や重要語を索引語（index term）として定義し，その抽出法
や重要さを計算する手法が数多く提案されてきている[5]．しかしながら，辞書
に掲載されていないような新語や造語などに即座に対応するために，それまで
形態素解析技術を用いて抽出された単語を索引語として使用する方法ではな
く，区切る文字数に着目して索引語を抽出する技術である n グラムインデキシ
ング（n-gram indexing）[6]を用いることが多い[vi]．ミシェルらによる研究は，
グーグル社が 1500〜2008 年に出版された書籍をスキャンしたデータから n グ
ラムインデキシングして抽出した索引語，つまりスキャンした書籍に使用され
ている任意の単語やフレーズの使用頻度割合を折れ線グラフを使って可視化す
ることで，索引語で表現された用語の栄枯盛衰を把握しようとしているのであ
る．

　図 1 はグーグルブックスの開発チームが開発したツールであるグーグルブ
ックス N グラムビューワ（Google Books Ngram Viewer）[vii]に，異なる形態
で遍在しているデータを利活用する技術に着目する研究分野であるデータ工

学 (data engineering) と，人類の文化全般に関する学問分野にコンピューターを活用しようとする研究分野であるデジタル・ヒューマニティーズ (digital humanities)，そして，文化情報学の学問分野を大成させるために重要な学問分野である**データサイエンス** (data science) の 3 つを入力した結果である．グーグルブックス N グラムビューワの出力は，この図のようにそれぞれの用語がスキャンされた書籍に含まれている語全体のうち，各年にどれくらいの頻度割合で使われていたかを容易に提示することが可能[viii]である．つまりこの図を見れば，データサイエンスという学問分野はコンピューターが開発される以前から存在し用いられているが，データ工学はコンピューターの黎明期を過ぎたあたりから，またデジタル・ヒューマニティーズは 21 世紀に入ってから，盛んに研究が行われるようになったことが一目瞭然である．

このようなツールを使用すれば，様々な学問分野でこれまで注目されてこなかった側面が明らかになってくる．文献 [10] の著者であるエイデンとミシェルの著書[ix][1]には，グーグルブックス N グラムビューワを利用した研究への応用事例が多数紹介されている．例えば，人名の出現頻度から名声が定量化できるかを試したり，リボルバーやジーンズなどの発明品がどの程度の期間をおいてから一般に認知されていくのかを分析したり，現在は検閲等で検索することができない天安門事件に関する記述などがいつ頃までは検索できたのかなどが紹介されている．

特に，アメリカ同時多発テロ事件 (September 11 attacks: 9/11) のような歴史的な事件が，どのような過程を経て忘却されていくのかを語の出現頻度割合から導き出し，心理学の分野において使用に耐えうる普遍的な忘却のメカニズムを割り出せるかや，英単語の 'burn' がいつ頃から不規則動詞から規則動詞に変化したのかといった事例は，それぞれの学問分野においてこれまで扱うことができなかった巨大なデータを客観的事実として扱うことができるようになったことを示唆している．つまりビッグデータには，あらゆる学問分野において既存の定説を越える新たな事実の発見やイノベーティブな研究を産み出す可能性が期待されているため，グーグルブックス N グラムビューワのようなビッグデータを容易に扱えるツールの開発や，そうしたツールを使用した画期的な活用法の提案が求められている．

3.　ビッグデータを扱えるその他のツール

　グーグルブックス N グラムビューワで扱われている長期間に渡る語の出現
割合の推移を見る必要がなければ，ブログ（blog）やソーシャル・ネットワー
キング・サービス（social networking service: SNS）などの投稿記事の集合
をビッグデータとして扱うことも可能である．これは，既にそうしたデータの
収集技術が進んでおり，様々な分野でそのデータの活用法の考案やデータ活用
のためのツールの開発が行われているからである．

　例えば，SNS の 1 つに米国ツイッター社（Twitter Inc.）のツイッター
（Twitter）があるが，その利用例として最も使われるものが「社会を映し出す
センサー」としての利用である．これは，SNS の利用者一人一人を 1 個のセ
ンサーと考えた場合，投稿記事はセンサーからの出力であるという考えに基づ
いている．この考え方でツイッターデータ[x]を分析したところ，地震計に頼ら
ず地震の発生を高精度に検出したり[11]，ダウ平均の株価を予測したり[4]，ま
たインフルエンザの流行予測を行ったり[3]することが可能であったと報告され
ている．

　これは，文化情報学の分野でも例外ではなく，文化に関する地域的差異を把
握するために，当該分野における既存研究および調査結果と，位置情報が付与
されたツイッターデータを使用した分析結果を比較することで，ツイッターデ
ータを使用することに対して一定の妥当性が認められるという報告が既に行わ
れている[8]．

　ツイッターデータを使用・分析するためには，ある程度，Python などのプ
ログラミング言語に精通する必要はあるが，最も現実的な方法は，代理店を通
じてツイッターデータを購入し，データ分析やシステム開発に至るまで全てを
行うサービスを利用することである[xi]．当然のことながらこれには費用はかか
るが，そのサービスを上手く利用しビッグデータを活用する方法さえ見いだせ
れば，新たな研究テーマの発見につながる可能性がある．

　以上のことを考えると，文化情報学はビッグデータの活用によって，更なる
発展を遂げるものと期待することができる．

［波多野賢治］

コンピューター・情報

【注】

i)　ペタバイトは $10^{15} = 1{,}000$ 兆バイト，エクサバイトは $10^{18} = 100$ 京バイトを指す.

ii)　メタグループ社は 2005 年にガートナー社の傘下に入った.

iii)　最近では前述した 3 つの特徴である 3V の他に，データの正確さ（veracity）や変動性（variability），そして複雑性（complexity）をも考慮すべきであると言われることもあるが，これらは各 IT コンサルティング企業の差別化のために使われていることが多い.

iv)　グーグルブックスの検索結果として表示されるのは書籍の内容の一部分であるが，その書籍が著作権切れの場合は全ページが表示されるようになっているため，著作権切れの書籍の電子図書館として機能するとも言える.

v)　コーパスとは，自然言語を大規模に収集し，それらを構造化したもの. 従って，一種のビッグデータと言える.

vi)　最近では，グーグル社により発表された Bidirectional Encoder Representations from Trans-formers（BERT）[7]に基づく言語処理技術を用いて索引語の抽出を試みる研究が増え始めている.

vii)　https://books.google.com/ngrams

viii)　本項目執筆時に使用できるコーパスは，英語（アメリカ，イギリス），中国語（簡体字），フランス語，ドイツ語，ヘブライ語，スペイン語，イタリア語，ロシア語と多彩である.

ix)　邦訳は文献 [2] として出版されている.

x)　ツイート（tweet）とも言う.

xi)　ツイッター（Twitter）データ提供サービス（https://nttdata-nazuki.jp/data/twitter.html）（最終アクセス：2019 年 9 月 12 日）

【参考文献（さらに学びたい人のために）】

[1]　Aiden, E. and Michel, J. B.（2013）. *Uncharted: Big Data as a Lens on Human Culture*, Riverhead Books.

[2]　Aiden, E. and Michel, J. B.（阪本芳久訳，高安美佐子解説）（2016）.『カルチャロミクス──文化をビッグデータで計測する』草思社.

[3]　Aramaki, E., Maskawa, S. and Morita, M.（2011）. Twitter catches the flu: Detecting influenza epidemics using Twitter, *Proceedings of the Conference on Empirical Methods in Natural Language Processing*, 1568-1576.

[4]　Bollena, J., Mao, H. and Zeng, X.（2011）. Twitter mood predicts the stock market, *Journal of Computer Sciecne*, **2**（1）, 1-8.

[5]　Büetter, S., Clarke, C. L. A. and Cormack, G. V.（2010）. *Information Retrieval*: *Implementing and Evaluating Search Engines*, MIT Press.

[6]　D'Amore, R. J. and Clinton, P. M.（1985）. One-time complete indexing of text: Theory and practice, *Proceedings of the 8th Annual International ACM SIGIR Conference on Research and Development in Information Retrieval*, 155-164.

[7]　Devlin, J., Chang, M. W., Lee, K. and Toutanova, K.（2019）. BERT: Pre-training of deep bidirectional transformers for language understanding, *Proceedings of 2019 Annual Conference of the North American Chapter of the Association for Computational Linguistics*, 4171-4185.

[8]　桐村蕎（2015）.「ビッグデータからみた地域の諸文化──放言と食文化を事例に」『立

命館地理学』**27**, 23-37.

[9]　Laney, D.（2001）．3D data management: Controlling data volume, velocity, and variety, *Technical report*, META Group Inc.

[10]　Michel, J. B., Shen, Y. K., Aiden, A. P., Veres, A., Gray, M. K., The Google Books Team, Pickett, J. P., Hoiberg, D., Clancy, D., Norvig, P., Orwant, J., Pinker, S., Nowak, M. A. and Aiden, E. L.（2011）．Quantitative analysis of culture using millions of digitized books, *Science*, **331**（6014）, 176-182.

[11]　Sakaki, T., Okazaki, M. and Matsuo, Y.（2010）．Earthquake shakes Twitter users: Real-time event detection by social sensors, *Proceedings of the 19th International Conference on World Wide Web*, 851-860.

[12]　総務省（2014）．『平成 26 年度版情報通信白書』日経印刷.

A7-3
ソーシャルネットワーク
social network

　古代ギリシャの哲学者アリストテレスは「人間は社会的動物である」と説いたと言われている．ここでの社会は，ポリスすなわち都市国家，あるいは市民によって統治される共同体を表し，人間は自己を実現しようとする本性だけでなくポリスの中で善く生きようとする本性を兼ね備えていることを端的に表した言葉である．ポリスという社会の中で存在を認められ善く生きるには，他者との関係性を形成する個人と個人，個人と集団，集団と集団とをつなぐネットワークの存在が不可欠である．この様なネットワークをソーシャル（**社会的**）ネットワークと称する．

1.　ソーシャルネットワークの調査研究

1.1　スモールワールド実験
　現実世界において「友達の友達は友達」であったという経験を持つ読者も多いであろう．あるいは，特定の誰かと関係を構築したいと思ったときに，既に関係性が構築できている自身の友人に，その「特定の誰か」を紹介してもらおうとした経験があるかもしれない．友人を芋づる式にたどっていけば比較的少ない仲介数で世界中の誰とでもつながることを**スモールワールド現象**（small

コンピューター・情報

world phenomenon）と言う．

　この現象に興味を持った社会心理学者スタンレー・ミルグラム（Milgram, S.）は，1967 年に，見ず知らずの人に手紙を送るのに要する仲介数を調べる先駆的な実験を行っている[5]．ボストンに住んでいたミルグラムは，2,000 km 以上離れたネブラスカ州オマハに住む数百人に対して，目標とする人に向けて手紙を送るように依頼した．ただし，送って良い相手は日頃から親しくしている友人に限定し，目標とする人を知らなければ自分の友人の中で自分よりも知っているであろうと思われる人に送るように指示した．こうして，目標とする人に到達した手紙を調べたところ，仲介役となる知人の数は平均して 6 名弱であった．

　ミルグラムの実験は，到達した手紙の数が僅かであったなど実験の信頼性に疑問は残るとされたが，僅か 6 名の仲介で見ず知らずの相手とつながることを示したインパクトは大きく，「**6 次の隔たり**（Six Degrees of Separation）」という表現が生まれるきっかけとなった[6]．

1.2　ベーコン指数

　ミルグラムの実験は，見ず知らずの相手という共通の属性を持たない不均質（heterogeneous）なソーシャルネットワークを対象とした実験であった．このような状況では，手紙が到達する，すなわち送り手と受け手とを繋ぐパスが成立するかは知人の拡がりだけでなく，様々な要素が複雑に関係することが容易に想像できる，実際，立派な包装した小包の方が手紙よりも確実に転送しようとする傾向が高まることが，その後の実験によって確認されている．また，平均以上に多数の知人と繋がっている少数のスター（star）によって多くのパスが成立する**ファンネリング**（funneling）効果も知られている．

　私達は，完全に不均質な社会の中よりも，共通する属性を持つコミュニティの中で頻繁にスモールワールド現象を体験する．例えば，国際会議の懇親会（バンケット）で初めて会った海外の研究者との会話の中に共通の知人が登場する場合がある．

　映画俳優のケビン・ベーコンを中心とした共演者のネットワークは典型的なコミュニティのネットワークである．映画データベースによると，1998 年から 2000 年までの間におよそ 50 万人の役者が 20 万本の映画に出演している．

そこで，ケビン・ベーコンと直接共演したことのある役者にはベーコン数「1」を与え，その共演者と共演したことのある役者にはベーコン数「2」を与える．このようにして，ケビン・ベーコンを中心として共演者のネットワークを構築することで，個々の役者からケビン・ベーコンへの最短パスを求めることができ，その役者のベーコン数を決定できる．実験の結果は，データベースに登録された90％の俳優は有限のベーコン数が与えられ，その内の24％はベーコン数2以下，85％はベーコン数3以下であった．ベーコン数が5を越える俳優は僅か1,000人にも満たなかったことから，一部の例外を除いてすべての俳優は6次の隔たりの内側でケビン・ベーコンと繋がっていることが確認された．

2.　ネットワークの指標

　ソーシャルネットワークは，人やコンテンツをノードとし，それらの間をリンク（エッジ）で繋ぐことでノード間の関係を表すことができる．ミルグラムの実験で行われた手紙の転送は向きのある有向エッジ，俳優の共演関係は無向エッジであり，繋がりの強さ（例えば，共演の回数を繋がりの強さとすると，役者同士の関係性を精致に表わすことができる）を表現するために重み付きネットワークとする場合もある．

　現実世界に存在するソーシャルネットワークは，以下に示す3つの性質で特徴付けることができる．

2.1　スケールフリー性

　ネットワークを構成する個々のノードに繋がるエッジの本数を**次数**（degree）と呼ぶ（**図1**）．すべてのノードの次数を調べて次数の大きいノードから順に横軸に並べ，縦軸に次数を取ったグラフを両対数で描いたときに，右肩下がりの直線になるグラフを**べき乗則**（power law）という．べき乗則に従う次数分布は，ノードが次数kを持つ確率$p(k)$の確率分布が$p(k) \propto k^{-\gamma}$となり，このような分布を持つネットワークの性質をスケールフリー性という．

　スケールフリー性を満たすネットワークは，ごく少数のノードが膨大なリンクを持つ一方で，大多数のノードは僅かなリンクしか持たない性質が有り，典型的な例として，ウェブページのハイパーリンク構造[1]や，電子メールでやり

情報コンピューター・

569

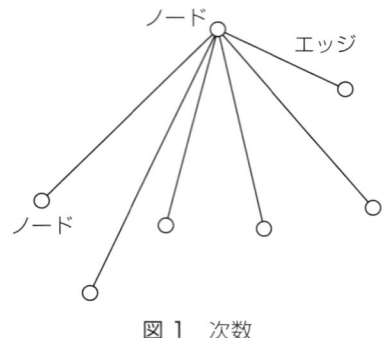

図 1　次数

取りする相手とのネットワークなど，多くの例が知られている．

2.2　スモールワールド性

　ネットワークを構成する任意の 2 つのノード間が僅かな数のノードを介して接続される性質をスモールワールド性といい，上述のミルグラム実験は，現実世界のスモールワールド現象を最初に実証しようとした試みである．また，ケビン・ベーコンとの共演関係のネットワークにおいても，50 万人を越える俳優の大多数がベーコン数 3 から 4 で繋がることからスモールワールド性を満たしていると考えられる．

　任意の 2 ノード間を繋ぐパスの距離（パス長）は，パス内のリンクの数（＝ノード数＋1）で定義される．一般に，任意の 2 ノード間には複数のパスが形成されることから，最小のパス長をそのノード間の最短距離という．ネットワークを構成するすべての 2 ノードの組み合わせに対して最短距離を算出し，それらの平均を平均最短距離 L，最も長い最短距離をネットワークの直径という．ノード数 n で表わされるネットワークの規模に対して，平均最短距離 L が高々 $\log(n)$ であるときに，そのネットワークはスモールワールド性を満たしているという．

2.3　クラスター性

　現実世界において，自分の友人から任意の 2 人を取り出したとき，その 2 人が友人である可能性は高いであろう．このような自分を含めた 3 人が三角形と

なる友人関係にあるときにクラスターが形成されているという．このような密な関係（クラスター）が多数存在しているネットワークは，クラスター性を有するという．

　次数 k のノードには，k 本のリンクが接続されていることから k 個の隣接ノードが存在する．隣接ノード間に実際に存在するリンク数をリンク数の最大値$(= (k(k-1))/2)$ で除した値を，そのノードのクラスター係数という．こうして求めた全ノードのクラスター係数を平均した値をネットワークの**クラスター係数**としてクラスター性の程度を評価する．

3.　ソーシャル・ネットワーキング・サービス

　インターネットの普及・発展に伴い，人と人を繋ぐ多様なソーシャル・ネットワーキング・サービス（social networking service: SNS）が登場してきた．ベーコン数で使用した俳優の数とは比較にならない多数のユーザーからなる大規模なネットワークであり，急速かつ継続的にネットワークは成長している．

　① mixi[3]：SNS 草創期に日本国内で普及したコミュニティサービスであり，友人関係を管理するマイミクシィという機能を備えている．1,290 万ユーザーの中からランダムに選択した 1,000 名のユーザーを調査し，平均して距離 6 で全ユーザーの 88% に，距離 7 で 98% のユーザーに到達できたとしている．また，平均最短距離は 5.4 であることから，平均して 6 人程度という非常に少ない人数を介して他のユーザーにたどり着けるスモールワールド性を備えている．同様に 1,000 ユーザーをランダムに選択して算出した平均クラスター係数は 0.2 であった．

　② Facebook[2]：Facebook を利用しているアクティブユーザー 7 億 2100 万人を対象に，630 億人の友人関係を 2011 年に調査している．ユーザーの 10%は 10 人以下の友人を，20% は 25 人未満の友人を，50% は 100 人以上の友人を持っており，平均友人数は 190 人であった．

　任意の 2 人を繋ぐパスの最短距離を調べたところ，距離 6 で 99.6% が，距離 5 で 92% が繋がることを明らかにしている．また，成長とともにはスモールワールド性は高まっており，2008 年に 5.28 であった平均最短距離は 2011年には 4.74 となっている．

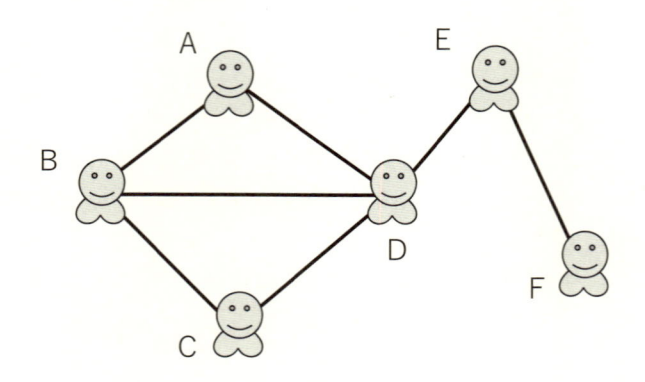

ノード	次数	ノード間最短距離					
		A	B	C	D	E	F
A	2		1	2	1	2	3
B	3			1	1	2	3
C	2				1	2	3
D	4					1	2
E	2						1
F	1						

次数分布

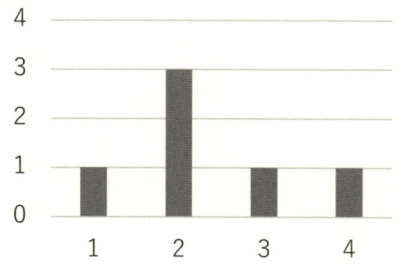

$$平均最短距離 = \frac{ノード間最短距離の総和}{ノード間の全組み合わせ数} = \frac{26}{15} = 1.73$$

図2　ソーシャルネットワークの例
人をノードで，つながりをエッジで表す．

この結果は全世界のユーザーを対象としたものであり，米国やスウェーデン，イタリアなどのように単一の国に限定すれば，ほとんどのユーザーは距離4で繋がることから，高いスモールワールド性を示していると言える．また，友人の84％は同じ国のユーザーであること，更に，同年代の友人を多く持つなどの局所性も観測されている．

[佐藤哲司]

【参考文献（さらに学びたい人のために）】

[1] Albert, R., Jeong, H. and Barabási, A. L.（1999）．Diameter of the World-Wide Web, *Nature*, **401**, 130–131.
[2] Backstrom, L.（2011）．Anatomy of Facebook（https://www.facebook.com/notes/facebook-data-team/anatomy-of-facebook/10150388519243859）（最終アクセス：2018年1月5日）
[3] Fujisawa.（2008）．『mixi のスモールワールド性の検証』（http://alpha.mixi.co.jp/entry/2008/10643/）（最終アクセス：2018年1月5日）
[4] 増田直紀，今野紀雄（2010）．『複雑ネットワーク――基礎から応用まで』近代科学社．
[5] Milgram, S.（1967）．The small world problem, *Psychology Today*, **1**（1），61–67.
[6] Watts, D. J.（2004）．*Six Degrees: The Science of a Connected Age*, W. W. Norton & Company.
[7] Watts, D. J.（辻竜平，友知政樹訳）（2004）．『スモールワールド・ネットワーク――世界を知るための新科学的思考法』阪急コミュニケーションズ．

A7-4

機 械 学 習

machine learning

1. 機械学習とは

機械学習とは，人間の持つ学習能力をコンピューター上で実現するための技術であり，センサーやデータベースなどから得たデータを分析することにより，データに内在するパターンや特性を発見し，将来の予測に役立てることができる．これは，我々が日々の生活の中で経験したことから様々なことを学び，将来に役立てていることに相当すると言える．

機械学習は，人工知能の研究課題の1つとして，長らく研究されているが，近年ではコンピューターの計算能力が飛躍的に向上したことや，ビッグデータ

コンピューター・情報

と呼ばれる，巨大で複雑なデータを活用する必要性が生じてきたこと，人工知能への関心が高まっていることなどから，改めて重要視されている．機械学習を利用した技術は多岐にわたり，例えば，インターネット上の情報検索，迷惑メールの検出，インターネットショッピングでの商品の推薦，パソコンやスマートフォンに搭載されている音声アシスタントなど，すでに身の回りに深く浸透している．また，自動運転車など，今後も機械学習を利用した技術の発展が期待されている．

2.　主な機械学習法

　機械学習には様々な手法が考案されており，学習に使用するデータの構造や学習の仕方によって，いくつかの種類に分類される．主な機械学習法として，教師あり学習，教師なし学習，半教師あり学習，強化学習が挙げられる[1][3]．

2.1　教師あり学習
　教師あり学習は，正解を含むデータを用いて学習を行う（教師によって何が正しいかが教示されることに喩えられる）学習法である．例えば，迷惑メールを検出するための学習を行う場合，メールのデータとともに，それぞれのメールが迷惑メールであるか否かの情報も与えられる．これらをもとに，迷惑メールの中にはある特定のキーワードが含まれることが多いため，そのキーワードが含まれている場合は迷惑メールである可能性が高いといった，迷惑メールと非迷惑メールを見分けるためのパターンを発見する．このように，データを予め定められたカテゴリに分類することは，機械学習の得意分野の１つである．分類問題の他にも，例えば，過去の株価の推移から将来の株価を予測するといったように，数値を予測する回帰分析にも教師あり学習がよく用いられる．代表的な教師あり学習として，**サポートベクターマシン**（support vector machine）や，**ニューラルネットワーク**（neural network）などが挙げられる．

2.2　教師なし学習
　教師あり学習とは対照的に，正解を含まないデータを用いて学習を行う手法

が教師なし学習である。正解が与えられないため，学習アルゴリズム自身がデータから何らかの意味を見出さなければならない。代表的な教師なし学習として，**k平均法**（k-means）などのクラスタリング手法が挙げられる。クラスタリングは，多数のデータの中から，似た性質を持つものを1つのクラスター（集団）にまとめることにより，データをグループ分けすることのできる手法である。例えば，マーケティングにおいて，利用者を様々な属性（年齢，性別，収入といった，個々のデータの特徴を表す要素）に基づいてグループ分けし，グループ毎にそれぞれ適した商品を推薦するといったことに利用できる。

2.3　半教師あり学習

半教師あり学習は，一部のみに正解が付与されているデータを用いる学習法である。一般に，正解は人手で与えなければならないため，データ量が多いなどの理由で，すべてのデータに正解を付与するのが困難であり，教師あり学習が利用できない場合に用いられる。多くの場合，正解が付与されているデータは少数であり，大半のデータには正解が付与されていない。半教師あり学習には，まず正解が付与されているデータを用いて教師あり学習を行い，学習結果から，正解が付与されていないデータの正解を予測し，以後の学習に使用する**セルフトレーニング**（self-training）などがある。

2.4　強化学習

強化学習は，試行錯誤を通じて学習を進めていく手法である。強化学習には，エージェント（学習を行う主体），環境，行動，報酬という構成要素がある。エージェントが，自身が置かれている環境において，ある行動を選択すると，その行動に基づいて環境が変化し，エージェントには何らかの報酬が与えられる。強化学習は，自動運転や，囲碁・将棋といった対戦形式のゲームの学習などに用いられている。実際に様々な行動をとってみて，上手くいった（多くの報酬を得られた）方法を採用することにより，学習を進めていく。強化学習の手法として，**Q学習**（Q-learning）や**TD学習**（temporal difference learning）などが知られている。

コンピューター・情報

3. 機械学習の具体例

　ここでは，機械学習の具体的な使用例として，機械学習を用いて簡単な手書き文字認識を行う例を示す．

3.1　問題設定

　手書き文字の認識を行う際には，一般に図1に示すような手書き文字の画像データを用いて学習を行う．なお，図を見やすくするために，各文字の周囲に枠を付けているが，実際の画像データには枠は付されていない．

　簡単のため，ここでは，図1に示しているように，「0」と「1」と「2」の3種類の文字を判別することを目的とする．

3.2　特徴量

　多くの場合，このような画像データに対しては，学習に用いるべき属性は定められておらず，学習に先立って，画像から得られる属性（特徴量と呼ばれる）を決めておく必要がある．画像から得られる特徴量には様々なものがあるが，ここでは画素（画像を構成する点）に着目する．図1より，画像は白色の画素と黒色の画素により構成されており，黒色の画素により文字が形成されていることがわかる．そこで，画像に含まれる黒色の画素の数を特徴量として用いる．単純に画像に含まれる黒色の画素の数のみを用いただけでは，文字を判別することは難しい．そこで，図2に示すように，画像の内側に存在する黒色の画素の数（図2（b）参照）と，画像の外側に存在する黒色の画素の数

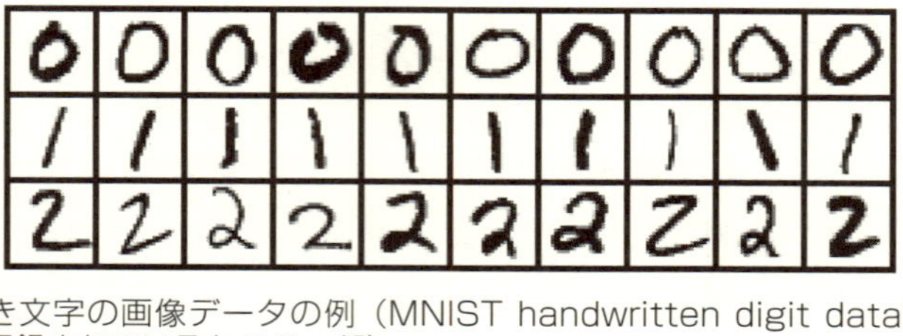

図1　手書き文字の画像データの例（MNIST handwritten digit database （Le-Cun[2]）に収録されているものの一部）

(a)　　　　　　　　　(b)　　　　　　　　　(c)
元の画像　　　　画像の内側　　　　画像の外側
　　　　　　　（26 画素）　　　　　（89 画素）

図 2　手書き文字認識に使用する特徴量の例

（**図 2（c）**参照）を特徴量として用いる．なお，これ以降，画像の内側に存在する黒色の画素の数を A，画像の外側に存在する黒色の画素の数を B と表記する．

　これらの特徴量は，以下の想定に基づいて定めている．

①　「0」は，A が少なく，B が多いと考えられる．
②　「1」は，A が多く，B が少ないと考えられる．
③　「2」は，A が多く，B も多いと考えられる．

3.3　学習手法

　機械学習には様々な手法があるため，目的に合わせて適切な手法を選択する必要がある．通常は，認識精度や実行速度を重視して学習手法を決定することが多いが，ここでは，学習結果を直感的に理解できることを重視して，決定木を生成する学習手法を選択する．なお，決定木とは，分類規則を木構造で表したものである．

　次節に，様々な機械学習法が収録されているソフトウェアである WEKA[4] を使用して，C4.5 と呼ばれる手法により，**図 1** に示す画像を学習用データとして用いて実際に学習を行った結果を示す．

3.4　学習結果

　学習の結果生成された決定木を**図 3（a）**に示す．この決定木から得られる分類規則は次の通りである．

①　B が 44 以下であれば「1」である．
②　B が 44 以下でなく，かつ，A が 10 以下であれば「0」である．

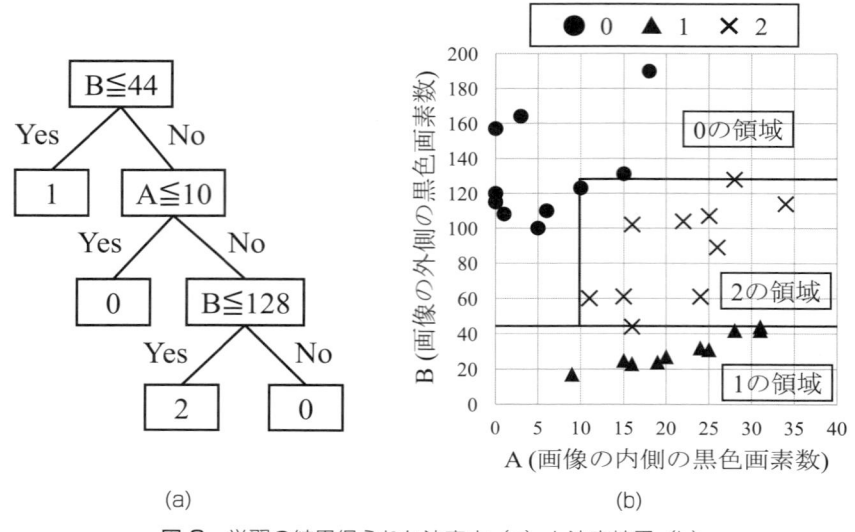

(a) (b)

図3 学習の結果得られた決定木（a）と決定境界（b）

③ B が 44 以下でなく，かつ，A が 10 以下でなく，さらに B が 128 以下
であれば「2」である．

④ B が 44 以下でなく，かつ，A が 10 以下でなく，さらに B が 128 以下
でなければ「0」である．

以上の分類規則をグラフ上に表したものが図3（b）である．特徴量（属性）
が2つあるため，データは2次元平面上に表される．横軸を A の値，縦軸を
B の値としている．グラフ上にある●，▲，×は，それぞれ，図1 に示して
いる「0」「1」「2」の画像から A と B の値を求め，グラフ上に描画したもの
である．分類規則は，2次元平面上の境界線（決定境界と呼ぶ）として表現で
き，境界線に囲まれた領域がそれぞれの文字に対応する領域となる．

図3（b）より，学習に使用したデータについては，それぞれの文字をおお
むね正しく判別できていることがわかる．未知の（学習に使用していない）手
書き文字の画像が与えられたときには，その画像から A と B の値を求め，学
習により得られた分類規則を適用することにより，文字を特定することができ
る．

基本的に，学習に使用したデータの分類精度は高くなるので，学習法の良し

悪しは，未知のデータをいかに精度良く分類できるかによって決まる．学習に使用したデータに特化し過ぎると，学習に使用したデータは正しく分類できるが，未知のデータが正しく分類できないことがある．これを過学習と呼び，決定木を生成する手法では，**過学習**（overfitting）を起こす可能性のある余分な分類規則を除去するなどして，過学習を防いでいる．

4. 機械学習を活用するために

ここまでで述べてきたように，機械学習の手法には様々なものがある．機械学習法はそれぞれ異なる特性を有するため，どの機械学習法を用いるのが適切であるかは，何を学習するか，あるいはどのようなデータを使って学習するかによって異なっており，いかなる問題も適切に学習できる機械学習法は存在しないと言われている．従って，機械学習を利用する際には，学習しようとしている問題に合わせて，適切な手法を用いる必要がある．

また，扱うデータによっては，学習に使用する特徴量を定める必要がある．機械学習の手法を上手く選択できたとしても，特徴量が適切でなければ，十分な性能を得ることは難しい．これまでは，特徴量は人手で定めることが多く，適切な特徴量を定める上で経験的な知識が要求されることがあったが，近年では，人手を介さずに適切な特徴量を定めることのできる深層学習（deep learning）の発展により，特徴量を定めるのが難しいという問題は，ある程度緩和されているといえる．しかし，深層学習により得られる特徴量は，人間にとって直感的な理解が困難であるため，上手く学習できても，なぜ上手くいったのかを理解するのが難しい場合もある．

前述した通り，万能な機械学習法はないので，機械学習を活用するためには，機械学習に対する理解を深め，目的に応じた学習法を構成できることが不可欠である．

[野宮浩揮]

【参考文献（さらに学びたい人のために）】
[1] Bishop, C. M.（元田浩，栗田多喜夫，樋口知之，松本裕治，村田昇監訳）（2012）．『パターン認識と機械学習　上・下』丸善出版．
[2] LeCun, Y., Bottou, L., Bengio, Y. and Haffner, P.（1998）．Gradient-based learning applied to

document recognition, *Proceedings of the IEEE*, **86**（11），2278-2324.

[3] Mitchell, T. M.（1997）. *Machine Learning*, McGraw-Hill.

[4] Smith, T. C. and Frank, E.（2016）. Introducing machine learning concepts with WEKA, *Statistical Genomics: Methods and Protocols*, Humana Press, 353-378.

A7-5

深層学習

deep learning

---

1. 深層学習とは

　深層学習は，機械学習の一手法で，その性能の高さと応用範囲の広さで，2010 年代後半に注目を集めるようになったものである．機械学習を，入力から目的に応じた写像を求める問題と捉えると，従来のロジスティック識別やサポートベクターマシンは，一段階の変換（浅い処理）で目的の表現を得る手法と考えることができる．一方，深層学習は多段に渡る変換の積み重ね（深い処理）で，目的の表現を得るものと見ることができる．

　浅い処理では，入力の特徴を人手で設計し，より目的の表現が得やすいものに厳選する必要があった．しかし，深層学習で採用している深い処理では，学習対象とする元の情報（例えば画像信号や音声信号）をそのまま入力し，深い処理の前段に当たる部分において，特徴を抽出・選択することも学習の対象としている点が，従来手法との大きな違いとなっている．

　深層学習は，主として多数の中間層を持つニューラルネットワーク（neural network）として実現されることが多い．以下では，まずニューラルネットワークにおける学習の基本と，深層学習に至る経緯を説明し，次に，様々な応用に向けて工夫された深層学習手法について説明する．

2. ニューラルネットワークにおける学習

　ニューラルネットワークは，**図1**に示す計算ユニットを結合して，入力を

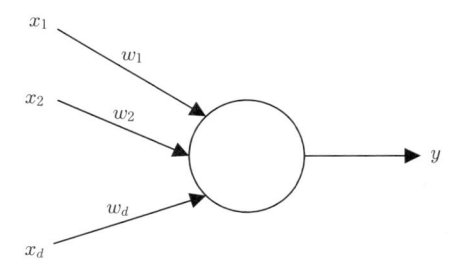

図 1　ニューラルネットワークの計算ユニット

出力に変換するものである.

　入力を d 次元数値ベクトルとすると,計算ユニットでの処理は,各次元の値に重みを掛けて総和を取り,その値にバイアス b を加えたものを活性化関数(例えば閾値関数に近い振る舞いをするシグモイド関数)の入力として,非線形変換を行う.計算ユニットでの処理を数式で表現すると,以下の式のようになる.

$$y = \text{sigmoid}\left(\sum_{i=1}^{d} w_i \cdot x_i + b\right)$$

$$\text{sigmoid}(z) = \frac{1}{1 + e^{-z}}$$

　入力をいくつかのクラスに分類する識別問題や,入力の情報から推測される数値を得る回帰問題では,これらの計算ユニットを階層的に組み合わせたフィードフォワード型ニューラルネットワーク(**図 2**)が用いられることが多い.

　フィードフォワード型ニューラルネットワークにおける学習は,出力層の望ましい出力を出力層のユニット数分だけ並べた教師信号と,ニューラルネットワークの出力の差を評価する誤差関数(例えば二乗誤差の和)の値が最小となるように,計算ユニットの重みを調整することで行われる.例えば**図 2**のネットワーク構造では,出力層が望ましい値を出力するように中間層と出力層の間の重みが調整され,その調整分を利用して,入力層と中間層の間の重みが調整される.この仕組みは中間層が多層になっても適用可能で,このように,出力層から入力層に伝わる誤差に基づいて学習を行う手法を,誤差逆伝播法と呼ぶ.

コンピューター・情報

581

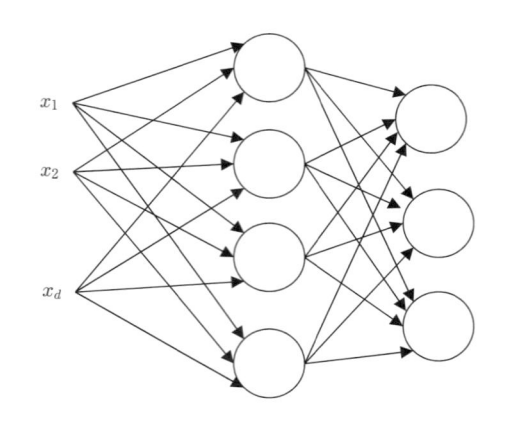

入力層　　　　　　中間層　　　　出力層

図2 フィードフォワード型ニューラルネットワーク

3. ディープニューラルネットワークにおける学習

　図2のフィードフォワード型ニューラルネットワークにおいて，中間層の層数を増やしたものが，フィードフォワード型ディープニューラルネットワークである．前述したように，各層での処理を入力から出力を得るための変換と捉えると，入力を元の信号に近いものとし，ネットワーク構造を多階層にすることによって高い性能が得られることが期待できる．しかし，単純に誤差逆伝播法を用いた学習では，誤差の修正方向を求めるためのシグモイド関数の偏微分係数（最大値 0.25）が多段に渡って掛け合わされ，入力層に近くなるにつれて重みの変更幅が 0 に近づく勾配消失と呼ばれる現象が見られた．この勾配消失のために多階層のフィードフォワード型ディープニューラルネットワークの学習は，長年難しいとされてきた．

　しかし，2000 年代後半から，勾配消失を回避する方法がいくつか考案された．1 つは事前学習法と呼ばれるもので，入力層の側から順に，自己写像を行う 3 層ニューラルネットワークを学習することで重みの初期値を与えておき，その後に誤差逆伝播法で教師あり学習を行うものである．もう 1 つの方法は，

ユニットの活性化関数を工夫するものである．例えば，ユニットの活性化関数として ReLU（rectified linear unit）$f(z) = \max(0, z)$ を用いることで勾配消失が避けられるようになったので，2010 年代後半になると，事前学習法はあまり使われなくなった．

4. 様々な応用に向けたディープニューラルネットワーク

特に画像認識と自然言語処理分野においては，ディープニューラルネットワークに特殊な構造を持たせることで，高い性能を実現している．

4.1 畳み込みニューラルネットワーク

畳み込みニューラルネットワーク（convolutional neural network）は，画像認識の問題に対して多く用いられているものである．層の構成は，**図 3** に示すように，畳み込み層とプーリング層を交互に配置し，最後のプーリング層の出力を受ける通常のニューラルネットワークを最終出力側に配置したものが典型的である．

畳み込み層の処理はフィルタをかける処理に相当する．畳み込み層の各ユニットは，入力画像中の一部とのみ結合を持ち，その重みは全ユニットで共有さ

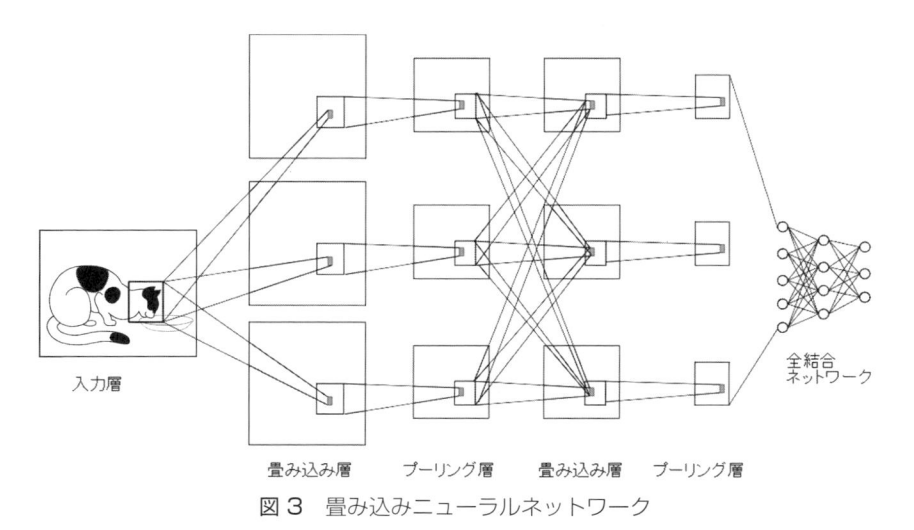

図 3　畳み込みニューラルネットワーク

コンピューター・情報

れる．各層ではこのようなユニット集合をチャネルという単位で持ち，チャネルごとに異なった重みを実現することで，画像内の異なる局所的特徴を取り出す処理を行っている．

プーリング層は畳み込み層よりも少ないユニットで構成される．各ユニットは，畳み込み層の限られた範囲と結合を持ち，その範囲の値の平均あるいは最大値を出力とする．これは，範囲内のパターンの位置変化を吸収していることになる．

このような畳み込み・プーリングを何段階か繰り返すことで，画像から抽象度の高い特徴を取り出し，それらをフィードフォワード型ニューラルネットワークに入力することで識別を行う．

4.2 リカレントニューラルネットワーク

リカレントニューラルネットワーク（recurrent neural network）は，中間層への入力に1つ前の自分の出力を付け加えることで，系列信号に対する識別問題に対処するものである．具体的な応用事例としては，音声認識における言語モデルや機械翻訳などがある．ネットワークの構成は**図4（a）**のようになり，中間層のフィードバックを時間軸方向に展開すると，**図4（b）**のように表現できる．

リカレントニューラルネットワークの中間層には，記憶構造を持つ特殊な

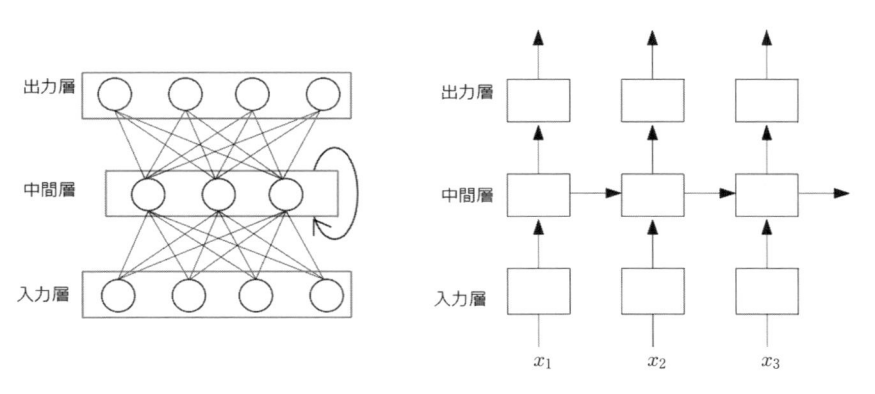

(a) リカレントニューラルネットワーク　　　　(b) フィードバックを時間方向に展開

図4　リカレントニューラルネットワーク

メモリユニットを用いることが多い．そのようなメモリユニットの一例が，**LSTM**（long short-term memory）である．LSTM は，入力層からの情報と，時間遅れの中間層からの情報を入力として，それぞれの重み付き和に活性化関数をかけて出力を決めるところは通常のユニットと同じ振る舞いをする．通常のユニットとの違いは，内部に情報の流れを制御する 3 つのゲート（入力ゲート・出力ゲート・忘却ゲート）を持つ点である．これらのゲートの開閉は入力情報を元に判定され，現在の入力が自分に関係があるものか，自分は出力に影響を与えるべきか，これまでの情報を忘れてもよいかが判断される．学習時には誤差もゲートで制御されるので，必要な誤差のみが伝播することで，勾配消失が回避されることになる．

［荒木雅弘］

【参考文献（さらに学びたい人のために）】

[1] Chollet, F.（巣籠悠輔監訳）（2018）．『Python と Keras によるディープラーニング』マイナビ出版.

[2] 岡谷貴之（2015）．『深層学習（機械学習プロフェッショナルシリーズ）』講談社.

[3] 巣籠悠輔（2017）．『詳解 ディープラーニング——TensorFlow・Keras による時系列データ処理』マイナビ出版.

A7-6
音 声 認 識
speech recognition

1. 音声認識の概要

　音声認識は，人間が声で話す言葉を文字に変換する技術である．文字認識や顔認識などとともに，パターン認識技術の一分野とされており，統計的機械学習による認識手法が一般に採用されている．また，機械学習手法として深層学習を用いるものが高い性能を実現しており，現在の主流となっている．

　統計的音声認識は，入力である特徴ベクトルの系列を X，単語列を W と表記すると，以下の式で計算される事後確率が最大となる単語列 $\hat{W}$ を求める

問題になる.

$$\hat{\boldsymbol{W}} = \underset{\boldsymbol{W}}{\arg\max} P(\boldsymbol{W}|\boldsymbol{X})$$

事後確率を直接計算するのは難しいので,一般にはベイズの定理を用いて,問題を以下のように変形する.

$$\hat{\boldsymbol{W}} = \underset{\boldsymbol{W}}{\arg\max} P(\boldsymbol{W}|\boldsymbol{X})$$
$$= \underset{\boldsymbol{W}}{\arg\max} p(\boldsymbol{X}|\boldsymbol{W})P(\boldsymbol{W})$$

$p(\boldsymbol{X}|\boldsymbol{W})$ を**音響モデル**(acoustic model),$p(\boldsymbol{W})$ を**言語モデル**(language model)と呼ぶ.音響モデルは,ある単語列がどのような音となって現れやすいか,ということをモデル化したものである.また言語モデルは,特定の言語において,ある単語列がどのくらいの確率で現れるか,をモデル化したものである.これらの積を最大とする単語列を求める際には,候補となる単語列が理論上無限に存在するため,効率のよい探索手法が必要となる.

以下では,音響モデル・言語モデル・探索手法について概説する.

2. 音響モデル

音声認識における特徴は,音声信号をフーリエ変換して得られたスペクトル情報から,その概形の情報を抽出した **MFCC**(mel-frequency cepstral coefficient)が用いられる.この MFCC および信号のパワー,それらの差分,さらに差分の差分をまとめた 30 数次元の特徴ベクトルが,音声信号 10 ms 程度ごとに計算される.ただし,**ディープニューラルネットワーク**(deep neural network)を音響モデルに採用する場合は,スペクトル情報あるいは音声信号そのものを入力とすることもある.

音響モデルの単位としては,一般に音素が採用されている.ただし,音素の発声は,その前後の音素の影響を大きく受けるので,対象の音素とその前後の音素を組み合わせたトライフォンモデルとすることが多い.このトライフォンモデルを探索段階で組み合わせて,単語発声や文発声の認識に対応する.

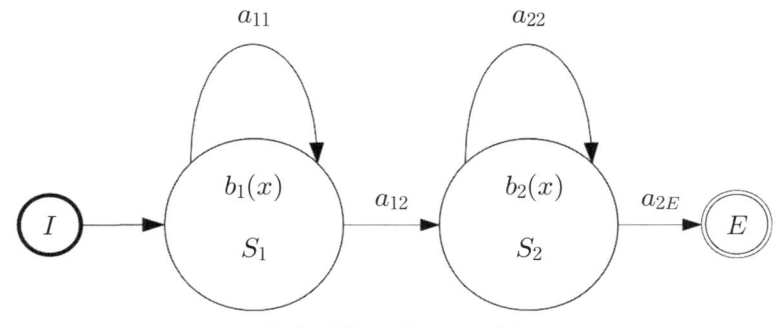

図1　隠れマルコフモデル

　このようにすると音響モデルの問題は，特定の音素から，観測された特徴ベクトル系列が生じる確率を計算することとなる．特徴ベクトルの系列長は不定であるため，任意長の特徴ベクトル系列に対して確率を計算するメカニズムが必要となる．この条件を満たすため，一般に音響モデルとしては，**図1** に示すような**隠れマルコフモデル**（hidden Markov model: HMM）が採用されている．

　ここで，a は遷移確率，b は確率密度関数を表す．一般に HMM の状態数は，特徴ベクトルの系列長より小さいので，どの特徴ベクトルがどの状態で生成されたかという遷移情報が隠れてしまう．単純な確率計算の方法では，それらの可能な遷移をすべて求めて，確率の和を計算することになるが，HMM では動的計画法に基づくトレリス計算，および最適な遷移系列を探索時に求めるビタビアルゴリズムによって効率的な計算を実現している．また，HMM の学習には，隠れ変数を伴う学習法で，EM アルゴリズムの一種であるバウム・ウェルチ法が用いられる．

　深層学習と組み合わせる方法としては，音声のスペクトル情報を入力とし，状態確率を出力するディープニューラルネットワークと HMM を組み合わせる **DNN-HMM 法**（**図2**）が基本的な方法である．

3.　言語モデル

　言語モデルとして，小語彙音声認識の場合には文法規則を記述すること

コンピューター・情報

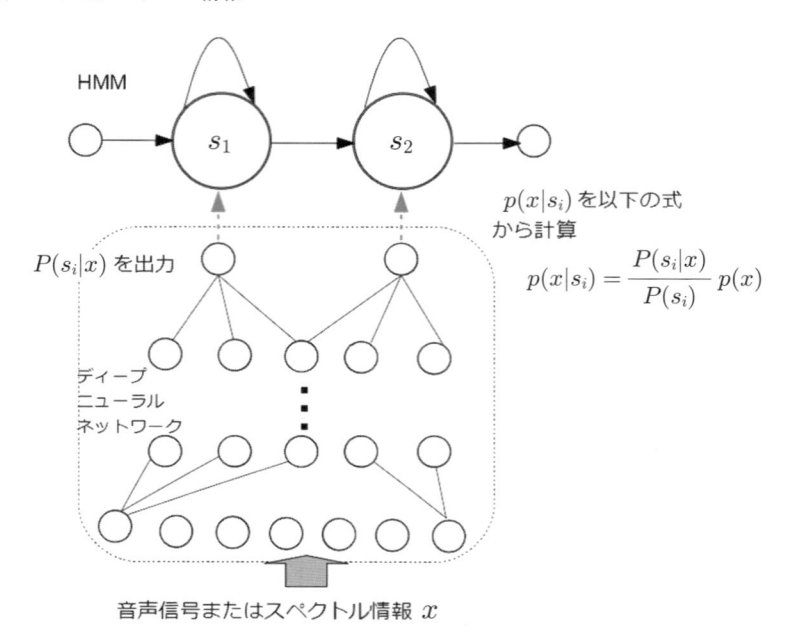

$p(x|s_i)$ を以下の式
から計算

$$p(x|s_i) = \frac{P(s_i|x)}{P(s_i)}\,p(x)$$

図2　DNN-HMM 法の概要

　もあるが，大語彙連続音声認識では一般に統計モデルが用いられる．単語列 $\boldsymbol{W} = w_1, w_2, \ldots, w_n$ に対し，その観測確率は以下の式で計算される．

$$P(w_1, \ldots, w_n) = P(w_1)P(w_2|w_1)P(w_3|w_1, w_2) \cdots P(w_n|w_1, \cdots w_{n-1})$$

　右辺の条件付き確率の値は，大量の文章からなる言語コーパスを用いて推定される．ただし，条件部の単語列が長くなるものについては，コーパスに一度も出現しないものがあるため，直前 $(N-1)$ 単語のみを考慮した条件付き確率の値で近似する．このようにして得られた言語モデルを N-gram 言語モデルとよぶ．N の値としては3とする場合が多いが，巨大なコーパスが利用可能な場合は，4あるいは5とする事例もある．

　ただし，このように近似を行っても，頻度が0の単語系列が存在する．このような単語系列は，コーパスに一度も出現することがなくとも，音声認識への入力となる可能性は0ではない．そこで，頻度を元に推定された条件付き確率を少し減らして，頻度0のものに分配する**スムージング**（smoothing）手法が

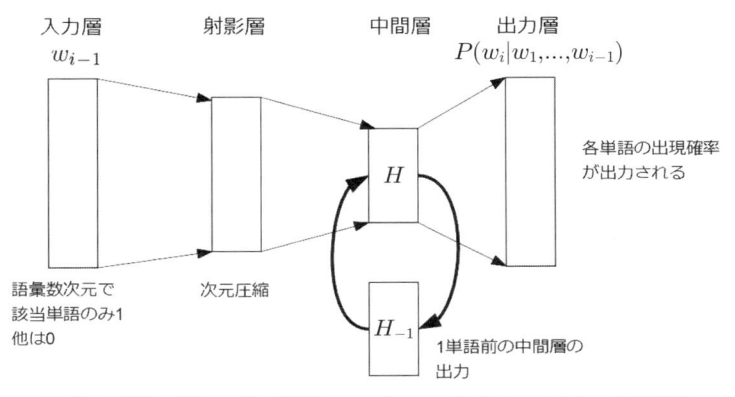

図 3 言語モデルにおけるディープニューラルネットワークの利用

いくつか提案されている.

　また，言語モデルにおいてもディープニューラルネットワークの利用が試みられている．**図 3** に示すように，中間層にループを組み込むことで，過去の単語系列の情報が蓄積されて，次単語の出現確率の予測に用いられる.

4. 音声認識における探索

　事後確率最大となる単語列は，音響モデルスコアと言語モデルスコアの積が最大となるものである．しかし，音声認識の対象となる単語列は大語彙集合からなる不定長の系列であるため，候補となる単語列は理論上無限個あることになる．この膨大な候補から事後確率最大となる系列を探索する手法として，3通りのアプローチが考えられる.

　最も単純な方法は，HMM の状態を時間軸方向に展開したトレリス空間において，確率計算時に言語モデルのスコアを含めながら，特定の時刻までの候補数を，スコア上位のものだけに限定する手法である．この方法をビームサーチと呼ぶ．ビームサーチ手法では，ビーム幅が狭すぎると最適解が探索対象から落ちてしまう可能性が高くなる．この現象を避けるために，複数回の探索を行って，特定の候補を残したときの期待スコアを見積もるヒューリック探索が併用されることもある.

　2 つめの方法は，HMM・発音辞書・言語モデルをそれぞれ **WFST**（weighted finite-state transducer）に変換し，WFST の合成・最適化処理の結果として得られた状態遷移ネットワークを探索する手法である．HMM で表された音響モデルを，WFST に変換すると，特徴ベクトルを入力として，音素とその重みを出力する transducer となる．発音辞書は，ある単語がどのような音素系列で表現されるか，という知識を表しているので，音素系列を入力として，単語とその重みを出力する WFST と見なすことができる．そして，言語モデルは，単語列を入力として，同じ単語列とその重みを出力する WFST と見なすことができる．これらを合成すると，特徴ベクトルを入力として，単語列と重みを出力する WFST ができる．この WFST にオートマトンの最適化処理を施すことで，効率よく探索できるネットワークとなる．

　3 つめの方法は，ディープニューラルネットワークを用いて **End-to-End** で音声認識を行う手法である．この場合，出力を単語とすることは，大語彙音声認識の場合は難しい．音素などのサブワード単位を出力とし，出力された系列を言語モデルを用いて単語列に変換する **Connectionist Temporal Classification**（CTC）を用いる方法や，**Attention Encoder-Decoder** を用いた手法などが考案されている．いずれの場合も，明示的に探索機能を実装することなく，高精度で音声認識を行えることが報告されている．

［荒木雅弘］

【参考文献（さらに学びたい人のために）】
[1]　荒木雅弘（2017）．『フリーソフトでつくる音声認識システム（第 2 版）』森北出版.
[2]　荒木雅弘（2015）．『イラストで学ぶ音声認識』講談社.
[3]　河原達也（2016）．『IT Text 音声認識システム 改訂 2 版』オーム社.
[4]　篠田浩一（2017）．『音声認識（機械学習プロフェッショナルシリーズ）』講談社.

A7-7
デジタルミュージアム
digital museum

1.　デジタルミュージアムの概要

　デジタルミュージアムは，計算機が創り出す仮想空間内に生成される 2 次元または 3 次元映像によって，ユーザーが現実世界のミュージアム（博物館）と同様な展示物を鑑賞・観察するシステムである．**VR**（virtual reality，**バーチャル・リアリティ**）技術の応用分野の 1 つと言える．映像だけでなく，音響や音声，触感などの人間の五感を利用するものもあり，その形態は多種多様である．仮想空間の自由度を活かして，展示の対象も，現実世界のミュージアムが通常扱うような屋内展示向きの比較的小型の文化財等に加えて，建造物のような大型の文化財の展示も可能である．

　また，有形文化財だけでなく，時系列情報を含む**無形文化財**（intangible cultural property）の展示も行える．デジタルミュージアムのユーザーは，PC，タブレット，ヘッドマウントディスプレイ[i]，CAVE[ii]，裸眼立体ディスプレイ[iii]，その他の表示装置を用いて，仮想空間内に配置された展示物を鑑賞・観察する．インターネットを経由しての利用が可能なものもある．また，インターネット上で複数のデジタルミュージアムを連携させ，複合的なデジタルミュージアムを構築することもできる．

2.　デジタルアーカイブとデジタルミュージアム

　デジタルミュージアムの展示に用いられる映像は，現実世界の文化財等を，展示に利用する設備が許す解像度の範囲内で，できる限り忠実に仮想空間内で再現したものである．したがって近年のデジタルミュージアムでは，現実世界の文化財等を精密計測して取得したデジタルデータを基にして映像化を行うことが多い．その意味でデジタルミュージアムは，文化財等の**デジタルアーカイブ**（digital archive）を有効利用するためのシステムとも言える．一般に，デ

591

ジタルアーカイブの目的は，歴史，文化，芸術に関わる各種の文化財等を，デジタル情報技術によって計測，記録，保存し，そして保存されたデジタルデータを公開して利活用することである[1]．デジタルミュージアムは，その公開と利活用のための有力な手段である．すなわち，アーカイブされた文化財等のデジタルデータは，計算機によって映像化され，デジタルミュージアムのユーザーはこれを閲覧，鑑賞，利用する．デジタルデータは，これを何回利用しても劣化する心配がない．また，計算機による適切な処理を施すことで，非写実的だがユーザーの学習や分析を支援する表現も可能になる．例えば，特定箇所の部分強調，内部構造の3次元透視，解説文の対話的提示などを容易に行える．これらのデジタルデータの利点は，そのまま，現実世界のミュージアムには無いデジタルミュージアムに固有の特長となる．

3.　AR技術の利用

　デジタルミュージアムでは，VRのバリエーションの1つである **AR**（augmented reality，**拡張現実感**）も，その要素技術として有用である[3]．ARとは，人工的に生成したCG（コンピューター・グラフィックス）映像を，現実世界に重畳して表示する技術である．例えば，現実世界のミュージアム内に，何も置かれていない空の展示台を設置し，これを専用のVR眼鏡を装着して見ると，台上に有形文化財の高精細な3次元CG映像が出現する，という展示形態が可能である．あるいは，歴史的建造物が失われた跡地に，その建造物を再現した3次元CG映像を重畳して視覚化することもできる．より応用的な形態としては，例えば，制作年代が古い退色した仏像の展示において，表面に作成当時の鮮やかな色彩をプロジェクションマッピング（投影して重畳）して表示することができる．

4.　3次元計測データの利用

　近年の高品質化したデジタルミュージアムの要素技術としては，大規模データの可視化技術も重要である．例えば，歴史的建造物の3次元計測（**レーザー計測**（laser scanning）や**写真計測**（photogrammetric scanning）では，

数千万点から数億点以上の大規模かつ精密な3次元点群データ（ポイントクラウド）が取得される．個々の3次元点に，別途に撮影した写真画像から取得した色情報を付与し，各点を頂点とするポリゴンメッシュを生成してCG技術で映像化すれば，実在の建造物を写実的に再現した3次元映像が得られる．最近ではまた，ポリゴンメッシュの生成が不要な，色情報付きの大規模な3次元点群をそのまま表示してより高精細な3次元映像を創り出す，ポイントレンダリングの技術も発達してきている．こうして得られた3次元映像を，適切なVR装置で立体視化すれば，高い現実感と没入感を伴った鑑賞体験が可能になる．また，計算機による数値解析の技術を活用して，有形文化財の角張った部分などを特徴領域として抽出・強調表示したり，3次元形状の一部または全体を半透明化したりすれば，3次元構造の把握や分析を支援する展示も可能となる．

5.　無形文化財の展示

　現実世界のミュージアムには無いデジタルミュージアムの特長として，特に重要なのは，無形文化財の展示が容易なことである．現実世界のミュージアムでは，3次元物体としての文化財等，つまり「モノ」の展示が中心である．これに対してデジタルミュージアムでは，モノに加えて，舞踊や伝統行事（祭事など）の無形文化財，すなわち「コト」の展示も容易である[2]．例えば舞踊の場合は，実際の舞踊の様子をモーションキャプチャー技術で記録し，得られた時系列デジタルデータを基にして，舞踊の時間的経過を仮想空間内での対話的な動画映像として忠実に再現できる．また，祭事などの伝統行事の場合は，例えば，祭の山車の組み立ての過程を3次元計測して，3次元点群の時系列デジタルデータを取得する．そして，得られたデータに基づいて，組み立ての過程をそのまま再現したり，任意の時点での途中経過のスナップショットを取得したりできる．例として，**図1**に，京都の祇園祭の山車の1つである「船鉾」の組み立て（鉾立）の過程を，半透明3次元CGで可視化した例を示す[4]．あるいは，仮想空間内で巡航する山車に乗って，現実の巡行の際に演奏されるお囃子や，実際に山車に乗ると感じられる揺れを，祭りの現場に行かずに仮想体験することもできる．祭事などの伝統行事の無形文化財には，書面での手順書や実施マニュアルが存在しない場合が多い．それでも，デジタルミュージアム

コンピューター・情報

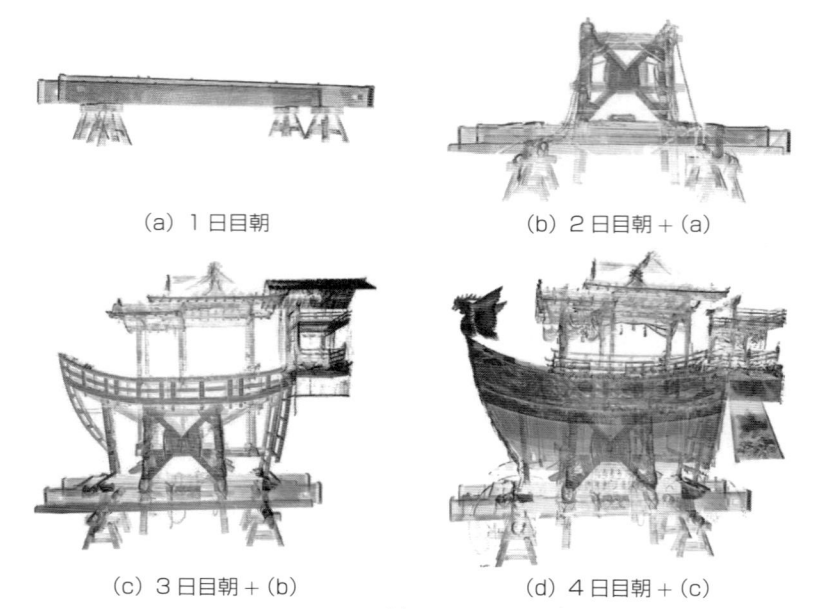

(a) 1 日目朝　　　　　　　　　　(b) 2 日目朝 + (a)

(c) 3 日目朝 + (b)　　　　　　　(d) 4 日目朝 + (c)

図 1　祇園祭・船鉾の鉾立過程の可視化[4]（協力：公益財団法人・祇園祭船鉾保存会）

ならば，容易にその再現・展示・鑑賞が可能である.

6.　現実世界のミュージアムとの連携

　このように，デジタルミュージアムには，現実世界のミュージアムには無い
様々な利点がある. しかし，だからと言って，デジタルミュージアムが発展す
れば現実世界のミュージアムが不要になる，というわけでは決してない. とく
に，モノの展示に関しては，現実世界のミュージアムが持つリアリティは，ユ
ーザーにとって必須のものである. デジタルミュージアムと現実世界のミュー
ジアムは，互いに相補的なものであり，それゆえに両者は連携すべきものであ
る. 例えば，現実世界のミュージアムの運営者が，その展示物を計測して，別
途にデジタルミュージアムを構築・公開することは，非常に有益である. 例え
ば，ユーザーはまず，インターネット経由でデジタルミュージアムにアクセス
して，見学の予習をする. 次に，現実世界のミュージアムを実際に訪れて，リ

アリティのある鑑賞を体験する．最後に，帰宅後に再びデジタルミュージアムにアクセスして，分析的な展示を活用して復習・考察を行う．このような連携が，デジタルミュージアムの特長を生かすことになる．実際，大英博物館などでは，展示物の一部を，3次元計測を基にしたCGコンテンツとしてインターネットで公開している．ユーザーは，インターネットブラウザ上で，マウスによる対話的な視点の変更なども行える．こうした試みは，現実世界のミュージアムがデジタルミュージアムを簡易的に実装・公開した好例と言えよう．

[田中覚]

【注】
i) 頭部に装着するディスプレイ装置．大型の装置を利用せずに，視界全体で没入型のVRコンテンツを鑑賞・体験できる．
ii) 1992年にイリノイ大学が開発した立体視表示システム．多面のスクリーンで囲んだ空間に立体的にCG映像を表示させて，VR（バーチャルリアリティ）を体験できる．
iii) 顔面に専用の眼鏡などを装着することなく，裸眼で立体ステレオ画像を見ることができるディスプレイ．

【参考文献（さらに学びたい人のために）】
[1] 八村広三郎，田中弘美編（2012）．『デジタル・アーカイブの新展開』ナカニシヤ出版.
[2] 八村広三郎，田中覚，西浦敬信，田中弘美（2016）．「文化遺産の記録と再現——「コト」のディジタルアーカイブの実現に向けて」『電子情報通信学会誌』99（4），287-294.
[3] 廣瀬通孝（2011）．「デジタルミュージアム」『情報処理』52（4-5），492-497.
[4] Tanaka, S., Hasegawa, K., Okamoto, N., Umegaki, R., Wang, S., Uemura, M., Okamoto, A. and Koyamada, K.（2016）. See-through imaging of laser-scanned 3D cultural heritage objects based on stochastic rendering of large-scale point clouds, *ISPRS Annals of the photogrammetry, Remote Sensing and Spatial Information Sciences*, **III**(5), 73-80.

A7-8
情 報 倫 理
information ethics

1. 情報倫理とは

倫理の基本は「相手への思いやりの心遣い」である．また，自律的な規範で

あって，必ずしも強制されるものではない．倫理規範が社会規範として十分に有効である場合には法的規制は少なくて済むが，技術が発展すると従来の倫理規範だけでは対処できない状況が発生するので専門技術的な法的規制が増えることになる[2]．一般的に，社会のあり方は当該社会の成立過程とか社会を構成する人々の慣習に依存する部分が多いので，必ずしも普遍的なものとは言えない．従って，多くの「規則」とか「法制度」は，それぞれの社会に固有の運用がなされている．他方，人々の行動を支える「思いやり」自体は様々な社会に共通の考え方であると言える．つまり，倫理規範は普遍性が高いのがその特徴である．近年は，電子機器の発達やコンピューターネットワーク技術の進展と普及によって，従来の法体系では想定していなかった社会問題が多発している[8]．とくに，人々のコミュニケーション活動の基盤となる情報技術の変容は私達の社会の在り方にも重大な影響を与えており**情報倫理**（information ethics）の重要性が注目されている[6]．また，応用倫理学としての情報倫理は専門職の倫理を越えて情報社会の倫理の位置を占めるようになっている[9]．

2. 情報技術の進展

2.1 情報表現技術

情報技術（information technology）の進展は人類の歴史において重要な役割を担っている．

情報表現（information representation）の始まりは「ことば」の発明にあったと言える．人類が母音に加えて子音を獲得したのは数万年以上前だと考えられている[5]．そして，ヒトの頭脳で記憶しておける情報は極めて限定的な分量であったが，様々な情報がヒトからヒトへと口頭で伝承されたと思われる．このとき，伝承の現場は同一の場所で同じ時間を共有するという，空間的にも時間的にも強い制約を受けていた．

2.2 情報記録技術

情報記録（information recording）の始まりは「文字」の発明であろう．文字の**記録媒体**（recording device）は，土器とか粘土板・石板・木片・パピルス紙片など多様である．シュメールの絵文字から紀元前 3000 年頃には数字や

四則演算の記録が確認されている．さらに，シュメール絵文字が抽象化された
ものと見なされている楔形文字による紀元前 2800 年頃の商業文書資料が発見
されている[5]．このような文字の記録が普及すると様々な人々の独創的なアイ
デアや思想が文字記録を参照する多くの人々によって共有できるようになっ
た．また，記録媒体を運搬することで情報を共有するときの空間的な制約を克
服できるようになった．その結果，産業や商業が発展し高度な文明が構築され
たと言える．

2.3　情報複写技術

情報が文字で記録できると，その**情報複写**（information copying）の重要
性が多くの人々に認識されるようになり，文字記録の複製の作成が望まれる
ようになる．ヒトの手作業による筆写技法が色々と工夫された．紙が発明さ
れたのは 1 世紀前半の中国（漢）であり，10 世紀前半の中国（五代十国）で
完成した**印刷術**（printing technology）は，15 世紀中頃にはヨーロッパに伝
播して，活版印刷として普及した[5]．文字記録の原版とそっくりの複製が機
械的に大量生産できるようになった．その後，電子複写（ゼログラフィ）や
レーザー印刷機（プリンター）が発明されて，電子印刷が **DTP**（desk top
publishing）の要素技術になって普及している．

他方，音響データによる情報記録は，講談や楽器演奏など特別な技術を習得
した演奏家や演者によって継承されていたのであるが，蓄音機が 19 世紀後半
に発明され[5]，改良工夫されて，レコード盤や録音テープを経て，デジタル録
音（digital recording）が一般社会に普及してきている．

また，画像データによる情報記録の始まりは「絵画」の技法に熟達した絵
師や画家の存在に依存していたと思われるが，19 世紀中頃に「複製可能なネ
ガポジ法」による写真技術が発明されて[5]からは，一般の人々にまで**写真記
録**（camera recording）の技術が普及している．とくに，フィルム記録から
CCD（charge coupled device）などの電子媒体記録装置が普及してからは静
止画や動画・映像など画像データと音響データとが統合されたデジタル方式で
記録可能になり，情報複写の手間やコストはまったく無視できる程に軽減され
ている．

コンピューター・情報

2.4　情報伝達技術

　情報を遠隔地に伝達する**情報伝達**（information transmitting）の手法としては，文字表現された文書をヒトが物理的に配送する飛脚や郵便という社会制度が整備されたが，電信機が 19 世紀中頃に発明され[5]，空間の制約であった距離の壁を一挙に克服したと言える．電磁波による**無線通信**（wireless transmitting）の発達は，音響情報伝達に続いて映像情報伝達の革新的な手段として，ラジオ放送やテレビ放送の普及とともに近代社会の通信手段として欠かせないものになっている．

2.5　電子デジタル技術

　電子デジタル技術（electronic digital technology）による情報処理の特徴は，元になるデータの記録・再生・複製・伝送が必要に応じた精度で完璧にできるという点にある．これは，染谷・シャノン（Shannon）による**標本化定理**（sampling theory）[10]と，シャノン（Shannon）・ファノ（Fano）・ハフマン（Huffman）の**符号化法**（coding methods）[10]の応用技術である．文字データの記録・再生・複製・伝送の場合も文字形態の画像処理ではなく，コード化されたデジタルデータの処理になるので，まったく誤差を含まない理想的な記録・再生・複製・伝送が可能になっているのである．ただし，電子的な記録は，紙媒体への印刷のように視覚的に確認できるものではなく，電子回路を用いてのみ記録の再生・確認が可能になるという，不可避的な情報隠蔽の仕組みが付随している点に注意が必要である．つまり，デジタルデータを取り扱う者にはデータのバックアップを常に意識することが要請されるのである．

3.　専門家の情報倫理から市民の情報倫理へ

　どのような人々にどのような情報倫理が求められるのか？　それは，情報技術の進展とともに変容していると考えられる[1]．

3.1　話者の倫理

　音声言語によってのみ，各種の情報が表現された時代には，その話者（演者）は特別な能力を持つ異能者であった．「語り部」とか「講釈師」という職

表 1　情報技術の進展

情報表現	情報記録	情報複写	情報伝達	電子デジタル技術
ことば（文字）	土器・石板・木板→紙，約 1 世紀	筆写→印刷，約 10 世紀	飛脚，郵便→電信，19 世紀	→電子デジタル符号として統合処理，20 世紀
画像	絵画→ネガポジ写真，19 世紀	筆写→印画紙，19 世紀	飛脚，郵便→ファクシミリ，19 世紀	
ことば（音声）	ヒトの記憶→蓄音機，19 世紀	→レコード，録音テープ，19 世紀	→電話機，約 19 世紀	

能集団に属する者には専門職としての倫理が求められたと思われる．自分の都合で勝手に物語を編集・改竄してはならず，聴いている人々への影響を誠実に考慮した内容として吟味する態度が求められた．結局，専門職として期待される職業的な倫理規範であった．

3.2　著者の倫理

　文字言語によって，各種の情報が表現されはじめた時代には，その著者（記録者）は特別な技能を持つ職人であった．「書記」や「祐筆」という専門家の集団に属するものには専門職としての倫理が必要になったと思われる．著者が自分勝手に文書を編集・改竄してはならず，記録を読む人々への影響を誠実に考慮した内容として吟味する態度が重要であった．この場合も，専門職として期待されていた職業倫理規範であった．

3.3　複製者の倫理

　印刷機が普及するに従って，文書の原本の複製を出版して販売する権利を独占していた出版社などが自社の既得権益をまもるために「**コピーライト**（copyright，**著作権**）」を主張することになった．画像複製作成者（カメラマン）の場合は，画像の複製を作成する（写真画像を複製販売する）権利を独占していた人々の権益を主張したものである．音響複製作成者（録音技術者）の場合も，原音の複製を作成する（音源レコード盤を複製して販売する）権利を独占していた人々の権益を主張したものである．これらは，いずれの場合も，同業

コンピューター・情報

599

表2 市民の情報倫理

	話者の倫理	著者の倫理	複製者の倫理	広報者の倫理
専門家の倫理	「かたりべ」や「講釈師」	「書記」や「祐筆」	『著作権（コピーライト）』の確立	放送局・出版社・新聞社など
ユーザーの倫理	市民の責任	ネットユーザーの責任	著作権の尊重	真偽の確認

他者に対する倫理規範の主張であった．一般的な市民が私的な利用のために複製を作成する場合には，この倫理規範は適用されなかった．

3.4　広報者の倫理

　ラジオ放送やテレビ放送が普及した社会では，広報伝達者（ブロード・キャスター）は広範囲な聴取者群とくに家庭内で視聴する人々への影響を考慮した倫理規範が一般市民から期待されることになり，いわゆる**放送倫理**（broadcasting code）とか映倫が業界内の規範として確立されたのであり，一般的な市民はこの規範の受益者だと言える．

3.5　インターネット・ユーザーの倫理

　インターネットへの書き込みをする人の立場とインターネットを検索して情報を共有する立場の人々との双方がどちらも専門家とは限らないようになった．一般の市民が簡単なアプリケーションソフトを利用して，自分の好みに従って，いつでも自由に情報の受信・複製・加工・発信ができるようになっている．その結果，専門家が一般市民から期待されていた倫理規範とか情報の複製・発信をする業界内の規範が，個々の市民自身の情報行動にも適用されることになってきた．すなわち，便利なインターネットを使う市民は情報を受信する市民であると同時に情報を複製・加工して発信する市民でもあるので，市民自身にも倫理の根本である「他人への思いやりの心遣い」を実践する情報技術の使い方が求められているのである．**スマートフォン**（smart phone）などを利用するとき，情報倫理に無頓着な使い方をする市民は，その行動が情報関連の「法規制」に違反していなくても，自己が所属する市民社会において自分自身の情報行動の結果について，顰蹙を買う状況におちいるかもしれないのであ

る．

[江澤義典]

【参考文献（さらに学びたい人のために）】

[1]　江澤義典（2001）．「IT 革命と情報倫理」『システム／制御／情報』**45**（9），523-527.

[2]　原田二朗，日笠完治，鳥居壮行（2003）．『新・情報の法と倫理』北樹出版，258.

[3]　笠原正雄（2007）．「情報技術の人間学——情報倫理へのプロローグ」『電子情報通信学会』152.

[4]　牧野二郎（1998）．『市民力としてのインターネット』岩波書店，252.

[5]　松岡正剛（1990）．『情報の歴史』NTT 出版，433.

[6]　水谷雅彦（2005）．「講義の七日間——情報化社会の虚と実」『応用倫理学講義 3　情報』水谷雅彦編，岩波書店，1-62.

[7]　越智貢，土屋俊，水谷雅彦（2000）．『情報倫理学』ナカニシヤ出版，323.

[8]　岡村久道（2003）．『迷宮のインターネット事件』日経 BP 社，441.

[9]　大谷卓史（2015）．「情報倫理学の 3 つの起源」『情報管理』**58**（2），139-142.

[10]　滝沢栄一（1967）．『情報の理論と演習』廣川書店，293.

[11]　土屋俊，大谷卓史（2014）．『改定新版 情報倫理入門』アイ・ケイコーポレーション，242.

[12]　辻井重男（2012）．『情報社会・セキュリティ・倫理』コロナ社，156.

コンピューター・情報

B データ分析篇

データ分析の基礎
量的分析法
質的分析法

データ分析の基礎

楔形文字による古代の数学
紀元前 1800 年ごろの粘土板に記されたもの.

B1-1
文化情報学の源——数の発見とコンピューター
origin of cultural information

　いろいろな物の個数をイチ，ニ，サン，シ，…と数える**整数** 1, 2, 3, 4, …の起源をたどると，多くの数学史の書によれば，紀元前 3000 年から紀元前 2700 年頃までにメソポタミアの南部にシュメール人が建設した都市文明において，抽象的な数を意味する**楔形文字**の使用がはじめとされる．しかしそれ以前に，個別の対象を限定して 1 対 1 に対応させることが行われてきたからこそ，楔形文字の誕生に至ったのである．

　実際，紀元前 1 万 5000 年〜紀元前 1 万年ごろの旧石器時代の近東（北アフリカの地中海沿岸部，東アラブ地域，小アジア，バルカン半島など）には，動物の骨に何本かの線を切り込んだ**「タリー」**と呼ばれるものがあった．それに関しては，1 日 1 日の太陰暦を 1 つひとつの切り込みにしていたとする説がある．

　また紀元前 8000 年頃から始まる新石器時代の近東では，円錐形，球形，円盤形，円筒形などの形をした小さな粘土製品の**「トークン」**というものがあった．壺に入った油は卵型のトークンで数え，小単位の穀物は円錐形のトークンで数える，というように物品それぞれに応じた特定のトークンがあった．1 壺の油は卵型トークン 1 個で，2 壺の油は卵型トークン 2 個で，3 壺の油は卵型トークン 3 個でというように，1 つひとつに対応させる関係に基づいて使われていたのである．

　トークンは，紀元前 8000 年頃から紀元前 3000 年頃まで途切れることなく使われていた．「ひとつがいの雉も 2 日も，ともに 2 という数の実例であることを発見するには長い年月を要したのである」というバートランド・ラッセル（Russell, B., 1872-1970）の言葉にもあるが，具体的な物それぞれに応じたトークンによる数の概念が発展し，具体的な物にはよらない数の概念である楔形文字が確立するまでには，長い年月を要したのである．1 対 1 の対応を踏まえて抽象的な数が発見され，あらゆる対象を客観的な数でとらえることが可能になったことが，人類の歴史が大きく発展した本質であると考える．

　コンピューターの発明以前は，当然なこととして数の扱いは手計算であ

った．てこの原理や浮力の原理で有名なアルキメデス（Archimedes，紀元前287？-212）が，円に内接する正 96 角形と円に外接する正 96 角形を用いて，円周率 π が，71 分の 223 より大で 7 分の 22 より小であることを手計算で求めたことは偉大な業績であろう．

　その後，人類はコンピューターの発明を経て，20 世紀以降は手計算でなくコンピューターに頼る計算が飛躍的に発展している．1949 年にフォン・ノイマン（von Neumann, J., 1903-1957）が ENIAC を使って円周率を 2037 桁まで計算したことはよく知られており，現在では 20 兆を超える桁まで円周率は計算されている．

　人類が物事を客観的に捉えるために数を発見し，しばらくの間は数を手計算で扱い（手計算には歯車などを用いた計算は含める），さらにコンピューターの発明によって数をコンピューターで扱うようになったのである．

　コンピューターの発展が様々な分野の発展に影響を及ぼしたことはいうまでもないが，生物学ではとくに顕著な発展が現れていると考える．生物学は，もともとは博物学の一領域であったが，19 世紀のダーウィン（Darwin, C., 1809-1882）の進化論やメンデル（Mendel, G. J., 1822-1884）の遺伝子法則が発表されるに至り，生物学として成立した．そして，20 世紀後半から 21 世紀にかけて，遺伝子やタンパク質の構造などの解析が可能となり，生物学的知識は膨大かつ複雑になった．さらに，遺伝子やタンパク質の構造など生物の情報は莫大なので，コンピューターのデータベースと検索技術の向上により，「**生物情報学**」という分野も誕生して驚くべき発展を遂げている．新しく発見したことをインターネットのデータベースに載せると，瞬時に最新の情報を世界中の科学者と共有できる時代になり，30 億文字のヒトゲノム情報は，わずかな時間と費用で解読できるようになった．

　コンピューターの発展，とくにデータベースと検索技術の向上が理系の学問分野ばかりでなく，文系の学問分野にも影響を及ぼしていることは，容易に想像できる．従来の理系の研究手法が，経済学や心理学などに留まらず，文学や言語学あるいは美術や音楽，さらには身体に現れる感情表現などの文化の領域にも波及してきたのである．そのような背景を踏まえて誕生したのが「**文化情報学**」である．これは人間の内面に関する研究領域ともいえ，一昔前までは数学やコンピューターとは距離を置いていた分野である．文学，音楽，美術，ス

データ分析の基礎

607

ポーツなど文化の領域は，真に人々に感動を与えることができるものである．しかし，感動を与える内容は人それぞれ異なることが当然である．現在の研究段階では，それぞれの文化を対象として詳しく研究されているのであるが，今後は個々の文化を享受する側にも視点を置く研究へと発展していくことが，重要になる．もちろん，一部の方々の単なる印象で判断することではなく，多くのデータを用いて客観的に判断することである．

　およそ新しい学問は一朝一夕に萌芽するものではない．文化情報学は，「数」そして「コンピューター」に関する人類の歴史の成果として誕生した学問である．この種の新しい研究にはデータベースと検索技術の向上は見逃せないものの，それらと同時にデータ分析のために，ありとあらゆる統計学の手法が文化情報学で用いられていることにも注目したい．それぞれに対応するソフトウェアも開発されており，今後，ますます発展するものと確信される．

　ただ，どの世界で用いられる「道具」に関してもいえることであるが，それぞれの道具にはむろん弱点もあり，好ましくない使い方，あるいは注意を要する点もある．データ数が少なかったり，何らかの圧力によってデータに偏りがあったり，道具である分析手法の使い方の理解不足などは分析そのものを意味のないものにする．

［芳沢光雄］

【参考文献（さらに学びたい人のために）】
[1]　フェアレイ，B.，モステーラー，F.（村上征勝，馬場康維，中島詞子訳）（1990）．『政策の統計学』翔人社．
[2]　村上征勝（2002）．『文化を計る——文化計量学序説』朝倉書店．
[3]　村上征勝編（2006）．『文化情報学入門』勉誠出版．
[4]　芳沢光雄（2005）．『数学的思考法』講談社現代新書，講談社．
[5]　芳沢光雄（2010）．『新体系・高校数学の教科書（上・下）』講談社ブルーバックス，講談社．
[6]　芳沢光雄（2018）．『ビジネス数学入門　第2版』日経文庫，日本経済新聞出版社．
[7]　芳沢光雄（2018）．『リベラルアーツの学び——理系的思考のすすめ』岩波ジュニア新書，岩波書店．

B1-2
データの分類法
classification of data

　統計分析で用いるデータは，数値ばかりでない．あらゆる情報がデータとなり得るのである．それだけに，使用法によって分類することは必然であろう．本項目では，心理学者スティーブンス（Stevens, S. S., 1906-1973）が 1946 年に発表した**データの分類法**を紹介する．この分類法は，現在でも一般に用いられているものである．

　まず具体的に，各人について説明するいくつかの情報をまとめたものを考えよう．ちなみに，それぞれはア，イ，ウ，エ，オ，カ，キ，クの 8 つの成分からなるので，8 次元のデータともいう（他の次元も同様に定義される）．

（ア，イ，ウ，エ，オ，カ，キ，ク）

　アは名前，イは血液型，ウは数学の成績（優・良・可・不可による評価），エはラーメンの好き嫌い（1：好き，2：どちらでもない，3：嫌い），オは生まれた西暦年数，カは快適と感じる部屋の温度（℃），キは毎月の書籍購入額（円），クは身長（cm）とする．

　例えば，

（田中一郎，A，良，1，1992，23，37000，165）

は，次のことを意味する．名前は田中一郎，血液型は A 型，数学の成績は良，ラーメンは好き，生まれたのは西暦 1992 年，快適と感じる部屋の温度は 23℃，毎月の書籍購入額は 37000 円，身長は 165 cm.

　最初の 2 つの変数である名前と血液型は，ラベルの名称のようなもので，それ自身に順序のようなものもない．もちろん，田中一郎＋鈴木太郎のような足し算や，A 型×AB 型のような計算は何もできないことに注意する．このような変数を**名義尺度**（nominal scale）という．

　次の 2 つの変数である数学の成績とラーメンの好き嫌いは，ラベルの名称のようなものであるものの，どちらも順序がある．これらの変数に関しては，順序はあっても，優 − 可という引き算や，{1（ラーメン好き）＋3（ラーメン嫌

609

い）}÷2 という計算は何もできないことに注意する．このような変数を**順序尺度**（ordinal scale）という．

次の 2 つの変数，生まれた西暦年数と快適と感じる部屋の温度は，目盛が等間隔になっているもので，田中さんの 1992 年より 12 年前に生まれた人は 1980 年になったり，快適と感じる部屋の温度が 24℃ の人は，田中さんの 23℃ より 1℃ 高かったりするように，変数に関して足し算や引き算はできる．しかしながら，1992（年）÷2 = 996（年）や，23（℃）×2 = 46（℃）のような，掛け算や割り算は意味がないことに注意する．このような変数を**間隔尺度**（interval scale）という．

最後の 2 つの変数である毎月の書籍購入額と身長は，間隔尺度の性質ばかりでなく，それぞれを何倍や何 % などの計算も意味をもつ．このような変数を**比例尺度**（ratio scale）という．

上で紹介した 4 つの尺度に関して，名義尺度と順序尺度を合わせて**質的変数**（qualitative variable）といい，間隔尺度と比例尺度を合わせて**量的変数**（quantitative variable）という．この量的変数はまた．変数がとびとびの値を取る**離散変数**（discrete variable）と，連続的な値をとる**連続変数**（continuous variable）に分けられる．

上で述べた分類を視覚的に説明すると**図 1** のようになる．

さて，それぞれの変数に関しては注意すべき点がある．質的変数に関しては，国名や血液型などの分類方法が重要になる．産業に関する分類では日本標準産業分類が参考になるが，用途に合った適切な分類を作ることが大切である．

ところで，上の比例尺度のところで紹介した書籍購入額と身長に関しては，

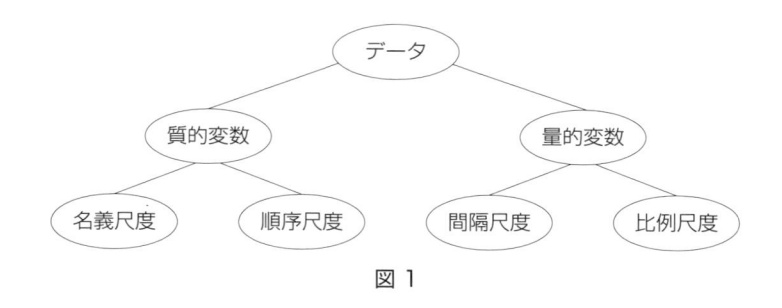

図 1

四則計算が意味をもつ．例えば，

$$37000 \text{ 円} \times 2 - 3000 \text{ 円} = 71000 \text{ 円}, \qquad 165 \text{ cm} \div 3 \times 4 - 20 \text{ cm} = 200 \text{ cm}$$

　しかし注意すべきことは，四則計算が意味をもつデータでも，比例尺度に含めてはならないものもある．例えば，電気や飛行機の翼の設計などで必須の複素数とか，実験計画法と関係の深いデザイン論の分野で使う有限体という世界の数では，四則計算は成り立つものの，実数の世界のような大小関係は成り立たない．

　最後にデータの収集では，なぜ（why），いつ（when），どこで（where），誰が（who），何を（what），どのように（how），それら 5W1H を忘れないようにしたいものである．

［芳沢光雄］

【参考文献（さらに学びたい人のために）】
[1]　松原望（2009）．『わかりやすい統計学』第 2 版，丸善.
[2]　大村平（2002）．『統計のはなし』日科技連出版.

> B1-3
> # データの要約──度数分布表・グラフ・統計量
> summary of data

1.　表，グラフによるデータの視覚化

　データを表示するグラフとしては，データの分布状況を示す**ヒストグラム**，変化を示す**折れ線**グラフ．円を扇形に分割して何らかの構成比率を示し，円の面積によって全体の量を示すことが可能な**円**グラフ．長方形を分割して何らかの構成比率を示し，長方形を時系列的に並べることによって構成比率の変化を示すことが可能な**帯**グラフ．複数の対象の量を比較する**棒**グラフ，2 変数を用いて個体の分布状況を示す**散布図**，さらには多数の変数により顔の表情でデータの特徴を示す**顔型グラフ**など様々なグラフが提案されている（**図 1**）.

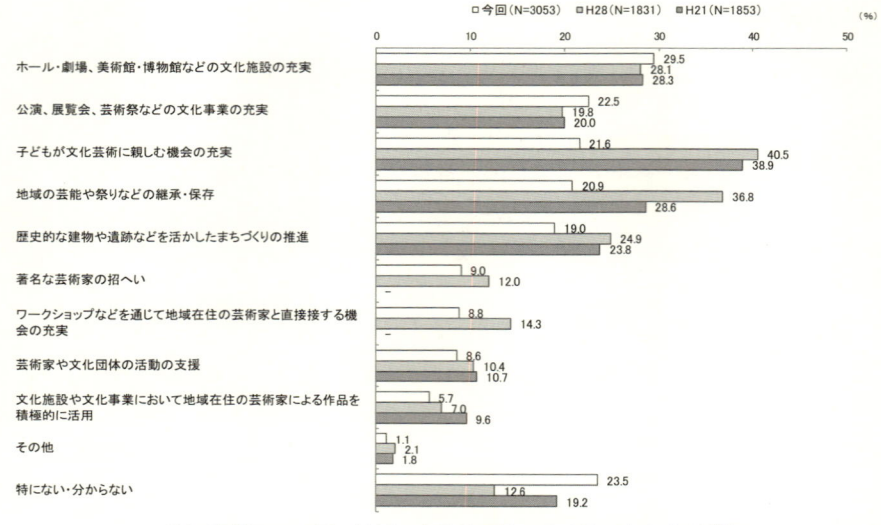

（1）棒グラフの例：地域の文化的環境の充実策の経年比較[1]

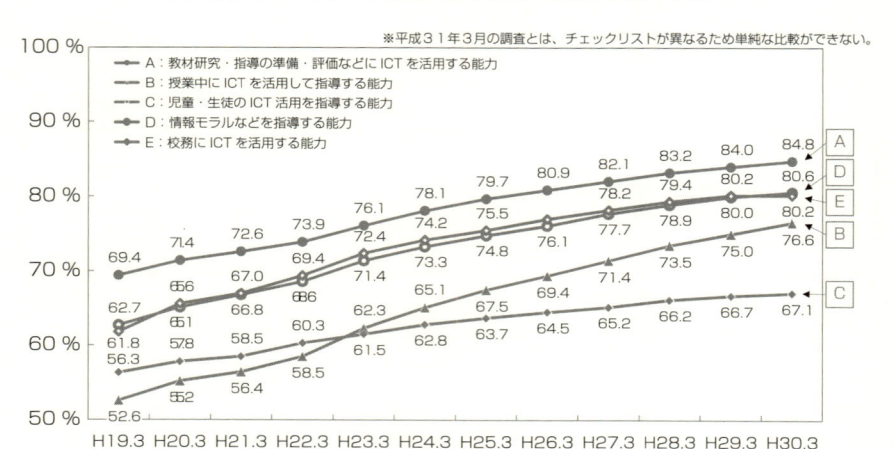

（2）折れ線グラフの例：教員のICT（情報通信技術）活用指導力の推移[3]

図1　様々なグラフ

データ分析の基礎

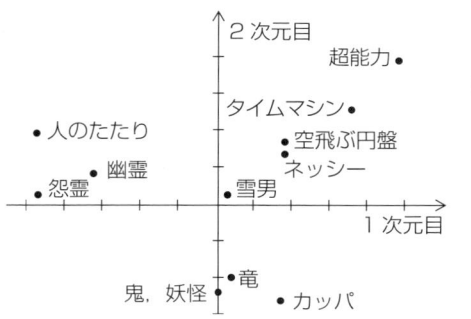

（3）散布図の例：お化けの類型化[2]
　　（意識調査データの多次元尺度解析
　　による）
横軸は期待の程度，縦軸はお化けへの心
の係わり合いの程度.

（4）顔型グラフの例：日蓮の真作と贋作
　　の文章の特徴[4]
　　（名詞，動詞などの7品詞の出現率を
　　顔の形状に置き換えて描いたグラフ）

図1　様々なグラフ（つづき）

表1　度数分布表

階級	$x \leq 20$	$20 < x \leq 40$	$40 < x \leq 60$	$60 < x \leq 80$	$80 < x$
度数	1	5	9	11	4

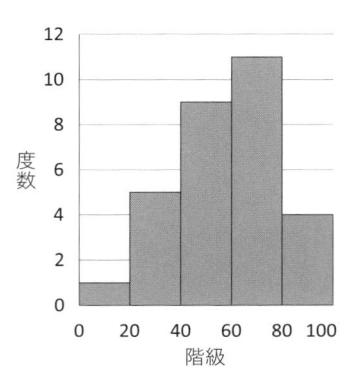

図2　表1のヒストグラム

最も多く用いられる**ヒストグラム**（histogram）は，データをいくつかの階級にまとめて**度数分布表**（frequency table）にし，次に各階級に割り当てられた横軸の線分の上に度数に比例した面積を持つ長方形を描いたグラフである．**階級**とはデータの値の範囲をいくつか小範囲に分けたものであり，各階級に属するデータの個数をその**階級の度数**という．**階級値**とは各階級の中央の値で，度数が最も大きい階級の階級値を**最頻値**という．

例えば 100 点満点の試験を 30 人が受け，その結果を低い順に並べると次のようになったとする．

$$18 \ 22 \ 26 \ 31 \ 33 \ 33 \ 42 \ 44 \ 46 \ 49 \ 51 \ 52 \ 54 \ 56 \ 57$$
$$61 \ 63 \ 63 \ 63 \ 67 \ 68 \ 69 \ 71 \ 72 \ 75 \ 76 \ 83 \ 92 \ 97 \ 98$$

上のデータから階級の幅を 20 点として度数分布表を作ると**表 1** を得る．

ヒストグラムを描くとき，階級の幅をどのように設けるかという課題は常につきまとう．上の試験結果をヒストグラムで表すとき，階級の幅を 5 点ずつにすると細かすぎるグラフができてしまう．反対に，階級の幅を 25 点ずつにするとやや粗いグラフができてしまう．実際，階級の幅の設け方によって全体の見方が大きく変わることもあるので，恣意的にならないためにも何らかの基準が求められる．

そこで参考にされているものに，「**スタージェスの公式**（Sturges' rule）」というものがある．これは全データ数を n とするとき，階級の個数 k は

$$k = 1 + \log_2 n$$

あたりが適当というものである．実際，$n = 64$ ならば $k = 7$，$n = 1024$ ならば $k = 11$，$n = 16384$ ならば $k = 15$ となる．

2. 統計量による要約（1）——位置の指標

2.1 平均値，中央値，最頻値
変数 x に関する n 個の統計データを $x_1, x_2, \cdots, x_n$ とするとき，

$$\overline{x} = \frac{x_1 + x_2 + \cdots + x_n}{n}$$

を $x_1, x_2, \cdots, x_n$ の**平均値**（mean）という．データ $x_1, x_2, \cdots, x_n$ の中で最も多い値を**最頻値**（mode）という．最頻値は複数の場合もある．また，$x_1, x_2, \cdots, x_n$ を大きさの順に並べたときの中央の値を**中央値**という．ただし n が偶数のときは，中央の 2 つの値の平均値を中央値という．

ここで中央値，最頻値は，他に解釈が異なることはない．しかし上記の平均はいわゆる**相加平均**の意味であり，平均には異なる意味もあることに注意しなければならない．

例えば，何らかの対象が，1 年目に a_1 倍，2 年目に a_2 倍，$\cdots$，n 年目に a_n 倍成長したとき，毎年同じ倍数の成長にならした n 年間の平均成長は $\sqrt[n]{a_1 \cdot a_2 \cdot \cdots \cdot a_n}$ 倍である．これを**相乗平均**という．

また，一定の区間 AB を均等に n 個に分け，最初の区間を時速 a_1 km，次の区間を時速 a_2 km，$\cdots$，最後の区間を時速 a_n km で移動するとき，AB 間を同じ速さで進むとみなした場合の平均速度は $n/(1/a_1 + 1/a_2 + \cdots + 1/a_n)$（km/時）となる．これを**調和平均**（harmonic mean）という．

一言で述べると，平均とは「全体を均す」と解釈するのが適当だろう．その解釈のもとで，それぞれの状況に応じた平均の用い方もあると理解すべきである．

3. 統計量による要約（2）——散らばりの指標

3.1 分散，標準偏差，範囲，四分位範囲

データを要約するときに，平均値や中央値，最頻値だけでは不十分であり，データのバラツキの度合いも見る必要がある．そこで使われる主なものとして，四分位範囲，分散および標準偏差がある．

変量 X に関する n 個のデータ $x_1, x_2, \cdots, x_n$ の最大値から最小値を引いた値を**範囲**（range），データを大きさの順に並べたとき，大きい方から 1/4 番目の値から，3/4 番目の値を引いた値を**四分位範囲**（interquartile range）といい，データのバラツキの度合いを示すのに用いられることがある．

バラツキの度合いを示すのに最も多く用いられるのは分散と標準偏差である．

変量 x に関する n 個のデータ $x_1, x_2, \cdots, x_n$ の平均値を $\bar{x}$ とするとき，

$$s^2 = \frac{1}{n}\sum_{i=1}^{n}(x_i - \overline{x})^2, \qquad s = \sqrt{\frac{1}{n}\sum_{i=1}^{n}(x_i - \overline{x})^2}$$

をそれぞれ**分散**（variance）および**標準偏差**（standard deviation）という．
ここで，$(x_i - \overline{x})$ を x_i の平均値 $\overline{x}$ からの**偏差**という．この式からわかるように，各データの偏差 $(x_i - \overline{x})$ の散らばり度合いが大きくなれば，分散 s^2，標準偏差 s も大きくなり，反対にデータの散らばりの度合いが小さくなれば，分散 s^2，標準偏差 s も小さくなる．

ところで，「平均が 60 点，標準偏差が 20 点である A 科目における 70 点と，平均が 40 点，標準偏差が 30 点である B 科目における 55 点では，どちらの方が良い点数といえるであろうか？」というように，平均値も標準偏差も異なるようなグループに属するデータの点数を比較する場合には，A 科目，B 科目のデータについて，データの値 x からデータの平均値 $\overline{x}$ を引き，それを標準偏差 s で割るという変換

$$z = \frac{x - \overline{x}}{s}$$

を行うと，すべてのデータが平均 0，標準偏差 1 の分布に従うデータに変換される．このような操作により，異なる科目のデータであっても z の値が大きければ大きいほど成績が良いというように比較が可能となる．この変換を**標準化**という．これにより，例えば A 科目の 70 点は $(70 - 60)/20 = 0.5$，B 科目の 55 点は $(55 - 40)/30 = 0.5$ となるので，これらは同じ成績とみなせることがわかる．

入学試験などの学力に関する 1 つの指標として偏差値があるが，これは，変数の標準化を利用したものである．いま変量 x を 100 点満点テストの得点，$\overline{x}$ をそのテストの平均点，s を標準偏差とするとき，ある個人の得点 x に対する偏差値を，

$$\frac{x - \overline{x}}{s} \times 10 + 50$$

によって定める．

例えば，70 人で受験して次の結果になった試験があったとする．このとき，60 点に対する偏差値を求めてみよう．

表2 試験の結果

得点	30	55	60	80
人数	20	10	25	15

$$\overline{x} = \frac{1}{70}(30 \times 20 + 55 \times 10 + 60 \times 25 + 80 \times 15) = 55 \text{（点）}$$

$$s = \sqrt{\frac{1}{70}(20 \times 25^2 + 25 \times 5^2 + 15 \times 25^2)} = \sqrt{\frac{22500}{70}} \fallingdotseq 17.93 \text{（点）}$$

$$60 \text{点に対する偏差値} \fallingdotseq \frac{60 - 55}{17.93} \times 10 + 50 \fallingdotseq 52.8$$

となる.

［芳沢光雄］

【参考文献（さらに学びたい人のために）】
[1] 文化庁（2018）.「文化に関する世論調査の結果について」（平成 30 年度調査）（http://www.bunka.go.jp/tokei_hakusho_shuppan/tokeichosa/pdf/r1393020_01.pdf）（最終アクセス：2019 年 10 月 10 日）
[2] 林知己夫（1981）.『日本人研究三十年』至誠堂.
[3] 文部科学省（2018）.「平成 30 年度学校における教育の情報化の実態等に関する調査結果」（http://www.mext.go.jp/component/a_menu/education/micro_detail/__icsFiles/afieldfile/2019/08/30/1420683_001_1_1.pdf）（最終アクセス：2019 年 10 月 10 日）
[4] 村上征勝（2002）.『文化を計る――文化計量学序説』朝倉書店.
[5] 大村平（2006）.『統計解析のはなし』日科技連出版.
[6] 統計教育推進会編（1980）.『統計小事典』日本評論社.
[7] 芳沢光雄（2018）.『ビジネス数学入門 第 2 版』日経文庫，日本経済新聞出版社.

B1-4
データに基づく推論
reasoning by data

1. 母集団，標本，確率変数

調査や実験で得られたデータだけに関心がある場合には，データから得た平

均値，分散，相関係数などを用いた研究が中心となる．しかし，調査や実験を
さらに行いデータを増加した場合にどのような結果が得られるのか，というよ
うな推論を試みる場合には，分析のために母集団，標本，確率の概念を導入す
る．

　母集団（population）とは研究対象とするすべての個体が取る変数の値の集
まりであり，**標本**（sample）とは調査や実験で得られる母集団の一部の個体
の変数の値の集まりである．一般に母集団すべてを調査することを全数調査，
一部の対象で調査して，そこから全体を推測することを**標本調査**という．母集
団から標本を抽出する際には，どの個体も同じ確率で抽出される**無作為抽出法**
が用いられる．また母集団に属する個体の数を「**母集団の大きさ**」，標本とし
て抽出された個体の数を「**標本の大きさ**」という．「母集団の大きさ」は有限
とは限らない．

　母集団の一部の標本の情報から，母集団のすべてを調べたときにどのような
結果が得られるかを推論するには，変数はある**確率**に従って出現する確率変数
と考える．

　確率変数（random variable）とは，変数 X がとびとびの値しか取らない**離
散型**の場合には，X がある特定の値 x となる確率 $P(X = x)$ が定まっている
変数，変数 X が連続した値を取る**連続型**の場合は，X が任意の実数 a と b の
範囲内の値となる確率 $P(a \leq X \leq b)$ が定まっている変数をいい，この対応の
状態を変数 X の**確率分布**（probability distribution）という．

　なお，ある条件 A の下で X がある値 x_0 となるとなる確率を**条件付き確率**
（conditional probability）といい，$P(X = x_0|A)$ で示す（縦線の | の右側に
記されている A が条件である）

　確率変数 X の期待値 $E(X)$ を平均値といい μ で表示し，分散 $V(X)$ を σ^2
で表示する．μ, σ^2, σ はそれぞれ**母平均**，**母分散**，**母標準偏差**という．

　母集団から大きさ n の標本を復元抽出し，すなわち 1 個の個体を抽出する
たびに元に戻すことを n 回繰り返すことで n 個の個体をつくり出し，この n
個の個体についての変量 X の値を $X_1, X_2, \cdots, X_n$ とするとき，

$$\overline{X} = \frac{X_1 + X_2 + \cdots + X_n}{n}$$

を**標本平均**（sample mean）という．$\overline{X}$ は確率変数であり，確率変数の X の

平均値が μ, 分散が σ^2 の場合, $\overline{X}$ の平均値, 分散は, それぞれ

$$\mu, \qquad \frac{\sigma^2}{n}$$

である.

また, $\sigma/\sqrt{n}$ は標本平均値 $\overline{X}$ の標準偏差であり, これを平均値の**標準誤差** (standard error) という.

2.　確率変数の導入（1）――二項確率変数

離散型確率変数の代表的のものが次に示す二項確率変数である.

いま, ある試行（同一条件での繰り返しが可能で, その結果が偶然に左右される実験）において事象 E の起こる確率を p （p は $0 \leq p \leq 1$）とし, その試行を独立に n 回繰り返すときに事象 E の起こる回数を x とすると, x が生じる確率は

$$P(x) = \frac{n(n-1)\cdots(n-x+1)}{x(x-1)\cdots 1}p^x(1-p)^{n-x} \qquad (x = 0, 1, \cdots, n)$$

で与えられる. この確率分布を**二項確率分布**（binomial distribution）といい $B(n, p)$ で表示する. 変数 X が $B(n, p)$ に従うとき, $X \sim B(n, p)$ と示す.

この二項確率変数の平均値 μ, 分散 σ^2, 標準偏差 σ は

$$\mu = np, \quad \sigma^2 = np(1-p), \quad \sigma = \sqrt{np(1-p)}$$

で与えられる.

3.　確率変数の導入（2）――正規確率変数

連続型確率変数 X に関し, $P(a \leq X \leq b)$ が x の関数 $f(x)$ によって

$$P(a \leq X \leq b) = \int_a^b f(x)dx$$

で表されるとき, $f(x)$ を X の**確率密度関数**という. 確率密度関数 $f(x)$ が

$$f(x) = \frac{1}{\sqrt{2\pi}\sigma} e^{-\frac{(x-\mu)^2}{2\sigma^2}} \qquad (\sigma > 0,\ \pi \text{ は円周率}, \ e \text{ は自然対数の底})$$

で表されるとき，この確率分布を**正規分布**（normal distribution, **ガウス分布**）といい，平均 μ，分散 σ^2 の正規分布は $N(\mu, \sigma^2)$ で表し，X が $N(\mu, \sigma^2)$ に従うことを $X \sim N(\mu, \sigma^2)$ で示す．

この正規分布 $N(\mu, \sigma^2)$ に従う連続型の確率変数 X に対し，

$$Z = \frac{X - \mu}{\sigma}$$

とおくと，Z は**標準正規分布** $N(0, 1)$ に従う連続型の確率変数になる．

標準正規分布 $N(0, 1)$ の確率密度関数は

$$f(z) = \frac{1}{\sqrt{2\pi}} e^{-\frac{z^2}{2}}$$

である．連続型確率変数の場合は $P(a \leq X \leq b) = \displaystyle\int_a^b f(x)dx$ の計算は難しいので，確率を計算した表が用意されている．正規分布に従う確率変数 X の場合には，X を標準正規分布に従う確率変数 Z に変換し，$f(z)$ と z 軸ではさまれた部分のうち，$P(z_\alpha \leq Z)$ を満たす領域の面積（確率 α）が記載されている数表（巻末の**付表 1**）を用いるのが普通で，それを用いて様々な確率が求められるのである．

さらに二項確率分布 $B(n, p)$ に従う X からつくる確率変数

$$Z = \frac{X - np}{\sqrt{np(1 - p)}}$$

は，n を限りなく大きくすると標準正規分布 $N(0, 1)$ に従うことが**中心極限定理**（central limit theorem）によって保証されている．中心極限定理とは，平均 μ，分散 σ^2 のどのような分布に従う確率変数でも，標本の大きさ n が大きい場合，標本平均 $\overline{X}$ の分布は平均 μ，分散 σ^2/n の正規分布に近似的に従うという定理である．

ところで，大きさ N の母集団から非復元抽出によって，すなわち，同じ標本を抽出することがないようにして大きさ n の標本を抽出するとき，その場合の標本平均 $\overline{X}$ に関しては，

$$E(\overline{X}) = \mu, \qquad V(\overline{X}) = \frac{\sigma^2}{n} \cdot \frac{N-n}{N-1}$$

が成り立つ．それゆえ，N が n に比べて十分大きいならば，$V(\overline{X})$ は σ^2/n で近似される．したがって，母集団の大きさが標本の大きさより十分大きいものを扱うのであれば，復元抽出か非復元抽出かは気にしないですむのである．

4. t 分布，カイ 2 乗分布，F 分布に従う確率変数

母集団の分布が正規分布でも，分散 σ^2 が不明の場合は

$$Z = \frac{\overline{X} - \mu}{\sigma}$$

の変換が行えない．そこでデータの値を用いて平均値 μ に関する推定や検定を行う場合は，σ を次項（**B1-5**）で定義する不偏分散の標準偏差 s で置き換えた次の確率変数

$$t = \frac{\overline{X} - \mu}{s/\sqrt{n}}$$

が自由度 $n-1$ の **t 分布**（t distribution）と呼ばれる分布に従うことを利用する．t 分布も正規分布と同様に，平均値が 0 の左右対称の分布であり，$P(t_\alpha \leq t)$ となる確率 α が計算された表（**付表 2**）が用意されている．

次に分散の分析では，分散 σ^2 の正規分布から得られた大きさ n の標本の分散を s^2 とすると，次の式で定義される確率変数

$$\chi^2 = \frac{(n-1)s^2}{\sigma^2}$$

が，自由度 $n-1$ の**カイ 2 乗分布**（chi-square distribution，**付表 3**）と呼ばれる分布に従うことを利用する．

また 2 つの独立な変数 X，Y が自由度 $n_X - 1$，$n_Y - 1$ のカイ 2 乗分布に従うとき，次の式で定義される確率変数

621

$$F = \frac{\dfrac{\chi_x^2}{n_x - 1}}{\dfrac{\chi_Y^2}{n_Y - 1}}$$

が，自由度 $n_X - 1$，$n_Y - 1$ の **F 分布**（F distribution，**付表 4**）と呼ばれる分布に従うことを利用する．

カイ 2 乗分布，F 分布は左右対称の分布ではなく，右にスソを引く分布になる．

[村上征勝]

【参考文献（さらに学びたい人のために）】

[1]　ホーエル，P., G.（村上正康，浅井晃訳）(1981)．『初等統計学』培風館.
[2]　ジョンソン，M., K., リーバート，R., M.（村上征勝，西平重喜訳）(1978)．『統計の基礎』サイエンス社.
[3]　松原望 (2007)．『入門統計解析』東京図書.
[4]　鄭躍軍，金明哲，村上征勝 (2007)．『データサイエンス入門』勉誠出版.

B1-5
推定と検定
statistical estimation and test

1.　点推定，区間推定

母集団の平均値，分散，比率などのパラメーターを，n 個の標本から得られた 1 つの値で推定する方法を**点推定**（point estimation）という．母平均を推定するには標本平均値 $\overline{X}$ が，母分散 σ^2 を推定するには標本の分散 s^2 が，母比率 p を推定するには標本比率 $\hat{p}$ が用いられる．

一般に母集団のパラメーターを推定する統計量には，不偏性，一致性，充足性，有効性という 4 つの性質を有することが望まれるが，**B1-3** で定義した標本分散 s^2 は**不偏性**を持たないので，その代わりに不偏性を持つ**不偏分散**と呼ばれる次の統計量

$$s^2 = \frac{1}{n-1}\sum_{i=1}^{n}(x_i - \overline{X})^2$$

が用いられることが多い.

このように，分散の定義は 2 種類あるが，分析にどちらを用いても分析結果は同じになる．ただ分析途中の数式は多少異なるので，統計の本を使うときは，その本の著者がどちらを用いているか事前に注意しておく必要がある.

さて，母集団の平均値，分散，比率などのパラメーターが，ある確率 $100 \cdot (1-\alpha)\%$ で入る区間を推定するのが**区間推定**（interval estimation）である.

母平均 μ の $100 \cdot (1-\alpha)\%$ 信頼区間は，分散 σ^2 がわかっている場合は，標準正規分布の右すその面積が $\alpha/2\%$ となる Z の値を $z_{\alpha/2}$ とすると

$$\overline{X} - z_{\alpha/2}\frac{\sigma}{\sqrt{n}} < \mu < \overline{X} + z_{\alpha/2}\frac{\sigma}{\sqrt{n}}$$

となる.

分散 σ^2 が不明で不偏分散を用いた場合は，自由度 $n-1$ の t 分布の右すその面積が $\alpha/2\%$ となる t の値を $t_{\alpha/2}$ とすると

$$\overline{X} - t_{\alpha/2}\frac{s}{\sqrt{n}} < \mu < \overline{X} + t_{\alpha/2}\frac{s}{\sqrt{n}}$$

となる.

不偏分散を用いた母分散 σ^2 の $100 \cdot (1-\alpha)\%$ 信頼区間は

$$\frac{(n-1)s^2}{\chi^2_{\alpha/2}} < \sigma^2 < \frac{(n-1)s^2}{\chi^2_{1-\alpha/2}}$$

母比率 p の $100 \cdot (1-\alpha)\%$ 信頼区間は，標本比率を $\hat{p}$ とすると

$$\hat{p} - z_{\alpha/2}\sqrt{\frac{\hat{p}(1-\hat{p})}{m}} < p < \hat{p} + z_{\alpha/2}\sqrt{\frac{\hat{p}(1-\hat{p})}{n}}$$

となる.

2. 仮説検定

母集団のパラメーターに関し，データを得る前に仮説が設定できる場合

は，その設定した仮説が受け入れられるものかどうかを，実際にデータを取り，調べることになる．これを**仮説検定**（hypothesis testing）という．仮説が正しい場合にデータが得られる可能性が α% 以下（確率 α 以下）になった場合に，仮説とデータは矛盾しているとして仮説を棄てる検定を**有意水準**（significance level）α% の検定という．仮説とデータが矛盾していると思われる場合にはデータを信頼するというのが統計学の立場である．

　例えば，母集団の平均値 μ に関する次のような検定

$$仮説 \mathrm{H}：\mu = \mu_0$$

$$対立仮説 \mathrm{H}：\mu > \mu_0$$

では，標本平均値 $\bar{x}$ を標準正規分布に変換した z が確率 α 以下でしか生じないような大きな値となった場合に仮説を棄却する．

［村上征勝］

【参考文献（さらに学びたい人のために）】
[1]　村上征勝（1985）．『工業統計学』朝倉書店．
[2]　東京大学教養学部統計学教室編（1991）．『統計学入門』東京大学出版会．
[3]　東京大学教養学部統計学教室編（1994）．『人文・社会科学の統計学』東京大学出版会．

B1-6
多変量解析
multivariate analysis

1.　データの間の距離

　2つ以上の変数を扱う多変量解析では，**距離**および線形代数の**固有値**という概念が重要となる．ここでは距離の概念について述べる．例えば，多変量解析のひとつであるクラスター分析では，分析の対象となる膨大なデータの中から，似たもの同士をグループ化することを試みるが，2つのデータが似ている場合にはそれらの距離が短くなり，2つのデータが大きく異なっている場合にはそれらの距離が長くなることが自然である．

　2つのデータ間の距離として最も多く用いられるのは**ユークリッド距離**と呼ばれるもので，2次元の xy 座標上の2点 (x_1, y_1) と (x_2, y_2) の場合は，

$$\sqrt{(x_2 - x_1)^2 + (y_2 - y_1)^2}$$

3次元の xyz 座標上の2点 (x_1, y_1, z_1) と (x_2, y_2, z_2) の場合は，

$$\sqrt{(x_2 - x_1)^2 + (y_2 - y_1)^2 + (z_2 - z_1)^2}$$

である．これを n 次元に拡張し，n 次元空間上の $(x_1, x_2, \cdots, x_n)$ と $(y_1, y_2, \cdots, y_n)$ の距離を次のように定める．

$$\sqrt{(x_1 - y_1)^2 + (x_2 - y_2)^2 + \cdots + (x_n - y_n)^2}$$

　距離の定義はこの定義以外にもいくつか提案されている．

　現在はデジタル情報の時代であり，広い分野で符号の概念が浸透しつつある．符号の世界における距離の定義は以下のように素朴である．n を自然数，T を有限個の元からなる集合とし，C を

$$T \times T \times \cdots \times T = \{(x_1, x_2, \cdots, x_n)| \ 各 x_i は T の元 \} \quad （n 個の T の直積）$$

の部分集合とするとき，C の元

$$(x_1, x_2, \cdots, x_n) \quad と \quad (y_1, y_2, \cdots, y_n)$$

の距離 d を，これらの異なる成分の個数と定める．例えば，n を6，T を1以上9以下の自然数の集合とするとき，$(2, 5, 1, 1, 7, 8)$ と $(2, 5, 3, 9, 7, 4)$ の距離は3である（第3，4，6成分が異なる）．

2.　共分散，相関係数

　2つの変量 x, y の関係を調べたいときに用いられる統計量に**相関係数**（correlation coefficient）がある．例えば，金融市場での金価格（$= x$）とドル価格（$= y$）の関連，気温（$= x$）と水消費量（$= y$）の関連，国語の成績（$= x$）と読書量（$= y$）の関連，などの関連の強さを評価するために用いられる．

いま，2つの変数 x, y に関して，次の n 組の測定値

$$(x_1, y_1), \ (x_2, y_2), \ \cdots, \ (x_n, y_n)$$

があり，$x_1, x_2, \cdots, x_n$ に関する平均値，標準偏差をそれぞれ $\overline{x}$，s_x で表し，$y_1, y_2, \cdots, y_n$ に関する平均値，標準偏差をそれぞれ $\overline{y}$，s_y で表すと，

$$s_{xy} = \frac{1}{n} \sum_{i=1}^{n} (x_i - \overline{x})(y_i - \overline{y})$$

を x と y の**共分散**，また，

$$r = \frac{1}{n} \sum_{i=1}^{n} \left(\frac{x_i - \overline{x}}{s_x} \right) \left(\frac{y_i - \overline{y}}{s_y} \right)$$

を**相関係数**（correlation coefficient）といい，r の値が正（負）になるとき，x と y の間には正（負）の相関があるという．

なお，r の定義式において，s_x や s_y で割っているのは，x 軸方向や y 軸方向に関する点の散らばりを，x や y の測定単位とは無関係になるように調整するためである．

例えば，次の5組の測定値に対する相関係数 r を求めてみる．

$$(1, 6), \ (2, 6), \ (3, 7), \ (3, 8), \ (6, 8)$$

$$\overline{x} = \frac{1}{5}(1 + 2 + 3 + 3 + 6) = 3, \qquad \overline{y} = \frac{1}{5}(6 + 6 + 7 + 8 + 8) = 7$$

$$s_x = \sqrt{\frac{1}{5}\{(1-3)^2 + (2-3)^2 + (6-3)^2\}} = \sqrt{\frac{14}{5}} \fallingdotseq 1.673$$

$$s_y = \sqrt{\frac{1}{5}\{(6-7)^2 + (6-7)^2 + (8-7)^2 + (8-7)^2\}} = \sqrt{\frac{4}{5}} \fallingdotseq 0.894$$

$$r = \frac{1}{5 s_x s_y}\{(1-3)(6-7) + (2-3)(6-7) + (6-3)(8-7)\}$$

$$= \frac{1}{2\sqrt{14}}(2 + 1 + 3) \fallingdotseq 0.802$$

なお相関係数 r がとり得る値の範囲は

$$-1 \leq r \leq +1$$

であり，相関図においてデータ点の配置が正の傾きの直線に近づくにしたがって r は 1 に近づき，反対に，負の傾きの直線に近づくにしたがって r は -1 に近づき，そして，どちらの傾向もほとんどないとき r は 0 に近い値をとる．

3.　直線回帰分析

　複数の変数を用いて現象の解明を試みる場合には多変量解析と呼ばれる分析法が用いられる．**B2** 部に量的変数の多変量解析のいくつかの手法が，**B3** 部には質的変数の多変量解析（質的変数の場合は多次元解析とも呼ばれる）のいくつかの手法が紹介されている．本項目では，多変量解析の諸手法の中で最もよく用いられる**直線回帰分析**（linear regression analysis）を紹介する．

　回帰分析とは普通，ある変数（目的変数）の大体の様子を他のいくつかの変数（説明変数）の 1 次式で表すことである．最も簡単な回帰式は

$$y = ax + b$$

で，y が目的変数，x が説明変数である．これを y の x への回帰直線と呼ぶ．とくに「1 次式」を強調する立場から，線形回帰分析ともいう．もちろん，必ずしも「1 次式」にこだわる必要はないが，その場合は非線形回帰分析という．また，説明変数の個数は 1 つの場合もあれば，2 つ以上の場合もある．前者を単回帰といい，後者を重回帰という．

　例えば，自然現象や経済現象などの推移を考えるときは，最も基本的なのは，x 軸に時間を，y 軸にそれらの現象を表す数値をとって回帰式を求め，分析，予測することである．また，身長と体重，あるいは国語の成績と数学の成績などの関連を分析するときもあるだろう．

　さて，すべてのデータを xy 座標平面上の点 $\mathrm{A}_1(x_1, y_1), \mathrm{A}_2(x_2, y_2), \cdots,$ $\mathrm{A}_n(x_n, y_n)$ として表すとき，以下述べる**最小 2 乗法**（least squares method）という決定法によって，回帰式の係数 a と b を決定する．すなわち，点 (x_i, y_i) と点 $(x_i, ax_i + b)$ との距離（これを**残差**という）

$$d_i = |y_i - (ax_i + b)|$$

の 2 乗の和

$$\sum_{i=1}^{n} d_i^2 = \sum_{i=1}^{n} \{y_i - (ax_i + b)\}^2$$

が最小になるように a と b を決めると,

$$a = \frac{r\sigma_y}{\sigma_x}, \qquad b = \mu_y - \frac{r\sigma_y\mu_x}{\sigma_x}$$

を得る. データ数 n が少なくても, あるいは相関係数 r が 0 に近くても回帰直線は求まるが, それが独り歩きしないように注意する必要がある.

[芳沢光雄]

【参考文献（さらに学びたい人のために）】

[1]　足立浩平（2006）. 『多変量データ解析法——心理・教育・社会系のための入門』ナカニシヤ出版.

[2]　永田靖（2001）. 『多変量解析法入門』ライブラリ新数学大系, サイエンス社.

[3]　大村平（2006）. 『多変量解析のはなし』日科技連出版.

[4]　大村平（2010）. 『予測のはなし』日科技連出版.

[5]　芳沢光雄（2018）. 『ビジネス数学入門 第 2 版』日経文庫, 日本経済新聞出版社.

量的分析法

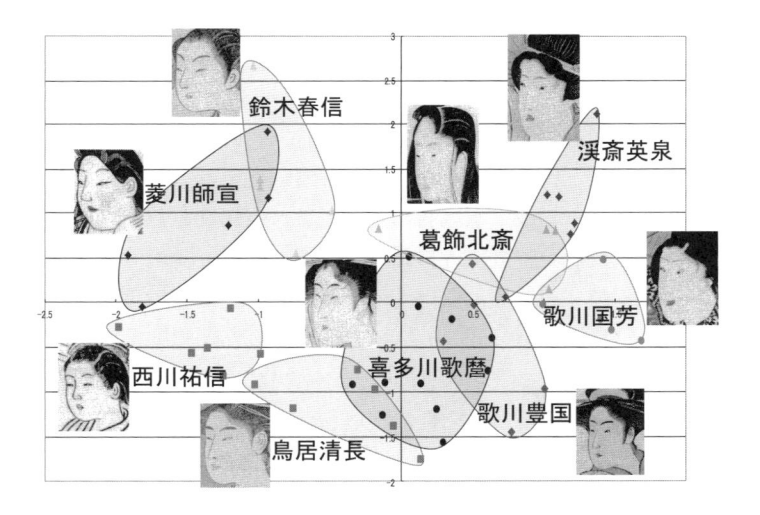

浮世絵美人画の主成分分析

9 人の浮世絵師の描いた女性の顔を主成分分析し，形の似た顔が近くになるように配置したグラフ．このグラフでは，活躍期の遅い絵師ほど右側に位置する結果となったが，グラフの横軸は顔の長さに関係した変数であり，右へいくほど顔は面長になることから，江戸時代の庶民の好む女性の顔は，丸顔から面長な顔に変わっていったことがわかる．

> B2-1
> # 量的変数と分析手法
> quantitative variables and their analytical methods

1.　データの形式

　ヒトやモノ，コトなど広く一般の研究対象に対して，その**特徴量**が量的変数で計測される場合は多い．**量的変数**（quantitative variables）とは，数値軸上の値，すなわち等単位性のある間隔尺度や比尺度で計測される変数を指す．**B2 部**では，量的変数を対象として計量的分析を行う場合の統計的手法を取り扱う．

　分析に際し，研究対象のプロファイルは通常，質的変数および量的変数の混在した複数の特徴量（属性の値）で記述される．例えば，文献を対象とした場合，査読の有無，ページ数，領域名称，著者数，引用文献数，ページ当たりの平均単語数などの変数で特徴づけられる．このとき，査読の有無，領域名称は質的変数，ページ数，著者数，引用文献数，ページ当たりの平均単語数は量的変数となる．

　一般に，複数の変数に対して記録したデータは，各変数 X_i $(i = 1, \cdots, p)$ を列，各対象 j $(j = 1, \cdots, n)$ を行に整理した多変量のデータ行列の形式でまとめられる（**表1**）．このようなデータ形式を**構造化されたデータ**（structured data，多次元データ行列）という．

　構造化されたデータに対して，分析の手法は一般に，手にしているデータの分布構造を記述する，いわゆる**記述統計的分析法**と，確率分布モデルを導入し

表 1　構造化データ形式（行列）

	X_1	X_2	$\cdots$	X_p
1	x_{11}	x_{21}	$\cdots$	x_{p1}
2	x_{12}	x_{22}	$\cdots$	x_{p2}
$\vdots$			$\ddots$	
n	x_{1n}	x_{2n}	$\cdots$	x_{pn}

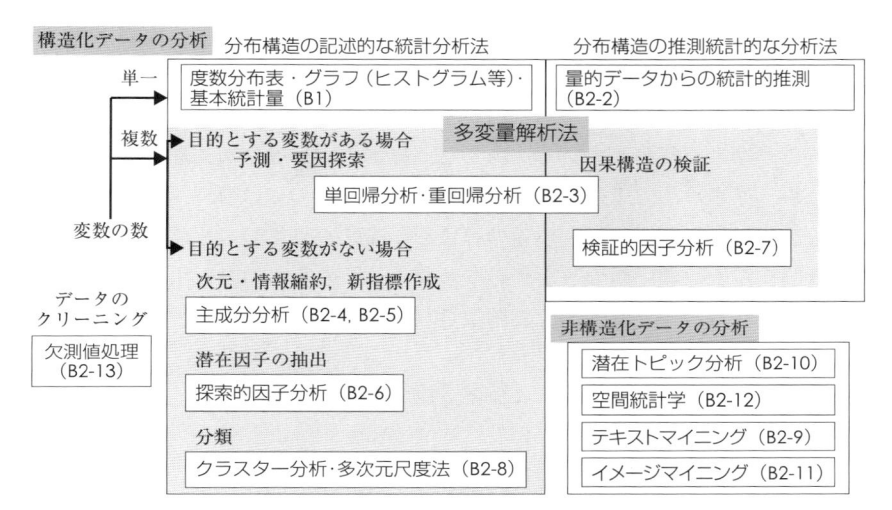

図 1　量的分析法の位置付け

データの背景にある母集団分布の構造を推測する**推測統計的分析法**に分かれる．さらに，単一の量的変数を分析対象とする単変量解析の方法と，複数の量的変数を同時に分析する多変量解析の方法に分けられる．また近年のデジタルデータ取得技術の進歩により，大量の文書（テキスト）データや画像（イメージ）データ，空間情報データなど，通常の質的データ，量的データ以外のデータも分析の対象となってきている．これらのデータは，一般に非構造化データ（non-structured data）といわれている．

　B2 部ではこれらの分類の枠組みで，代表的な分析法を取り扱う．その相互関係を**図 1** に示す．この図を参照しながら，以下に各項目を概説する．

2.　単一の量的変数の分析

　単一の量的変数に対して記述的にデータの分布構造をみる場合は，階級を伴う度数分布表の作成，ヒストグラム，基本統計量による要約などを行う．可視化技法として，階級の取り方によらない箱ひげ図やドットプロットでデータの集中する領域をみることも有用である．このような記述的な手法に関しては，「**B1　データ分析の基礎**」に解説されている．

一方で，得られたデータを標本とみなし，その背景である母集団の平均（母平均）に関する推測を行う場合もある．例えば，手にしているデータを他の要因で層別しグループ間で差があるのかどうかを確認する場合に，標本平均の差をみることはよく行われている．ただし，標本平均は標本誤差を伴う統計量であるため，標本平均の差が単なる標本誤差によるものではなく，現象間の差として一般化できるためには，誤差の評価を踏まえたうえでの平均値の差に関する統計的検定や信頼区間の評価が必要となる．そのための分析手法が，「**B2-2 量的データからの統計的推測**」で解説される．

3. 複数の量的変数の分析（多変量解析法）

3.1 目的変数 Y がある場合

複数の量的変数で構成されるデータ行列（**表 1**）に適用される一連の分析法を総称して，**多変量解析法**（multivariate analysis）という．多変量解析法では，対象とする変数の中に目的とする変数（**目的変数**）Y がある場合とない場合に，大きく分けられる．目的変数 Y がある場合，分析は目的変数 Y の値の変動を他の要因系の変数（説明変数）$(X_1, \cdots, X_p)$ の値で予測したり，目的変数 Y の変動にどの説明変数がどの程度の効果を及ぼすのかを推測（要因分析）したりする．このために使用される代表的な分析法を**回帰分析**（regression analysis）という．

回帰分析は説明変数が 1 つの場合を単回帰分析，2 つ以上の説明変数の組で目的変数 Y の変動を説明する場合を重回帰分析という．重回帰分析では，説明変数の重み付きの合計（説明変数の線形結合）によって目的変数 Y の予測値 $\hat{Y}$ を予測値と Y の実測値との差（残差）の平方和が最小になるように作成する（最小 2 乗法）．結果的に，説明変数のあらゆる線形結合の中で，$\hat{Y}$ と Y との相関が最も大きくなる（**図 2**）．

3.2 目的変数 Y がない場合
3.2.1 主成分分析

多変量解析法の中には，目的変数をとくに定めずに複数の量的変数 $(X_1, \cdots, X_p)$ 間に存在する共分散構造や相関構造に基づいて研究対象の特徴を捉

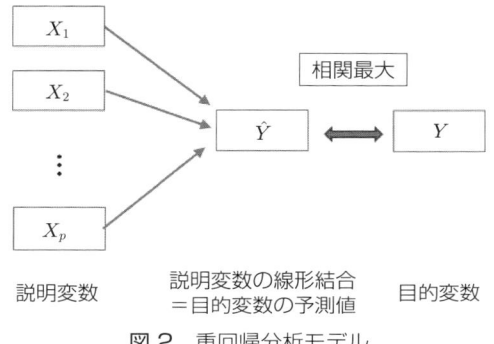

説明変数　　　　　説明変数の線形結合　　　目的変数
　　　　　　　　＝目的変数の予測値

図2　重回帰分析モデル

量的分析法

える一連の分析法がある．その中でも代表的な分析法が**主成分分析**（principal component analysis）で，共分散（または相関）の強い変数同士をまとめて対象の弁別力（分散）を大きくする主成分という新しい変数を作成する．その主成分軸を使って，対象のポジショニングの把握や分類を効率的に行うことができる．

　主成分分析では元の p 個の変数 $(X_1, \cdots, X_p)$ から，情報を損失することなく線形結合によって，p 個の互いに独立な合成変数を主成分 $(Z_1, \cdots, Z_p)$ として作成する．主成分は分散が最も大きくなる順番で作られるので，下位の主成分になるに従って，対象間でその特徴量（主成分得点）の変動が小さくなる（**図3**）．そこで，対象の弁別に対して寄与の小さい下位の方の主成分を捨

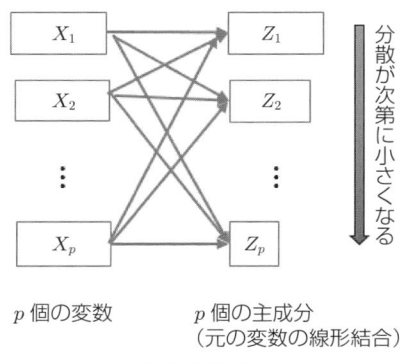

p 個の変数　　　p 個の主成分
　　　　　　　　（元の変数の線形結合）

図3　主成分分析のモデル

て上位の主成分のみ採用することで，元の個数 p より少ない変数で，対象の特徴をプロファイルすることが可能になる．このことを**次元縮約**（dimensional reduction）といい，とくに多くの変数を一度に扱わなければいけない場合に，役に立つ手法である（**B2-4**）．同時に，対象をうまく説明する新しい特徴量を見出すことにも繋がる（**B2-6**）．

3.2.2　因子分析

因子分析（factor analysis）とは，量的変数の間に観測される相関関係の背景には，それらの変数に影響を与える共通した潜在的な構成概念（因子）が存在することを仮定したうえで，その因子を同定し因子得点によって対象の特徴を明らかにする分析手法である（**図4**）．因子分析には，所与のデータから探索的に潜在する因子を見出していく探索的因子分析（**B2-6**）と変数と因子間の構造をあらかじめ仮説として想定しデータと仮説との適合度を検証する検証的因子分析（**B2-7**）がある．いずれにおいても，因子得点によって対象のポジショニング分析や分類ができることは主成分分析と同様である．

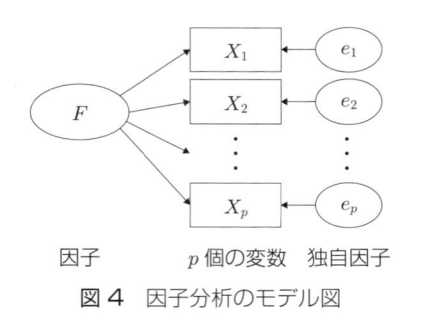

因子　　　　　p 個の変数　独自因子

図4　因子分析のモデル図

3.2.3　クラスター分析・多次元尺度構成法

複数の量的変数に関して研究対象の類似性や距離を定義し，対象の分類やポジショニング（付置）を行う分析手法として，**クラスター分析**（cluster analysis）および**多次元尺度法**（multi-dimensional scaling）がある．クラスター分析は，p 個の変数（$X_1, \cdots, X_p$）の値で特徴付けられる対象間の距離や類似度を定義し，似ているものをクラスターと呼ばれるグループにまとめ，個

体を分類する手法である．主成分分析や因子分析は，主成分軸や因子軸に沿って個体の近さを測るが，クラスター分析では，直接，個体がどのクラスターに属しているのかが決定されるため，分類という目的だけであれば簡易な手法といえる．一方で，数学的な距離に現実的な解釈を直接的に求めることは難しく，クラスター内の同質性やクラスター間の異質性の解釈を与えるものではない．また，距離の種類や対象のまとめ方に多くの種類があり，どの種類を適用するのかで分類の結果は変わる．

多次元尺度構成法は，対象間の類似度（距離の近さの基準）から，あらかじめ決められた少ない次元での対象の座標値が決定され，その座標値を用いてその次元での対象のポジショニングが可視化できる手法である．ただし，得られた座標が何を意味するのかに関しての解釈のための情報は与えられないが，次元縮約の一つの手法として有効である．

4. 非構造化データの分析

4.1 bag of (image) words

これまで紹介した多変量解析の手法は，観測対象 × 変数で構造化された矩形データ（**表1**）に適用されるが，近年，いわゆるビッグデータ解析として注目されるテキスト（文章）データやイメージ（画像）データの解析手法としても適用可能である．そのためには，構造化されていない，これらの非構造化データから情報を整理して，解析対象（解析単位）と対象が有する特徴量（変数）を明確化し，データを構造的に捉える見方が必要となる．

大量の文章情報を統計解析する**テキストマイニング**では，文章中に出てくる単語等の語が特徴量となる．どういう語がどのような頻度で出現するのか，数え上げることが基本となるが，この場合は質的データの分析手法を適用することになる．一方で，注目する具体的な単語それぞれを特徴量と捉えれば，作品や文書・センテンス等の解析対象ごとに，それぞれの単語の出現頻度の構造化されたデータ行列を構成することができる（bag of words 表現形式）．例えば p 個の単語の場合は p 個のそれぞれの単語の出現頻度が変数となり，p 個の量的変数 $(X_1, \cdots, X_p)$ を得たことになる．テキストマイニングを取り扱った**B2-9** では，これらの構造化されたデータに多次元尺度構成法やクラスタリン

グ等の多変量解析手法を適用することで，散布図や樹形図などの文章の可視化が可能であることが示されている．また，**B2-10** では，主成分分析を適用することで潜在意味解析ができること，また，質的データの因子分析に相当する**潜在トピック分析**によって，文章の内容に関する計量的な推測が可能であることが解説されている．

イメージ（画像）データに対する識別（予測）や分類のための**イメージマイニング**においても，文章を語の集合として特徴量を捉えたように，1 枚 1 枚の画像を解析対象とした際に，各画像を特徴的な要素（局所特徴ラベル）の集合として捉え，bag of（visual）words 表現形式で構造化データを構成する．**B2-11** では，例えばイヌかネコか等の画像の識別においてあらかじめその区別を示す目的変数がある場合とない場合に対して，前者を教示マイニング，後者を非教示マイニングとして分析手法の解説が述べられている．

4.2　系列相関

表 1 のデータ形式において，解析対象が日別や月別，年別などの時間推移である場合を**時系列データ**（time series data）という．時系列データの場合，変数間の相関以外に，現時点の観測値が自身の前の時点の影響を受けるという自己相関も考慮した分析を行わなければならない．つまり，解析の対象系列に相関（系列相関）があることを仮定した自己回帰分析のような時系列解析法を適用する．同様に，地域や地点を解析対象として変数の値を観測する空間データに対しても，隣接する地点間は空間的な意味で系列相関を考慮した一連の分析手法（空間統計学）を適用しなければならない．さらに，例えば各地点で観測される気温のデータの時間的推移を追ったようなデータは一般に**時空間データ**といわれ，このようなデータに対しては空間的な系列相関と時間的な系列相関の両方を組み込んだ時空間統計学の様々な手法が存在する．**B2-12** では，このための分析の考え方と手法を解説している．

5.　欠測値の取り扱い

現実のデータ分析では，**表 1** のデータ行列の要素すべてに観測値が得られている完全データを対象とする以外に，いくつかの要素が記録されていない，

いわゆる**欠測値**（missing value）を含む不完全データを対象としなければならない場合も存在する．とくに，変数の数が多くなると，データに欠測が多くなることは避けられない．一方で，多くの分析手法はデータが完全であることを前提としている．安易に，欠測を含むデータを個体（ケース）単位で除去してしまうと，意図しない偏りが分析結果にもたらされることがある．**B2-13** では，欠測データが存在した場合の分析を進めるうえでの考え方と対処法を述べている．

[渡辺美智子]

【参考文献（さらに学びたい人のために）】
[1]　グリム，L. G.，ヤーノルド，P. R. 編（小杉考司監訳）(2016).『研究論文を読み解くための多変量解析入門 基礎篇——重回帰分析からメタ分析まで』北大路書房.
[2]　小杉考司 (2019).『言葉と数式で理解する多変量解析入門』北大路書房.
[3]　野口博司 (2018).『図解と数値例で学ぶ多変量解析入門——ビッグデータ時代のデータ解析』日本規格協会.

量的分析法

B2-2
量的データからの統計的推測
statistical inference with quantitative data

1.　量的データ

　量的データ（量的変数，quantitative variables）は，身長，気温，人数，回数など，数字の大小に意味をもつデータである．その中には，身長，気温など，実数値で表す**連続データ**（continuous data）や，人数，回数など，整数値で表す**離散データ**（非連続データ，discrete data）がある．統計的推測を行う場合，これらのデータは，その背後にある母集団から得られた標本と考える．例えば，ある大学の経済学部の新入生は，その大学の新入生全員の標本と考えることができる．

2. 統計的推測

統計的推測は，**推定**（点推定，point estimate; 区間推定，interval estimate）と**検定**（仮説検定，statistical test）に大きく分かれる．推定では，平均のような母集団の特徴を，ある1つの値で推し量ること（点推定），または，ある値の幅で推し量ること（区間推定）を行う．一方，検定では，平均のような母集団の特徴について判断をする．このような推定や検定は，確率論の基本的な枠組みのもとで考える．

母集団が正規分布に従う場合の母平均の推定と検定について，P-P-D-A-C サイクルを用いて説明する[1]．P-P-D-A-C サイクルとは，Problem（問題）から始め，Plan（計画），Data（データ），Analysis（分析），Conclusion（結論）の5つのフェーズへサイクルをまわして，データ分析に基づく問題解決を図る．

2.1 推定

例として，ある大学の新入生の身長（cm）について統計的推定を用いて調べる．

Problem（問題）フェーズでは，解決したい問題を見つける．問題は，ある大学の新入生全体の身長の平均を推定したいとする．

Plan（計画）フェーズでは，データ収集とデータ分析の計画をたてる．母集団を今年の新入生全員として，標本を今年の新入生のうち経済学部に属する学生 100 名とする．この "経済学部に属する学生" は母集団から無作為に標本として選ばれていないが，今年の新入生全員の代表と仮定する．彼らの身長のデータを集め，それを $x_1, x_2, \cdots, x_n$ とする．このとき，標本の大きさ n は 100 である．予備的な分析として，得られたデータから，最小値（minimum, min），最大値（maximum, max），四分位数（quartile, Q_1, m, Q_3），中央値（median, m），標本平均 $\bar{x} = (x_1 + x_2 + \cdots + x_n)/n$，標本不偏分散 $s^2 = \{(x_1 - \bar{x})^2 + (x_2 - \bar{x})^2 + \cdots + (x_n - \bar{x})^2\}/(n-1)$ などの記述統計量の値を計算する．加えて，度数分布表，ヒストグラム，箱ひげ図，幹葉図を利用して，分布の形や，平均値（または中央値）からの対称性を調べる．

母集団である今年の新入生全体の身長が正規分布に従うと仮定して，経済学部に属する学生 100 名のデータから，今年の新入生全体の母平均のパラメーター μ（ギリシア文字の 'm'，mu）を推定する．母平均 μ の点推定値は標本平均 $\bar{x}$ の値となる．母分散のパラメーター σ^2（ギリシア文字の 's'，sigma）が既知の場合，母平均 μ の 95% 信頼区間は $(\bar{x} - 1.96\sqrt{\sigma^2/n}, \ \bar{x} + 1.96\sqrt{\sigma^2/n})$ となる．一方，母分散のパラメーター σ^2 が未知の場合，母平均 μ の 95% 信頼区間は $(\bar{x} - t_{n-1}^{0.025}\sqrt{s^2/n}, \ \bar{x} + t_{n-1}^{0.025}\sqrt{s^2/n})$ となる．ここで，1.96 は平均 0，分散 1 の標準正規分布の上側 2.5%（$= 5\%/2$）の値，$t_{n-1}^{0.025}$ は自由度 $(n-1)$ の t 分布における上側 2.5% 点の値を示す．Excel2016 では，「T.INV.2T(0.05, [$(n-1)$ の値])」と指定すると，$t_{n-1}^{0.025}$ の値が得られる．

　Data（データ）フェーズでは，上述の計画に沿って，標本となる 100 名の学生のデータを収集する．その際に，誤入力や測定されていないものがあるかもチェックする．加えて，データ分析用にデータを加工する．

　Analysis（分析）フェーズでは，まず，予備的な分析を行い，データの概要をまとめる．この例では，経済学部に属する学生 100 名のデータから，最小値 143 cm，最大値 180 cm，標本平均 167.2 cm，標本不偏分散 8.1^2 cm^2 を得る．**図 1** からデータの分布は単峰であり，**図 2** からも分布のゆがみがあまり見られない．このように，図を利用して分布の形状を確認することは大事である．

　過去の新入生の身長データが平均が 165 cm，分散が 5^2 cm^2 の正規分布で近似されると仮定する．母分散 σ^2 が過去の新入生の身長の分散 5^2 cm^2 と等

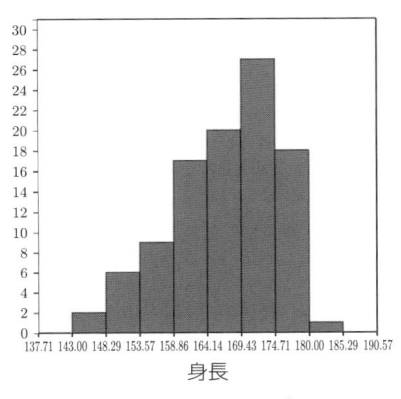

図１　身長のヒストグラム

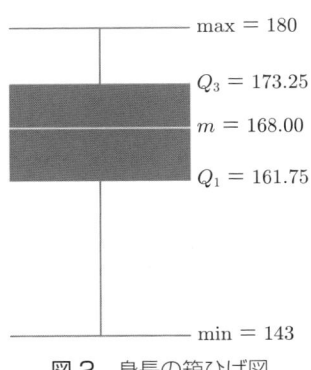

図２　身長の箱ひげ図

しいとすると，母分散 σ^2 が既知の場合の今年の新入生の身長の母平均 μ の 95% **信頼区間**（confidence interval）は，$(\bar{x} - 1.96\sqrt{\sigma^2/n},\ \bar{x} + 1.96\sqrt{\sigma^2/n}) = (167.2 - 1.96\sqrt{5^2/100},\ 167.2 + 1.96\sqrt{5^2/100}) = (166.2, 168.2)$ となる．

　一方，母分散 σ^2 が未知の場合，母平均 μ の 95% 信頼区間は，標本不偏分散 s^2 を用いて，$(\bar{x} - t_{99}^{0.025}\sqrt{s^2/n},\ \bar{x} + t_{99}^{0.025}\sqrt{s^2/n}) = (167.2 - 2.28\sqrt{8.1^2/100},\ 167.2 + 2.28\sqrt{8.1^2/100} = (165.4,\ 169.0)$ となる．

　Conclusion（結論）フェーズでは，分析結果をもとに結論を導き，具体的な改善策につなげる．この例では，今年の新入生の身長の母平均 μ の点推定値は 167.2 cm，母分散が既知の場合の 95% 信頼区間は $(166.2, 168.2)$，母分散が未知の場合の 95% 信頼区間は $(165.4, 169.0)$ となる．概して，母分散が未知の場合，母分散を標本不偏分散で推定するため，母分散が既知の場合と比べて，信頼区間の幅は広くなる．

2.2　検定

　ある大学の新入生全体の身長の平均が変化したかどうかを，統計的**検定**を用いて調べる．検定では，帰無仮説と対立仮説の 2 つの**仮説**（統計的仮説，statistical hypothesis）をたてる．**対立仮説**（alternative hypothesis，H_1）には示したい事柄を表し，一方，**帰無仮説**（null hypothesis，H_0）には疑いのある事柄を表す．帰無仮説が誤っているかどうかをデータをもとに検証し，対立仮説が正しいことを示す．

　問題を，ある大学の新入生全体の身長の平均が，過去の新入生と比べて変化したかどうか検証したいとする．その場合，帰無仮説を「新入生の身長の平均は 165 cm と異ならない $(H_0 : \mu = 165)$」，対立仮説を「新入生の身長の平均は 165 cm と異なる $(H_1 : \mu \neq 165)$」，とたてる．このような方向性がない対立仮説，いわゆる両側対立仮説に対する検定方法を**両側検定**（two-tailed test）という．一方で先ほどの帰無仮説に対して，新入生全体の身長の平均が高くなったかどうかを検証したい場合，対立仮説は「新入生の身長の平均は 165 cm より高い $(H_1 : \mu > 165)$」，とたてる．このような方向性のある対立仮説，片側対立仮説に対する検定方法を**片側検定**（one-tailed test）という．

　データ収集とデータ分析の計画を，推定の例と同様にたてる．母集団である今年の新入生全体の身長が正規分布に従うと仮定して，標本の情報を集約す

るための統計量である**検定統計量**（test statistic）の値の大きさから，帰無仮説が正しくないかどうかを判断する．**p 値**（p value）は，帰無仮説が正しいという前提のもとで，検定統計量が観測されたデータから得られた値と等しいか，または，対立仮説をさらに支持する値が得られる確率を示す．**有意水準**（危険率，significance level，α）は，帰無仮説が正しい場合に，観察されたデータが得られたとは考えにくいと判断する際の基準の値である．p 値が有意水準（例えば，0.05）より小さい場合，帰無仮説が正しくないと判断し，対立仮説が正しいと結論する．一方，そうでない場合，対立仮説が正しいとはいえないと解釈する．

　母分散 σ^2 が既知の場合の検定統計量を Z，その値を z_{obs} とおくと，$z_{\mathrm{obs}} = (x - 165)/(\sigma/\sqrt{n})$ と表せる．帰無仮説が正しい場合，検定統計量 Z が平均 0，分散 1 の正規分布に従うことを用いて，p 値を $p = P(|Z| \geq |z_{\mathrm{obs}}| \mid H_0)$（「 $|$ 」の右は条件を示す），と計算する．Excel2016 では，「$(1 - \mathrm{NORM.S.DIST}([|z_{\mathrm{obs}}|\,の値], 1) * 2$」と指定すると，$p$ 値が得られる．

　母分散 σ^2 が未知の場合の検定統計量を T，その値を t_{obs} とおくと，標本不偏分散 s^2 を用いて，$t_{\mathrm{obs}} = (x - 165)/(s/\sqrt{n})$ と表せる．帰無仮説が正しい場合，検定統計量 T が自由度 $(n - 1)$ の t 分布に従うことを用いて，p 値を $p = P(|T| \geq |t_{\mathrm{obs}}| \mid H_0)$ と計算する．Excel2016 では，「$\mathrm{T.DIST.2T}([|z_{\mathrm{obs}}|\,の値], [(n-1)\,の値])$」と指定すると，$p$ 値が得られる．

　分析では，先の推定の例のように，まず，予備的な分析を行い，データの概要をまとめる．次に母分散 σ^2 が既知の場合または未知の場合において，対立仮説が正しいかどうかを判断する．

　母分散 σ^2 が過去の新入生の身長の分散 5^2 と等しいと仮定すると，母分散 σ^2 が既知の場合の p 値は $p = P(|Z| \geq |(167.2 - 165)/(5/\sqrt{100})| \mid H_0) < 0.05$ となり，有意水準 α の検定では対立仮説が正しいと判断する．

　母分散 σ^2 が未知の場合の p 値は $p = P(|T| \geq |(167.2 - 165)/(8.1/\sqrt{100})| \mid H_0) < 0.05$ となり，対立仮説が正しいと判断する．

　結論では，今年の新入生の身長の平均は，過去の新入生の身長の平均 165 cm と異なる，すなわち過去の新入生の身長と比べて変化したとなる．

　最後に，信頼区間を用いて，両側対立仮説が正しいかどうかを判断できることに触れる．信頼区間に帰無仮説の μ の値が含まれない場合，対立仮説が正

しいと判断する．一方，そうでない場合，対立仮説が正しくないと判断する．
推定の例では，過去の新入生の身長の平均 165 cm は，母分散が既知の場合と
母分散が未知の場合のどちらの信頼区間にも含まれない．したがって，対立仮
説が正しいと判断する．

[和泉志津恵]

【参考文献（さらに学びたい人のために）】
[1]　藤井良宜，佐藤健一，冨田哲治，和泉志津恵（2015）．『事例でわかる統計シリーズ 医
　　　療系のための統計入門』実教出版．
[2]　和泉志津恵，市川治，梅津高朗，北廣和雄，齋藤邦彦，佐藤智和，白井剛，高田聖治，
　　　竹村彰通，田中琢真，姫野哲人，松井秀俊（2019）．『データサイエンス大系——データ
　　　サイエンス入門』学術図書出版．
[3]　滋賀大学データサイエンス学部編（2018）．『大学生のためのデータサイエンス（I）——
　　　オフィシャルスタディノート』日本統計協会．
[4]　滋賀大学データサイエンス学部編（2019）．『大学生のためのデータサイエンス（II）
　　　——オフィシャルスタディノート』日本統計協会．
[5]　竹村彰通，椎名洋，和泉志津恵，松田安昌，佐藤俊哉（2015）．『統計学 II：推測統計の
　　　方法——オフィシャルスタディノート』日本統計協会，59-83．
[6]　東京大学教養学部統計学教室編（1991）．『統計学入門（基礎統計学 I）』東京大学出版
　　　会．

B2-3
重回帰分析
multiple regression analysis

1.　予測と要因分析

　研究対象の特徴を量的変数で捉える場合に，とくに，その値そのものを予測
したり，その値の変動の要因を他の特徴量である量的変数から説明したりする
場合がある．例えば，**表 1** のような中古住宅の物件データから，取引価格を
予測するモデル式を求めることや取引価格の違いに住宅の床面積等の要因の違
いがどのような影響を与えているのかを考察する場合である．このような目的
に使用される代表的な多変量解析法が**回帰分析**である．

表1 中古住宅の物件データ

サンプル番号 （中古住宅）	土地 (m^2)	床面積 (m^2)	築年数	電車 （分）	バス （分）	徒歩 （分）	構造ダミー変数 （木造 0. 鉄筋 1）	価格 （百万円）
1	98.4	74.2	4.8	5	15	6	0	24.8
2	250.8	163.7	9.3	12	0	12	0	39.5
3	58.6	50.5	13	16	15	2	0	7
⋮	⋮	⋮	⋮	⋮	⋮	⋮	⋮	⋮
23	168.7	80.8	12.8	41	5	2	1	16.8

表2 データ行列

	X_1	X_2	$\cdots$	X_p	Y
1	x_{11}	x_{21}	$\cdots$	x_{p1}	y_1
2	x_{12}	x_{22}	$\cdots$	x_{p2}	y_2
⋮			$\ddots$		
n	x_{1n}	x_{2n}	$\cdots$	x_{pn}	y_n

p：変数の数，n：標本の大きさ
Y：目的変数，$X_1, X_2, \cdots, X_n$：説明変数

量的分析法

　回帰分析では，**表2**で与えられるようなデータ行列（23件の中古住宅のデータ）に対して，目的となる変数 Y を**目的変数（従属変数）**，Y の変動を説明する一般に p 個の変数 $X_1, X_2, \cdots, X_p$ を**説明変数（独立変数）**と呼ぶ．例えば，中古住宅の取引価格の予測の場合，取引価格が目的変数 Y，それ以外の住宅の属性を表す変数が説明変数 $X_1, X_2, \cdots, X_p$ となる．

　回帰分析では，一般に p 個の変数 $X_1, X_2, \cdots, X_p$ に対して観測された第 i 番目の値 $x_{1i}, x_{2i}, \cdots, x_{pi}$ を使って Y の予測値 $\hat{y}_i$ を回帰式

$$\hat{y}_i = a + b_1 x_{1i} + \cdots + b_p x_{pi} \qquad (i = 1, \cdots, n)$$

で求める．このとき，a は定数項で，$b_1, b_2, \cdots, b_p$ がそれぞれの説明変数に係る（偏）回帰係数といわれる係数である．これらを**回帰式**の**パラメーター**（parameter）という．

パラメーターの具体的な値は，Y と $X_1, X_2, \cdots, X_p$ に関するデータが与えられたとき，実際の観測値とモデルによる予測値の差 $e_i = y_i - \hat{y}_i$ の2乗和を最小にするように求められる．予測値と観測値の差 e_i をとくに，$X_1, X_2, \cdots, X_p$ では説明できない Y の**残差**（residual）という．つまり，n 個の残差の平方和 $SS = \sum_{i=1}^{n} (y_i - \hat{y}_i)^2$ を最小にするように（最小2乗推定の原理），回帰パラメーターを推定し，モデル式を決定するのが回帰分析である．とくに単一の説明変数 X で Y の予測式を構築する場合を**単回帰分析**，複数の説明変数を使う場合を**重回帰分析**という．

2. 単回帰分析

単回帰分析の予測値 $\hat{y}_i$ を求めるモデル式は，切片 a，傾き b を持つ直線の式

$$y = a + bx$$

となる．このとき，係数 b を**単回帰係数**（single regression coefficient），この直線を**単回帰直線**という．

$X = x_i$ となる Y の予測値は，直線上の値

$$\hat{y}_i = a + bx_i \qquad (i = 1, \cdots, n)$$

で求めることになる．この値は，Y の $X = x_i$ での条件付き期待値（条件付き平均）ともいう．

回帰パラメーター a, b は，先述の通り，**図1** での残差の平方和を最小とする値（最小2乗法）としてデータより推定される．単回帰係数 b は，説明変数 x が1単位増加した場合に目的変数が何単位変化するのか，すなわち，Y に対する X の影響の大きさを表す（**図2**）．また，このように X の単位当たりの変化量が常に同じ効果を示すモデルを**線形モデル**（linear model）という．

とくに，目的変数 Y および説明変数 X の双方を基準化（標準化）して得られる**回帰係数を標準回帰係数**（standard regression coefficient）という．標準回帰係数は X が $1\sigma_X$（標準偏差）動いたときに，Y が σ_Y で何倍動くのかを表す指標となる．σ_X，σ_Y は X と Y の標準偏差のことである．

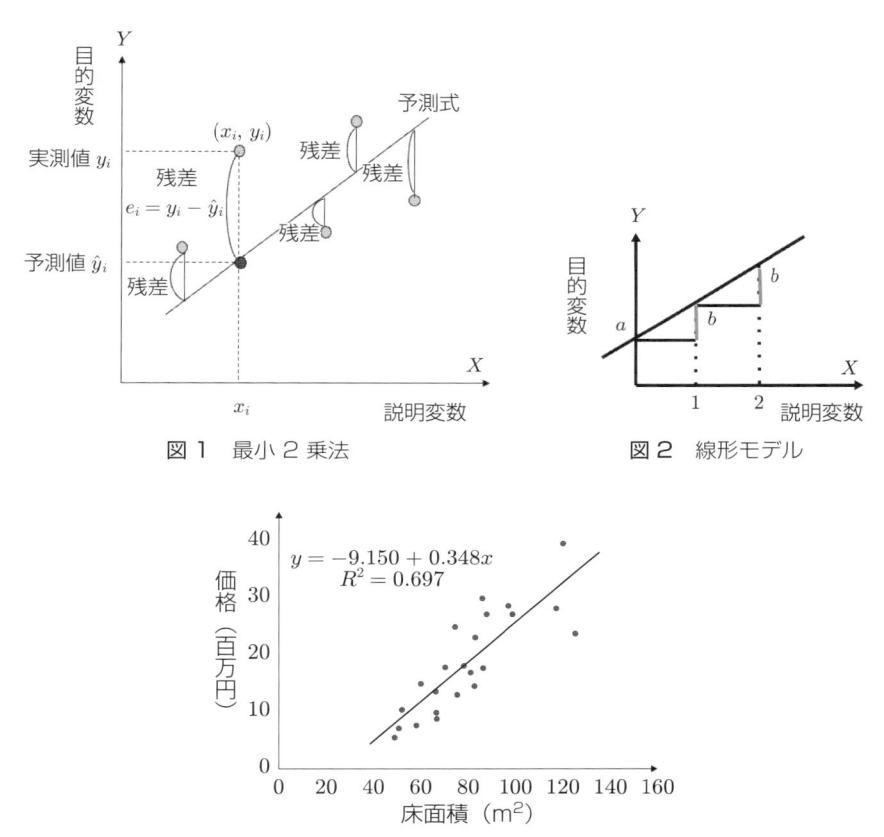

図1　最小2乗法

図2　線形モデル

図3　中古住宅取引価格を床面積で説明する単回帰分析

【分析事例と結果指標の読み方】

　中古住宅取引価格のデータで，Y を取引価格，X を床面積で散布図を表し，単回帰直線を当てはめたものが**図3**である．単回帰直線に関する詳細な統計量は，Excel の分析ツールやその他の統計ソフトウェアにより，**表3**のように得ることができる．

2.1　回帰係数の推定値

　推計された回帰直線は，$y = -9.150 + 0.348x$ となる．また，回帰係数

645

表 3　単回帰直線に関する諸種の統計量（例）

単回帰分析の結果

回帰モデルの適合	
重相関係数 R	0.835
寄与率（決定計数）$R2$	0.697
自由度修正済み $R2$	0.683
標準誤差	5.012
（残差変動の標準偏差）	
データ（対象）数	23

分散分析表

	自由度	変動	分散	分散比 （F 値）	p-値 （回帰の有意性）
回帰	1	1214.0	1214.0	48.3	0.0000007
残差	21	527.4	25.1		
合計	22	1741.4			

回帰係数の推定　　　　　　　　　　　　　　　　　　　95％信頼区間

	係数	標準誤差	t 値	p 値	下限	上限
切片	−9.150	4.116	−2.22	0.0037652	−17.709	−0.591
床面積（m²）	0.348	0.050	6.95	0.0000007	0.244	0.453

$b = 0.348$（百万円 / m^2）から，取引価格は床面積 1 m² 当たり平均で 34 万 8000 円ずつ高くなる傾向があることがわかる．切片は多くの場合，どの位置で傾きを推計するのかの調整項の意味しかないので解釈しない．

2.2　回帰モデルの適合度

最小 2 乗法により当てはめられた回帰直線が観測されたデータにどの程度適合しているのかは，**図 2** でデータ点がどの程度直線の近くに集中しているのかで判断されるが，適合度を測る指標として以下がある．

・**重相関係数 R**：回帰モデルによる期待値（単回帰直線上の値）$\hat{y}_i$ と実測値との相関係数で，寄与率の正の平方根として求めることもできる．また，単

表 4　回帰分析における分散分析表

要因	平方和	自由度	平均平方	F
回帰変動	S_R	p	S_R/p	$(S_R/p)/\{S_E/(n-p-1)\}$
残差変動	S_E	$n-p-1$	$S_E/(n-p-1)$	
全変動	S_T	$n-1$		

回帰分析の場合は，重相関係数は単相関係数と一致する．

・**寄与率（決定係数）R^2**：Y の平均値まわりの変動（全変動 S_T）に占める Y の期待値の平均値まわりの変動（回帰による変動 S_R）の割合 $(0 \leq R^2 \leq 1)$．目的変数の変動の何パーセントが与えられた回帰モデルで説明できたかを示す指標で，回帰モデルとデータとの適合度を測るために使用される．R^2 は，以下の式で求められる．

$$R^2 = \frac{S_R}{S_T} = 1 - \frac{S_E}{S_T}$$

ここで，

全変動（全平方和）　　　　　　　　　　　　$S_T = \sum_{i=1}^{n} (y_i - \bar{y})^2$

回帰による変動（回帰による平方和）　　　$S_R = \sum_{i=1}^{n} (\hat{y}_i - \bar{y})^2$

残差変動（残差平方和）　　　　　　　　　$S_E = \sum_{i=1}^{n} (y_i - \hat{y}_i)^2$

全変動 S_T がもともとの目的変数の変動を表し，残差変動 S_E が回帰モデルで説明できない変動を表している．$S_T = S_R + S_E$ が成立することから，回帰による変動 S_R は，いま考えている回帰モデルで説明できた Y の変動であると考えることができる．S_T, S_R, S_E の各平方和には，それぞれ対応する自由度（独立する成分の数）f_T, f_E, f_R がある．自由度に関しても，$f_T = f_R + f_E$ が成立する（**表 4**）．

・**標準誤差**：残差の標準偏差．$\sqrt{S_E/f_E}$ で求められる．

2.3　回帰モデル全体の有意性の検定（分散分析）

H_0：寄与率 $R^2 = 0$ であるかどうかの検定を分散分析の手法で行うことができる．**表 4** は，回帰分析における分散分析表である．単回帰分析の場合，

量的分析法

$p = 1$ なので，この検定は，回帰係数 $b = 0$ の検定と同等である．検定は，表の右端の F 検定統計量が，帰無仮説 H_0：寄与率 $R^2 = 0$ のもとで，自由度 p，$n - p - 1$ の F 分布に従うことを利用する．すなわち，$F > F(p, n - p - 1; \alpha)$ のとき，帰無仮説を棄却する．$F(p, n - p - 1; \alpha)$ は自由度 p，$n - p - 1$ の F 分布の上側 α 点である．もちろん，通常の統計ソフトウェアを使用している場合は p 値が算出される．

2.4　回帰係数の推定と有意性の検定

推定された回帰係数の値はあくまでも手にしたデータ（標本）上の値であり標本誤差を持つ．そこで，母集団での回帰係数の値は 0 であるとする帰無仮説，H_0：$b = 0$ に関する仮説検定結果の有意確率 p 値や回帰係数の信頼区間が出力される．例では，p 値が 1% 以下であるので，危険率 1% で係数は有意となる．

3.　重回帰分析の分析例

中古住宅のデータ例で，取引価格以外の 7 変数を説明変数とした重回帰分析を行った場合の結果は，**表5** のようになる．

3.1　重回帰モデルの適合

重相関係数 R および寄与率 R^2 に関しては，回帰モデルによる期待値（単回帰直線上の値）$\hat{y}_i$ が重回帰式によって求められるということに留意すれば，単回帰分析での記載と同様である．この例でも R および R^2 は単回帰分析よりも 1 に近くなっており，説明変数を増やすことで残差を小さくすることができたことがわかる．

・**自由度調整済み寄与率 R^2**：複数の説明変数の中には，目的変数の予測に役立たないものが含まれている可能性がある．そこで，モデル式の構築にあたっては，説明変数の取捨選択が重要な課題となり，このことを**変数選択**（variable selection），もしくは**モデル選択**という．その際，寄与率 R^2 ができるだけ大きくなることが望ましいが，R^2 は説明変数を増やせば増やすほど大きくなるという性質（過剰適合）がある．また，自由度も少なくなるので，必

表 5　中古住宅取引価格の重回帰分析の結果

重回帰分析の結果

回帰モデルの適合	
重相関係数 R	0.976
寄与率（決定計数）$R2$	0.952
自由度調整済み $R2$	0.903
標準誤差	3.075
（残差変動の標準偏差）	
データ（対象）数	23

分散分析表

	自由度	変動	分散	分散比 （F 値）	p-値 （回帰の有意性）
回帰	7	2821.1	403.1	42.6	0.00000001
残差	15	141.8	9.5		
合計	22	2962.9			

回帰係数の推定　　　　　　　　　　　　　　　　　95％ 信頼区間

	係数	標準誤差	t	p 値	下限	上限
切片	16.294	5.901	2.761	0.015	3.716	28.872
土地（m²）	0.066	0.021	3.238	0.006	0.023	0.110
床面積（m²）	0.179	0.056	3.194	0.006	0.060	0.298
築年数	−0.223	0.194	−1.151	0.268	−0.636	0.190
電車（分）	−0.533	0.104	−5.131	0.000	−0.754	−0.311
バス（分）	−0.619	0.187	−3.317	0.005	−1.017	−0.221
徒歩（分）	−0.299	0.196	−1.528	0.147	−0.716	0.118
構造ダミー	0.996	2.095	0.475	0.641	−3.470	5.462

ずしも説明変数をやみくもに増やしてもモデルの説明力が上がり，予測がう
まくいくというわけではない．そこで，回帰モデルの善し悪しを測る尺度とし
て，自由度を調整した下記の**自由度調整済みの寄与率**を利用する．

$$1 - \frac{S_E/(n-p-1)}{S_T/(n-1)}$$

自由度調整済みの寄与率が大きなモデルほど説明力のある良いモデルとい

うことになる．これ以外にも，モデル選択の基準として，以下で求められる**AIC**（赤池の情報量規準）がある．

$$N \log \frac{S_E}{n} + 2(p + 2)$$

AIC は小さいほど良いモデルとされる．

3.2　偏回帰係数の推定値と有意性の検定

複数の説明変数それぞれに係る回帰係数が推定される．推定値は例えば，住宅の土地の面積であれば，1 m² 当たり 6.6 万円，上昇する傾向（0.066 百万円/m²）や，駅から徒歩 1 分当たり平均で 29.9 万円減少する傾向（−0.299 百万円/分）となる．重回帰分析での係数は，とくに**偏回帰係数**といわれ，重回帰式に含まれる他の説明変数の影響を取り除いた上での当該説明変数の効果を表している．単回帰分析の場合，床面積の効果は 0.348（百万円/m²）であったが，これには床面積と連動して大きくなる土地面積などの効果も含まれていたためである．重回帰分析ではそのような効果が取り除かれるため，他の説明変数の値が同じと想定した場合の床面積だけの効果として，0.179（百万円/m²）が推定されている．

このように重回帰分析における偏回帰係数は，モデルに含まれる他の説明変数による意味づけがあるので，その解釈には注意が必要である．モデルに含まれる説明変数が変われば，偏回帰係数の値は変わることに注意しなければならない．

また，すべての偏回帰係数が統計的に有意となるわけではないので，各係数の検定結果を確認する必要がある．

3.3　ダミー変数

重回帰分析では，目的変数も説明変数も基本的には量的な変数であるが，ダミー変数を使って説明変数に質的な変数を用いることもできる．**ダミー変数**（dummy variable）とは，質的な属性の有無を 0 と 1 を取る数値変数で表現しなおしたものである．例えば，中古住宅のデータの「構造」という変数は "木造" か "鉄筋" であるかという質的な変数である．**表1** では，木造を 0，鉄筋を 1 としたダミー変数を用いている．そのため，表5における構造ダミーに係

る偏回帰係数 0.996 は，鉄筋の場合，木造に比べて平均的に 99.6 万円高くなる傾向があると解釈される．

　重回帰分析では，様々な説明変数の組み合わせの回帰モデルについて，偏回帰係数の推定と適合度指標の計算を行い，最適と思われる回帰モデルを選ぶことになる．重回帰分析の適用の目的は，一般に目的変数の予測，影響を与える要因の選択と効果分析（要因分析），他の変数の影響を除いての当該変数の直接効果の推定（共変量調整）の 3 パターンが考えられる．観察データでは説明変数間の相関を意識し，目的に応じた適用が必要となる．

[渡辺美智子]

量的分析法

【参考文献（さらに学びたい人のために）】
[1]　永田靖，棟近雅彦（2001）．『多変量解析法入門（ライブラリ新数学大系）』サイエンス社．
[2]　涌井良幸，涌井貞美（2002）．『図解でわかる回帰分析——複雑な統計データを解き明かす実践的予測の方法』日本実業出版社．

B2-4
新指標作成のための主成分分析
principal component analysis

1.　主成分の考え方

　主成分分析は，複数の変数からなる数量データを，できるだけ情報を減らすことなくデータの縮約を行い，そのデータの裏にある構造の探索を目的とする手法で，対象となるデータは**表 1**のような形式である．
　主成分分析は数量データを対象とした分析手法であるが，質的データの同類の手法としては数量化 3 類や対応分析がある．
　主成分分析では，観測されている変数の線形結合で新しい変数を作成し，この変数ができるだけデータ全体が持つ情報を含むようにする．具体的には，観測変数の線形結合のなかで，その分散が最大になるものを探す．もちろん，線

表 1　分析データの形式

	X_1	X_2	$\cdots$	X_p
1	x_{11}	x_{21}	$\cdots$	x_{p1}
2	x_{12}	x_{22}	$\cdots$	x_{p2}
$\vdots$			$\ddots$	
n	x_{1n}	x_{2n}	$\cdots$	x_{pn}

p：変数の数，n：標本の大きさ，
$X_1, X_2, \cdots, X_p$ ：変数

形結合の係数を大きくすれば分散はいくらでも大きくなるので，係数の 2 乗和が 1 であるという制約の下で分散が最大になるようにする．

$$線形結合：z_i = a_1 x_{1i} + a_2 x_{2i} + \cdots + a_p x_{pi} \qquad \left(ただし，\sum_{i=1}^{p} a_i^2 = 1 \right)$$

このように，分散が最大になるようにして決められた係数を基に求められる量を**主成分**と呼ぶ．

2.　複数の主成分

　主成分は 1 つだけ求めるのではなく，最初の主成分が求まると，それと無相関になる 2 番目の主成分を求めることができる．2 番目の主成分を求めるときは，1 番目の主成分と無相関であるという条件の下で，その分散が最大になるように求める．以下，3 番目以降も同様であるが，それまでに求まっている主成分とはすべて無相関でなければならない．こうして求めた主成分を順に，第 1 主成分，第 2 主成分などと呼ぶ．

　主成分は変数の数だけ求めることができる．ただし，データの数が変数の数より小さい場合は，データの数から 1 引いた数の主成分しか求めることはできない．

　主成分を具体的に求める先に説明した計算問題は，共分散行列（相関行列）の固有値問題に帰着される．共分散行列（相関行列）の固有値を大きい順に並べたとき，その**固有値**（eigenvalue）が主成分の分散になり，**固有ベクトル**

（eigen vector）が主成分を作成するときの係数になる．そのため，一見統計と無関係のような，固有値や固有ベクトルという用語が主成分分析の出力には含まれる．

　主成分分析を行う場合，共分散行列を基に分析するか，相関行列を分析するかを決めなければならない．すべての変数の単位が同じで各変数のばらつきの大きさも考慮した分析を行いたい場合は，共分散行列を分析することもできるが，相関行列を分析する方が一般的である．相関行列を分析するという意味は，すべてのデータを基準化（平均を 0，分散を 1 に変換すること）し，その基準化したデータについて定義どおりの主成分分析を行うことを意味する．

3.　主成分数の決定

　主成分をいくつまで採用するかは実用上重要な課題である．主成分数の決定は，以下に示す複数の基準を総合的に判断して行う．

3.1　固有値が 1 以上（カイザー基準）

　固有値が 1 より大きい主成分だけを残す．これは，抽出された主成分が元の変数の持つ情報の平均と少なくとも同じだけの情報を持っていることを意味する．ただし，この基準は相関行列を分析した場合で，共分散行列を分析する場合には，寄与率が (1/変数の数) × 100(%) 以上になる主成分まで採択すれば，同じ意味になる．

3.2　寄与率

　全固有値の和で各固有値を割った値を**寄与率**と呼ぶ．この寄与率は，各主成分がデータの持つ変動のうちどの程度を説明しているかを示す．各主成分の寄与率を大きさ順に足し合わせたものを**累積寄与率**といい，この累積寄与率が採用した主成分でデータの持つ変動のうちどの程度を説明できたかを示す．

3.3　スクリープロットによる方法

　固有値を大きい順に左から折れ線で結んだグラフを**スクリープロット**と呼ぶ．折れ線がなだらかな減少になる前までの主成分を採用する．

4. 主成分得点と数値例

　得られた主成分のための係数を使って，元のデータから各観測対象について主成分の値を求めることができ，これを**主成分得点**（principal component score）と呼ぶ．主成分得点は新しく作成された主成分で各観測対象を評価するときに使用できる．

　主成分分析の事例として，2017 年の日本プロ野球の打撃成績のデータを用いる．規定打席数に達した両リーグの計 55 選手を対象として，「打率」，「得点数」，「安打数」，「二塁打数」，「三塁打数」，「本塁打数」，「打点数」，「盗塁数」，「犠打数」，「四球数」，「三振数」の 11 変数で主成分分析を行った．その結果の一部が，**表 2** と**表 3** に示されている．

　ここでは，第 2 主成分までを採択して，結果の解釈を行う．なお第 2 主成分までの寄与率は 60% 弱である．第 1 主成分は，打撃における活躍の度合いであると解釈でき，主成分得点が正の大きな値であるほど活躍した選手である．第 2 主成分は打撃のスタイルを意味しており，正であれば足を活かした選手であり，負であれば長打力を活かすタイプの選手である．

　第 1 主成分得点と第 2 主成分得点の散布図が**図 1** であるが，これから各選手の打撃の状況やスタイルを読み取ることができる．

［山口和範］

表 2　固有値と寄与率

主成分	固有値	寄与率	累積寄与率
1	3.746	0.341	0.341
2	2.837	0.258	0.598
3	1.527	0.139	0.737
4	0.893	0.081	0.818
5	0.584	0.053	0.871
6	0.465	0.042	0.914
7	0.360	0.033	0.946
8	0.251	0.023	0.969
9	0.156	0.014	0.983
10	0.103	0.009	0.993
11	0.080	0.007	1.000

表 3　主成分係数

変数名	第 1 主成分	第 2 主成分
打率	0.266	0.251
得点数	0.456	0.148
安打数	0.374	0.289
二塁打数	0.382	0.155
三塁打数	0.020	0.448
本塁打数	0.297	−0.408
打点数	0.378	−0.307
盗塁数	0.141	0.427
犠打数	−0.152	0.351
四球数	0.287	−0.128
三振数	0.280	−0.154

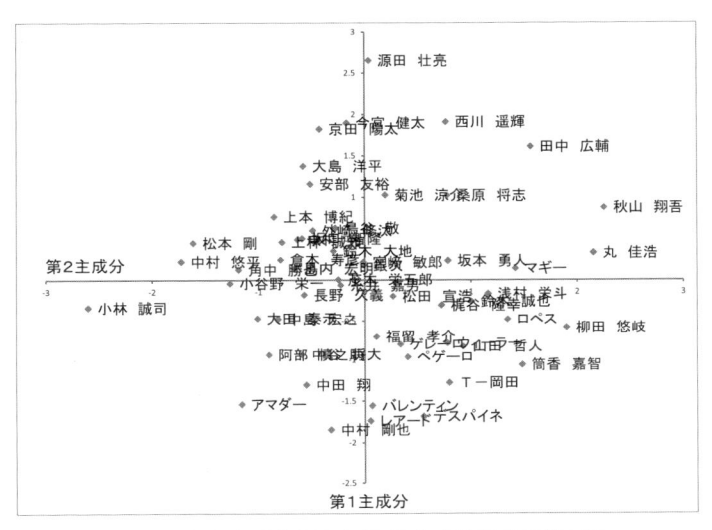

図1 第1主成分得点と第2主成分得点の散布図

【参考文献（さらに学びたい人のために）】

[1] 上田尚一（2003）．『主成分分析』朝倉書店．

[2] 内田治（2013）．『主成分分析の基本と活用』日科技連出版．

B2-5

主成分分析の探索的活用

principal component analysis for exploratory use

1. 個体の名義尺度の利用

　主成分分析（principal component analysis）の目的は，p 個の互いに相関を有する変数を，k 個（$k \leq p$）の**主成分**と呼ばれる互いに無相関の合成変数に変換し，できるだけ少数個の主成分で現象の解明を試みる点にある．

　この際に分析対象の個体に関して，量的変数以外に，個体を分類するための名義尺度が利用できる場合がある．**名義尺度**（nominal scale）というのは，

量的分析法

例えば作品の作者名や性別というような個体を区別するためにつけられたラベルのことである．

そのような名義尺度を利用した主成分分析ではどのような知見が得られる可能性があるかを，**浮世絵美人画**の分析例で示す．

2. 浮世絵美人画の分析

分析対象の浮世絵は，江戸時代の代表的な 9 人の浮世絵師，菱川師宣，西川祐信，鈴木春信，鳥居清長，喜多川歌麿，葛飾北斎，歌川豊国，渓斎英泉，歌川国芳の描いた女性の顔 53 点である．**表 1** は，9 人の絵師の活躍期と分析に用いた顔の数である．なお 9 人の絵師の活躍期を便宜的に前期・中期・後期の 3 つに区分しておく．

分析に用いた顔の変数は，目，鼻，口，耳などの顔の部位 37 箇所の位置座標から求めた，**図 1** に示した 12 種類の角度である．この 12 種の角度情報に対して相関行列を用いた主成分分析を行った結果が**図 2** である．**図 2** の横軸は第 1 主成分，縦軸は第 2 主成分で，第 2 主成分までの累積寄与率は 0.56 であるので，わずか 2 個の合成変数の中に 53 個の顔に関する 12 種類の変数の情報の約 56% がこの図に含まれていることになる．図中の 53 個の丸印はそれぞれ分析に用いた顔を表し，12 種類の角度が類似した顔は近くに位置している．

この図の曲線で囲まれた範囲は，描いた絵師の名前のラベル（名義尺度）を

表 1　9 人の絵師の活躍期と分析した顔の数

活躍期の区分	絵師	活躍期	分析した顔の数
前期	菱川師宣	1670〜1694	5
	西川祐信	1692〜1750	6
	鈴木春信	1760〜1770	5
中期	鳥居清長	1767〜1815	6
	喜多川歌麿	1775〜1806	11
	葛飾北斎	1779〜1849	4
	歌川豊国	1788〜1825	5
後期	渓斎英泉	1810〜1848	6
	歌川国芳	1812〜1861	5

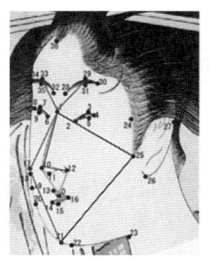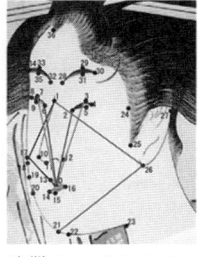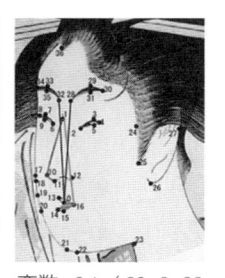

変数　8：∠33, 1, 29　　変数10：∠6, 0, 2　　変数　2：∠32, 0, 28
　　　12：∠1, 10, 12　　　　11：∠7, 0, 3　　　　　20：∠1, 16, 0
　　　13：∠10, 0, 12　　　　17：∠1, 17, 0　　　　　27：∠1, 10, 11
　　　16：∠1, 17, 21　　　　21：∠1, 26, 21
　　　23：∠1, 25, 21

図1　分析に用いた12種類の角度

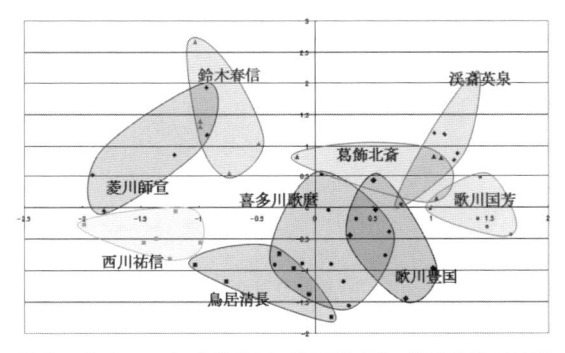

図2　美人画の主成分分析（相関行列）（B2 扉図参照）

用い，同一の絵師の描いた顔の範囲である．

　この図2から，少なくとも次の3つのことを知ることができる．

　まず，この図でそれぞれの絵師の描いた顔の範囲を曲線で囲ってみると，9人の絵師の描いた顔の範囲は比較的狭く，かつ，他の絵師と重複する部分が少ない．したがって，わずか12種類の角度ではあるが，9人の絵師の描く顔の特徴がある程度把握できていることがわかる．

　また9人の絵師の描いたすべての顔の類似関係が俯瞰できるため，9人の中で誰と誰の描き方が類似しているのかを，全体を俯瞰し視覚的に把握すること

量的分析法

が可能となる．例えば，歌麿の描き方は清長と豊国の描き方とそれぞれ類似したところが見られるが，清長と豊国とでは描き方が多少異なるというようなことがわかる．

　さてもう1つこの図から，江戸時代の庶民が求めた美人像の変化を読み取ることができる．浮世絵版画を購入するのは江戸の庶民であるので，したがって絵師達は，買い手である庶民が求めるような女性の顔を描こうとしたと思われる．**表1**では9人の絵師の活躍期を大まかに前期・中期・後期の3つに区分してあるが，**図2**を見ると，9人の絵師が横軸の第1主成分の小さい方から，前期・中期・後期の順に並んでいることがわかる．主成分係数の値を調べると，この第1主成分の値は顔の長さを表す合成変数と解釈でき，第1主成分の値が大きくなるほど（図の右へ行くほど）描かれた顔は面長になると考えられる．このことから，江戸の庶民の好みの女性の顔が，江戸初期のころのぽっちゃり顔から次第に面長な顔に変わっていったことが読み取れる．

　主成分分析は量的変数を用いた分析法であるが，その分析結果に個体の質的変数の情報を加えることで，新たな知見が得られる可能性がある．

[村上征勝]

【参考文献（さらに学びたい人のために）】
[1]　村上征勝（2002）．『文化を計る——文化計量学序説』朝倉書店．
[2]　村上征勝編（2006）．『文化情報学入門』勉誠出版．
[3]　村上征勝，浦部治一郎（2007）．「浮世絵における役者の顔の描画法に関する数量分析」『統計数理』**55**（2），223–233．

B2-6
探索的因子分析
exploratory factor analysis

1.　因子分析とは

　因子分析（factor analysis）は，主に心理学の分野で発達した統計手法の一

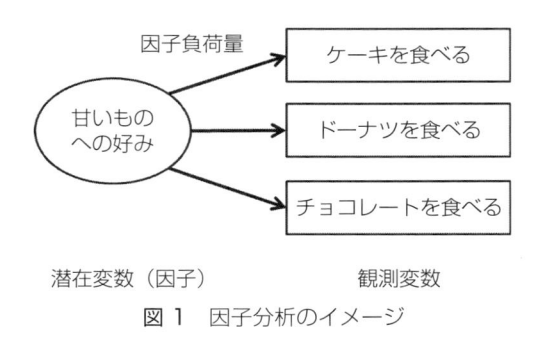

因子負荷量

ケーキを食べる

甘いもの
への好み

ドーナツを食べる

チョコレートを食べる

潜在変数（因子）　　　　　　　　観測変数

図1　因子分析のイメージ

量的分析法

つで，直接観測できない構成概念を，観測できる変数から推定するための方法である．心理学では，印象，性格，態度といった直接は観測できないが，理論的に仮定される構成概念を扱う．そういう構成概念を測定するためには，例えば質問紙への反応，行動データなど，観測可能なものからその得点を推定する必要がある．そのための方法として，因子分析が利用される．なお，因子分析には，探索的な方法と検証的な方法の2種類があるが，本項目では探索的因子分析について解説する（2つの区別は後述する）．

　因子分析では，観測された変数は，それらに共通して影響を与える潜在変数が背後に存在していると仮定する．図で表すと**図1**のようになる．ここでは，ケーキやドーナツ，チョコレートといった食べ物を「よく食べるかどうか」についての行動データが観測されている場合を例に挙げる．これらの食べ物の背後には，「甘いものが好き」という食の好みが共通して影響すると仮定できるだろう．つまり，甘いものが好きな人は，ケーキやドーナツ，チョコレートなどをよく食べる，ということである．因子分析では，観測された行動データから，直接は観測できない「甘いものへの好み」という構成概念を仮定して，その得点の推定を行うことができる．このとき，丸で描かれた潜在変数のことを因子分析では**因子**（factor）と呼ぶ．

　図1の因子から観測変数への矢印は，因子が観測変数に対して与える影響力の強さを表している．因子分析では，この影響力を**因子負荷量**（factor loading）と呼ぶ．因子負荷量の解釈はおおよそ相関係数と同じようにできる（実際，1因子モデルでは，標準化された因子負荷量は，因子と項目の相関係数と同じである）．因子負荷量をデータから推定することで，因子の解釈や得

点化を行うことができるようになる．

2.　複数の因子を仮定したモデル

　食の好みは，甘いものだけではない．例えば甘党，辛党という言葉があるように辛い食べ物を好む人もいる．このように，食べ物の好みに共通する要因が1つだけではなく，複数ある場合でも，因子分析では因子の推定を行うことができる．ここで，（偏ってはいるが）以下のカレーライス，担々麺，キムチを含めた6つの食べ物を食べる頻度を尋ねたデータについて因子分析をすることを考えてみる．探索的因子分析では表1のように，因子負荷量行列を報告することが多い．因子負荷量行列は列に因子，行に観測変数とする．

　因子分析では，因子負荷量から因子の解釈を行う．2因子以上のモデルでは，因子負荷量は因子から観測変数への偏回帰係数と意味的に同じである．因子負荷量が標準化されている場合，-1〜1の範囲をとるので，標準化偏回帰係数と同様に大きさの大小を評価することができる．1列目の因子はケーキ，ドーナツ，チョコレートの負荷が高いことから甘いものへの好み，つまり甘党を表す因子であると解釈できる．同様に，2列目の因子は辛党因子と解釈することができる．このように，分析結果から因子の解釈を行うのが探索的因子分析の特徴である．一方，検証的因子分析はどの因子にどの観測変数が負荷するのかを事前に想定しておく分析法である．

　表1の3列目では，**共通性**（communality）と呼ばれる数値が記載されている．共通性は，各観測変数が因子全体とどれほど関連しているかを表す指標

表1　2因子モデルの例

食べ物	甘党	辛党	共通性
ケーキ	.78	.07	.61
ドーナツ	.72	.02	.52
チョコレート	.65	.14	.44
カレーライス	.24	.84	.76
担々麺	.12	.75	.58
キムチ	.05	.68	.46

＊）小数点の前の "0" は省略した．

で，0〜1 の範囲をとる．共通性が低すぎる変数は，ほかの変数と共通した構成概念によって影響されていないと判断されることがある．

3.　因子分析の方法

　探索的因子分析の方法は，大きく分けて 2 つの側面から決められる．1 つは因子の抽出方法，もう 1 つは因子軸の回転方法である．

　因子の抽出方法は，因子分析モデルそのものの推定方法のことである．代表的なものに**最尤法**（maximum likelihood method）や**最小 2 乗法**（least square method）がある[2]．また，古典的には主因子法や主成分法なども使われていた．近年では，確率モデルを仮定する最尤法が用いられることが多い．最尤法は不適解（例えば，共通性が 1 を超えてしまう場合）が得られることが稀にある．これは，データと因子分析モデルが当てはまっていない場合などに起こる．このように最尤法ではうまく解けない場合に最小 2 乗法を代わりに用いることもある．ただし，一般に，最尤法の解のほうが最小 2 乗法よりも統計的な性質が優れていると考えられている．よって，まずは最尤法で試してみるほうがよい．また，最近では，**ベイズ推定法**などが用いられることもある．

　因子軸の回転とは，因子負荷量の解の不定性を解決するための方法である．因子が複数ある場合，実は因子負荷量は一意に解を決めることができない（共通性は一意に決まる）．そこで，因子負荷量に別の基準を加えることで一意に解を求めることができるようになる．因子軸の回転には，様々な基準が提案されており，どの基準を選ぶかによって因子の解釈結果が変わることもある．また，複数の因子間に相関を仮定する，しないによっても回転方法の選択は変わる．回転の基準については文献 [2] が詳しい．

　因子軸の回転方法で近年最もよく使われているものに，**プロマックス回転**（promax rotation）がある．プロマックス回転は因子間に相関を仮定し，また因子負荷量が各因子でメリハリがつくように解を求める．因子間相関を仮定する方法にはそれ以外にも，**オブリミン回転**，**ジオミン回転**などが使われている．因子間に相関を仮定しない代表的な方法に**バリマックス回転**がある．しかし，探索的因子分析で因子間相関を仮定しないモデルを報告する例は近年あまりない．それは，因子間相関が 0 であるという仮定が非常に強く，理論的にも

想定しにくい場合が多いからであると思われる.

4. 因子数の選択

探索的因子分析では,観測変数の背後に何因子が仮定されるかを探索的に決定する必要がある.因子数の決定方法にも様々な指標を用いた基準があり,**ガットマン基準**(固有値 1 以上の因子を採用),**MAP 基準**,**情報量基準**(AIC や BIC など)を用いた方法,あるいは**平行分析**を用いた方法がある(詳しくは文献 [1] 参照).ただし,因子数の決定は,限られたサンプルサイズによって計算された統計的な指標で決められるほど簡単なものではない.統計的指標に頼るだけでなく,(たとえ厳密にではなくても)理論的な想定も踏まえて決定する必要があるだろう.

[清水裕士]

【参考文献(さらに学びたい人のために)】
[1] 清水裕士,荘島宏二郎(2017).『社会心理学のための統計学』誠信書房.
[2] 豊田秀樹(2012).『因子分析入門——R で学ぶ最新データ解析』東京図書.

B2-7
因果構造と検証的因子分析
causal structure and confirmatory factor analysis

1. 探索的因子分析と検証的因子分析

因子分析のうち,データから探索的に因子を抽出する目的で用いられる手法を**探索的因子分析**(exploratory factor analysis: **EFA**)という.単純に因子分析という語を用いる場合には,この EFA を指していることも多い.一方,**検証的因子分析**(確認的因子分析,確証的因子分析,制約的因子分析,confirmatory factor analysis: **CFA**)とは,いくつかの因子間相関を 0(または定数)と置いたり,特定の因子負荷を同じ値(等値)とする制約を置いたり

したうえで，共通因子を仮定したモデルの当てはまりの良さを検証する分析手法を指す[4]．検証的因子分析は，**構造方程式モデリング**（structural equation modeling: **SEM**）の枠組みによって表現される．ある理論的枠組みの中で妥当とみなされる構成概念を**共通因子**（common factor; 一般因子，general factor）としてモデルに組み込み，EFA より積極的にモデルから因果関係を推測しようとするものが CFA である．CFA を用いる場合には，仮説を反映したモデルが既に構築され，これを検証する段階にあるため，因子数は既に決められた数であり，EFA のような回転をする必要もない．すなわち，因子に関する仮説を検証するものが CFA で，構築（探索）するものが EFA と位置づけられる[1]．

　因子分析と類似した分析手法に主成分分析がある．この手法は抽出された主成分が変数の線形結合で表される顕在変数であることに対し，因子分析では各因子が潜在的な構成概念を表すため，構成概念に関する仮説を検証したい場合には，CFA を用いた方がより適切とされている[6]．

2.　検証的因子分析の実践

　CFA は，研究仮説を反映した構成概念がある程度見いだされてきた場合に，その構成概念を共通因子として表現したモデルを作成し，モデルのデータへの当てはまりの良さを確認する際に用いられる．**図1**は，研究仮説として，X_1 〜X_6 の 6 つの変数の背後に f_1，f_2 の 2 つの構成概念を仮定した CFA のモ

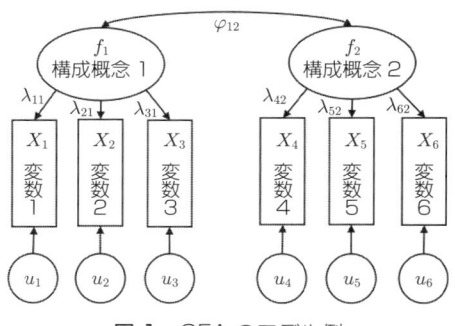

図 1　CFA のモデル例

デル例である．$\lambda_{11} \sim \lambda_{62}$ は因子から変数への影響力を表す**因子負荷量**（factor loading）を，φ_{12} は構成概念の間の共分散を，$u_1 \sim u_6$ は共通因子で説明できない**独自因子**（unique factor; 特殊因子，specific factor）を表しており，誤差と分離できないために，通例，併せて誤差としてみなされる．SEM ではこのように，モデルの図による表現がなされる場合がある．ここでは図の描き方として，データとして直接得られていない潜在変数である構成概念と独自因子は円形（因子や構成概念は楕円，独自因子は正円），データとして得られている顕在変数である $X_1 \sim X_6$ は矩形で表現した．

　図による表現の他にも，数式による CFA の表現がある．以下の式は**図 1** を数式で表したものである．独自因子を含む誤差を，誤差項として積極的に示すために，$u_1 \sim u_6$ は，$e_1 \sim e_6$ と表されることも多い．

$$X_1 = \lambda_{11} f_1 + u_1, \qquad X_2 = \lambda_{21} f_1 + u_2, \qquad X_3 = \lambda_{31} f_1 + u_3$$

$$X_4 = \lambda_{42} f_2 + u_4, \qquad X_5 = \lambda_{52} f_2 + u_5, \qquad X_6 = \lambda_{62} f_2 + u_6$$

$$\mathrm{Cov}(f_1, f_2) = \varphi_{12}$$

また，実際にデータにこのようなモデルを仮定して因子負荷量や因子間の共分散（この値を標準化して因子間相関を計算する）の推定値を得るためには，いくつかの制約が必要となる．潜在変数は実際に観測されていない変数であるために，平均や分散に解の不定性が生じることへの対処が必要となるためである．$u_1 \sim u_6$ の平均は 0，分散は $\delta_1 \sim \delta_6$ とし，独自因子間の共分散は 0（$\mathrm{Cov}(u_i, u_j) = 0\,(i \neq j)$），潜在変数と独自因子の共分散も 0（$\mathrm{Cov}(f_i, u_j) = 0$），$f_1, f_2$ のどちらかの平均を 0 と置く制約，そして因子負荷量 $\lambda_{11} \sim \lambda_{62}$ のうちのいずれかの値を 1 と制約する．最後の因子負荷量に関する制約は，f_1, f_2 のどちらかの分散を 1 と置く制約に置き換えることもできる．どちらの制約も本質的な結果に差異はないものの，例えば λ_{11} を 1 と制約した場合と，f_1 の分散を 1 と制約した場合では因果の仮説や意図が異なる点に注意が必要である[3]．前者では因子負荷 λ_{11} が 1 であるため，X_1 は直接的に f_1 の影響を受け，そこに独自因子 u_1 が加わったものと解釈し，後者では因子から直接的に影響を受けたとみなせる変数，すなわち，因子を直接的に反映する変数はないと仮定したことを意味している．

3. 適合の確認

SEM の枠組みで表現される CFA では，モデルのデータへの当てはまりの良さを確認するために，いくつかの**適合度指標**（goodness-of-fit index）を複合的に利用する．適合度指標には様々なものが提案されている．主なものとしては，カイ 2 乗（χ^2）値や RMSEA（root mean square error of approximation），CFI（comparative fit index）といったものが挙げられる．χ^2 値による適合度の判定では，p 値が 0.05 より小さい場合を，「モデルはデータと適合していない」と判断するが，サンプルサイズが大きくなることが多い SEM では，このような結果が得られる場合が多いため，χ^2 値のみで適合を判断することはほとんどない．RMSEA は小さな値であるほど（0.05 より小さい場合を「適合が良い」とする場合が多い），CFA は 1 に近い値であるほど（0.9 以上を「適合が良い」とする場合が多い）モデルのデータへの当てはまりが良いと判断する指標であり，このような様々な指標から総合して適合を判断する[5]．

適合度指標は，研究仮説に対して CFA モデルを仮定したことへの妥当性の一部を示すものであり，そのすべてを示すものではないことに注意すべきである．SEM の枠組みから CFA においてモデルとデータが適合したからといって，その事実が分析者の設定した構成概念を想定すること自体が妥当であることを示すわけではない[2]．CFA とは，モデルとデータの適合の度合いを検証することにより，その仮説の妥当性を一定量示すものの，構成概念が固まってきた段階で，その仮説をモデルとしてデータと適合させ，あくまでそこに大きな差異がないかを確認するための手法であると認識し，仮説や構成概念自体の妥当性を調べるためには，より広い資料による考察を以て行うことも重要である．

[大橋洸太郎]

【参考文献（さらに学びたい人のために）】

[1] 狩野裕，三浦麻子（1997）．「AMOS・EQS・CALIS によるグラフィカル多変量解析」『目で見る共分散構造分析』現代数学社，79.

[2] 小杉考司，清水裕士（2014）．『M-plus と R による構造方程式モデリング入門』北大路

量的分析法

書房，78.

[3]　棟近雅彦，山口和範，廣野元久（2011）．『SEM 因果分析入門（JUSE-StatWorks オフィシャルテキスト）』日科技連，72.

[4]　芝祐順，渡部洋，石塚智一（1984）．『統計用語辞典』新曜社，28.

[5]　豊田秀樹（1998）．『共分散構造分析［入門編］』朝倉書店，177.

[6]　柳井晴夫，繁桝算男，前川眞一，市川雅教（1990）．『因子分析——その理論と方法』朝倉書店，212–213.

B2-8
分類と次元縮約のためのクラスター分析・多次元尺度法
cluster analysis and multi-dimensional scaling

1.　高度情報化に伴う多様化するデータに潜む構造を発見

　現在，文化活動に対するデータにおいても，多様かつ大規模な情報が含まれ，情報を分析する際には複雑に入り込んでいる集団を分ける必要があり，データの構造を発見することが量的分析として重要である．性別や年齢のような明確な区分ができる場合（この場合は分類といわず，判別というときがある）は，その分類（判別）基準をもって，データ構造による仕分けができる．この基準による仕分けられた集団のデータを対象に分析ができ，例えば性別の比較や世代ごとの傾向を把握することができる．

　このように明確な分類基準がある場合は，それに従い分類ができるが，必ずしも分類基準が顕在しているとは限らず，またデータに含まれる観測対象がもつ特徴情報を用いて，潜在的な分類基準を作り，さらなる分析を目指すこともある．このようなときに使われる分類手法の1つとして，**クラスター分析**（cluster analysis）がある．

2.　潜在的なデータの構造を見つけるクラスター分析

　クラスター分析は性別や年齢のように明確な分類基準がない場合に，データ

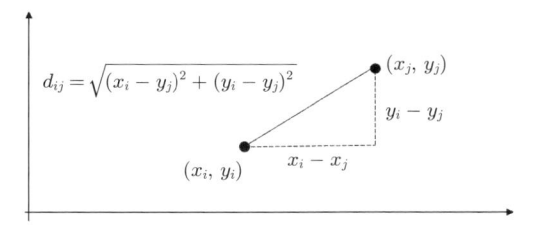

図1　対象間の近さ（ユークリッド距離）

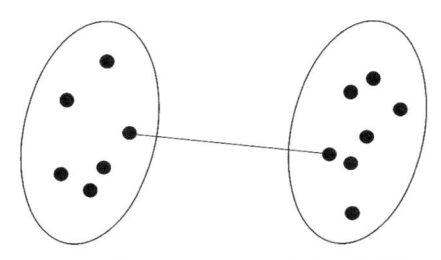

図2　グループ間の近さ（最短距離法）

量的分析法

に含まれる潜在的な分類基準を見つける量的手法である．クラスター分析では，各対象間の近さ（類似性または距離）を測り，その情報を元に，似ている（近い）対象を同じグループ（**クラスター**（cluster）と呼ぶ）に，似ていない（遠い）対象を異なるグループに分類する．対象間の近さは**図1**のように2点間の距離として定義されるユークリッド距離などがあげられる．ユークリッド距離のほかにも平方ユークリッド距離やマンハッタン（市街地）距離，一致係数など，分析の目的やデータの種類によって複数提案されている．これらの距離等を使い各対象間の近さを測り，最も近い2つの対象を1つのグループとする．次の段階として，グループ同士の近さの測り方が必要となるが，対象間の近さと同様に，複数定義されている．例えば，それぞれのグループに属している対象間の近さの最小値をそのグループ間の近さとする最短距離法（**図2**），対象間の近さの算術平均を近さとする群平均法などがある．つまりクラスター分析では対象間の近さとグループ間の近さをそれぞれ選び，最も近い対象またはグループの組を見つけ，すべての対象が個々に分かれている状態から1つのすべての対象を含むグループになるまで結合を続ける．このような結合を続け

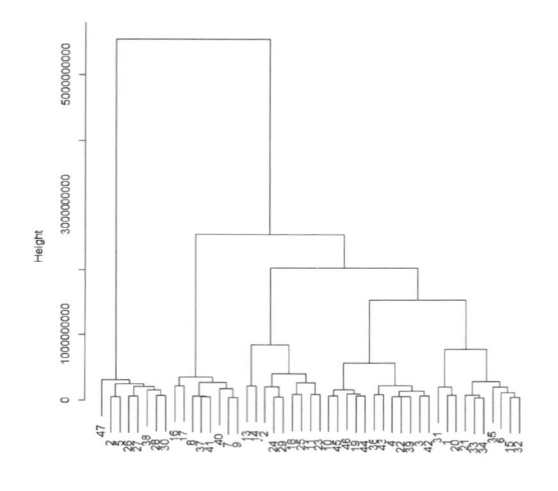

図3　樹形図（デンドログラム）

ると**図3**のような**樹形図**（デンドログラム，dendrogram）と呼ばれる分類結果を表すことができる．このような計算方法で結合を進める方法を特に**階層的クラスター分析**（hierarchical cluster analysis）と呼ぶ．

　階層的クラスター分析方法では対象の個数が大きくなった場合には計算量が膨大になり，計算が困難になる場合がある．このような場合には，まずグループ数（**クラスター数**（number of cluster）と呼ぶ）を決め，何らかの方法（得られた対象を乱数で選択，など）でクラスター数のグループの中心となる位置（**種子点**（seed）と呼ぶ）を決め，それぞれの対象と各種子点までの近さを測り，最も近い種子点があるグループにその対象を割り当て（**図4**），その後，再度グループの中心点を求め，これを新しい種子点として，同様に再割り当てをしていく分類方法もある．この分類手法を**非階層的クラスター分析法**（non-hierarchical cluster analysis）と呼び，その中でも代表的な手法で，上記のような方法で分類するものを **k-means 法**（k 平均法）と呼ぶ．非階層的クラスター分析の場合，階層的クラスター分析のように結合過程は見られず，樹形図が描けないため，属するクラスター情報のみを得ることになる．

　なおクラスター分析で各対象をいずれかのグループに割り当てられたら，そ

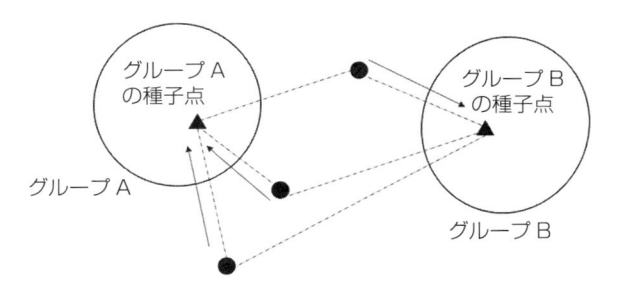

図4　非階層的クラスター分析手法の考え方

れぞれのグループに属する対象の特性（例えば平均値や分布の特徴など）を考え，それぞれのグループ分けの解釈を行うことがある．また得られた所属クラスターの変数を従属変数として，分類に用いた変数を説明変数とする回帰分析等を行い，各変数の分類に対する影響度を検証することもある．

3.　対象間の近さを用いてデータの構造の視覚化を行う 多次元尺度法

　クラスター分析を用いた場合，所属グループがわかるが，どのように分類されているか，データの構造の視覚化を期待されることがある．2変量データであれば2変量の層別の散布図を用いて表現すれば識別できるが，多変量データになれば視覚的に表現することは難しく，分類によるデータの構造を把握することは容易とはいい難い．このような場合，主成分分析や因子分析のような次元縮尺を行える手法を用いて，データの視覚化を行い，分類結果を検証することは可能である．ここではその中でもクラスター分析で用いた対象間の近さの情報を用いて，散布図のように対象を付置する方法である**多次元尺度法**（multi-dimensional scaling）を紹介する．多次元尺度法では，対象間の近さのデータを用いて，観測された対象間の非類似性と付置される対象の座標から計算された距離がなるべく一致するように座標を決めていく方法である．大きく比尺度と間隔尺度のデータを対象とする計量多次元尺度法と順序尺度のデータを対象とする非計量多次元尺度法がある．多次元尺度法では対象間の距離を用いて分析し，**図5**のような散布図を得る．**図5**は，九州の各県の家計に

B2　量的分析法

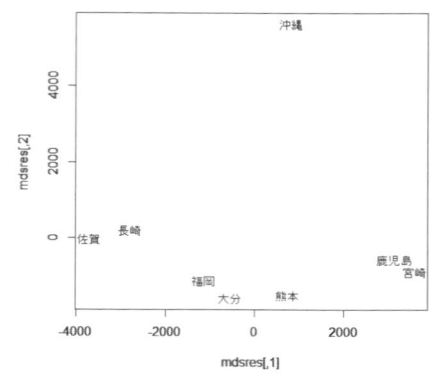

図5　多次元尺度法により得られた付置情報

関するデータを用いた多次元尺度法の結果であり，沖縄が九州の他県と比べて
大きく離れていることから，データの値も大きく異なっていることが図を見る
ことから知り得る．また今回の結果では地理的に近い県が，データの値も近か
ったことがわかった．

[竹内光悦]

【参考文献（さらに学びたい人のために）】
[1]　林知己夫（1984）．『多次元尺度解析法の実際』サイエンス社．
[2]　西田英郎（1988）．『クラスター分析とその応用』内田老鶴圃．
[3]　岡太彬訓，今泉忠（1994）．『パソコン多次元尺度構成法』共立出版．
[4]　高根芳雄（1980）．『多次元尺度法』東京大学出版会．
[5]　田中豊，脇本和昌（1983）．『多変量統計解析法』現代数学社．

B2-9
テキストマイニングと可視化
text mining and visualization

　テキストマイニング（text mining）とは大量のテキスト（文書群）から一
目では読み取れないような内容（仮説や情報）を抽出・発掘（mining）する
分析手法で，文字列を対象としたデータマイニングの一種である．一般的に
は，人手では扱えない多量のテキストを対象とし，自然言語解析の手法を用い

670

て，語の出現頻度や共起，各種の統計量の計算をコンピューターを用いて行うことで，有用な情報を抽出する分析手法をいう．

　類似した分析手法に「計量テキスト解析」がある．これはコンピューターが用いられる前から行われていた文書の量的な分析方法であり，テキストマイニングと明確な違いがあるわけではない．歴史的経緯から，人手による集計が想定される場合もあるが，人によってはテキストマイニングを「計量テキスト解析」と呼んでいる場合もある．

　電子化されたテキストが日々生成され蓄積されている現在，それらの大規模な分析によって，より有用な情報を得ることが求められている．しかし，人が目を通すことが可能な文書数には限界がある．電子化されたテキストをコンピューターを用いて分析することにより人手による分析の手間を軽減し，人間の持つ分析力・判断力をより本質的な部分に集中させることが，テキストマイニングによって可能となる．

　テキストマイニングの目的は大きく 2 つに分類することができる．1 つめは，分析者自身が仮説を持っており，その仮説を検証するためのデータを抽出することである．この場合，得られたデータを参考にして，より適切になるように仮説を修正することができる．もう 1 つは，分析対象のデータから読み取りにくい傾向を引き出し，新たな仮説を構築することである．この場合も構築した仮説を検証するためのデータを再び抽出することが可能だ．

　テキストマイニングと可視化は密接な関係にある．テキストマイニングでは，データから得られた統計的な特徴や傾向が，基本的には何らかの数値による情報量によって得られる．単語の特徴量や，文書や単語間の距離（関係の強さ）などがそれに該当する．しかしながら，人間はそれらの数値を眺めて理解するのは不得手である．人間が解釈しやすいように，それらを 2 次元上にマッピングするのが可視化の技術である．

　各種テキストマイニング，および可視化の方法に関しては数多くの解説書がある．しかし，可視化の観点からそれらを解説したものは少ないので，本項目では，それらの解説を試みる．書籍によっては，統計的な値の可視化と，テキストマイニングによる可視化を区別して記載しているものもある．しかしながら，テキストマイニングの結果も多くの場合は何らかの統計量であるので，そこに明確な区別を持つ必要はない．本項目では，それらの両方を説明した．

量的分析法

671

　以下では理解を容易にするために，素性（分析の単位）を単語と仮定して話を進める．単語以外を素性とした分析をする場合においても，そのまま対象の素性に読み替えればよい．

　代表的な可視化の種類として，次の5種類を挙げている．

1) 基本的グラフ

2) ワードクラウド

3) 散布図

4) ネットワーク

5) 樹形図（デンドログラム）

　これらのテキストマイニングおよび可視化の手法は，どれが優れているというわけではなく，分析者が仮説や分析の目的に応じて選択する必要がある．

1.　基本的グラフ

　ここでは，統計処理の分野で用いられる基本的なグラフを解説する．棒グラフ，累積度数図，ヒストグラム，積み上げグラフ，円グラフ，折れ線グラフ等が挙げられる．例として，KH Coder[1]によって出力した国会議員のツイッター発言[3]の単語頻度の棒グラフを図1に示す．

　何らかの観点で文書群中から抽出した単語が，どんな頻度や分布・情報量を持っているのかを，基礎的な統計処理を用いて分析し，各種グラフを使用して可視化することができる．テキストマイニングの黎明期にはこれらもテキストマイニングの一手法として扱われていたが，単純な統計処理の可視化であることから，近年では後述する，より複雑な手法が主なテキストマイニング手法として扱われている．

　しかしながら，文書の持つ情報を客観的に可視化している意味では，テキストマイニングの道具としての違いはなく，必要に応じて用いるべきである．

2.　ワードクラウド

　ある文書集合において，どの単語の頻度が高いかを俯瞰するのに有用なテキストマイニング・可視化手法のひとつとして近年多用されている．基本的には

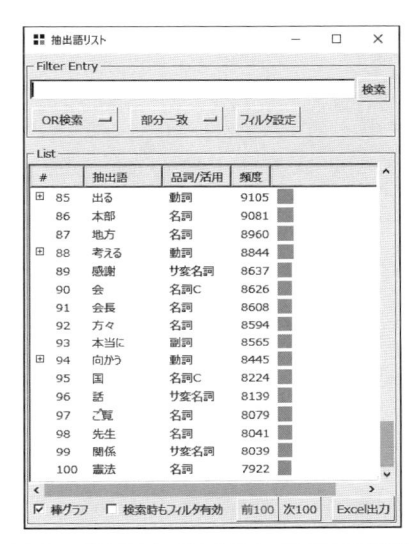

図1　単語頻度（基本的なグラフの実例）

文字のサイズで単語の頻度を表し，それによりひと目で文書の内容の傾向を把握できる．また，文字の色や向きを変えることで，印象的な表現が可能となっている．反面，文字のサイズを正確に認識することが難しく，また文字の色や向きに特別な情報はないため，棒グラフなどによる基本的な可視化に情報量で勝るものではない．正確性に欠けるため，学術分野での使用には特に注意する必要がある．

3.　散布図

散布図とは，2個の値を持った要素を2次元の平面上に配置する可視化方法である（正確には多次元での可視化も可能だが，人間には読み取り難いので，3次元以上はあまり用いられない）．文書間の単純な単語頻度などの比較にも用いることができる．例えば，2つの新聞の紙面に出てくる単語を集計して散布図で可視化することで，それぞれの新聞の単語の使い方の傾向を見ることができる．

テキストマイニングの結果の可視化は，主に次の2つの分析の可視化によく

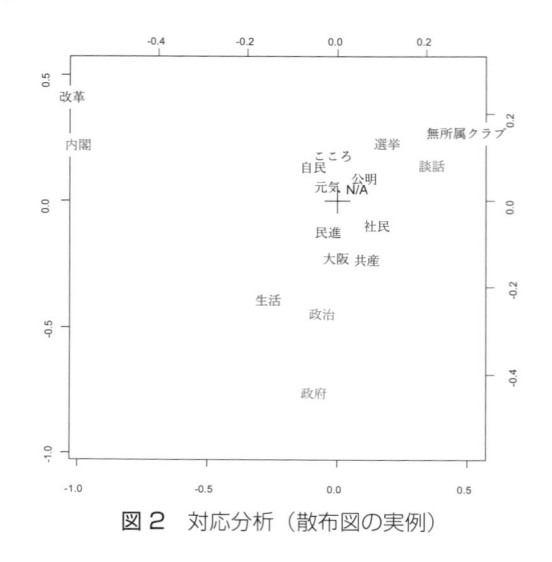

図 2　対応分析（散布図の実例）

用いられる.

　1）対応分析（数量化 III 類，コレスポンデンス分析）

　2）多次元尺度構成法（multi-dimensional scaling: MDS）

図 2 は，国会議員のツイッターによる発言[3]を用いて政党と発言傾向を，R[2]によって可視化した対応分析の例である.

　散布図のバリエーションのひとつとして，**バブルチャート**（**図 3**）がある. 散布図に配置される点にその要素の値に応じた面積を持たせることで，単純な散布図よりも多くの情報を示すことが可能である. しかし，ひと目で多くの情報を認識できる反面，正確さに欠けるため，注意が必要である.

　自己組織化マップ（self-organizing map: SOM）も，多次元データを 2 次元データに変換する方法で，散布図で表現される. 他の散布図とは見た目がかなり異なる.

4.　共起ネットワーク

　単語間の関係は，**無向グラフ**（ここでいうグラフとはノードがエッジによって接続されたデータ構造）によって可視化することが可能である. 特に単語の

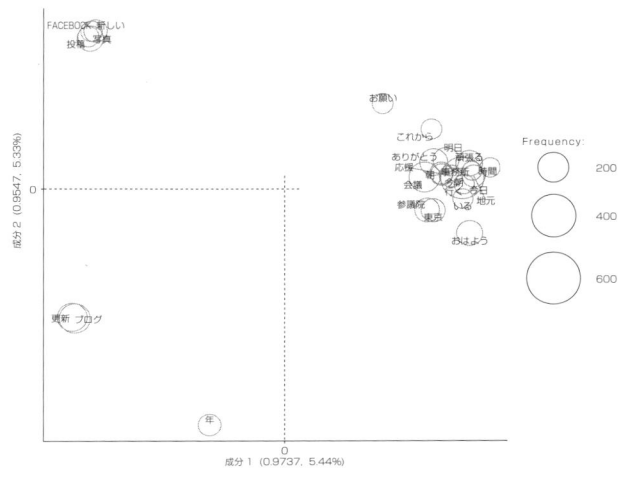

図3　バブルチャート

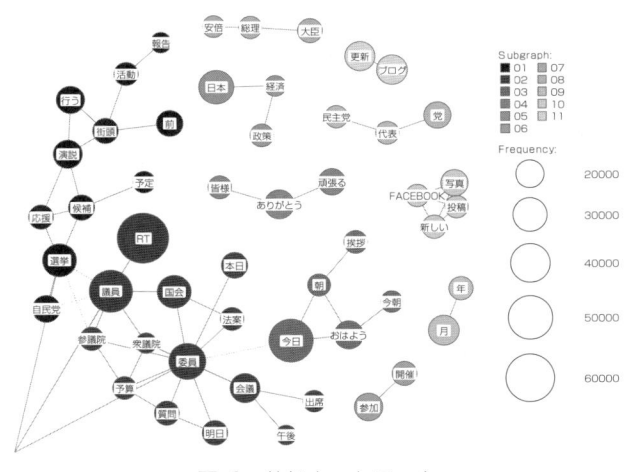

図4　共起ネットワーク

共起関係を無向グラフによって可視化したものを**共起ネットワーク**と呼び，単語同士の関係を直接把握することができる．**図4**は，国会議員のツイッター発言[3]において共起する語を，KH Coder により可視化したものである．

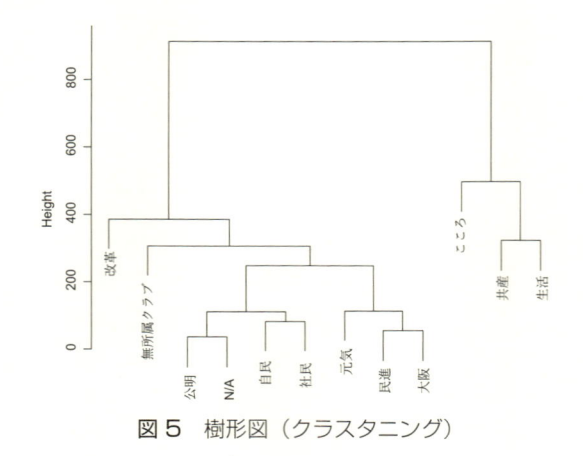

図5　樹形図（クラスタニング）

5.　樹形図（デンドログラム）

　大量の文書をグループに分けることで文書の関係を把握する，文書分類（クラスタリング）がテキストマイニングの一手法として行われる．複数のクラスターが組み合わさって新たなクラスターを形成する階層型クラスター分析では，クラスター間の関係を可視化する方法として，**樹形図**が用いられる．分析者は，途中の階層に現れるクラスターを含めた分析が可能である．**図 5** は，政党を所属議員のツイッター発言[3]でクラスタリングした結果を示している．

［中藤哲也］

【参考文献（さらに学びたい人のために）】
[1]　樋口耕一（2014）．『社会調査のための計量テキスト分析——内容分析の継承と発展を目指して』ナカニシヤ出版.
[2]　小林雄一郎（2017）．『R によるやさしいテキストマイニング』オーム社.
[3]　Oga, T., Nakatoh, T. and Uchida, S.（2016）．Redefining political discourses and reconstructing social bonds: How Japanese Diet Members use Twitter as a complement to their political activities, *Biopolitics 2.0: Digital Subjects in MANCEPT Workshops Manchester Centre for Political Theory, September 7-9.*

B2-10
潜在トピック分析
latent topic analysis

1.　文書の自動分類

　図書館や書店などでは，書籍は分野によって分類されて書架に並べられている．日本の図書館では，「日本十進分類法」と呼ばれる図書分類の標準体系がある．このような書籍の分類は，人の目で内容が吟味されて適切な分類が定められている．一方，現代のビッグデータ社会においては形式を問わず多種多様な文章がWebやデータベースに溢れており，膨大な文書データに対して人手を介さず機械的に処理して適切に分類する技術が必要とされる．

　本項目では，多数の文書の集まりから，共通する幾つかの潜在的な“トピック”を抽出する**トピックモデル**（topic model）と呼ばれる文書分類手法を紹介する．ここでいう**トピック**（topic）とは，文書が話題としている分野やジャンルとして解釈されるものであり，具体的には単語の出現確率として表現されるものである．それぞれの文書は幾つかのトピックが混合されてできたものと考えて，文書ごとのトピックの出現確率を推定することで，主要なトピックへと文書を分類することができる．

2.　文書の bag of words 表現と従来の文書分類手法

　文書分類は，文脈まで理解せずとも，文書内に出現する単語のみからでもおおよその分野を推測することができる．そこで，通常の文書分類では，**表1**のように1つひとつの文書を単語の出現頻度行列（度数分布表）へと変換する前処理を経てから解析が行われ，これを文書の**bag of words 表現**という．単語の種類は膨大であることから，一般に bag of words 表現による単語の出現頻度はほとんどが0を取り，非零の要素がまばらに存在する疎な行列となる．

　従来的な文書分類手法としては，前項目までに扱ったクラスター分析や主成分分析が挙げられる．**クラスター分析**（cluster analysis）は，文書間の類似

表 1 文書の bag of words 表現（単語の度数分布表）

	大学	会社	研究	⋯
文書 1	4	0	3	⋯
文書 2	0	5	2	⋯
文書 3	2	2	3	⋯
⋮	⋮	⋮	⋮	⋮

度に基づいてデンドログラムを作成するなどの方法により分類する手法である．類似した文書同士を適切にバンドリングできる反面，例えば「スポーツ」と「医学」のように複数の分類を割り当てることはできない．また，**主成分分析**（principal component analysis）は，bag of words 表現された行列に特異値分解を施すことにより，関連性の高い単語同士で近い成分をもつ主成分ベクトルを抽出する手法であり，**潜在意味解析**（latent semantic analysis）[2] とも呼ばれる．各主成分が分野として解釈され，主成分スコアにより文書ごとに分野構成を定量的に把握できる利点をもつが，元の単語出現頻度の行列が非負整数からなるのに対し，主成分ベクトルは負の成分ももつなどの課題も残る．

3. トピックモデル

トピックモデルとは，文書内の単語が確率的に選ばれる過程を記述した確率モデルである．トピックとは前述した通り，文書間で共通する話題を，単語の出現確率として表したものである．代表的な latent Dirichlet allocation（**LDA**）[1] と呼ばれるトピックモデルでは，指定した数のトピックを抽出すると同時に，文書ごとにトピックの出現確率が推定される．文書ごとの 1 つひとつの単語は**図 1** のように，まず文書内のトピックの出現確率に基づいてランダムにトピックが選択され，続いてそのトピック内の単語の出現確率に基づいてランダムに単語が選ばれる仕組みとしてモデル化されている．トピック間で単語は共有されているものの，単語ごとの出現確率の違いによってトピックの特徴が現れることとなる．**図 1** の下段では，トピック 1 に映画関連，トピック 2 に歌関連，トピック 3 に管弦楽関連の単語が，その一部を共有しながら抽出され，各トピック内の単語出現確率が数値として与えられた様子を表している．

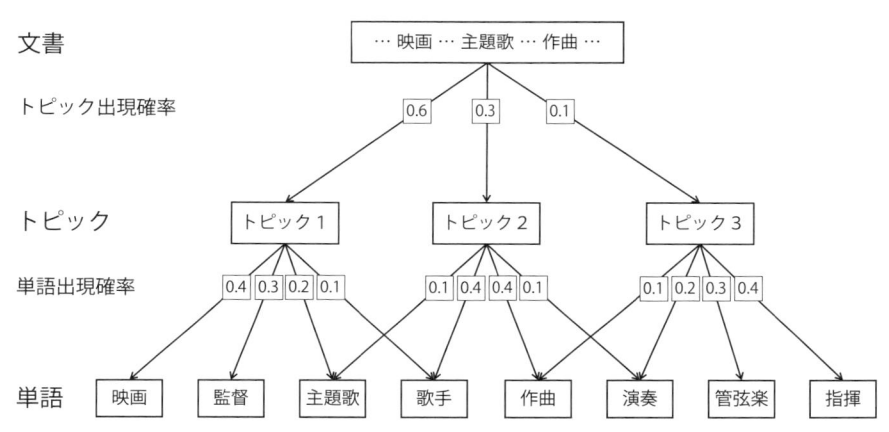

図1　潜在トピック分析の確率モデル（latent Dirichlet allocation）
矢印上の数値はトピックおよび単語の出現確率を表す.

量的分析法

　さらに，**図1**の上段のように，文書ごとにその単語構成に応じてトピックの出現確率が推定されることとなる．このような二段構造の確率モデルを当てはめることで，中間層のトピックに文書間で共通する話題を集約し，各文書におけるトピックの構成割合から適切に文書を分類することが可能となる．

　LDAは，トピックや単語の出現確率自体もある確率分布からランダムに生成される確率変数であることを仮定している．LDAの推定には，マルコフ連鎖モンテカルロ法と呼ばれるランダムサンプリング法などが有効である．LDAとその推定手法の詳細は文献[3]などを参照されたい．

4.　解析例

　トピックモデルの解析例として，日本語版Wikipediaから抽出した1,000文書に対するLDAによる解析結果の一部を**表2**に示す．ただし，分類上重要性の低い名詞以外の形態素は省き，頻出名詞のみからなるbag of words表現に対してLDAを適用した．LDAではあらかじめトピック数を指定する必要があり，ここではトピック数を10として解析した．

　解析の結果抽出されたトピックのそれぞれについて，出現確率の最も高い主要単語を**表2**に並べた．ただし，個人名や会社名などの一部の名詞は省略し

表2　トピックモデルにより抽出された 10 トピックの主要単語

トピック					
1	俳優	時間	東京	女優	歌手
2	月号	監督	脚本	演出	作詞
3	アメリカ	丁目	年頃	日本	紀元前
4	作曲	作詞	編曲	CD	LIVE
5	シリーズ	vol	ナレーション	ドラマ	エピソード
6	image	technology	systems	information	windows
7	km	大正	系統	廃止	快速
8	建築	国鉄	電車	欠番	初代
9	万円	土曜	金曜	日曜	現在
10	億円	一方	大正	当時	午前

た．トピック 1, 2, 4, 5 はいずれも芸能関連のトピックであると推察されるが，劇，音楽，ドラマなどのジャンルの違いが現れている．また，トピック 6 はシステム関連，トピック 7, 8 は鉄道関連の話題を含んだトピックとなっていることがわかる．トピック 2, 4 の「作詞」，トピック 7, 10 の「大正」のように，主要単語を共有するトピックも存在する点が，互いに直交する主成分ベクトルへと分解する主成分分析とは異なる特徴といえる．

[野村俊一]

【参考文献（さらに学びたい人のために）】

[1]　Blei, M. D., Ng, Y. A. and Jordan, I. M.（2003）．Latent Dirichlet Allocation, *Journal of Machine Learning Research*, **3**, 993-1022.
[2]　Deerwester, S., Dumais, S. T., Fumas, G. W., Landauer, T. K. and Harshman, R.（1990）．Indexing by Latent Semantic Analysis, *Journal of the American Society for Information Science*, **41**, 391-407.
[3]　岩田具治（2015）．『トピックモデル』講談社，160.
[4]　佐藤一誠著，奥村学監修（2015）．『トピックモデルによる統計的潜在意味解析』コロナ社.

B2-11
イメージマイニングと人工知能
image mining and artificial intelligence

1.　イメージマイニング

　スマートフォンのような低価格デジタルカメラの普及により，インターネット上の写真共有サービスに投稿される画像枚数は莫大になっている．**イメージマイニング**とは，そうした大量の画像から有用な知識を発見する技術である．イメージマイニングは，人間が画像へ付与したアノテーション情報（写っている物体名などのラベル）を利用する**教示マイニング**と，アノテーション情報なしに画像情報のみを使用する**非教示マイニング**に分かれる．

2.　非教示マイニング

　この手法では，与えられた画像グループ内に何度も出現するパターンを抽出してオブジェクトを自動発見する．つまり，何度も出現するパターンを偶然によらない意味のあるオブジェクトであると考える．非教示マイニングの処理の流れは次のようになる[7]．まず，画像から検出した局所情報を表す特徴点（局所特徴）を量子化し（**図1**），1枚の画像を局所特徴ラベルの集合として表現する．この表現形式は **bag of words モデル**と呼ばれる．次に，多数の画像内で空間的に近接して出現する特徴ラベルの集合を探し，発見されたものをオブジェクトとする．この手法は，オブジェクトの外見が画像ごとに激しく変化しないことを前提としており，「東京タワー」「金閣寺」などのランドマーク，企業ロゴ，特定機種の家電等を見つけるのが得意である．

　Bag-of-words モデルは，もともとは文章を単語集合として表現する自然言語処理用の技術である．そこで，文章集合からトピックを発見する技術である**潜在的意味解析**（probabilistic latent semantic analysis: pLSA, latent Dirichlet allocation: LDA）を画像処理に流用し，オブジェクト種別をトピックとして発見するアプローチも存在する．非教示マイニングは，発見可能なオ

量的分析法

図 1 画像から検出した局所特徴点

ブジェクト種類について制約がないので,何を発見したいかが定められない状況での画像解析に有効である.

3. 教示マイニング

非教示マイニングはアノテーション情報が不要であるが,正確さには限界がある.これと対照的に,アノテーション情報が付いた大規模画像データベースを機械学習して高精度なオブジェクト認識器を構築し,画像内に存在するオブジェクトを発見する教示マイニングが注目されている.

3.1 イメージネット（ImageNet）

ImageNet[3]は 2009 年に作成された大規模なアノテーション情報付き画像データベースである.1400 万枚のタグ付き画像で構成され,タグは約 22000 種類の名詞（概念）をカバーする.画像へのタグ付けは,Amazon Mechanical Turk というクラウドソーシングサービスによって人手でなされており,正確である.ImageNet を用いて ILSVRC という画像認識コンテストが毎年開催されており,画像認識技術の発展に貢献している.

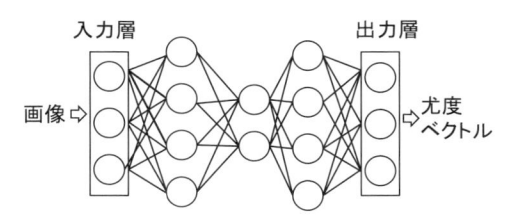

入力層　　　　　　　　　出力層

画像⇨　　　　　　　　　　　⇨尤度
　　　　　　　　　　　　　　　ベクトル

図2　多層ニューラルネットワーク

3.2　深層学習

　2012 年の ILSVRC コンテストで，指定された 1000 種類のオブジェクトを画像から認識する課題において，ニューラルネットワークを多層結合したAlexnet が 15% の誤認識率を達成して圧勝し注目を集めた．ちなみに第2位の手法の誤認識率は 26% であった．以降，画像認識分野では多層ニューラルネットワーク（**図2**）が広く使われており，**ディープ畳み込みニューラルネットワーク**（deep convolutional neural network: DCNN）と呼ばれる．また，DCNN を使った機械学習を**深層学習**（deep learning）という．

　深層学習は計算量が大きく，学習に長い時間がかかる．しかし，学習済みモデルも公開されており，一般ユーザーでも高い認識精度を享受できる．有名な学習済みモデルとしてはオックスフォード大学による VGG16[5] がある．これは 16 層からなる DCNN で 2014 年の ILSVRC コンテストで1位を獲得しており，8% 未満の誤認識率を誇る．VGG16 は固定サイズの画像を入力とし，1000 次元のベクトルを出力する．出力ベクトルの第 i 次元の値は，i 種類目のオブジェクトが存在する確率（尤もらしさ，**尤度**）であり，入力画像は尤度が高いオブジェクトを含むと判定される．この仕組みから，VGG16 は指定された 1000 種類以外のオブジェクトは発見できない．このように DCNN は指定されたオブジェクト集合を認識する技術である．

4.　ソーシャル・ネットワーキング・サービス（SNS）と連携したイメージマイニング

　最後に SNS を利用したイメージマイニングの事例を2つ紹介する．

　教示マイニングでは，認識したいオブジェクトに対して学習用画像を用意

する必要がある．ImageNet では学習用画像をクラウドソーシングで収集したが，クラウドソーシングはコストがかかり，簡単にやれる手段ではない．そこで，Flickr などのソーシャルネットワークに投稿されたタグ付き画像から，学習用画像を生成するアプローチが試みられている．基本的には，認識対象のオブジェクト名をキーワードとして画像検索すればよい．しかし，SNS のタグは信頼性が低いため，検索結果には無関係なノイズ画像が含まれる．高いオブジェクト認識精度を達成するには，検索結果からノイズ画像を消去することが望ましいが，これは**リランキング**（reranking）により外れ画像を検出することで実現される．リランキングとは，検索結果に含まれる画像を，代表画像からの類似性に基づいて順位づけすることであり，下位画像が外れ画像となる．

　また，Twitter では，画像にタグやツイート本文などのテキスト，投稿場所の緯度・経度，投稿時間が付随しているので，それらを利用したマイニング手法も存在する[4]．例えば，Twitter に投稿されたタグ付き画像をタグと画像の類似性に基づきクラスタリングして，多数の人が注目した事象（とくにランドマークあるいはイベント）に対応する画像クラスターを発見した事例がある．この際，タグ情報は事象の内容を示すキーワードとして利用できる．この事例では，クラスター内画像の投稿時期から，事象がイベントか，あるいはランドマークかも判定した．投稿時期が特定の日時に集中する場合は，祭りなどのイベントであり，そうでない場合はいつでも撮影可能なランドマークである可能性が高い．

　本項目では，イメージマイニングの最近の動向を，学習画像を必要とする手法か否かで分けて紹介した．今後の技術課題としては，まず，教示マイニングにおける学習時間の短縮が挙げられる．非教示マイニングについてはどうしても認識精度が低いので，後処理により実応用に耐えられるだけの精度向上ができるかが重要になると考えられる．

［古賀久志］

【参考文献（さらに学びたい人のために）】

[1]　ディジタル画像処理編集委員会編（2015）．『ディジタル画像処理 改訂新版』画像情報教育振興協会．

[2]　原田達也（2017）．『画像認識（機械学習プロフェッショナルシリーズ）』講談社サイエ

ンティフィク.

[3]　ImageNet（http://www.image-net.org）（最終アクセス：2019 年 11 月 26 日）

[4]　Papadopoulos, S., Zigkolis, C., Kompatsiaris, Y. and Vakali, A.（2011）. Cluster-based landmark and event detection for tagged photo collections, *IEEE MultiMedia*, **18**（1）. 52-63.

[5]　Simonyan, K. and Zisserman, A.（2015）. Very deep convolutional networks for large-scale image recognition, *Proc. ICLR2015*.

[6]　八木康史, 斎藤英雄編（2010）.『コンピュータビジョン最先端ガイド 3（CVIM チュートリアルシリーズ）』アドコム・メディア.

[7]　Zhang, W., Li, H., Ngo, C. W. and Chang, S. F.（2014）. Scalable visual instance mining with threads of features, *Proc. ACM Multimedia*, 297-306.

B2-12
空間統計学
spatial statistics

量的分析法

1.　定義・歴史

空間統計学とは，様々な地点あるいは地域において実験や観測によって採取されるデータに対して，その空間的相互作用を明確に考慮した統計モデルを構築し，このモデルに基づいてデータに内在する空間的変動メカニズムを明らかにする統計解析を意味する．さらに時間的な変動のダイナミズムも考慮した時空間統計学は，近年新たな発展を遂げている統計科学諸分野の中でも，最も注目を浴びているテーマのひとつである．関係する学問分野は，地球温暖化，地震や津波の発生，鳥インフルエンザなどのような感染性疾病の伝播，動植物の植生・生態の変化，欧州統合や環太平洋経済連携協定（TPP）交渉に象徴される経済活動の国際化など自然科学から人文・社会科学に至るまで広範囲に渡る[3]．

歴史的には 2 つの潮流がある．1 つは Moran[9]，Whittle[12]を先駆けとする地理的・空間的に採取されるデータに対して新たな数理統計学的モデル・解析手法を提供する統計学分野で，**地球統計学**（geostatistics）と呼ばれることもある[2][4]．一方，計量経済学の分野においては，経済外部性，空間的相互作用，空間的集積性などを数理統計学的モデル・解析手法を用いて解明する分野

685

である．**空間計量経済学**（spatial econometrics）とも呼ばれている[1][10]．

両者はほぼ独立的に発展してきたが，近年になり相互交流が盛んになっている．

2. 時空間データの数学的表現

本節では時空間データの数学的表現を与える．実数の全体を $R = (-\infty, \infty)$ とし，その d 次元ユークリッド空間は $R^d (d = 1, 2, \cdots)$ と表す．また整数の全体を $Z = \{0, \pm1, \pm2, \cdots\}$ とし，その d 次元直積集合 $Z \times \cdots \times Z = \{(z_1, z_2, \cdots, z_d) | z_i \in Z, i = 1, 2, \cdots, d\}$ は Z^d と表す．両者を統一的に表す場合には K^d とする．

次に観測地点・時点（site）を $s = (s_1, s_2, \cdots, s_d)' (\in K^d)$ とする．$'$ はベクトルの転置とする．s において観測されるデータを確率変数 $Y(s)$ によって表す．$Y(s)$ がスカラーのときは 1 変量データ，ベクトルのときは多変量データである．例えば $d = 2$ のときには，s は 2 次元ベクトルで第 1, 2 座標はそれぞれ緯度，経度を示し $Y(s)$ はその地点における地価などを考えればよい．また $d = 3$ であれば，s は 3 次元ベクトルで，第 1, 2, 3 座標はそれぞれ緯度，経度，高さを示し，$Y(s)$ はその地点における気温などとする．さらに観測時点も考慮する場合には，次元 d を 1 つ大きくし s の最後の座標が時点を表すとすればよい．先ほどの気温の例では $d = 4$ として，s の第 4 座標を時点にとればよい．時点を強調したいときには第 4 座標のみ分離して $t (\in K)$ と記し，データを $Y(s, t)$ と表す．s の動く領域を $D (\subset K^d)$ としたとき，データの全体を $\{Y(s) : s \in D\}$ と書き，**確率場**（random field）という．

3. データの種類

前節で定式化した表現に基づいて，空間データは，**地点参照データ**，**地域（格子）データ**，**点配置データ**の 3 種類に大別される．以下，順番に説明する．

(a) **地点参照データ**

D が正の体積を持つ d 次元直方体を含む R^d の部分集合であり，s が D 上を連続的に変化するとき，$\{Y(s) : s \in D\}$ を**地点参照データ**（point-referenced

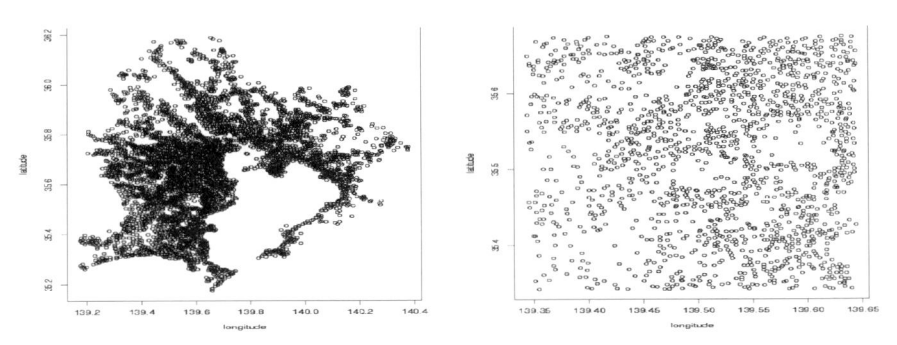

図 1　首都圏公示地価観測地点（左）とその拡大図

data）という．前節で例に挙げた気温のデータや風速，風向データなどがこの
カテゴリーに分類される．理論的には空間上を連続的に変動していくが，実際
の観測値は有限個の地点および時点で得られる．

（b）　格子データ

D はたかだか可算個の点からなる $\boldsymbol{R}^d$ の部分集合のとき，**格子データ**（lat-
tice data）あるいは**地域データ**（areal data）という．観測地点の間隔が規則
的な場合と不規則な場合がある．前者の場合は D を $\boldsymbol{Z}^d$ あるいはその部分集
合で表す．各格子に画素が与えられた画像データなどがこれに当たる．後者
の例として，**図 1** は 2001 年の首都圏における公示地価の観測地点を表してい
る．なお地域データにおいては $Y(\boldsymbol{s})$ が地点 $\boldsymbol{s}$ におけるデータを意味する場合
もあるが，ある行政地区における集計データなどでは，その地区の中心都市の
データとして割り当てることもある．その場合，$\boldsymbol{s}$ は観測地点ではなく地域を
代表する地点と解釈する方が自然である．例えば都道府県別の失業率をその都
道府県庁所在地に割り当てる場合などである．

（c）　点配置データ

観測地点 $\boldsymbol{s}$ そのものが確率変数となるデータを**点配置データ**（point pattern
data）という．例えばある事象が生起した地点のデータを解析する場合であ
る．いま地点 $\boldsymbol{s}$ で地震が起きたときには $Y(\boldsymbol{s}) = 1$，起きなかったときには
$Y(\boldsymbol{s}) = 0$ とする．このとき $\mathcal{N} = \{\boldsymbol{s} | Y(\boldsymbol{s}) = 1,\ \boldsymbol{s} \in D\}$ が地震の起きた地点の
全体になる．起きた時点まで考慮すれば $\mathcal{N} = \{(\boldsymbol{s}, t) | Y(\boldsymbol{s}, t) = 1,\ (\boldsymbol{s}, t) \in D\}$
となる．震度を $M(\boldsymbol{s})$ とすれば，$\mathcal{N}$ と $M(\boldsymbol{s})$ の関連などについて解析する．

$M(s)$ を観測地点 s におけるマーク（mark）という.

4.　時空間データに対するモデル

4.1　地点参照データに対するモデル

　地点参照データに対する代表的なモデルは定常確率場である. 定常確率場とは, その挙動を規定する確率法則が時空間軸の平行移動に関して不変な確率場である. 仮定する条件の強弱により 2 種類ある.

　いま確率場 $\{Y(s) : s \in K^d\}$ は実数値をとるとする. 任意の n, 任意の地点 $s_i(i = 1, \cdots, n)$ における $Y(s_i)(i = 1, 2, \cdots, n)$ の同時確率分布関数を

$$F_{s_1, \cdots, s_n}(x) = P(Y(s_1) \leq x_1, Y(s_2) \leq x_2, \cdots, Y(s_n) \leq x_n)$$

とおく. ここで $x = (x_1, x_2, \cdots, x_n)'$ とする.

　任意の n 個の地点 $s_i(i = 1, 2, \cdots, n)$ をすべて任意のベクトル $h(\in K^d)$ だけ平行移動させて $s_i + h$ とする. このとき

$$F_{s_1, \cdots, s_n}(x) = F_{s_1 + h, \cdots, s_n + h}(x)$$

が成立するならば, $\{Y(s) : s \in K^d\}$ を**強定常確率場**（strongly（あるいは strictly）stationary random field）という.

　強定常性はすべての同時確率分布関数が任意の時空間軸の平行移動 h に対して不変であるという強い制約である. 不変性を 2 次までのモーメント, 期待値, 共分散のみに弱めた確率場が弱定常確率場である.

　確率場 $\{Y(s) : s \in K^d\}$ が次の 3 条件をみたすとする.

　(1)任意の s に対して $E(Y(s)^2) < \infty$ とする.

　(2)期待値は s に依存せず一定の値 $E(Y(s)) = \mu$ をとる.

　(3)共分散はベクトル差 $t - s$ のみに依存し, $C(t - s) = E[(Y(s) - \mu)(Y(t) - \mu)]$ $(t, s \in K^d)$ となる.

　このとき $\{Y(s) : s \in K^d\}$ を**弱定常確率場**（weakly stationary random field）という. $t - s = h$ とおき, $\{C(h) : h \in K^d\}$ を**自己共分散関数**（autocovariance function）とよぶ. ここで 0 を d 次元ゼロベクトルとすれば, $C(0) = \mathrm{Var}(Y(s))$ である.

時空間データの解析は，主に自己共分散関数に対するモデルを構築することにより行う．従来頻繁に応用されてきたモデルは，**等方型モデル**（isotropic model）と**分離型モデル**（separable model）である．弱定常確率場 $\{Y(\boldsymbol{s})\}$ の自己共分散関数 $C(\boldsymbol{h})$ が，$\boldsymbol{h} = (h_1, h_2, \cdots, h_d)'$ のノルム $\|\boldsymbol{h}\| = \left(= \sqrt{\sum_{i=1}^{d} h_i^2}\right)$ のみに依存し，その方向には依存しないとき，$\{Y(\boldsymbol{s})\}$ は等方型モデルにしたがうという．一方，$\boldsymbol{h}$ の成分を 2 つのグループに分け $\boldsymbol{h} = (\boldsymbol{h}_1', \boldsymbol{h}_2')'$ とおく．ここで $\boldsymbol{h}_1 = (h_1, \cdots, h_m)'$，$\boldsymbol{h}_2 = (h_{m+1}, \cdots, h_d)'$ とする．いま自己共分散関数 $C(\boldsymbol{h})$ が，$C_i(\boldsymbol{h}_i)(i = 1, 2)$ により

$$C(\boldsymbol{h}) = C_1(\boldsymbol{h}_1) C_2(\boldsymbol{h}_2)$$

によって表現できるとき，分離型モデルにしたがうという．例えば $d = 4$，$m = 3$ とし，$C_1(\boldsymbol{h}_1)$ は緯度，経度，高度に依存した空間的自己共分散を，$C_2(\boldsymbol{h}_2)$ は時間的自己共分散を表すとする．

ただし地価のように自己共分散が距離だけでなく方向にも依存するデータ，あるいは気候の変化などのように時間遅れの空間的自己共分散を伴うデータは，それぞれ等方型モデルあるいは分離型モデルでは表現できない．近年このようなデータに対処するために，非等方型モデルおよび非分離型モデルの開発も進んでいる．

さらにグローバルなデータに対して定常性を仮定するのは困難な場合がある．このようなデータを解析するために，自己共分散関数を地点に依存させたモデルなど非定常確率場モデルについても盛んに議論されている．

4.2 格子データおよび地域データに対するモデル

格子データおよび地域データに対する代表的なモデルとしては**空間自己回帰モデル**（Spatial Autoregressive Model, SAR モデル）と**条件付き自己回帰モデル**（Conditional Autoregressive Model, CAR モデル）がある．ある n 個の地域のデータ $Y(\boldsymbol{s}_i)(i = 1, 2, \cdots, n)$ が与えられているとし，期待値を $E(Y(\boldsymbol{s}_i)) = \mu_i$ とおく．$Y(\boldsymbol{s}_i)(i = 1, 2, \cdots, n)$ が

$$Y(\boldsymbol{s}_i) = \mu_i + \sum_{j=1}^{n} b_{ij}(Y(\boldsymbol{s}_j) - \mu_j) + \varepsilon(\boldsymbol{s}_i) \qquad (i = 1, \cdots, n) \tag{1}$$

（縦書き）量的分析法

をみたすとき，$Y(\boldsymbol{s}_i)$ は空間自己回帰モデルにしたがうという．ここで $\boldsymbol{\varepsilon}_n = (\varepsilon(\boldsymbol{s}_1), \varepsilon(\boldsymbol{s}_2), \cdots, \varepsilon(\boldsymbol{s}_n))'$ は n 次元正規分布 $N(\boldsymbol{0}, \boldsymbol{\Lambda})$ にしたがい，b_{ij} は定数で $b_{ii} = 0$ $(i = 1, \cdots, n)$ とする．$\varepsilon(\boldsymbol{s}_i)(i = 1, \cdots, n)$ が互いに相関を持つ場合には，$\boldsymbol{\Lambda}$ が非対角行列になる．

$\boldsymbol{Y}_n = (Y(\boldsymbol{s}_1), Y(\boldsymbol{s}_2), \cdots, Y(\boldsymbol{s}_n))'$，$\boldsymbol{\mu}_n = (\mu_1, \mu_2, \cdots, \mu_n)'$ とおき，$\boldsymbol{I}_N$ を $n \times n$ 単位行列，$\boldsymbol{B} = (b_{ij})$ とすれば，式（1）は行列表現により

$$(\boldsymbol{I}_n - \boldsymbol{B})(\boldsymbol{Y}_n - \boldsymbol{\mu}_n) = \boldsymbol{\varepsilon}_n \tag{2}$$

となる．したがって $\boldsymbol{I}_n - \boldsymbol{B}$ が正則行列のときは，$\boldsymbol{Y}_n$ の分布が多変量正規分布 $N(\boldsymbol{\mu}_n, (\boldsymbol{I}_n - \boldsymbol{B})^{-1}\boldsymbol{\Lambda}(\boldsymbol{I}_n - \boldsymbol{B}')^{-1})$ にしたがう．$\boldsymbol{B}$ を**空間ウェイト行列**（spatial weight matrix）ともいう．

式（1）を相互作用の結果生じた地域間の均衡を表現した同時方程式モデルとみなして，**同時自己回帰モデル**（simultaneous autoregressive model）とよぶ場合もある．紛らわしいがこちらも頭文字をとって，SAR モデルと書く．

SAR モデルの期待値ベクトル $\boldsymbol{\mu}$ を具体的に回帰モデルの形式 $\boldsymbol{\mu} = \boldsymbol{X}_n\boldsymbol{\beta}$ で表すことも多い．ここで $\boldsymbol{X}_n$ は $n \times p$ の説明変数行列，$\boldsymbol{\beta} = (\beta_1, \cdots, \beta_p)'$ は回帰係数ベクトルとする．このとき式（2）は

$$\boldsymbol{Y}_n = \boldsymbol{B}\boldsymbol{Y}_n + (\boldsymbol{I}_n - \boldsymbol{B})\boldsymbol{X}_n\boldsymbol{\beta} + \boldsymbol{\varepsilon}_n \tag{3}$$

となる．

一方，$Y(\boldsymbol{s}_j)(j = 1, \cdots, n, \; j \neq i)$ が与えられたときの $Y(\boldsymbol{s}_i)$ の条件付き分布が，

$$Y(\boldsymbol{s}_i)|Y(\boldsymbol{s}_j) \; (j = 1, \cdots, n, \; j \neq i) \sim N\left(\mu_i + \sum_{j=1}^{n} c_{ij}(Y(\boldsymbol{s}_j) - \mu_j), \tau_i^2\right) \tag{4}$$

をみたすとき，$\boldsymbol{Y}_n = (Y(\boldsymbol{s}_1), Y(\boldsymbol{s}_2), \cdots, Y(\boldsymbol{s}_n))'$ は条件付き自己回帰モデルにしたがうという．ここで c_{ij} は定数で $c_{ii} = 0$ とし，τ_i^2 は条件付き分散である．

実際のデータ解析においては SAR モデルあるいは CAR モデルの係数行列 $\boldsymbol{B}$, $\boldsymbol{C}$ をどのようにとるべきかが問題になる．従来よく用いられてきた方法で

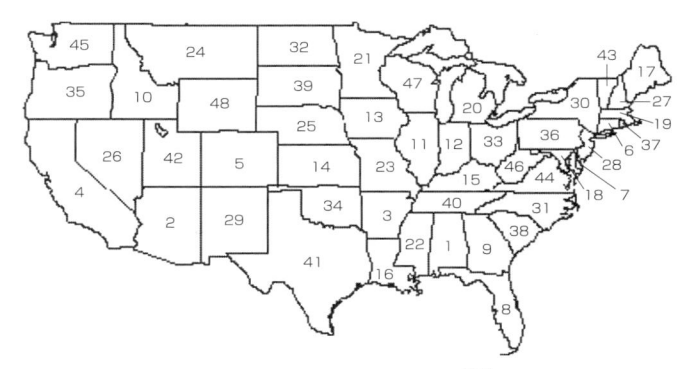

図2　アメリカ合衆国地図[11]

は，まず**隣接行列**（connectivity matrix）$\boldsymbol{W} = (w_{ij})$ を

$$w_{ij} = \begin{cases} 1 & \boldsymbol{s}_i \, \text{と} \, \boldsymbol{s}_j (i \neq j) \, \text{が共通の境界を持つ} \\ 0 & i = j \\ 0 & \text{その他} \end{cases}$$

によって定義する．この $\boldsymbol{W}$ を用いて $\boldsymbol{B} = \rho_s \boldsymbol{W}$，$\boldsymbol{C} = \rho_c \boldsymbol{W}$ とおく．実際にアメリカ合衆国の州を示した**図2**を例にとって説明する．番号は州名をアルファベット順に並べたときの順番を意味している．Alabama 州（番号 1，以下同様）と隣接する州は，Florida（8），Georgia（9），Mississippi（22），Tennessee（40）の 4 州である．したがって Alabama に対応する行では，これら 4 州に対応する列が 1，その他の列が 0 となる．

　隣接行列を用いて $\boldsymbol{B}$，$\boldsymbol{C}$ を定義することは簡便で有効な場合も多いが，個々のデータに対しては，理論的に正当化されかつそのデータに適合する他の $\boldsymbol{B}$，$\boldsymbol{C}$ が存在する可能性も残されている．例えば，地点 $\boldsymbol{s}_i$ と $\boldsymbol{s}_j (i \neq j)$ の間のユークリッド距離や交通手段を利用したときの時間距離の関数を採用することも考えられる[5]．

　SAR モデルと CAR モデルの優劣については様々な見解がある．社会科学においては空間的依存関係が直接的に表現できる SAR モデルの方が好ましいという見解がある一方で，時系列解析における AR モデルの一般化という観点からは，空間上でマルコフ過程と同じような性質を持つ CAR モデルの方がよ

量的分析法

り自然なモデルであるとする見解もある[3][6].

4.3　点配置データに対するモデル

任意の集合 $B(\subset D)$ に対して $N(B)$ を $\mathcal{N} \cap B$ に含まれる要素の総数とし，その期待値を

$$\Lambda(B) = E(N(B))$$

とおく．$\Lambda(B)$ を**強度測度**（intensity measure）という．さらに $\Lambda(B)$ が密度関数をもち，

$$\Lambda(B) = \int_B \lambda(x)dx$$

と表現できるとき，$\lambda(x)$ を**強度関数**（intensity function）という．ある定数 $\lambda(0 < \lambda < \infty)$ が存在して任意の $x(\in D)$ に対して $\lambda(x) = \lambda$ が成立し，

$$\Lambda(B) = \lambda \, \mathrm{vol}(B)$$

が成立するとき，$N(B)$ は**斉次的**（homogeneous）という．ここで vol(B) は B の体積とする．

点配置データに対するモデルは $\lambda(x)$ にモデルを導入することにより構築されることが多い．斉次的なモデルが基本となるが，代表的なモデルとして，**Poisson 点過程**（Poisson point process）と **Neyman-Scott クラスター点過程**（Neyman-Scott cluster point process）がある[7].

次の 2 つの条件をみたす点配置データは Poisson 点過程にしたがうという．

1）任意の $B(\subset D)$ に対して $N(B)$ は Poisson 分布にしたがう．$\Lambda(B) = E(N(B))$ であるから

$$P(\{N(B) = k\}) = \frac{\Lambda(B)^k}{k!} \exp(-\Lambda(B)) \qquad (k = 0, 1, \cdots)$$

が成立する．

2）$l(\geq 2)$ は任意の自然数とし，$B_i(\subset D)(i = 1, \cdots, l)$ は任意の互いに排反な，すなわち $B_i \cap B_j = \phi(i \neq j)$ をみたす l 個の集合とする．このとき $N(B_i)(i = 1, \cdots, l)$ は独立な確率変数である．

一方，Neyman-Scott クラスター点過程はクラスターの中心点（**親点**（parent point）とよばれる）は，Poisson 点過程により発生し親点の周りにクラスターの点（**子点**，offspring point）が生成する．親点を s とすれば，子点の数がマーク $M(s)$ にあたる．各 $M(s)$ は互いに独立で同一な分布にしたがう．また各子点の親点に対する位置は互いに独立で，方向には依存せず距離のみにより決まる．$\nu = E(M(s))$ とおけば，Neyman-Scott クラスター点過程も斉次的でその強度は $\lambda = \mu\nu$ となる．

［矢島美寛］

【参考文献（さらに学びたい人のために）】

[1]　Arbia, G.（2014）．*A Primer for Spatial Statistics: with Applications in R*, Palgrave Macmillan.（ジュゼッペ・アルビア（堤盛人監訳）（2016）．『空間計量経済学入門』勁草書房）

[2]　Cressie, N.（1993）．*Statistics for Spatial Statistics*, Wiley.

[3]　Cressie, N. and Wikle, C. K.（2011）．*Statistics for Spatio-Temporal Data*, Wiley.

[4]　Gelfant, A. E., Diggle, P. J., Fuentes, M. and Guttorp, P.（2010）．*Handbook of Spatial Statistics*, CRC Press.

[5]　Haining, R.（1990）．*Spatial Data Analysis in the Social and Envioronmental Sciences*, Cambridge University Press.

[6]　Haining, R.（2003）．*Spatial Data Analysis: Theory and Practice*, Cambridge University Press.

[7]　Illian, J., Penttinen, A., Stoyan, H. and Stoyan, D.（2008）．*Statistical Analysis and Modelling of Spatial Point Patterns*, Wiley.

[8]　間瀬茂（2010）．『地球統計学とクリギング法――R と GeoR によるデータ解析』オーム社.

[9]　Moran, P. A. P.（1950）．Notes on Continuous Stochastic Phenomena, *Biometrika*, **37**, 17-23.

[10]　Paellinck, J. H. and Klaasen, L. H.（1979）．*Spatial Statistics*, Saxon House.

[11]　Wall, M. M.（2004）．A close look at the spatial structure implied by the CAR and SAR models, *J. Statist. Plann. Infer.*, **121**, 311-324.

[12]　Whittle, P.（1954）．On stationary processes in the plane, *Biometrika*, **41**, 434-449.

[13]　矢島美寛，田中潮（2019）．『時空間統計解析』共立出版.

B2-13
データの欠測値処理
handling missing values in datasets

調査・観察データでは，様々な理由によりデータが得られないことがある．例えば，調査票による世帯調査では，世帯員の数や世帯主の年齢といった情報は回答してもらえても，収入額といった機微にわたる情報は回答してもらえ

ないことが多い．このような場合，データ行列のセルに値が得られない状態
となる．これを**欠測**（missing）という．欠損や欠落ともいう．欠測データは，
通常の統計解析手法によって分析することができず，**多重代入法**（multiple
imputation）またはモデルに基づく**尤度解析法**（maximum likelihood）によ
る処理が推奨される．

1.　欠測パターン

　データセット内における観測値と欠測値の配置関係を**欠測パターン**（miss-
ing pattern）という．欠測パターンは，**単調**（monotone）と**非単調**（non-
monotone）に大別できる．単調パターンは，欠測値の数が少ない方から順に
変数を並び替えることができるパターンであり，同時分布を条件付き分布に
分割することで，モジュール的に手作業で分析できる．一方，非単調パターン
は，欠測値がデータ全体に散らばっているパターンであり，反復推定アルゴリ
ズムによって処理する必要がある．多重代入法と尤度解析法は，いずれのパタ
ーンにも対応できる汎用的な手法である．

2.　欠測メカニズム

　欠測の発生理由に関する機構を**欠測メカニズム**（missing mechanism）とい
い，3種類の分類が提案されている．欠測は，どのような機構で発生している
かによって，無視可能と無視不可能に大別できる．
　完全に無作為な欠測は，Missing Completely At Random の略で**MCAR**
といい，欠測確率がデータと無関係であることを意味している．例えば，く
じ引きで当たりが出たら回答し，はずれが出たら回答しない場合，欠測は
MCAR である．MCAR は無視可能な欠測である．条件付きで無作為な欠測
は，Missing At Random の略で**MAR**（**表1**）といい，データを条件とした
場合の欠測確率が，観測データを条件とした場合の欠測確率に一致することを
意味する．例えば，世帯主の年齢が高い世帯ほど収入額について答えず，デー
タ内に世帯主の年齢に関する情報があるならば，欠測は MAR である．一般的
に，MAR は無視可能な欠測とみなすことができる場合が多い．

表1　MAR			

世帯番号	世帯主 の年齢	収入額
1	54	
2	61	620
3	46	
4	34	360
5	26	280
6	22	220
7	58	650
8	42	400
9	52	
10	38	340

表2　リストワイズ除去		

世帯番号	世帯主 の年齢	収入額
2	61	620
4	34	360
5	26	280
6	22	220
7	58	650
8	42	400
10	38	340

量的分析法

　無作為ではない欠測は，Not Missing At Random の略で **NMAR** といい，欠測確率が欠測している変数自体の値に依存しており，かつ，観測データを条件とした場合でも，この関係を崩すことができないことを意味している．例えば，世帯主の収入額が高い世帯ほど収入額について答えず，データ内に世帯主の収入額の欠測確率を予測できる情報がないならば，欠測は NMAR である．NMAR は，無視不可能な欠測である．また，**MNAR**（Missing Not At Random）と表記されることもある．

3.　リストワイズ除去

　欠測値を含む観測対象の行をすべて削除して，データを擬似的に完全な状態にする簡便な方法を**リストワイズ除去**（listwise deletion，**表2**）という．**完全ケース分析**（complete-case analysis）や**ケースワイズ除去**（casewise deletion）ともいう．多くの統計ソフトウェアにおいてデフォルト設定の欠測値対処法であるが，データのサイズが縮小するだけではなく，欠測が MCAR ではない場合には，解析結果に偏りが発生するおそれがあり，推奨されない．

4.　代入法

　欠測値を何らかの値で置き換えて，データを擬似的に完全な状態とする方法を**代入法**（imputation）という．補完や補定ともいう．リストワイズ除去と比べて，データを削除しないためデータサイズが縮小しないこと，観測データの情報をすべて活用できること，欠測がMARの場合には偏りを是正できることが利点である．

　単一代入法（single imputation，**表3**）は，欠測値を何らかの方法で予測した1つの値で置き換えるものである．変数の合計値（または平均値）を記述的に算出する目的であれば有用である．しかし，標本データから母集団の推計を行う場合には，代入値と観測値の区別をしていないことから，標準誤差が過小推定されてしまうため，多重代入法を用いる必要がある．

　多重代入法（**表4**）は，欠測データの分布から独立かつ無作為に抽出した複数のシミュレーション値によって欠測値を置き換えるものである．しかし，欠測データの分布は観測できないため，観測データを条件とした欠測データの**事後予測分布**（posterior predictive distribution）から，独立かつ無作為な抽出を行う．複数のシミュレーション値によって欠測値を代替することで，欠測にまつわる不確実性を反映させることができ，妥当な標準誤差を用いて適切な統

表3　単一代入法

世帯番号	世帯主の年齢	収入額
1	54	560.1
2	61	620.0
3	46	473.4
4	34	360.0
5	26	280.0
6	22	220.0
7	58	650.0
8	42	400.0
9	52	538.4
10	38	340.0

表4　多重代入法（$M = 3$）

世帯番号	世帯主の年齢	収入額1	収入額2	収入額3
1	54	606.9	628.2	520.1
2	61	620.0	620.0	620.0
3	46	465.4	517.6	451.1
4	34	360.0	360.0	360.0
5	26	280.0	280.0	280.0
6	22	220.0	220.0	220.0
7	58	650.0	650.0	650.0
8	42	400.0	400.0	400.0
9	52	556.3	620.3	516.7
10	38	340.0	340.0	340.0

計的推測を行うことができる．多重代入法は，単調・非単調いずれの欠測パターンにおいても有効である．

　具体的に実行するためのアルゴリズムは，データ拡大法（data augmentation），完全条件付き指定（fully conditional specification），EMB（expectation-maximization with bootstrapping）がある．統計環境 R では，それぞれ，norm，mice，Amelia のパッケージによって実行できる．量的な横断面データについては，いずれのパッケージを用いてもよいことが知られている．質的なデータについては mice がよいとされており，時系列データについては Amelia がよいとされている．なお，R パッケージ mice を用いた多重代入法は，以下の方法で実行できる．

```
age<-c(54, 61, 46, 34, 26, 22, 58, 42, 52, 38)
income<-c(NA, 620, NA, 360, 280, 220, 650, 400, NA, 340)
data1<-data.frame(age, income)

library(mice)
imp<-mice(data=data1, meth="norm", m=3, maxit=5, seed=1)
complete(imp,1)
complete(imp,2)
complete(imp,3)
```

5.　尤度解析

　モデルに基づく尤度法は，多重代入法と並んで，最も汎用的な欠測データ解析法である．尤度法では，欠測値を代入値によって置き換えることはせずに，利用可能なデータをすべて活用して，観測データを生成する確率が最も高いパラメータ値を推定する．**期待値最大化法**（expectation-maximization: EM）では，欠測データの予測分布に対して完全データの対数尤度の期待値計算と尤度の最大化計算を繰り返すことで，単調・非単調いずれの欠測パターンにおいてもパラメータの**最尤推定値**（maximum likelihood estimate: MLE）を得ることができる．

量的分析法

6.　感度分析

　欠測メカニズムが MAR（もしくは MCAR）の場合，多重代入法または尤
度法によって，欠測データを用いた適切な統計的解析が実行可能である．一
方，真の欠測メカニズムが NMAR の場合に備えて，MAR を仮定した分析
結果と NMAR を仮定した分析結果の差を評価する手法のことを**感度分析**
（sensitivity analysis）という．統計環境 R では，Sens Mice パッケージによ
って実行できる．

［高橋将宜］

【参考文献（さらに学びたい人のために）】
[1]　阿部貴行（2016）.『欠測データの統計解析』朝倉書店.
[2]　岩崎学（2002）.『不完全データの統計解析』エコノミスト社.
[3]　高橋将宜, 渡辺美智子（2017）.『欠測データ処理——R による単一代入法と多重代入
　　 法』共立出版.
[4]　高井啓二, 星野崇宏, 野間久史（2016）.『欠測データの統計科学——医学と社会科学へ
　　 の応用』岩波書店.
[5]　渡辺美智子, 山口和範編（2000）.『EM アルゴリズムと不完全データの諸問題』多賀出
　　 版.

質的分析法

[1] 作者 A よりも作者 B の作品は，特徴 α を持つ傾向がある

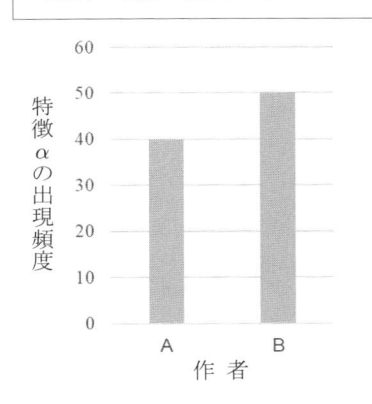

[2] 文化 A，B，C は，それぞれ，特徴 α，β，λ を持つが，その他の特徴もある．

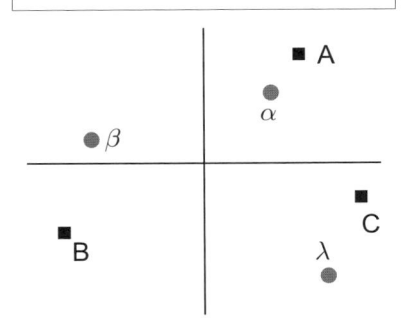

文化の特徴は，[1] や [2] のように，数量でなく「言葉で」つまり「質的に」表されることが多いが，こうした情報も数理的に分析できる．例えば，[1] は，下の棒グラフによって傍証され，さらに，確率の概念を使えば，より的確に，[1] が正しいか否かを検証できる．また，[2] のような情報から，文化や特徴を数量化でき，その数量を座標値としたプロットから，文化・特徴どうしの遠近関係を視覚的に把握できる．

> B3-1
> # 質的分析法
> categorical data analysis

1. 質的変数とその表現

　質的分析法とは，質的変数の統計解析法を指す．ここで，**質的変数**（categorical variable）とは，「**B2** 量的分析法」で扱われる量的変数の反意語であり，数量では表せない変数である．質的変数のデータを**質的データ**（categorical data）と呼ぶ．

　表 1（**A**）に，150 種の個体（飲料水のブランド）に関する 3 つの質的変数（原料・味・糖分）のデータを例示する．変数 1 の「原料」のデータは，「果実」「穀物」「香草」「人工」のいずれかであり，数量ではなく，言葉つまりカテゴリーで表される質的変数である．果実を 1, 穀物を 2, 香草を 3, 人工を 4 とコード化しても，1, 2, 3, 4 の順で量が大小することを表していないので，これらの 1, 2, 3, 4 は数値であっても数量ではない．同様に，変数 2 の「味」や変数 3 の「糖分」も質的変数である．

　ここで，3 つの変数間には微妙な性質の違いがある．変数 2 のカテゴリーは，「ビター」「ドライ」「甘い」の順で甘さが増すといった順序関係をもつと考えることもでき，これが正しければ，変数 2 は質的変数の中でも特に**順序変数**（ordinal variable）と呼ばれる．一方，変数 1 の「果実」「穀物」「香草」「人工」の間には順序関係を見出しがたく，変数 1 は，質的変数の中でも特に**名義変数**（nominal variable）と呼ばれる．こうした質的変数の二分は，「**B1-2** データの分類法」で説明される．さて，変数 3 のようにデータが「無（糖）」か「加（糖）」の 2 つのカテゴリーしかない変数は，一方のカテゴリーがもたない性質を，他方はもつという順序関係が必ず成立する点から，名義変数か順序変数という区別は特に意味をなさない．

　表 1（**A**）のデータは，同表の（**B**）のように変換できる．（**B**）は各変数のカテゴリーを列に並べて，該当カテゴリーを 1, その他を 0 で表したもので，こうした表現は**ダミー変数表現**と呼ばれる．例えば，飲料水 1 の原料は人工で

表1　飲料水ブランドの特性データ（仮想数値例）

（A）3つの質的変数のデータ

飲料水	原料	味	糖分
1	人工	甘い	加
2	果実	ドライ	無
3	穀物	ビター	無
4	果実	甘い	加
5	香草	甘い	加
6	人工	甘い	加
⋮	⋮	⋮	⋮
148	果実	ドライ	無
149	穀物	ビター	無
150	人工	甘い	加

（B）データのダミー変数表現*

	原料				味			糖分	
	果	穀	香	人	ビ	ド	甘	無	加
	0	0	0	1	0	0	1	0	1
	1	0	0	0	0	1	0	1	0
	0	1	0	0	1	0	0	1	0
	1	0	0	0	0	0	1	0	1
	0	0	1	0	0	0	1	0	1
	0	0	0	1	0	0	1	0	1
	⋮	⋮	⋮	⋮	⋮	⋮	⋮	⋮	⋮
	1	0	0	0	0	1	0	1	0
	0	1	0	0	1	0	0	1	0
	0	0	0	1	0	0	1	0	1

（C）原料の度数分布*

原料	果	穀	香	人
度数	69	33	14	34

（D）味 × 原料の分割表*

	果	穀	香	人
ビ	4	25	5	3
ド	12	3	7	4
甘	53	5	2	28

（E）糖分 × 原料の分割表*

	果	穀	香	人
無	56	24	5	6
有	13	9	9	28

*：カテゴリー名を最初の文字で略している．

質的分析法

あるので，人（工）に対応する要素だけが 1 で，他の要素はすべて 0 である．

　表 1（A），（B）のデータは，表 1（C），（D），（E）に例示するように集計できる．表 1（C）は，原料について各カテゴリーに該当する個体の数を示す．こうした個体数を度数と呼び，度数を列挙した表を度数分布表と呼ぶ．また，表 1（D），（E）のように，2 つの変数を掛け合わせ，行と列に各変数のカテゴリーを並べ，その要素に，行と列のカテゴリーに該当する個体の度数を掲げた表を，分割表（contingency table）またはクロス集計表（cross tabulation）と呼ぶ．例えば，表 1（D）より，甘くて原料が果実の個体の度数は 53 であることがわかる．

　こうした質的データの分析法について，「B3 質的分析法」で掲げる 13 の項目の相互関係を，図 1 に示す．この図を参照しながら，以下に各項目を紹介

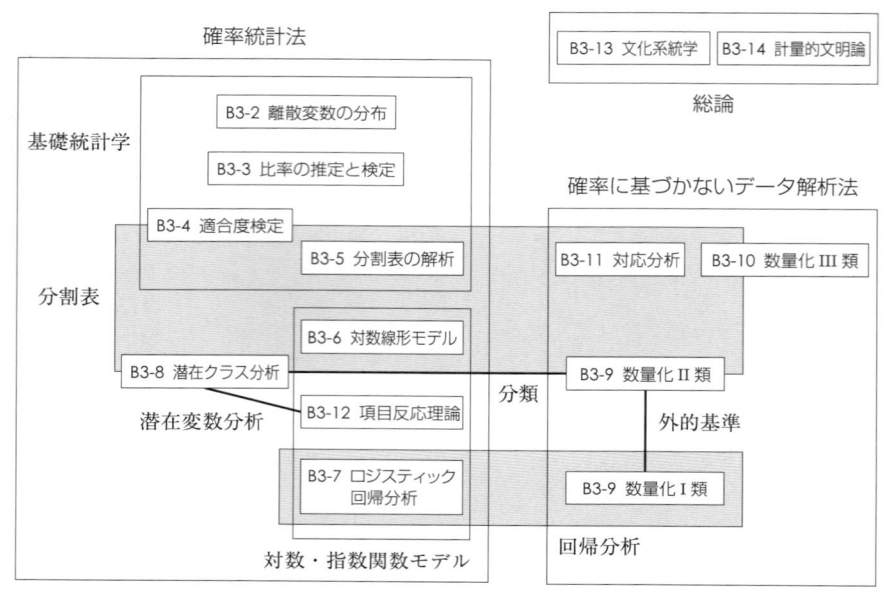

図1　質的分析法の位置づけ

していく.

2.　確率統計法と記述統計法

　図1右上の「総論」に位置づけられた2つの項目は, 個別の分析法というより, それらの複合または理論体系と位置づけられる. 総論以外の11項目は個別の目的をもった統計解析法であるが, それらは, **確率統計法と確率に基づかないデータ解析法**に折半できる. 後者に属する方法は, 量的分析を含めて数多くがあるが, **B3-9〜B3-11**で取り上げるものは, すべて, 質的データを数量化するという目的をもつ点で共通し, 行列やベクトルの性質を扱う行列代数を数学的基礎とするのが特徴である. 一方, 確率統計法は, 確率論を数学的基礎のひとつとする.

3.　基礎統計学

　確率統計法の中でも，基礎的な分野に位置づけられる方法を，**図1**では**基礎統計学**としてグループ化している．その中でも，上の3つに着目しよう．
　離散変数（discrete variable）という用語は，連続変数の反意語であり，連続した値をとりえず，離れた限られた値しかとりえない変数を指す．例えば，実数で表せる重さは連続変数であるが，**表1**の変数2の「ビター」「ドライ」「甘い」をそれぞれ1, 2, 3とコード化しても，とりうる値は互いに離れた整数の3値に限られるので，離散変数である．この例でわかるように，質的変数はすべて離散変数である．こうした離散変数の値が生じる確率がどのように数式で表されるかが，「**B3-2　離散変数の分布**」で記される．
　さて，収集されたデータを，より大きな母集団から抽出された標本と見なして，母集団の様子を推測する方法を，**推測統計法**と総称する．例えば，内閣を支持するか否かという変数は質的変数であるが，有権者全体のデータを収集するのは難しく，100名の有権者から回答を求めたとしよう．この場合，有権者全体が**母集団**（population），100名の回答が**標本**（sample）となる．標本中の支持者の度数や比率から，母集団における内閣支持率を推測するといった問題が，**比率の推定**である．また，例えば「母集団での支持率は50%」という仮説を設けて，これが受け入れられるか否かを，標本から判断することが**比率の検定**である．なお，標本の度数の分布と理論的に期待される度数分布との隔たりに基づく検定は，特に**適合度検定**（goodness-of-fit test）と呼ばれる領域を構成し，**B3-4**で解説する．

4.　分割表のデータ解析

　表1（D），（E）のような**分割表**を分析対象とする手法を，**図1**中央の「分割表」と付した囲みの中に掲げた．囲みの線上に記された分析法は，**表1**（A），（B）の形式のデータにも適用される方法であるが，分割表も適用対象にする方法であるのに対して，囲みの内部に記された3つの方法は，分割表に特化したものである．

　その中でも，「**B3-5　分割表の解析**」では，分割表に関する種々の仮説を検定する推測統計法が解説される．同じ目的をもつものに**対数線形モデル**があるが，度数の対数に基づくという特徴をもつ分析法であるため，次節にて解説する．一方，分割表に特化した数量化法に**対応分析**があり，分割表の解析や対数線形モデルでは達し得ない分割表の視覚的表現という目的に使われる．

5.　対数・指数関数モデル

　円周率 $= 3.1416$ と並んで特殊なものと数学で扱われる定数に 2.7183 があり，**自然対数の底**と呼ばれ，しばしば $e = 2.7183$ のように e で表される（その特殊性についての説明は割愛する）．これを底とする対数 $\log_e h$ は，e を何乗すれば h になるかを表す．例えば，$h = 10$ とすると，$2.7183^{2.3}$ が 10 となるので，$\log_e 10 = 2.3$ である．対数の特徴は，$\log_e(u \times v) = \log_e u + \log_e v$ のように，2つの数 u と v の積の対数は，u, v それぞれの対数 $\log_e u$ と $\log_e v$ の和となり，積を和に変換する作用がある点である．**対数線形モデル**（log-linear model）は，分割表の度数を $u \times v$ のように別の数の積でモデル化して，対数に変換した式 $\log_e(u \times v) = \log_e u + \log_e v$ に基づいて，検定を行う方法の総称である．なお，多くの場合，対数の底が e であっても他の数であっても分析結果が同じになるので，底を略して，$\log(uv) = \log u + \log v$ のような表記をすることが多い．

　さて，**表1**の変数3の「無（糖）」か「加（糖）」をはじめ，「正答」か「誤答」，「正常」か「異常」のように，2つのカテゴリーだけが考慮される質的変数は，特に**2値変数**（binary variable）と呼ばれる．2値変数の分析には，一方のカテゴリーが生じる確率を p と表すと，他方のカテゴリーの出現確率は $1 - p$ となるが，p と関連する連続変数 y によって確率 p を説明しようとすることが多い．その例として，p が特定の病気に罹る確率で，y がその病因を表す量的な変数であるケースが掲げられる．ここで，前段の自然対数の底 $e = 2.7183$ が重要な役割を果たし，$p = 1/(1 + e^{(-y)})$ と定義すれば，**図2**に示すように，y が負の無限大から正の無限大にわたる実数値をとったとしても，p は 0 以上 1 以下の値に限定される確率となる．$p = 1/(1 + e^{(-y)})$ は，**ロジスティック関数**（logistic function）と呼ばれ，広く指数関数と呼ばれる

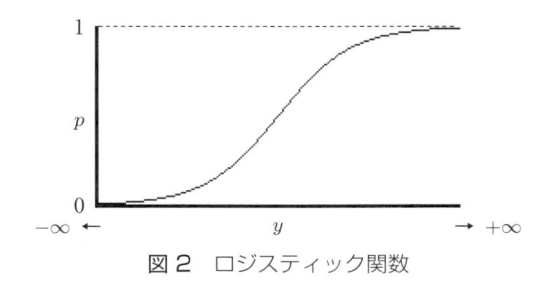

図2 ロジスティック関数

関数のひとつである．**ロジスティック回帰分析**（logistic regression analysis）
では，y が複数の量的変数の重みつき合計として表され，いわば，2 値変数を
説明するための重回帰分析の変形とみなせる．これに対して，次節に記す項目
反応理論は，y が観測されない潜在的な変数に基づく分析法である．

6. 潜在変数分析

　例えば，成功・失敗という変数の背後には，能力といった直接観測すること
が難しい変数があると考えるのが自然である．こうした観測されない変数を**潜
在変数**（latent variable）と呼び，それに基づくモデルは**潜在変数分析**と総称
される．

　その 1 つが，前節で言及した**項目反応理論**（item response theory）であ
る．この方法では，テストの複数の質問に対する正答・誤答の 2 値データなど
を対象にして，正答率 p とその背後にある学力といった量的な潜在変数 y を
ロジスティック関数 $p = 1/(1 + e^{(-y)})$ で結びつける（**図2**）．

　潜在変数が量的ではなく質的変数，つまり，カテゴリーで表される分析が**潜
在クラス分析**（latent class analysis）である．この名称の「クラス」はカテ
ゴリーを指す．例えば，**表1（A）**の 150 種の飲料水が潜在的に 3 つのクラス
に分類されると想定して，**表1（A）**のデータに潜在クラス分析を適用すれば，
飲料水を 3 つのクラスに分類できる．

質的分析法

7. 質的変数の回帰分析

ロジスティック回帰分析は，量的な説明変数によって，2値の質的変数を説明することを目指す分析である．一方，質的な説明変数から量的変数を説明するのが**数量化 I 類**（quantification method I）である．例えば，**表 1（A）**，**(B)** の3つの質的変数とは別に，各飲料水の売上高という量的変数のデータが入手できれば，数量化 I 類によって，3つの質的変数（原料・味・糖分）から売上を説明・予測することができる．この分析法では，量的変数ができるだけよく質的変数によって説明されるように，後者のカテゴリーに数量化される．ここで，**数量化**とは質的変数のカテゴリーにふさわしい値の数量的得点を求めることを指す．

8. 個体の分類

個体の分類は，個体の所属群が未知のケースと既知のケースの2通りに大別される．前者のケースでは，個体がどのような群に分けられるかを発見することが統計解析に要請される．一方，後者のケースでは，所属群が既知の個体のデータを分析して，群間の相違を明確化し，さらに，その結果を所属群が未知の新たな個体の群への分類に利用することが統計解析に要請される．

個体の所属群が未知のケース，言い換えれば，所属クラスが潜在的であるケースの分析法が，**潜在クラス分析**（latent class analysis）である．量的分析のクラスター分析に対応する．一方，個体の所属群が既知の場合の分析法が，**数量化 II 類**（quantification method II）となり，これは，量的分析の判別分析に対応する．数量化 II 類では，個体の群間相違が明確になるような質的変数のカテゴリーの数量化がなされる．例えば，**表 1（A）**，**(B)** のデータとは別に，飲料水の製造元が A 社か B 社か C 社かといった群別が既知の場合に，数量化 II 類が利用できる．

9. 数量化

　質的変数のカテゴリーにふさわしい数量化得点を求める手法は，**数量化**と総称できる．

　既出の数量化 I 類と II 類に共通する点は，**表 1（A）**，**（B）** のデータとは別に，量的変数の売上や所属群の製造会社が与えられる場合の方法である．このように，別途与えられるデータを**外的基準**と呼ぶ．

　外的基準はなく，**表 1** のデータだけに基づいて，それらのカテゴリーの数量化を行う方法が**数量化 III 類**（quantification method III）と**対応分析**（correspondence analysis）である．前者は，分割表で与えられる質的データだけでなく，**（A）**，**（B）** の表現も含めて幅広く使われる．一方，対応分析は，分析対象が分割表に特化して，それを前提に理論が作られる．

10. 総論

　B3-2〜B3-12 は，各種の質的分析法の各論であるが，「**B3-13 文化系統学**」および「**B3-14 計量文明論**」は，文化を考究するための計量的方法論の総論であり，質的分析だけでなく，量的分析も含む．**B3-13** では，複数種の文化の系統発展を考究するための計量的方法論が論じられ，**B3-14** では，異種の文化を国際的に比較する研究の計量的方法論が論じられる．

［足立浩平］

質的分析法

【参考文献（さらに学びたい人のために）】
[1]　松原望，美添泰人，岩崎学，金明哲，竹村和久，林文，山岡和枝編（2011）．『統計応用の百科事典』丸善出版．
[2]　村上征勝（2002）．『文化を計る――文化計量学序説』朝倉書店．
[3]　杉山髙一，藤越康祝，杉浦成昭，国友直人編（2007）．『統計データ科学事典』朝倉書店．

B3-2
離散変数の分布
probability distributions for discrete random variables

　データという言葉を聞くとどのようなものを思い浮かべるだろうか．一般的なデータというと時間，長さ，重さ，温度などの量的なデータを思い浮かべる人が多いだろう．このような量的データについては，平均や中央値などの位置の指標，分散や四分位範囲などの散らばりの指標，どのような値を取りやすいかを示す分布などを使うことで，様々な性質・特徴を調べることができる．一方で，明日の天気，ある人に質問をした際の反応，アンケートの回答，ある食べ物に対する好みなどの量的でないデータ（質的データ）を取り扱う場面も数多くある．このようなデータを分析する際，そのままの形で扱うことは困難なので，一般的にはその結果をいくつかのパターンに分類して（カテゴリーに分け）扱うこととなる．例えば，天気であれば雨が降るか否か，ある人の質問をした際の反応であれば好意的か，否定的か，どちらでもないかなど，パターンに分類することで様々な分析をすることが容易となる．

　前述した時間，長さ，重さ，温度のように連続的な値を取る変数は**連続変数**と呼ばれる．一方，質的データをいくつかのパターンに分類したものは**離散変数**として扱うことができる．ここでは，質的データについてどのような反応が得られやすいか，つまり，あらかじめパターンに分類した離散変数に関し，どのような結果が得られやすいかを離散分布を用いて検討する．

1. ベルヌーイ分布とカテゴリカル分布

　まず，ある出来事が起こるか否かを考える．ここで，その出来事が起きる確率は既知でも未知でもよい．このようにある事象が起こる確率を与える分布を**ベルヌーイ分布**と呼ぶ．

　例えば，「明日雨が降るか否か」であれば，雨が降る確率が未知であるベルヌーイ分布である．また，「サイコロを振り，1の目が出るか否か」であれば，1の目が出る確率が1/6であるベルヌーイ分布である．ベルヌーイ分布はある事象を1回観測するだけなので，その観測結果からその事象について詳しく調

べることはできない．先ほどの天気の例について，もし雨が降ったとして，その日の雨の降る確率が高かったかどうかを調べるすべはない．

　また，質的データを分類する際，それが3パターン以上であることもありうる．ある事象を観測し，その際に起こりうるパターンが複数あるとする．ここで，各パターンが起こる確率を与える分布を**カテゴリカル分布**と呼ぶ．ベルヌーイ分布のときと同様，確率は未知でもかまわない．

　例えば，「明日の天気が1日中晴れるか，1日中曇りか，1日中雨か，その他か」という観測は，これは確率が未知である4つのカテゴリーのカテゴリカル分布である．また，「サイコロを振り，1〜6のどの目がでるか」という観測は，各目が出る確率が1/6である6つのカテゴリーのカテゴリカル分布である．カテゴリカル分布で注意することは，各カテゴリーに重複がなく，必ずどれか1つのカテゴリーに分類できなければならないということである．

　ベルヌーイ分布はカテゴリカル分布の特別な場合（カテゴリー数が2の場合）である．両者の共通点は観測が1回きりという点であり，確率が未知の場合，その確率について調べることができない．ベルヌーイ分布やカテゴリカル分布を繰り返し観測したケースは次に説明する二項分布や多項分布となる．

2.　二項分布

　前節で述べたように，ベルヌーイ分布やカテゴリカル分布では観測が1回のみなので，分布に関する有益な情報は得られない．そこで，ある出来事が発生するかどうかを複数回（n回）観測し，その出来事が発生する回数を数える．このとき，各回の観測はそれ以外の観測の影響を受けないものとし，その出来事が発生する確率は毎回一定（p）とする．このとき，この出来事が発生する回数の分布を試行回数n，発生確率pの**二項分布**（binomial distribution）といい，$B(n,p)$と表す．つまり，二項分布はベルヌーイ分布を複数回観測した分布である．

　二項分布の例としては，サイコロを10回投げ1の目が出た回数（$B(10, 1/6)$），今後1週間で雨の降る日数（$B(7,p)$），ある飲料品の好みに関するアンケートを100人に行い，好きと答える人数（$B(100,p)$）などが挙げられる．ここで注意しなければならない点として，天気は毎日雨が降る確率が一定では

表1　$n = 5$ のときの二項分布の発生確率

取りうる値	0	1	2	3	4	5
$p = 0.3$	0.168	0.360	0.309	0.132	0.028	0.002
$p = 0.5$	0.031	0.156	0.313	0.313	0.156	0.031

なく，アンケートについてもすべての人が好きと答える確率が一定とは考えられない．しかし，天気については日程を恣意的に選ばないことにより，アンケートについては対象者をランダムで選択することにより，選ばれた日に雨が降る確率，選ばれた人が飲料品を好きと答える確率がほぼ一定とみなし，二項分布に従うと考える．

　二項分布 $B(n, p)$ は n 回の観測のうち対象の出来事が発生した回数なので，取りうる値は $0, 1, \cdots, n$ のいずれかであり，最も取りやすい値（取る確率の高い値）は $(n + 1)p$ の小数点以下を切り捨てた値である（ただし，$(n + 1)p$ が整数の場合は $(n + 1)p - 1$ と $(n + 1)p$ の両方の値の確率が最大となる）．**表1** には $n = 5$ のときの各 p に対する各観測回数に対する確率を示している．$n = 5, p = 0.3$ であれば，$(n + 1)p = 6 \times 0.3 = 1.8$ なので，5回の観測のうち対象の出来事が1回だけ発生する確率が最も高い．ここで，二項分布 $B(n, p)$ に従う変数を X とすると，X が k となる確率 $P(X = k)$ は

$$P(X = k) = \frac{n(n - 1) \times \cdots \times (n - k + 1)}{k(k - 1) \times \cdots \times 1} p^k (1 - p)^{n-k}$$

として求められる．観測したい出来事が k 回観測されるということは，$(n - k)$ 回はその出来事が観測されないということなので，その発生確率は $p^k (1 - p)^{n-k}$ であるが，それが何回目に観測されたかを考慮すると，上式の係数が必要となる．ベルヌーイ分布のときと異なり，二項分布の場合は，未知の確率 p を予測することが可能であるが，詳しくは次章で紹介する．また，二項分布 $B(n, p)$ の平均は np，分散は $np(1 - p)$ であることが知られている．

3.　多項分布

　次に，多項分布について説明する．ある事象を観測し，その際に発生しうるパターンが複数パターン（m パターン）あるとする．そこで，その事象を複数

表2　質的データに関する離散分布

		カテゴリー数	
		2 種類	複数種類
観測回数	1 回	ベルヌーイ分布	カテゴリカル分布
	複数回	二項分布	多項分布

回（n 回）観測し，各パターンが何回ずつ発生したかを数える．このとき，各回の観測はそれ以外の観測の影響を受けないものとし，各パターンが発生する確率 $(p_1, p_2, \cdots, p_m)$ は毎回一定とする．このとき，この各出来事が発生する回数の分布を試行回数 n，発生確率 $p_1, p_2, \cdots, p_m$ の**多項分布**（multinomial distribution）という．つまり，多項分布はカテゴリカル分布を複数回観測した分布である．

　多項分布の例としては，サイコロを 10 回投げ 1～6 の目がそれぞれ出た回数，今後 1 週間の天気で 1 日中晴れた日，1 日中曇りの日，1 日中雨の日，その他の日のそれぞれの日数，ある飲料品の好みに関するアンケートを 100 人に行い，好きと答える人数，嫌いと答える人数，どちらでもないと答える人数などがある．

　試行回数 n，発生確率 $p_1, p_2, \cdots, p_m$ の多項分布に従う確率変数を $X_1, X_2, \cdots, X_m$ とする．このとき，各変数の値（つまり，各カテゴリーの発生回数）が $k_1, k_2, \cdots, k_m$ となる確率は

$$P(X_1 = k_1, \cdots, X_m = k_m) = \frac{n!}{k_1! \times \cdots \times k_m!} p_1^{k_1} \times \cdots \times p_m^{k_m}$$

として求められる（$m = 2$ であれば，二項分布の確率に対応している）．ここで，試行回数が n なので，$k_1 + k_2 + \cdots + k_m = n$ であり，各カテゴリーの発生確率に関し，$p_1 + p_2 + \cdots + p_m = 1$ であることに注意する．

　ベルヌーイ分布，カテゴリカル分布，二項分布，多項分布の関係は**表 2** のような関係となる．

　二項分布，多項分布を平易に記した書籍に文献 [1][3] などがあり，専門的に記した書籍に文献 [2][4] などがある．ベルヌーイ分布やカテゴリカル分布はそれぞれ，二項分布や多項分布の特殊なケースとして理解できよう．

［姫野哲人］

質的分析法

【参考文献（さらに学びたい人のために）】
[1] 藤川浩，小泉和之（2016）．『生物系のためのやさしい基礎統計学』講談社．
[2] 岩崎学，姫野哲人（2017）．『スタンダード統計学基礎』培風館．
[3] 小波秀雄（2010）．『基礎から学べる確率と統計』プレアデス出版．
[4] 日本統計学会編（2013）．『日本統計学会公式認定 統計検定 1 級対応 統計学』東京図書．

B3-3
比率の推定と検定
statistical inference for a binomial probability

1. 母比率の推定

次のような問題を考えよう．

【例題 1】 無作為抽出をしたわが国の 20 代の男女 217 人を対象に，ソーシャルネットワークサービスの Twitter の利用の有無を尋ねたところ，利用していると回答した人は 130 人であった[3]．この結果をして，20 代男女の過半数が Twitter を利用していると言えるだろうか？

ここでは，母集団はわが国の 20 代の男女の全体であり，この母集団における Twitter 利用率，すなわち**母比率** p を推定すること，さらには，その推定値に基づいて利用率が過半数に達しているかどうかを仮説検定によって検証することが目的である．厳密にいえば，母集団のサイズ N は有限であり，標本はその中から非復元抽出によって得られている．標本の中で Twitter を利用していると答えた人数 X は超幾何分布という確率分布に従う．しかし，今回のような例では，母集団のサイズ N の値は，標本のサイズ n に比して十分に大きいと仮定することができる．このような場合，X は近似的に**二項分布**（binomial distribution）$B(n, p)$ に従うと想定することが可能である．また，このことは，n 人の回答を

$$X_i = \begin{cases} 1 & i \text{ 番目の人が Twitter を利用している} \\ 0 & i \text{ 番目の人が Twitter を利用していない} \end{cases} \quad (i = 1, \cdots, n)$$

という2値の確率変数で表したときに，$X_i \ (i = 1, \cdots, n)$ が独立にベルヌーイ分布 $B(1, p)$ に従うということとも等価である．このとき，

$$X = \sum_{i=1}^{n} X_i$$

である．

　まず，Twitter 利用率 p を点推定することを考えてみよう．二項分布の性質から，X の**期待値**（expected value）と**分散**（variance）はそれぞれ

$$E[X] = np, \qquad V[X] = np(1-p)$$

となる．母比率 p の点推定量として標本比率（標本平均）$\hat{p} = X/n$ を用いることにすれば，その期待値，分散はそれぞれ

$$E[\hat{p}] = p, \qquad V[\hat{p}] = \frac{p(1-p)}{n}$$

となり，$\hat{p}$ は p の不偏推定量になることがわかる．また，大数の弱法則を用いれば，$\hat{p}$ が p の一致推定量であることを示すことも可能である．

　次に，p の区間推定について考えてみよう．X を期待値 0，分散 1 に標準化したものを Z とおこう．

$$Z = \frac{\hat{p} - p}{\sqrt{p(1-p)/n}}$$

一般に，独立な n 個の標本の標本平均を標準化することによって得られる統計量の分布は，標本サイズ n を大きくしていくと**標準正規分布**（standard normal distribution）$N(0,1)$ に近づく．これを**中心極限定理**という．Z は標本平均 $\hat{p}$ の標準化であるのだから，中心極限定理によれば n が十分に大きいときには近似的に標準正規分布に従う．この事実を用いると，$z_{\alpha/2}$ を標準正規分布の上側 $100 \cdot \alpha/2\%$ 点としたときに，

質的分析法

$$P(-z_{\alpha/2} \leq Z \leq z_{\alpha/2}) = P\left(\hat{p} - z_{\alpha/2}\sqrt{\frac{p(1-p)}{n}} \leq p \leq \hat{p} + z_{\alpha/2}\sqrt{\frac{p(1-p)}{n}}\right)$$
$$= 1 - \alpha$$

となることから,

$$\hat{p} - z_{\alpha/2}\sqrt{\frac{p(1-p)}{n}} \leq p \leq \hat{p} + z_{\alpha/2}\sqrt{\frac{p(1-p)}{n}}$$

を満たす p の範囲が $100 \cdot (1 - \alpha)\%$ **信頼区間**（confidence interval）となる. しかし, これを求めるにはやや煩雑な計算を要する. 大数の法則から, n が十分に大きいときには $\hat{p}$ は p の近似になるので, 上式の p を $\hat{p}$ で置き換えた

$$\hat{p} - z_{\alpha/2}\sqrt{\frac{\hat{p}(1-\hat{p})}{n}} \leq p \leq \hat{p} + z_{\alpha/2}\sqrt{\frac{\hat{p}(1-\hat{p})}{n}}$$

は, 近似的に p の $100 \cdot (1 - \alpha)\%$ 信頼区間をなす. 母比率の信頼区間としては, 通常はこの形のものを用いる.

　冒頭の例題 1 の場合, $n = 217$, $X = 130$ であったので, 母比率 p の点推定値 $\hat{p}$ は

$$\hat{p} = \frac{130}{217} = 0.599$$

$z_{0.025} = 1.96$ を用いると, 母比率 p の 95% 信頼区間は,

$$0.599 \pm 1.96\sqrt{\frac{0.599 \cdot 0.401}{217}} = [0.534,\ 0.663]$$

となる.

2.　有限母集団修正

　前節では母集団のサイズ N が n に比べて十分に大きいと仮定をした. しかし, 前節でも述べたとおり, 一般に N は有限であり, このとき X の従う分布は厳密には二項分布ではなく, **超幾何分布**（hypergeometric distribution）である. 超幾何分布の期待値, 分散はそれぞれ

$$E[X] = p, \qquad V[X] = \frac{N-n}{N-1}np(1-p) = (1-f)np(1-p)$$

となることが知られている．ここで，$f = n/N$ は抽出率である．これより，標本比率 $\hat{p} = X/n$ の期待値，分散はそれぞれ

$$E[\hat{p}] = p, \qquad V[\hat{p}] = \frac{N-n}{N-1} \cdot \frac{p(1-p)}{n} = (1-f) \cdot \frac{p(1-p)}{n}$$

となる．このことから，$\hat{p}$ はこの場合でも p の不偏推定量になるが，$\hat{p}$ の分散が前節のものと異なることから，f が小さくない場合は信頼区間に修正を加える必要があることがわかる．有限母集団の場合，標本を単純無作為抽出しても，前節のように，各人の回答 $X_i\ (i = 1, \cdots, n)$ が互いに独立にはならない．しかし，中心極限定理を用いると，f が小さくなくても n の値が大きければ，$\hat{p}$ を標準化した Z は近似的に標準正規分布に従う

$$Z = \frac{\hat{p} - p}{\sqrt{(1-f)p(1-p)/n}} \sim N(0, 1)$$

ことが知られている．この事実を用いれば，

$$\hat{p} - z_{\alpha/2}\sqrt{\frac{(1-f)\hat{p}(1-\hat{p})}{n}} \le p \le \hat{p} + z_{\alpha/2}\sqrt{\frac{(1-f)\hat{p}(1-\hat{p})}{n}}$$

は p の $100 \cdot (1-\alpha)\%$ 信頼区間をなす．このように母集団が有限であることを明示的に意識して信頼区間を修正することを，**有限母集団修正**と呼ぶ．

　例えば，20 代の男女が $N = 500$ 人いる大学で，217 人の 20 代の男女を無作為抽出して，そのうちの 130 人が Twitter を利用していると回答したという状況を考えよう．このとき推定したいのは，この大学の 20 代の男女における利用率である．$f = 217/500 = 0.434$ となるので，有限母集団修正をした母比率の 95 % 信頼区間は

$$0.55 \pm 1.96\sqrt{\frac{0.434 \cdot 0.55 \cdot 0.45}{400}} = [0.550,\ 0.648]$$

となり，前節の信頼区間とは差があることがわかる．抽出率 f が高ければ，この差は大きくなる．

3.　母比率の検定

　再び，第 1 節の抽出率 $f = n/N$ が小さいという設定に戻って，母比率が特

定の値 p_0 であるか否かを，有意水準 α の両側検定

$$H_0 : p = p_0, \qquad H_1 : p \neq p_0$$

で検証することを考える．例題1の Twitter 利用率が過半数を超えるか否かに興味がある場合は，$p_0 = 0.5$ の状況である．

このとき，第1節でも考えたように，帰無仮説 $H_0 : p = p_0$ の仮定の下で $\hat{p}$ を標準化すれば，中心極限定理から，n が大きいときには近似的に

$$Z = \frac{\hat{p} - p_0}{\sqrt{p_0(1 - p_0)/n}} \sim N(0, 1)$$

となることがわかる．この事実を用いれば，

$$\begin{cases} |Z| > z_{\alpha/2} & H_0 \text{ を棄却して } H_1 \text{ を採択} \\ |Z| \leq z_{\alpha/2} & H_0 \text{ を受容} \end{cases}$$

は有意水準 α の両側検定となる．

例題1の場合，$p_0 = 0.5$ で $Z = 2.932 > 0$ となるので，有意水準 5% で帰無仮説を棄却し，利用率は過半数であると結論できる．

片側検定も同様にして定義が可能である．

4. 母比率の2標本検定

次に以下のような問題を考えよう．

【例題2】 例題1と同じ調査を無作為抽出した10代の男女140人に対しても行ったところ，Twitter を利用していると回答した人は86人いた[3]．10代の男女と20代の男女で Twitter を利用率に差があるといえるだろうか？

ここでは，10代の男女と20代の男女という2つの母集団があり，この2つの母集団の母比率に差があるかどうかを仮説検定によって検証することが目的である．ここでも，いずれの母集団のサイズとも標本のサイズに比べて十分に大きいと仮定できるものとする．10代の男女の標本サイズを m，Twitter 利

用率を q, 利用していると回答した人数を Y としよう. このとき, X と Y は互いに独立に二項分布

$$X \sim B(n, p), \qquad Y \sim B(m, q)$$

に従うと仮定できる. ここで考えるのは, 20 代男女の利用率 p と 10 代男女の利用率 q が等しいか否かの両側検定

$$H_0 : p = q, \qquad H_1 : p \neq q$$

である. 第 1 節と同様に考えれば, $\hat{q} = Y/m = 0.614$ は q の不偏推定量であり, かつ一致推定量である. また, 帰無仮説 $H_0 : p = q$ の下では, 2 つの母集団の母比率が等しいので, $p^* = p = q$ としたときに,

$$\hat{p}^* = \frac{X + Y}{n + m} = 0.605$$

は, p^* の不偏推定量で, かつ一致推定量になる. 実は, n, m が共に十分に大きいときには近似的に

$$Z = \frac{\hat{p} - \hat{q}}{\sqrt{(1/n + 1/m)\hat{p}^*(1 - \hat{p}^*)}} \sim N(0, 1)$$

となることが知られている. この Z を用いて,

$$\begin{cases} |Z| > z_{\alpha/2} & H_0 \text{ を棄却して } H_1 \text{ を採択} \\ |Z| \leq z_{\alpha/2} & H_0 \text{ を受容} \end{cases}$$

によって検定を行えば, これは有意水準 α の両側検定になる.

この場合の片側検定も同様に考えれば定式化が可能である.

例題 2 にこの両側検定を適用すると, $Z = -0.287$ となり, 有意水準 5% で帰無仮説 $H_0 : p = q$ は受容され, 10 代と 20 代で利用率に差があるとはいえないと結論される.

本項目の理論的な詳細に関しては, 文献 [1][2][4] などを参照されたい.

[原尚幸]

質的分析法

【参考文献（さらに学びたい人のために）】

[1]　久保川達也，国友直人（2016）.『統計学』東京大学出版会.

[2]　日本統計学会編（2015）.『改訂版 日本統計学会公式認定 統計検定 2 級対応 統計学基礎』東京図書.

[3]　総務省情報通信政策研究所（2016）.『情報通信メディアの利用時間と情報行動に関する調査』72.

[4]　鄭躍軍，金明哲（2011）.『社会調査データ解析――R で学ぶデータサイエンス 17』共立出版.

B3-4

適合度検定
goodness-of-fit test

1.　概説

　適合度（goodness-of-fit）とは，統計分析において，ある事象に関する実際のデータから得られた 1 つの統計的分布が，何らかの理論分布に対し，どの程度当てはまりのよさを示しているかを表す概念である．例えば，1 つのサイコロを 30 回投げ続けて，1 から 6 までのそれぞれの目の出た回数を記録した結果は 7，4，5，3，6，5 であったとすると，これを**観測度数分布**という．このサイコロが均質に正しく作られた場合の理論出現回数は，どの目も等しく 5 回となるはずである．これが一様分布という理論分布に当たる．この場合，観測度数分布が理論分布に対して，どれほどの当てはまりのよさを示しているかということは適合度により説明することができる．

　なお，適合度という概念は，ある変数の実際の変動を，何らかの理論的考察に基づく方程式（モデル）を用いて説明しようとする場合にも用いられる[6]．例えば，線形回帰分析の最も重要な問題は，回帰直線（方程式）がどの程度各々の観測値（実測値ともいう）を要約できるかということである．この場合，回帰方程式から計算される理論値（期待値ともいう）の動きが，実際の観測値の動きにどれほど当てはまっているかを示す適合度の指標として，決定係数が用いられる．

　一方，**適合度検定**（goodness-of-fit test）とは，1つの理論分布が実際に標本から得られるデータに当てはまっているか，理論的に出された値が観測された値にどれほど当てはまりのよさを示しているかを調べるための統計的検定である．当てはまりのよさ，すなわち適合度を検証するためには，**カイ2乗検定**（chi-square (χ^2) test）という手法がよく用いられる．簡単にいえば，χ^2統計量は大きいほど，当てはまりが悪く，逆にχ^2統計量は小さい場合，当てはまりがよい．これは，小さいχ^2値が理論値と観測値のずれが小さいことを意味するからである．適合度検定では，カイ2乗検定の他に尤度比検定を用いる場合もあるが，ここでは詳細を省く．カイ2乗適合度検定の一般の手順は以下のとおりである．

　① 検定用仮説を立てる．
　　　帰無仮説 H_0：観測値は理論値と比較してずれがない．
　　　対立仮説 H_1：観測値は理論値と比較してずれがある．
　② 有意水準 α を決め，α に対応するカイ2乗分布の境界値 χ^2_α を χ^2 分布表より得る．
　③ 理論値を計算する．
　④ 検定統計量 χ^2 を計算する．

$$\chi^2 = \sum \frac{(観測値 - 理論値)^2}{理論値} \tag{1}$$

　式（1）の検定統計量 $\chi^2 >$ 境界値 χ^2_α であれば，帰無仮説 H_0 を棄却し，対立仮説 H_1 を採用する．つまり，有意水準 α で，理論値と比較してずれがあるといえる．

　適合度検定には，様々な応用方法が提案されているが，以下，人文社会科学分野においてよく用いられている離散分布型の検定と分割表の独立性検定について説明しておく．

2. 特定の分布型の検定

　全事象が互いに排反する k 個の事象 $A_1, A_2, \cdots, A_k$ に分割されている場合を考える．n 回の独立な試行を行った結果，$A_1, A_2, \cdots, A_k$ の事象がそれぞれ $n_1, n_2, \cdots, n_k$ 回 $(n = n_1 + n_2 + \cdots + n_k)$ 起きたとする．このような事象の

質的分析法

起きた頻度を数えることを**計数観測**（counting observation）と呼ぶ．そのとき，計数観測 $n_1, n_2, \cdots, n_k$ は多項分布（「**B3-2 離散変数の分布**」参照）に従う．

特定の分布型の検定とは，多項分布に従う確率変数の標本データを用いて，多項分布の確率に関する帰無仮説 $H_0 : \pi_1 = p_1, \pi_2 = p_2, \cdots, \pi_k = p_k$ を確認する統計的仮説検定を指す．ただし，p_i は事象 A_i が起きる標本比率（推定量），π_i は母比率である．観測の繰り返し数 n の多項分布の確率変数 $X_1, X_2, \cdots, X_k$ より，式（1）を用いて，

$$\text{検定統計量 } \chi^2 = \sum_{i=1}^{k} \frac{(X_i - n\pi_i)^2}{n\pi_i}$$

を求めると，χ^2 は帰無仮説 H_0 が真であるならば，近似的に自由度 $k-1$ のカイ 2 乗分布に従う[2]．そこで，分布型の検定では任意の有意水準に対する棄却域を設け，実際の標本から得られた χ^2 の値が，この棄却域に入るかどうかという基準で，帰無仮説 H_0 を棄却するか採択するか決定すればよい．

例えば，2 つ以上のカテゴリーをもつ質的変数の度数がある場合，**観測度数**（observed frequency）がある特定の分布に適合（一致）するかどうかを適合度検定により調べることができる．ここで，遺伝学の祖であるメンデルのエンドウ交配実験で，黄・丸：315，黄・しわ：101，緑・丸：108，緑・しわ：32[3]という観測データについて適合度検定を適用してみよう．遺伝学法則によると，この 4 つの型は，9 : 3 : 3 : 1 という理論的比率で出現するはずである．つまり，

帰無仮説 $H_0 : \pi_1 = 9/16, \pi_2 = \pi_3 = 3/16, \pi_4 = 1/16$

標本の大きさ n が $n = 556$ の場合には

$$\chi^2 = \frac{(315 - 312.75)^2}{312.75} + \frac{(101 - 104.25)^2}{104.25} + \frac{(108 - 104.25)^2}{104.25} + \frac{(32 - 34.75)^2}{34.75}$$
$$= 0.470$$

となる．もし，帰無仮説 H_0 が真であるならば，観測度数が**理論度数**（theoretical frequency，期待度数ともいう）から大きくずれること，つまり大きい χ^2 の値が出ることは小さい確率でしか生じない．この理屈を逆に使って，「小

さい確率」が 0.05 や 0.01 を以て,「大きい値」を定義し,これを超えればはっきりとずれたと判断してよい[1].実は,「はっきりとずれた」ことを統計的に「**有意**(statistical significant)」といい,これのもとになった小さく指定された確率を「**有意水準**」という.

この例では,$\chi^2 = 0.470$ は有意水準 0.05,0.01 の境界値 $\chi^2_{0.05}(3) = 7.81$,$\chi^2_{0.01}(3) = 11.34$ より小さく,有意ではない.ゆえに有意水準 0.05 や 0.01 の検定では帰無仮説 H_0 は棄却できない.

3. 分割表の独立性検定

分割表(contingency table)は,通常 2 つの質的データをカテゴリーで同時に分類し,その度数を集計したもののことで,質的変数の関係を調べるのによく用いられる.なお,それぞれのデータをクロスさせて両者の関係を確認することから,分割表を**クロス集計表**(cross tabulation)とも呼ぶ[4].**表 1** は $R \times C$ 分割表の一般形式を示すもので,各セルの f_{ij} は変数 A のカテゴリー a_i と変数 B のカテゴリー b_j に該当する標本数で,観測度数にあたる.行合計 $f_{i\cdot}$ と列合計 $f_{\cdot j}$ はそれぞれカテゴリー a_i に該当する標本数とカテゴリー b_j に該当する**周辺度数**(marginal frequency)であり,$f_{\cdot\cdot}$ は標本数の総合計である.

分割表の独立性検定は,分布型の検定の拡張になるが,**表 1** に示されてい

質的分析法

表 1 $R \times C$ 分割表の一般形式

		変数 B					行合計
		b_1	b_2	$\cdots$	b_j	$\cdots$	b_c	
変数 A	a_1	f_{11}	f_{12}	$\cdots$	f_{1j}	$\cdots$	f_{1c}	$f_{1\cdot}$
	a_2	f_{21}	f_{22}	$\cdots$	f_{2j}	$\cdots$	f_{2c}	$f_{2\cdot}$
	$\vdots$	$\vdots$	$\vdots$		$\vdots$		$\vdots$	$\vdots$
	a_i	f_{i1}	f_{i2}	$\cdots$	f_{ij}	$\cdots$	f_{ic}	$f_{i\cdot}$
	$\vdots$	$\vdots$	$\vdots$		$\vdots$		$\vdots$	$\vdots$
	a_r	f_{r1}	f_{r2}	$\cdots$	f_{rj}	$\cdots$	f_{rc}	$f_{r\cdot}$
列合計		$f_{\cdot 1}$	$f_{\cdot 2}$	$\cdots$	$f_{\cdot j}$	$\cdots$	$f_{\cdot c}$	$f_{\cdot\cdot}$

るような $R \times C$ 分割表が与えられたときに，「帰無仮説 H_0：変数 A と変数 B は独立である」と「対立仮説 H_1：変数 A と変数 B は独立ではない」を立て，どちらを受け入れるかを判断することに帰着する．

　もし，帰無仮説 H_0 が真であるならば，観測度数 f_{ij} は理論度数 $\hat{f}_{ij}$ に限りなく近い値となると考えられる．したがって，分割表全体としての観測度数と理論度数の乖離の度合は以下の統計量 χ^2 で評価することができる．

$$\chi^2 = \sum_{i=1}^{r} \sum_{j=1}^{c} \frac{(f_{ij} - \hat{f}_{ij})^2}{\hat{f}_{ij}} \tag{2}$$

　ただし，変数 A と変数 B が独立である場合の理論度数は

$$\hat{f}_{ij} = \frac{f_{i\cdot} f_{\cdot j}}{f_{\cdot\cdot}} = \frac{\text{行合計} \times \text{列合計}}{\text{総合計}} \tag{3}$$

で計算することになる．特定の分布型の検定と同様に，χ^2 の値が小さくなると，観測度数と理論度数の乖離は小さく，逆に χ^2 の値が大きければ両者の乖離は大きく，変数 A と変数 B が独立であるという帰無仮説 H_0 は疑わしくなる．

　では，χ^2 がどの程度大きい値になったときに帰無仮説 H_0 を棄却すると判断すべきか．$f_{\cdot\cdot}$ が大きいとき（大標本のとき），帰無仮説が真であるならば，χ^2 は自由度 $\nu = (r-1)(c-1)$ のカイ2乗分布に近似的に従う．このことから，有意水準 α のもとで検定を行う場合には，χ^2 の値が $\chi_\alpha^2(\nu)$ という境界値より大きいときに，帰無仮説 H_0 を棄却すればよい．

　表2は，統計数理研究所が2002年に行った日本人の価値観調査で得られた生活満足度と学歴のデータの分割表である[5]．さて，この 4×5 分割表の独立性を有意水準 $\alpha = 0.05$ で検定してみよう．

　表2の観測度数から，式（3）を用いて各セルの理論度数を求めると，表3のような結果が得られる．

　表2の観測度数と表3の期待度数を式（2）に代入して計算すると，検定統計量 $\chi^2 = 10.94$ という結果となった．分割表の自由度は $\nu = (4-1)(5-1) = 12$，有意水準 $\alpha = 0.05$ から，カイ2乗分布表から境界値 $\chi_{0.05}^2(12) = 21.03$ となっている（**付表3カイ2乗分布表**を参照）．

　この例では，$\chi^2 = 10.94$ が臨界値より小さいので，帰無仮説 H_0 を棄却する

表2　学歴と生活満足度の分割表

		満足	やや満足	どちらとも いえない	やや不満	不満	合計
		変数 A：生活満足度					
変数 B：学歴	小・中学校	40	50	16	15	6	127
	高等学校	131	150	59	34	9	383
	短期大学	44	52	22	7	2	127
	大学・大学院	46	65	19	8	2	140
	合　計	261	317	116	64	19	777

表3　学歴・生活満足度分割表の期待度数

		満足	やや満足	どちらとも いえない	やや不満	不満	合計
		変数 A：生活満足度					
変数 B：学歴	小・中学校	42.7	51.8	19.0	10.5	3.1	127.0
	高等学校	128.7	156.3	57.2	31.5	9.4	383.0
	短期大学	42.7	51.8	19.0	10.5	3.1	127.0
	大学・大学院	47.0	57.1	20.9	11.5	3.4	140.0
	合　計	261.0	317.0	116.0	64.0	19.0	777.0

質的分析法

ことはできない．ゆえに学歴によって生活満足度が変わるとはいえないという結論が導かれる．

なお，2×2 分割表のカイ2乗検定については，式（2）で定義される検定統計量 χ^2 の代わりに，式（4）のようなイェーツ（Yates）の簡便式を用いて χ^2 の値を求め，独立性検定を行うことができる．ただし，a, b, c, d は $(1,1)$，$(1,2)$，$(2,1)$，$(2,2)$ の各セルの観測度数である．

$$\chi^2 = \frac{n(|ad - bc| - n/2)^2}{(a+b)(c+d)(a+c)(b+d)} \tag{4}$$

［鄭躍軍］

【参考文献（さらに学びたい人のために）】

[1]　松原望（2013）．『統計学』東京図書．

[2]　杉山髙一，藤越康祝，杉浦成昭，国友直人編（2007）．『統計データ科学事典』朝倉書店．

[3]　竹内啓編（1989）．『統計学辞典』東洋経済新報社．

[4]　鄭躍軍（2008）．『統計的社会調査——心を測る理論と方法』勉誠出版．

[5]　鄭躍軍，金明哲，村上征勝（2007）．『データサイエンス入門』勉誠出版．

[6]　Vogt, W. P.（2005）．*Dictionary of Statistics and Methodology: A Nontechnical Guide for the Social Sciences*, 3rd ed., Sage Publications.

B3-5
分割表の解析
contingency table analysis

　本項目では，分割表に内在する構造を表すモデルを紹介する．また，それらのモデルからの隔たりの程度を測る尺度も紹介する．モデルの妥当性の検証や尺度の推定に関しては，例えば，文献 [2] や文献 [4] を参照されたい．

1.　分割表とは

　水準数（項目数）がそれぞれ $I \geq 2$ と $J \geq 2$ である 2 つのカテゴリカル変数 X と Y を考え，n_{ij} $(i = 1, \cdots, I; \ j = 1, \cdots, J)$ をセル (i, j) に分類される度数とすると，**表 1** のような $I \times J$ 分割表にまとめられる．この表のことを **2 元分割表**（two-way contingency table）という．ただし，

表 1　$I \times J$ 分割表

$X \setminus Y$	1	2	$\cdots$	J	計
1	n_{11}	n_{12}	$\cdots$	n_{1J}	$n_{1\cdot}$
2	n_{21}	n_{22}	$\cdots$	n_{2J}	$n_{2\cdot}$
$\vdots$	$\vdots$	$\vdots$	$\ddots$	$\vdots$	$\vdots$
I	n_{I1}	n_{I2}	$\cdots$	n_{IJ}	$n_{I\cdot}$
計	$n_{\cdot1}$	$n_{\cdot2}$	$\cdots$	$n_{\cdot J}$	n

$$n_{i\cdot} = \sum_{j=1}^{J} n_{ij}, \quad n_{\cdot j} = \sum_{i=1}^{I} n_{ij}, \quad n = \sum_{i=1}^{I} \sum_{j=1}^{J} n_{ij}$$

である．観測度数 n_{ij} はセル (i,j) の生起確率 $\pi_{ij} = P(X = i,\ Y = j)$ をパラメーターとする多項分布

$$\frac{n!}{\prod_i \prod_j n_{ij}!} \prod_i \prod_j \pi_{ij}^{n_{ij}}$$

に従うとする．ここで推論の目的は，①生起確率 π_{ij} の構造を定めること，②分割表データに対してあるモデルの当てはまりがよくないときにその隔たりの程度を測ること，である．

2. 連関のモデル

X と Y に関する**独立モデル**（または無連関モデル）は

$$\pi_{ij} = \pi_{i\cdot}\pi_{\cdot j} \qquad (i = 1, \cdots, I;\ j = 1, \cdots, J)$$

で表される．ただし，$\pi_{i\cdot} = \sum_j \pi_{ij}$, $\pi_{\cdot j} = \sum_i \pi_{ij}$ である．行変数 X が i よりも $i+1$ である可能性は列変数 Y が j のときよりも $j+1$ のときの方が何倍高いかを示す局所オッズ比は

$$\theta_{ij}^{L} = \frac{\pi_{ij}\pi_{i+1,j+1}}{\pi_{i+1,j}\pi_{i,j+1}} \qquad (i = 1, \cdots, I-1;\ j = 1, \cdots, J-1)$$

で定義される．このとき独立モデルは

$$\theta_{ij}^{L} = 1 \qquad (i = 1, \cdots, I-1;\ j = 1, \cdots, J-1)$$

で表される．

独立モデルの当てはまりがよくないときに用いられる種々の拡張モデル（**連関モデル**）が提案されている．行と列が順序カテゴリからなるとき，一様連関モデルは

$$\theta_{ij}^{L} = c \qquad (i = 1, \cdots, I-1;\ j = 1, \cdots, J-1)$$

で表される．ただし，ある定数 $c > 0$ は未知である．行と列にそれぞれ既知の
スコア $\{\mu_1, \mu_2, \cdots, \mu_I\}$ と $\{\nu_1, \nu_2, \cdots, \nu_J\}$ を割り振る．ただし，$\mu_1 < \mu_2 < \cdots < \mu_I$，$\nu_1 < \nu_2 < \cdots < \nu_J$ である．このとき線形–線形連関モデルは

$$\theta_{ij}^L = c^{(\mu_{i+1}-\mu_i)(\nu_{j+1}-\nu_j)} \qquad (i = 1, \cdots, I-1; \ j = 1, \cdots, J-1)$$

で表される．また，行効果モデルは

$$\theta_{ij}^L = c_{1i} \qquad (i = 1, \cdots, I-1; \ j = 1, \cdots, J-1)$$

で表され，列効果モデルは

$$\theta_{ij}^L = c_{2j} \qquad (i = 1, \cdots, I-1; \ j = 1, \cdots, J-1)$$

で表される．行効果モデルは，行のスコア $\{\mu_1, \mu_2, \cdots, \mu_I\}$ を未知として扱う
ことに対応している．同様に，列効果モデルは，列のスコア $\{\nu_1, \nu_2, \cdots, \nu_J\}$
を未知として扱うことに対応している．さらに，行と列効果モデルは

$$\theta_{ij}^L = c_{1i}c_{2j} \qquad (i = 1, \cdots, I-1; \ j = 1, \cdots, J-1)$$

で表される．このモデルは，行と列のスコアを共に未知として扱うことに対応
している．この節で紹介した各モデルの詳細は，文献 [1] や文献 [2] を参照さ
れたい．また，パラメーター推定や適合度検定は，フリーソフト R を用いて
実行可能である[3]．

3. 連関の尺度

　独立モデルの当てはまりがよくないとき，X と Y の連関の度合いを測るこ
とを考える．Goodman と Kruskal の $\boldsymbol{\gamma}$ 尺度は

$$\gamma = \frac{P_c - P_d}{P_c + P_d}$$

で定義される．ただし，

$$P_c = 2\sum_{i<k}\sum\sum_{j<l}\sum \pi_{ij}\pi_{kl}, \qquad P_d = 2\sum_{i<k}\sum\sum_{j>l}\sum \pi_{ij}\pi_{kl}$$

である．P_c はランダムに選ばれる 1 組の観測値 (X_a, Y_a) と (X_b, Y_b) の順序が一致，すなわち $(X_b - X_a)(Y_b - Y_a) > 0$ の確率である．一方，P_d はそれが不一致，すなわち $(X_b - X_a)(Y_b - Y_a) < 0$ の確率である．

Kendall の τ_b 尺度は

$$\tau_b = \frac{P_c - P_d}{\sqrt{(1 - \sum_i \pi_{i\cdot}^2)(1 - \sum_j \pi_{\cdot j}^2)}}$$

で定義される．

Pearson の相関係数は

$$\rho = \frac{\sum_i \sum_j (i - \mu_X)(j - \mu_Y)\pi_{ij}}{\sqrt{(\sum_i (i - \mu_X)^2 \pi_{i\cdot})(\sum_j (j - \mu_Y)^2 \pi_{\cdot j})}}$$

で定義される．ただし，$\mu_X = \sum_i i\pi_{i\cdot}$，$\mu_Y = \sum_j j\pi_{\cdot j}$ である．

Spearman の ρ_b は

$$\rho_b = \frac{\sum_i \sum_j (r_i^X - 0.5)(r_j^Y - 0.5)\pi_{ij}}{\sqrt{(\sum_i (r_i^X - 0.5)^2 \pi_{i\cdot})(\sum_j (r_j^Y - 0.5)^2 \pi_{\cdot j})}}$$

で定義される．ただし，

$$r_i^X = \sum_{k=1}^{i-1} \pi_{k\cdot} + \frac{\pi_{i\cdot}}{2}, \qquad r_j^Y = \sum_{l=1}^{j-1} \pi_{\cdot l} + \frac{\pi_{\cdot j}}{2}$$

である．$\{r_i^X\}$ は X の周辺分布に関するリジット，$\{r_j^Y\}$ は Y の周辺分布に関するリジットである．したがって，尺度 ρ_b は $\{r_i^X\}$ と $\{r_j^Y\}$ の相関係数と考えられる．尺度 (γ, τ_b, ρ_b) は，-1 以上 1 以下の値をとる．また，独立モデルが成り立つとき尺度の値は 0 となるが，その逆は成り立たない．

この節で紹介した尺度の推定は，π_{ij} を標本割合 $p_{ij} = n_{ij}/n$ で置き換えた尺度を用いればよい[1]．

4.　対称性のモデル

行と列が同じ分類からなる $I \times I$ 分割表（正方分割表）を考える．正方分割

質的分析法

表データの特徴として，多くの観測値が分割表の主対角線またはその周辺に集中する傾向がある．したがって，X と Y に関連性があることは明白であるから，例えば次に示す対称性の構造に関心がある．

$$\pi_{ij} = \pi_{ji} \qquad (i < j)$$

この構造は，**対称モデル**（symmetry model）と呼ばれる．セル確率 π_{ij} が i から j へと推移する確率と解釈できる場合には，$i < j$ に対して，i から j への推移と j から i への推移が同等であることを示している．対称モデルは，周辺同等モデル

$$\pi_{i\cdot} = \pi_{\cdot i} \qquad (i = 1, \cdots, I)$$

と準対称モデル

$$\pi_{ij}\pi_{jk}\pi_{ki} = \pi_{ji}\pi_{ik}\pi_{kj} \qquad (i < j < k)$$

に分解できることが知られている．この結果は，対称モデルの当てはまりがよくないとき，その原因が周辺分布の同等性の崩れが原因なのか，それとも $i \to j$，$j \to k$，$k \to i$ への推移と $j \to i$，$i \to k$，$k \to j$ への推移の同等性の崩れが原因なのかを探ることに有用である．

　対称モデルの当てはまりがよくないときに用いられる種々の非対称モデルが提案されている．行と列が順序カテゴリからなるとき，

$$\pi_{ij} = \delta_{ji}\pi_{ji} \qquad (i < j)$$

と表すと，**条件付き対称モデル**（conditional symmetry model）は $\{\delta_{ji} = \delta\}$ とおいたモデルである．このモデルは，対称的なセル確率の比（π_{ij}/π_{ji}）が $i < j$ によらず一定であることを示す．また，**対角パラメーター対称モデル**（diagonals-parameter symmetry model）は $\{\delta_{ji} = \delta_{j-i}\}$ とおいたモデルである．このモデルは，対称的なセル確率の比が主対角線からの距離が同じであれば一定であることを示す．**線形対角パラメーター対称モデル**（linear diagonals-parameter symmetry model）は $\{\delta_{ji} = \delta^{j-i}\}$ とおいたモデルである．このモデルは，対称的なセル確率の比が主対角線からの距離に依存して指数的に変化することを示す．また，行と列に既知のスコア $\{\mu_1, \mu_2, \cdots, \mu_I\}$ を割り振ると

き，$\{\delta_{ji} = \delta^{\mu_j - \mu_i}\}$ とおいたモデルは順序準対称モデルである.

この節で紹介した各モデルの適合度検定は，フリーソフト R を用いて実行可能である[3].

5. 対称性の尺度

対称モデルの当てはまりがよくないとき，対称モデルからの隔たりの程度を測ることを考える. $\{\pi_{ij} + \pi_{ji} \neq 0\}$ とし，**対称モデルからの隔たりを測る尺度**（measure of departure from symmetry）は

$$\phi_s = \frac{1}{\sum_{i \neq j} \sum \pi_{ij} \log 2} \sum_{i \neq j} \sum \pi_{ij} \log \frac{2\pi_{ij}}{\pi_{ij} + \pi_{ji}}$$

で定義される[5]. ただし，$0 \log 0 = 0$ である.

尺度 ϕ_s は $0 \leq \phi_s \leq 1$ を満たす. また，対称モデルが成り立つための必要十分条件は $\phi_s = 0$ であり，対称モデルからの隔たりが最大（任意の $i \neq j$ に対して $\pi_{ij} = 0$ または $\pi_{ji} = 0$）であるための必要十分条件は $\phi_s = 1$ である.

尺度の推定は，π_{ij} を標本割合 $p_{ij} = n_{ij}/n$ で置き換えた尺度を用いればよい. すなわち，尺度 ϕ_s の推定量 $\hat{\phi}_s$ は

$$\hat{\phi}_s = \frac{1}{\left(\sum_{i \neq j} \sum p_{ij} \right) \log 2} \sum_{i \neq j} \sum p_{ij} \log \frac{2p_{ij}}{p_{ij} + p_{ji}}$$

で与えられる. このとき G_s^2 を対称モデルに対する尤度比カイ 2 乗統計量，すなわち

$$G_s^2 = 2 \sum_{i \neq j} \sum n_{ij} \log \frac{2n_{ij}}{n_{ij} + n_{ji}}$$

とすると，$\hat{\phi}_s = G_s^2/n^*$ であることがわかる. ただし $n^* = (2 \log 2) \sum_{i \neq j} \sum n_{ij}$ である.

［田畑耕治］

【参考文献（さらに学びたい人のために）】

[1]　Agresti, A.（2010）. *Analysis of Ordinal Categorical Data*, 2nd ed., Wiley.

[2]　廣津千尋（1982）.『離散データ解析』教育出版.

[3]　Kateri, M.（2014）. *Contingency Table Analysis; Methods and Implementation Using R*, Birkhäuser (Springer).

[4]　宮川雅巳, 青木敏（2018）.『分割表の統計解析——二元表から多元表まで』朝倉書店.

[5]　Tomizawa, S.（1994）. Two kinds of measures of departure from symmetry in square contingency tables having nominal categories, *Statistica Sinica*, **4**, 325–334.

B3-6
対数線形モデル
log-linear model

　対数線形モデルとは分割表（クロス集計表ともいう）の分析法のひとつであり，一般化線形モデルの一種としても位置づけられる[1][3][4]．離散変数間の関連の仕方をモデリングする方法であり，様々なタイプの対数線形モデルが考案されているが，比較的利用頻度の高い階層的対数線形モデルと準独立モデルを例にどのような分析か解説する.

1.　階層的対数線形モデル

　階層的対数線形モデル（hierarchical log-linear model）とは，多元表（3つ以上の離散変数からなる分割表）の関連の仕方を検討する方法である．A, B, C という3つの離散変数が互いに独立かどうかを考えると，以下の5種類の関連がありうる．①3変数はすべて互いに独立（$[A][B][C]$，これを**独立モデル**（independence model）と呼ぶ）．②ある1組の変数のペア（例えば A と B）の間にだけ関連があるが，残りの変数（C）は他のいずれの変数とも独立である場合（$[AB][C]$）．③A と B，B と C の間には関連があるが，B を統制すると A と C の間は独立であるような場合（$[AB][BC]$，これを**条件付き独立モデル**（conditional independence model）と呼ぶ）．④すべての組み合わせで第3変数を統制しても関連がある場合（$[AB][BC][AC]$，これを**対連関モデル**（homogeneous association model）と呼ぶ）．⑤3変数の間に交互作用

表1　3元表から作った年齢・学歴別のインターネット検索利用率

	インターネット検索利用（C）率（%）			該当人数（人）		
	学歴（B）			学歴（B）		
年齢（A）	中学以下	高校	大学等	中学以下	高校	大学等
20〜39 歳	69.2	90.6	95.2	13	235	310
40〜59 歳	45.0	74.4	85.8	40	347	318
60〜89 歳	14.0	35.8	59.6	136	313	146

（出典：JGSS 2012[2]）

がある場合（[ABC]，3変数の場合はこれが**飽和モデル**（saturated model））．
階層的対数線形モデルは，これらのモデルのうちどれが最もデータへのあてはまりがよいか明らかにできる．対連関モデルと飽和モデルの違いは，前者がある1組の変数の関連の仕方は第3変数の値にかかわらず一定であると仮定しているのに対して，後者は第3変数の値によってそのペアの関連の仕方は異なる（異なってもよい）と仮定している点にある．

　以下では年齢（A）と学歴（B）とインターネットで情報検索するかどうか（C，以下「検索」と略記）の3つの変数からなる分割表（$3 \times 3 \times 2$ 表）の関連を対数線形モデルで分析してみよう．分割表そのものはわかりにくいので，年齢・学歴別のインターネット検索利用率と，各セルに該当する人数（つまり学歴と年齢の分割表）を**表1**に示した．若い人ほど，そして高学歴であるほど検索率が高まるのは自明であるが，年齢によって学歴と検索率の関係が変わるかどうかに興味があるとしよう．この場合，対連関モデルはすべての変数が互いに関連しているが，すべての年齢層で学歴と検索の関連の仕方（つまり学歴による検索率の差）は同じと仮定するモデルであり，飽和モデルは年齢によって学歴と検索の関連の仕方に違いがあると仮定するモデルである．これらを含めてすべての階層的モデルを推定し，データへの適合度を計算した結果が**表2**である．

　一般に対数線形モデルでは，各モデルの尤度比統計量（G^2 または L^2 と表記されることが多い）から個々のモデルの p 値（単に p と表記されることも多い）やモデル間の適合度の差が有意かどうかを調べることができる．しかし，このような検定によるモデル選択法ではサンプルサイズが非常に

表 2　階層的対数線形モデルの表 1 のデータへの適合度

	df	G^2	p	BIC
$[A][B][C]$	12	807.1	0.00	716.8
$[AB][C]$	8	590.4	0.00	530.2
$[A][BC]$	10	329.7	0.00	254.5
$[AC][B]$	10	541.2	0.00	465.9
$[AB][AC]$	6	113.1	0.00	67.9
$[AB][BC]$	6	324.5	0.00	279.3
$[AC][BC]$	8	63.8	0.00	3.6
$[AB][AC][BC]$	4	0.9	0.93	−29.2
$[ABC]$	0	0.0	—	0.0

大きい場合，どんなに軽微な関連でも必ず飽和モデルを選択することになってしまうこともあり，ベイズ情報量基準（BIC）が用いられることもある．BIC が小さいほどモデルのあてはまりはよい）．**表 2** を見ると，対連関モデル（$[AB][AC][BC]$）の BIC が最小であり，p 値も 0.05 より大きいので棄却できない．それゆえ対連関モデルが採択される，つまり，学歴による検索率の差はすべての年代で同じだといえる．

2.　準独立モデル

準独立モデル（quasi-independence model）とは，行，列の数が 3 以上の正方表（行と列の数が同じ 2 元表）の分析の際に用いられるモデルで，主対角線上のセル以外は独立モデルと同じように周辺分布から予測するようなモデルのことである．一般に 2 元表の独立性の検定で帰無仮説が棄却された場合，2 つの離散変数には関連がある，という対立仮説が採択されるが，どのような関連があるのかまでは推測できない．対数線形モデルを使えば，どのような関連があるのか積極的に推測できる．そのようなモデルのひとつが準独立モデルである．

例えば，**表 3** は 39 歳以下の夫婦学歴の分割表である．主対角線上のセル度数が多く，同じ学歴どうしで結婚しやすいのは明らかであるが，学歴が近いほど結婚しやすいとまでいえるのか，それとも学歴が違っていれば相手がどん

表3 夫婦の学歴の分割表（39 歳以下）

		妻学歴		
		中学	高校	大学等
夫学歴	中学	4	16	5
	高校	7	172	97
	大学等	4	81	196

（出典：JGSS 2012[2]）

表4 対数線形モデルを表に当てはめた場合の適合度

	df	G^2	p	BIC
独立モデル	4	85.1	0.00	59.7
準独立モデル	1	0.9	0.34	−5.5
飽和モデル	0	0.0	—	0.0

な学歴でも夫婦になる確率は同じなのか（例えば，大学等卒の人が中卒と結婚する確率は高卒と結婚する確率と同じか），といった点を検討したいとしよう．そのような場合に独立モデル（通常の独立性の検定の帰無仮説），準独立モデル，飽和モデルの適合度を比較すればよい．その結果が**表4**である．準独立モデルの BIC が最小であり，p 値も 0.05 を上回っているので準独立モデルが採択される．つまり，夫婦学歴の関連は主に同じ学歴同士で結婚しやすいことによって生じているとはいえるが，それ以上の複雑な関連があるとは，このデータからはいい切れないということである．

さらに同学歴同士の結婚のしやすさは**オッズ比**（odds ratio）で表すことができる．上の準独立モデルからは中学どうしの，高校どうし，大学どうしの結婚が生じるオッズはその他の組み合わせの結婚の，それぞれ 7.7 倍，0.7 倍，5.8 倍であり，中学と大学は 1% 水準で有意に 1 より大きなオッズ比を示している．

これらのモデル以外にも 4 変数以上の多元表の分析や準独立モデル以外の複雑な関連を仮定したモデル，準独立モデルと階層的対数線形モデルを組み合わせたモデルなど，さまざまなモデルが考案されている．

[太郎丸博]

質的分析法

733

【参考文献（さらに学びたい人のために）】
[1] Agresti, A.（渡邉裕之他訳）（2003）.『カテゴリカルデータ解析入門』サイエンティスト社.
[2] 大阪商業大学（2016）. 日本版 General Social Survey <JGSS-2012>, 東京大学社会科学研究所附属社会調査・データアーカイブ研究センター SSJ データアーカイブ（リモート集計システムより表は作成）.
[3] 太郎丸博（2005）.『人文・社会科学のためのカテゴリカル・データ解析入門』ナカニシヤ出版.
[4] Wickens, T. D.（1989）. *Multiway Contingency Tables Analysis for the Social Sciences*, Lawrence Erlbaum.

B3-7
ロジスティック回帰分析
logistic regression analysis

1.　概要

　結果変数（目的変数，従属変数）が「成功・失敗」，「真・贋」のような事象の発生の有無（2 値変数，binary variable）への説明変数（要因，独立変数）の影響（効果）を分析するためのモデルとして，**ロジスティック回帰モデル**（logistic regression model）がある．特に多変量の変数を用いた場合には多変量ロジスティック回帰モデルあるいは多重ロジスティック回帰モデルと呼び，単変量と分けて呼ぶこともある．ここでは特に区別せずにロジスティック回帰モデルとして表記する．ロジスティック回帰モデルを用いた分析を**ロジスティック回帰分析**（logistic regression analysis）といい，結果変数が質的変数（離散変数，2 カテゴリー以上）であり，説明変数が連続変数，質的変数，あるいはそのコンビネーションであるようなデータに対する回帰分析の一手法である．ロジスティック回帰分析の目的は結果変数と説明変数との関連を分析することにあり，発想は大きく異なるが，この点では数量化 I 類などを含む一般の回帰分析や，数量化 II 類やダミー変数を用いた判別分析などと共通している．また，その特徴として関連性をオッズ比で表現できることがある．**最尤法**（maximum likelihood method）による推定が提案されて以来，医学を初めと

し，現在では多くの分野で利用されている．本項目では，結果変数が最も基本的で重要である2値変数の場合をとりあげ，ロジスティック回帰分析の概要について述べる．詳細は文献 [2][3] を参照されたい．

2.　データの形式

ロジスティック回帰分析を適用できるデータ形式は，標本に基づくものと**プロファイル**（profile）に基づくものの2通りがある．例えば**表1**に示すように，**(a)** 各標本の対応するデータ（標本ベース）の形式と，**(b)** 説明変数の相異なる反応パターン（プロファイル）ごとにまとめた形式である．標本ベースの場合には標本ごとの確率を推定し，プロファイルベースではプロファイルごとの確率を推定する．統計ソフトウェアでは，標本ベースの分析のみを取り扱うものが多いが，例えば統計パッケージ SAS では両方の指定が可能である．

表1　ロジスティック回帰分析を適用できるデータ例

（a）標本ベースの例

標本 ID	成功の有無	性	年齢	社会的支援の有無	プロファイル No.
1	0	1	50 代	1	1
2	0	1	40 代	2	2
3	1	2	50 代	2	3
4	1	1	50 代	1	1
5	0	2	40 代	1	4
6	0	1	50 代	1	1

（b）プロファイルベースの例

プロファイル No.	総数 n	成功数 d	プロファイル x
1	3	1	(1, 50, 1)
2	1	0	(1, 40, 2)
3	1	1	(2, 50, 2)
4	1	0	(2, 40, 1)

質的分析法

735

3.　モデルの形式

　ロジスティック回帰モデルは，右辺を $(-\infty \sim \infty)$ の変動範囲をもつ通常の回帰分析の形で表し，左辺は範囲 $(0, 1)$ に値をもつ発生確率 $p(x)$ を，**ロジスティック関数**（logistic function）を用いて変換したモデルであり，**一般化線形モデル**（generalized linear model）として位置づけられる．次に説明変数が 1 つである単変量の場合と説明変数が r 個ある場合のモデルを示す．特に後者のように複数個の説明変数をもつ場合に，多変量あるいは多重をつけて**多変量（多重）ロジスティック回帰モデル**（multivariate [multiple] logistic regression model）と呼ぶこともあるが，一般には特に区別をせずにロジスティック回帰モデルと表記する場合が多い．

　単変量ロジスティック回帰モデル：$\log \dfrac{p(x)}{1 - p(x)} = \alpha + \beta x$

　多変量ロジスティック回帰モデル：$\log \dfrac{p(x)}{1 - p(x)} = \alpha + \beta_1 x_1 + \cdots + \beta_r x_r$

ここで，対数 $\log$ は e を底とする自然対数である．左辺は $p(x)$ の**ロジット**(logit) であり，このような変換を**ロジット変換（図 1）**と呼ぶ．このためロジスティック回帰モデルをロジットモデルと呼ぶこともある．左辺はちょうど**対数オッズ**（log odds）の形を呈している．これを変換して $p(x)$ について求めると，例えば単変量のモデルでは

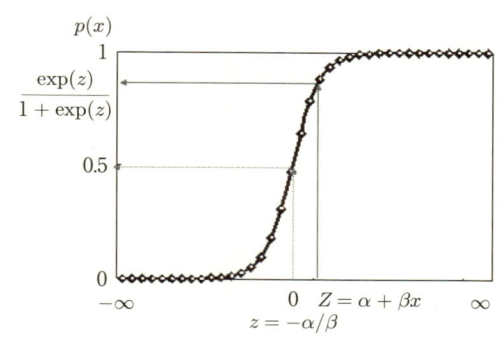

図 1　ロジット変換

$$p(x) = \frac{\exp(\alpha + \beta x)}{1 + \exp(\alpha + \beta x)} = \frac{1}{1 + \exp(-\alpha - \beta x)}$$

$$(\text{ここで，} \exp(\alpha + \beta x) = e^{\alpha + \beta x} = e^z)$$

となる．これは x という観測値が与えられているという条件の下で，成功などの事象が発生する確率 $p(x)$ を，直接，指数関数を用いて定義したものでもある．

このモデルでの説明変数 x は，先に述べたように複数個あってもかまわず，例えば i 番目の変数 x_i が連続変数であれば，パラメーター β_i は通常の回帰分析と同様に x_i が 1 単位変化するときの変化率を表している．また，j 番目の説明変数が 3 つ以上のカテゴリーをもつカテゴリー変数であれば，属するカテゴリーに 1 を，他には 0 を与える 2 値変数 x_{jk}

$$x_{jk} = 1 \quad j \text{ 番目の説明変数の第 } k \text{ カテゴリーに属する}$$
$$= 0 \quad j \text{ 番目の説明変数の第 } k \text{ カテゴリーに属しない}$$

を定義し，j 番目の説明変数の第 k カテゴリーの効果を表すパラメーターを $\beta_{jk}(k = 1, \cdots, K_j)$ として表現する．このような 2 値変数 $\{x_{jk}\}$ は**ダミー変数**（dummy variable）とも呼ばれる．各カテゴリーの推定値は絶対値としての意味はなく相対的な差が意味をもつため，パラメーター間に制約条件を課す必要がある．一般的には，①第 1 カテゴリーのパラメーターを 0 とおく，②パラメーターの総和を 0 とおく，として推定することが多い．したがって，①の場合にはパラメーターの推定値の解釈は，第 1 カテゴリーに対する差，②の場合には興味ある 2 つのカテゴリー間の差をとり解釈する．

質的分析法

4.　関連性とオッズ比

医学や教育学，社会学の分野では，リスクの大きさや関連性の強さを表すのにオッズ比がしばしば用いられる．例えばある事象が「成功」と「失敗」で表されるとき，**オッズ**とは，「失敗」に対して「成功」する見込み（逆でもよい）を表した数値，すなわち「成功」と「失敗」の比をいう．このような比が要因 A と B の間で何倍ほど異なるかを表すとき，それぞれのオッズの比，すなわ

ち**オッズ比**（odds ratio）を求めて表す．例えば，オッズ比が 2 であれば，A を持っている人が失敗するリスクは B を持っている人に比べて 2 倍大きいなどという具合である．

　成功・失敗など事象の発生のオッズは次式で表され，x が 1 単位増加するとオッズは e^β 倍になることがわかる．つまり，単位あたりのオッズ比 ψ は，$\psi = \exp(\beta)$ で推定される．

$$\frac{p(x)}{1-p(x)} = \exp(\alpha + \beta x) = e^{\alpha+\beta x} = e^\alpha (e^\beta)^x$$

$\beta = 0$ の場合，すなわち，説明変数 x が事象の発生に全く関連しないとき，$e^\beta = e^0 = 1$ となり x が変化してもオッズは変化しないことになる．したがって，もし他の説明変数が同じ値をもてば，$\psi_{st} = \exp(\beta_{js} - \beta_{jt})$ で推定される．

　いま，1 つの要因 x_1 だけが異なり他の変数は全く同じ値をとるとし，$x_1 = 100$ としたときの観測値を x_A と表し，$x_1 = 50$ としたときの観測値を x_B と表すとしよう．それぞれの場合の事象の発生オッズは次式で求められる．

$$\frac{p(x_A)}{1-p(x_A)} = \exp(\beta_0 + \beta_1 \cdot 100 + \cdots + \beta_r x_r)$$

$$\frac{p(x_B)}{1-p(x_B)} = \exp(\beta_0 + \beta_1 \cdot 50 + \cdots + \beta_r x_r)$$

したがって，他の変数はすべて同じであるから，オッズ比は $\{p(x_A)/(1-p(x_A))\}/\{p(x_B)/(1-p(x_B))\}$ となり，$e^{\beta_1(100-50)} = e^{50\beta_1} = (e^{\beta_1})^{50}$ となる．これを他の変数をロジスティック回帰モデルで**調整されたオッズ比**（adjusted odds ratio）という．

5. モデルの評価

　モデルを評価するプロセスとして，モデルの適合度とモデルの有意性の 2 つの面から評価する．

　モデルの**適合度**（goodness-of-fit）の評価は，モデルがどの程度データに適合しているかを，データと推定値との差で定義される残差などを用いて評価することであり，ほどよく小さければモデルが適合していると判断する．**デビアンス**（deviance）G^2 と呼ばれる**尤度比検定統計量**（likelihood test statistic）

や，ピアソン（Pearson）χ^2 適合度統計量とピアソン残差などがモデルの適合度を総合的に評価する尺度であり，その分布はモデルが正しいという仮説のもとで漸近的に自由度（総プロファイル − モデルに含めた項目数 −1）の χ^2 分布にしたがう性質を利用して検定する．**モデル**（変数）の**有意性**（significance of model）の評価は，モデルが適合している，いないにかかわらず適用したモデル（変数）が全く意味のないものであるか，少しは有意なものであるか，当該変数のパラメーターが 0 であるか否かについての仮説検定を行う．モデルや説明変数の有意性検定としては，尤度比検定のほかに，**ワルド検定**（Wald test）と**スコア検定**（score test）が利用されている．これらの 3 つの検定は漸近的に同じ自由度をもつ χ^2 分布に従うという意味で同等である．

　モデルがデータによく適合し，モデル自体も有意であることが最も望ましいのであるが，現実にはモデルがデータにあまり適合していない状況でもモデル（変数）の有意性を議論することが多い．そのような場合には，残差をプロットして系統的なパターンの有無を検討したり，influential profile を探索したり，または，解析に取り込んでいない要因についても再検討するなどきめ細かい解析が必要である．

6.　ロジスティックモデルでの変数選択

　説明変数が多い場合には統計学的な視点から**変数選択**（variable selection）を行い，モデルを策定することが重要な場合がある．自動的に変数選択する方法には逐次選択と総当たり法がある．逐次選択では，変数増減法（ステップワイズ，stepwise），変数増加法（前進法，forward），変数減少法（後退法，backward）などがある．モデル選択の基準としては統計的検定を利用する尤度比検定，ワルド（Wald）検定，スコア（score）検定などが適用されるが，**赤池**[1]**の情報量基準**（Akaike information criteria: AIC）

$$AIC = -2\log(最大尤度) + 2q \qquad (q：推定すべきパラメーター数)$$

を用いて，AIC が最小のモデルを選択する方法も使われている．変数選択は，特に説明変数の最適な組み合わせを選ぶことを目的とする**探索的研究**（exploratory study）では有用である．変数選択を行う場合には取り入れ，取

質的分析法

り除き基準を予め設定しておく必要があり，この基準は目的とする検定の有意水準よりやや広くとることが多い．例えば，有意水準を 5% としたときには，取り入れ，取り除き基準を 20% 前後として最適モデルを選択する．広めにするのは多変量の関連の中で関連する可能性のある変数を取りこぼさないためであるが，これには絶対的な方法はない．また，AIC 基準ではその小さな差はデータの偶然変動に基づく誤差によるものであることもあり，それを無視して自動的に適応することの問題点も指摘されている．感度分析として，変数選択の方法を変えた場合の結果を，そのモデルの持つ意味も含めて吟味することが大切である．

［山岡和枝］

【参考文献（さらに学びたい人のために）】
[1]　Akaike, H.（1973）．Information theory and an extension of the maximum principle, *Proc. 2nd Int. Symp. Information Theory*, Akademia Kiado, 267-281.
[2]　Hosmer Jr., D. W., Lemeshow, S. and Sturdivant, R. X.（2013）．*Applied Logistic Regression*, 3rd ed., Wiley.
[3]　丹後俊郎，山岡和枝，高木晴良（2013）．『新版ロジスティック回帰分析——SAS を利用した統計解析の実際』朝倉書店．

B3-8
潜在クラス分析
latent class analysis

1.　潜在クラス分析の特徴

　社会調査やマーケティングリサーチなどにおけるデータ分析では，名義尺度あるいは順序尺度で測定された離散変数（質的変数）を用いることが多い．そうした場面では分割表（クロス集計表）が基本的な分析手法となるが，残念なことに，分割表では同時に用いることのできる変数の数に事実上制限があり，また観測された変数そのものしか扱うことができないなどと，困難に直面することとなる．**潜在クラス分析**は，そうした困難を乗り越えさせてくれる，重要

な質的分析法である.

　潜在クラス分析は,潜在構造分析と総称される手法のうちのひとつと位置づけられる.調査などで得られた観測された変数により構成されるデータの背後に,それらへと影響する潜在変数があることを想定して,隠れた構造を詳らかにしようとする分析手法を,一般に**潜在構造モデル**(latent structure model)と呼ぶ.その中で,離散的な観測変数と離散的な潜在変数を用いるものとして代表的なモデルが,潜在クラス分析である[5].

　分析法としての特徴は,複数の観測変数の同時応答パターンへと着目するところにある[3].つまり,回答者のケースごとに当てはまりをみていくのではなく,同時応答パターンの結果として生起するセルの度数に基づいて当てはまりを考えていくものとみてよい.そして,潜在変数のカテゴリーの表れとして,応答パターンが確率的に出現するようにとらえる.

　結局のところ,複雑で多種多様な応答パターンから,カテゴリー数が比較的少数の離散的潜在変数を発見するのに役立てられる.その特徴を活かして,マーケットでの隠れたセグメンテーションの探索や,地位が分化した社会的グループの記述などに,役立てられている.

2. 潜在クラス分析の仕組み

　ここでは,潜在クラス分析の仕組みや統計量について整理する.

2.1 モデル

　以下の式において,π はセルの確率を示すものとする.右辺の $\pi^{A|X}$ は,潜在変数 X のカテゴリー内において観測変数 A がある応答をする条件付き確率である.同様に,$\pi^{B|X}$ は観測変数 B,$\pi^{C|X}$ は観測変数 C,$\pi^{D|X}$ は観測変数 D についての条件付き応答確率である.それから π^X は,潜在クラスを表す潜在変数 X の構成割合である.

$$\pi_{abcdx} = \pi_{ax}^{A|X} \pi_{bx}^{B|X} \pi_{cx}^{C|X} \pi_{dx}^{D|X} \pi_x^X$$

$\pi^{A|X}$,$\pi^{B|X}$,$\pi^{C|X}$,$\pi^{D|X}$ から,潜在クラスの特徴を把握することができる.また,π^X から,それぞれの潜在クラスが相対的にどの程度の大きさを占める

のかを理解することができる.

　左辺の π_{abcdx} は，観測変数 A がカテゴリー a，観測変数 B がカテゴリー b，観測変数 C がカテゴリー c，観測変数 D がカテゴリー d，そして潜在変数 X がカテゴリー x となる仮想的な5元分割表における期待セル確率である．これが，それぞれの観測変数に関する条件付き応答確率と潜在クラス構成割合との結合確率として表されている.

2.2　仮定

　なぜ，観測変数 A と B の関連や，さらには A と B と C との高次交互作用などを一切考えずに，期待セル確率を求めることが許されるのか．その答えは，潜在クラス分析の重要な仮定にある.

　潜在クラス分析では，**局所独立性**（local independence）を仮定する．これは一般には，もともとは関連がみられたはずの2変数間の関連が，何らかの変数を統制した条件下では統計的独立となることを指す．潜在クラス分析の文脈でいうと，それぞれの潜在クラス内では観測変数間は互いに統計的独立になる，というものになる．そう仮定するからこそ，潜在クラスの構成割合と，潜在変数とそれぞれの観測変数との2変数関連だけを考慮して，個別のセルの期待確率を求めることができるようになっている.

　もっとも，局所独立の仮定が経験的に正しいかどうかは，実際に分析して適合度を検討することで問われるべき問題である．時には，適合度を改善するために，局所独立の仮定を緩め，部分的に観測変数間の直接的な関連を認めることもありうる.

2.3　推定法

　かつては，ラザースフェルドとヘンリーや，ギブソンなど様々な論者によって提唱されたモーメント法により，パラメーター推定がなされていた．これら古典的な解法については，西田[2]に詳しい説明がある.

　現在では，EM アルゴリズムによる最尤法で推定されるのが標準的といえる[6]．**EM アルゴリズム**（EM algorithm）とは，条件付き期待値から潜在的な度数を求める E ステップと，その潜在的な度数の推定値を用いて潜在確率を最尤推定することで潜在確率の推定値を更新する M ステップを，交互に反

復計算していき，対数尤度を最大化する推定値を得ようとするものである．

2.4 主な統計量

潜在クラス分析では，モデルの全体的な当てはまりのよさを示す**適合度**について も，様々なものが用いられている．セルの期待度数と観測度数との乖離から求められるものとして，尤度比カイ2乗統計量やピアソンのカイ2乗統計量がある．これらはいずれも漸近的にカイ2乗分布に従うもので，適合度検定により，設定したモデルが棄却されるか否かを判断するために用いられる．尤度比カイ2乗統計量については，モデル間での値の差異を比べる，適合度の差の検定にも利用できる．

ベイズ情報量基準（BIC），赤池情報量基準（AIC）などの**情報量基準**（information criterion）も，モデル間での適合の相対的比較で，しばしば用いられる．

潜在変数と観測変数との関連に関しては，対数線形パラメーターとしてとらえられ，両者の関連の有無をワルド検定によって検討できる．他にも，エントロピーに基づく擬似 R^2 統計量も算出でき，その大きさによって，潜在クラスを測るにあたって，当該の観測変数が貢献している度合いをみることも可能である．

3. 潜在クラス分析の分析手順

潜在クラス分析では，次のような手順で分析を進めることが一般的である．まず，潜在クラスの数（潜在変数のカテゴリー数）を増加させつつ繰り返し分析をしていく．適合度が良好なモデルを見つけられたら，当該モデルでのパラメーター推定値より，潜在クラス分析の出力の意味を解釈する．もし必要ならば，応答パターンごとに潜在クラスへの所属確率を確認することもある．

適合度がよくならないときには，クラス数を増やすかわりに，潜在変数の数を増やす，つまり潜在クラスを複数同時に推定することもできる．その他のモデル改善方法には，局所独立の仮定を緩め部分的に観測変数間の直接的関連を含めることや，潜在変数との関連が弱い観測変数を分析から除外するように変数選択を再検討することなどがあげられる．

質的分析法

4. 潜在クラス分析の分析事例

ここでは，1995年に日本全国居住の成人男女を対象に行われた社会調査デー
タに対して潜在クラス分析を適用した山口一男[7]の分析結果を例としてみて
みよう（表1）．同論文では，分析の対象を25歳以上64歳以下の既婚女性に
限定したうえで，6つの性別役割態度にかかわる質問の応答をもとに，適合度
検定から3クラス解を採用した．

クラス1は性別分業に反対し，女性の職業生活を重視する志向が強いことか
ら，「性的平等支持・職業志向型」と名づけられる．クラス2は性別分業にお
おむね賛成的であるので，「性的役割支持型」と呼びうる．そしてクラス3は，
多くの項目では性別役割分業に反対しているが，女性の職業生活にかかわる
項目のみにおいて性別役割分業に賛成的となっていることから，「性的平等支
持・非職業志向型」であると，山口[7]は解釈している．

これら3つのクラスの中では，クラス1とクラス2は多数派といえる．一

表1 性別役割態度に関する潜在クラス分析結果

		クラス1	クラス2	クラス3
潜在クラスの構成割合		0.41	0.47	0.12
条件付き応答確率（正応答）				
Q1	男性は外で働き，女性は家庭を守るべき	0.07	0.70	0.25
Q2	男の子と女の子は違った育て方をすべき	0.17	0.57	0.16
Q3	家事や育児には，男性より女性がむく	0.14	0.91	0.41
Q4	専業主婦という仕事は社会的に有意義だ	0.48	0.79	0.35
Q5	女性も，自分の職業生活を重視した生き方をすべき	1.00	0.73	0.00
Q6	専業主婦は，外で働く女性より多くの点で恵まれている	0.27	0.46	0.11

（出典：山口[7]より一部改変）

方，クラス3は少数派で，全体の1割程度を占めるにすぎない．クラス1と3をあわせた「性的平等支持」の割合は53%，それに対しクラス2の「性的役割支持」の割合は47%となるので，当時の日本の既婚女性のあいだでは性別役割に対する賛否は拮抗した状態であったと読み取れる．

5. 潜在クラス分析の適用範囲

潜在クラス分析は，より発展的な分析へと拡張することができる．共変量を含めて潜在クラス分析をすることで，潜在クラスへと影響を与えうる要因を探ることもできる．潜在クラスを表す変数を複数推定し，それらの間の関連をモデル化することも可能である．また，用いる変数は2値変数に限られるわけではなく，多値の名義尺度変数，順序尺度変数も使用できるほか，量的変数を共変量として使用することもできる．

潜在クラス分析では，様々な制約を入れて推定することで，検証的に分析することもまた可能だ．すなわち，条件付き応答確率や構成割合に，等値制約や固定値制約を置き，それらの制約が受容できるかどうかをモデル適合度より判断をする．そのようにして，単に探索的な発見だけでなく，何らかの理論的前提に基づくモデルの検証を試みることもできるのである．

さらに近年でも，潜在クラス分析はますます利活用される場面が増えてきている．例えば，潜在軌跡モデルや潜在遷移モデルなど，パネルデータへと適用するモデルが注目されている[1]．そのほかにも，観察されない異質性を統制するために用いられたり，因果推論のための共変量調整法として潜在クラス分析が応用されることも試みられるようになった[4]．潜在クラス分析は，今後もさらなる発展が見込まれる有用な質的分析法のひとつなのである．

[三輪哲]

【参考文献（さらに学びたい人のために）】

[1] Collins, Linda M. and Lanza, S. T.（2013）. *Latent Class and Latent Transition Analysis: With Applications in the Social, Behavioral, and Health Sciences*, Wiley.

[2] 西田春彦（1973）.『計量社会学入門』森北出版.

[3] 岡太彬訓（1989）.「IV-20 潜在構造分析」『統計ガイドブック』池田央編，新曜社，188-189.

質的分析法

[4]　酒折文武，山口和範（2006）．「潜在クラスモデルの局所独立性を利用した共変量調整法」『日本統計学会誌』**36**（1），25-36.

[5]　渡辺美智子（2002）．「因果関係と構造を把握するための統計手法——潜在クラス分析法」『マーケティングの数理モデル』岡太彬訓他編，朝倉書店，73-115.

[6]　渡辺美智子，山口和範（2000）．『不完全データの諸問題と EM アルゴリズム』多賀出版.

[7]　山口一男（1999）．「既婚女性の性別役割意識と社会階層」『社会学評論』**50**（2），231-252.

B3-9
数量化 I 類・II 類
quantification method I and II

1.　数量化とは

数量化として知られている多次元データ解析法は，林知己夫（1917-2002）によって 1950 年代から開発された数量化理論の哲学を背景としており，中でもよく用いられる数量化 I 類，II 類，III 類の他にも解析法が開発されている[1][2]．ここでは手法を中心に述べる．

　数量化理論とは，多次元のデータ（測定・観測で得られた標識，変数）が質的データの場合に，それらに適切な数量を与えて，現象を理解しようという考え方である．**外的基準**（目的変数）がある場合は，それを予測するように質的データである各要因（説明変数）に最適な数量を与える．**質的データ**とは，カテゴリーに分類されていることを表す．例えば，性別（男・女），年齢層別（20～30 歳代，40～50 歳代，60 歳以上），飲み物の好み（コーヒー好き，紅茶好き），読書量，本の種別について N 人のデータ（対象）が得られているとき，性別，年齢層別，飲み物の好みの 3 要因によって，外的基準として量的データである読書量を予測する場合は数量化 I 類，外的基準として本の種類の分類を予測する場合は数量化 II 類である．また，外的基準とするものがない場合が数量化 III 類（「**B3-10**　数量化 III 類」参照）である．

　質的データの重要性について触れると，例えば年齢そのものがわかっている

場合でも，そのままを量的変数として用いると比例関係（線形関係）を仮定したことになり，必ずしもそうではないと予想できる場合は，層別した質的データとして扱うのが適切であろう．また，要因間で相関がある場合には，それらの要因を合成して作成した新たな要因として，適切な現象理解ができることがある．

2. 数量化 I 類

数量化 I 類（quantification method I）は，外的基準が数量データで得られている場合，各要因の各カテゴリーに適切な数量を与えて外的基準の数量を予測し，それらの関係から現象を把握する方法である．計算法はダミー変数を用いた重回帰分析に相当する．

対象 $i(i = 1, \cdots, N)$ は，要因 $j(j = 1, \cdots, J)$ についてそれぞれ 1 つのカテゴリー $k(k = 1, \cdots, K_j)$ に該当するものとする．これを次のような記号で表現する．

$$d_i(jk) \begin{cases} = 1 & \text{対象 } i \text{ が要因 } j \text{ のカテゴリー } k \text{ に該当する場合} \\ = 0 & \text{対象 } i \text{ が要因 } j \text{ のカテゴリー } k \text{ に該当しない場合} \end{cases}$$

要因 j のカテゴリー k に値 x_{jk} を与えて，各対象の該当するカテゴリーに与えた数量の合計 $\sum_{j=1}^{J} \sum_{k=1}^{K_j} d_i(jk)x_{jk} = y_i$ が各対象 i の外的基準の値 a_i を推定できるように考える．外的基準の値の平均値と予測値の平均値は等しいという条件と，最小 2 乗法によって，解くべき式は，

$$\boldsymbol{FX} = \boldsymbol{A}$$

ここで，$\boldsymbol{F}$ は，要因間のクロス集計表からなる行列，$\boldsymbol{A}$ は各要因各カテゴリーに該当する外的基準値の合計からなる縦ベクトル，$\boldsymbol{X}$ は未知の x_{jk} からなる縦ベクトルである．

行列 $\boldsymbol{F}$ の各要素は $f(jk, lm) = \sum_{i=1}^{N} d_i(jk)d_i(lm)$

縦ベクトル $\boldsymbol{A}$ の各要素は $a(jk) = \sum_{i=1}^{N} \sum_{k=1}^{K_j} d_i(jk)a_i$

質的分析法

なる連立方程式となる．しかし，この行列とベクトルの要素は，要因ごとの合計が要因間で等しく，方程式のランクが落ちて解が不定となるため，1つの要因を除き，各要因でカテゴリーを1つずつ落とす．すなわち，落としたカテゴリーには0の数量を与えて解く．

こうして得られた各カテゴリーに与える数量は，要因ごとに平均が0となるように変換しておくと，数量の理解はしやすい．外的基準の予測値 y_i は，それぞれ該当するカテゴリーの数量の合計であり，当てはまりのよさは，a_i との相関係数で表される．各要因が外的基準の値にどれだけ効いているかは，要因ごとの数量のレンジの大小，あるいは偏相関係数で見ることができ，各カテゴリーに与えられた数量の符号は外的基準の平均値に対するプラス・マイナスの値としてそのまま解釈できる．

なお，数量化I類の解法は，重回帰分析と同じで，上記の，要因ごとに1つずつ落としたカテゴリーをダミー変数として扱っていることになる．数量の変換と理解などは同じことがいえる．

3.　数量化II類

数量化 II 類（quantification method II）は，外的基準が質的データ（分類）で得られている場合，各要因の各カテゴリーに適切な数量を与え，第1節と同様の各対象の予測値によって，外的基準の分類を予測することを考えている．外的基準のデータは，例えば，第1節の例で示した本の種類（T 個の種に分類されている）である．分類の予測の判断基準として，T 個の分類の外分散 σ_b^2 を最大とすれば，分類の判断的中率が最大となる．与える数量は相対的でよいので，相関比 $\eta^2 = \sigma_b^2/\sigma^2$ を最大とする解法から解くべき式が得られる．

記号 $d_i(jk)$，各要因の各カテゴリーに与える値 x_{jk} は，第2節と同様として，各対象についても同様に，$\sum_j \sum_k d_i(jk)x_{jk} = y_i$ であるが，外的基準の分類に従って分け，分類 t に属する対象 $i(t)$ の予測値を $\sum_j \sum_k d_{i(t)}(jk)x_{jk} = y_{i(t)}(t)$ と記しておく．この $y_{i(t)}(t)$ の分布が外的基準の分類を予測できるように，相関比が最大となる x_{jk} を求める式は以下のような固有値解法に帰着する．ここで，外的基準の分類 t に属する対象数を $n(t)$，その中で要因 j カテゴリー k に該当する対象数を $n_{jk}(t)$ としておく．$N = \sum_{t=1}^{T} n(t)$, $n(t) =$

$\sum_{j=1}^{J}\sum_{k=1}^{K_j} n_{jk}(t)$ である. 解くべき**固有方程式**(eigenvalue equation)は,

$$HX = \eta^2 FX$$

ここで,H は,外的基準の分類 t に属する対象についてのクロス集計の各セルの値を $n(t)$ で除して t について合計し,縦横の単純集計の積を N で除したものを減じた値からなる行列,F は,クロス集計の各セルの値から,クロス集計の縦横の単純集計の積を N で除したものを減じた値からなる行列である.

行列 H の各要素は $h(jk, lm) = \sum_{t=1}^{T} \dfrac{n_{jk}(t)n_{lm}(t)}{n(t)} - \dfrac{1}{N}n_{jk}n_{lm}$

行列 F の各要素は $f(jk, lm) = \sum_{i=1}^{N} d_i(jk)d_i(lm) - \dfrac{1}{N}n_{jk}n_{lm}$

となり,η^2 は**固有値**(eigenvalue)である. ただし,行列は各要素についてのカテゴリー集計の合計が等しいので,要素ごとに 1 つのカテゴリーに相当する行と列を削除した式を解く. 削除したカテゴリーに与える数量をあらかじめ 0 と置くことに相当する.

分類数 $T = 2$ の場合は連立方程式に帰着する.

分類数 $T \leq 3$ の場合,固有方程式となり,外的基準の分類数 T から 1 を減じた個数だけの 0 でない固有値が得られる. 大きさの順 t の固有値で表される相関比 ${}^t\eta^2$ と,それぞれに相当する $T - 1$ 次元の ${}^t x_{jk}(t = 1, \cdots, T - 1)$ が得られる. これらの値から得られる各対象の $T - 1$ 次元の予測値の分布が,分類ごとに離れていれば,外的基準の分類を予測できる. 分類の各次元の予測効率は固有値として求められ,$T - 1$ 次元で最適に表現される.

各要素,各カテゴリーに与えられた数量は,外的基準が分類であるから,符号は各対象の予測値について外的基準の分類ごとの平均値の符号に合せて解釈する. 数量化 I 類の場合と同様に,得られた数量を要因ごとに平均値が 0 となるように変換しておくと解釈しやすい. 例えば,外的基準の分類が 4 分類の場合,3 次元の値が得られるが,分類 t に属する対象の予測値の平均値の符号が,1 次元目プラス,2 次元目マイナス,3 次元目マイナスとなったとする. このとき,ある要因のあるカテゴリーに与えられた 1 次元目の値ではプラス,2 次元目の値ではマイナス,3 次元目の値ではマイナスであることが,その対象が分類 t に属する条件として効いていることを示す.

質的分析法

　数量化 II 類の解法は，ダミー変数を用いた判別分析と同じであるが，数量化 I 類と同様に，単なる解法としてだけではなく数量化理論の考え方を基本にデータそのものへの深い洞察をふまえて適用し解釈したい．

［林文］

【参考文献（さらに学びたい人のために）】
[1]　林知己夫（1993）．『数量化——理論と方法』朝倉書店.
[2]　林知己夫（2001）．『データの科学』朝倉書店，121.
[3]　林知己夫編（2002）．『社会調査ハンドブック』朝倉書店.
[4]　内田治（2010）．『数量化理論とテキストマイニング』日科技連.

B3-10
数量化 III 類
quantification method III

1.　多変量カテゴリカルデータとその分析例

　複数の個体が縦に，複数の質的変数が横に並び，各要素に数量ではなく，言葉で表されるカテゴリーが入った表を，特に**多変量カテゴリカルデータ**（multivariate categorical data）と呼ぶ．その例として，個体が歴史的に著名な各種の絵画，変数が [1] 具象性，[2] 画風，[3] 年代であり，[1] のセルには，①具象か②抽象のカテゴリーのいずれか，[2] のセルには，①バロック，②印象派，③象徴派，…のいずれか，[3] のセルには，①近世，②近代，③現代のいずれかが入った表などが考えられる．こうしたデータが，数量化 III 類の適用対象となる．

　表 1 の多変量カテゴリカルデータは，個体が，社会心理学または臨床心理学を専攻する 30 名の大学生であり，変数が，**表 2** に示す質問 A〜E に対する質問への回答である[1]．例えば，個体（回答者）2 の質問 A, B, および，C に対する回答は，それぞれ，社会心理学，実験，および，人類学である．こうした数量ではないデータを分析して，個体およびカテゴリーにふさわしい数量化得点を求めることが，数量化 III 類の目的となる．**表 3** には，分析結果の解で

表 1 大学生（個体）の学術分野の志向性に関するデータ
表 2 の質問（変数）[1]～[5] に対して，大学生が回答したカテゴリーの頭文字を掲げている.

個体	[1]	[2]	[3]	[4]	[5]	個体	[1]	[2]	[3]	[4]	[5]	個体	[1]	[2]	[3]	[4]	[5]
1	社	実	社	外	国	11	臨	調	社	内	英	21	社	調	人	内	数
2	社	実	人	外	社	12	臨	面	医	内	国	22	社	面	医	外	英
3	社	実	文	外	社	13	臨	面	文	内	数	23	臨	実	社	外	国
4	社	実	医	内	理	14	社	実	人	外	国	24	臨	実	文	外	国
5	社	面	文	外	国	15	社	実	社	外	英	25	臨	実	医	内	国
6	社	面	医	外	数	16	社	実	社	外	理	26	臨	実	医	内	国
7	臨	調	文	外	国	17	社	実	医	内	数	27	臨	調	文	外	社
8	臨	調	医	外	英	18	社	調	社	外	国	28	臨	面	文	外	英
9	臨	調	文	外	英	19	社	調	医	外	社	29	臨	面	医	内	国
10	臨	調	人	内	国	20	社	調	医	外	理	30	臨	面	文	内	国

表 2 変数（質問）とそれに対するカテゴリー（選択肢）

	変数（質問）	カテゴリー（選択肢）
[1]	専攻は何か？	①社会心理学，②臨床心理
[2]	好きな方法は何か？	①実験，②調査，③面接
[3]	興味のある心理学以外の領域？	①社会学，②人類学，③医学，④文学
[4]	行動要因認知について？*	①外的環境，②内的要因（心の内面）
[5]	好きな基礎科目は何か？	①国語，②数学，③英語，④社会，⑤理科

* 「人間の行動は何に大きく影響されると思うか？」という質問

質的分析法

ある数量化得点を示す．各個体の得点は，単一の数値として与えられるのではなく，複数次元の得点として与えられ，**表 3** は次元数を 2 としたときの解を示す．例えば，社会心理学の次元 1 の得点は -0.74，次元 2 の得点は -0.34 であり，個体（回答者）1 の次元 1 および 2 の得点は，-1.16 および 0.11 である．

　以上の次元 1 の得点と次元 2 の得点を，それぞれ，横軸および縦軸の座標値として，カテゴリー・個体をプロットしたのが**図 1** である．例えば，臨床心理学は座標 [0.74, 0.34] の点として位置づけられている．この図は，後述する計算原理から理解できるように，日常の地図と同様に見ることができ，近接す

表 3　分析結果の数量化得点

変数	カテゴリー	次元 1	次元 2	個体	次元 1	次元 2
[1] 専攻	①社会心理学	−0.74	−0.34	1	−1.16	0.11
	②臨床心理学	0.74	0.34	2	−1.58	−0.07
[2] 方法	①実験	−0.64	−0.31	3	−1.04	0.80
	②調査	−0.08	0.50	4	−0.93	−1.81
	③面接	1.05	−0.16	5	0.42	0.47
[3] 領域	①社会学	−0.90	0.38	6	0.29	−1.24
	②人類学	−0.49	−0.62	7	0.60	1.25
	③医学	0.18	−0.69	⋮	⋮	⋮
	④文学	0.59	0.86			
[4] 認知	①外的環境	−0.41	0.47			
	②内的要因	0.72	−0.81	25	0.67	−0.87
[5] 科目	①国語	0.35	−0.03	26	0.67	−0.87
	②数学	0.52	−1.39	27	−0.03	1.67
	③英語	0.18	0.99	28	1.07	1.47
	④社会	−0.90	0.69	29	1.51	−0.79
	⑤理科	−1.38	−0.94	30	1.71	0.12

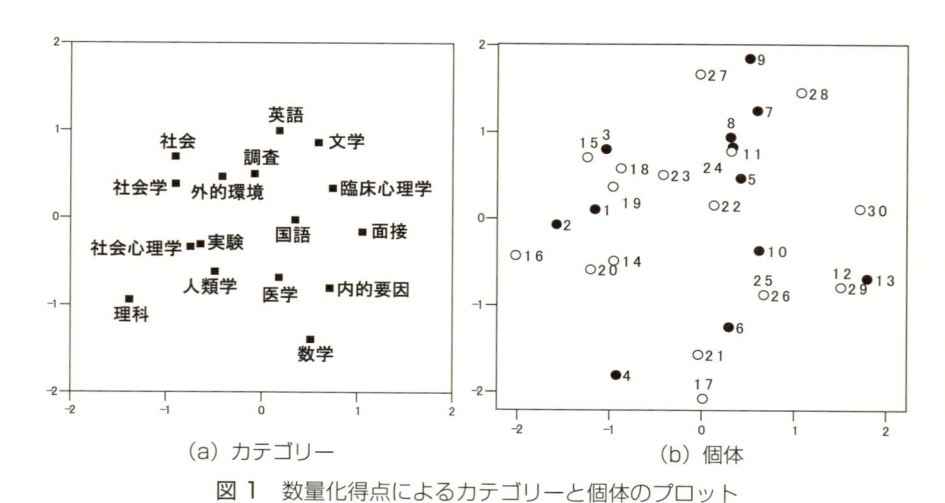

（a）カテゴリー　　　　　（b）個体

図 1　数量化得点によるカテゴリーと個体のプロット

個体（回答者）の性別は分析で考慮していないが，既知であるので，男性は●，女性は
○で表示している．

る個体どうしは互いに関連し，遠くの個体どうしは関係しないと解釈できる．例えば，**図 1 (a)** で，社会心理学と実験は近接するが，面接から離れることから，社会心理学を専攻する者は実験という方法を好むが，面接を好まないことが把握できる．また，**図 1 (b)** より，近接する回答者 3 と 15 は類似し，遠くに離れる回答者 16 と 13 は異なる回答傾向を示すことがわかる．さらに，(a) と (b) を重ね合わせて，カテゴリーと回答者の関係も解釈できる．例えば，回答者 1 と 2 は，カテゴリーの社会心理学・実験に近く，それらを好む代表的回答者といえる．なお，回答者の性別も既知であるので，**図 1 (b)** では●○で男女を区別しているが，男性の分布と女性の分布が分離している様子はなく，回答傾向に性差はないといえよう．こうした考察は，もとのデータである**表 1** からは難しいが，数量化の結果である**図 1** から視覚的に把握できる．

2. 種々の名称

数量化 III 類は，日本の統計学者，林知己夫（1918-2002）が草案し[7]，普及させた多変量解析法であるが[8]，それとは独立に，同等の方法が，諸外国で開発されて違った名称がつけられている．それらの代表例として，フランスの Benzécri[3] の理論を引き継いだ Greenacre[5][6] による多重対応分析，オランダの研究者グループ Gifi[4] による等質性分析，日本からカナダに移った Nishisato[9] による双対尺度法（dual scaling）[10] などが掲げられる[2]．いずれの方法も，互いに異なる独自の理論を出発点とするが，同等の解を与える．世界的には，種々の名称の中でも，数量化 III 類ではなく，**多重対応分析**（multiple correspondence analysis）の名称が最もポピュラーであろう．

3. 数量化の原理

基本原理を解説する準備として，この段落では記号を定義する．個体の数を n，変数の数を p，変数 $j(=1,\cdots,p)$ のカテゴリー数を K_j と表そう．**表 1** のデータでは，$n=30$, $p=5$, $K_1=2$, $K_2=3$, $K_3=4$, $K_4=2$, $K_5=5$ となる．さらに，解の次元数を m として，個体 $i(=1,\cdots,n)$ に与えられる得点をベクトル $\boldsymbol{f}_i=[f_{i1},\cdots,f_{im}]'(i=1,\cdots,n)$，変数 j のカテゴリー

表4 大学生（個体）の学術分野の志向性に関するデータ
表2の質問（変数）[1]～[5] に対して，大学生が回答したカテゴリーの頭文字を掲げている．

個体	[1]	[2]	[3]	[4]	[5]	個体	[1]	[2]	[3]	[4]	[5]	個体	[1]	[2]	[3]	[4]	[5]
f_1	w_{11}	w_{21}	w_{31}	w_{41}	w_{51}	f_{11}	w_{12}	w_{22}	w_{31}	w_{42}	w_{53}	f_{21}	w_{11}	w_{22}	w_{32}	w_{42}	w_{52}
f_2	w_{11}	w_{21}	w_{32}	w_{41}	w_{54}	f_{12}	w_{12}	w_{23}	w_{33}	w_{42}	w_{51}	f_{22}	w_{11}	w_{23}	w_{33}	w_{41}	w_{53}
f_3	w_{11}	w_{21}	w_{34}	w_{41}	w_{54}	f_{13}	w_{12}	w_{23}	w_{34}	w_{42}	w_{52}	f_{23}	w_{12}	w_{21}	w_{31}	w_{41}	w_{51}
f_4	w_{11}	w_{21}	w_{33}	w_{42}	w_{55}	f_{14}	w_{11}	w_{21}	w_{32}	w_{41}	w_{51}	f_{24}	w_{12}	w_{21}	w_{34}	w_{41}	w_{51}
f_5	w_{11}	w_{23}	w_{34}	w_{41}	w_{51}	f_{15}	w_{11}	w_{21}	w_{31}	w_{41}	w_{53}	f_{25}	w_{12}	w_{21}	w_{33}	w_{42}	w_{51}
f_6	w_{11}	w_{23}	w_{33}	w_{41}	w_{52}	f_{16}	w_{11}	w_{21}	w_{34}	w_{41}	w_{55}	f_{26}	w_{12}	w_{23}	w_{34}	w_{41}	w_{51}
f_7	w_{12}	w_{22}	w_{34}	w_{41}	w_{51}	f_{17}	w_{11}	w_{21}	w_{33}	w_{42}	w_{52}	f_{27}	w_{12}	w_{22}	w_{34}	w_{41}	w_{54}
f_8	w_{12}	w_{22}	w_{34}	w_{41}	w_{53}	f_{18}	w_{11}	w_{22}	w_{31}	w_{41}	w_{51}	f_{28}	w_{12}	w_{23}	w_{34}	w_{41}	w_{53}
f_9	w_{12}	w_{22}	w_{34}	w_{41}	w_{53}	f_{19}	w_{11}	w_{22}	w_{33}	w_{41}	w_{54}	f_{29}	w_{12}	w_{23}	w_{33}	w_{42}	w_{51}
f_{10}	w_{12}	w_{22}	w_{32}	w_{42}	w_{51}	f_{20}	w_{11}	w_{22}	w_{33}	w_{41}	w_{55}	f_{30}	w_{12}	w_{23}	w_{34}	w_{42}	w_{51}

$k(=1,\cdots,K_j)$ に与えられる得点をベクトル $w_{jk}=[w_{jk1},\cdots,w_{jkm}]'$ と表そう．**表2**の変数・カテゴリーを例にすれば，変数 [2] の方法の③面接に与えられる得点ベクトルは w_{23}，変数 [5] の科目の②数学に与えられる得点ベクトルは w_{52} と表される．以上の記号の定義によって，表1の個体の番号とデータのカテゴリーを，対応する得点ベクトルに書き換えたのが**表4**である．例えば，個体10の変数4の該当カテゴリーは，**表1**より②内的要因であるので，**表4**の対応セルは，その得点を表す w_{42} が表示されている．

諸理論の中でも最も簡明な**等質性分析**（homogeneity analysis）の理論[4]に基づいて，**表4**を参照しながら，数量化の原理を解説しよう．その基礎になる指標が，個体 i の得点 f_i と変数 j のカテゴリー k の得点 w_{jk} の**平方距離**

$$||f_i - w_{jk}||^2 = \sum_{l=1}^{m} (f_{il} - w_{jkl})^2 \tag{1}$$

である．平方距離の式（1）は，$f_i = w_{jk}$ のときに 0 となり，f_{il} と w_{jkl} の値が離れるほど大きい値になるので，f_i と w_{jk} の隔たりを表す．この距離について，次のことが自然に要請される．

個体の得点と，その個体が該当するカテゴリーの得点は，等質的である，つまり，隔たらない

この要請は，「個体 i が変数 j のカテゴリー k に該当するとき，式（1）は小さくなる」と言い換えられる．例えば，**表1**の個体1の得点は f_1，この個体の

変数 1 の該当カテゴリーの得点は $\boldsymbol{w}_{11}$ であるので，$||\boldsymbol{f}_1 - \boldsymbol{w}_{11}||^2$ が小さいことが要請される．ただし，各個体について複数変数の該当カテゴリーがあり，さらに，複数の個体からデータが構成されるので，すべての個体と該当カテゴリーの平方距離の総和を最小化することを考える．これは，**表 4** では，

$$||\boldsymbol{f}_1 - \boldsymbol{w}_{11}||^2 + ||\boldsymbol{f}_1 - \boldsymbol{w}_{21}||^2 + ||\boldsymbol{f}_1 - \boldsymbol{w}_{31}||^2 + ||\boldsymbol{f}_1 - \boldsymbol{w}_{41}||^2$$
$$+ ||\boldsymbol{f}_1 - \boldsymbol{w}_{51}||^2 + \cdots + ||\boldsymbol{f}_{30} - \boldsymbol{w}_{12}||^2 + ||\boldsymbol{f}_{30} - \boldsymbol{w}_{23}||^2 + ||\boldsymbol{f}_{30} - \boldsymbol{w}_{34}||^2$$
$$+ ||\boldsymbol{f}_{30} - \boldsymbol{w}_{42}||^2 + ||\boldsymbol{f}_{30} - \boldsymbol{w}_{51}||^2 \tag{2}$$

を最小にする一連の $\boldsymbol{f}$ と $\boldsymbol{w}$ を求めることとなる．

式（2）を一般化すれば，

$$\sum_{i=1}^{n} \sum_{k=1}^{m} \left\| \boldsymbol{f}_i - \boldsymbol{w}_{j,k(i,j)} \right\|^2 \tag{3}$$

と表せる．ここで，$\boldsymbol{w}$ の添え字の $k(i,j)$ は，個体 i の変数 j の該当カテゴリーの番号を表し，例えば，$k(30,5) = 1$ より，$||\boldsymbol{f}_{30} - \boldsymbol{w}_{51}||^2$ となり，式（3）が式（2）の一般化になっていることが確認できよう．

式（3）は 2 乗された項の合計であるので，常に非負であり，とり得る値の下限は 0 である．この下限は，すべての $\boldsymbol{f}_i(i = 1, \cdots, n)$ および $\boldsymbol{w}_{jk}(j = 1, \cdots, p; k = 1, \cdots, K_j)$ が同一ベクトルという無意味な解であるときに，達成されてしまう．この無意味な解を回避するため，個体 $(i = 1, \cdots, n)$ を通した $\boldsymbol{f}_i = [f_{i1}, \cdots, f_{im}]$ の平均は零ベクトル，分散は 1，異なる次元の要素どうし f_{ik}, f_{il} は無相関であると制約する．この制約は，個体の数量化得点のベクトル $\boldsymbol{f}_i (i = 1, \cdots, n)$ が，**図 1（b）** に例示されるように，原点を中心に円状に散らばることを要請する．以上の制約を式で表すと，

$$\sum_{i=1}^{n} \boldsymbol{f}_i = \boldsymbol{0}, \qquad \frac{1}{n}\sum_{i=1}^{n} \boldsymbol{f}_i \boldsymbol{f}_i' = \boldsymbol{I} \tag{4}$$

のように書ける．制約条件式（4）のもとで，式（3）を最小化する数量化得点のベクトル $\boldsymbol{f}_i(i = 1, \cdots, n)$ と $\boldsymbol{w}_{jk}(j = 1, \cdots, p; k = 1, \cdots, K_j)$ が解となる．すなわち，**表 1** がデータの場合には，**表 3** の左がカテゴリー得点のベクトル $\boldsymbol{w}_{jk}$ の解，**表 3** の右が個体得点のベクトル $\boldsymbol{f}_i$ の解となる．

質的分析法

　文化情報学では，質的変数がしばしば観測されると考えられる．こうした質的変数のカテゴリーそのものは，**図1**のようにプロットできないが，各個体から2つ以上の質的変数が観測されると，数量化 III 類を適用でき，その結果，得られるカテゴリーおよび個体の数量化得点のベクトルを座標値としてプロットでき，**図1**の解釈で例示したように，データに内在する構造を容易に把握できる．

［足立浩平］

【参考文献（さらに学びたい人のために）】

[1]　足立浩平（2000）．「多変量カテゴリカルデータの数量化と主成分分析」『心理学評論』**43**, 487-500.

[2]　足立浩平，村上隆（2011）．『非計量多変量解析法——主成分分析から多重対応分析へ』朝倉書店.

[3]　Benzécri, J.-P.（1973）．*L'Analyse des Données*, Tom 2.

[4]　Gifi, A.（1990）．*Nonlinear Multivariate Analysis*, Wiley.

[5]　Greenacre, M. J.（1984）．*Theory and Applications of Correspondence Analysis*, Academic Press.

[6]　Greenacre, M. J.（2007）．*Correspondence Analysis in Practice*, 2nd ed., Chapman & Hall.

[7]　Hayashi, C.（1952）．On the prediction of phenomena from qualitative data and the quantification of qualitative data from the mathematico-statistical point of view, *Annals of the Institute of Statistical Mathematics*, **3**, 69-98.

[8]　林知己夫（1993）．『数量化——理論と方法』朝倉書店.

[9]　Nishisato, S.（1980）．*Analysis of Categorical Data: Dual Scaling and Its Applications*, University of Toronto Press.

[10]　西里静彦（1982）．『質的データの数量化——双対尺度法とその応用』朝倉書店.

B3-11
対応分析
correspondence analysis

1.　方法のねらい・概要

1.1　歴史的背景

　対応分析は，2元分割表に基づいてカテゴリカルな変数に数量を与えるとともに，変数間の関係の強さと形を明らかにすることを目指す統計的方法で

ある．その適用範囲は，社会調査データの分析にとどまらず，広く人文社会科学や自然科学にまで及ぶ[5]．すでに20世紀初頭のピアソン（Karl Pearson）にはこの方法の萌芽がみられ，その後，ヒルシュフェルト（Herman Hirschfeld），フィッシャー（Ronald Fisher），ガットマン（Lewis Guttman）らの先駆的業績を経て，第2次大戦後には林知己夫，ジフィ（Albert Gifi, Leiden大学の研究グループのペンネーム），西里静彦ら多くの研究者によって研究が進められた．そうした中で対応分析は，ベンゼクリ（Jean-Paul Benzécri）らによってanalyse des donnèesとして開発されたやや後発の方法であり，フランス語という言語の壁，通常の統計学では用いられないブルバキ（Bourbaki）流の数式記法や特殊な用語法が障害となり，フランス語圏外での認知は進んでいなかった[6]．しかし，南アフリカからベンゼクリのもとに留学したグリーンエイカー（Michael Greenacre）による英語の著書[4]が契機となり，一躍この名が学界での主流となった．その一般化である多重対応分析（multiple correspondence analysis）は，**双対尺度法**（dual scaling）[7]，**等質性分析**（homogeneity analysis）[2]，数量化III類などと基本的には同種の方法であるが，対応分析は2元**分割表**（contingency table）という限定された範囲内での様々な性質を明らかにした点で，際立った存在となったとも考えられる．なお，社会学者ブルデュー（Pierre Bouldieu）が，社会調査の結果から対応分析によって導き出した文化空間の概念を手がかりに文化の階層差を論じて広く関心を集めたことが，この方法の普及の1つのきっかけになったともいわれる[1]．

質的分析法

1.2　分割表の一例

実データにもとづいて対応分析の概要を説明することから始めよう．**表1**は，2017年5月に日本のある球場で行われたプロ野球公式戦に，試合開始の30分前までに来場した観客に対して行われた調査データから，次の2つの問い（変数）に対する回答を集計したものである．

行側の変数：「これまでに，何回くらいこの球場で試合を観戦されましたか？」以下，「観戦回数」と呼ぶ（回答選択肢は**表1**に示した5段階）．

列側の変数：「全体として現在のこの球場での野球観戦に満足しておられますか？」回答選択肢は，「満足」，「ほぼ満足」，「どちらでもない」，「やや

表 1　プロ野球観戦に関する 2 つの質問による分割表

観戦回数	満足度				合計
	満足	ほぼ満足	どちら でもない	（やや） 不満	
今回初めて	22	22	25	2	71
1～2 回	15	37	11	2	65
3～5 回	28	81	21	9	139
6～10 回	24	80	23	16	143
11 回以上	54	200	93	79	426
合計	143	420	173	108	844

不満」，「不満」の 5 つであるが，比較的回答の少ない「やや不満」と「不満」を合併した．**表 1** では「（やや）不満」と表記している．以下，「満足度」と呼ぶ．

1.3　2 つの変数の関係の強さと形

分割表の分析方法としては，2 つの変数の独立性の**カイ 2 乗検定**（chi-square test）がある（$\chi^2 = 62.184$, $df = 12$, $p < 0.001$）．カイ 2 乗統計量は変数間の関係の有無の判断には役立つが，そのままでは関係の強さと形についての情報にはならない．

「来場回数」の少ない方から順に，1, 2, 3, 4, 5，「満足度」にも満足度が高くなる方向に，1, 2, 3, 4 という整数値を与えてピアソン（Pearson）の相関係数を計算すると $r = -0.182$（$p < 0.001$）となる．これでとりあえず，「来場回数」が多くなるほど「満足度」は低下する傾向があること，その直線的関係はそれほど強いものでないことはわかった．

1.4　対応分析による数量化

対応分析では各反応カテゴリーに，2 つの変数間の相関係数が最大になるような数値を割り当てる．結論的には，**表 2** の「次元 1」の欄に太字で示したような数値が得られる．この数値を用いて計算される相関係数は 0.217 で，等間隔の数値から計算された前掲の -0.182 より，わずかではあるが，絶対値が大きくなっている．

表2 対応分析の結果（標準座標）

	観戦回数				満足度		
	次元1	等間隔	次元2		次元1	等間隔	次元2
今回初めて	**−2.10**	−2.23	2.48	満足	**−1.47**	1.44	0.39
1〜2回	**−1.37**	−1.47	−0.95	ほぼ満足	**0.01**	0.33	−0.93
3〜5回	**−0.81**	−0.71	−1.15	どちらでもない	**−0.19**	−0.79	1.57
6〜10回	**−0.11**	0.05	−0.84	（やや）不満	**2.21**	−1.91	0.57
11回以上	**0.86**	0.81	0.39				

それぞれの数値は，変数ごとに平均値が0で標準偏差が1に基準化されたいわゆる標準得点であり，**標準座標**（standard coordinate）と呼ばれる[5]．

表2の「等間隔」の欄には，前に与えた等間隔の整数（1, 2, 3, 4, 5など）をやはり標準得点に変換した数値が記されている．「観戦回数」については，「次元1」の数値は「等間隔」の数値と大きな違いがない．「満足度」の「次元1」には，常識に反して満足度が高いほど小さい（負の）数値が割り当てられている．これは，最大化の対象である相関係数が正でなければならないからであり，解釈にあたっては注意が必要である．また，「ほぼ満足」と「どちらでもない」にほとんど同じ数値が割り振られているなど，かなり「等間隔」とは異なる数値になっている．

ここでは，2つの変数の関係をあくまでも線形的なものに限定して，そのうえで最大の関係（相関）を得ることが分析の目標となっていた．上記の標準座標は，その限りで最適な解を与える．「次元2」については次節で述べる．

2. 対応分析の方法

2.1 プロフィール，マス，イナーシア

まず，対応分析の特殊な用語法について説明する．**図1**（a）は，**表1**の各行の度数を，対応する周辺度数で割って得られる行ごとの比率，**図1**（b）は同じく列ごとの比率を，それぞれ積み上げ型棒グラフで表したものである．これらはそれぞれ，**行プロフィール**（row-profile），**列プロフィール**（column-profile）と呼ばれる．「合計」のグラフは，周辺度数そのものを比率化した数

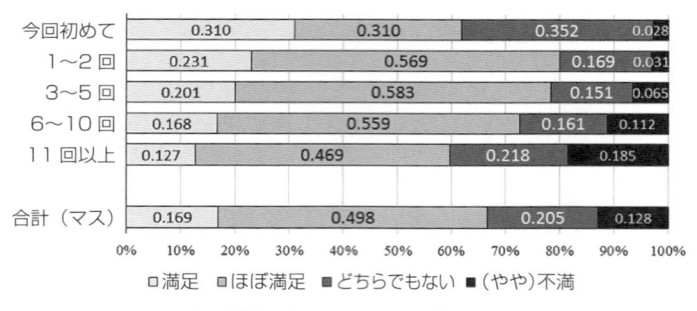

（a）観戦回数と満足度（行プロフィール）

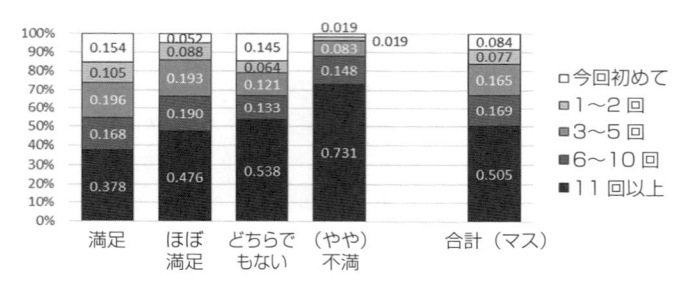

（b）満足度と観戦回数（列プロフィール）

図1 プロフィールとマス

値であり，こちらは各カテゴリーの**マス**（mass, 質量）と呼ばれる．プロフィールからは前述の，観戦回数を重ねるほど不満がつのるという傾向が読みとれる．

　ここでもし，どのプロフィールのグラフもマス（合計）のそれと同じであったとしたら，2つの変数間に統計的な意味での関係はないことになる．対応分析は，それぞれのプロフィールがマスと，どの程度，かつどのように異なっているかを簡潔に示すことを目指す．

　対応分析の解を求める最初のステップは，分割表の要素を次の式（1）で変換することである．

$$x_{jk} = \frac{p_{jk} - r_j c_k}{\sqrt{r_j c_k}} \tag{1}$$

ここで，p_{jk} は分割表の j 行 k 列要素を総度数 n（**表1**では844）で割った

もの，r_j は p_{jk} の第 j 行の和，c_k は第 k 列の和，すなわちマスである．例えば，**表 1** で $j = 3$, $k = 2$（来場回数が「3〜5 回」で，観戦満足度が「ほぼ満足」）とすると，$p_{32} = 81/844 \fallingdotseq 0.095972$, $r_3 = 139/844 \fallingdotseq 0.16469$, $c_2 = 420/844 \fallingdotseq 0.49763$ だから，

$$x_{32} = \frac{0.095972 - 0.16469 \times 0.49763}{\sqrt{0.16469 \times 0.49763}} \fallingdotseq 0.0490$$

となる．**表 1** の 20 個の数値全部を変換すると次の行列ができる．

$$\boldsymbol{X} = \begin{bmatrix} 0.0989 & -0.0772 & 0.0943 & -0.0809 \\ 0.0414 & 0.0282 & -0.0219 & -0.0754 \\ 0.0316 & \mathbf{0.0490} & -0.0483 & -0.0717 \\ -0.0016 & 0.0361 & -0.0401 & -0.0185 \\ -0.0736 & -0.0283 & 0.0209 & 0.1142 \end{bmatrix}$$

この行列の要素の 2 乗和は**イナーシア**（inertia; In）と呼ばれる．x_{jk} の 2 乗は n 倍すると「(観測度数 − 期待度数)^2/期待度数」という χ^2 統計量の計算で用いられる変換と一致する．したがって，イナーシアの n 倍は χ^2 統計量であり，イナーシアの平方根である ϕ 係数は分割表の関連度，すなわち関係の強さの指標のひとつとなる．上の例では，$In = 0.0737$, $\phi = 0.271$ である．

また，式 (1) の分子は，2 つの変数が独立，すなわち $p_{jk} = r_j c_k$ のときに 0 となるが，さらに，これを r_j で割った $p_{jk}/r_j = c_k$ は，第 j 行のプロフィールとそれに対応するマスが等しいことを意味する．すなわち x_{jk} の値は，その反応（の組み合わせ）におけるプロフィールとマスの差を反映しており，全体としての差の大きさの指標がイナーシアということになる．

2.2 特異値分解と標準座標の算出

行列 $\boldsymbol{X}$ は $\boldsymbol{PDQ'}$ のように 3 つの行列の積に分解することができる（**特異値分解**, singular value decomposition）．中央の行列 $\boldsymbol{D}$ は対角行列で，その要素が**特異値**（singular value）と呼ばれるものである．0 でない特異値の数は，一般に $\boldsymbol{X}$ の行と列の数のうちの小さい方より 1 だけ小さい．したがって，この場合は $4 - 1 = 3$ であるが，それらの値は 0.217, 0.163, 0.004 と算出される．最大の特異値 0.217 は第 1 節で計算した標準座標間の相関係数と一致

質的分析法

する．また，すべての特異値の 2 乗和はイナーシアと一致する[3]．

　大小順に 2 番目までの特異値の 2 乗とイナーシアとの比を求めると，$(0.217)^2/0.0737 \fallingdotseq 0.641$, $(0.163)^2/0.0737 \fallingdotseq 0.358$ である．ここまでで特異値の 2 乗和はイナーシアの 99.9% に達しているが，これは**表 1** の分割表に含まれる関係の情報が 2 次元でほぼ説明し尽されることを意味している．

　他方，行列 P と Q は正規直交行列という特別な性質をもつ行列であり，標準座標は，それぞれの行列の要素を対応するマスの平方根で割ることによって算出される．「次元 1」の標準座標は，P と Q のそれぞれ第 1 列から得られる（簡潔な説明は，文献 [5]，p.244 参照）．

2.3　「次元 2」の特異値と標準座標

　第 2 の特異値に対応する標準座標は，P と Q の第 2 列から同じ手順で算出される（**表 2** の「次元 2」の数値）．こちらの方は，相関係数が 0.163（第 2 の特異値）とやや小さいものの，第 1 の次元とは直交する（相関係数が 0 の）変数である．この直交性は P と Q が正規直交行列であることにもとづく．

　図 1 左のプロフィールを，次元 2 の標準座標の大小順に並べなおしてみると，次の**図 2** が描ける．次元 1 では，「満足」と「（やや）不満」が対極にあったが，こちらは，中間の 2 つのカテゴリー「ほぼ満足」と「どちらでもない」の増減を示している．一見，今日初めて来場したビギナーの反応に 11 回以上来場のリピーターの反応が近づいているようにも見えるが，これはむし

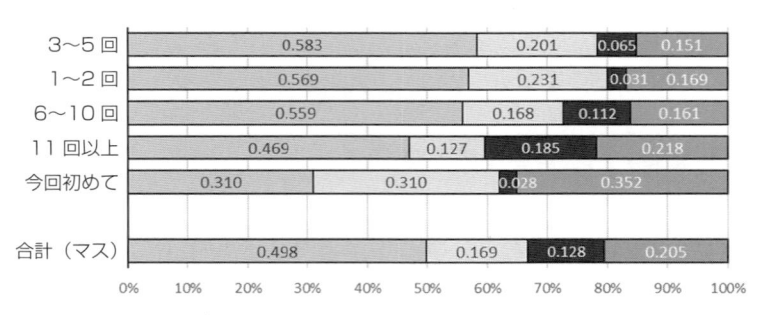

観戦回数と満足度（並べ替えた行プロフィール）

図 2　次元 2 の数量にもとづく 2 つの変数の関係

ろ,「どちらでもない」というカテゴリーへの反応の意味が, 回答者の来場回数によって異なることを反映していると思われる. なぜなら, ビギナーにとって「どちらでもない」は, 満足と不満の中間というよりは,「わからない」を意味すると想像できるからである. 調査時点では, まだ試合が始まってもいないのである.

2.4 主座標によるポイントの視覚化

カテゴリーに対応する 2 次元の数量(対応分析では**ポイント**(point)と呼ばれる)を, 座標平面にプロットして視覚化することで結果の解釈は促進されるが, その方法については実に多くの議論がある[3]. ここでは, 最も無難と思われる 2 つの変数を別のグラフ(**マップ**(map)と呼ばれる)に描く方法を紹介しておく.

まず, マスと完全に一致したプロフィールがあったとすれば, そのポイントは全次元を通じて 0 となる. すなわち, マップの重心(原点)はマスに対応する[1]. そこで, 平面上の個々の点の座標は, 重心からの距離がマスとの差を反映し, 点と点の間の距離も 2 つのプロフィール間の差異に対応するように決められるのが望ましい. 標準座標に特異値を掛けて得られる**主座標**(principal coordinate)がその目的にかなう。ただし, この距離は χ^2-distance[5] (p.245)と呼ばれるやや特殊なものであり, 我々が直観的に感じるユークリッド距離とはズレがあることには注意する必要がある. **図 3** がその主座標によるマップである. 2 つの次元の特異値の差を反映して, 標準座標より幾分縦方向が圧縮された布置になっている. 横軸は「(やや)不満」対「満足」, 縦軸は「どちらでもない」対「ほぼ満足」の次元であると解される. また,「観戦回数」では「今日初めて」,「満足度」では「(やや)不満」が重心から離れた位置にあることは, 図 2 や図 3 の特徴をよくとらえていると思われる.

分割表から個々の変数の単純集計(すなわちマス)以上の情報が得られるための条件は, 変数間に何らかの有意な関係があることである. その上で, カテゴリー間に自然な量的関係があり, かつ変数間の関係が直線的なものであれば, 対応分析はその量を(原点と単位を除いて)再現する. そのとき, 最大特異値の 2 乗がイナーシアの大部分を占め, ϕ 係数は相関係数に近い値をとる. 他方, 2 つの変数の関係が曲線的であるとか, カテゴリー間に自然な順序すら

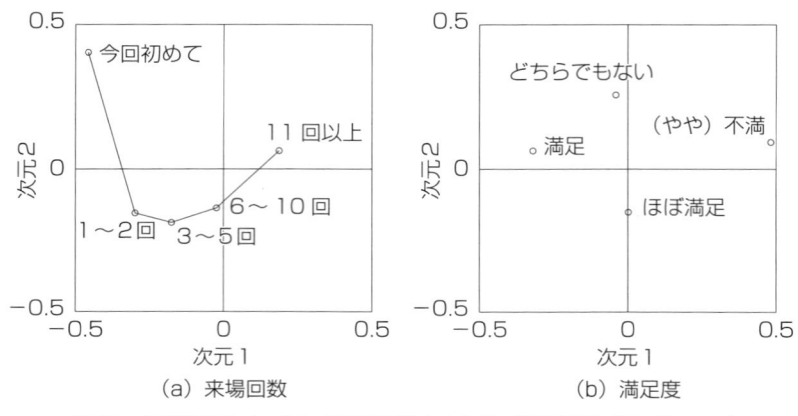

図3　主座標にもとづく「来場回数」(a) と「満足度」(b) のマップ

存在しないようなデータに対しては，対応分析は，2変数間の関係を直線化するようなポイントを与える．その際，最大の特異値の2乗がイナーシアの多くの部分を占めれば，結果はほぼ1次元で説明できる．関係がより複雑なものである場合には，対応分析は複数の独立な線形関係の「重ね合わせ」によってその説明を目指す．この意味で，対応分析は非線形の現象をあくまでも線形代数に依拠して説明しようとする方法である．

［村上隆］

【参考文献（さらに学びたい人のために）】

[1]　Clausen, S.（藤本一男訳）（2015）．『対応分析入門——原理から応用まで』オーム社，（Clausen, S.（1998）．*Applied Correspondence Analysis: An Introduction*, Sage.）

[2]　Gifi, A.（1990）．*Nonlinear Multivariate Analysis*, Wiley.

[3]　Gower, J. C., Lubbie, S., and Le Roux, N.（2011）．*Understanding Biplots*, Wiley.

[4]　Greenacre, M. J.（1984）．*Theory and Applications of Correspondence Analysis*, Academic Press.

[5]　Greenacre, M. J.（2017）．*Correspondence Analysis in Practice*. 3rd ed., CRC Press.

[6]　Le Roux, B. and Rouanet, H.（2010）．*Geometric Data Analysis: From Correspondence Analysis to Structured Data Analysis*, Kluwer Academic Publishers.

[7]　Nishisato, S.（1980）．*Analysis of Categorical Data: Dual Scaling and Its Applications*, University of Toronto Press.

[8]　西里静彦（1982）．『質的データの数量化——双対尺度法とその応用』朝倉書店.

[9]　大隅昇，ルバール，L.，モリノウ，A.，ワーウィック，K. M.，馬場康維（1994）．『記述的多変量解析法』日科技連.

B3-12
項目反応理論
item response theory

1.　概要

　項目反応理論（IRT，項目応答理論とも呼ばれる）は，テストによる能力・性格・態度等の測定の性能を評価するための枠組みであるテスト理論の一部を成す理論である．**項目**（item）とは，テスト理論においては個々のテスト問題のことを指す．近年，IRT は国内外の大規模教育テストや資格試験等において，その設計や運用を支える標準的な理論となりつつある．

　正答数や正答率，各問題に割り当てられた配点の合計など，従来のいわゆる**素点**（raw score）による測定では，測定したい個人の能力の高低と，難易度をはじめとするテストの諸特性が混ざってテストの得点に反映されてしまい，異なるテスト間で個人や集団の得点を比較することが困難である（得点のテスト依存性）．また，テストあるいは個々の問題の評価も，どのような集団がその問題を受けたかによって変わってくる（テスト／項目難易度の集団依存性）．測定の本義をかんがみれば，同じ程度の能力に対しては常に同じ得点が与えられることが望ましいが，素点が持つこれらの依存性は，例えば，同じ能力を測定するための複数の異なるテストの難易度や測定精度を比較・調整したい，あるいはある能力に関して毎回異なるテスト問題を用いつつ，個人や集団の経年的な変化をとらえたいといった場合に都合が悪い．

　このような素点による測定の限界を踏まえて，1950 年代にロード（F. M. Lord）は，テストの素点とは独立に，測定したい能力を表す尺度を想定し，テストの性能を能力尺度上の各点を素点に対応づける曲線（**テスト特性曲線**）としてとらえたうえで，能力の分布が同一でも，テストの性能が異なれば，素点の分布は大きく異なり得るというメカニズムを考案した[3][4]．これが IRT の原型といえる．また，ロードと同時期に，ラッシュ（G. Rasch）も独自の発想から IRT と同等のモデルを導いていた[7]．ロードのうち立てた基礎理論を，1960 年代後半にバーンバウム（A. Birnbaum）が数学的に洗練し，この

時期以降，様々なモデルの拡張やパラメーターの推定法の改良が試みられた．さらに，コンピューターの性能の向上も背景として，1990 年代以降になってIRT にもとづいて設計されたテストが広く実用化されるようになった．

2. 項目反応理論モデル

IRT では，測定したい各個人の能力を**能力パラメーター** θ で表す． θ は直接には観測されない，モデル上仮定された**潜在変数**（latent variable）であり，理論上はあらゆる実数値を取り得るが，規準となる受検者の集団において平均 0，分散 1 となるように尺度が定められることが多い． θ の尺度を定めたうえで， θ と各項目の正答確率の関係を，**項目特性曲線**（item characteristic curve）によって θ の関数として表現する．項目 $j(j = 1, \cdots, J)$ への反応を確率変数 U_j（正答なら $U_j = 1$，誤答なら $U_j = 0$）と表せば，例えば，最も代表的な IRT モデルのひとつである **2 パラメーター・ロジスティックモデル**（2-parameter logistic model: 2PLM）では，項目特性曲線は以下の式で与えられる．

$$P_j(\theta) = P(U_j = 1|\theta) = \frac{1}{1 + \exp(-a_j(\theta - b_j))}$$

すなわち，項目特性曲線 $P_j(\theta)$ は θ が所与のときの項目 j に対する正答確率を表す．項目特性曲線を規定するパラメーターを総称して**項目パラメーター**と呼ぶが，2PLM においては，**識別力**（discrimination）パラメーター a_j，**困難度**（difficulty）パラメーター b_j の 2 つの項目パラメーターによって各項目の項目特性曲線が一意に定まる．

図 1 に，パラメーター値の異なる 3 つの項目の特性曲線を示す．2PLM においては，困難度パラメーター b_j は任意の実数値を取り，その項目の正答確率が 0.5 となるような θ の値を表す．項目 2 と 3 を比べるとわかるように，b_j の値が大きくなるほど，その項目はより難しいことになる．一方，識別力パラメーター a_j は，$\theta = b_j$ での項目特性曲線の接線の傾きに比例する量である．項目 1 と 2 を比べると，a_j の値が大きいほど，項目特性曲線の傾きが急になっていることがわかる．つまり，識別力の高い項目 1 の方が，（困難度付近での） θ の変化に対して，その正答確率がより敏感に変化することを意味し

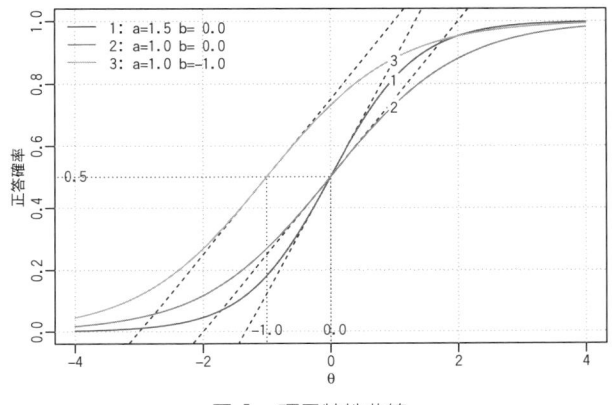

図 1 項目特性曲線

ている．能力の測定においては，θ の値が大きくなるにつれて正答確率も高くなると考えるのが自然であり，a_j は通常は正の値を取る．また，1 つのテストに含まれる項目の特性曲線の和 $T(\theta) = \sum_{j=1}^{J} P_j(\theta)$ を**テスト特性曲線**（test characteristic curve）と呼ぶ．テスト特性曲線は，θ を与えたときの素点の期待値を表す．

2PLM は，項目への反応が正誤の 2 値で表される場合の代表的なモデルであるが，他にも，2PLM の識別力の値をすべての項目間で等しいと仮定する **1 パラメーター・ロジスティックモデル**（1-parameter logistic model，**ラッシュモデル**（Rasch model）とも呼ばれる），2PLM に当て推量を表すパラメーターを追加した **3 パラメーター・ロジスティックモデル**（3-parameter logistic model）などがある．また，段階値やカテゴリーなどの多値を取る項目反応に対応するモデル（段階反応モデル，部分採点モデル，名義反応モデルなど），能力パラメーター θ を多次元に拡張したモデル（多次元 IRT モデル）など，様々な IRT モデルが存在する．いずれのモデルにおいても，各受検者の特徴を表す能力パラメーターと，各項目の特徴を表す項目パラメーターを個別にモデル化することにより，素点による測定では不可避であったテスト／集団依存性の問題を理論上克服している．

IRT モデルの適用にあたっては，1 次元性および局所独立性の 2 つの仮定が置かれる．1 次元性とは，各項目の正答確率が，単一の（多次元モデルの場合

質的分析法

767

は，すべての）能力パラメーター θ のみによってのみ規定されるということである．局所独立性は，1 次元性と密接な関わりを持つ性質で，θ を所与とすれば，異なる項目に対する反応は相互に独立になるという性質である．IRT を実際のテストに適用する際には，これらの仮定ができるだけ満たされるように一連の項目を作成する必要がある．

3.　パラメーターの推定

IRT におけるパラメーター推定は，大きく 2 つのフェーズに分けられる．まず，予備実査を行って，パラメーターを推定したい一連の項目に対する受検者の反応データを収集し，各項目の項目パラメーターを推定する．次に，本試では，予備実査で推定した項目パラメーターを所与として，受検者の各項目への正誤反応にもとづいて能力パラメーターが推定される．

項目パラメーターの推定においては，EM アルゴリズムを利用した**周辺最尤推定法**（marginal maximum likelihood estimation，あるいは，周辺ベイズ推定法）が主流である．これは，各受検者が持つ能力パラメーターを攪乱母数ととらえ，それらを尤度関数から積分消去した後の周辺尤度関数を項目パラメーターに関して最大化する推定法である．近年では，より複雑なモデルのパラメーター推定においては，マルコフ連鎖モンテカルロ法も利用されるようになってきている．

IRT を用いた実際のテスト運用においては，パラメーター推定済みの多数の項目を集めて項目プールを構築しておき，その中から必要に応じて本試用の項目を選ぶことが多いが，そのためには予備実査を繰り返し行い，そのつど新しい項目のパラメーターを推定することになる．新規に推定された項目パラメーターは，通常はそのままでは項目プール中の項目パラメーターが乗っている能力パラメーターの尺度（**共通尺度**，common scale）に乗っていないため，予備実査の際にパラメーターが既知の項目と新規の項目を同時に受検してもらうなどしたうえで，一定の仮定の下で新規項目について推定したパラメーターを共通尺度上の値に換算する作業が行われる．この作業は**等化**（equating）と呼ばれ，IRT を用いたテスト運用においてきわめて重要なプロセスである．

1 つのテスト中のすべての項目に対して共通尺度上に求められたパラメータ

ーが付いていれば，そのテストに対する正誤の反応パターンから，個人の能力パラメーター θ を推定することができる．θ の推定においては，正誤の項目反応パターン $\boldsymbol{u} = (u_1, \cdots, u_J)$ が与えられたときの θ の尤度関数

$$L(\theta|\boldsymbol{u}) = P(\boldsymbol{u}|\theta) = \prod_{j=1}^{J} P_j(\theta)^{u_j}[1 - P_j(\theta)]^{1-u_j}$$

にもとづき，これを θ に関して最大にする最尤推定法や，これに θ の事前分布を掛けて事後分布を求め，その最頻値あるいは期待値を推定値とするベイズ推定法が一般的に用いられる．

4. 測定精度の評価

　IRT モデルの下では，情報量の考え方にもとづいて，項目ごと，あるいはテスト全体の測定精度の評価を行うことができる．個々の項目が，能力パラメーター θ に関してどの程度の情報を持っているか（あるいは，θ の測定精度にどの程度寄与しているか）は，**項目情報関数**（item information function）

$$I_j(\theta) = \frac{\left[\dfrac{d}{d\theta}P_j(\theta)\right]^2}{P_j(\theta)[1 - P_j(\theta)]}$$

によって評価することができる．

　図 2 に，図 1 で示した 3 つの項目の情報関数を示す．2PLM では，項目情報関数は $I_j(\theta) = a_j^2 P_j(\theta)[1 - P_j(\theta)]$ で与えられる．1〜3PLM では，項目情報関数の値は識別力パラメーター a_j の 2 乗に比例する．また，1〜2PLM では，$\theta = b_j$ のとき，すなわち正答／誤答の確率が五分五分となるときに，項目情報関数の値が最大となる．**図 2** において，項目 1 と 2 では情報関数のピークの位置は同じであるが，項目 1 のピークの高さは項目 2 の $1.5^2 = 2.25$ 倍となっている．一方，項目 2 と 3 では，ピークの位置は異なるが高さは同じである．

　1 つのテストに含まれる項目の情報関数の和 $I(\theta) = \sum_{j=1}^{J} I_j(\theta)$ を**テスト情報関数**（test information function）と呼ぶ．これは，θ に関する尤度関数 $L(\theta|\boldsymbol{u})$ について求めたフィッシャー情報量と一致する．テスト情報関数は，

質的分析法

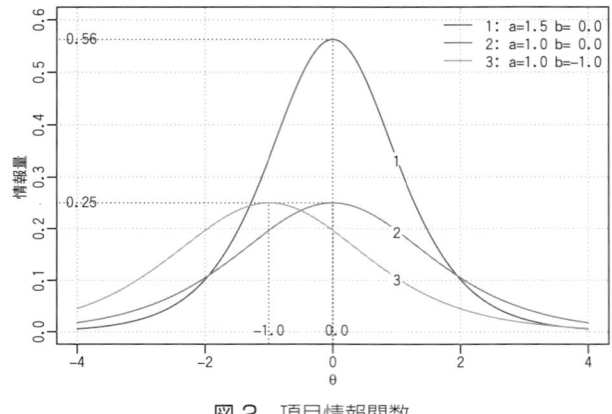

図2 項目情報関数

所与のテストにおける θ の推定精度，言い換えれば能力測定の精度を表す重要な指標である．なぜなら，θ を最尤推定する場合，最尤推定量 $\hat{\theta}$ の標本分布は，漸近的に（項目数が十分大きいときに）平均 θ，分散 $1/I(\theta)$ の正規分布となるためである．

項目情報関数，テスト情報関数ともに，能力パラメーター θ の関数となっており，所与のテストによる測定精度は θ の値によって異なる．このことは逆に，特に十分な測定精度を確保したい θ 尺度上の領域があるとすれば，その付近に情報量のピークを持つ項目を多くテストに含めることによって，望ましい測定精度が得られるようにテストの性能をコントロールできることを意味する．

5. IRT にもとづくテストの運用

IRT がもたらす「出題される項目が異なっても，能力パラメーターが同じ尺度上で比較可能である」という性質は，テスト・プログラム（毎回，出題する項目を変えながら継続的に実施されるテスト）の運用において特に有利である．目標となるテスト情報関数を定めておき，それに合うように項目プールから項目を選定すれば，各実施回において性能的に等質なテストを提供することも比較的容易である．

　受検者ごとに出題項目が変わるテストの実施形態のひとつに**適応型テスト**（adaptive testing）がある．適応型テストは主にコンピューター上で実施・受検し，項目に対する反応が得られるたびに，その受検者の能力パラメーターが更新され，それと同時に次に出題するのに最適な項目が項目プールから選定される（例えば，現在の能力パラメーター推定値で最大の情報量を持つ項目を選ぶ）．このような仕組みによって，所定の測定精度を得るための出題項目数を減らすことができる．このことは，テスト時間の短縮や，項目の暴露の低減という意味でテスト運用上のメリットが大きいといえる．

　こうした IRT の利点を活かしてテストを運用するためには，十分な大きさの項目プールを構築し，維持管理していくことが必須となる．そのためには，作業負荷やコスト等も勘案したうえで，等化のためのデータ収集・分析に関する事前の中長期的な計画が必要となる．

［加藤健太郎］

【参考文献（さらに学びたい人のために）】

[1]　加藤健太郎，山田剛史，川端一光（2014）．『R による項目反応理論』オーム社．

[2]　Linden, W. van der（ed.）．（2015）．*Handbook of Item Response Theory*（Vol. **1**: Models），CRC Press.

[3]　Lord, F. M.（1952）．*A Theory of Test Scores*（Psychometric Monograph No. **7**），Psychometric Corporation.

[4]　Lord, F. M. and Novick, M. R.（1968）．*Statistical Theories of Mental Test Scores*, Addison-Wesley.

[5]　光永悠彦（2017）．『テストは何を測るのか——項目反応理論の考え方』ナカニシヤ出版．

[6]　野口裕之，大隅敦子（2014）．『テスティングの基礎理論』研究社．

[7]　Rasch, G.（1980）．*Probabilistic Models for Some Intelligence and Attainment Tests*, The University of Chicago Press.

[8]　豊田秀樹（2012）．『項目反応理論［入門編］』（第 2 版）朝倉書店．

質的分析法

B3-13

文化系統学

cultural phylogenetics

　生物学においては進化学・系統学・体系学などの学問体系が確立されてい

る．それに対して，生物以外における「進化」（もしくは「退化」）とそれに伴う「系統・系譜」を論ずることは，個別の分野において行われていたにせよ，統一的に論じられることになったのは最近である．欧米においては，"cultural phylogenetics" と呼ばれており「文化系統学」はその翻訳である．どのような文化事象であっても，情報の複製が行われ，時間経過による変貌が認められるならば，そこに系統発展が生じると解釈するのである．したがって，進化生物学の理論を人間の知識や文化に適用することができる．特に，文献学における写本系譜，比較言語学における言語系統樹などが典型的な例である．

　文化進化については，分子進化生物学の手法をそのまま適用したのでは適切さを欠く場合も多い．例えば，江戸末期の写本でも，500 年以上前の写本とほとんど一致することもあり，短期間に大量の異文を発生した写本もあり，確率的な突然変異による分子時計的な考えは成立しがたい．

1.　数理文献学

　近代文献学に，生物系統学の数理的手法を導入したものを，**数理文献学**と称する．

　近代文献学では，ラッハマン（Lachmann, 1793-1851）が名高く，その理論は後継者マース（Maas, 1880-1963）により書き残された．また，聖書文献学ではティッシェンドルフ（Tischendorf, 1815-74）の貢献が大きい．日本においては，『源氏物語』研究者として名高い池田亀鑑（1896-1956）が，西欧の文献学を紹介し，『土左日記』写本群に適用して重要な結果を得た[i]．ただし，写本系譜を作成するには，「混態」がないという前提でとりあえず行う必要がある．「混態」とは "contamination" の音訳であり，もともと別の系統とみなされるものを合成して新たな写本が作られることを呼ぶ．生物学でいえば雑種に相当する．聖書文献学でいえば，聖なる文書に書写間違いなどが紛れ込んで「汚染」されたとみるのである．文献学のみならず，文化系統学ではこの「混態」はむしろ普通に起こりうることであり，その見極めが重要となる．

　生物系統学における数理的手法を文献学に適用した著名な例は，1998 年 *Nature* 誌に発表された，『カンタベリー物語』への Splits Tree の適用であった[ii]．それ以前にも，生物学の手法を適用する試みはいくつかなされてい

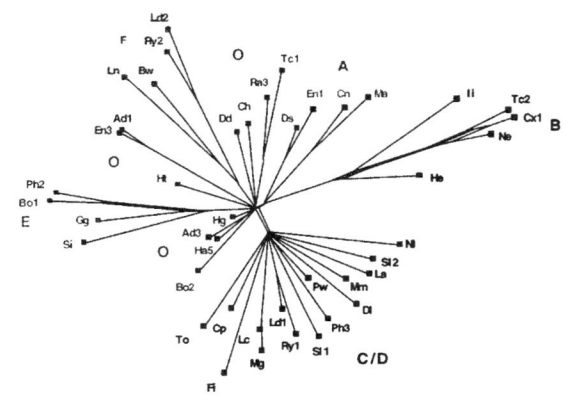

図 1　*Nature* 誌に掲載された『カンタベリー物語』写本群のネットワーク

た[iii]．しかし，純粋の系統樹では限界があり，『カンタベリー物語』の場合も系統樹では失敗し，系統ネットワークである Splits Decomposition によって成功を見たのであった（**図 1**）．

　生物学においても雑種の問題は発生する．ウイルスの処理のために提唱されたが詳細未詳のものもある．また通常の系統樹に，水平伝播（交雑の表現）を別の線で加えるものもある．生物学においては，Splits Tree のような距離法は補助的に考えられており，DNA，RNA などの変異をたどる手法が主体である．文献学において，DNA に正確に相当するものはなく，語や句を比較対象とした写本の比較において生じる異文（写本間で相違する語句）をその代用とする．

　文献系譜学においては，異文を重要視するのはもちろんであるが，内容の理解が伴っていなくてはならない．また写本の特性として，その紙質，書体，奥書などへの理解が重要である．奥書も，転写奥書，元奥書など慎重な区別が必要となる．絵画ならば，描かれた特徴点の相違が異文に相当するが，文字写本よりさらに変異の自由度が高く，記載事項の同異のみでは判断を下せない例もある．つまりは，数理的処理よりも，現物への理解が最も大切となる．

質的分析法

2. 日本における文化系統学

この名称を付した成書はあるが[iv]，いまだ研究が蓄積されている段階である．生物学の集会においては 21 世紀初頭から取り上げられてきた．2003 年 8 月には，日本進化学会 5 回大会において「非生命体の進化理論」というセッションが設定された[v]．翌年には第 2 回セッションが行われた．その後，国文学の新美哲彦による一連の業績により[5]，系統学は国文学会にも知られるようになった．

実例として，歴史的にも古い，廣田吉崇による茶道 14 流派の点前から見たネットワークを考察する．この当初のデータは 2003 年に作成されたが，その後廣田はデータを拡張し，44 流派の分析を行い，著書として発表した（**図 4**）[vi]．

ここでは，当初の研究のデータである「**点前一致度**」を用いる．すなわち，流派の間で点前の着目点がどの程度一致するかを求めたものである．この値（以下 r とする）は，相関係数行列と似た形態と性質（正定値）を持ち，それより $d = \sqrt{1-r}$ は距離とみなすことができる．この距離を用いれば，標準的な SplitsTree で NeighborNet を求めることができ，現在では，統計処理の標準ソフトウェア R のパッケージ phangorn を用いればよい（**図 1**）[vi]．さらに，d による，クラスター分析，多次元尺度法（MDS，**図 2**）などとも比較でき

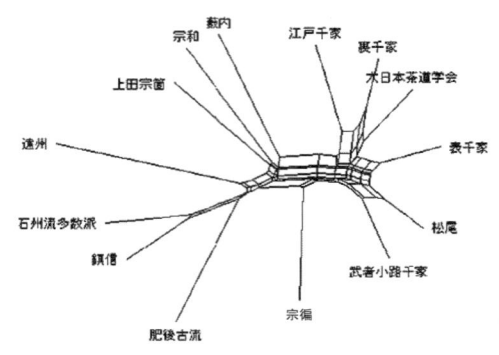

図 2 R の phangorn::neighborNet (d) の結果の plot（SplitsTree と一致する）

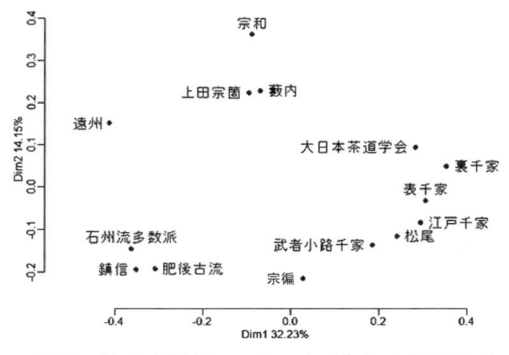

図 3　R の MDS cmdscale(d) による散布図

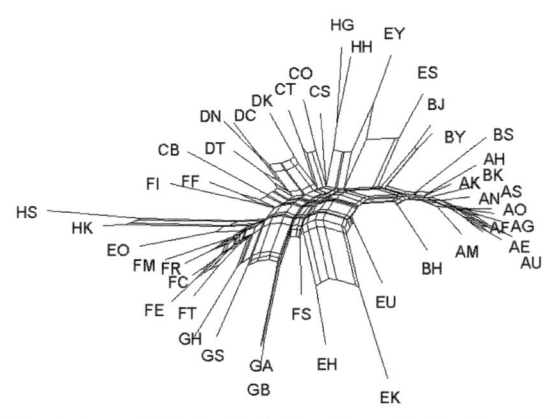

図 4　廣田の 44 流派の NeighborNet（SplitsTree 使用）

略号の頭文字が群を示す．A：千家系 I，B：千家系 II，C：有楽系，
D：南坊系，E：その他，F：石州系，G：三斎系，H：遠州系.

る．標準的なウォード法によるデンドログラムも比較のため提示した（**図 3**）.
また，廣田が consensus tree で提示した 44 流派のネットワークを，Neighbor
Net で提示すると**図 4** の通りである[vii)]．

　この**図 2**，**3** を見れば，情報量の差は歴然としている．**図 2** において端点が
配置されているのとほぼ同じように，**図 3** の散布図ができているが，まとまり
がどうなっているかは，**図 3** では推定するしかない．例えば「遠州」は「石

質的分析法

州流多数派」か「上田宗箇」かどちらに近いのかは一見では定かでない（元の距離を確認すればそれぞれ 0.7615773, 0.7874008 である）．**図 2** ではまとまりが明らかに見てとれる．大きく左右に分かれ，宗徧が中間的であり微妙である．たとえクラスター分析を併用しても限界がある．この左右の分離は茶の湯をある程度わかれば首肯できるが，図をみればまた上下の別れもある．それも考察を深めれば何に起因するか探求できる．

　このように，文化の変遷を現状あるいは過去の情報（江戸写本など）から見るには，系統学的研究がきわめて有用であるということがわかるのである．

［矢野環］

【注】

i)　文献 [3]．江戸時代の写本ではあるが，原形に近いものの精密な写しと池田が判断して中核においた写本の，鎌倉期元写本とみなせるものが，池田の死後登場した．

ii)　文献 [1]．図 1 の原図はカラー印刷である．

iii)　2001 年までの，生物系統学を文献学に適用した例は文献 [6] のようなものもある．

iv)　文献 [4]．編著者による総論のほか，絵画，写本，社会・政治，建築，イメージなどに関する各論がある（著者：山田奨治，矢野環，トーマス・カリー，中谷礼仁，板倉昭二，田中純）．

v)　オーガナイザー：佐倉統，三中信宏．眞岡哲夫により茶道流派の系統について講演があった（データは廣田吉崇による）．佐倉氏にはミームに関する論考がある．ただし，ミームは実体とはいえず，文化系統学においては補助的な対象である．

vi)　文献 [2]．図 4 は含まれない．

vii)　三中氏の指導で行われたので，原著では距離法に属する手法は採用されなかった．

【参考文献（さらに学びたい人のために）】

[1]　Barbrook, A. C., Howe, C. J., Blake, N. and Robinson, P.（1998）. The phylogeny of The Canterbury Tales, *Nature*, **394**, 839.

[2]　廣田吉崇（2015）．『お点前の研究——茶の湯 44 流派の比較と分析』大隅書店．

[3]　池田亀鑑（1941）．『古典の批判的処置に関する研究』岩波書店．

[4]　中尾央，三中信宏編著（2012）．『文化系統学への招待——文化の進化パターンを探る』勁草書房．

[5]　新美哲彦（2008）．『源氏物語の受容と生成』武蔵野書院．

[6]　矢野環（2001）．「宗祇連歌句集『老葉』自注本の系列——『祇公七十句自註』を核とした文献解析学的検討」『日本行動計量学会大会発表論文抄録集』**29**, 308-309.

B3-14
計量的文明論——林の数量化 III 類の活用
a behaviormetric study of civilization

　本項目では林知己夫が晩年に志向した「計量文明論」[3]について，林が水野坦とともに開発した数量化 III 類[2]に関連させ概説する.

1.　「統計数理」から「データの科学」へ

　戦前，数理統計学に反発し，アプリオリに確率分布を仮定としない統計として「**統計数理**（statistical mathematics）」が生まれ，これは戦後，林知己夫と水野坦による現実の社会的課題の解決のための「**数量化理論**（quantification methods）」の開発へと繋がった（数量化 I, II, III 類等の名称は後の飽戸[1]による）. その後，これは「**行動計量学**（behaviormetrics）」，「**多次元データ解析**（multi-dimensional data analysis）」，「**調査の科学**（survey science）」へと発展し，80 年代末からは国際分類学会などで林と Tukey らとの議論から「**データの科学**（science of data）」が始まった[4][6]. この過程で，林は「**意識の国際比較**」に携わり**連鎖的方法論**を着想した. 最初から全く地理的にも文化的にも離れた国々（社会集団）を比較するのではなく，文化や人種や民族など重要な属性に，ある程度の共通性が想定される国々（集団）の比較をはじめ，徐々に比較の連鎖を拡大し，やがてはグローバルな比較を目指すものである. これは「時間」，「空間」，および「質問項目（あるいは調査テーマ）」という 3 種類の比較の連鎖を徐々に拡大し，やがては多様な項目に関して時系列的かつ国際比較を目指す**文化の連鎖的比較の方法論**（cultural link analysis: **CLA**）へと発展した.

　①**時系列的連鎖**　「日本人の国民性」[5]のような継続調査を想定すると，5 か年ごとの各回の調査が各時代を少しずつ重複しながらカバーし，それらが全体として調査の時系列的比較の連鎖を構成する.

　②**空間的連鎖**　類似性をもつ国や集団の比較の連鎖が構成される.

　③**項目の連鎖**　各調査の調査票に対して，調査項目の集合の連鎖が考えられる. 時系列的調査では，質問項目を必要に応じ徐々に入れ替え，「継続調査の

質的分析法

意義」と「尺度の連続性」を担保していく連鎖が考えられ．さらに，政治，経済，文化等，テーマの関連による連鎖も考える．（面接，郵送等，異なる調査モードの連鎖等も考えられよう．）

これら3種の連鎖の各リンクを時間，空間，調査項目などのチャート（局所地図）とみなせば，比較の範囲の大小，時系列の長短に対応して階層構造が表れ，いわば文化の多様体をなす．チャートの重複がうまく「**接続**」されることが連鎖の拡張の条件となる．例えば時系列では，調査項目群が尺度としての連続性が保証されること，国際比較では2調査で共通の地域・国が含まれ，対応する調査結果が矛盾のない回答パターンを示すことなどである．このような解析のパラダイムを，**文化多様体解析**（Cultural Manifold Analysis: **CULMAN**，カルマン）と呼ぶ[7]．

社会・世論調査では，質問の回答は「賛成・反対」や選択肢の提示が多く，量的データではなく質的データとして解析しなくてはならない．見かけ上の選択肢が7ポイントスケールや「1. たいへん満足，2. やや満足，3 やや不満，4. 不満」などであっても，回答者の心の中で見かけどおりの順序尺度を構成しているとは限らず，カテゴリカルデータ（名義尺度）として解析しなければならない場合が多い．さらに，国際比較では，異なる国々の言語や標本抽出方法，各国民の一般回答傾向（例：日本人の中間回答選好，フランス人の批判的回答，ブラジル人の楽観的回答等の傾向），質問文の微妙な違い，回収データのバイアス補正のためのウェイト調整の有無など，現実には避けがたい各種の違いを超えて比較することが求められるが，表層的な数字の大小比較では誤謬に導かれかねない．しかし，単独の質問回答分布の比較ではなく，複数の項目群に対する複数の国（地域）のデータに対する数量化III類（最適尺度法，コレスポンデンス分析等と数学的に同等）は，しばしば，それらの違いを超えた安定した結果を示すことが多い．例えば個々の質問項目では，日本語でも主旨は同じだが微妙な表現の違いがあると回答分布（選択肢の割合）に10〜15%の違いが生じることもある．しかし，複数の項目群に対する複数の国（地域集団）のデータに対する数量化III類のような多次元データ解析では，安定した結果が得られ，そのような差違は無視できる（**図1**）．場合によっては，混入された偽造データの検出へ結びつくこともある[8]．

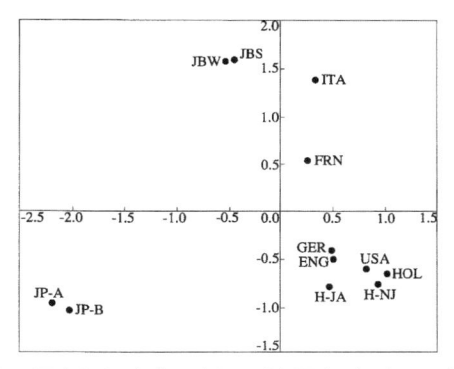

図 1　日米欧 7 カ国調査およびブラジル日系人調査データへの数量化 III 類の適用

JP-A：日本 A，JP-B：日本 B（A と B で質問文が微妙に異なるものが含まれる），
GER：ドイツ，FRN：フランス，ENG：イギリス，USA：アメリカ，ITA：イタリ
ア，HOL：オランダ，H-JA：ハワイ日系人，H-NJ：ハワイ非日系人，JBW：ブラジ
ル日系人（属性補正ウェイト付），JBS：ブラジル日系人（ウェイトなし）．

2. 「地域共同体」から「平和の世界多様体」へ

　19 世紀後半は社会学や心理学で科学化，実証化が志向され，例えばブント
（Wundt）は 1879 年世界初の実験心理学の研究室を開設した．その後，彼の
研究は「民族心理学」へと発展し，それはやがて文化人類学等に統合されてき
た．戦後から実際の社会的課題解決に奔走してきた林が晩年に志向したのは，
統計的に厳密な標本抽出法に基づいた「意識の国際比較」による実証的文明論
であった[3]．質的調査が多い文化人類学的研究においては稀な量的調査を道具
として，人びとの日常生活と心の深奥へ迫るものであったが，林は途半ばで逝
き，後進に任された形となった．
　かつてウェーバー（Weber）は，「プロテスタンティズムと資本主義の精神」
を論じ，儒教の影響がある中国などのアジアの国々には資本主義の発達に否定
的であった．しかし，日本，その後の NIES，台湾，韓国，東南アジア，そし
て中国の目覚しい発展，インドの将来の見通しなどを目の当たりにして，特定
の宗教や倫理と経済発展との関係の単純な図式化は賢明ではないことが認識さ
れてきた．特に中国の急激な社会変化は，「社会体制と国民性（国民の意識構

質的分析法

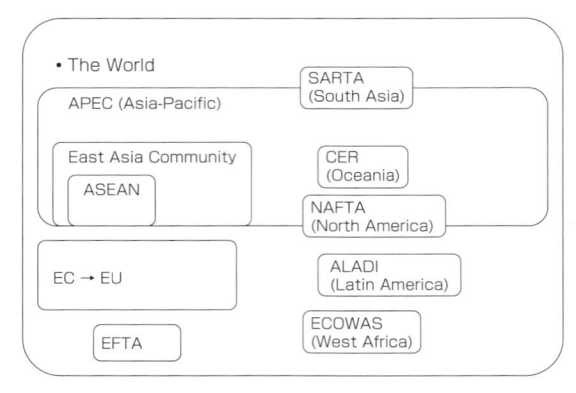

図 2　地域共同体の多様体（a manifold of local communities）

地域共同体の幾つかの対は互いに一部重なり合ったり，一方が他方を包み込んだりし，その重複や包含関係もダイナミックに変化する．全体として 1 つの階層構造を成す．世界の平和で安定した経済発展のためには，「世界全体での単一の厳格な基準」ではなく，各地域共同体どうしを結びつける「緩やかな規則の集合」が必要であろう．

造）との相互関係」という研究に対して大きな示唆を与える．こういった世界の流れを把握するため各国で多様な国際比較調査が遂行されているが，統計的データの質の評価，「宗教」を含め本質的な東西の概念の差異の問題など，表面上の数値の大小比較ではない本当の国際比較可能性を追求する課題は多い．「文化多様体解析」はこの課題へのアプローチのひとつである．

　日本はしばしば曖昧な国として批判されてきたが，建設的に考えると多様性を受け入れる寛容の国でもある．白黒を決めつけ不要な紛争を生み出してきた時代から，多様な文化，宗教，民族，考え方を許容し，互いに尊重する，平和で豊かな時代へと変わるために，異なる地域文化の接続点として，寛容を基本的価値観とする日本の役割が期待される[7][8]．（国際比較データ解析の実践方法は文献 [8]，計量的文明論への向けた理念については文献 [3]，関連する各国のデータは，統計数理研究所のウェブサイト（**図 2**）を参照）．

［吉野諒三］

【参考文献（さらに学びたい人のために）】
[1]　飽戸弘（1964）．「数量化理論──社会行動研究における適応の効果と限界について」

『社会心理学』**5**, 73-103.

[2]　林知己夫（1993）.『数量化──理論と方法』朝倉書店.

[3]　林知己夫（2000）.「これからの国民性研究──人間研究の立場と地域研究・国際比較研究から計量的文明論の構築へ」『統計数理』**48**（1），33-66.

[4]　林知己夫（2001）.『データの科学』朝倉書店.

[5]　水野欽司他（1992）.『第5 日本人の国民性──戦後昭和期総集』出光書店.

[6]　森本栄一（2005）.「戦後日本の統計学の発達──数量化理論の形成から定着へ」『行動計量学』**32**（1），45-67.

[7]　吉野諒三（2015）.「意識の国際比較可能性の追求のための「文化多様体解析」」『統計数理』**63**（2），203-228.

[8]　吉野諒三，林文，山岡和枝（2010）.『国際比較データの解析』朝倉書店.

質的分析法

c_分析用ソフト

C-1
データ解析ソフト
data analysis software

　研究目的に応じて収集したデータを分析するためには，ツールが必要となる．最も簡単なツールはマイクロソフト社の表計算ソフト **Excel** である．簡単な集計やグラフ作成であれば Excel は便利だが，やや複雑な方法の統計処理には VBA（Visual Basic for Applications）というプログラミング言語によるプログラミングスキルが必要である．よって，やや高度な統計的処理を行うには，専用のソフトを用いた方がよい．専用の統計的データ分析ソフトとしては，大きく市販のものとフリーのものに大別される．市販の汎用統計データ分析ソフトとしては，SAS と IBM SPSS が広く知られている．

1.　市販統計データ分析ソフト

　SAS（Statistical Analysis System）は，1976 年にアメリカのノースカロライナ州で設立した SAS Institute Inc. が開発・販売している統計データ分析のソフトである．創設メンバーは 4 名であったが，現在は 1 万人を超える社員を持つ世界最大の非上場ソフト会社であり，傘下には SAS Institute Japan 株式会社がある．SAS は統計ソフト中で最も高価であり，官庁，医学，製薬関係で主に用いられている．

　IBM SPSS の元の名称は SPSS であり，2009 年に IBM による買収以降は IBM の製品名となった．SPSS（Statistical Package for Social Science）は，社会調査データを分析するために設計され，汎用化されている．社会系や心理系を含む人文社会系でもっともよく利用されている統計データ分析ソフトである．SPSS の初期バージョンは 1968 年にリリースされた．SPSS は SAS より安価であることもあり，多くの大学の教育に用いられている．

　SAS，SPSS の歴史は古く，開発当時は 1 つの大学・研究機関が 1 台の大型汎用コンピューターを持ち，管理員が機械の使用権およびスケジュールを管理していた時代であった．そのときの大型コンピューターは入力用にパンチカードを使用しており，大型といっても今日のパソコンより性能が低いものであっ

た．SAS，SPSS は，コンピューターの発展に伴ってバージョンアップしている．しかし，開発した当時の歴史的背景もあり，異なる角度からの解析の繰り返しやシミュレーションには効率が悪い．また，データを視覚化するグラフィックス環境も貧弱であった．このような状況を踏まえ，データ処理を探索的により効率的に行うため，1980 年代にデータ解析・処理用のソフト S 言語が開発された．

　S 言語は，アメリカの AT＆T のベル研究所において開発された．S 言語では，個々のデータ処理プログラムを 1 つひとつのパーツとしてみなし，それを組み合わせることによって複雑な解析・処理を行う．開発当時の S 言語は，SAS，SPSS よりグラフィックス環境が格段に優れていた．SAS，SPSS，S 言語のパッケージは値段が高く，一般の個人ユーザーがポケットマネーで簡単に買えるものではない．そこでオープンソースのデータ解析・マイニングのツールとして R 言語・環境が開発された．

2.　R 言語・環境

2.1　R 言語とは

　R 言語・環境（以下略して R と呼ぶ）は，ニュージーランドのオークランド（Auckland）大学の統計学科の Ross Ihaka とアメリカのハーバード大学の Robert Gentleman により開発がはじめられ，1997 年からは多くの賛同者が加わり開発され続けているオープンソースのデータ解析・処理のソフトである．

　R は，見かけ上 S 言語との差異が少ないことから，R は S 言語のクローンあるいは方言であるといわれている．R は，主なデータ解析ソフト SAS，SPSS，S 言語，Excel，データベース管理システム SQL，プログラム言語 C，FORTRAN，Java，Python などとのインターフェイスが充実しており，データ渡しやパッケージの作成が容易である．また，R には UNIX，Windows，Mac など主な OS に対応するバージョンがある．

　R は CRAN（The Comprehensive R Archive Network, https://cran.r-project.org/）から，自由にダウンロードして用いることができる．日本にミラーサイト https://cran.ism.ac.jp/ がある．R は年に約 2 回バージョンアッ

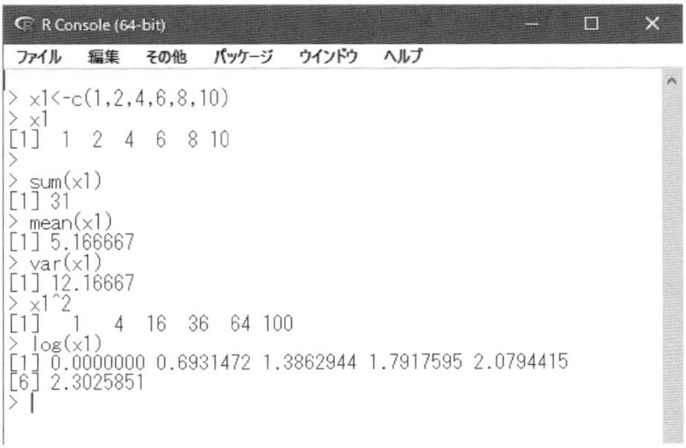

```
R Console (64-bit)                                    —    □    ×
ファイル  編集  その他  パッケージ  ウィンドウ  ヘルプ
> x1<-c(1,2,4,6,8,10)
> x1
[1]  1  2  4  6  8 10
>
> sum(x1)
[1] 31
> mean(x1)
[1] 5.166667
> var(x1)
[1] 12.16667
> x1^2
[1]   1   4  16  36  64 100
> log(x1)
[1] 0.0000000 0.6931472 1.3862944 1.7917595 2.0794415
[6] 2.3025851
> |
```

図 1　R のコンソール画面

プされている.

　R は, **関数型**のスクリプト言語である. **関数**とは $f(x, a)$ の形式を指す. f はデータを処理する機能, x はデータ, a は引数である. 引数 a はデータを処理するときの条件やオプションである. 例えば, データ行列のファイルの名前が mydata とする. R でのデータの合計を求める関数は sum である. もし, 単にデータの合計を求める場合は引数が必要ではないため sum（mydata）で合計が求められる. 列あるいは行単位で, 統計を行う関数として apply がある. 行単位の合計は関数 apply（mydata, 1, sum）で求めることができる. ここの mydata は x に相当し, 1 は引数 a に相当し, ここでは行を意味する. sum は関数であるが, ここでは引数として用いられている. R はこのように関数を組み合わせて用いることが可能である.

　R は基本的に 1 行のコマンド（コンピューターに特定の機能の実行を指示する命令）でデータ処理ができるように設計されている. R をインストールし起動するとコンソール（RConsole）画面が開き, コンソール画面上で操作を行う. その画面コピーを**図 1** に示す.

　より複雑な処理を行うために, 既存の関数を用いたプログラミング環境を提供している. 複数の関数のコマンドにより構成された集合体を R スクリプトと呼ぶ.

2.2　Rの仕組みとパッケージ

　Rの本体はパッケージを動かす機能を基本としている．基本的な発想は，事前に用意された**オブジェクト**を組み合わせて，より複雑な処理ができるオブジェクトを作成することである．Rでは積み木のように用意されたパーツを組み合わせて新しいオブジェクトを作成する．Rの中のオブジェクトは，大きく関数オブジェクトとデータオブジェクトに分けられる．

　パッケージとは，専用のデータ処理を行うプログラミングおよびスクリプトを関数として作成し，パッケージ化したものである．Rをインストールすると広く使用されているいくつかのパッケージがインストールされる．インストールされているパッケージは，直接使用可能なものと読み込み操作をしないと使用不能なものに分かれている．

　Rをインストールする際に自動的にインストールされているパッケージの数はバージョンによって変更される場合がある．Rのコンソール上でrownames（installed.packages（ ）) を実行するとインストールされているパッケージの名前をコンソール上で返す．またsearch（ ）を実行すると読み込まれているパッケージのリストが返される．読み込みの必要がないパッケージは，基本統計計算や環境を提供するパッケージbase，グラフ環境に関するgraphics，主成分分析や回帰分析など広く使用されているデータ分析方法を提供するパッケージstatsなどである．これらのパッケージに含まれている関数などは，パッケージを意識せずに用いることが可能である．すでに読み込まれているパッケージには，特殊なデータ分析の手法は含まれていない．例えば，対応分析さえstatsには含まれていない．対応分析を行うためには，その関数が含まれているパッケージを読み込んだり，インストールしたりする必要がある．パッケージを読み込む操作はコンソール上でlibrary（パッケージの名称）を実行するだけである．ちなみにRと同時にインストールされるパッケージMASSには対応分析の関数が含まれている．ただし，読み込まれていないためパッケージの読み込みコマンドlibrary（MASS）を実行することが必要である．

　Rの大きなメリットは，多くの研究者が開発した膨大なパッケージを自由に利用できることである．そのパッケージの数は，近年指数関数的に増加している．本項目を執筆している2019年9月のCRANサイトに登録されているパッケージの数は14800を超えている．パッケージはCRAN以外に

Bioconductor，GitHub などのサイトにも数多くあり，正確なパッケージの数は把握しがたいのが現状である．近年，パッケージの開発者の中では，開発中の最新バージョンを GitHub にホスティングし，安定バージョンのみ CRAN にリリースするケースがある．

2.3　R commader

SPSS のような GUI（graphical user interface）環境に慣れているユーザーにとっては，R のようなコンソール上でコマンドにより行う CUI（character user interface）操作はなじみやすいものではない．そこで，R を GUI 環境で操作するパッケージ Rcmdr が開発された．このパッケージを **R コマンダー**（R commander）と呼ぶ．パッケージ Rcmdr は，McMaster 大学の John Fox が作成・公開し，関西大学の荒木孝治氏により日本語化された．Rcmdr は CRAN ミラーサイト，あるいは John Fox の HP からダウンロードすることができる．R コマンダーの使用に関しては荒木孝治氏の HP を含む，解説資料がネット上で多く公開されている．R コマンダーではデータの読み込みやデータ処理をメニュー操作で行うことができるため非常に便利である．ただし，メニューに登録されていない分析方法については分析することができないため，機能が限定されている．

2.4　RStudio

RStudio は R のための統合開発環境（IDE）である．RStudio は，R の利用を手助けするために，ユーザーインターフェイスとコーディングツールを結合させたものである．RStudio はネット上でダウンロードできる．インストールし，初めに開いた画面は 3 つに分割されている．メニューの [File]→[New File]→[R script] をクリックすると左上にもう 1 つの画面が追加される．左上の画面がテキストエディターの機能を持つ R スクリプトをコーディングする部分であり，左下の画面が R コンソールである．RStudio の詳細に関する多くの資料はネットで検索できる．

2.5　Microsoft R Open

高度の計算を行うユーザーは R の計算処理が遅いと指摘している．2007

年に設立された Revolution Analytics 社より R の高速化を主な目的として，より高速な R "**Revolution R Open**" がリリースされた．Revolution R は，学術的なユーザーに無料で提供され，商用ソフトウェアは，大規模なマルチプロセッサーコンピューティング，マルチコア機能に重点を置いている．2015 年に Revolution Analytics 社は Microsoft 社に買収され，現在は Microsoft R Open の名称で無料公開されている．商用としては Microsoft R Server がある．R Server は一定の条件の下で，処理可能なデータサイズが R 言語の最大 1,000 倍，処理スピードは最大 50 倍になるそうである．R Server は，ビッグデータ解析を視野に入れた改良・開発が続いており，R Server for HDInsight が公開されている．R Server for HDInsight は R に Apache Hadoop と Apache Spark の機能を組み合わせ，スケール拡大とパフォーマンスの向上を目指している．

［金明哲］

【参考文献（さらに学びたい人のために）】
[1]　荒木孝治（2008）．『R と R コマンダーではじめる多変量解析』日科技連出版社．
[2]　Grolemund, G.（大橋真也監訳，長尾高弘訳）（2015）．『RStudio ではじめる R プログラミング入門』オライリージャパン．
[3]　金明哲（2017）．『R によるデータサイエンス——データ解析の基礎から最新手法まで』森北出版．
[4]　松村優哉，湯谷啓明，紀ノ定保礼，前田和寛（2018）．『R ユーザのための RStudio［実践］入門——tidyverse によるモダンな分析フローの世界』技術評論社．
[5]　山田剛史，杉澤武俊，村井潤一郎（2008）．『R によるやさしい統計学』オーム社．

C-2
計量テキスト分析のための自由^{フリー}ソフトウェア KH Coder

KH Coder: free software for quantitative text analysis

1.　制作のねらいと概要

　内容分析（content analysis）とは，社会学の分野で新聞記事などの分析に用いられてきた方法である．樋口[2]は内容分析の考え方にもとづきつつ，現代のコンピューター技術を活用してテキスト分析を行う方法「計量テキスト分析」を提案し，実践のためのソフトウェアとして **KH Coder** を制作・公開している．

　「内容分析」という名前が示すとおり，KH Coder はテキストの内容を分析するためのソフトウェアである．例えば政治家によるインターネットでの発信を分析する場合であれば，政策についての議論が多いのか，それともイベントのお知らせが多いのか，そうした傾向は政党によって異なるのかといった分析が考えられる．こうした分析を行いやすいように KH Coder は，名詞・動詞・形容詞などの内容語に注目し，助詞・助動詞などの機能語を無視するように設定されている．もしも政治家による発言の文末に注目し，「だ」「である」調なのか「です」「ます」調なのかを分析したい場合には追加的な設定が必要になる[3]．あるいはこうした場合，より汎用性の高い MTMineR や，言語学的な分析のために開発されたコーパス分析用ツールを用いる方が効率的かもしれない．

　KH Coder は 2001 年に最初のバージョンが公開された後，現在まで継続的に開発が行われている．公開当初は日本語テキストしか分析できなかったが，現在のバージョン 3 では日本語・英語をはじめ，中国語・韓国語・ロシア語・その他西ヨーロッパ言語の分析に対応している．KH Coder を利用した研究事例は約 3000 件に達しており，利用分野としては社会学・教育学・政治学・看護学・心理学などが多く，一部に言語学における利用も見られる．樋口[4]はソフトウェア制作者の観点から優れた研究事例を取り上げてレビューを行い，ど

791

のように KH Coder を利用すれば学術的意義のある発見につながりやすいか
を検討している.

2.　主要な機能

2.1　語の取り出しと統計分析

　KH Coder の主な機能は 3 つに分類できる. その 1 つが語の取り出しと
統計分析である. KH Coder は入力された平テキストから, 茶筌・MeCab・
Stanford POS Tagger・FreeLing などを用いて語を取り出す. ここで取り出
している「語」とは, ほとんどは形態素のことであるが, ユーザーの指定した
任意の文字列も 1 つの「語」として抽出する.

　KH Coder は取り出した語に関して, 様々な統計分析を行う機能を備えてい
る. 第一に基礎的な確認のための機能として, 多く出現していた語を確認する
ための抽出語リスト作成や, 抽出語検索の機能などがある.

　第二に, 語と語の結びつきを探るための統計分析を行える. この機能を使っ
てよく一緒に用いられている語のグループを見つければ, テキスト中の主題な
いしはテーマを見つけることにつながるだろう. クラスター分析・多次元尺度
構成法・共起ネットワークなどの機能を使えば, データ全体を通じてテーマを
探索できる. 内容が似た文書の群を探す, 文書のクラスター分析機能も同様の
目的で利用できるだろう. また, 特定の語に注目して, その語と一緒に出現す
る(共起する)ことが多い語を探すこともできる. この用途には, コロケーシ
ョン統計・関連語検索・共起ネットワーク機能を利用できる.

　第三に, テキストの部分ごとの特徴を探るための統計分析を行える. 例えば
アンケート自由回答であれば, 収入の高い回答者が特に多く用いている語には
どんなものがあったのか. あるいは物語を扱う場合であれば, 序盤・中盤・終
盤にそれぞれ特に多く出現する語はどんなものか. こうした分析を行うため
に, 対応分析(**図 1**)や関連語検索の機能を用いることができる. 関連語検索
の機能では, 「高収入であること」「物語の序盤であること」と関連する語を検
索すれば, こうした分析を行える.

　さらに, 特定の部分に「特に多く出現する語」だけでなく, 「特に多い共起」
を探索することもできる. 同じ語であっても, 使われ方や文脈が変われば意味

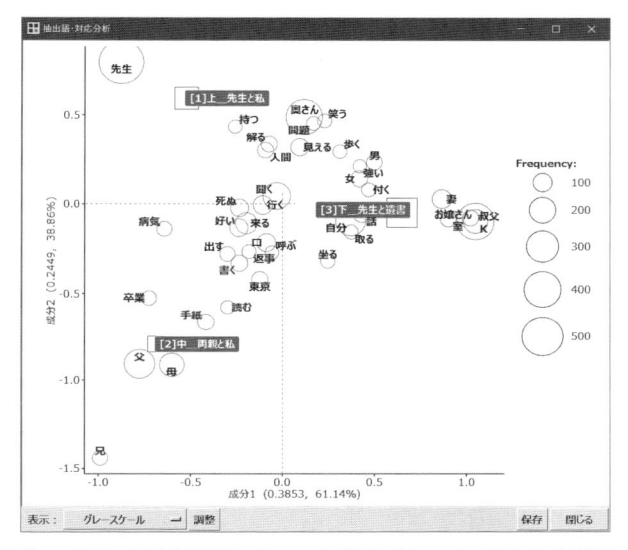

図 1　漱石「こころ」の対応分析によって各部分（上・中・下）に特徴的な語を探る
画面上の語をクリックすると KWIC コンコーダンス画面が開く.

が変化する. あるいは同じ人物でも, 物語の進行とともに描かれ方が変わる場
合がある. こうした意味の変化を共起の変化から探るために, 共起ネットワー
クには, データ中のどこで共起が生じていたかを色分けによって示す機能が
ある. また関連語検索の機能では,「物語序盤の人物 A」「物語中盤の人物 A」
と関連する語を検索するといった条件指定を行える.

2.2　コーディングと統計分析

　内容分析においては, 自動的に取り出した語の分析だけでなく, 例えば「怒
りの感情」といったコンセプトの分析を行うことが多い. そのための準備とし
て「この語が出現していれば『怒りの感情』のあらわれと見なす」というよう
なルールを決めて, コンセプトを取り出す作業が必要になる. この作業のこと
をコーディングと呼び, ここで利用するルールのことをコーディングルールと
呼ぶ. KH Coder は研究者が考案したコーディングルールをもとに, コーディ
ング作業を自動的に行う機能を備えている. KH Coder のコーディングルール
では単純に語を指定するだけでなく, 語が出現する順番を指定したり, 特定の

語が近くにある場合はコンセプト出現と見なさないなど，様々な条件を組み合わせられる．いったんコンセプトを取り出せば，2.1 節で述べた抽出語の場合とおおむね同様の統計分析を行える．

　コーディングルールには，分析者が重要とみなすコンセプトと，そのコンセプトの内実が記載される．分析者はまったく自由にコーディングルールを作成できるが，分析の信頼性を高めるためにコーディングルールを公開することが原則である．コーディングルールを公開すれば，分析の信頼性が高まるだけでなく，他の研究者がそのコーディングルールを利用できるようなる．実際に利用がなされた場合，単に論文が引用されるだけでなく，自分の考案したコンセプトを直接的に継承して後に続く研究が生まれる．当該分野における研究の発展に，より大きく貢献することにつながるだろう．

2.3　テキストの検索と閲覧

　統計分析の結果を見るときには，分析対象のテキスト中でそれぞれの語やコンセプトが果たしていた役割を確認しなければならない．少し見方を変えるならば，テキスト中のどの部分を人間が詳しく見るべきかというヒントとしても，統計分析の結果は利用すべきである．

　例えば図 1 では原点 (0,0) から見て「上＿先生と私」の方向に「解る」が布置されているので，「解る」は物語の序盤「上」に多かったことがわかる．しかし，これだけの情報をもとに意味のある解釈をすることはできない．この語は「解らない」という未然形で用いられることが多く，さらに，ある登場人物の言葉の意味が主人公には「解らなかった」点などを確認してはじめて，解釈のための材料になりうる．これらの点を確認するために，特定の語について前後の文脈を見るには KWIC コンコーダンス機能を，複数の条件を組み合わせて検索を行いたい際には文書検索の機能を利用できる．

3.　自由ソフトウェアとしての公開

　KH Coder はマウス操作で手軽に分析を行えるよう開発されているが，一方でカスタマイズを行いやすいように柔軟性についても配慮がなされている．例えば図 1 に示した対応分析の結果は，画像形式だけでなく，CSV 形式や

R Source 形式でも保存できる．プロットを自分の好きなソフトウェアで作り直したいときには CSV 形式が便利だし，R のコマンドが保存されている R Source 形式のファイルを編集すれば，いかなるカスタマイズも可能である．また，比較的短い Perl と R のコードを書くだけで新たな分析機能を追加できるプラグイン機構を備えている[1]．さらに KH Coder 本体についても，処理の内容をユーザーが自由に確認・編集できるフリー（自由）ソフトウェアとして公開されている．ここから KH Coder はお仕着せのツールとしてだけでなく，利用者の創意工夫を発揮する環境として利用できるのではないだろうか．

［樋口耕一］

【参考文献（さらに学びたい人のために）】

[1] 石田基広，神田善伸，樋口耕一，永井達大，鈴木了太（2014）．『R のパッケージおよびツールの作成と応用（シリーズ Useful R）』金明哲編，共立出版．
[2] 樋口耕一（2014）．『社会調査のための計量テキスト分析』ナカニシヤ出版．
[3] 樋口耕一（2017）．「文章の計量的分析ツール『KH Coder』——言語学的な分析のための設定と操作」『文章を科学する』李在鎬編，ひつじ書房，82-101．
[4] 樋口耕一（2017）．「計量テキスト分析および KH Coder の利用状況と展望」『社会学評論』**68**（3），334-350．

C-3
テキスト分析ツール RMeCab
R package for text analysis: RMeCab

1. 日本語テキストの分析処理

RMeCab は，データ分析・グラフィックス環境である R（https://www.r-project.org/）で日本語テキストの処理を行う拡張機能である．テキストをデータとして分析するには，文を単語（**形態素**）や文字に分割し頻度表にまとめるのが定石である．テキストデータから得られた頻度表に機械学習などで使われる統計手法やグラフィックス技法を適用して新たな知見を得ようとする分野を**テキストマイニング**という．RMeCab は R で日本語のテキストマイニングを実行するためのパッケージである．RMeCab を導

入することで，日本語形態素解析ソフトウェアとして広く利用されている
MeCab（http://taku910.github.io/mecab/）を R から操作できるようにな
る．RMeCab では日本語の文章あるいはテキストファイルを指定するだけ
で，統計的分析手法が適用可能なデータ形式に変換することができる．例を示
そう．以下は，「私は真面目な学生です.」，「彼女は数学科の良い学生です.」，
「彼女は難しい数学を学んでいます.」の 3 つの文章をそれぞれ独立したテキス
トとみなして RMeCab で処理した結果である（紙幅の関係で一部省略してあ
る）.

単語	品詞	品詞細分類	テキスト A	テキスト B	テキスト C
学ぶ	動詞	自立	0	0	1
学生	名詞	一般	1	1	0
彼女	名詞	代名詞	0	1	1
数学	名詞	一般	0	1	1
真面目	名詞	形容動詞語幹	1	0	0
私	名詞	代名詞	1	0	0

　3 つのテキスト（文章）を単語に分割し，テキストごとに出現頻度を表とし
てまとめている．例えば 1 行目の「学ぶ」は動詞であり，テキスト C でのみ
1 回利用されているのがわかる．自然言語処理ではこのような表を**単語・文
書行列**（document-term matrix）と呼び，様々な統計手法を適用する基本的
なデータ構造となる．なお，ここでは文を単語単位で分割した例を示したが，
RMeCab では文字ないし品詞単位で分割することも可能である.

2.　*n*-gram と自由記述

　一方，単語・文書行列ではもとのテキストにおける語順は無視されるが，語
（や文字）の前後関係についての情報（**n-gram**）が分析に必要な場合もある．
こうしたニーズにも RMeCab は対応している．以下は，先ほどの 3 つのテキ
ストから *n*-gram 行列を抽出した例である.

分析用ソフト

単語	品詞	品詞細分類	テキスト A	テキスト B	テキスト C
良い - 学生	形容詞 - 名詞	自立 - 一般	0	1	0
難しい - 数学	形容詞 - 名詞	自立 - 一般	0	0	1
の - 良い	助詞 - 形容詞	格助詞 - 自立	0	1	0
は - 難しい	助詞 - 形容詞	係助詞 - 自立	0	0	1

　この表からは「良い」という形容詞の後に「学生」という名詞が続いたパターンがテキスト B に一度出現していることが見て取れる．2 つの単語（や文字）が続いたパターンを特に**バイグラム**（bigram）と呼ぶが，バイグラムをまとめた頻度表はネットワーク分析などで必要とされる．

　さらにアンケートの回答を記録したデータでは，表の特定の列に自由記述の内容を割り当てている場合もあるだろう．例えば Excel ファイルに以下のようなデータが保存されていたとする．

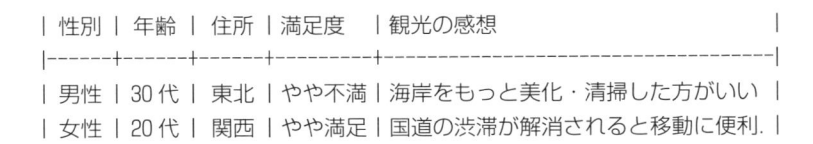

性別	年齢	住所	満足度	観光の感想
男性	30 代	東北	やや不満	海岸をもっと美化・清掃した方がいい
女性	20 代	関西	やや満足	国道の渋滞が解消されると移動に便利．

　この表では一番右の列が回答者の自由記述文になっている．RMeCab ではデータファイルの指定された列に形態素解析を適用することも可能である．これにより，自由記述文に出現した単語を，回答者の属性（性別や年齢など）と関連づけることができる．

3.　正規化

　単語・文書行列ではテキストの長さ（単語や文字の総数）の違いが解析結果に影響を及ぼすことがある．このため，分割表にまとめた段階で頻度を**正規化**するのが一般的である．テキストマイニングでは **tf-idf** という指標がよく用いられる．この方法は RMeCab にも実装されている．本項目の最初にあげ

C　分析用ソフト

た頻度表に tf-idf を適用すると以下の出力が得られる.

単語	品詞	品詞細分類	テキストA	テキストB	テキストC
学ぶ	動詞	自立	0.00	0.00	0.38
学生	名詞	一般	0.30	0.28	0.00
彼女	名詞	代名詞	0.00	0.28	0.23
数学	名詞	一般	0.00	0.28	0.23
真面目	名詞	形容動詞語幹	0.50	0.00	0.00
私	名詞	代名詞	0.50	0.00	0.00
科	名詞	接尾	0.00	0.46	0.00
良い	形容詞	自立	0.00	0.46	0.00
難しい	形容詞	自立	0.00	0.00	0.38

　テキストの列には，単語の頻度そのものではなく正規化した数値が入っている．これらは列ごとに数値を2乗して合計するといずれも1になり，テキストそれぞれの長さの違いに統計手法が影響されないように調整されている（上の表では出力を一部割愛している）.

　この他にも RMeCab には R でテキストマイニングを効率的に実行するための機能が多数備わっている．詳細は開発者のサイト（http://rmecab.jp/）を参照するといいだろう.

[石田基広]

【参考文献（さらに学びたい人のために）】
[1]　石田基広（2017）.『R によるテキストマイニング入門 第二版』森北出版.
[2]　Silge, J. and Robinson, D.（大橋真也監訳，長尾高弘訳）（2018）.『R によるテキストマイニング』オライリージャパン.

C-4
多言語テキスト統計分析ツール MTMineR
multilingual text statistical analysis tool MTMineR

　テキストを計量的に分析するためには，まずテキストを構成する要素について何らかの方法で数えることが必要である．少量のテキストであれば目視で数えることも可能であるが，大量のテキストとなると労力が膨大になり実現するのは困難である．カウントのような単純作業はコンピューターに向いている．コンピューターでテキストを構成する要素を数えるには，何らかのプログラミング言語でプログラムを作る必要がある．テキストを構成する様々な要素の特徴や現れる頻度を数えるプログラムの作成は，プログラミングに熟達している方にとっては簡単なことであるが，一般の人文社会系の学生や研究者にとってはハードルが高い．また，市販されているソフトの多くはビジネスを前提としているため，教育や研究において使いやすいとはいいがたく，値段も高い．そこで，これまで個人研究のために作成したプログラムを整理し，コーパスやテキストマイニングの教育を視野に入れ，汎用ツールとして拡張した MTMineR（Multilingual Text Miner with R）を公開した．ツールは Java 言語で作成しており，公開形式は jar 形式である．よって，使用するマシンにはマシンにマッチした Java 言語をインストールすることが必要である．Java 言語は，ネット上で自由にダウンロードできる（https:// www.java.com/ja/download/）．インストールする際に，64bit マシンに 32bit の Java をインストールするとソフトが正常に作動しない．

1.　ツールの構成

　MTMineR（エムティマイナー）は主に日本語，中国語，韓国語，英語，ドイツ語，フランス語等のテキスト分析を対象としている．テキストやコーパスを処理するイメージを**図 1** に示す．本システムでは，日本語の形態素解析は JUMAN，ChaSen，MeCab，構文解析は CaboCha を借用する．データの構造化では平テキストやタグ付きのテキストから頻度を集計し表形式（行列形式）のデータを出力する．データの統計分析に関しては，集計結果をいった

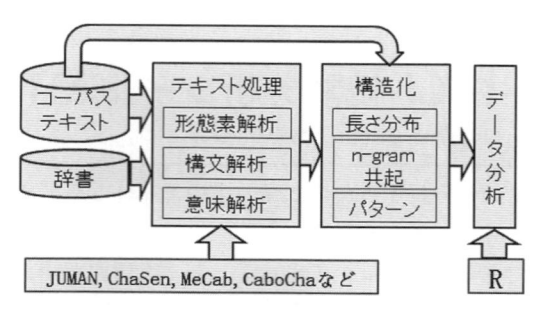

図1　MTMineR の構成イメージ

ん保存し，各自が使い慣れた統計ツールを用いて分析することができる．また，データ解析のフリーソフト R をインストールし若干の設定を行うと直接 MTMineR からメニュー操作で用意されたデータ解析の方法を用いることができる．

　要素の特徴や頻度をカウントする際に用いるテキストはタグを付けていない**平テキスト**（plain text）と**タグ付きのテキスト**（tagged text）に分けられる．

　平テキストは，我々が書いた一般の文章形式を指す．この場合，日本語における計量単位は文字である．形態素解析ソフト JUMAN，ChaSen，Mecab をインストールしパスを通しておけば，読み込んだ平テキストについて形態素解析を行い，タグ付きのデータに変換し，データを集計することができる．

2.　データの検索と構造化データの作成

　テキストデータは構造化されていない．ここでいう**構造化**とは，Excel のセルごとにデータを入力した表形式のデータ構造を指す．テキストを計量的に分析するには，構造化されていないテキストデータを目的に応じて構造化する必要がある．MTMineR の主な機能はテキストデータを読み込み，構造化することである．

　MTMineR のメニューは英語で記述されている．これは，中国語や韓国語の OS で起動したときに文字化けの現象を防ぐためである．デフォルトは，日本語（Japanese）の平テキスト（plain text）になっている．本項目では主に日本語について説明する．日本語においては，文字単位，形態素単位，文節単

位の統計分析を行う.

2.1　平テキスト

平テキストの画面には，メニューの下に 8 つのタブが用意されている（File list, Summary, n-gram, Length, Mark, KWIC, Word List, Tools）．タブを押すとそのタブがアクティブ化される.

（1）　データの要約

タブ Summary は，読み込んだテキストについてバイト数，文字・記号数，文の数，文字の数，漢字の数，平仮名の数，片仮名の数，ローマ字の数，数字の数，全角記号の数，半角記号の数を集計する.

（2）　n-gram

タブ n-gram では，文字単位の n-gram のデータを集計する.n は 1 から 6 までである.

（3）　長さの分布

タブ Length では，文字を単位とした文の長さと段落の長さ，リズムなどを集計する.文については句点，感嘆符，疑問符を文の終わりと判断する.リズムはコロン，セミコロン，読点，句点，感嘆符疑問符を区切りとする.

（4）　指定文字・記号の前後

タブ Mark では，ある文字・記号の前後の文字を切り取ったデータを集計する.この機能は，読点をどの文字の後（前）に付けているか，ある文字はどの文字の後（前）に使用されているかなどに関して分析をしたいときに用いる.このタブで集計したデータは，文字単位の bigram の一部分である.

（5）　クウィック検索

タブ KWIC（クウィック，Keyword in context）では，指定したキーワードについて，すべてのテキストからその前後を一定の長さで切り取って返す.前後の切り取る長さは自由に指定できる.デフォルトでは 10 文字に指定されている.返された結果は自由にソートすることができる.切り取った部分の前後を基準としたソートは，画面上の [Left] あるいは [Right] の部分をクリックするとキーワードの前後を基準として降順，昇順に入れ替わる.

（6）　ワードリストによる集計

タブ WordList では，各自が作成したワードリストに指定している語句をテ

キストごとに集計する．これは，同じ意味を異なる表記で記録した語句などを
集計するのが目的である．

（7）　テキストの整形のための小ツール

タブ Tools には，3 つのサブタブがある．前の 2 つはテキストの整形や洗浄
に必要な機能である．

2.2　形態素単位

メニュー [Data Format] の中の [Tagged Text] を選択すると形態素
解析済みのデータを用いる環境と形態素解析を行う環境になる．MeCab，
ChaSen，JUMAN 前にラジオボタンを選択すると，その形態素解析済みの結
果を用い，同時に右側の [Call POS Tagger] を選択すると平テキストを用
いて形態素解析を行う．＜　＞中にタグをつけているテキストを用いる場合は，
＜　＞を選択する．タグ付きデータについて集計内容について簡潔に説明する．

（1）　データの要約

タブ Summary では，半角と全角によるテキストのサイズ，述べ語数，異な
り語数，片仮名語の数，ローマ字語の数，数値の数を集計する．

（2）　n-gram

タブ n-gram ではタグ，形態素，タグが付いた形態素のそれぞれの n-gram
を集計する．すべての属性あるいは指定した属性のみを分けて集計することも
できる．

（3）　共起の集計

タブ Co-occurrence では，形態素の共起データを集計する．集計するのは
タグに基づいた形態素の共起である．n-gram の場合と同じく，すべての形態
素の共起と指定したタグのみの形態素の共起を集計することができる．

（4）　その他の機能

タブ Length では文の長さ，文字単位で形態素の長さを集計することがで
きる．タブ Mark では，ある形態素の前後のデータを集計する．例えば，助
詞「の」の前のデータを集計する際には，キーワードを記述する Please input
Keyword の窓に「の＜助詞＞」のカギ括弧の中のものを入力する．

タブ KWIC では，タグ付きのテキストから指定したキーワードの前後を切
り取って返す．

2.3　文節単位の計量

メニュー [Data Format] の中の [Parser] を選択すると文節単位の集計環境になる．文節単位で集計するときは，CaboCha による処理済みの結果を用いる方法と平テキストを読み込み MTMineR 上で係り受け関係を直接解析し，関連の要素を集計する方法に分かれる．

タブ n-gram では，文節単位の属性の n-gram や属性付きの文節の n-gram，指定した属性のみを含んだ文節の n-gram を集計する．基本的な考えはタグ付きの n-gram と同じであるが，文節を対象としている．

タブ Co-occurrence では，条件付きの文節の共起データを集計する．つまり属性を指定した共起データを集計する．

タブ pattern では，文節単位のパターンを集計する．パターンでは，形態素の属性や形態素の原型を組み合わせることができる．

3.　分析機能

集計したデータは保存することができるため，各自が使い慣れたデータ解析ソフトを用いて分析することができる．R をインストールし，パスを切っておくと用意されたメニュー操作でデータ解析を行うことができる．メニューに組み込んでいない機能に関しては，MTMineR に設けてあるコンソール上で R コマンダーとほぼ同様に用いることができる．メニューに組み込んだ主な機能を次に説明する．

（1）　データの変換

行・列を単位に相対頻度を求めたり，データの正規化とデータの転置を行う．

（2）　グラフ

タブ Plots には，4 種類のグラフ作成機能を実装している．サブタブ Word Cloud ではワードクラウドグラフ，サブタブ Mat Plot では多群の折れ線グラフ，サブタブ Zipf's low and Plot では **Zipf 法則**のグラフと対数回帰モデルの当てはめ，サブタブ Grapf Plot では語や文節のネットワークグラフを作成する．

（3）　特徴語抽出

タブ Indexes には 3 つの機能を設けている．サブタブ Features では，**カイ 2 乗統計量**や尤度比統計量などでテキスト間の**特徴語抽出**，サブタブ weightings では **TF-IDF** など 10 種類の語句の重み付けを計算する．タブ Vocabulary Richness ではテキストにおける**語彙の豊富さ**を計算する．

（4）　教師なしの分析法

タブ Unsupervised に教師なしの方法として**主成分分析，対応分析，階層的クラスタリング，k-平均クラスタリング，多次元尺度法**，分割最適化クラスタリング PAM 法などを実装している．階層的クラスタリングと多次元尺度法に用いる距離にはテキスト分析に有効な JSD（Jensen-Shannon divergence）距離や対称的カイ 2 乗距離などを実装している．

（5）　教師ありの分析法

タブ Supervised には **k-近隣法，決定木，ランダムフォレスト，サポートベクターマシン**，HDDA などを実装している．これらの方法を用いるためには，まず教師となる外的基準を指定しなければならない．外的基準の指定はタブ Grouping で行う．**図 2** に宮沢賢治，泉鏡花，太宰治作品の形態素タグの

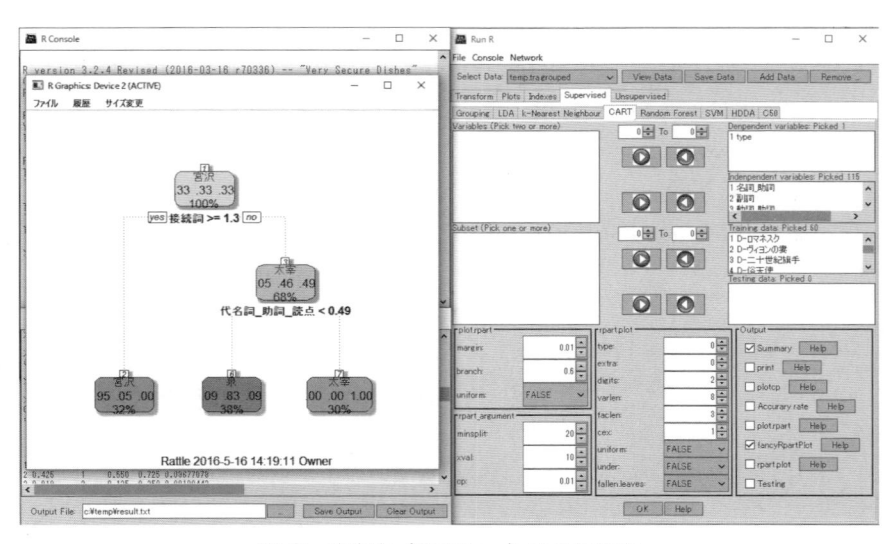

図 2　決定木（RP-Tree）の分析画面

bigram を集計し，決定木による分析の画面を示す.

[金明哲]

【参考文献（さらに学びたい人のために）】

[1]　石田基広，金明哲編（2012）.『コーパスとテキストマイニング』共立出版.

[2]　金明哲（2009）.『テキストデータの統計科学』岩波書店.

[3]　金明哲（2018）.『テキストアナリティクス』共立出版.

[4]　MTMineR の解説 HP（2019 年現在）（https://www1.doshisha.ac.jp/~mjin/lab/index.html）（最終アクセス：2019 年 11 月 1 日）

分析用ソフト

$P(z_\alpha \leq Z)$ となる確率を示す. z_α の値の小数第 1 位は表側, 第 2 位は表頭の数値. (例：$P(0.11 \leq Z) = 0.4562$).

$$\alpha = P(z_\alpha \leq Z)$$

第2位 / 小数第1位	0.00	0.01	0.02	0.03	0.04	0.05	0.06	0.07	0.08	0.09
0.0	0.5000	0.4960	0.4920	0.4880	0.4840	0.4801	0.4761	0.4721	0.4681	0.4641
0.1	0.4602	0.4562	0.4522	0.4483	0.4443	0.4404	0.4364	0.4325	0.4286	0.4247
0.2	0.4207	0.4168	0.4129	0.4090	0.4052	0.4013	0.3974	0.3936	0.3897	0.3859
0.3	0.3821	0.3783	0.3745	0.3707	0.3669	0.3632	0.3594	0.3557	0.3520	0.3483
0.4	0.3446	0.3409	0.3372	0.3336	0.3300	0.3264	0.3228	0.3192	0.3156	0.3121
0.5	0.3085	0.3050	0.3015	0.2981	0.2946	0.2912	0.2877	0.2843	0.2810	0.2776
0.6	0.2743	0.2709	0.2676	0.2643	0.2611	0.2578	0.2546	0.2514	0.2483	0.2451
0.7	0.2420	0.2389	0.2358	0.2327	0.2296	0.2266	0.2236	0.2206	0.2177	0.2148
0.8	0.2119	0.2090	0.2061	0.2033	0.2005	0.1977	0.1949	0.1922	0.1894	0.1867
0.9	0.1841	0.1814	0.1788	0.1762	0.1736	0.1711	0.1685	0.1660	0.1635	0.1611
1.0	0.1587	0.1562	0.1539	0.1515	0.1492	0.1469	0.1446	0.1423	0.1401	0.1379
1.1	0.1357	0.1335	0.1314	0.1292	0.1271	0.1251	0.1230	0.1210	0.1190	0.1170
1.2	0.1151	0.1131	0.1112	0.1093	0.1075	0.1056	0.1038	0.1020	0.1003	0.0985
1.3	0.0968	0.0951	0.0934	0.0918	0.0901	0.0885	0.0869	0.0853	0.0838	0.0823
1.4	0.0808	0.0793	0.0778	0.0764	0.0749	0.0735	0.0721	0.0708	0.0694	0.0681
1.5	0.0668	0.0655	0.0643	0.0630	0.0618	0.0606	0.0594	0.0582	0.0571	0.0559
1.6	0.0548	0.0537	0.0526	0.0516	0.0505	0.0495	0.0485	0.0475	0.0465	0.0455
1.7	0.0446	0.0436	0.0427	0.0418	0.0409	0.0401	0.0392	0.0384	0.0375	0.0367
1.8	0.0359	0.0351	0.0344	0.0336	0.0329	0.0322	0.0314	0.0307	0.0301	0.0294
1.9	0.0287	0.0281	0.0274	0.0268	0.0262	0.0256	0.0250	0.0244	0.0239	0.0233
2.0	0.0228	0.0222	0.0217	0.0212	0.0207	0.0202	0.0197	0.0192	0.0188	0.0183
2.1	0.0179	0.0174	0.0170	0.0166	0.0162	0.0158	0.0154	0.0150	0.0146	0.0143
2.2	0.0139	0.0136	0.0132	0.0129	0.0125	0.0122	0.0119	0.0116	0.0113	0.0110
2.3	0.0107	0.0104	0.0102	0.0099	0.0096	0.0094	0.0091	0.0089	0.0087	0.0084
2.4	0.0082	0.0080	0.0078	0.0075	0.0073	0.0071	0.0069	0.0068	0.0066	0.0064
2.5	0.0062	0.0060	0.0059	0.0057	0.0055	0.0054	0.0052	0.0051	0.0049	0.0048
2.6	0.0047	0.0045	0.0044	0.0043	0.0041	0.0040	0.0039	0.0038	0.0037	0.0036
2.7	0.0035	0.0034	0.0033	0.0032	0.0031	0.0030	0.0029	0.0028	0.0027	0.0026
2.8	0.0026	0.0025	0.0024	0.0023	0.0023	0.0022	0.0021	0.0021	0.0020	0.0019
2.9	0.0019	0.0018	0.0018	0.0017	0.0016	0.0016	0.0015	0.0015	0.0014	0.0014
3.0	0.0013	0.0013	0.0013	0.0012	0.0012	0.0011	0.0011	0.0011	0.0010	0.0010

自由度 m の上側 $100\alpha\%$ 点 t_α

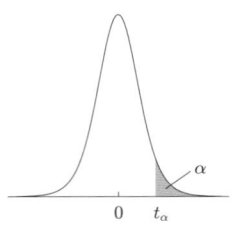

α 自由度 m	0.1	0.05	0.025	0.01	0.005
1	3.0777	6.3138	12.7062	31.8205	63.6567
2	1.8856	2.9200	4.3027	6.9646	9.9248
3	1.6377	2.3534	3.1824	4.5407	5.8409
4	1.5332	2.1318	2.7764	3.7469	4.6041
5	1.4759	2.0150	2.5706	3.3649	4.0321
6	1.4398	1.9432	2.4469	3.1427	3.7074
7	1.4149	1.8946	2.3646	2.9980	3.4995
8	1.3968	1.8595	2.3060	2.8965	3.3554
9	1.3830	1.8331	2.2622	2.8214	3.2498
10	1.3722	1.8125	2.2281	2.7638	3.1693
11	1.3634	1.7959	2.2010	2.7181	3.1058
12	1.3562	1.7823	2.1788	2.6810	3.0545
13	1.3502	1.7709	2.1604	2.6503	3.0123
14	1.3450	1.7613	2.1448	2.6245	2.9768
15	1.3406	1.7531	2.1314	2.6025	2.9467
16	1.3368	1.7459	2.1199	2.5835	2.9208
17	1.3334	1.7396	2.1098	2.5669	2.8982
18	1.3304	1.7341	2.1009	2.5524	2.8784
19	1.3277	1.7291	2.0930	2.5395	2.8609
20	1.3253	1.7247	2.0860	2.5280	2.8453
21	1.3232	1.7207	2.0796	2.5176	2.8314
22	1.3212	1.7171	2.0739	2.5083	2.8188
23	1.3195	1.7139	2.0687	2.4999	2.8073
24	1.3178	1.7109	2.0639	2.4922	2.7969
25	1.3163	1.7081	2.0595	2.4851	2.7874
26	1.3150	1.7056	2.0555	2.4786	2.7787
27	1.3137	1.7033	2.0518	2.4727	2.7707
28	1.3125	1.7011	2.0484	2.4671	2.7633
29	1.3114	1.6991	2.0452	2.4620	2.7564
30	1.3104	1.6973	2.0423	2.4573	2.7500
40	1.3031	1.6839	2.0211	2.4233	2.7045
60	1.2958	1.6706	2.0003	2.3901	2.6603
120	1.2886	1.6577	1.9799	2.3578	2.6174
∞	1.2816	1.6449	1.9600	2.3263	2.5758

付表 3　カイ 2 乗分布表

自由度 m の上側 100α% 点 χ^2_α

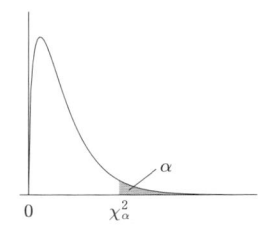

α　自由度 m	0.995	0.975	0.05	0.025	0.01	0.005
1	0.00	0.00	3.84	5.02	6.63	7.88
2	0.01	0.05	5.99	7.38	9.21	10.60
3	0.07	0.22	7.81	9.35	11.34	12.84
4	0.21	0.48	9.49	11.14	13.28	14.86
5	0.41	0.83	11.07	12.83	15.09	16.75
6	0.68	1.24	12.59	14.45	16.81	18.55
7	0.99	1.69	14.07	16.01	18.48	20.28
8	1.34	2.18	15.51	17.53	20.09	21.95
9	1.73	2.70	16.92	19.02	21.67	23.59
10	2.16	3.25	18.31	20.48	23.21	25.19
11	2.60	3.82	19.68	21.92	24.72	26.76
12	3.07	4.40	21.03	23.34	26.22	28.30
13	3.57	5.01	22.36	24.74	27.69	29.82
14	4.07	5.63	23.68	26.12	29.14	31.32
15	4.60	6.26	25.00	27.49	30.58	32.80
16	5.14	6.91	26.30	28.85	32.00	34.27
17	5.70	7.56	27.59	30.19	33.41	35.72
18	6.26	8.23	28.87	31.53	34.81	37.16
19	6.84	8.91	30.14	32.85	36.19	38.58
20	7.43	9.59	31.41	34.17	37.57	40.00
21	8.03	10.28	32.67	35.48	38.93	41.40
22	8.64	10.98	33.92	36.78	40.29	42.80
23	9.26	11.69	35.17	38.08	41.64	44.18
24	9.89	12.40	36.42	39.36	42.98	45.56
25	10.52	13.12	37.65	40.65	44.31	46.93
26	11.16	13.84	38.89	41.92	45.64	48.29
27	11.81	14.57	40.11	43.19	46.96	49.64
28	12.46	15.31	41.34	44.46	48.28	50.99
29	13.12	16.05	42.56	45.72	49.59	52.34
30	13.79	16.79	43.77	46.98	50.89	53.67
40	20.71	24.43	55.76	59.34	63.69	66.77
50	27.99	32.36	67.50	71.42	76.15	79.49
60	35.53	40.48	79.08	83.30	88.38	91.95
70	43.28	48.76	90.53	95.02	100.43	104.21
80	51.17	57.15	101.88	106.63	112.33	116.32
90	59.20	65.65	113.15	118.14	124.12	128.30
100	67.33	74.22	124.34	129.56	135.81	140.17

付表 4　F 分布表

自由度 (m_1, m_2) の F 分布の上側 100α% 点の値．上段細字は $\alpha = 0.05$，下段太字は $\alpha = 0.01$.

m_2＼m_1	1	2	3	4	5	6	7	8	9	10	20	50	100	∞
1	161.5	199.5	215.7	224.6	230.2	234.0	236.8	238.9	240.5	241.9	248.0	251.8	253.0	254.3
1	**4052**	**5000**	**5403**	**5625**	**5764**	**5859**	**5928**	**5981**	**6022**	**6056**	**6209**	**6303**	**6334**	**6366**
2	18.51	19.00	19.16	19.25	19.30	19.33	19.35	19.37	19.38	19.40	19.45	19.48	19.49	19.50
2	**98.50**	**99.00**	**99.17**	**99.25**	**99.30**	**99.33**	**99.36**	**99.37**	**99.39**	**99.40**	**99.45**	**99.48**	**99.49**	**99.50**
3	10.13	9.55	9.28	9.12	9.01	8.94	8.89	8.85	8.81	8.79	8.66	8.58	8.55	8.53
3	**34.12**	**30.82**	**29.46**	**28.71**	**28.24**	**27.91**	**27.67**	**27.49**	**27.35**	**27.23**	**26.69**	**26.35**	**26.24**	**26.13**
4	7.71	6.94	6.59	6.39	6.26	6.16	6.09	6.04	6.00	5.96	5.80	5.70	5.66	5.63
4	**21.20**	**18.00**	**16.69**	**15.98**	**15.52**	**15.21**	**14.98**	**14.80**	**14.66**	**14.55**	**14.02**	**13.69**	**13.58**	**13.46**
5	6.61	5.79	5.41	5.19	5.05	4.95	4.88	4.82	4.77	4.74	4.56	4.44	4.41	4.36
5	**16.26**	**13.27**	**12.06**	**11.39**	**10.97**	**10.67**	**10.46**	**10.29**	**10.16**	**10.05**	**9.55**	**9.24**	**9.13**	**9.02**
6	5.99	5.14	4.76	4.53	4.39	4.28	4.21	4.15	4.10	4.06	3.87	3.75	3.71	3.67
6	**13.75**	**10.92**	**9.78**	**9.15**	**8.75**	**8.47**	**8.26**	**8.10**	**7.98**	**7.87**	**7.40**	**7.09**	**6.99**	**6.88**
7	5.59	4.74	4.35	4.12	3.97	3.87	3.79	3.73	3.68	3.64	3.44	3.32	3.27	3.23
7	**12.25**	**9.55**	**8.45**	**7.85**	**7.46**	**7.19**	**6.99**	**6.84**	**6.72**	**6.62**	**6.16**	**5.86**	**5.75**	**5.65**
8	5.32	4.46	4.07	3.84	3.69	3.58	3.50	3.44	3.39	3.35	3.15	3.02	2.97	2.93
8	**11.26**	**8.65**	**7.59**	**7.01**	**6.63**	**6.37**	**6.18**	**6.03**	**5.91**	**5.81**	**5.36**	**5.07**	**4.96**	**4.86**
9	5.12	4.26	3.86	3.63	3.48	3.37	3.29	3.23	3.18	3.14	2.94	2.80	2.76	2.71
9	**10.56**	**8.02**	**6.99**	**6.42**	**6.06**	**5.80**	**5.61**	**5.47**	**5.35**	**5.26**	**4.81**	**4.52**	**4.41**	**4.31**
10	4.96	4.10	3.71	3.48	3.33	3.22	3.14	3.07	3.02	2.98	2.77	2.64	2.59	2.54
10	**10.04**	**7.56**	**6.55**	**5.99**	**5.64**	**5.39**	**5.20**	**5.06**	**4.94**	**4.85**	**4.41**	**4.12**	**4.01**	**3.91**
11	4.84	3.98	3.59	3.36	3.20	3.09	3.01	2.95	2.90	2.85	2.65	2.51	2.46	2.40
11	**9.65**	**7.21**	**6.22**	**5.67**	**5.32**	**5.07**	**4.89**	**4.74**	**4.63**	**4.54**	**4.10**	**3.81**	**3.71**	**3.60**
12	4.75	3.89	3.49	3.26	3.11	3.00	2.91	2.85	2.80	2.75	2.54	2.40	2.35	2.30
12	**9.33**	**6.93**	**5.95**	**5.41**	**5.06**	**4.82**	**4.64**	**4.50**	**4.39**	**4.30**	**3.86**	**3.57**	**3.47**	**3.36**

m_1 / m_2	1	2	3	4	5	6	7	8	9	10	20	50	100	∞
13 13	4.67 9.07	3.81 6.70	3.41 5.74	3.18 5.21	3.03 4.86	2.92 4.62	2.83 4.44	2.77 4.30	2.71 4.19	2.67 4.10	2.46 3.66	2.31 3.38	2.26 3.27	2.21 3.17
14 14	4.60 8.86	3.74 6.51	3.34 5.56	3.11 5.04	2.96 4.69	2.85 4.46	2.76 4.28	2.70 4.14	2.65 4.03	2.60 3.94	2.39 3.51	2.24 3.22	2.19 3.11	2.13 3.00
15 15	4.54 8.68	3.68 6.36	3.29 5.42	3.06 4.89	2.90 4.56	2.79 4.32	2.71 4.14	2.64 4.00	2.59 3.89	2.54 3.80	2.33 3.37	2.18 3.08	2.12 2.98	2.07 2.87
16 16	4.49 8.53	3.63 6.23	3.24 5.29	3.01 4.77	2.85 4.44	2.74 4.20	2.66 4.03	2.59 3.89	2.54 3.78	2.49 3.69	2.28 3.26	2.12 2.97	2.07 2.86	2.01 2.75
17 17	4.45 8.40	3.59 6.11	3.20 5.18	2.96 4.67	2.81 4.34	2.70 4.10	2.61 3.93	2.55 3.79	2.49 3.68	2.45 3.59	2.23 3.16	2.08 2.87	2.02 2.76	1.96 2.65
18 18	4.41 8.29	3.55 6.01	3.16 5.09	2.93 4.58	2.77 4.25	2.66 4.01	2.58 3.84	2.51 3.71	2.46 3.60	2.41 3.51	2.19 3.08	2.04 2.78	1.98 2.68	1.92 2.57
19 19	4.38 8.18	3.52 5.93	3.13 5.01	2.90 4.50	2.74 4.17	2.63 3.94	2.54 3.77	2.48 3.63	2.42 3.52	2.38 3.43	2.16 3.00	2.00 2.71	1.94 2.60	1.88 2.49
20 20	4.35 8.10	3.49 5.85	3.10 4.94	2.87 4.43	2.71 4.10	2.60 3.87	2.51 3.70	2.45 3.56	2.39 3.46	2.35 3.37	2.12 2.94	1.97 2.64	1.91 2.54	1.84 2.42
25 25	4.24 7.77	3.39 5.57	2.99 4.68	2.76 4.18	2.60 3.85	2.49 3.63	2.40 3.46	2.34 3.32	2.28 3.22	2.24 3.13	2.01 2.70	1.84 2.40	1.78 2.29	1.71 2.17
30 30	4.17 7.56	3.32 5.39	2.92 4.51	2.69 4.02	2.53 3.70	2.42 3.47	2.33 3.30	2.27 3.17	2.21 3.07	2.16 2.98	1.93 2.55	1.76 2.25	1.70 2.13	1.62 2.01
40 40	4.08 7.31	3.23 5.18	2.84 4.31	2.61 3.83	2.45 3.51	2.34 3.29	2.25 3.12	2.18 2.99	2.12 2.89	2.08 2.80	1.84 2.37	1.66 2.06	1.59 1.94	1.51 1.80
50 50	4.03 7.17	3.18 5.06	2.79 4.20	2.56 3.72	2.40 3.41	2.29 3.19	2.20 3.02	2.13 2.89	2.07 2.78	2.03 2.70	1.78 2.27	1.60 1.95	1.52 1.82	1.44 1.68
100 100	3.94 6.90	3.09 4.82	2.70 3.98	2.46 3.51	2.31 3.21	2.19 2.99	2.10 2.82	2.03 2.69	1.97 2.59	1.93 2.50	1.68 2.07	1.48 1.74	1.39 1.60	1.28 1.43
200 200	3.89 6.76	3.04 4.71	2.65 3.88	2.42 3.41	2.26 3.11	2.14 2.89	2.06 2.73	1.98 2.60	1.93 2.50	1.88 2.41	1.62 1.97	1.41 1.63	1.32 1.48	1.19 1.28
∞ ∞	3.84 6.63	3.00 4.61	2.60 3.78	2.37 3.32	2.21 3.02	2.10 2.80	2.01 2.64	1.94 2.51	1.88 2.41	1.83 2.32	1.57 1.88	1.35 1.52	1.24 1.36	1.00 1.00

索　引

欧 文 索 引

監修者・編集者プロフィール

[監修者]

村上征勝（むらかみ・まさかつ）

統計数理研究所名誉教授，総合研究大学院大学名誉教授，元同志社大学文化情報学部長．工学博士．専門は計量文献学，統計学．

主な著書に，『文化情報学入門』（共著，勉誠出版，2006 年），『計量文献学の射程』（共著，勉誠出版，2016 年），『シェークスピアは誰ですか？──計量文献学の世界』（文春新書，2004 年），『文化を計る──文化計量学序説』（朝倉書店，2002 年），『真贋の科学──計量文献学入門』（朝倉書店，1994 年），『工業統計学』（朝倉書店，1985 年）などがある．

[編集者]　（執筆順）

金　明哲（きん・めいてつ）

同志社大学文化情報学部教授．博士（学術）．専門はデータ科学，統計科学，テキストアナリティクス．

主な著書に，『テキストアナリティクス』（共立出版，2018 年），『R によるデータサイエンス（第 2 版）』（森北出版，2017 年），『定性的データ分析』（共立出版，2016 年），『テキストデータの統計科学』（岩波書店，2009 年）などがある．

小木曽智信（おぎそ・とものぶ）

国立国語研究所言語変化研究領域教授．博士（工学）．専門は日本語学，自然言語処理．

主な著書に，『雑誌『太陽』による確立期現代語の研究──『太陽コーパス』研究論文集』（共著，博文館新社，2005 年），『講座日本語コーパス 2 書き言葉コーパス　設計と構築』（共著，朝倉書店，2014 年），『コーパスと日本語史研究』（共編著，ひつじ書房，2015 年），『新しい古典・言語文化の授業──コーパスを活用した実践と研究』（共著，朝倉書店，2019 年）などがある．

中園　聡 （なかぞの・さとる）

鹿児島国際大学国際文化学部教授．博士（文学）．専門は考古学，考古科学，博物館学．

主な著書に，『季刊考古学』第 140 号［特集 3D 技術と考古学］（編著，雄山閣，2017 年），『九州弥生文化の特質』（九州大学出版会，2004 年），『稲作伝来（先史日本を復元する 4）』（共著，岩波書店，2005 年），『認知考古学とは何か』（共編著，青木書店，2003 年）などがある．

矢野桂司 （やの・けいじ）

立命館大学文学部教授．博士（理学）．専門は人文地理学，地理情報科学．

主な著書に，『地理情報科学——GIS スタンダード』（共著，古今書院，2015 年），『京都の歴史 GIS』（共著，ナカニシヤ出版，2011 年），『バーチャル京都——過去，現在，未来への旅』（共著，ナカニシヤ出版，2007 年），『デジタル地図を読む』（ナカニシヤ出版，2006 年），『地理情報システムの世界』（ニュートンプレス，1999 年）などがある．

赤間　亮 （あかま・りょう）

立命館大学文学部教授，アート・リサーチセンター副センター長．専門は日本文化史，文化資源情報学．

浮世絵ポータルデータベース（https://www.dh-jac.net/db/nishikie/search_portal.php），番付ポータルデータベース（https://www.dh-jac.net/db1/books/search_portal.php）などを制作運営．主な編著書に，『江戸の演劇書』（八木書店，2003 年），『日本文化研究とイメージデータベース』（ナカニシヤ出版，2010 年），『文化情報学ガイドブック』（勉誠出版，2014 年）などがある．

阪田真己子 （さかた・まみこ）

同志社大学文化情報学部教授．博士（学術）．専門は認知科学，身体メディア論，身体文化論．

主な著書に，『文化情報学入門』（勉誠出版，2006 年），『「学び」の認知科学事典』（共著，大修館書店，2010 年），『R Commander によるデータ解析』（共著，共立出版，2011 年），『臨床舞踊学への誘い——身体表現の力』（共著，ミネルヴァ書房，2018 年），『映像で学ぶ舞踊学』（共著，大修館書店，2019 年）などがある．

宝珍輝尚 （ほうちん・てるひさ）

京都工芸繊維大学工芸科学研究科教授．博士（工学）．専門はマルチメディアデータ工学，情報考古学，感性工学．

主な著書に，『マルチメディアデータ工学』（森北出版，2018 年），『データベース技術教科書』（CQ 出版，2003 年）がある．

芳沢光雄 （よしざわ・みつお）

桜美林大学リベラルアーツ学群教授，同志社大学理工学部講師．理学博士．専門は数学，数学教育．

主な著書に，『新体系 高校数学の教科書（上・下）』（講談社ブルーバックス，2010 年），『新体系 中学数学の教科書（上・下）』（講談社ブルーバックス，2012 年），『「％」が分からない大学生』（光文社新書，2019 年），『ビジネス数学第 2 版』（日経文庫，2018 年），『AI 時代を切りひらく算数』（日本評論社，2019 年），『今度こそわかるガロア理論』（講談社，2018 年）などがある．

渡辺美智子 （わたなべ・みちこ）

慶應義塾大学大学院健康マネジメント研究科教授，放送大学客員教授．理学博士．専門は多変量解析，統計学．

主な著書に，『身近な統計』（共著，放送大学教育振興会，2018 年），『21 世紀の統計科学Ⅲ──数理・計算の統計科学』（共著，東京大学出版会，2008 年），『経営科学のニューフロンティア──マーケティングの数理モデル』（共著，朝倉書店，2001 年），『EM アルゴリズムと不完全データの諸問題』（共編著，多賀出版，2000 年）などがある．

足立浩平 （あだち・こうへい）

大阪大学大学院人間科学研究科教授．博士（文学）．専門は多変量データ解析法，計算機統計学，心理統計学．

主な著書に，*"Matrix-Based Introduction to Multivariate Data Analysis"*（Springer, 2016），『多変量データ解析法──心理・教育・社会系のための入門』（ナカニシヤ出版，2006 年），『最小二乗法・交互最小二乗法』（共著，共立出版，2017 年），『非計量多変量解析法──主成分分析から多重対応分析へ』（共著，朝倉書店，2011 年）などがある．

ぶん か じょうほう がく じ てん
文化情報学事典

2019 年 12 月 20 日　初版発行

監修者　村上征勝

編集者　金明哲・小木曽智信・中園聡・矢野桂司・
　　　　赤間亮・阪田真己子・宝珍輝尚・芳沢光雄・
　　　　渡辺美智子・足立浩平

発行者　池嶋洋次
発行所　勉誠出版株式会社
　　　　〒101-0051　東京都千代田区神田神保町 3-10-2
　　　　TEL：(03)5215-9021(代)　FAX：(03)5215-9025

〈出版詳細情報〉http://bensei.jp

印刷・製本
組　　版　大日本法令印刷(株)

ISBN978-4-585-20071-0　C3000

入門　デジタルアーカイブ
まなぶ・つくる・つかう

デジタルアーカイブの設計から構築、公開・運用までの全工程・過程を網羅的に説明する、これまでにない実践的テキスト。これを読めば誰でもデジタルアーカイブをつくれる！

柳与志夫 責任編集
本体 2,500 円（＋税）

アーカイブのつくりかた
構築と活用入門

企画、デザイン、ツール、法律上の問題など、アーカイブ構築の際にだれもが直面する問題を整理し、それらをクリアするための実践例を紹介。アーカイブづくりは難しくない！

NPO 知的資源
イニシアティブ 責任編集
本体 2,500 円（＋税）

デジタル人文学のすすめ

デジタル技術により開かれつつある世界の可能性。妖怪データベース、電子図書館やe国宝など、「デジタル人文学」の環境を捉え直し、人文学の未来を考える。

楊暁捷・小松和彦・荒木浩 編
本体 2,500 円（＋税）

文化財アーカイブの現場
前夜と現在、そのゆくえ

日本の"こころ"と"かたち"をデジタルで記す。豊富な具体例を交えながら、文化財アーカイブのプロセスや現状、問題点をわかりやすくまとめた一冊。

福森大二郎 著
本体 2,800 円（＋税）

文化財／文化遺産としての民俗芸能
無形文化遺産時代の研究と保護

いまなお変わり続けている祭りや民俗芸能などは、いかにして文化財／文化遺産となるのか。それらを保護する意義と方法、研究のあり方について考察。

俵木悟 著
本体 4,200 円（＋税）

水中文化遺産
海から蘇る歴史

沈没船や出土品が物語る人々の交流と衝突、海に沈んだ遺跡群から浮かぶ人々の営み、そしてお宝を漁るトレジャー・ハンターたち…。最新の科学的知見を交えながら、水中文化遺産研究の最前線を伝える。

林田憲三 編
本体 2,800 円（＋税）

歴史GISの地平
景観・環境・地域構造の復原に向けて

極度に専門分化した近代科学の問題点を克服して、位置情報と時間情報を軸に人々の暮らしを総合的に捉え直す「しくみ」としての歴史GIS(歴史地理情報システム)の最重要課題を提示！

HGIS研究協議会 編
本体 4,000 円（＋税）

書物学 17
編集文献学への誘い

「編集文献学」という本文校訂・本文批判をめぐる真摯な視点が、既成概念へ揺さぶりをかける。グローバル化、デジタル化、学際化…。様々な枠組みを越えた展開を要請されるこれからの人文学を考えるための水先案内。

編集部 編
本体 1,500 円（＋税）

計量文献学の射程

文章を要素に分解し統計的に分析すれば、その作家の文体もクセも計り知れる。文献研究の世界に統計の手法を持ち込んだ「計量文献学」。その先駆者の研究の全貌をここに披露する。

村上征勝・金明哲・土山玄・上阪彩香 著・本体 3,800 円 (+税)

文化情報学ガイドブック
情報メディア技術から「人」を探る

情報技術の進歩が、新たな文化研究を巻き起こしている。文理の壁を超え、最先端の研究者たちが集結。文化情報学を基礎から学ぶ人のためのガイドブック。

赤間亮・鈴木桂子・八村広三郎・矢野桂司・湯浅俊彦 編
本体 1,800 円 (+税)

デジタルアーカイブ・ベーシックス 2
災害記録を未来に活かす

博物館、図書館のみならず、放送局や新聞社など、各種機関・企業が行っているデジタルアーカイブの取り組みの実例を紹介。デジタルアーカイブを防災に活用することの意義をまとめた一冊。

今村文彦 監修／鈴木親彦 責任編集
本体 2,500 円 (+税)

デジタルアーカイブ・ベーシックス 1
権利処理と法の実務

著作権、肖像権・プライバシー権、所有権…デジタルアーカイブをめぐる「壁」にどのように対処すべきか。アーカイブ活動を円滑に行うための俯瞰図とガイドラインを示すはじめての書。

福井健策 監修／数藤雅彦 責任編集
本体 2,500 円 (+税)